안전심리학

이순열 · 이순철 · 박길수 공저

학지사

머리말

2014년 4월 16일 아침은 안전교육을 하러 가는 길이었다. 라디오에서 여객선이 좌초되었다는 소식이 나왔다. 어찌 된 일인가? 걱정도 잠시, 다시 라디오에서 여객선의 승객들이 전원 구조되었다는 소식이 흘러나왔다. 순간, 11년 전의 기억이 떠올랐다.

2003년 2월 18일 아침은 대구에서 택시를 타고 가는 길이었다. 라디오에서는 대구의 어느 지하철 역 쓰레기통에서 화재가 발생했지만 곧 진화됐다는 뉴스가 나오고 있었다. 대수롭지 않은 소식이라 생각하고 몇 시간이 지났다. 그날 오후 대구는 지하철 화재 참사로 아수라장이 되어 있었다.

2014년 4월 16일도 그랬다. 배 밖으로 빠져나오지 못한 세월호 승객들을 걱정하는 사람들의 탄식이 온 나라를 뒤덮었다. 세월호가 침몰하는 모습을 TV 화면으로 보면서 안타까운 심정은 이루 말할 수 없는 참혹함으로 변해 갔다.

'왜 계속 이런 일이 일어나는가?' 대한민국에서 살아가는 사람으로서 자문하지 않을 수 없다. 2003년부터 2014년까지 우리는 수많은 노력을 하지 않았던가? 안전에 대한 연구와 교육에 종사하는 사람들은 늘었고, 예산도 더 많이 투자되었다. 정부도 국민의 안전을 최우선으로 하겠다며 부처의 이름도 '안전행정부(현 행정안전부)'로 바꾸었다.

그런데 또다시 안타까운 참사가 장소만 바뀌어 발생하고 있다. 내 인생의 기억으로만 보더라도 1987년 대한항공기 폭파, 1993년 부산 열차 전복, 1993년 아시아나 항공기 추락, 1993년 서해 훼리호 침몰, 1994년 성수대교 붕괴, 1995년 대구지하철 가스 폭발, 1995년 삼풍백화점 붕괴, 1997년 대한항공기 추락, 1999년 씨랜드 화재, 2002년 주한미군 장갑차 사건, 2003년 대구지하철 화재, 2008년 숭례문 방화, 2009년 용산 참사, 2012년 구미 불산 가스 누출, 2014년 경주 마우나리조트 붕괴 그리고 2014년 세월호 침몰…….

생을 살아가며 경험하게 되는 수많은 사건과 사고에는 이유가 있을 것이라고 생각한다. 잘잘못을 제대로 따지는 것도 중요하지만, 왜 나에게 지금 여기서 이런 일이 일어났는가는 인생을 살아가는 사람들에게는 마음속을 떠나지 않는 근원적인 질문이 될 것이다. 때문에 사고와 사건, 재난과 참사는 그 시대를 살아가는 사람들에게 영향을 미칠 수밖에 없다. 인간 삶의 이유와 동기 및 욕구에는 안전의 충족이 자리 잡고 있다. 안전하지 못하다고 느끼는 상황에 대해서는 문제의식을 가지고 최소한 이유라도 알고 싶어 하는 것이 인간이다. 더군다나 안전에 관련한 연구와 교육을 하는 것이 일인 사람들은 더욱 그러한 의무와 책임이 있을 것이다.

안전에 관한 일과 공부를 하는 사람으로서 같은 시대, 같은 공간을 살아가는 사람들의 안타까운 사고와 사건들에 대해 무엇을 말해 줄 수 있을까? 위험을 해결하는 것에, 그리고 안전을 충족시키는 것에 심리학은 어떠한 기여를 해 왔는가? 또 어떠한 방향으로 나아가야 하는가?

세월호 참사 이후, 대한민국은 다시 위험을 관리하고 안전을 충족시키기 위해서 새로운 시설물의 설치와 규제의 제정, 엄정한 단속, 안전 교육과 훈련 등의 방안을 통해 노력하고 있다. 예전에 없었던 제도나 방법은 아니지만 딱히 다른 방안이 떠오르지 않기 때문에 똑같은 방향의 새로운 방법들을 만들어 내고 있다. 하지만 다시 10여 년이 지나서 똑같은 이유로 새로운 장소에서의 사고가 우리에게 되돌아올지 모른다. 2003년의 지하철 사고가 2014년 세월호 참사로 되돌아온 것처럼 말이다.

여기서 우리는 문제에 대한 효과적인 해결 방법을 찾기 위해 중요한 것은 새로운 아이디어를 내는 것이 아니라, 기존의 관점에서 벗어나는 것이라는 Keynes의 말에 귀 기울여 볼 필요가 있다. 사건과 사고, 재난과 참사가 시설물의 부족, 제도 혹은 시스템의 결여와 단속의 부재 그리고 교육과 훈련이 없었기 때문일 수도 있지만, 기존의 관점에 고착되고 매몰된 접근만 하고 있기 때문이 아닌지 살펴볼 필요가 있다는 것이다.

그런 의미에서 심리학적 관점에서 위험과 안전을 살펴보는 것은 위험이 발생하고 안전이 충족되는 외부 환경의 변화가 인간의 심리라는 내재적 원인에서 기인할 수 있다는 새로운 관점을 제공해 줄 수 있을 것이라고 기대한다. 위험과 안전에 관한 심리학적 접근 역시 인지적, 지각적, 행동적 그리고 공학적 장면이나 산업조직체에 적용되는 이론만이 아니라 전체적이고 포괄적인 접근을 통해서 새로운 시각을 덧입는 것이 필요할 것이다.

이 책은 이러한 문제의식과 목표를 위해서 연구된 자료들을 수집한 결과물이다. 하지만 안전해지고 싶다는 소망이 완전하게 충족될 수 있는 것이 아니듯, 이러한 생각이 얼마나 제대로 표현되고 담겨 있는가는 장담할 수 없다. 안전의 속성이 미래적이고 불확실하기 때문에 더욱 어려운 작업이기도 할 것이다. 그럼에도 불구하고 가 보지 않은 길의 지도를 만드는 사람처럼 막막하지만 용기 있게 발걸음을 내딛는 이유는 앞서 용기를 보여 준 선배들의 자취가 있기 때문이다.

이 책에서는 기존의 심리학 여러 분야에서 다루어 온 위험과 안전에 관한 연구 성과물을 소개하고, 향후에 더욱 생각해 보아야 할 점들을 살펴보고자 노력하였다. 이 책이 위험 해결과 안전 충족에 관심을 가지고 있는 분들에게 조금이나마 도움이 되기를 바라며, 동시에 건설적인 비판과 조언을 통해 보다 훌륭한 안전심리학 책으로 계속 발전해 나갈 수 있기를 기대한다.

책의 출판을 허락해 주신 학지사 김진환 사장님, 함께 위험과 안전에 대한 연구를 하며 도움을 주었던 오주석 · 박선진 박사에게 감사드린다. 부족한 원고를 다듬어 주신 여러 선생님과 집필에 용기를 주신 학지사의 정승철 이사님께도 감사를 드린다.

2018년

대표 저자

(lsy030407@hanmail.net)

차례

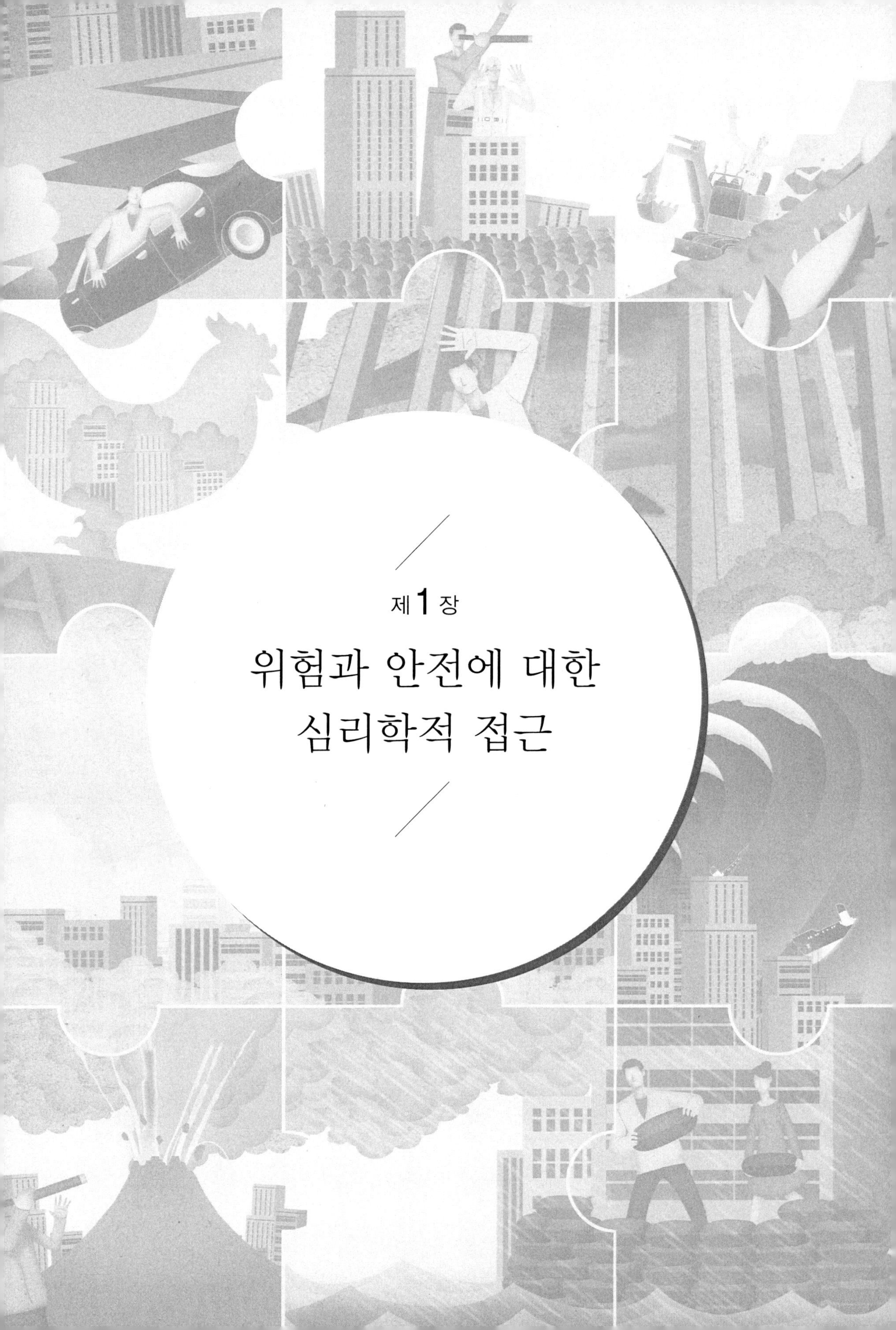

제 1 장

위험과 안전에 대한 심리학적 접근

위험은 국어사전에서는 '위태롭고 험함'이라는 한 가지 단어와 뜻으로 표현되지만, 영어에서는 'danger' 'hazard' 'risk' 등의 3가지 단어로 표현되고 각기 구별된 뜻을 가지고 있다. 우선 'danger'는 현상적으로 발생된 위험 자체를 나타내는 가장 포괄적인 단어이다. 'hazard'는 사고 발생 가능성이 있는 상황적인 위험을 일컫는 물리적이고 객관적인 위험을 말한다. 좀 더 구체적으로는, 상해나 사망의 원인이 되거나 그러한 사건에 기여할 가능성이 있는 조건 혹은 상황을 의미한다. 'risk'는 사고 발생 가능성도 있지만 어떻게 대응하는가에 따라서는 기회가 될 수도 있는 위험으로 사고나 사건 혹은 기회의 가능성을 의미한다. 따라서 'risk'는 객관적인 위험이라기보다는 위험에 대응하는 행동 주체의 주관적인 판단에 따라서 달라질 수 있는 사고 가능성으로서의 의미를 가지고 있다.

안전은 한글 사전에서는 '위험이 없는 평안함'이란 뜻인데, 영어에서도 'safe'란 한 단어로 쓰이고 있다. 안전이란 말은 독립적인 상태나 상황을 나타내기보다는 위험의 반대 상황, 즉 위험하거나 사고가 일어날 염려가 없는 상태, 혹은 허용할 수 있는 위험 상태를 가리킨다. 따라서 안전(safe)은 '용인할 수 있는 수준까지 위험을 감소시킨 상태'라고 정의할 수 있다. 이러한 관점으로 이순열(2015a)은 안전은 미래적 추상성을 함의하고 있으며 위험을 줄인 만큼 증가되고, 위험을 통해서 측정되거나 평가되는 종속적 성격을 가진다고 하였다.

안전은 미래적이며 불확실한 반면 위험은 현재적이며 비교적 확실하다. 담배를 피우는 행위만 생각해 보더라도, 현대인은 누구나 담배를 피우는 것이 건강에 위험을 증가시키는 선택이라는 것을 알고 있다. 그래서 담배를 피우지 않는 것이 건강을 위해서는 보다 안전한 선택이라는 것도 안다. 그러나 담배를 피우지 않는 행위가 자신의 건강을 지켜줄지는 확실하지 않다. 인생의 마지막이 되어서야 알 수 있는 미래의 일이다. 하지만 지금 당장 담배 한 모금을 넘길 때의 느낌은 확실히 좋다. 때문에 흡연자들은 담배를 끊기 힘들다. 흡연이 주는 당장의 유익이 너무 확실하기 때문이다. 교통안전도 마찬가지이다. 교통법규를 지켜서 안전해지는 것은 운전행위가 종료되는 미래에 가서야 판단할 수 있다. 하지만 신호 위반은 지금 당장 운전자에게 확실하게 3분의 시간을 줄여 준다. 이처럼 위험은 현재에 확실한 이익을 주기 때문에 유혹적이다. 하지만 안전은 불확실하고 미래에 가서야 검증되므로 위험보다 매력적이지 못하다.

따라서 위험을 줄이고 안전을 향상시키기 위한 홍보나 교육은 위험 선택으로 지불하게 되는 현재적이고 구체적인 비용에 대해서 강조하는 방향으로 진행되어야 한다. 미래의 막연한 유토피아보다는 지금 여기의 위험이 어떠한 손실을 야기하는지 확실히 보여 주어야 한다는 것이다. 그리고 안전의 선택이 확실한 현재적인 이익이 되도록 조치가 마련되어야 한다. 예를 들어, 안전규정을 준수하지 않았을 때 확실히 비용이나 시간의 증가가 일어나도록 분명하고 강력한 처벌이 이루어져야 할 것이다. 안전규정을 준수하는 경우에 확실한 시간과 비용의 이득이 생길 수 있도록 조치하는 것이 '안전해지면 좋다.'는 식의 막연한 강조보다는 효과적일 것이다. 요점은 미래적이며 불확실한 안전의 특성에 초점을 맞추기보다는 현재적이고 확실한 위험의 특성에 초점을 맞추는 것이 위험과 안전의 속성을 고려한 보다 실용적이고 효과적인 대응이 될 수 있다는 것이다.

안전에 대한 심리학적 접근 역시 안전을 생각할 때 떠오르는 막연하고 불분명한 백지 상태의 이미지보다는 위험이 보내오는 구체적인 신호들에 집중할 필요가 있다. 위험과 안전에 대한 정의를 종합적으로 살펴보더라도 안전에 대해서 연구한다는 것은 위험을 줄이는 것에 대한 연구이다. 따라서 안전에 대해서 알기 위해서는 위험에 더 집중하여야 할 필요가 있다.

위험에 대한 정의 중 'risk'는 서양의 항해술 용어에서 유래하였다. '위험을 감수한다.'는 것은 '암초를 뚫고 나아간다.'는 의미를 가지고 있다(Ulrich, 2014). 이처럼 'risk'로서의 위험은 난관을 극복하여 이득을 쟁취하거나, 장애를 넘어 전진한다는 의미를 포함하고 있다. 현대 산업 자본 사회에서도 위험은 극복의 대상으로 인식되고 있으며, 기업 이득이나 조직 안녕을 위해서 위험을 체계적으로 조절하고 관리해야 한다는 관점에는 변함이 없다.

위험에 대한 관리적 접근과 대응은 위험을 감소시키는 데 많은 기여를 해 온 것이 사실이다. 그러나 인간이 삶에서 직면하게 되는 위험은 'risk'에만 국한되는 것이 아니라 'hazard'와 'danger'까지를 포함한다. 때문에 위험에 대한 접근이 'hazard'와 'danger'를 포함하는 보다 포괄적이고 근원적인 접근으로까지 나아가지 못한다면 제대로 된 위험 감소, 즉 안전 획득을 성취하기는 어려울 것이다.

더욱이 인간 행동과 행동의 원인이 되는 심리내적 기제를 탐구하는 심리학에서조차 위험을 'risk'나 'hazard'의 관점으로만 한정해서 살펴보는 것은 위험 대응에 문제를 발생시킬 수 있다. 현대 주류 심리학이 위험과 안전에 대한 대응 범위를 위반이나 오류행동 등의 인지 및 지각적 실수에 대한 행동적 관리로만 국한시킨다면 심리학만이 탐구할 수 있는 근원적 위험과 안전에 대한 탐구를 등한시하는 한계 상황에 갇히게 되는 것이다. 이 같은 심리학의 제한적 접근 태도는 현대사회에서 직면하고 있는 수많은 위험을 제대로 설명할 수 없을 뿐만 아니라, 위험에 적절하게 대응하거나 위험을 예방하는 데도 한계를 가지게 만들 것이다.

일례로 새롭게 발생한 전염병을 생각해 보자. 전염병의 위험을 해결하기 위해 심리학적으로 접근한다는 것은 병원체에 대한 방역뿐만 아니라 심리적 안녕감까지를 포함하는 것이다. 왜냐하면 전염병이 개인과 사회를 파괴시키는 강력한 힘을 발휘하는 것은 병원체가 가지고 있는 전염력이나 치사율뿐만 아니라, 새롭게 발생한 전염병에 대해 사람들이 가지는 과도한 심리적 불안과 공포심의 작용도 있기 때문이다.

과학기술과 관리체계의 발전으로 위험은 점점 더 잘 관리되고 있는 것 같지만, 에이즈(AIDS), 에볼라(Ebola), 사스(SARS)와 메르스(MERS) 등과 같은 신종 질병의 발생은 위험(danger)이 인간이 대응할 수 있는 범위를 뛰어넘고 있다는 것을 보여 준다. 새로운 종류의 질병이 생겨날 때마다 그 질병을 예방하거나 치료할 수 있느냐의 문제와 함께 불안과 공포란 또 다른 위험의 씨앗이 발생한다. 이것은 안전해지기 위해서 해결해야 하는 위험의 범위가 병원체 감소라는 의료적인 부분뿐만 아니라 '심리적 방역'과 같은 주관적이고 정서적 영역에까지로 확대되어야 함을 보여 주고 있다.

따라서 심리학에서 다루어야 하는 위험의 범위는 외부의 환경적 위험을 해결하는 것과 함께 인간 심리 내면에서 발생하는 불안과 공포와 같은 위험 요소들에 대한 대응과 관리까지 포함해야 할 것이다.

위험에 대한 심리학적 접근이 보다 포괄적이어야 하는 이유는 체르노빌 원자력 발전소 폭발 사고와 후쿠시마 원자력 발전소 사고를 통해서도 알 수 있다. 원자력 발전소에서 발생한 인간의 실수와 자연재해로 인한 사고들은 현대사회의 위험 관리가 인간이 실수를 관리하는 데 한계를 가지고 있을 뿐만 아니라 자연재해에 대한 관리에는 거의 무방비 상태에 놓여 있음을 여실히 보여 주었다.

위험의 범위가 현대사회에서 더욱 확장되고 있다는 증거는 곳곳에서 나타나고 있다. 차별과 반목으로 발생되는 전쟁과 테러의 위험은 몇몇 국가에만 국한되는 것이 아니라 전 지구적 영역으로 확대되어 가고 있다. 기계화의 발달과 인공지능의 출현으로 항공기나 차량 사고는 줄어드는 듯 보이지만 점점 더 빈약해지는 존재 의미에 스스로 목숨을 끊는 사람들은 늘어나고 있다.

심리학적인 관점으로 현대사회의 위험과 안전을 살펴본다면, 기계와 정보통신 그리고 인공지능의 발달은 신체활동의 단절과 밀도 있는 인간관계를 축소시키고 있으며, 가상적 허구세계에 중독될 위험은 가중시키고 있다. 기술과 과학의 발달로 관리되는 위험은 더 많아지는 것 같지만 이에 비례하여 인간성의 상실과 소외는 현대사회를 또 다른 위험으로 몰아가고 있다.

같은 맥락으로 질병 사망률은 감소하고 있지만, 행복지수는 낮아지고 출산율 또한 줄어들고 있다. 자산은 증가되어 가지만 양질의 일자리는 줄어들고 있으며, 안정적인 일자리를 얻는 것은 현대사회 젊은이들의 지상과제가 되어 가고 있다. 즉, 현대사회가 위험을 다루기 위해서 노력해 왔지만 결국 위험이 다른 얼굴로 변모되어 나타나는 것일 뿐 "실제적인 위험감

[그림 1-1] **위험과 안전 그리고 안전심리학의 범위**

소와 안전충족이 이루어지고 있는가?"라는 물음에는 확실히 "그렇다."고 대답하기는 어려운 실정이다.

점점 더 다각적이고 포괄적으로 발현되고 있는 위험에 대해서 심리학에서조차 직접적 사고나 재난으로만 위험의 범주를 한정하여 행동적 접근이나 인지 · 지각적 범주에서만 다루는 것은 그야말로 근시적인 한계 상황으로 스스로를 가두는 어리석은 제한이 될 것이다. 표면에 드러나 쉽게 눈길을 사로잡는 위험과는 다르게 심리내적 작용으로 발생되는 위험은 심리적 불안과 갈등을 증가시키는 보이지 않는 폐달로 작동할 수 있다.

인간 내면의 심리적 요소와 행동 요소 모두에 기여하기를 원하는 심리학의 태생적 목표를 고려하더라도 위험과 안전에 대한 심리학적인 접근은 훨씬 더 포괄적인 범위에서 보다 더 근원적인 방향으로 이루어질 필요가 있다.

위험에 대한 대응이 'risk'를 넘어선 'hazard'와 'danger'까지를 포함하여야 한다는 것은 위험에 대한 심리학적인 접근이 인간 존재와 심리 전반을 다루어야 한다는 결론에 이르게 한다. 위험과 안전에 관한 심리학적 접근이 인간이 삶에서 직면하는 모든 위험을 제대로 해결하는 데까지 나아가기 위해서는 행동 관리와 인지 및 지각 · 감각적 측면을 넘어서 인간의 생리적 속성과 발달, 적응, 동기 및 성격과 태도 그리고 산업 · 조직과 인간공학 등의 심리학 범위 전반을 살펴보는 방향으로 확장되어야 할 것이다.

따라서 안전심리학(safety psychology)이 다루는 범위는 모든 심리학의 범위에서 나타나는 위험과 안전에 대한 접근을 포함하여야 할 것이다. 위험과 안전이 인간 삶에서 어떠한 성격의 문제인지를 규명하는 것에서부터 출발하여 인간의 삶에서 위험과 안전이 발현되는 방식과 역할 및 기능에 대한 탐구까지를 모두 아우를 수 있는 심리학적 접근이 안전심리학의 범위가 되는 것이다.

1. 위험과 안전의 특성

1) 객관적 위험과 안전 vs 주관적 위험과 안전

환경이 가지고 있는 실체적 위험을 '객관적 위험(objective danger)'이라고 한다면, 환경의 실체적 위험에 대한 평가를 통해 개인에게 인식되는 위험을 '주관적 위험(subjective danger)'이라고 정의할 수 있다(이순열, 2016). 인간은 환경에 존재하는 실체적 위험인 객관적 위험에

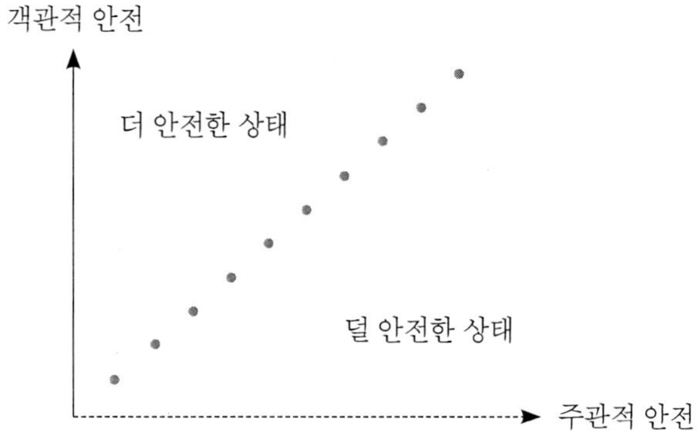

[그림 1-2] 주관적 안전과 객관적 안전 모델

출처: Klebelsberg (1989).

대해서 주관적으로 인식하고 느껴지는 범위까지만을 위험으로 인식할 수 있다. 따라서 인간에게 위험이란 실체적으로 존재하는 위험을 말하는 것이 아니라, 실체하는 위험에 대해서 인식하는 정도인 주관적 위험을 지칭하는 것이다.

그러므로 위험과 안전에 대한 심리학적 접근은 객관적 위험을 줄이기 위한 접근과 함께 위험에 대해서 인식하는 주관적 평가 과정을 파악하고, 주관적 위험 인식이 적절성을 유지하도록 하는 방향으로 나아가야 한다. 왜냐하면 객관적 위험에 대한 주관적 위험평가가 어긋나게 되면 인간은 위험을 올바르게 파악할 수 없으며, 안전을 온전히 누릴 수도 없기 때문이다. 객관적 위험과 주관적 위험평가가 일치하는 것, 즉 위험한 상황을 위험하게 인식하고 안전한 상황을 안전하게 받아들이는 것, 이것을 통해서 위험에 적절히 반응하고 안전을 온전히 누릴 수 있도록 하는 것이 바로 안전심리학(safety psychology)의 목표이다.

앞서 밝힌 안전에 대한 정의를 바탕으로 '객관적 안전(objective safety)'을 환경의 실체적 위험이 줄어든 상태라고 정의한다면, '주관적 안전(subjective safety)'은 실체적 위험이 줄어든 것에 대한 주관적 인식이라고 정의할 수 있다. 줄어든 위험을 제대로 인식하지 못한다면 끊임없이 위험 감소를 위해 에너지를 소비하게 되거나, 남아 있는 위험을 인식하지 못하여 방심하는 실수를 범할 수 있다. 따라서 안전심리학을 연구하는 또 하나의 목표는 줄어든 위험을 제대로 인식하여 안전해지기 위해 사용되는 에너지를 적절히 조정하거나, 남아 있는 위험을 인식하지 못하여 방심하는 문제 상황을 해결하는 것이다.

Klebelsberg(1989)는 객관적 안전과 주관적 안전의 관계에 대해서 객관적 안전 상황보다 주관적 안전에 대한 인식이 더 높을 때 덜 안전해지는 상황에 놓이며, 주관적 안전보다 객관적 안전이 더 높을 때 더 안전해지는 상황에 놓인다고 설명하였다([그림 1-2]). 그러나 이순열(2016)은 객관적 안전과 주관적 안전의 차이 자체가 문제가 될 수 있다고 보았다. 객관적 안전보다 주관적 안전에 대한 인식이 더 낮은 것도 또 다른 위험으로 작용할 수 있다.

객관적 위험을 줄이고 안전을 획득하기 위해서는 물리 · 공학적 기술개발과 안전투자, 인지 및 인간공학적 행동 관리와 교육 등의 방법을 사용할 수 있다. 반면, 주관적인 위험과 안전은 심리적 작용을 통해서 획득되는 것이므로 적절한 조절이나 대응이 쉽지 않다.

실제로 객관적 위험이 높고, 안전이 낮은 상황인데도 위험을 제대로 인식하지 못하여 안전행동을 생략해 버려서 사고를 발생시키는 경우가 있다. 반대로 객관적 위험이 낮고, 안전이 높은 상황임에도 불구하고 과도하게 위험을 느껴서 불안과 공포에 휩싸인 나머지 안전을 획득하기 위해 강박적으로 제한된 부분에만 몰입하거나, 한두 가지 방법만 고집하다가 다른 국면에서 위험을 발생시킬 수도 있다.

때문에 위험과 안전에 대한 심리학적 접근은 객관적 위험을 낮추고 객관적 안전을 향상시키기 위한 노력과 함께 위험과 안전에 대한 객관성과 주관성의 차이가 발생하는 이유와 객관적 위험과 객관적 안전에 주관적 위험과 주관적 안전을 일치시키는 방법을 밝혀내려는 노력을 포함하여야 할 것이다.

2) 객관적 위험과 객관적 안전의 특성

Schrödinger(2007)에 따르면 인간이 속한 자연계는 보존된 에너지의 변화를 통해서 모든 현상들을 구현한다. 이순열(2015a)은 객관적 위험과 안전 역시 환경 속의 현상들로 에너지의 변화를 통해서 설명할 수 있다고 보았다. 열역학 제2법칙[엔트로피(entropy) 증가 법칙]에 따르면 자연계는 사용할 수 있는 에너지가 감소하는 방향으로 나아가게 된다.

열역학 제1법칙(에너지 보존법칙)에 따라 에너지의 총량은 변화하지 않기 때문에 사용할 수 있는 에너지가 감소하는 것은 반대로 사용할 수 없는 에너지가 증가하는 것이다. 따라서 자연계에서의 객관적 위험은 바로 이러한 사용할 수 없는 에너지와 무질서도가 증가되는 방향으로 움직이는 열역학 제2법칙[엔트로피(entropy) 증가 법칙] 현상이 발현된 것이라고 규정할 수 있다. 즉, 물리학적으로 위험은 사용 가능한 에너지가 감소하는 것, 무질서도가 증가되는 것, 의미 있는 정보가 줄어드는 것이라고 정의할 수 있다. 위험이 가지고 있는 물리적 속성에 따르면 환경 속의 '객관적 위험'은 항상 증가되는 쪽으로 나아가기 때문에 위험해지는 것은 당연하다. 실제로도 자연 현상계는 점점 더 위험해지고 있다(Jeremy, 2015).

위험이 증가하는 것은 자연스러운 방향인데, 이에 맞서는 모든 의도적 행위와 작용이 안전이다. 따라서 자연계의 '객관적 안전'은 위험을 감소시키려는 모든 의도적 행위와 작용이라고 정의할 수 있다. 사용할 수 있는 에너지와 정보가 감소하는 것이 위험이라면 안전은 사용할 수 있는 에너지와 정보를 증가시키고, 무질서를 감소시키려는 의도적 작용의 결과물이다. Schrödinger(2007)는 사용할 수 없는 에너지가 증가되는 것을 제한하기 위해서는 사용할 수 있는 에너지와 의미가 있고, 질서 있는 정보의 의도적 공급[네트로피(netropy) 공급 이론]이 반드시 필요하다고 하였다.

따라서 Schrödinger(2007)의 견해를 안전에 적용해 본다면, 객관적 안전이란 객관적 위험 현상[엔트로피(entropy) 증가 법칙의 발현]에 사용 가능한 에너지를 공급하여 무질서를 줄이고, 의미 있고 사용 가능한 정보를 증가시키려는 의도적 작용[네트로피(netropy) 공급 이론의 적용]이라고 볼 수 있다(Rio, Aberg, Renner, Dahlsten, & Vedral, 2011).

3) 주관적 위험과 주관적 안전의 특성

(1) 주관성과 문제 상황 극복

주관적 위험은 객관적 위험과 객관적 안전이 가진 대칭 관계에 의해서 발생한다. 또한, 주관적 안전은 주관적 위험에 대한 의도적 반작용이기 때문에 일상생활에서 안전이란 감내할 수 있는 위험수준 혹은 용인할 수 있는 위험을 지칭하는 것이다. 객관적 안전은 객관적 위험을 완벽히 상쇄시키거나 압도할 수 없다. 따라서 이순열(2016)은 "객관적 안전은 객관적 위험을 상쇄하고 남는 정도를 통해서만 인식할 수 있다."고 하였다.

의미 없는 정보의 증가, 즉 의미 있는 정보의 감소 상황은 인간의 내면에 불안을 만들어 낸다. 이러한 불안은 대상이 존재하는 불안이 아니라 우주와 인간 존재 자체가 가지는 숙명적이며 실존적인 불안이다.

극복할 수 없는 위험에 대한 인식은 객관적인 안전으로 상쇄시키지 못한 객관적 위험에 대한 인식과 마찬가지로 개체마다 다르기 때문에 상대적이고 주관적일 수밖에 없다. 따라서 이러한 객관적 위험의 미해결성과 객관적 안전의 비충족성이 바로 위험과 안전을 주관적으로만 인식할 수 있게 하는 주관성(主觀性)이라는 제한점이자 특성을 발생시킨다.

Maslow(1943, 2012)는 위험을 인식하고 안전해지려는 것을 인간의 가장 기초적인 욕구(생리적 욕구 다음) 중 하나로 지목하였다. 인간에게 위험을 줄이는 것은 숙명적인 과업이며 안전을 추구하는 것은 삶의 기본원리이자 방향이다. 하지만 위험을 해결하고 안전을 성취하려는 인간 삶의 동기들은 개개인이 신체를 통해 환경과 상호작용하면서 겪어 온 경험과 정보에 대한 의미 부여의 차이로 인해 인식에서 주관적인 차이를 발생시킨다.

이러한 위험과 안전에 대한 인식의 주관성은 개체나 공동체에 서로 다른 위험감수성(danger sensitivity)을 가지도록 한다. 인간은 자신의 지식이나 경험을 바탕으로 수용할 수 있는 위험 역치 이상에 대해서만 위험으로 인식하게 되는데, 이것이 개체마다 다르게 위험을 인식하는 감수성(위험감수성)으로 나타난다.

위험에 대한 평가가 개체마다 다르게 인식되는 이유는 개체마다 저마다의 경험과 정보가 다르게 투입되었기 때문이다. 문제는 경험과 정보의 차이로 인해서 주관적 위험 인식이 적절하게 이루어지지 못하다면, 실체적 위험에 대해 지나치게 둔감하거나 민감하게 인식하는 상황이 발생할 수 있다는 것이다(〈표 1-1〉).

표 1-1 객관적 위험과 주관적 위험수준에 따른 상태

	수준			
객관적 위험	↑	↑	↓	↓
주관적 위험	↑	↓	↑	↓
상태	위험회피	위험둔감	위험과민	위험해결

이순열(2016)은 위험과 안전에 대한 주관적 평가가 적절성을 획득하기 어렵다는 문제 상황을 극복하는 방법으로 주관적 위험과 안전에 대한 인식 기준을 자신이 아니라 타자(약자)를 기준으로 인식하는 방법을 제안하였다. 자신을 기준으로 한 위험평가는 경험이나 정보의 과·감으로 왜곡될 수 있다. 하지만 타자 특히 약자 편에서 위험을 평가하는 것은 위험평가의 기준을 외부로 향하게 하기 때문에 객관적 위험과 안전에 대해서 보다 일치된 평가를 내릴 수 있을 것이라고 주장하였다.

(2) 역투성과 문제 상황 극복

객관적 위험과 객관적 안전의 관계와 마찬가지로 주관적 위험을 해결하고 주관적 안전을 획득하기 위해서는 인식된 위험에 대해서 의도적으로 사용 가능한 에너지를 투입하여야 한다. 이러한 의도적 에너지 공급은 주관적 위험과 주관적 안전의 관계에서 역투적인 특성[역투성(力投性)]을 발생시킨다.

이순열(2016)은 사용할 수 있는 에너지는 한정되어 있기 때문에 개체가 가진 욕구를 해결하기 위해서 한정된 에너지를 어디에 어떻게 공급할 것인가는 가치판단을 통해 결정될 것이

라고 보았다. 따라서 위험을 극복하고 안전을 성취하기 위해 얼마만큼의 에너지를, 어떻게 투입할 것인가는 인식한 주관적 위험과 주관적 안전 수준을 바탕으로 개체나 공동체가 가지고 있는 동기나 태도 그리고 성격 구조와 욕구 혹은 위험에 대한 정서적 반응 등에 따라 차이를 발생시키게 될 것이다.

그러나 위험을 극복하기 위해서는 반드시 사용 가능한 에너지가 투입되어야 한다는 필수적인 조건은 개체가 가진 에너지가 한정되어 있다는 상황과 맞물려 잘못된 선택을 하도록 만들기 쉽다. 잘못된 선택은 발생된 위험을 제대로 해결하기 위해 자신의 에너지를 사용하는 것이 아니라 자신의 한정된 에너지를 절약하는 데 몰두하기 때문에 발생한다.

이때 가장 흔하게 발생하는 잘못된 선택은 위험을 해결하기 위해서 자신의 에너지를 적절히 제대로 투입하는 것이 아니라 임시방편으로 적은 에너지만 사용해서 문제 상황만 넘기려는 기만적인 방법을 사용하는 것이다. 또 다른 역기능적 선택은 자신의 에너지 투여는 줄이고 대신, 타자[대상(object)]의 에너지 투여로 자신의 위험을 해결하려는 이기적인 선택을 하는 것이다. 이런 선택을 하는 이유는 위험 극복 및 안전 획득을 위한 에너지 투여를 타자에게 전가시켜서 자신의 에너지는 아끼고, 절약한 자신의 에너지는 다른 과제 해결이나 욕구 충족에 사용하고자 하기 때문이다.

하지만 위험을 해결하기 위해서는 반드시 지금 여기에서 자신의 에너지를 적절하게 투여해야만 한다. 열역학 물리 법칙을 보더라도 의도된 에너지 공급 없이 극복할 수 있는 위험은 없다. 적절하게 에너지를 투여하지 못하는 상황들은 결국 위험을 제대로 해결하지 못하는 문제 상황에 빠지도록 만들 것이다.

이순열(2016)은 이러한 문제 상황을 극복하기 위해서는 위험을 해결하고 안전을 획득하기 위해서 투여되어야 하는 에너지를 줄여 버린다든지, 에너지 투여를 자신이 아니라 타자에게 미루는 것이 결국 제대로 위험을 해결하지 못하고 안전을 획득하지 못하는 또 다른 위험의 반로가 됨을 인식할 수 있도록 의식 수준을 고양시켜야 한다고 주장하였다.

그런 의미에서 이순열(2016)은 현대 인류가 위험(danger)을 줄이고 근원적인 안전(safe)을 성취하여 미래에도 생존하기 위해서는, 위험과 안전에 대한 인식에서 어디까지를 자기(self)의 범위로 포함시킬 수 있느냐에 달려 있다고 주장하였다. 즉, 자신의 에너지를 기꺼이 타자(자기로 인식되고 포함되는 타자)의 위험 해결과 안전 충족을 위해서 사용할 수 있는 의식 수준의 도약을 실현해 낼 수 있느냐에 인류 번영을 위한 위험 해결과 안전 충족 여부가 달려 있다는 것이다.

자신의 위험을 해결하기 위해서만 에너지를 투여한다면 오늘은 살아남아 생존할 수 있겠지만, 내일 발생할 또 다른 종류의 위험을 해결할 수 있으리라고는 장담할 수 없다. 모든 사람이 기만적이거나 이기적인 선택을 하려고 한다면 아무도 위험 해결을 위해서 제대로 에너지를 투여하지 않을 것이기 때문이다.

하지만 타자를 위험하지 않도록 하기 위해서 자신의 에너지를 기꺼이 제대로 사용하는 사람이 많아진다면, 내일 만나게 될 또 다른 종류의 위험을 해결할 가능성은 커질 것이다. 기만적이거나 이기적이지 않으며 진심으로 자신의 에너지를 투여하는 사람이 많아진다면 위험은 줄어들 수밖에 없다는 역투성의 법칙이 작용할 것이기 때문이다.

이상의 위험 해결의 특성을 종합해 볼 때, 제대로 위험을 해결하고 안전을 성취해 내는 것은 타자(약자)를 기준으로 적절히 위험을 평가하는 것과 기꺼이 자신의 에너지를 확장된 자기(자기로 인식되고 포함되는 타자)의 위험 해결을 위해서 진심으로 기꺼이 투여하고자 하는 의식의 고양을 통해서 이루어진다.

위험을 줄이고 안전을 획득하는 것이 인간의 숙명이듯 안전심리학 역시 이상과 같은 위험 해결과 안전 충족 원리가 인간 삶에서 실현되는 데 보탬이 되어야 한다는 분명한 목표와 방향성을 가지고 있다.

2. 위험감수성

인간은 탄생과 동시에 위험을 인식하고 그것을 줄이기 위해 노력하는 존재이다. 그럼에도 불구하고 객관적 위험은 줄어들지 않으며, 사용할 수 없는 에너지는 증가하고, 의미를 잃어버린 정보가 늘어나는 현실을 경험하게 된다. 위험의 미해결성과 안전의 비충족성에 대한

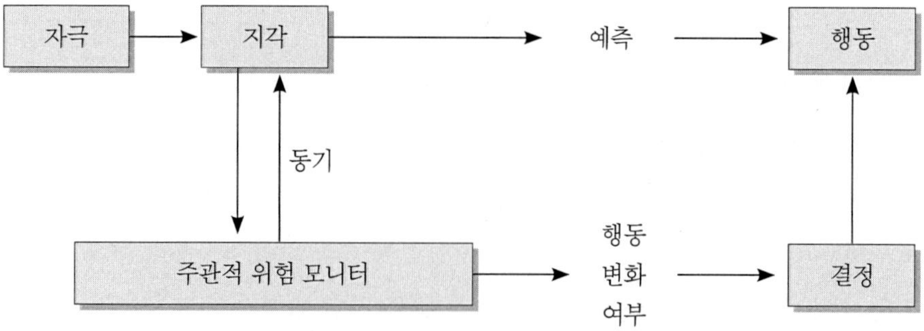

[그림 1-3] 주관적 위험에 기반한 위험감수성

출처: 이순철(2000), Klebelsberg (1989).

인식은 '불안(anxiety)'이라는 심리내적 흔들림으로 나타난다. 완벽히 해결될 수 없는 위험과 충족될 수 없는 안전은 상쇄될 수 없는 근원적 위험에 대해 실존적 불안을 느끼도록 한다.

안전에 의해 상쇄되지 못한 위험은 개체의 기분이나 느낌, 정서와 인지적 측면을 통해서 인식되는데, 이것을 '위험감수성(danger sensitivity)'이라고 부를 수 있을 것이다. 따라서 위험감수성은 '안전에 의해 상쇄되지 못한 위험에 대한 주관적 인식' 혹은 '해결되지 못한 위험에 대한 주관적 인식'이라고 정의할 수 있다.

일반적으로 감수성이란 유기체가 내·외적인 자극을 수용하는 능력을 말한다. 유기체는 환경의 변화에 대응하여 반응을 나타내는데, 변화된 환경에 대한 반응이 바로 감수성이다 (Slovic, Finucane, Peters, & MacGregor, 2004). 위험에 직면한 대상은 위험에 대한 예민함에 따라 위험을 평가하게 될 것이고 평가 결과에 따라 대책을 세우고 대응하게 된다.

하지만 앞에서 살펴본 것처럼 주관성과 역투성의 특징으로 말미암아 현실에서 인식되는 위험은 둔감하거나 과민하게 평가되는 문제 상황에 놓이기 쉽다. 즉, 위험감수성은 적절성을 획득하기가 어렵다는 것이다. 위험감수성이 적절성을 획득하기 어렵다는 것은 위험 해결과 안전 충족을 방해하는 핵심적인 장애물이다. 왜냐하면 객관적 위험에 대한 주관적 평가가 어긋나 있다면 고조된 위험에 제대로 대응하지 못하거나, 성취된 안전을 제대로 누릴 수 없도록 만드는 또 다른 위험 상황을 발생시키기 때문이다.

일례로 교통 상황에서의 위험평가는 교통참여자가 교통 환경을 어떻게 인식하는지, 즉 위험에 대한 감수성이 어떠한지로 설명할 수 있다. Klebelsberg(1989)는 교통참여자가 교통 환경에서 인식한 위험감수성 정도에 따라 위험을 예측하고, 이것을 토대로 위험을 회피하거나 감소시킬 수 있는 안전행동을 결정한다고 보았다. 따라서 실제 교통 상황의 위험을 안일하게 평가하는 운전자는 위험을 인식하지 못하면서, 위험을 고조시키는 행동을 해 버릴 수 있다. 반대로 실제 교통 상황의 위험이 줄어들고 안전한 상황임에도 낮아진 위험을 인식하지 못한다면, 실제 운전 상황에서는 주저하거나 머뭇거리면서 제대로 된 행동을 선택하지 못할 수 있다. 이것은 또 다른 형태의 사고 위험을 자신과 환경에 발생시킨다.

1) 위험감수성 구성 요인과 한국 사회 위험 대응의 문제점

Zimolong과 Trimpop(1993) 그리고 김인석, 이원영, 신용균과 이순철(2002), 이영애(2005), 이순열과 이순철(2010), 오주석과 이순철(2011) 그리고 이순열(2015a, 2015b, 2015c, 2016) 등의 연구를 종합해 보면 위험감수성에 영향을 주는 요인들은 크게 4가지로 구분할 수 있다.

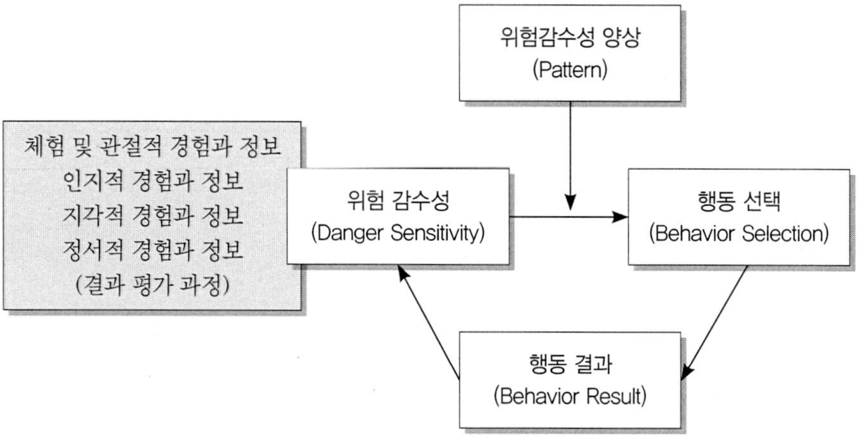

[그림 1-4] **위험감수성을 기반으로 한 위험 발현 경로**

위험감수성에 대한 4가지 구성 요인은 첫째, 체험 및 관찰적 경험과 정보, 둘째, 인지적 경험과 정보, 셋째, 지각적 경험과 정보 그리고 마지막으로 정서적 경험과 정보이다. 개인은 완벽히 독립적으로 존재하는 것이 아니며 속한 사회와 문화적 환경들과 상호작용한다.

따라서 개인뿐만 아니라 사회 집단의 위험감수성 또한 이상의 4가지 요소에 따라 영향을 받으며 독특성을 가지게 될 것이다. 한국 사회의 위험감수성도 나름의 독특성을 가지고 있을 것이므로 발현된 현상을 토대로 문제점을 살펴보고 해결 방안을 모색할 수 있다.

빗길 자동차 운전 상황을 예로 들어 위험감수성에 영향을 미치는 4가지 요인의 개인적·사회적 작용을 설명하면 다음과 같다. 운전자 개인은 자동차를 운전하면서 겪어 왔던 과거 위험과 교통사고에 대한 직간접적 경험과 정보 등을 통해서 현재 자신이 처한 빗길 교통 상황이 주는 위험을 평가하게 된다. 또한, 빗길과 자동차 운전이 가지고 있는 물리적·공학적 지식을 토대로 위험에 대해서 인식한다. 그리고 자신의 운전 능력과 자동차의 제동 성능 등을 평가해서 현재 차량 속도가 어느 정도 위험한 것인지 지각하게 된다. 마지막으로 빗길 자동차 운전이 가져다주는 불안과 위험에 대한 정서적 평가 혹은 속도를 줄일 수 없게 만드는 사회·문화적 압력(빨리빨리 문화, 속도를 중시하는 의식 구조 등)이나 개인의 욕구와 태도(조급성) 혹은 가치순위 등을 종합적으로 고려해서 위험에 대한 최종적 인식에 도달하게 된다.

이러한 4가지 구성요소로 이루어진 위험감수성 수준은 위험에 대한 선택과 행동 결과에 따라서 다시 개인의 주관적인 위험평가에 영향을 미치는 순환 구조를 가지게 된다([그림 1-4]). 개인이 가진 주관적 위험평가는 궁극적으로 위험에 대한 선택과 결과를 통해서 나타나는데, 사회나 조직의 위험감수성 또한 여러 가지 발현된 사회 제반 현상을 통해서 현상적

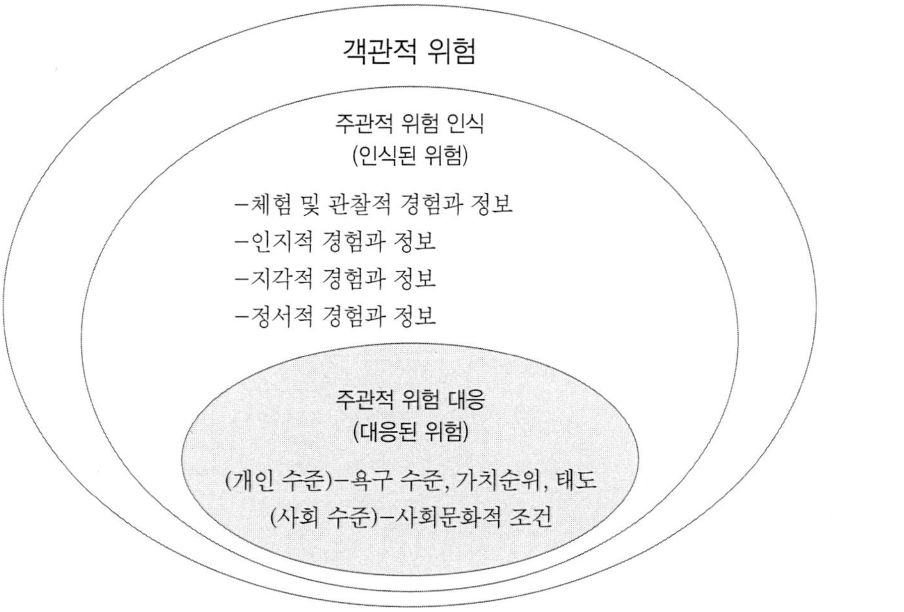

[그림 1-5] **위험에 대한 분류와 범위**

으로 드러날 것이다.

(1) 체험 및 관찰적 경험과 정보

위험감수성은 체험이나 관찰적 경험과 정보에 의해서 영향을 받을 수 있다. Lee, Lee와 Song(2009) 그리고 이순열과 이순철(2010)은 교통사고 위험지수(Traffic Accident Risk Index: TARI) 연구를 통해서 교통사고 위험에 대한 인식이 과거 교통사고 경험이나 사고가 발생할 뻔했던 경험을 통해 민감해질 수 있다고 보고하였다. 2003년 발생한 대구지하철 참사의 경우를 보더라도 사고 이전과 이후 유사한 상황에 대한 사람들의 대처가 달라졌다는 여러 보고가 있다. 이것은 체험이나 관찰적 경험과 정보가 위험감수성에 영향을 미치고 위험에 대한 대응과 태도에 영향을 준다는 것을 의미한다(이종한, 2003; 한덕웅, 2003).

사고가 발생한 경험과 정보는 극심한 고통과 불안을 야기할 수 있다. 사고에 대한 직접적 체험이나 관찰적 경험과 정보 등은 위험감수성에 과민을 가져올 수 있고 불안과 분노 그리고 위기에 대한 정서적 고조는 또 다른 사건을 촉발할 수 있는 불씨가 된다(이순열, 2015a). 반면, 위험이 사고로 이어지는 경험을 하지 못한다면 위험감수성은 둔감해질 수도 있다.

Daalmans(2013)는 위험평가에 있어서 위험 상황에서의 인간 행동을 3가지 학습모델로 제시하였다. 첫 번째는 고전적 조건형성으로, 사고라는 자극에 대한 공포반응으로서의 학습모델이다. 두 번째는 조작적 조건형성으로 위험과 공포를 어떻게 다루었는가에 대한 학습모델이다. 그리고 세 번째는 다른 사람들이 위험과 공포에 어떻게 반응하는가를 관찰함으로써 학습하게 되는 사회적 학습모델이다. 학습모델을 통한 위험평가를 보더라도 직접적 사고 경험과 사고 처리 경험 그리고 조직이나 사회구성원들이 위험과 사고를 어떻게 다루는가를 관찰하는 간접적 경험이 위험에 대한 평가를 다르게 인식시킬 수 있음을 알 수 있다.

이순열과 이순철(2010)이 실시한 위험평가에 관한 연구에서도 사고 경험이 있는 운전자가 그렇지 않은 운전자보다 위험을 높게 평가하는 경향을 보였다. 김기식과 박영석(2002)의 연구에서도 산업작업자의 경우 업무 중 사고를 경험한 사람들의 안전행동과 안전 동기 등이 긍정적으로 변화되었다고 보고하였다. 이것은 사고 경험이 안전 동기를 강화시키고 위험에 대한 평가를 변화시키고 있음을 나타내는 것이다.

사고 경험을 통한 주관적 위험평가는 언론매체에서 사고 소식을 접하는 것과 같은 간접적 관찰과 정보의 형태로도 영향을 받을 수 있다. 대표적으로 대구지하철 사고 이후, 비슷한 지하철 방화사건이나 실화사고가 미연에 방지되거나 작은 규모의 피해로 끝이 난 사례들을 들 수 있다. 이것은 사람들이 대구지하철 사고 보도를 접하면서 지하철 화재 발생의 위험성을 예전보다 높게 평가하게 되었고, 고조된 위험평가가 안전행동과 동기를 강화시킨 결과라고 볼 수 있다(이종한, 2003; 한덕웅, 2003).

최인철과 김범준(2007)은 안전 체감에 대한 연구에서 안전에 대한 평가는 사고가 발생하더라도 그 충격을 여러 가지 사회관계망이 흡수할 것이라는 기대를 얼마만큼 할 수 있는가, 위험에 대해서 관계기관이 얼마나 효율적으로 대응할 역량을 가지고 있는가를 인식하는 정도에 따라서도 영향을 받는다고 하였다. 즉, 발생된 위험과 사고를 개인과 사회 조직이 어떻게 처리하는가를 관찰하는 것을 통해서도 위험에 대한 평가가 이루어진다는 것이다.

사고 자체와 사고 처리 경험을 통한 위험평가에 관련한 사례로 2010년 칠레의 산호세 광산 사고와 2015년 한국의 메르스(MERS) 사태를 들 수 있다. 2010년 8월 5일 칠레 산호세 광산에서 33명의 광부가 700미터 깊이의 갱도에 매몰되는 사고가 발생하였다. 칠레 정부는 발빠른 대처와 대내·외적인 원조를 받으며 69일 만에 전원 구조의 성과를 이루었다.

산호세 광산 사고는 칠레 국민에게 광산 붕괴사고에 대한 경각심을 높이는 계기가 되었고, 더불어 칠레 정부에 대한 긍정적 신뢰감이 증가하면서 향후 어떠한 위기도 극복할 수 있을 것이라는 국민적 자긍심이 고양되는 계기를 마련하였다.

이와는 반대로 2015년 5월 20일 한국의 첫 메르스 감염자 발생은 몇 달 동안 한국 사회 전체에 전염병에 대한 공포와 정부 위기 관리에 대한 불신, 사회 · 경제적 불안을 가중시키는 진통을 겪게 했다.

칠레의 광산 사고와 한국의 메르스 사태는 현대사회의 위험이 단순히 물리적 사고나 병원체의 전염력에 국한되는 것이 아님을 보여 주었다. 이는 발생된 위험과 사고에 대해서 개인과 사회가 어떻게 대처하는가를 경험하거나 경험에 의미를 부여함으로써 위험에 대한 주관적 평가가 달라질 수 있음을 극명하게 대비시켜 준 사례라고 할 수 있을 것이다.

Hsee와 Weber(1999)는 공적 형태뿐만 아니라 여러 형태로 사적 관계망을 가지고 있는 동양 국가 사람들이 국가제도와 같은 공적 관계망 중심적인 서양 국가 사람들보다 위험에 대한 평가가 더 낮을 것이라는 가설을 세웠다. 이러한 가설은 투자와 의료, 학업의 세 분야에서 검토되었는데, 투자와 같은 경제 분야에서는 실제로 위험에 대한 평가가 동양 사람이 서양 사람보다 낮았다. 반면, 의료와 학업 영역에서는 위험에 대한 평가 차이가 없었다.

이러한 이유에 대해서 Hsee와 Weber(1999)는 투자 실패나 실업과 같은 경제적 위험은 가족, 친척, 친구 등의 사적 관계망 영역이 작동할 여지가 있기 때문에 동양 사람들이 서양 사람들보다 위험을 더 낮게 평가한다고 설명하였다. 반면, 의료나 학업의 영역은 사적 관계망보다는 공적 관계망이 작용하는 영역으로 위험평가에서 차이가 발생하지 않는다고 보았다.

Hsee와 Weber(1999)의 연구는 위험이나 사고에 대해 사회관계망이 어떻게 작동하는지를 경험함으로써 위험에 대한 평가가 달라질 수 있음을 시사하고 있다. 투자 손실이나 파산과 같이 경제적 사고는 사적 부조의 형태로 회복이 가능한 영역으로, 공적 관계망을 대신하여 위험평가를 낮추는 기능을 담당할 수 있다. 그러나 생명이나 신체 안전을 위협하는 사고나 재난의 경우 어떠한 사회안전망도 완벽하게 가치를 회복시켜 줄 수 없다. 이러한 영역의 경우 공적 관계망의 붕괴는 사회 전체적으로 위험에 대한 평가를 높일 수밖에 없다. 사회관계망의 붕괴로 위험평가가 높아지면 오히려 위험에 대해 적절히 반응하는 것을 방해할 수 있다.

김의철, 박영신, 박동현(2001)은 아동 · 청소년과 대학생의 안전효능감에 대한 연구에서 대학생이 신체 구조나 위험 대처 능력이 아동 · 청소년보다 발달하였음에도 유년기보다 안전효능감을 더 낮게 느낀다고 보고하였다. 이러한 연구 결과에 대해서 김의철 등(2001)은 향후 연구를 통해 적절한 대답을 찾아야 한다고 논의하였다. 한국의 반복된 인재형 참사와 그 처리 과정을 살펴보면 김의철 등(2001)이 논의해 보자고 남겨 두었던 연령 증가와 함께 안전효능감이 낮아지는 현상을 설명할 수 있을 것이다.

연령이 증가하면 일반적으로는 신체적 · 물리적 안전행위와 실행 능력이 증가한다. 그리고 동시에 성장해 가면서 일련의 사건과 사고들을 직간접적으로 경험하게 된다. 그런데 한국의 경우에는 여러 인재형 참사의 발생과 또한 불합리한 사고와 사건 처리 과정을 관찰하게 될 수 있다. 이것은 사고와 사건 혹은 재난과 참사에 대한 부정적인 경험을 증가시키는 것이다. 때문에 한국 대학생들의 경우 아동청소년보다 제대로 작동하지 않는 사회안전망에 관한 경험과 정보가 많이 축적되어 있을 수 있다. 즉, 한국 대학생들이 가진 낮은 안전효능감은 잦은 사고 발생에 대한 인식과 함께, 발생한 사고나 사건에 대한 불합리한 처리로 인해서 위험에 대한 부정적인 의미 부여가 증가되었기 때문일 수 있다는 것이다.

국무총리실 산하 안전관리기획단(2000)이 조사한 바에 따르면 한국 사회구성원들은 정부의 안전관리에 대해서 80.8%가 제대로 이루어지지 않고 있다는 불만을 가지고 있었다. 나아가 한국 사람들은 법규를 지키는 것이 손해라는 의식이 강하다고 지적하였는데, 이것은 사고나 사건의 원인이 결국 부조리한 사회관계망에 연결되어 있음을 반복적으로 경험해 왔기 때문일 수 있다(최상진, 김정인, 박정열, 손영미, 2001).

한국 사회의 경우 사고나 사건이 발생하면 직접적인 행위자나 현장 관리자에 국한된 비난과 처벌로 마무리되는 경우가 많았다. 사고가 발생하게 된 배경과 관행, 위험을 방조하는 악습이나 사회문화적 병폐 현상과 그렇게 될 수밖에 없는 구조적 문제에 대해서는 제대로 된 변화를 주지 못했다.

이것은 한국 사회를 살아가는 사람들에게 객관적 위험에 대한 올바른 평가를 가로막고 오히려 '어차피 일어날 사고는 못 피하는 것' '사고는 운명이며 어쩔 수 없는 것'이라는 체념이나 운명론을 강화시켜 위험에 적절히 대응하지 못하게 만들 수 있다(이영애, 2005). 즉, 위험을 느끼지만 어떻게 할 수 없는 불가항력으로 인식해서 '가만히 있을 수밖에 없는 무기력한 상태'를 만들어 버리거나, '가만히 있다가는 큰일 나겠다.'는 과도한 불안 반응이 나타나 혼란이 조장될 수 있는 것이다.

공적 관계망에 대한 불신은 사회구성원들로 하여금 위험에 대한 평가를 불필요하게 고조시킬 것이고, 이것은 위험에 대한 사회적 반응의 문제로까지 옮겨 갈 수 있다. 한국 사회의 경우 반복되는 참사 경험과 정부 부처의 책임 회피, 주먹구구식 대처, 금전적 보상에 집중된 사후 처리 등을 경험하면서 공적 관계망에 대해 불신이 증가하게 된다. 공적 관계망에 대한 불신은 왜곡된 사적 관계망이라는 사회병리현상으로 나타날 수 있다.

한국 사회가 여타 선진국들에 비해서 학연이나 지연, 혈연과 같은 사적 관계망이 유독 큰 힘을 발휘하는 이유가 바로 공적 관계망이 제대로 된 기능을 상실하였기 때문일 수 있다(한성열, 2005). 만성적인 부패 구조와 갑·을의 부당한 관행, 규정에 대한 편의, 정부와 이익집단의 부패한 연결고리 등 사적 인연에 기초해서 서로의 편의를 봐 주고 이득을 담보해 주는 문화가 형성된 것이 제대로 된 공적 관계망의 작동을 경험하지 못했기 때문일 수 있다는 것이다. '우리가 남이가.'라는 말로 대표되는 사적 인연에 근거한 패거리 문화는 결국 믿을 것은 나와 인간적으로 친한 사람, 사적인 연결고리를 가진 사람밖에 없다는 경험에 근거한다고 볼 수 있다. 사적 인연에 대한 기대와 의존은 다시 사익을 좇아 공적 의무를 소홀히 하거나 사적 관계를 보존하기 위해서 공공의 안녕을 해치는 결정을 하는 악순환의 고리가 될 수 있다.

사고와 사건을 극복한 경험과 정보는 현재 위험을 평가하는 강력한 준거가 된다. 위험이 사고로 이어지더라도 이것을 제대로 극복한 경험과 정보의 공급을 통해서 위험에 대해 적절한 평가를 내릴 수 있고, 이것을 통해 위험에 제대로 된 대응과 대책을 마련할 수 있다. 사고를 겪을 수는 있지만 사고와 위험을 어떻게 인식하고 대처할 것인가는 개인 및 사회적 경험과 정보에 따라 달라질 수 있기 때문이다.

(2) 인지적 경험과 정보

위험감수성에 영향을 미치는 또 다른 요인으로는 위험에 대한 정보·지식적 요소인 인지적 경험과 정보를 들 수 있다. Slovic(1987)은 기술 발전에 의해서 알지 못하는 위험은 제대로 된 평가를 내릴 수 없다고 하였다. 특히, 인간이 만들어 낸 현대 산업사회의 위험은 과학기술에 대한 지식 없이는 제대로 파악할 수 없다.

발생한 위험이나 잠재적 위험을 인식하기 위해서는 우선 위험으로 인식할 수 있는 준거틀(schema)이 있어야만 한다. 산업화로 나타난 여러 가지 위험에 대한 인식은 지식 유무에 따라 결정적인 영향을 받는다(이영애, 2005; Ramsey, 1985).

김기식과 박영석(2002)은 산업체의 경우 안전에 대한 지식이 많을수록 안전에 관련한 활동에 보다 참여적이고 순응한다고 보고하였다. 반면에 사람들이 위험에 대한 제대로 된 지식을 가지고 있지 못하거나 위험에 대한 인식이 피상적인 경우, 위험에 대한 평가와 대처에도 효과적이지 못했다고 보고하였다. 이것은 안전에 관한 지식 정도가 위험에 대한 평가에 영향을 미치고, 다시 이러한 위험평가의 정도에 따라 위험 감소 행동이나 안전행동이 영향을 받게 되는 과정을 나타내는 것이다.

위험에 대한 평가에서 인지적 경험과 정보란 위험에 대한 지식을 말한다. 지식 경험의 요소는 크게 3가지 지식체계로 구분할 수 있는데, 그것은 첫째, 인간에 대한 지식(인간 심신기능의 특성 및 한계), 둘째, 도구에 대한 지식(도구, 재료, 기계장치, 구조물 등), 셋째, 환경에 대한 지식(작업장, 활동 구역, 기상 및 기후 조건, 과학 법칙 등)이다(이순열, 2015a).

위험과 사고를 감소시키기 위한 인지적 접근의 경우 위험을 감소시키기 위해서 제어해야 할 행동이 무엇인지를 다루는 행동기반안전(Behavior Based Safety: BBS)을 대표적인 사례로 들 수 있다. 산업체와 조직별로 많이 발생하는 사고 유형이 무엇인지, 작업자의 주된 불안전행동이 무엇인지를 파악하고 관리하려는 행동기반안전은 행동주의 심리학에 기초하여 위험에 대한 지식을 바탕으로 안전에 대한 교육과 훈련을 통해서 위험행동을 관리하려는 시도이다(노진철, 2005: 오세진, 1997; 이강준, 권오영, 2005; Arunraj, Mandal, & Maiti, 2013; Earle, 2010; Guastello, 1993; Kuznar, 2002; Ramsey, 1985; Rumar, 1985; Von Thaden, Kessel, & Ruengvisesh, 2008).

인간과 도구 및 환경적 지식을 기반으로 한 위험 관리에서 인간에 대한 지식은 주로 발달과정에 따른 심신기능의 특성 및 한계, 감각기관의 오류나 생리 · 생물학적 특성에 관한 것들이다. 인간의 심신기능에 대한 연구는 전통적인 심리학의 연구 영역이기도 하다.

Reason(1990)은 사고로 이어지는 실수 행동에 대한 연구에서 주의나 기억 실패와 같은 인간의 인지적 원인을 주된 요인으로 꼽았다. 주의 능력과 기억과 같은 심리적 능력의 한계를 인식하지 못하면 착오를 발생시키고 사고로 이어질 수 있다. 완료해야 하는 행위에 대한 정보가 제대로 수집되지 못할 때 실수가 발생할 수 있는데, 자신의 신체능력의 한계, 시각능력의 한계를 제대로 인식해야 적절한 주의와 정보량을 투입할 수 있는 것과 같은 이치이다(Reason, Manstead, Stradling, Baxter, & Campbell, 1990).

각성 상태와 같은 의식 수준도 위험과 사고의 원인으로 지목된다. 수면과 교통사고에 관해 이스라엘에서 실시된 연구에서 교통사고 발생은 오전 1시부터 4시까지가 가장 높았고 다음으로 오후 1시부터 4시까지가 높게 나타났다. 이 같은 연구 결과의 가장 큰 원인으로는 교통량 감소로 인한 운전자의 각성 상태 둔화가 지목되었다. 이 연구는 교통량의 감소가 교통에 절대적으로 긍정적인 영향을 미치는 것이 아니며, 인간의 각성 상태가 어떻게 변화되는지 그리고 시간대에 따라 의식의 수준이 이완과 긴장으로 변화될 수 있음을 아는 지식이 있을 때 제대로 된 교통안전 향상이 이루어질 수 있음을 시사한다.

Reason(1984)은 인지체계 내의 문제로 발생하는 사고에 대해서 오작동과 실수와 같은 지각적 혹은 감각적 영역의 문제가 61%, 해석과 이해에서 발생하는 문제가 27%, 지식의 부정확함으로 인해 발생하는 문제가 11%의 비율을 차지한다고 보고하였다. 작업자가 위험을 인식함에 있어서는 지각과 감각의 문제가 가장 잘 탐지되고, 해석과 이해의 문제, 지식의 부정확함에 대한 문제가 다음의 순서로 탐지된다고 지목한 것이다.

이것은 위험에 대한 평가가 인간의 감각기능과 의식기능의 불안전한 특성에 대한 지식이 있을 때 제대로 이루어질 수 있음을 나타낸다. 또한, 해석과 이해에서 발생할 수 있는 문제와 더불어 산업재료나 구조물, 기계나 도구가 가지고 있는 위험요소에 대한 정확한 지식이 있어야지만 올바른 위험평가가 가능함을 나타내는 것이기도 하다. 지식을 기반으로 한 위험평가는 인지적 틀이 제공되어야 한다는 점에서 향상에 오랜 시간과 노력이 필요하다.

따라서 산업조직체 차원에서 지식을 기반으로 한 행동관리를 위해 많은 투자가 이루어지고 있는 것처럼 사회공동체 차원에서도 위험에 대한 지식 향상을 이루기 위해서 정책적 목표점을 가지고 지속적인 접근이 이루어져야 할 것이다. 또한 위험에 대한 해석과 지식을 기반으로 한 평가는 이것을 교육 · 훈련받는 구성원들의 노력이 동반되어야 한다는 특징이 있다.

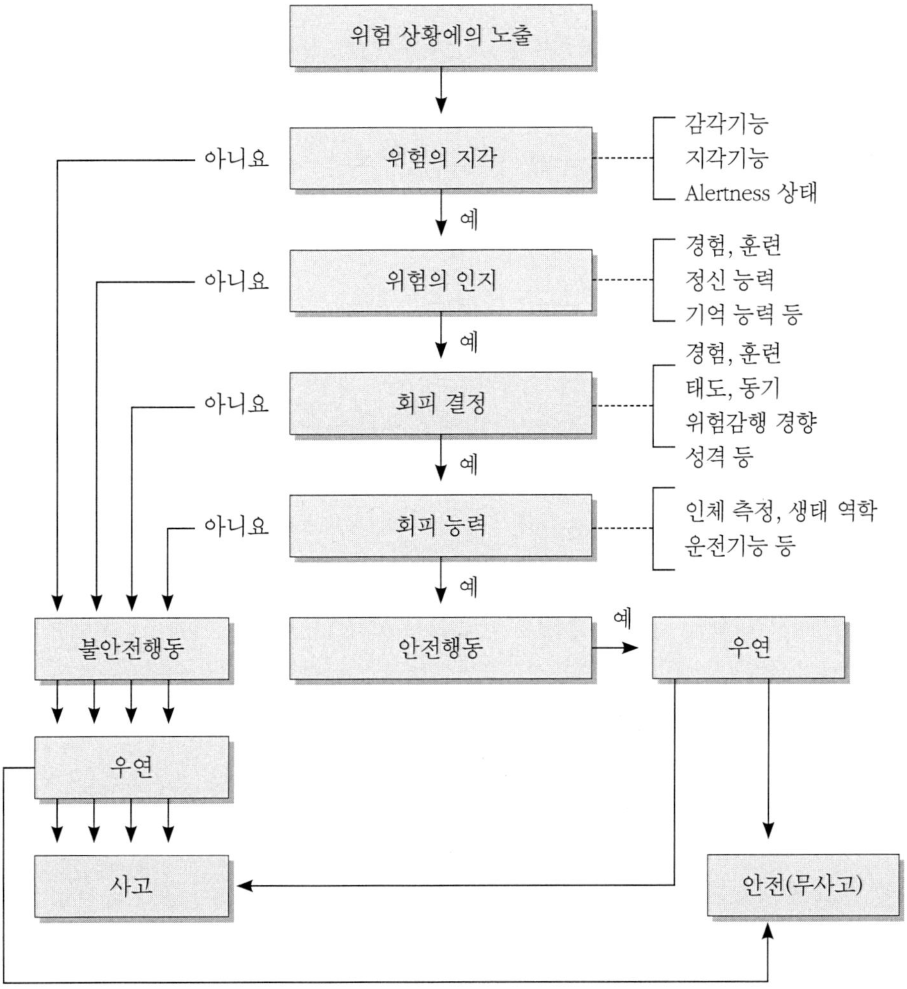

[그림 1-6] **시계열적 사고모형(인지행동적 위험모델)**

출처: Ramsey (1985).

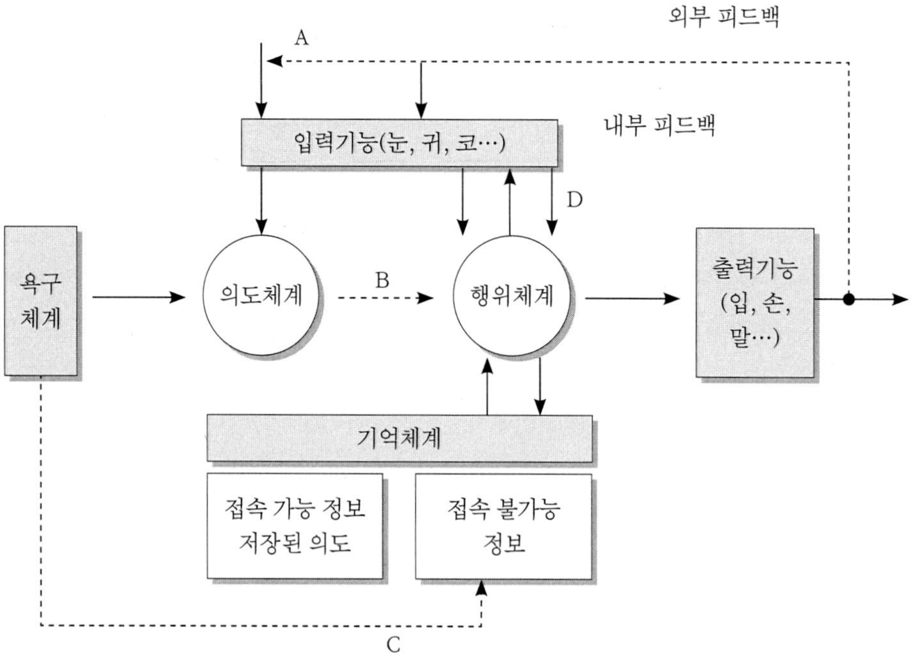

[그림 1-7] **인간행위 모델**

출처: Reason (1984).

따라서 사회구성원들이 위험에 대한 올바른 해석과 지식 함양의 필요성을 인식하도록 하는 캠페인이나 홍보활동을 통한 지속적이고 일관성 있는 메시지 제공이 요구된다. 위험에 대한 지식체계 또한 위험물과 같은 불안전(위험) 환경이나 위험행동과 같은 불안전(위험) 행동이라는 전통적인 주제를 확장하여 위험이 주는 정보 및 신호에 대한 범위로까지 확대되어야 할 것이다(Heinrich, Petersen, & Roos, 1980).

인지적 측면의 경험과 정보에 영향을 주는 위험감수성은 학습과 훈련 등의 체계적인 관리를 통해서만 갖출 수 있다(Geller, 2001, 2005). 직접적 체험이나 관찰은 조절할 수 없기 때문에 한계가 있다.

한국 사회의 경우 위험에 대한 무지로 인해 사고가 발생하거나, 발생한 사고의 규모를 키우는 경우가 많았다(국무총리실 안전관리기획단, 2000). 그럼에도 한국 사회는 안전에 대한 학습과 훈련을 개인 차원으로 돌릴 뿐 국가나 사회 조직, 교육 체계에서 제대로 된 조치를 취하지 않고 있는데, 인지적 측면의 경험요소에 관한 대책과 실행이 많이 부족함을 지적하지 않을 수 없다. 사건과 사고가 장소와 대상만 바뀌어서 반복되고 있지만 유치원이나 초등학교에서조차 정규적인 안전교육 커리큘럼이나 위험 상황별 행동관리 매뉴얼이 마련되어 있지 않다. 사고나 참사 당시에만 이벤트성 활동이 진행될 뿐 이내 다시 안전교육이나 훈련은 시간낭비나 비용소모로 취급되는 경우가 많다.

안전교육이나 홍보, 캠페인에 쓰이는 비용은 현재 한국의 경제 규모에 비추어 감당할 수 있는 수준이다. 위험에 대한 지식체계를 제대로 교육하고 위험 상황별 구체적인 행동지침을 훈련할 수 있도록 정책적 접근이 이루어져야 하는 이유는 충분하며 여건 또한 잘 갖추어져 있는 실정이다. 위험 상황에 대한 지식을 적절히 제공할 수 있는 효과적인 교육과 훈련 프로그램 및 위험 상황별 구체적인 행동관리 기법을 개발하는 데 심리학적 이론과 적용이 기여할 점들을 찾아 나가야 할 것이다.

(3) 지 · 감각적 경험과 정보

위험감수성은 위험에 대한 지 · 감각적 인식을 통해서도 영향을 받을 수 있다. Lerner와 Ketlner(2000)는 불확실한 상황 자체가 위험을 고조시키는 조건이 된다고 밝혔는데, 위험이 확률적으로 지각되기 때문이라고 주장하였다. 왜냐하면 위험하다고 해서 반드시 사고나 재해로 연결되는 것이 아니라는 것을 사람들이 경험하면서 의사결정에서 사고가 발생할 수 있는 객관적 확률을 무시하는 태도가 강화받기 때문이다. 즉, 위험에 대한 평가에서 이미 형성된 지 · 감각적 패턴이 태도나 행동을 자동적으로 결정하게 된다는 것이다.

NHTSA(2001)는 연구에서 평소 안전띠를 착용하는 운전자와 그렇지 않은 운전자를 비교했을 때, 안전띠를 착용하는 운전자의 평균 속도가 더 높았고, 앞차와의 차간거리도 더 짧았으며, 더 많은 차선 변경과 브레이크 페달 조작을 한다고 보고하였다. 이러한 현상은 안전띠를 착용하게 됨으로써 운전자가 자신이 처한 운전 상황의 위험도가 낮아졌다고 지각하면서 다른 부분의 위험행동을 증가시킨 결과라고 해석할 수 있다. 이처럼 위험에 대한 지 · 감각적 인식은 위험감수성에 영향을 미치고 위험 감소를 위한 행동 선택에 변화를 준다.

위험평가에서 지각적 편파는 Eberts와 MacMillan(1985)의 연구에서도 나타났는데 운전자들은 크기가 작게 지각되는 차량의 경우 실제보다 훨씬 먼 거리에 있다고 판단하는 경향이 있었다. 이러한 위험에 대한 지각적 평가 오류는 과속이나 법규위반과 같은 위험행동을 증가시키는 주요한 원인이 된다.

Katila, Keskinen과 Hatakka(1996)는 차량 미끄러짐 사고 방지 교육을 받은 사람들이 미끄러짐 방지 교육을 받지 않은 사람보다 더 많이 눈길 미끄러짐 사고를 야기한 사례를 보고하였다. 이것은 위험한 상황을 기술적 측면에서 제어한 경험을 가지게 되면 위험에 대한 과소평가와 통제력에 대한 과대평가가 일어나고, 위험행동이 증가하여 사고로 이어지게 되는 과정을 설명해 준다. 즉, 위험을 기술적으로만 제어하려는 접근이 오히려 위험 통제력의 과대평가로 이어져 위험에 대한 지각적 평가를 왜곡시킬 수 있음을 나타내는 것이다.

위험에 대한 지각은 위험이 작용하는 환경 정보를 평가하고 분석하여 처리하는 것이다. 즉, 현재 처한 위험 상황에 대해 어느 정도 통제하고 조절할 수 있는지를 지각함으로써 위험을 평가하게 된다. 위험평가에서 사고에 대한 귀인과 통제감을 기반으로 하는 평가는 지각적 측면의 접근이다(이영애, 2005). 위험에 대한 지각 정도는 실재하는 위험이 얼마나 강력한 피해를 줄 수 있는지와 함께 그것을 자신이 얼마나 적절히 관리해 낼 수 있는가 그리고 위험 발생과 사고 예방 및 처리의 책임소재가 어떠한가에 의해서 영향을 받는다(Slovic, Kunreuther, & White, 1974).

위험을 지각적으로 평가하는 경우, 사고로 이어지느냐 아니냐를 운명에 맡기는 세계관이냐 아니냐에 따라서도 영향을 받을 수 있다(Slovic, 1986). 앞서 살펴본 위험감수성에 영향을 미치는 경험적 측면과 인지적 측면이 위험에 대한 세계관에 영향을 미치고, 위험에 대한 지각적 평가에 영향을 주는 관계를 예상해 볼 수 있다(이순열, 2015a, 2015b, 2015c, 2016).

Wuebker, Jones와 Du Bois(1985)는 버스 운전사와 호텔 종업원들에 대한 연구에서 사고 발생을 자신이 통제할 수 있다고 여기는 사람들과 운명이나 재수에 달려서 조절이나 관리가 불가능하다고 생각하는 사람들의 안전행동이 차이가 있다고 보고하였다. 사고를 자신의 대처와 조치로 조절할 수 있다고 여기는 사람들은 사고를 운명에 달렸다고 생각하는 사람들보다 더 많이 안전행동을 선택하고 수행하였다. 이것은 위험이 사고로 이어지는 것에 무엇이 결정적으로 관여하는지를 지각하는가에 따라서 행동이 영향을 받을 수 있음을 시사한다.

사고에 대해서 확률론적으로 받아들이는 문화의 경우 사고 확률이 낮음에도 발생 가능성이나 본인이 사고에 연루될 수 있다는 의식이 높다. 반면, 운명론적 사고를 하는 사람의 경우 사고는 '운이 없어서 나는 것'이고, '위험한 상황에도 재수가 좋으면 피해갈 수 있다.'는 의식을 가지게 된다(송동빈, 2002; Kim, 2003).

사람들은 자신이 위험을 얼마나 잘 통제할 수 있는가를 평가하여 위험을 지각하기도 한다. 김의철 등(2001)의 연구에 의하면 한국 사람들의 경우 익숙한 위험요소에 대해서는 통제력을 과도하게 높이 설정하는 경향이 있다고 하였는데, 이것이 과속운전과 같은 위험행동이 증가하는 원인이라고 지적하였다. 즉, 위험에 대한 평가가 익숙한 상황이냐 아니냐에 의해서 과도한 통제력을 지각하는 것이 사고의 원인이 될 수 있다는 것이다.

Wasielewski(1984)는 고속도로에서의 안전운전을 위해서는 최소한의 차간거리가 2초인데 반해 실제 고속도로상의 평균 차간거리는 1.32초였다고 보고하였다. 연구를 통해서 차간

거리가 축소되면서 사고 위험이 증가하는 것은 실제 차량속도에 대한 과소평가와 함께 차량을 정지시킬 수 있다는 자신감과 같은 과도한 속도 통제력이 더해진 결과임을 알 수 있다.

심리학자들은 지각적 위험평가의 문제를 제어하기 위해서 여러 가지 공학심리학적 접근을 시도하고 있다(이재식, 2005). 가장 대표적인 접근은 운전자가 차량 속도감을 제대로 평가할 수 있도록 방호 울타리 구조물의 결을 보다 촘촘히 만든다든지, 전기자동차에 의도적으로 엔진소음을 강화시켜 주행 중 속도감에 영향을 주는 것 등이다.

그러나 이러한 공학심리학적 접근을 통해 위험평가를 향상시키려는 노력은 태도와 행동 변화라는 직접적 접근이 병행될 때 효과가 극대화될 수 있다. Evans(1996)는 사고 방지와 개선을 위한 장치 개발로 인해 줄어드는 교통사고 위험보다 운전자의 태도 변화에 초점을 맞춘 접근이 더욱 효과적이라고 밝히고 있다. 과속방지턱이나 속도감 증가를 위한 시각적 접근과 함께 과속 교통사고로 발생되는 유·무형의 비용과 고통을 강조함으로써 운전자 스스로 내면화된 의식 변화가 일어나도록 유도하는 것이 보다 효과적인 위험 감소 방법이라는 것이다.

위험 통제 능력에 대한 과도한 긍정적 평가를 조절하기 위해서는 주입식 교육이 아니라 시뮬레이션 장치를 활용한 교육이나 실제 훈련장을 이용한 체험식 교육이 필요함을 여러 관련 연구 결과가 뒷받침해 주고 있다(Pires, 2005; Sime, 2001). 이순열(2015b)은 운전자들을 대상으로 한 연구에서 차량 시뮬레이션을 활용하여 과속운전 상황에서 속도 제어의 어려움과 사고로 이어지는 경험을 가상적으로 체험하도록 하는 교육이 강의식 교육에 비해 위험에 대한 통제지각력을 보다 긍정적으로 변화시켰다고 보고하였다.

위험에 대한 주관적 평가는 사고 책임을 어떻게 지각하는가에 따라 달라지기도 한다. 박영신, 박동현과 김의철(1998)의 연구를 보면 안전행동에 대해서 자신이 개입할 여지가 많다고 지각하는 사람의 경우 안전행동이 증가하였다. 문제는 위험 제거가 주의나 조심과 같은 개인 차원에서의 노력에 집중되면 제도나 시스템에 대한 변화 요구나 개선 노력이 부족해진다는 것이다. 한국 사회는 위험 통제를 개인 차원에서 주로 다루고 조직이나 제도적 측면에서는 개선 노력이 부족하다는 지적을 받는다(이종한, 2003; 한덕웅, 2003; 한성열, 2005).

최종적 위험 관리 주체인 정부 역시 사고 발생 자체에 대한 제도적·행정적 개선 노력보다는 일단은 개인 차원의 일탈이나 실수의 문제로 돌리려는 태도를 취하는 경우가 많다. 개인과 조직이 사고 발생에 대해서는 운으로 돌리고 위험 통제 주체로서의 의식이 부족하면 위험에 대한 올바른 지각적 판단에 문제가 발생할 수 있다(이원영, 2006).

사고와 위험에 대한 지·감각적 측면의 문제는 위험에 대한 올바른 평가를 방해하고 위험행동을 증가시켜 사고 발생 확률을 높게 만든다. 또, 발생한 사고에 대해서 운으로 돌리는 잘못된 평가가 반복되면서 사고 발생 경험을 통해 적절한 위험감수성을 획득할 수 있는 기회를 놓치게 만들 수도 있다.

위험과 사고에 대한 관리 책임이 모호해지면 위험에 대한 평가가 안일해지고, 적절한 대응에 문제를 발생시킬 수 있다. 따라서 위험에 대한 평가와 책임소재를 소비자와 제공자, 관리자 등의 행위 주체별로 차등화시키고, 책임 영역이 분명히 규정되도록 하여서 위험에 대한 책임 있는 평가가 이루어지도록 할 필요성이 있다. 따라서 심리학이 위험을 해결하고 안전을 충족시키기 위한 접근을 시도할 때도 책임소재의 모호성과 지·감각적 평가의 오류 및 잘못된 귀인(attribution)을 감소시키기 위한 노력을 기울이는 방향으로 이루어져야 할 것이다.

한국 사회의 경우 위험이 사고를 발생시켰고, 발생된 사고가 참사로 이어질 수 있는 급박한 상황임을 제대로 인식하지 못한 안일한 지·감각적 평가가 반복되고 있는 실정이다(이순열, 2016; 한성열, 2005). 1995년 삼풍백화점 사고와 2003년 대구지하철 사고, 2014년 세월호 참사 등은 안일한 위험평가와 사고 발생에 대한 지각적 편파 그리고 위험 해결의 주체를 모호하게 인식한 것들이 뒤엉킨 전형적인 인재형 사건이라는 공통점이 있다.

시설이나 재화, 서비스를 이용하는 사람과 시설이나 재화, 서비스를 공급하는 주체 그리고 사회 및 국가 시스템의 관리자가 인식하는 위험 지각은 차이가 날 수밖에 없다. 각 주체별로 위험에 대한 지·감각적 인식이 어떻게 이루어지는지에 대한 심리학적 연구가 진행될 필요가 있는 이유이다.

위험에 대한 잘못된 지·감각적 평가로 인해 발생되는 사건과 사고 그리고 재난을 막기 위해서는 다양한 환경(산업환경, 교육환경, 교통환경, 생활환경, 의료환경, 건설환경, 자연환경 등)에 따른 정밀하고 세분화된 위험평가 및 대응 정보가 제공되어야 한다. 또한, 행위 주체별(개인, 조직, 국가)로 구체적인 책임 수준을 설정하여 각 주체가 담당해야 하는 위험 정보를 숙지하고 적절한 위험 지각을 통해 대처 방법과 책임 있는 위험 처리가 가능하도록 세부적인 행동 및 관리 매뉴얼을 개발할 필요가 있다.

(4) 정서적 경험과 정보

오주석과 이순철(2011)은 위험 상황 발생에 대해서 걱정하거나 두려움을 느끼는 사람보다 위험 상황에 대해서 스릴이나 즐거움을 느끼는 사람의 위험 감행 행동이 증가한다고 보고하였다. 위험에 대해서 스릴이나 즐거움의 정서 반응을 보이는 사람들이 그렇지 않은 사람들보다 위험 상황을 더 많이 경험한다는 것이다. 이것은 위험에 대해 가지는 정서적 반응에 따라 위험에 대한 평가와 민감도 및 대응이 달라질 수 있음을 나타내는 것이다.

Slovic(2000)은 위험에 대한 평가에 두려움과 같은 정서 반응이 중요한 영향을 미친다고 밝혔다. 위험이 반드시 사고로 이어지는 것은 아니기 때문에 불확실한 상황 및 갑작스런 위험 발생 상황에 대한 평가는 느낌과 같은 즉각적 반응인 정서적 측면이 시간을 필요로 하는 인지 및 지각적 측면보다 훨씬 더 큰 영향을 미칠 수 있다(Finucane, Alhakami, Slovic, & Johnson, 2000; Loewenstein, Weber, Hsee, & Welch, 2001).

위험에 대한 평가에서 정서적 측면에 관심을 가지는 것은 인간의 위험행동과 사고의 저변에 실수나 오류에 기인하는 것이 아닌 무의식적 위험의 반로, 위법하고 위험한 행동, 불합리하고 문제를 일으키는 파괴적이며 공멸적 행위에 도달하도록 촉진하는 심리적 기제가 있다고 보기 때문이다. 따라서, 위험을 인식하는 주관적 평가는 위험에 대한 태도나 자세, 안전해지려는 동기의 방향과 강도가 어떠한지 혹은 위험에 대한 정서적 반응이 무엇이며 강도가 어떠한지에 의해서도 영향을 받는다(이순열, 2015a, 2015b, 2015c, 2016).

그렇기 때문에 심리학적 연구를 통해서 위험을 논의하는 작업이 행동적인 측면에만 집중한다든지, 경험이나 인지 · 지각적인 접근 어느 한쪽에만 몰입하는 것은 위험을 바라보는 제한적인 시각만을 제공할 가능성이 크다. 개인과 조직체 및 국가 공동체가 위험을 바라보는 태도나 정서적 반응이 무엇인지, 사회 저변에 흐르는 위험에 반응하는 정서적 태도가 어떠한지를 살펴보는 더욱 활발한 접근이 일어날 필요가 있다.

위험과 사고에 대한 인적 요인 및 심리학적 연구는 Greenwood와 Woods(1919)의 사고다발 경향성, 즉 사고를 내는 사람들의 성격적 특성에 관한 연구에서 출발하였다고 보는 견해가 많다. 사고를 내는 사람들은 그렇지 않은 사람들과 차이가 있을 것이라고 생각하는 것이다.

심리학자들의 이 같은 생각은 사고나 위험을 바라보는 주요한 주제로 현재까지도 이어지고 있다. 관련한 연구는 사고 경향성이 높은 사람들의 독특한 성격 구조를 알아내려는 시도가 가장 대표적이다.

일련의 연구 결과, 사고가 많은 사람은 그렇지 않은 사람에 비해서 성격측정 도구인 MMPI (Minnesota Multiphasic Personality Inventory) 척도 중 반사회성(Psychopathic deviated: Pd) 점수와 경조증(Mania: Ma) 점수가 높게 나타난다. 외향적인 성향과 정서적 불안이 높은 사람이 그렇지 않은 사람보다 사고와 관련이 더 많다는 연구 결과도 있다(박영호, 1989; Brown & Berdie, 1960; Craske, 1968; Harris, 1949; O'Gorman & Kunkle, 1947; Spielberger, 1972). Kunce와 Reeder(1974)의 연구에 의하면 성격 특성과 같은 내적인 요인은 영구적 사고 경향성의 기초가 되며 슬픔이나 분노, 스트레스와 같은 요인은 일시적 사고 경향성의 기초가 된다고 하였다. Hansen(1988)의 연구에서도 신경증적인 경향성이나 정서적 불안정성이 위험행동의 유발 가능성을 높인다고 보고하고 있다. 위험과 관계가 깊은 정서로는 두려움, 공포, 분노, 불안과 같은 부정적 정서가 대부분이다.

특히 위험에 대한 정서적 접근이 이루어질 때, 기본적인 부적 정서로 분류되는 불안을 눈여겨볼 필요가 있다. 사회 조직 차원과 개인 차원에서 불안이 어떻게 작용하고 있는지, 불안이 어떠한 형태로 사회와 개인의 삶에 나타나는가에 따라서 위험을 평가하고 인식하는 것이 달라질 수 있다.

불안은 위험을 느낄 때 발생하는 가장 기본적이고 근원적인 정서 반응이다. 인간은 위험을 인식하면서 불안을 느끼게 되고, 이것을 극복하려는 강력한 동인이 작동한다. 정신분석 심리학에서 불안을 인간 내면의 가장 강력한 에너지로 파악하는 것도 아마 이러한 강력한 동인으로서의 작용 때문일 것이다.

심리학적으로 불안에 대해 개념적인 체계를 갖춘 접근이 최초로 시도된 것은 현상학과 실존주의 철학을 기반으로 하는 실존주의 심리학을 들 수 있다. 정신분석 학파 이전부터 초기 심리학에 관심을 가지고 있었던 학자들은 감각으로서 혹은 철학적 개념으로서 불안을 다루어 왔고 이러한 견해들은 실존주의 심리학자들을 통해서 이어져 왔다. 실존주의 심리학에서는 인간의 주요한 내재적 동인으로 불안을 지목한다(이순열, 2016).

인본주의 심리학자이자 실존주의 심리학자로도 분류될 수 있는 Maslow(1943)는 욕구위계이론(needs hierarchy theory)을 통해 인간의 내재된 불안을 극복하기 위한 동인으로써 욕구를 설명하였다. 생존 욕구는 생리적 결핍이 가져다주는 불안을 극복하기 위해 동기화되는 것이며, 안전 욕구는 불안전의 불안을 극복하기 위해서 동기화되는 것이다. 소속과 인정 욕구는 홀로 남는 것과 배척받는 것에 대한 불안을 극복하기 위해 동기화되며, 자아실현 욕구는 실존적 피투성(被投性)의 불안, 끊임없이 중첩되는 존재적 변화에 대한 불안을 극복하기 위해 동기화되는 것이다(안상혁, 2015).

욕구위계이론에 따르면 인간은 가장 기본적인 욕구인 생리적 측면에서 불안을 경험하게 되면 다음 단계인 안전 욕구나 소속의 욕구를 추구하기보다는 생리적 욕구에만 몰입하게 된다고 보았다. Maslow(1943)의 욕구위계이론에 따르면 생존의 위협을 느끼는 인간에게 안전에 대한 투자나 위험을 줄이기 위한 노력은 뒷전이 될 수밖에 없다. 왜냐하면 위험 해결을 위해 투자되는 에너지를 줄여서 생존을 획득하는 것이 급하기 때문이다.

Spielberger(1972)도 불안 정서에 관한 연구를 통해 인간의 불안 정서가 위험평가에 영향을 미칠 수 있음을 보고하였다. 연구에 따르면 불안 수준이 높은 사람들은 불안 수준이 낮은 사람들보다 위험평가가 둔감해지고, 의도치 않게 위험을 추구하려는 성향이 강하게 나타난다고 하였다. 이것은 위험을 인식하고 받아들이는 과정에서 불안이 주요한 원인으로 영향을 줄 수 있음을 나타낸다.

Morgan, Jones와 Harris(2013)는 불안과 행복감 등의 정서가 위험결정 과정에 어떠한 영향을 미치는지 살펴보는 연구를 실시하였다. 연구 결과, 불안을 경험하는 작업자는 불안의 증가가 피로도의 증가로 이어지고 동시에 보다 더 위험한 결정을 하도록 직간접적으로 영향을 미치게 된다고 보고하였다. 이것은 불안이 사람들로 하여금 위험한 선택을 하도록 유도하는 동인으로 작용할 수 있음을 시사한다.

불안의 대표적인 증상은 속도를 높여서 불안 상황을 회피하려는 것이다. 불안은 불안 상황을 피하도록 동기화시키는데, 이러한 행동의 가장 대표적인 것이 서두름이다(박선진, 이순철, 2009). 자동차 운전 상황에서는 차량 속도를 높여 목적지에 신속히 도착함으로써 운전을 통해 느끼는 불안을 종료시키고자 하는 것으로 설명할 수 있다.

음주운전이나 법규위반이 사고 위험을 높이는 것 또한 동일한 과정으로 설명할 수 있다. 음주운전이나 법규위반 상황이 발생하면 운전자는 자신의 행위가 교통사고나 단속이라는 부정적 결과로 이어지지 않을까에 대한 불안이 증가한다. 증가된 불안은 빨리 목적지에 도착해서 운전 상황을 종료시킴으로써 불안 상황을 회피하도록 하는데, 이 때문에 차량 속도가 높아지고 동시에 적절한 확인이나 안전조치를 생략하면서 교통사고 위험을 고조시킨다(김동우, 박선진, 이순철, 2009; 이순열, 이순철, 2007a, 2007b; Hansen, 1988).

위험에 대한 정서적 평가에서 불안을 기본 정서로 파악하고 살펴보는 것은 성격심리학적 요소를 포함하고 있는 것과 동시에 안전에 관련한 심리학적인 연구에서도 중요한 작업이 될 수 있다. 인간은 자신의 내면에 의식적 혹은 무의식적으로 익숙한 불안 수준을 설정하고 있다. 개인은 자신이 설정한 익숙한 불안 수준까지 전체적인 삶의 불안 수준을 맞추어 가게 동기화된다. 익숙한 불안 수준을 추구하려는 성향으로 인해 개인은 삶의 일부분에서 불안이 낮아지면 또 다른 삶의 영역에서 의식적 · 무의식적으로 불안을 고조시켜서 전체적인 불안 수준을 익숙한 수준으로 유지하려고 한다(이순열, 2015a).

불안 수준의 일정성은 위험수준이 삶의 영역에서 일정한 양을 유지하는 것과 비슷한 형태를 취하게 되는데, 불안과 위험이 유사한 구조로 파악될 수 있음을 보여 주는 사례이다. 불안이 일정 수준의 보존성을 나타내는 것과 이로 인해 발생하는 불안 평가의 왜곡은 위험수준의 일정성에 대해 설명하는 '위험항상성이론(Risk Homeostasis Theory: RHT)'을 적용해서 살펴볼 수 있다. Wilde(1982)는 운전 행위와 안전 대책, 구조물 안전 등을 종합한 위험이 항상 동일한 수준이 되도록 변화를 주는 운전자의 선택을 위험항상성이론으로 설명하였다.

위험항상성이론은 사람들이 설정한 나름의 위험수준에 대한 목표치가 있다는 것을 기본 전제로 한다. 개인이 허용하는 위험수준이 정해져 있기 때문에 객관적 상황에서의 환경이나 도구의 위험이 감소하면 조작 행위에서의 위험을 증가시켜 목표한 위험수준까지 도달하게 된다. 반면, 환경이나 도구의 위험이 증가하면 조작 행위의 위험을 감소시키게 되는데 결국 환경이나 도구, 개인이 결정한 행위 등을 종합적으로 평가해 보면 자신에게 적용되는 위험수준은 대체로 동일하다는 것이 위험항상성이론의 핵심이다.

위험항상성이론을 불안의 영역에 적용하여 생각해 보면 객관적 위험을 감소시키려는 노력은 개인 및 사회가 설정한 위험수준, 즉 불안 수준의 감소 없이는 제대로 된 효과를 발생시킬 수 없음을 짐작케 한다. 아무리 객관적으로 안전한 환경이나 도구, 구조물이나 사회 및 행동 관리 시스템을 개발하더라도 개인과 사회의 불안 수준 및 용인하는 위험수준이 높다면, 의도적 범죄나 위험행동 혹은 이기적인 일탈 행동을 선택하여 개인 및 사회적 차원에서의 안전 확보를 불가능하게 만들 수 있다.

따라서 한국을 비롯한 현대사회가 과거에 비해서는 객관적 위험을 많이 감소시켰고, 위험을 관리하기 위한 여러 기술적 방법을 발달시켜 왔음에도 정작 사건과 사고, 참사의 발생이 끊이지 않는 이유가 무엇인지에 대한 해답을 찾고자 할 때, 정서적 불안 수준을 제대로 낮추지 못하였기 때문이 아닌가를 심도 있게 살펴보아야 하는 이유가 여기에 있다.

현상적인 행동 관리나 기술 체계에 대한 관리만으로 위험을 낮출 수 있다고 생각하는 것은 인간에 대한 기계적 관점을 고수하는 행동주의 심리학이 지적받고 있는 동일한 한계를 가지게 만들 것이다. 사고가 일어나기 직전의 위험행동에만 초점을 맞추어 살펴보게 되면 행동적 차원에서는 위험을 낮출 수 있겠지만, 정서적 분노로 인해 발생하는 공멸적 행위나 인간성 소외로 발생하는 불안과 슬픔, 자해적 행위에 대한 대응은 불가능하다.

위험행동에만 집중된 기계적 위험 관리는 분노와 불안을 내포하고 있는 인간 정서의 촉발에는 무관심하게 만들 수 있다. 이러한 위험과 안전에 관한 제한적 접근은 오류(error)와 착오(lapse)는 감소시킬 수 있겠지만 소외와 분노, 불안에 기인한 위험행동(violence)이나 의도적이고 폭력적인 범죄나 테러 혹은 여러 종류의 일탈행동 등 또 다른 차원에서의 위험 증가는 막을 수 없다.

현대사회를 살아가는 사람들은 신체적 위협뿐만 아니라 고용과 소득 등의 경제적 측면, 지진이나 해일과 같은 자연재해나 테러와 전쟁과 같은 인적 재난 등 여러 방면에서 위험과 불안을 경험하고 있다. 위험과 불안은 유사한 발현 양상을 가지는데 익숙한 불안 수준을 유지하려는 경향은 객관적인 위험이 낮아졌음에도 불구하고 이기적인 선택이나 범죄 행동 및 일탈적 행위 등으로 자신이 설정한 불안과 위험수준까지 도달하도록 추동시킬 수 있다.

이순열(2016)은 불안 수준이 높아지면 위험을 제대로 평가하지 못하고 오히려 자신에게 익숙한 위험을 수용해 버릴 수 있다고 지적하였다. 자신에게 익숙한 위험수준까지 불안을 수용함으로써 자기도 모르게 위험한 행동을 선택하거나 파괴적 상황이 진행되도록 만들어 버릴 수 있다는 것이다. 객관적 위험에 대한 적절히 평가를 통해 인식된 불안은 사고 발생 확률을 낮추도록 기여하겠지만, 지나치게 고조된 불안은 위험 평가에 문제를 발생시키고 잘못된 선택을 하도록 하여 사고나 위험행동 발생에 작용하게 된다.

따라서 한국 사회가 위험에 제대로 대응하기 위해서는 Maslow(1943)의 욕구위계이론과 Wilde(1982)의 위험항상성이론 등을 종합적으로 고려하여 위험이 발현되는 현상을 세심하게 살펴볼 필요가 있다. 즉, 위험이 가진 정서적 측면을 비롯하여 보다 더 다양한 방면의 접근이 필요하다는 것이다.

한국 사회에서 인재형 참사와 사고가 반복적으로 발생하는 이유가 구성원들이 높은 불안 수준을 용인하고 있으며, 생리적 결핍 충족과 같은 기본적이고 낮은 차원의 욕구에 동기화되어 있기 때문이 아닌가 생각해 볼 필요가 있다. 또한, 한국 사회구성원들이 안전을 적절히 추구하지 못하는 것이 개개인의 사고 경향성이나 행동 관리의 빈틈뿐만이 아니라 사회풍토나 조직 문화적으로 생존에 지나치게 고착되어 몰입하도록 하는 분위기를 조성하고 있기 때문은 아닌지를 살펴보는 것이 필요하다.

생존과 경쟁에서 승리하는 것에만 고착되면 당장의 이익을 위한 이기적인 선택을 하는 비율을 높이게 된다. 비양심적인 행위를 통해서라도 살아남는 것에만 급급하게 된다. 사회 차원과 개인 차원에서 불안 수준이 생존 단계에 고착되어 버리면 상위 단계인 안전 욕구를 성취할 수 없다.

불안 수준의 감소는 해당되는 욕구 수준에 대해서 적절히 반응하고 정보를 제공하는 것을 통해서 이루어질 수 있다(이현주, 이영애, 2011). 최인철과 김범준(2007)은 원자력에 대한 주민 안전 체감에 관한 연구를 통해 주민들은 원자력 안전에 대한 커뮤니케이션에서 신뢰를 보내지 않고 있으며, 이로 인해 위험을 느끼는 정도가 높아졌다고 보고하였다. 김형수, 오세진, 양병화와 김형일(2002)의 연구에서도 위험과 재난에 관련한 솔직하고 긍정적인 의사소통이 안전에 대한 몰입에 정적인 영향을 주는 것으로 나타났다. 이러한 연구 결과는 안전에 관련해 당사자들 간의 지지와 격려, 활발한 상호 의사소통을 통해 정보 제공이 이루어질 때,

불안이 줄어들고 안전행동과 같은 조직 친화적 행동이 증가할 수 있음을 나타낸다.

불안 감소는 정확하고 올바른 정보의 제공과 신뢰관계를 형성함으로써 가능하다. 사회적 불안 수준의 감소는 사회적 신뢰 수준을 높이고 예측 가능한 조직풍토를 만들어 가는 것이 관건이 된다. 그런 의미에서 한국 사회에서 이제까지 사고나 재난에 대해서 제대로 된 조치나 사고 원인에 대한 실체 규명, 신뢰할 수 있는 의사소통 등이 제대로 이루어지지 못하여 왔음을 지적하지 않을 수 없다. 신뢰가 낮은 조직과 사회는 그 자체로 여러 위험요소를 발생시킨다(한성열, 2005).

임성만과 김명언(2000)의 연구에 의하면 목표나 결과 중심적인 사회나 선의를 신뢰할 수 없는 조직풍토가 위험을 높이고 사고를 증가시킬 수 있다고 하였다. 위험에 대한 정보, 사고에 대한 의사소통이 제대로 이루어지지 않는 조직에서는 조직 시민 행동이 감소하고 당장의 위험만 제거하려는 임기응변식 행위가 만연한다. 이로 인해 근본적으로 위험을 적절히 다루지 못하는 악순환에 빠지게 되는데, 이러한 문화와 풍토는 사회나 조직의 커다란 손실이 아닐 수 없다.

신뢰 감소는 조직과 사회 붕괴로 이어지는 가장 치명적인 사고이자 사건의 씨앗이 된다. 신뢰를 경험하지 못하면 불안이 줄어들 수 없고, 잠재적 위험행동을 감행함으로써 자신과 사회 조직에 자해적 선택을 하게 된다. 조직분위기가 생존과 경쟁에 고착되면 당장의 생존을 위한 선택에 급급할 뿐 미래의 안전은 무시되기 쉽다(Slovic, Layman, Kraus, Flynn, Chalmers, & Gesell, 1991). 따라서 심리학이 안전에 대한 심리 서비스를 제대로 제공하기 위해서는 낮은 수준에 고착되어 있는 불안 수준을 해소하고 한 단계 높은 성숙된 안전 문화(safety culture)를 만들기 위한 노력을 보다 활발히 기울일 필요가 있다.

사건이나 재난에 의해서 발생한 현상적 불안이나 트라우마(trauma) 극복을 위한 임상적, 상담적, 정신의학적 접근과 함께 사회적 부분에서도 낮은 수준에 고착된 삶의 동기를 높이고 근원적 불안 수준을 낮추기 위한 심리학적 접근이 이루어질 필요가 있다. 한국 사회가 급속도로 경제 발전을 이룩하였고, 안전에 대한 투자나 시설 증가를 보였음에도 온전히 안전을 누리지 못하는 이유는 위험의 불씨인 개인 및 사회공동체의 불안 수준을 제대로 낮추지 못하였기 때문이 아닌가 생각된다. 또한 사회와 구성원들이 추구하는 동기 수준이 낮은 단계에 고착되어 있고 상위단계로 향상될 수 있도록 적절한 동기부여가 이루어지지 않았기 때문으로 여겨진다.

한국 사람들이 경제성장과 발전을 이룩하였음에도 사회를 불안하게 인식하고 과도하게 생존에 몰입하는 이유도 바로 사회나 조직이 상대적 우월감이나 경제적 성취에만 몰입할 뿐 생명과 인간 자아가 실존적 의미를 획득하는 것에 가치를 두지 않는다는 불신에 기초하고 있을 수 있다. 사회문화나 조직풍토가 경쟁에서의 승리만을 추구하고 경제적 이득이 주는 가치에만 집중하고 있다고 느끼는 순간 안전이나 위험 감소는 형식적 구호로 그칠 수밖에 없다(박진영, 최혜원, 서은국, 2012).

한국 사회가 가지고 있는 심연의 불안과 불신의 씨앗을 그대로 두고 표피적인 위험 해결과 안전 충족만을 추구하는 것은 기둥 없이 지붕을 세우려는 행위가 될 수밖에 없다. 개인과 사회 내부에 잠재되어 있는 불신의 트라우마를 회복시키는 가장 강력한 방법은 개인과 사회가 신뢰를 새롭게 경험하도록 하는 교정적 정서 경험을 체화시키는 것이다(Kellermann & Hudgins, 2008).

사회적 불안을 다루는 것은 조직 구조를 강화시키고 감독 체계를 수정하는 것만으로는 부족하다. 조직문화와 사회 전반에 걸친 신뢰풍토 조성은 명령체계의 확립이나 조직계통의 변화로 이룩할 수 있는 수준의 문제가 아니다. Harlow와 Zimmermann(1958)의 애착 실험이 말해 주듯이 불안 수준을 낮추고 신뢰를 획득해 나가는 것은 생존을 위한 자원의 쟁취나 투쟁에서의 승리가 아니라 불안해 하는 개체가 보내는 요구에 진실하게 부응하려는 선의와 타자(약자)의 결핍에 반응하려는 진실된 노력을 통해 가능할 것이다.

한국 사회의 안전을 보다 향상시키기 위해서는 구성원들이 무엇을 요구하는지, 어떤 것에 결핍을 느끼고 있는지를 파악하고 요구를 충족시켜 주고 사회적 갈증을 해소하려는 노력이 병행되어야 하는 이유가 여기에 있다. 심리학적 연구도 행동관리나 조직개발 및 체계정비, 효과적인 조직 구조 확립과 같은 환경을 개선하고 행동을 관리하려는 산업 · 조직적 접근, 인지 · 학습적 접근, 기계 성능이나 구조물, 재료의 안전성을 확보하기 위한 공학적 접근과 함께 사회적 신뢰를 형성하고 불안 수준을 감소시키기 위해서 어떠한 작업이 필요한지 살펴보는 정서적 접근도 병행되어야 할 것이다.

사회구성원들의 요구와 결핍이 무엇인지를 제대로 파악하는 데 심리학적 관심을 기울일 필요가 있다. 한국 사회의 안전풍토를 높이고 개인과 사회 차원의 불안 수준을 낮추기 위해서는 투명하고 공정한 사회, 공적 관계망의 올바른 작동, 정직한 책임 규명과 제도적 정비가 이루어질 수 있다는 긍정적인 정서 경험을 전체 사회구성원들에게 공급할 필요가 있다.

요구가 충족되고 결핍이 채워지는 정서적 경험을 통해서 한국 사회와 구성원들이 익숙하게 여기고 있는 위험수준을 낮추고, 낮은 수준에 머물러 있는 동기 수준을 보다 향상시킬 수 있을 것이다.

2) 위험감수성의 문제 양상과 조절 원리

위험감수성은 4가지 측면의 경험과 정보에 의해서 조절된다. 위험감수성은 다시 발현된 양상에 대한 인식을 통해서 다음의 행동을 선택하고 행동의 결과가 나타나게 된다. 나타난 행동의 결과는 다시 4가지 측면으로 수렴되어 위험감수성을 변화시킨다. 이상의 위험감수성 발생 구조에서 행동 선택과 행동 결과를 조절할 수는 없다. 다만, 위험감수성에 대한 평가와 위험감수성이 발생하는 양상을 인식함으로써 심리적 조절 작용이 이루어진다([그림 1-8]).

위험감수성은 끊임없이 변화하는 객관적 위험에 대한 주관적 인식으로써 발생한다. 따라서 인간이 위험을 해결하고 안전을 성취하기 위해서는 위험에 대한 주관적 인식이 끊임없이 움직이고 유연하게 적절성을 찾아가야 한다는 또 다른 과제가 발생한다. 그러나 일상에서 객관적 위험에 대한 주관적 인식이 적절성을 유지하는 것은 쉬운 일이 아니다.

이순열(2016)은 위험감수성이 개체에 공급되는 경험과 정보의 의미에 따라 위험 해결에 대한 과민이나 둔감 혹은 안전 충족에 대한 과민이나 둔감으로 고착되어 버리기 쉽다고 밝히

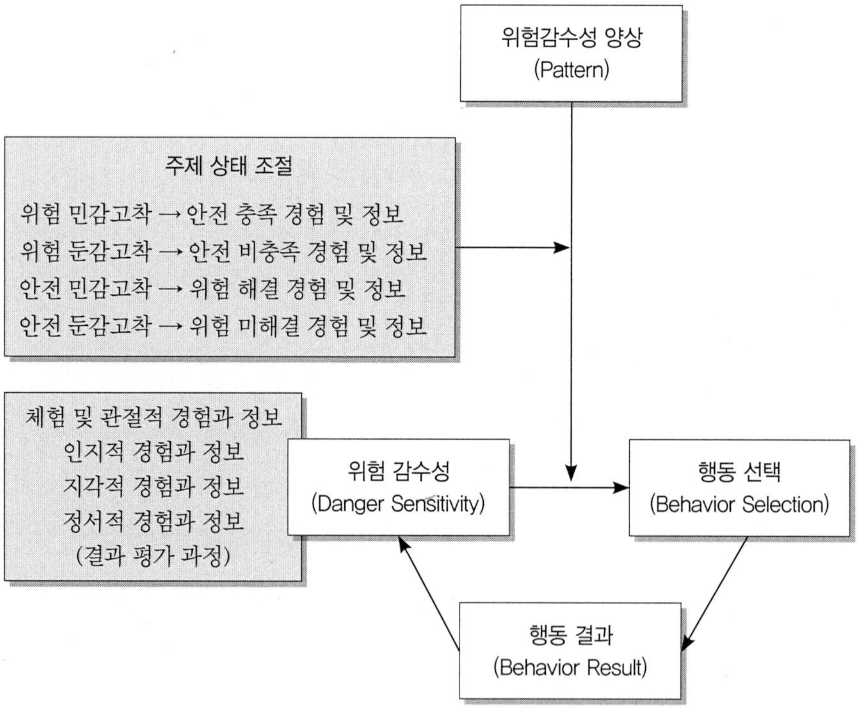

[그림 1-8] **위험감수성 발생 구조 및 조절 원리**

표 1-2 위험감수성 양상에 따른 주관적 위험에 대한 현상적 구분

위험감수성 양상	위험 고착	(위험 민감 고착) 원인: 위험 해결 경험과 정보 결핍 현상: 위험 민감, 불안 및 분노, 해결 몰입, 적대적 환경평가 조절: 안전 충족 경험과 정보 공급	(위험 둔감 고착) 원인: 위험 해결 경험과 정보 과잉 현상: 위험 둔감, 타자 해결 무시, 해결 무시, 이기적 환경평가 조절: 안전 비충족 경험과 정보 공급
	안전 고착	(안전 민감 고착) 원인: 안전 충족 경험과 정보 결핍 현상: 안전 민감, 의존과 투사, 회피 및 부인, 유용성 환경평가 조절: 위험 해결 경험과 정보 공급	(안전 둔감 고착) 원인: 안전 충족 경험 및 정보 과잉 현상: 안전 둔감, 기만적 관점, 충족 유보, 기만적 환경평가 조절: 위험 미해결 경험과 정보 공급

고 있다. 위험감수성의 양상이 위험이나 안전 어느 한쪽 방향으로 고착되는 것은 일상에서 위험을 제대로 해결하지 못하고, 안전을 온전히 누리지 못하는 문제 양상의 핵심 원인이다.

이순열(2016)은 위험감수성의 고착 현상을 극복하고 적절한 운동성을 회복하는 방법으로 위험감수성의 고착된 방향(위험 고착 혹은 안전 고착)이 나타내는 현상적 문제 양상에 반대되는 경험과 대칭되는 의미의 정보를 공급하는 것을 제안하였다(〈표 1-2〉).

이순열(2016)은 위험감수성의 문제 양상에 대한 조절 원리를 주제상태조절이론(Theme Condition Adjustment Theory: TCAT)으로 설명하였다. 주제상태조절이론의 핵심은 발현된 위험과 안전의 상태를 파악하고, 그것에 대칭되는 특성과 상태(결핍 혹은 과잉)로 인식될 수 있는 경험과 정보를 공급해 주는 것이다. 위험감수성의 문제 양상은 위험에 머물러 버리는 고착 양상과 안전에 머물러 버리는 고착 양상으로 나타난다(〈표 1-2〉).

(1) 위험감수성의 위험(과제) 고착 양상과 조절

위험감수성의 고착된 문제 양상은 위험 해결 경험과 정보가 결핍된 상태에서 일어나는 고착(위험 민감 고착)과 위험 해결 경험과 정보가 과잉된 상태에서 일어나는 고착(위험 둔감 고착)으로 구별된다.

첫째, 위험 해결 경험과 정보가 결핍되어서 발생하는 고착은 위험 해결에 민감한 특성을 나타낸다. 위험 해결 경험과 정보가 결핍되어 있는 상태에서 위험 해결에 민감하기 때문에

위험에 대해 불안을 기본적인 반응으로 나타낸다. 위험이 해결되지 못하는 상황이 지속되면 분노가 나타날 수도 있다. 이것은 외부 환경을 위험을 고조시키는 주체로 인식하면서 적대적으로 평가하기 때문이다. 또한 위험 해결 경험과 정보가 결핍된 상태에서 위험 해결에 민감하기 때문에 위험 해결에만 과도하게 몰입하는 태도를 취할 수 있다. 위험 해결 경험과 정보가 결핍된 상태의 고착을 해소하기 위해서는 대칭적인 방향으로 인식될 수 있는 경험과 정보를 공급해 주는 것이 방법이 된다. 안전 충족으로 인식될 수 있는 경험과 정보를 공급해 줌으로써 기존의 위험 해결 경험과 정보가 결핍된 불균형 상태를 회복하도록 하는 것이다.

자동차 운전을 처음 시작하는 남성 초보 운전자를 생각해 보자. 초보 운전자는 위험한 교통 상황을 해결한 경험이나 정보가 부족할 것이며, 동시에 자신에게 닥친 위험을 해결하는 데 민감한 특성을 가지고 있다. 위험한 교통 상황을 해결한 경험이나 정보가 부족한 상태에서 위험 해결에 민감하기 때문에 위험에 대한 반응은 불안을 기본으로 한다. 위험에 민감한 상태에서 위험한 운전 상황이 해결되지 않으면 분노가 나타날 수도 있다. 왜냐하면 초보 운전자는 다른 운전자들이나 교통 상황을 자신의 위험을 고조시키는 대상으로 파악하면서 적대적으로 평가하기 때문이다. 또한 위험한 교통 상황을 해결한 경험이나 정보가 부족한 상태에서 위험 해결에 민감하기 때문에 직면하는 교통 상황을 해결하는 것에만 급급한 태도를 취하면서 오히려 위험한 선택이 증가할 수도 있다(이순열, 이순철, 2007b).

이러한 초보 운전자의 위험한 교통 상황에 대한 해결 경험이나 정보가 결핍된 상태에서의 고착 해소를 위해서는 대칭적인 방향으로 인식될 수 있는 안전 충족 경험과 정보를 공급해 주는 것이 방법이 될 수 있다. 구체적으로, 초보 운전자가 안전을 느끼면서 목적지까지 성공적으로 운전한 경험을 공급할 필요가 있다. 또한 다른 교통참여자들의 위험을 감소하도록 운전을 하는 것이 자신의 위험 해결에도 긍정적인 영향을 줄 수 있다는 정보를 공급해 줄 필요가 있다. 구체적으로 전체 교통 환경[대상(타자)]의 위험을 줄이는 운전 방법을 익혀서 실행하는 경험을 통해서 타자의 위험 해결과 자신의 위험 해결이 통합될 수 있음을 인식하도록 하여야 한다. 이것을 통해 초보 운전자가 과도하게 자신의 당면한 위험 해결에만 민감해 하는 문제 양상을 조절할 수 있을 것이다.

둘째, 위험 해결 경험과 정보가 과잉된 상태에서의 고착(위험 둔감 고착)은 위험 해결에 둔감한 특성을 나타낸다. 위험 해결 경험과 정보가 과잉되어 있는 상태에서는 위험 해결에 둔감하기 때문에 타자의 위험을 해결하기 위한 노력을 기울이지 않을 수 있다. 이것은 자신이 처한 환경을 위험이 해결된 상태로 규정해 버림으로써 타자의 위험 상황에 대해서는 제대로 파악하지 못하기 때문이다. 또한 자신의 위험 해결 경험과 정보가 과잉된 상태에서 타자의 위험 해결에는 둔감하기 때문에 자신의 위험만 해결되면 문제가 되지 않는다는 이기적인 태도를 취할 수도 있다. 위험 해결 경험과 정보가 과잉된 상태에서의 고착을 해소하기 위해서는 대칭적인 방향으로 인식될 수 있는 경험과 정보를 공급해 주는 것이 방법이 된다. 안전 비충족으로 인식될 수 있는 경험과 정보를 공급해 줌으로써 기존의 위험 해결 경험과 정보가 과잉된 불균형 상태를 회복하도록 하는 것이다.

상습적인 남성 음주운전자를 생각해 보자. 운전자는 음주운전이 사고나 단속을 발생시키지 않았다는 경험이나 정보가 과잉된 상태로 위험 해결에는 둔감한 특성을 가지고 있다. 음주운전 단속이나 사고가 없었다는 경험이나 정보가 과잉된 상태로 위험 해결에 둔감하기 때문에 음주운전을 근절하려는 적극적인 노력을 기울이지 않을 수 있다. 왜냐하면 자신의 음주운전이 사고나 단속으로 이어지지 않았다는 경험과 정보의 과잉으로 인해 음주운전이 가진 교통사고와 단속 위험을 낮게 평가하기 때문이다. 또한 음주운전 단속이나 사고가 없었다는 경험이나 정보가 과잉된 상태로 위험 해결에 둔감하기 때문에 음주운전은 위험하지 않으며, 자신에게는 크게 문제가 되지 않는다는 이기적인 태도를 취할 수도 있다(이순열, 이순철, 2007a).

음주운전 단속이나 사고가 없었던 경험과 정보가 과잉된 상태에서의 고착을 해소하기 위해서는 대칭적인 방향으로 인식될 수 있는 안전 비충족 경험과 정보를 공급해 주는 것이 방법이 될 수 있다. 구체적으로, 운전자가 다른 교통참여자들을 위험하게 만드는 음주운전을 선택하는 것이 결국은 자신의 위험을 해결하지 못하는 상황이 된다는 것을 인식하도록 경험과 정보를 공급해 주어야 한다. 음주운전이라는 다른 교통참여자들을 위험하게 하는 행위가 자신이 획득했다고 생각하는 것들(시간, 비용, 편리함 등)에 더 큰 손실을 발생시킬 수 있음을 인식하도록 해 줄 필요가 있다. 이것을 통해 음주운전이 발생시키는 위험에 대해서 둔감하게 인식하고 반응하는 문제 양상을 조절할 수 있을 것이다.

(2) 위험감수성의 안전(욕구) 고착 양상과 조절

위험감수성이 안전 욕구에 고착된 양상은 안전 충족 경험과 정보가 결핍된 상태에서 일어나는 고착(안전 민감 고착)과 안전 충족 경험과 정보가 과잉된 상태에서 일어나는 고착(안전 둔감 고착)으로 구별할 수 있다.

첫째, 안전 충족 경험과 정보가 결핍된 상태에서의 고착(안전 민감 고착)은 안전 충족에 민감한 특성을 나타낸다. 안전 충족 경험과 정보가 결핍되어 있는 상태에서 안전 충족에 민감하기 때문에 안전 충족을 타자(운이나 타인 등)에게 의존하는 수동적 자세를 취할 수 있다. 자신의 위험을 타자에게 투사하거나, 타자의 위험을 자신의 것으로 수용해 버리는 태도를 취할 수도 있다. 또한 안전 충족 경험과 정보가 결핍된 상태에서 안전 충족에 민감하기 때문에 자신과 타자의 위험을 해결하기 위해 펼쳐야 할 적극적인 노력을 오히려 회피하거나 역설적으로 부인해 버리는 태도를 취할 수도 있다.

안전 충족 경험과 정보가 결핍된 상태에서의 고착을 해소하기 위해서는 대칭 방향으로 인식될 수 있는 경험과 정보를 공급해 주는 것이 방법이 될 수 있다. 위험 해결로 인식될 수 있는 경험과 정보를 공급해 줌으로써 기존의 안전 충족 경험과 정보가 결핍된 불균형 상태를 회복하도록 하는 것이다.

자동차 운전을 처음 시작하는 여성 초보 운전자를 생각해 보자. 초보 운전자는 안전한 교통 상황에 대한 경험이나 정보가 부족하며, 동시에 안전 충족에 대해서는 민감한 특성을 가지고 있다. 안전한 교통 상황에 대한 경험이나 정보가 부족한 상태에서 안전 충족에 민감하기 때문에 안전에 대한 반응은 적극적으로 안전을 추구하는 형태로 나타나는 것이 아니라 한산한 교통 상황이나 다른 운전자의 배려에 의존하는 소극적인 형태로 나타날 수 있다. 왜냐하면 초보 운전자는 최대한 안전을 확보하는 데 유용한 환경이 무엇인가에만 몰두해서 판단하기 때문이다. 또한 안전한 교통 상황에 대한 경험과 정보가 부족한 상태에서 안전 충족에 민감하기 때문에 안전을 획득해야 하는 상황에서는 오히려 멈추어 서서 가만히 있는 회피적 선택이나 안전해지기 위해서 운전을 포기해 버리는 역설적 태도를 취할 수도 있다(이순열, 이순철, 2007b).

초보 운전자의 안전한 교통 상황에 대한 경험이나 정보가 결핍된 상태에서의 고착을 해소하기 위해서는 대칭적인 방향으로 인식될 수 있는 위험 해결 경험과 정보를 공급해 주는 것이 방법이 될 수 있을 것이다. 구체적으로, 초보 운전자가 자신의 노력을 통해 위험한 교통 상황을 무사히 통과하거나 성공적으로 목적지까지 도착하는 경험을 할 필요가 있다. 또한 초보 운전자에게 위험한 교통 상황을 해결할 수 있는 구체적인 자동차 조작능력이나 운전 기법에 대한 정보를 공급해 주어야 한다. 이것을 통해 초보 운전자로 하여금 교통 상황에서의 안전 충족에 대해서 과도하게 민감한 문제 양상을 조절할 수 있을 것이다.

둘째, 안전 충족 경험과 정보가 과잉된 상태에서의 고착(안전 둔감 고착)은 안전 충족을 둔감하게 인식하는 특성을 나타낸다. 안전 충족 경험과 정보가 과잉되어 있는 상태에서 안전 충족을 둔감하게 인식하기 때문에 안전 충족에 대해서는 기만적인 관점으로 반응할 수 있다. 이것은 환경을 안전 충족이 완료된 상태로 규정해 버림으로써 현상적으로 안전이 충족되지 못한 상황을 제대로 파악하지 못하기 때문이다. 또한 안전 충족 경험과 정보가 과잉되어 있는 상태에서 안전 충족을 둔감하게 인식하기 때문에 자신과 타자의 안전 충족 상태에 대해서는 '이 정도면 충분하다.'거나 '할 만큼 했다.'는 식의 유보적인 태도를 취할 수도 있다(이순열, 2015c).

안전 충족 경험과 정보가 과잉된 상태에서의 고착을 해소하기 위해서는 대칭적인 방향으로 인식될 수 있는 경험과 정보를 공급해 주는 것이 방법이 될 수 있다. 위험 미해결 경험과 정보를 공급해 줌으로써 기존의 안전 충족 경험과 정보가 과잉된 불균형 상태를 회복하도록 하는 것이다.

상습적인 여성 음주운전자를 생각해 보자. 음주운전자는 음주 후 운전을 하여도 안전하게 목적지에 도착한 경험과 정보가 과잉된 상태인 동시에 안전 충족에는 둔감한 특성을 가지고 있다. 음주운전을 해도 안전하게 목적지에 도착했다는 경험이나 정보가 과잉된 상태로 안전 충족에 둔감하기 때문에 앞으로도 음주운전을 그만둘 필요성을 느끼지 못할 수 있다. 동시에 음주운전으로 사고가 발생하거나 단속이 되는 것은 운이 없는 사람들의 일이라는 관점을 가지고 있을 수도 있다. 왜냐하면 자신은 음주운전을 하고도 항상 목적지에 안전하게 도착했다고 인식하면서 현상적으로 발생할 수 있는 교통사고와 단속의 위험에 대해서는 기만적인 판단을 내리기 때문이다. 또한 음주운전을 해도 안전하게 목적지에 도착했다는 경험과 정보가 과잉된 상태로 안전 충족에 둔감하기 때문에 자신과 타자의 교통안전 충족 상태를 긍정적으로만 평가하고 '충분하다.'거나 '이 정도면 됐다.'는 식으로 안전 충족을 위해 노력을 기울이는 것에 유보적인 태도를 취하기도 한다(장석용, 정헌영, 백상금, 이순열, 류준범, 2013).

운전자의 음주운전으로 안전하게 목적지에 도착했다는 경험과 정보가 과잉된 상태에서의 고착을 해소하기 위해서는 대칭적인 방향으로 인식될 수 있는 위험 미해결 경험과 정보를 공급해 주는 것이 방법이 될 수 있다. 구체적으로, 음주운전이 자신을 얼마나 위험하게 만드는 행위인지를 체험하는 경험을 하거나 관련한 정보를 공급해 줄 필요가 있다. 자신의 음주운전으로 지불하게 되는 대가가 얼마나 참혹한지를 인식시켜 주어야 할 것이다. 이를 통해 상습적인 음주운전자로 하여금 음주운전이 교통안전을 저해하는 상황에 대해서 과도하게 낙관적으로 인식하는 문제 양상을 조절하도록 할 수 있을 것이다.

3. 안전심리학의 확장: 위험과 안전에 대한 실존적 조망

1) 실존적 주제들

인간은 실존적 존재로 태어났다. Jaspers는 '실존'이란 스스로의 자기를 실현하려는 것이며, '실존적 삶'이란 실존으로 인해 발생되는 모든 인식적이며 감각적인 개별 사건에 대해 집중하는 행위를 이어 가는 것이라고 규정하였다(Bugental, 1981).

심리학 역시 지금 여기 현존재로서의 인간이 현상적으로 직면하게 되는 삶의 방식에 관심을 기울인다. 나아가 죽음이나 위험, 고독과 소외 및 무의미 그리고 불안과 같은 실존적 주제에 직면하도록 도우며 실존적 긴장 상태를 해소하기 위한 해법을 찾기 위해서 노력한다(Cooper, 2014; Yalom, 2007).

인간은 탄생과 함께 죽음과 무의미를 자각하게 된다(Yalom, 2007). 죽음이라는 신체의 소멸과 유한성 그리고 무의미라는 존재 근원에 대한 맹목적 피투성을 인식함과 동시에 인간은 생존의 한계와 존재 의미의 결핍을 깨닫게 된다(Heidegger, 2001). Sartre(1996)는 인간의 의식은 항상 결핍되어 있는 과제를 찾아가는데, 결핍에 대해 이해하려는 노력이 결핍을 해결하려는 동기를 만들어 낸다고 하였다. 따라서 죽음과 무의미에 대한 자각은 생존과 존재 의미를 이해하려는 욕구를 불러일으킨다.

인간에게 죽음은 필연적 귀결점이자 반드시 직면하게 되는 사건이다. 죽음이라는 종착지점을 실존적 현상으로 인식하는 순간 인간의 내면에서는 신체적 소멸을 이해하고 극복하려는 안티테제(antithese)로서 생존의 욕구가 튀어나온다. 생존의 욕구는 성 욕구, 식 욕구, 수면 욕구, 재화획득 욕구 등과 같은 구체화된 욕구로 표현될 수 있다.

죽음이라는 유한성과 소멸로 귀결되는 결말에 대한 인식은 무의미의 기원이 되기도 한다(Yalom, 2007). 무의미는 육체적 유한성으로 인해 개체에 관련한 정보(의미)가 소멸되고 사라지게 될 것을 인식함으로써 발생한다. Heidegger(2001)는 인간 실존의 본질은 자기에 대한 이해와 자신의 이유를 찾아가는 실현 과정이라고 하였다.

죽음을 통해 존재 이유 또한 소멸될 것을 인식하는 순간 인간의 내면에는 이것을 극복하기 위한 자아실현의 욕구가 떠오른다. 자아실현의 욕구는 안전 욕구, 소속 욕구, 인정 욕구, 인지 욕구, 심미 욕구, 자유 욕구, 사랑 욕구 등의 보다 구체적인 대상(타자)과 관계에 대한 이해 욕구 및 성장을 향한 욕구로 발현될 수 있다(Dreyfus, 1997; Maslow, 1943).

죽음과 무의식 등은 인간이 존재함으로써 풀어야 하는 과제, 즉 '실존적 과제'로 인식할 수 있다. 인간은 실존적 과제를 인식함과 동시에 실존적 과제의 결핍을 해소하려는 욕구를 가지게 되는데, 이것이 '실존적 욕구'라는 근원적인 삶의 동기이자 기본 원리가 된다.

이와 같이 인간은 탄생과 동시에 실존적 과제를 인식하게 되고, 인식된 실존적 과제는 실존적 욕구를 추구하도록 동기화된다. 실존적 과제의 해결과 실존적 욕구의 충족은 지극히 개체적인 차원에서 출발해서 무한한 대상(타자)으로까지 확장된다. 생존과 자아실현은 각각 죽음과 무의미라는 실존적 과제를 인식함으로써 생기는 실존적 욕구들이다. 같은 맥락으로 안전, 소속, 인정, 자아실현 등도 역시 실존적 욕구로 파악될 수 있는데, 이에 대응되는 실존적 과제로서 위험, 고독, 소외, 무의미 등을 지목할 수 있다.

2) 실존적 주제로서의 위험과 안전

죽음과 생존 그리고 무의미와 자아실현이 보여 주는 실존적 과제와 이에 대한 안티테제로서 실존적 욕구의 관계는 위험과 안전의 관계에서도 성립될 수 있다(이순열, 2015c). 안전은 '실존적 욕구'이다. 안전은 '위험'을 인식함으로써 추구하게 된다. 따라서 안전이라는 실존적 욕구를 발생시키는 위험은 '실존적 과제'로서의 위치를 차지하게 되는 것이다. 실존적 과제인 위험은 인간이 존재함으로써 직면하게 되는 숙명적인 해결 과업으로 자연 현상계에 항상 존재하는 '객관적 위험'을 의미한다.

실존적 과제와 실존적 욕구는 에너지의 상태와 방향이 각기 다른 특성을 가지고 있다. 실존적 과제인 죽음은 에너지가 흩어져 사용할 수 없다는 특성을 가지고 있다. 반면, 죽음에 대응되는 실존적 욕구로서 생존은 에너지가 모아져 사용 가능하다는 특성을 가지고 있다(Jeremy, 2015; Schrödinger, 2007).

실존적 과제와 실존적 욕구가 가지고 있는 에너지 상태와 방향이 각기 다른 대칭적 특성은 실존적 과제인 '위험'과 실존적 욕구인 '안전'에도 동일하게 나타난다. 사용할 수 없는 에너지가 증가하는 것을 우리는 자연 현상계에서 객관적 위험이 높아지는 것으로 경험하게 된다. 엔트로피 증가는 실존적 과제의 특성인데, 객관적 위험 역시 동일한 특성을 나타내고 있는 것이다. 따라서 자연 현상계에서 위험을 감소시키고 안전을 충족시키는 방법은 사용할 수 없는 에너지의 증가 상태에 사용할 수 있는 에너지를 더해 주는 대칭적 조절을 통해 가능할 것이다. 사용할 수 있는 에너지의 증가는 실존적 욕구의 특성인데, 자연 현상계에서 나타나는 안전도 동일한 특성을 가지고 있다(이순열, 2015c; Schrödinger, 2007).

사용할 수 있는 에너지의 공급은 대상(타자)에 의해서만 가능하다. 따라서 대상(타자)의 에너지를 흡수하는 것에서부터 개체의 실존적 과제 해결은 시작한다. 반면, 실존적 욕구의 완성은 타자를 위해 자신의 에너지를 사용하는 것으로 타자의 결핍을 충족시키는 것을 자신의 과제 해결과 통합시키는 단계로까지 확장될 때 가능해지는 것이다.

종합해 보면 '위험'은 '실존적 과제'로 '안전'은 '실존적 욕구'로 파악할 수 있다. 실존적 주제는 실존적 과제와 실존적 욕구에 따라 각기 다른 에너지 상태의 특성을 가진다. 실존적 과제인 '위험'은 사용할 수 없는 에너지가 증가되는 방향으로 나아가려는 특성을 가지고 있으며, 실존적 욕구인 '안전'은 사용할 수 있는 에너지가 증가되는 방향으로 나아가려는 특성을 가지고 있다.

실존적 주제들에 대한 조절은 네트로피(netropy) 이론을 적용하여 각각의 실존적 주제가 나타내는 특성에 대칭적인 방향으로 에너지를 공급함으로써 가능할 것이다. 위험 해결이 개체에 당면한 현실적 문제에 대한 노력이라면, 안전 충족은 개체 차원이 대상(타자)으로까지 확대된 예방적이고 미래 지향적인 노력이라는 특성을 가진다.

이러한 실존적 주제들의 상태적 특성을 고려한 개념 체계와 조절 방법이 바로 주제상태조절이론(Theme Condition Adjustment Theory: TCAT)이다. 위험과 안전은 인간의 행동이나 지・감각적 형태 그리고 성격 특성이나 사회・문화적 모습에 따라 다르게 나타난다. 그러나 위험과 안전의 다양한 모습에도 불구하고 변하지 않는 한 가지 근원적인 특성은 바로 위험과 안전이 인간이 탄생과 동시에 직면할 수밖에 없는 실존적 주제라는 것이다. 위험을 줄이는 것은 인간이 존재함으로써 부여받게 되는 숙명적 과업이며, 안전을 추구하는 것은 인간 삶의 기본 원리이자 방향이다. 위험과 안전은 실존적 고찰을 통해 물리적이고 현상적인 상태에서 실존적 주제로 확장된다.

3) 실존적 위험과 안전의 확장

실존적 주제인 위험과 안전에 대한 주제상태조절이론의 대응은 인간이 살면서 경험하게 되는 다른 실존적 과제(죽음, 위험, 고독, 소외, 무의미, 불안 등)나 실존적 욕구(생존, 안전, 소속, 인정, 인지, 심미, 자유, 사랑 등)의 관계와 대응으로 확장해서 적용해 볼 수 있다. 따라서 주제상태조절이론은 인간 성격 구조와 심리 과정에 대한 새로운 관점을 제공해 준다.

인간이 탄생과 함께 직면하게 되는 실존적 과제는 죽음, 위험, 고독, 소외, 무의미 등이다(Cooper, 2014; Yalom, 2007). 그러나 역설적이게도 극복 과제로 지목되는 실존적 과제에 대한 완벽한 해결은 불가능하다. 실존적 과제를 인식함으로써 튀어나오는 생존, 안전, 소속, 인정, 자아실현 등의 실존적 욕구 또한 현실에서 완벽히 충족된 상태로 머물러 있을 수는 없다. 인간은 끊임없이 실존적 과제를 해결하려 하고, 실존적 욕구를 충족시키기 위해서 추동되지만 과제 해결과 욕구 충족의 상태는 일시적이다.

실존적 욕구 충족의 일시성은 다시금 실존적 욕구의 비충족과 실존적 과제의 미해결로 돌아가는데, 실존적 과제의 미해결과 실존적 욕구의 비충족 사이를 끊임없이 순환하는 것이 인간이 실존적 주제를 다루고자 할 때 직면하게 되는 운명적인 한계이다(김재철, 조현정, 2014).

실존적 과제와 실존적 욕구 사이의 미해결성과 비충족성을 Jaspers는 '한계 상황'이라고 규정하였다. 죽음에 대한 인식은 실존적 욕구로서 생존을 성취하기 위한 동기화를 추동시키지만 역설적이게도 인간 개체는 태어나는 순간부터 죽음을 향해 나아가게 된다(Jeremy, 2015; Schrödinger, 2007).

실존적 과제와 실존적 욕구의 에너지 상태와 방향이 각기 다른 역설적 특성은 인간으로 하여금 결국 죽음을 해결하지 못하고 생존을 충족시키지 못하는 '한계 상황'을 벗어날 수 없게 만든다. '한계 상황'이 발생하는 이유는 실존적 과제와 실존적 욕구에 대한 완벽한 실존적 직면과 실존적 완성이 개체로 존재하는 인간의 육체와 의식 차원에서는 불가능하기 때문이다(박찬국, 2010).

죽음이라는 실존적 과제의 경우 인간은 죽음을 직면하는 순간 소멸과 사라짐으로 완결되어 버린다. 죽음의 안티테제인 생존 역시 마찬가지이다. 완벽한 생존, 늙지 않고 죽지 않는다는 것이 어떠한 상태를 가리키는 것인가 우리는 직면하여 확인할 수 없다.

실존적 과제와 실존적 욕구는 인식할 뿐, 개인이 신체를 통해 완벽히 체험하거나 완성된 지식체계로 획득할 수 있는 것이 아니다. 실존적 과제와 실존적 욕구의 직면 불가능성은 인간을 볼 수 없는 시험지를 받아 든 학생과 같은 상황에 빠지게 만든다. 볼 수 없는 시험지를 받아 든 학생은 다만 이제까지의 시험문제에 대한 간접적 경험이나 관찰, 의식적 상상과 같은 대상(타자)과의 관계를 통해서만 이를 해결할 수 있다.

즉, 인간은 개체적인 차원에서는 죽음을 해결할 수 없지만 자녀라는 타자로의 확대를 통해서 죽음을 극복하는 역설적이면서도 무한히 연속될 수 있는 변증법적 상태에 놓이게 된다. 개체의 생존 욕구는 비충족될 수밖에 없지만, 타자로 확장됨으로써 극복되는 것이다. 이러한 실존적 과제와 욕구의 특성은 실존적 과제와 욕구가 지극히 개체적인 차원에서 발생하는 것이지만 실현과 완성은 개체적 차원의 과제 해결 노력을 환경과 대상(타자)의 과제 해결로 확장하여 통합하는 것에까지 이르러야지만 비로소 가능해질 수 있는 것임을 알려 준다.

실존적 과제와 실존적 욕구에 대한 직접적 직면은 불가능하며 오직 간접적인 방법에 의한 주관적 인식만이 가능하다. 따라서 Jaspers의 '한계 상황'은 곧 실존적 과제와 실존적 욕구의 직면 불가능성을 지칭하는 것이면서 동시에 인간이 직면하는 모든 실존적 주제는 주관성이라는 한정된 범위에 놓여 있음을 가리키는 것이기도 하다(이순열, 2016). 인간이 다룰 수 있는 실존의 범위는 주관적으로 인식할 수 있는 범위만큼으로 한정될 수밖에 없다. 실존적 문제들에 대한 직면이 주관적 인식의 범위로 한계를 가진다는 생각은 실존주의자들의 일관된 견해이기도 하다.

Schopenhauer는 현상하는 사물의 실제는 오직 주관적 인식으로만 가능하며, 경험적 실제성은 감각기관의 지각과 인지적 결과에 불과하다고 하였다(이서규, 2002). Kierkegaard는 인간 실존에 대한 결론으로 주관성을 강조하였는데, 주관성이야말로 진리라고 역설하였다(이창우, 1983). 실존주의자들의 주관성에 대한 옹호와 확고한 신념은 실존적 과제와 실존적 욕구에 대한 미해결과 비충족 그리고 직면불가능을 인식함으로써 발생되는 '불안'이라는 주관적 감정을 실존적 주제로 파악할 수 있도록 하는 근거를 마련해 주었다(안상혁, 2015).

Kierkegaard(1992)는 실존적 과제와 실존적 욕구의 간극이 만들어 내는 무한한 선택의 자유 상황이 현기증과 같은 '불안', 즉 '실존적 불안'을 만들어 낸다고 하였다. 실존 앞에서 한계 상황에 직면한 인간은 실존적 불안이라는 또 다른 실존적 주제를 만나게 된다.

Camus는 실존적 과제의 해결과 실존적 욕구의 충족이 불가능한 인간의 한계 상황에 대해서 '부조리'라는 단어를 사용해서 묘사하였다. Camus는 해결할 수 없는 과제를 해결하려 하고 충족시킬 수 없는 욕구를 추구하는 부조리한 인간의 상황을 끊임없이 흘러내리는 돌덩이를 산꼭대기로 끌어올려야 하는 시지푸스(Sisyphus)의 운명과 같다고 하였다(박찬국, 2010; Zimmermann, 1987).

인간이 부조리한 상황에 처해 있다는 것은 실존에 관해 인간이 얻을 수 있는 죽음만큼이나 확실한 진실이다. 죽음을 극복하고 영원한 생존을 획득한 인간은 이상향에만 존재할 뿐, 현실은 지금 여기서 죽어 가고 있는 자신을 발견하게 되는 것이다(이서규, 2002; Cooper, 2014). 인간 실존에 있어서 실존적 과제와 실존적 욕구는 배경이며 실제로 인식되어 전경으로 떠오르는 것은 '실존적 불안'뿐이다. 따라서 인간이 직면하여 다룰 수 있는 실존적 주제의 크기는 실존적 과제와 실존적 욕구의 부조리한 관계를 주관적으로 인식함으로써 발생하는 '실존적 불안'의 크기와 범위만큼으로 한정될 수밖에 없다.

실존적 과제와 실존적 욕구의 부조리한 관계로 인한 '실존적 불안'의 출현은 실존적 과제인 위험과 실존적 욕구인 안전의 관계에서도 동일하게 적용될 수 있다.

'실존적 과제'로 규정될 수 있는 자연 현상계의 '객관적 위험'은 완전히 제거할 수 있는 것이 아니다. 일본의 후쿠시마 원전사고에서 보듯이 위험 대비란 인간이 예견할 수 있는 범위라는 한계를 가질 수밖에 없다. 실존적 욕구로서의 안전도 완벽히 달성될 수는 없다. 지구온난화나 미세먼지에 영향을 미치는 수많은 요인을 관리하고 예방하는 것은 현재의 지식 체계라는 제한된 범위로 국한될 수밖에 없다. 자연 현상계를 살아가는 인간에서 위험 해결과 안전 충족이란 결국 수용될 수 있는 위험을 말하는 것이며, 일상의 위험이 낮아진 상태를 지칭하는 것일 뿐이다.

이러한 실존적 과제로서의 위험과 실존적 욕구로서 안전의 미해결과 비충족을 직면하게 되는 인간은 실존적 불안을 인식하게 된다. 위험과 안전의 부조리한 관계가 만들어 내는 느낌으로서의 실존적 불안은 위험에 대해 느끼는 고유한 인식을 가리키는데, 우리는 이것을 주관적 위험으로 규정할 수 있다(이순열, 2016).

위험과 안전의 부조리한 관계로 발생되는 주관적 위험은 인간이 위험과 안전에 대해 인식하고 다룰 수 있는 범위이기도 하다. 인간이 직면하여 다룰 수 있는 위험과 안전은 실존적 과제로서 위험과 실존적 욕구로서 안전의 관계가 만드는 미해결성과 비충족성 그리고 직면 불가능성에 대해서 인식하는 주관적 위험의 크기 만큼이다. 주관적 위험의 범위는 지극히 개체적인 것에서 무한한 대상(타자)까지를 포함한다.

주관적 위험이 나타내는 실존적 불안으로서의 특성은 위험과 안전의 관계에서 발생되는 주관적 위험을 실존적 과제와 실존적 욕구 사이에서 발생하는 실존적 불안과 동일한 개념으로 파악할 수 있도록 한다.

Cooper(2014)는 실존주의 심리학이 실존적 불안을 적절히 조절하는 것을 목표로 삼는다고 하였다. 따라서 심리학적 관점에서 주관적 위험의 상태를 적절히 조절하는 것 또한 위험 감소와 안전 획득을 위한 주요한 목표가 될 것이다. 이러한 목표를 이루기 위해서 주제상태 조절이론은 대칭적으로 발현될 수 있는 주관적 위험, 즉 위험감수성 양상의 조절을 주장하고 있다.

위험과 안전에 대한 위험감수성 양식에 따른 대칭적 조절 방법은 인간이 직면하는 다른 실존적 과제인 죽음, 위험, 고독, 소외, 무의미, 불안 등이나 실존적 욕구인 생존, 안전, 소속, 인정, 인지, 심미, 자유, 사랑 등에 대한 조절로도 확장해 볼 수 있을 것이다.

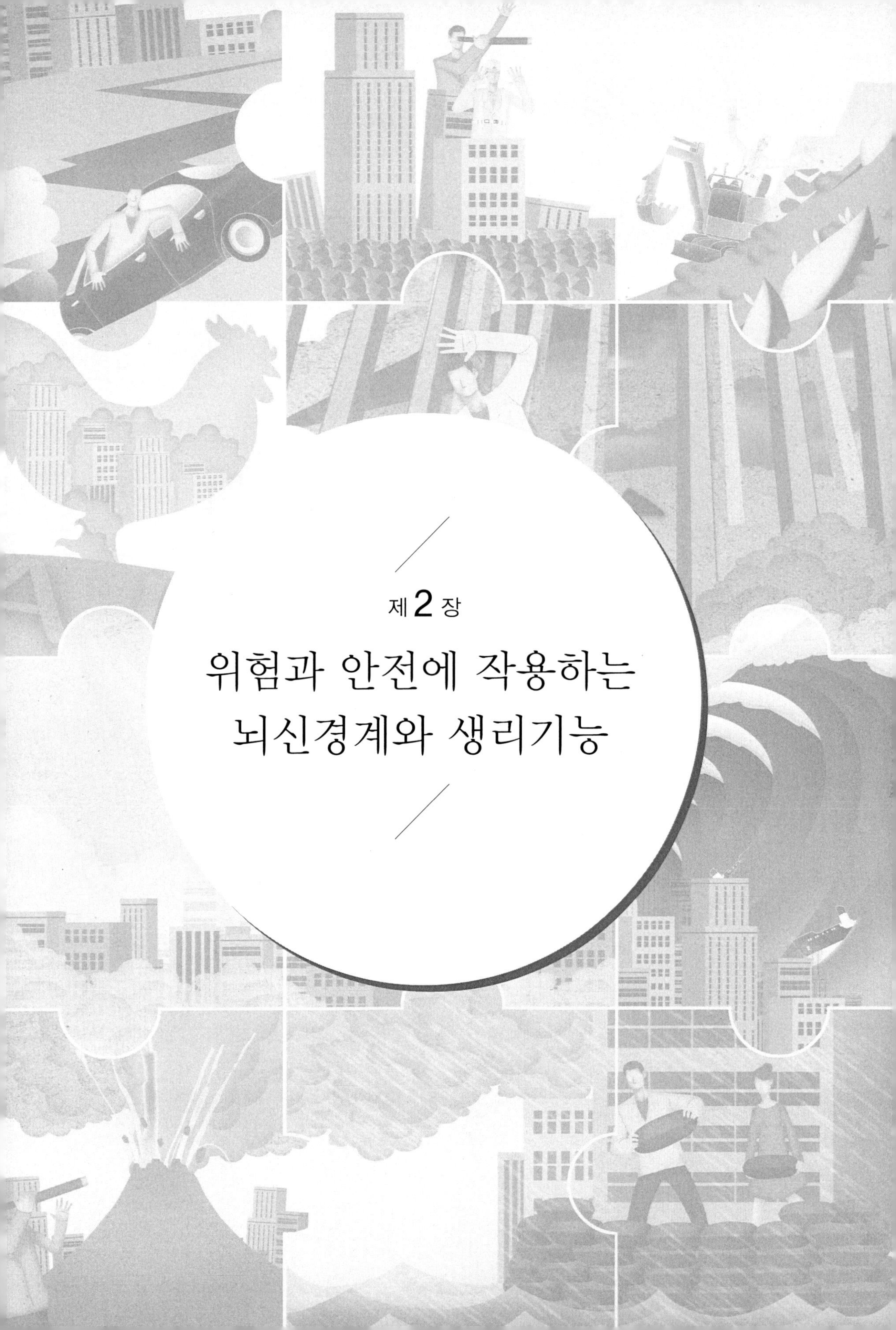

제 2 장

위험과 안전에 작용하는 뇌신경계와 생리기능

Goethe는 손을 밖으로 나온 뇌라고 표현하였다. 손의 움직임이 뇌 작용에 의한 것이라는 사실을 재미있게 표현한 것이다. 손이나 발 등 인간 행동의 최종적 움직임을 결정하는 뇌 부위는 신피질의 전두엽과 두정엽 사이인 중심구 바로 앞에 있다. 따라서 이곳의 기능 장애나 이상 및 여러 가지 문제들은 정신 이상을 야기시키거나 손이나 발에 장애를 발생시킬 수 있다(이건효, 2007). 이러한 뇌신경계가 조절하는 생리작용과 운동행동은 위험 해결과 안전 실현에 필수적인 부분이다.

이 장에서는 위험과 안전에 관여하는 생리작용 및 뇌신경학적 내용을 살펴볼 것이다. 구체적으로 정신과정과 행동의 밑바탕을 이루는 생물학적 과정을 살펴보고자 한다. 특히 뇌 구성과 기능의 원리 및 정신과정에 대한 내용과 위험과 안전에 밀접한 연관을 가지는 피로와 과부하 등의 생리적 작용에 대해서 살펴볼 것이다.

심리학적 질문 중 거의 최초의 질문은 아마도 "인간의 마음이 몸의 어디에 위치하고 있는가?"일 것이다. 아주 오래된 질문이지만 20세기 초에 이르러서야 그 해답을 내놓을 수 있었다. 지루한 논쟁에 종지부를 찍게 된 결정적인 증거들은 장기이식 수술이 제공해 주었다. 가장 대표적인 마음의 저장고로 지목받아 오던 심장을 다른 사람 몸에 이식하는 수술이 성공하면서 심장이 마음을 담는 그릇이 아님이 증명되었다. 다른 사람의 심장이 몸에 들어와도 사람들의 기억과 정서 그리고 사고방식은 전혀 달라지지 않았다. 반면에 사고나 질병 등 다양한 이유로 발생한 뇌 손상은 사람들의 심리 상태를 변화시킨다는 보고들은 늘어났다. 가장 초기의 대표적인 사례가 바로 19세기 중엽 Gage가 당한 사고와 그 이후 일어난 그의 심리적 변화이다.

Gage는 쇠막대를 가지고 바위 구멍에 다이너마이트를 채우던 중 갑작스런 폭발사고를 당하게 되었다. 폭발로 튕겨 나온 쇠막대는 Gage의 뺨을 뚫고, 왼쪽 이마 위를 관통하였다([그림 2-1]). 엄청난 사고였지만 다행히 Gage는 살아남았다. 하지만 폭발사고로 전두엽 일부가 손상된 Gage는 이전과는 전혀 다른 사람이 되어 버렸다. 평소 생각이 깊고 침착하던 Gage는 사고 이후, 변덕스럽고, 충동적이며, 참을성 없는 성격으로 변하였다(Barry, Michael,

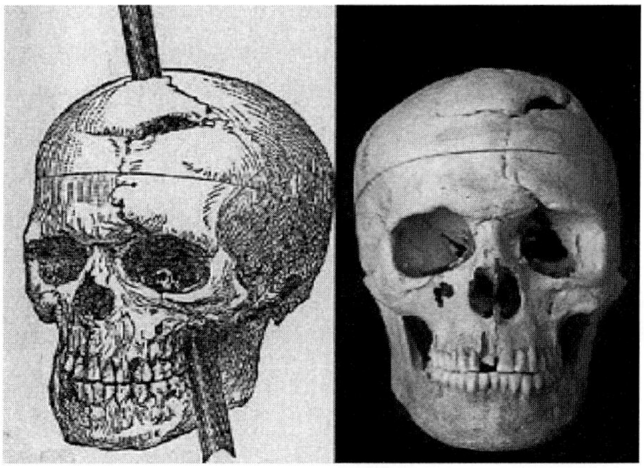

[그림 2-1] 뇌손상을 입은 Gage의 두개골

& Paradiso, 2006). 지금이야 Gage의 성격 변화가 뇌 부위별 기능을 알려 주는 수많은 임상적 보고서 중 하나에 불과한 것이 되었지만, 당시로서는 뇌가 마음을 만들어 낸다는 것을 증명해 주는 충격적인 사건이었다.

1. 신경계 구성

인간의 신경계(Nervous system)는 크게 중추신경계와 말초신경계 두 부분으로 구분할 수 있다. 중추신경계(central nervous system)는 다시 뇌(brain)와 척수(spinal cord)로 나눌 수 있다. 중추신경계는 감각기관을 통해 입력되는 정보를 처리하고, 근육을 움직이는 운동 명령을 생성한다. 뿐만 아니라 정서와 기억 그리고 사고 등의 정신 작용에서부터 심장 박동과 호흡 등 생명기능에 관한 것에 이르기까지 신체 내에서 일어나는 모든 것을 통제하고 조절한다.

말초신경계(peripheral nervous system)는 신체 말단에서 수용되는 감각 정보들이 중추신경계로 전달되고, 중추신경계가 생성하는 운동 명령이 다시 근육으로 전달되는 통로이다. 말초신경계는 손상되어도 재생될 수 있지만, 중추신경계는 손상에 대한 재생 능력이 없다.

중추신경계는 두개골과 추골의 보호 속에서 말초신경계를 통해 외부 환경에 대한 정보를 전달받고, 전달받은 정보를 처리하고, 말초신경계를 통해 효율적인 운동 명령을 내보낸다. 비유하자면 중추신경계는 지하 벙커 속에 있으면서 전달되는 정보를 종합하여 명령을 내리는 최고 사령부와 같은 역할을 한다. 중추신경계는 외부 환경으로부터 직접적으로 정보를 제공받지 못한다. 중추신경계는 외부 환경이나 신체 상태를 파악하기 위해서 오로지 말초신경계가 전달해 주는 전기적 신호에 의존할 수밖에 없다. 전기적 신호만이 중추신경계가 처리할 수 있는 정보 형태이기 때문이다. 따라서 눈이나 귀 혹은 피부 등의 말초 감각기관이 하는 일은 외부 환경에 대한 정보를 말초신경계가 전달할 수 있는 형태이자 중추신경계가 처리할 수 있는 형태인 전기적인 신호로 바꾸어 주는 것이다.

인간의 신경계는 뇌와 척수 신경으로 구성되어 있다. 각각의 신경은 수백 개의 축색으로 이루어져 있고, 축색의 세포체는 척수 혹은 뇌 안에 위치한다. 축색은 수초막으로 둘러 싸여 있으며 백색으로 보이고 축색의 다발인 신경 외관은 흰 살과 형태가 비슷하다.

1) 뉴런

신경계는 신체 다른 기관들과 마찬가지로 세포로 이루어져 있다. 신경계를 구성하는 세포들은 뉴런(neuron)과 교세포(glia cell)라는 2가지 종류로 나눌 수 있다. 책을 읽거나 영화를 보면서 느끼는 희열이나 슬픔 혹은 분노 등 모든 정신 과정은 뉴런이라는 신경세포들이 만들어 낸 활동의 결과물이다. 뉴런은 신경계의 가장 기본이 되는 단위세포이며 교세포는 뉴런이 원활하게 기능할 수 있도록 보조해 주는 역할을 한다.

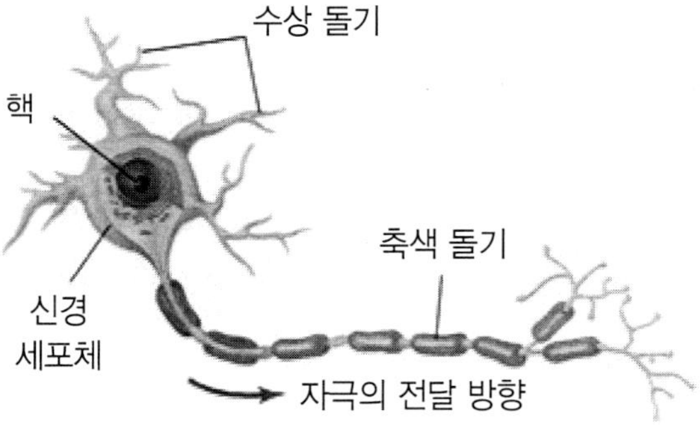

[그림 2-2] 뉴런의 구조

(1) 뉴런의 전기적 활동

뉴런의 세포막은 외부와 내부로 구별된다. 뉴런을 막대 풍선에 비유한다면 풍선 안과 밖이 풍선 표면의 고무(세포막)에 의해서 분리되어 있는 것과 같다. 뉴런의 세포막을 사이에 두고 다양한 이온이 서로 다른 농도를 유지하면서 분포되어 있다. 활동하지 않을 때 뉴런의 내부는 외부에 비해 나트륨(Na+) 이온이 적고, 칼륨(K+) 이온이 많으며 음극을 띤 단백질 분자의 농도가 높다. 이온이 세포막을 통해 투과하는 통로는 세포막에 막혀 통로 역할을 하는 단백질 분자들이 제공된다. 이 단백질 분자들을 통로 단백질(channel protein)이라고 한다.

막대 풍선의 공기 주입구를 통해 공기가 안으로 들어가고 나가는 것과 같다고 생각하면 된다. 막대 풍선은 공기 주입구가 1개뿐이지만 뉴런은 이 통로들이 세포막을 따라 늘어서 있는 형태로 엄청나게 많이 존재한다는 점이 다르다. 통로 단백질 분자의 3차원적 구조는 경우에 따라 변하기도 하는데 이 때문에 이온 통로가 열리거나 닫힐 수 있게 된다. 세포막을 사이에 두고 이온 분포가 다르게 유지되는 것은 통로 단백질들을 통해 이온들이 투과하는 정도가 낮기 때문이다.

이온들의 분포 농도 차이가 세포막을 사이에 두고 전위를 형성하는데, 세포 내부의 전위를 세포막 전위(membrane potential)라고 한다. 뉴런이 휴식하고 있을 때의 세포막 전위를 휴식 전위(resting potential)라 하고, 대개 −70mV 정도 수준의 세포막 전위를 이룬다. 이 상태에서는 세포막 내부는 외부에 비해 음극화 되어 있고 외부는 양극화되어 있기 때문에 세포막이 극화(polarization)되어 있다고 말한다.

세포막이 흥분하면 세포막 일부가 이온에 대한 투과성을 순간적으로 증가시킨다. 즉, 통로 단백질이 열리고 외부 나트륨(Na+) 이온이 내부로 쏟아져 들어오면서 일시적으로 세포막 극화가 사라진다. 이것을 탈극화(depolarization)라 하고 탈극화가 최고점에 도달하게 되면 세포막 전위가 +40mV 정도까지 오른다. 이때의 세포막 전위를 활동 전위(action potential)라 한다. 탈극화는 세포 내부의 칼륨(K+) 이온을 세포막 외부로 밀어내어 세포 내부를 다시 음극화시키면서 끝나게 된다. 극화 상태에서의 휴식 전위가 탈극화 상태를 거쳐

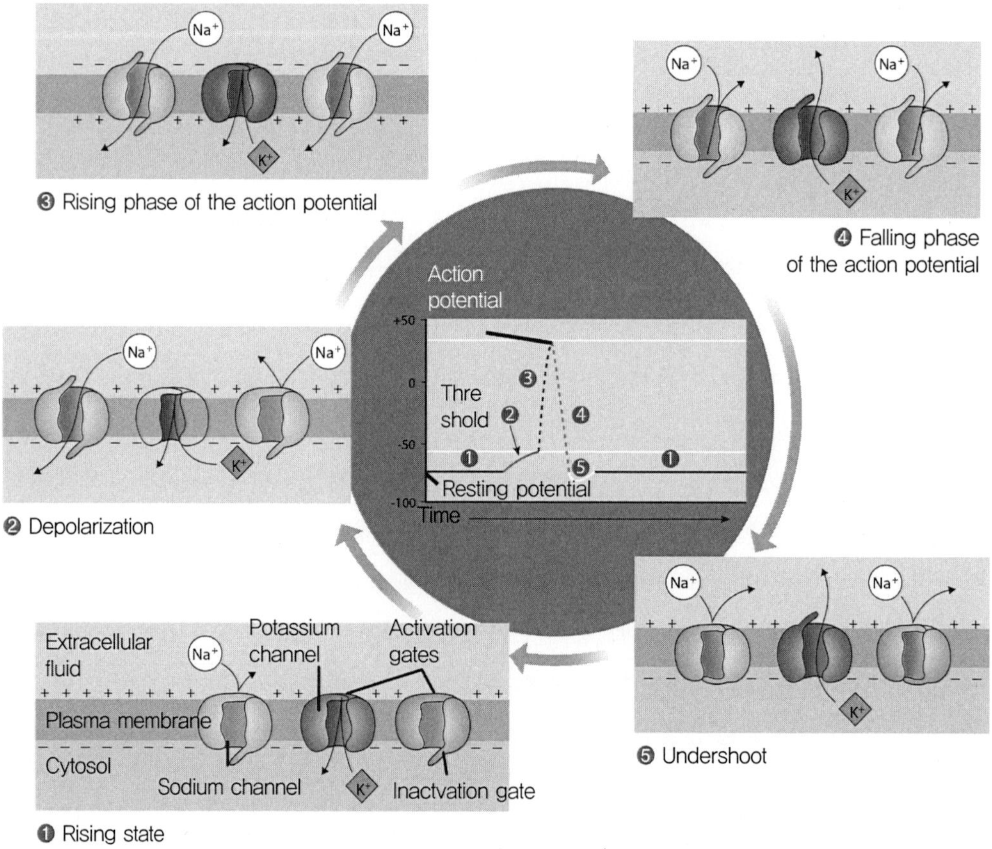

[그림 2-3] 뉴런의 전기적 활동

다시 휴식 전위를 회복하는 과정에 소요되는 시간은 대략 0.001초 정도이다. 세포막 일부의 흥분, 즉 세포막 일부의 탈극화는 이웃한 세포막에 전달되어 이웃한 세포막의 탈극화를 일으키고, 이 과정이 연쇄적으로 세포막을 따라 전도된다. 세포막의 탈극화와 활동 전위 전도가 바로 뉴런 활동이며, 신경계가 정보를 전달하는 방식이다.

마비성 독극물이나 마취제 혹은 많은 향정신성 약물 등은 통로 단백질에 작용하여 이온 통로를 차단하고 뉴런의 정상적 활동을 방해하기 때문에 비정상적인 심신 상태를 만들어 낸다. 대표적인 사례로 복어를 잘못 먹고 죽는 것은 복어 독이 나트륨(Na+) 이온 통로를 차단하여 세포 기능을 중지시키기 때문이다. 치과용 마취제 등 의료적으로 사용되는 국부 마취제는 칼륨(K+)과 나트륨(Na+) 이온 통로를 차단시켜 감각 신경이 신호 전달을 할 수 없게 하도록 하여 통증에 무감각해지도록 하는 원리를 이용한 것이다.

(2) 뉴런의 기능적 구조

뉴런의 형태와 크기는 다양하지만 공통점이 있다. 뉴런은 다른 세포와 마찬가지로 DNA의 유전자 정보를 통해 필요한 단백질을 합성한다. 단백질 합성은 대개 세포체에서 이루어져서 뉴런 각 부분으로 옮겨진다.

뉴런의 세포체에서는 나뭇가지 모양의 여러 돌기가 뻗어 나오는데 이 가지들은 다른 뉴런들에 정보를 전달하기 위해 사용된다. 대부분의 가지는 짧고, 주로 다른 뉴런으로부터 신호를 전달받는 데 사용된다. 이러한 짧은 가지들을 수상돌기라고 부른다. 수상돌기와는 다르게 뉴런 세포체로부터 가늘고 길게 뻗어 나온 굵은 가지 하나를 축색이라고 부른다.

축색은 흔히 교세포가 만드는 수초막으로 싸여 있다. 축색은 멀리 떨어져 있는 세포와 정보를 교환하기 위해 길게 발달해 있다. 축색은 뉴런의 세포막 흥분을 전달하는 전선이라고 보면 되는데, 축색을 싸고 있는 수초막은 전기적 신호가 적은 에너지로 빨리 이동할 수 있도록 돕는다. 전기적 신호가 축색을 따라 전달되는 속도는 축색의 굵기가 두꺼워질수록 증가하며, 빠른 경우 초당 100m에 이른다. 발끝까지 뻗어 있는 척수 운동 뉴런의 경우에는 축색 길이가 1m에 이르기도 하지만 뉴런에 따라서는 축색이 없는 경우도 있다. 말초신경계를 구성하는 신경은 수초막에 쌓인 축색 다발들이며, 이러한 축색들이 연결된 것이 바로 중추신경계이다.

2) 시냅스

축색의 끝부분은 여러 갈래로 갈라져 있으며, 전달된 신호를 다른 세포들로 전달한다. 축색 끝부분은 단추 모양이며, 다른 신경세포의 수상돌기와 아주 미세한 공간을 사이에 두고 연결되어 있다. 두 뉴런의 축색 끝과 수상돌기의 이러한 연결 부위를 시냅스(Synapse)라고 한다.

한 개의 뉴런은 대개 수백 개의 축색 말단을 가지고 있기 때문에 수백 개의 시냅스를 이루고 있다. 뉴런의 세포막 흥분은 축색을 따라 전달된다. 축색 가지를 타고 전달된 전기적 신호가 시냅스 부위에 이르면 일련의 과정을 거쳐 시냅스 전 뉴런의 시냅스 낭에 저장되어 있던 신경전달물질이 시냅스 공간에 분비된다. 분비된 신경전달물질은 시냅스 후 뉴런의 세포막에 작용하여 시냅스 후 뉴런의 활동에 영향을 미치는데, 그중 하나는 시냅스 후 세포막의 이온 투과성을 변화시키는 것이다. 시냅스 후 세포막의 투과성이 증가되면 시냅스 후 뉴런의 극화가 탈극화 방향으로 변하기도 하는데, 시냅스 후 뉴런이 탈극화 방향으로 변하는 경우를 흥분성 시냅스라고 부른다. 시냅스 후 뉴런을 흥분시켜 활동전위에 이르게 하기 때문이다.

이와 반대로 억제성 시냅스에서는 시냅스 후 뉴런이 과극화된다. 억제성 시냅스에서는 신경전달물질이 뉴런 세포막의 특정 이온에 대한 투과성을 높여 세포 외부의 이온이 내부로 이동하도록 한다. 그 결과 내부는 휴식전위보다 더 음극화가 된다. 이처럼 시냅스는 뉴런 간의 시냅스 종류에 따라서 다른 뉴런의 활동을 촉진시키기도 하고 억제시키기도 한다.

신경전달물질에는 아세틸콜린, 도파민, 세로토닌 등 수십 가지가 알려져 있는데 시냅스에서 신호가 전달되기 위해서는 신경전달물질의 합성과 분비가 이루어져야 한다. 신경전달물질의 합성 과정은 여러 단계로 이루어지며 각 단계에서 한 가지 이상의 효소가 작용한다. 향정신성 약물들은 신경전달물질의 합성과 분비 그리고 시냅스 후 뉴런에서의 작용 과정에 영향을 미쳐 신경 활동 전달에 변화를 주면서 효과를 나타낸다.

3) 뉴런과 정보

망막에는 빛 에너지를 전기적인 신호로 바꿔 주는 광수용 세포가 있다. 망막에 닿는 빛은 광수용 세포가 전기적 신호로 바꾸어 전달해 주는데, 망막절 세포에 이르러 활동전위를 촉발한다. 망막절 세포의 활동 전위는 망막절 세포의 축색을 따라 중추신경계로 전달된다. 중추신경계는 바로 이 신호를 빛이라고 인식한다.

머리 뒤쪽을 세게 부딪쳤을 때 흔히 '불이 번쩍 한다.'고 이야기한다. 이때의 시각적 인식은 부딪칠 때의 충격이 머리 뒤쪽 시신경을 직접 흥분시켜 활동전위가 중추신경계에 전달되었기 때문에 발생하는 것이다. 실제 눈으로 빛 에너지가 들어온 것이 아니지만 중추신경계는 시신경 차원의 활동전위를 빛으로 해석해서 강한 빛을 본 것과 같은 현상이 생기는 것이다.

이러한 현상은 뉴런의 정보가 뉴런의 종류에 따라 결정된다는 것을 나타낸다. 이것은 피부의 냉점을 뜨거운 바늘로 찔러 보는 실험을 해 보면 알 수 있다. 냉점이 뜨거운 바늘로 찔릴 때 느껴지는 감각은 뜨거움이 아니라 사실 차가움이다. 이러한 역설적인 차가움은 뉴런이 제공하는 정보들이 뉴런이 가진 기능에 의존한다는 결론을 지지해 준다.

따라서 중추신경계가 환경을 인식하는 것은 활성화된 뉴런이 결정한다고 볼 수 있다. 우리는 세상 그 자체를 아는 것이 아니라, 신경 세포들에 의해서 해석된 세상을 알고 있는 것이라고도 볼 수 있다. 어찌 보면 인간의 의식적 경험이나 운동 혹은 의지나 감정 그리고 고차원적인 사고와 사색 등의 모든 정신 과정은 뉴런이 흥분하거나 억제된 결과물일 뿐이라고 단순화시킬 수도 있다.

4) 척수

척수(spinal cord)는 가장 단순한 행동인 반사를 조절한다. 반사는 행동의 가장 단순한 형태이지만 위장 운동, 호흡 기능, 심장 박동 조절 등 생명 유지에 가장 기본이 되는 행동의 집합이기도 하며, 재채기나 기침 혹은 구토 등의 일시적이면서 억제할 수 없는 행동들을 만들어 내기도 한다. 반사는 척수에서 제어되기 때문에 대체로 의식이 개입하지 못하는 상태로 발생한다. 반사를 제어하는 척수회로는 간단하다. 반사 기제는 학습의 결과로 얻게 되는 것이 아니라 태생적으로 가진다. 반사를 통제하는 척수 회로를 반사궁(reflex arc)이라고 부른다.

반사궁에는 척수에서 시작하는 말초신경이 좌 · 우로 연결되어 있는데, 각각 등근과 배근이라고 부른다. 신체 근육을 수축시키는 운동 뉴런 축색 다발이 배근이다. 등근은 피부감각을 척수에 전달하는데, 척수 세포는 이것을 다시 뇌로 전달한다.

감각 정보를 전달하는 제1차 감각 뉴런 세포들은 등근절에 있다. 등근절 세포로부터 한 개의 축색 가지가 나오는데, 이것이 다시 2개로 갈라져서 하나는 피부로 향하고, 하나는 등근을 통해 척수로 연결된다. 등근절 세포에는 수상돌기가 없다. 척수에 들어온 제1차 감각신경은 배근에 있는 운동 뉴런에 직접 연접(synapse)하기도 하지만 대부분의 경우에는 척수

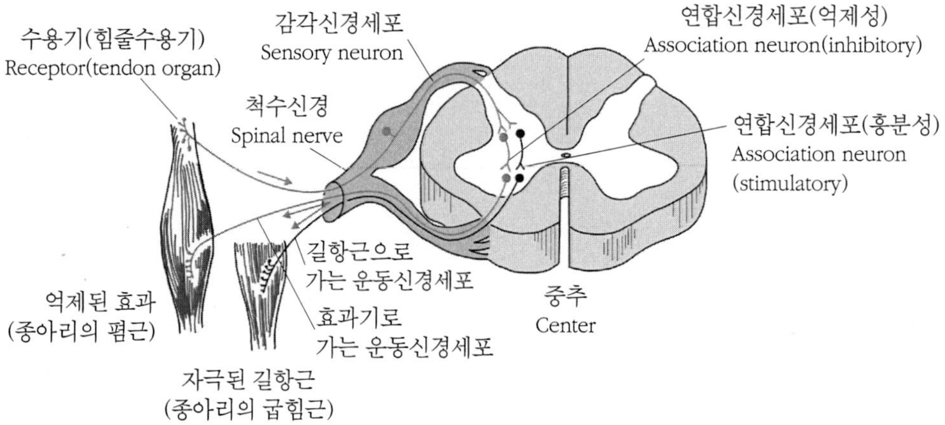

[그림 2-4] **반사궁과 신경 반응 경로**

내의 뉴런을 거쳐 운동 뉴런에 연접한다. 따라서 등근을 통해 입력되는 감각 자극이 근육을 수축시킨다. 이렇게 형성되는 회로가 반사궁이다.

뜨거운 물체에 손이 닿으면 손이 순간적으로 움츠러드는 것이 바로 반사궁의 작용 때문이며, 반사궁은 중추신경계의 도움 없이도 작동할 수 있기 때문에 자극 반응 단위라고도 볼 수 있다. 그러나 때로는 중추신경계가 반사궁의 기능에 관여하기도 한다. 뜨거운 물체에 닿아도 손이 움츠러들지 않는 경우가 있는데, 이것은 중추신경계가 반사를 억제하기 때문이다. 피부에서 전달되는 뜨거운 감각이 제1차 감각 뉴런인 척수 내 뉴런에 도달하였지만, 참아야 한다는 뇌에서의 하행 신호가 척수 내 뉴런이 감각 정보에 반응하는 것을 억압하였기 때문에 발생하는 현상이다. 이처럼 운동 뉴런이 활성화되는 것을 대뇌 차원에서 억제하면 뜨거운 물체를 놓지 못할 수도 있다.

반사궁은 원시적인 형태의 감각-운동 연결이다. 원시 하등 동물 시절의 인간 조상은 반사적인 감각-운동의 연계만으로도 효율적으로 생존할 수 있었을지 모른다. 하지만 진화는 행동의 진화와 더불어 뇌 신경계 변화를 이끌어 왔다. 반사궁의 기능을 조절하는 하행신호가 원시적 감각-운동의 연계에 더해짐으로써 행동은 상황에 따라 더욱 다양하고 효율적으로 변하게 되었다. 하지만 진화에 따른 다양한 변화에도 불구하고 우리는 여전히 태고적 조상들이 요긴하게 사용하던 반사 기제를 고마운 유산으로 간직하며 중요한 기능들에 사용하고 있다.

2. 뇌 구조와 기능

인간의 뇌(Brain)를 상 · 하 단면으로 구분한다면, 대뇌피질은 최고 상층부의 신피질과 하층부의 변연계 그리고 뇌간으로 구성된 구피질로 나눌 수 있다. 신피질은 지적 중추로 의지나 판단, 지 · 감각 및 인지적 정보에 대해서 통합적으로 처리하는 영역이다. 구피질은 생명중추로서 감정이나 본능의 영역을 담당한다. 구피질의 기능이 앞서게 되면 감정이나 욕망에 기초한 행동을 선택할 가능성이 높아지고, 신피질의 기능이 우세하게 되면 인지적 판단이나 도덕적 선택이 우세하게 된다(박민용, 박인용, 2015).

위험을 피하고 안전을 향상시키기 위해서는 신피질이 우세한 것이 유리하다고 생각할 수 있겠지만, 사랑하는 사람들과 다정한 감정적 교류를 나누거나 휴식을 효과적으로 취하면서 피로를 회복하기 위해서는 구피질의 활동도 중요하다. 중뇌는 연수와 뇌교 그리고 뇌간으로 구성되어 있고, 척수는 뇌간을 통해 뇌에 연결된다.

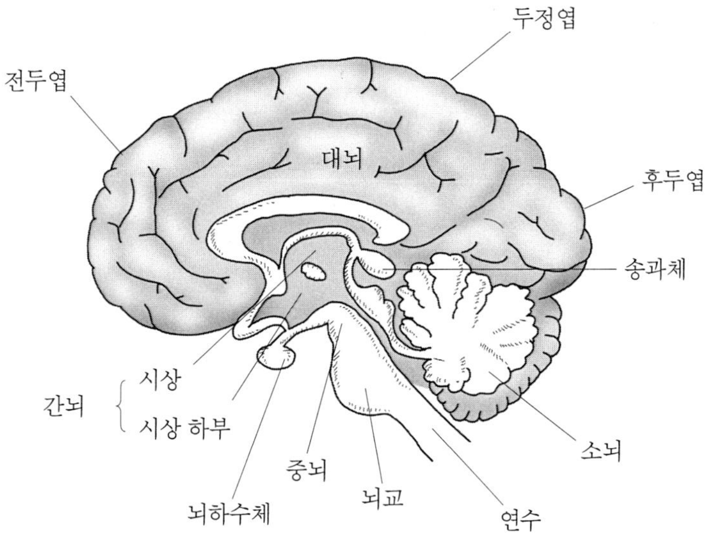

[그림 2-5] **뇌 종단면**

1) 연수

연수(medulla)도 신경계의 다른 부위와 마찬가지로 백질과 회질로 이루어져 있다. 백질은 척수와 뇌를 연결하는 상행로이고, 회질은 하행로를 이루고 있는데 대부분이 신경핵으로 구성되어 있기 때문에 회색으로 보인다. 연수의 신경핵들은 호흡, 혈압 등과 같은 기본적인 생명유지 기능을 제어하는 데 관여하고 있다.

연수의 신경핵을 이루는 세포체들은 척수 내 뉴런과 동일하게 반사궁을 형성한다. 이 반사궁은 외간에 위치하기 때문에 척수 신경을 통하는 것이 아니라 뇌신경을 통한다. 연수가 조절하는 반사가 바로 심장박동과 호흡 조절이다. 의식적으로 조절하는 것이 아니라 반사적으로 조절하기 때문에 생명 유지에 보다 효율적이다. 심장은 자체적으로 박동할 수 있는데 박동 속도는 어떤 행동을 하고 있는가에 따라서 연수가 반사적으로 조절한다.

운동을 할 때는 근육에 전달되는 혈액 공급을 증가시키기 위해 심장 박동이 증가해야 하고, 때문에 혈압도 올라간다. 만약 운동을 하는 중의 혈액 공급이 평상시와 똑같다면 운동으로 너무 많은 에너지와 산소를 소모하는 근육 때문에 뇌로 공급되는 에너지와 산소 비율이 상대적으로 감소하게 될 것이다. 뇌에 공급되는 에너지와 산소가 과도하게 감소하면 뉴런의 작동이 중단되는데, 이것은 현기증이나 심하면 의식 상실로 이어질 수 있다. 따라서 연수는 미주신경을 통해 반사를 조절하여 이러한 위험 상황을 미연에 방지한다. 연수가 충실히 반사를 수행하더라도 때로는 현기증을 느낄 수 있는데, 의자에서 갑자기 일어설 때처럼 혈압이 감소하는 속도가 연수의 반사 속도보다 빠를 때는 순간적으로 현기증을 느낄 수도 있다.

연수는 생명 유지에 관련된 중요한 뇌 구조이다. 인간은 대뇌 절반을 잃고도 생존할 수 있지만, 연수는 조금만 손상되어도 생명을 잃을 수 있다. 알코올 섭취로 연수의 기능이 떨어지면 심장박동이나 혈압이 변하고, 호흡도 변화한다. 술에 취하면 일반적으로 호흡이 길어지는데 바로 연수의 기능 저하 때문이다.

2) 뇌교 부위

연수와 중뇌 사이에는 뇌교(pons)가 있다. 뇌교 뒤편에는 좌 · 우 소뇌가 있다. 소뇌는 피부, 근육, 관절들로부터 신체 자세에 관한 감각 정보를 전달받는다. 귓속의 평형기관은 소뇌에 중력 방향과 신체운동 속도에 대한 정보를 전달한다. 소뇌는 전달되는 정보들을 종합하여 운동신경계 움직임을 조절하고 동작을 부드럽고 매끄럽게 만든다. 교향악단의 지휘자가 없으면 악기들의 소리가 조화를 이룰 수 없는 것과 같이 수많은 신체 운동 근육조직들과 신경들의 지휘자가 바로 소뇌라고 보면 된다.

부드럽고 정교한 신체 동작은 유전적으로 혹은 반사적으로 이루어지는 것이 아니라 훈련으로 이루어진다. 뇌신경 연구자들은 동작 훈련이 반복되면서 소뇌 안에 동작에 관한 회로가 만들어진다고 생각한다. 피아노 연주를 하려면 관련된 신체 근육들을 일정한 시간 계획에 따라 적절한 힘으로 부드럽게 조절해야 하는데 피아니스트가 곡을 반복해서 연습하면서 소뇌의 신경세포들이 시냅스 효율성을 수정해 가고, 이것을 통해 새로운 회로 경로를 형성하게 된다.

뇌교는 좌 · 우 소뇌를 연결하는 다리와 같은 기능을 하며 뇌간의 앞부분에 해당한다. 뇌교와 소뇌 사이의 뇌간 영역은 망상 조직으로서 움직임을 통제하는 여러 회로가 있다. 또한 이 영역은 수면 중에 나타나는 꿈과 관련이 있기도 하다.

3) 중뇌

중뇌(midbrain)는 뇌간 영역 중에서도 가장 상층부에 위치하면서 척수 반사들을 종합하여 일련의 복합적인 움직임을 만들어 내는 뉴런들로 이루어져 있다. 중뇌 뒤쪽에는 상구와 하구라고 부리는 좌 · 우 한 쌍씩 총 4개의 콩알 크기의 언덕이 있는데, 중앙선을 기준으로 대칭적으로 솟아 있다.

시각과 청각 자극이 자신의 몸을 기준으로 발생 위치를 파악하고, 파악된 방향으로 눈동자를 돌리거나 목을 움직여 시선을 향하게 하는 것은 상구와 하구가 만들어 낸 반사 행동이다. 좀 더 구체적으로 자극에 시선을 향하기 위해서는 현재의 시선에서 자극에 이르는 궤적이 계산되어야 한다. 이러한 궤적을 통해 적절한 시선과 자세를 만들어야 하는데, 안구와 목의 각 근육을 정확한 시간에 일사불란하게 제어하는 작용을 하는 것이 바로 상구와 하구이다.

상구는 자극에 시선을 향하도록 하는데 요구되는 안구와 목의 움직임을 뇌교 부위 뉴런들에게 지시하는 역할을 한다. 이때 소뇌는 필요한 궤적을 계산하는 역할을 하는데, 매번 움직일 때마다 궤적을 계산하는 것이 아니라 자극의 위치와 움직임이 결정되면 반복 연습을 통해서 이미 저장되어 있는 궤적을 알려 주는 것처럼 보인다. 척수 상부에서부터 연수와 뇌교 그리고 중뇌 중앙을 관통하는 망상체라는 뉴런 집단이 있는데, 중뇌 망상조직은 의식의 각성 수준을 결정하고 주의와 수면에 중요한 역할을 한다.

4) 시상

시상(thalamus)은 뇌간과 대뇌 사이에 있기 때문에 뇌 전체로 보았을 때는 가장 중앙에 위치하고 있다. 뇌 중앙이라는 해부학적 위치에 걸맞게 시상은 뇌 각 부위에 정보를 분배하는 역할을 수행한다. 시상은 여러 종류의 신경핵으로 이루어져 있는데, 후각을 제외한 모든 감각이 시상을 거쳐 대뇌로 전달된다. 각기 다른 감각들은 시상의 각기 다른 신경핵을 거친다.

선택적 주의집중은 바로 시상의 작동에 의해서 이루어지는 것이다. 시상은 감각이 대뇌로 전달되는 과정을 조절함으로써 선택되지 않는 감각을 무시하게 하고, 특정 감각 처리를 우선시하거나 더 많이 주의하도록 한다.

5) 시상하부

시상하부(hypothalamus)는 시상 아래에 위치하면서 신체 내부 환경을 조절한다. 생명 현상은 수천 개의 화학 물질이 상호작용하는 과정으로 이루어져 있다. 노화나 병균에 대항하기 위한 화학적 환경을 시상하부가 조절한다. 구체적으로 시상하부와 연결된 신경계와 뇌하수체를 통한 내분비계 활동을 통제하고 조절함으로써 이루어진다.

내장 기관은 자율신경계를 통해 조절된다. 자율신경계는 다시 뇌관과 척수를 통해서 조절되는데 뇌간과 척수를 구성하는 뉴런들은 시상하부와 연결되어 있다. 따라서 시상하부는 자율신경계 활동을 제어하여 내장 기관 활동을 조절한다. 또한 시상하부는 내장 기관 상태에 관한 정보를 연수를 통해서 전달받는다. 자율신경계는 교감신경과 부교감신경으로 이루어져 있다.

교감신경은 심장 박동을 증가시키고, 혈액 공급량을 증가시키며, 소화 기능을 억제하고, 근육과 뇌에 공급되는 혈액 양을 증가시킨다. 위기에 처했을 때나 강한 정서 상황에서 교감신경은 활성화되어 신체 생리적 기반을 조성한다. 부교감신경은 교감신경의 반대 기능을 수행하여 위험한 상황이 종료되었을 때 신체가 안정 상태로 회복하도록 조절한다.

시상하부가 신체의 화학적 환경을 조절하는 두 번째 경로는 내분비계를 통하는 것이다. 분비선은 눈물이나 땀과 같은 분비물이 관을 통해 직접 분비되는 외분비선과 혈관을 따라 해당하는 목표 기관에 도달하게 되는 내분비선으로 나누어진다. 내분비계는 호르몬을 분비하는 몇 개의 내분비선으로 이루어져 있으며 이들은 시상하부 바로 아래에 위치한 뇌하수체에서 분비하는 호르몬에 의해서 조절된다.

사상하부가 신경계와 뇌하수체를 거쳐 수행하는 조절기능을 스트레스 상태를 예로 들어 보면 다음과 같다. 스트레스는 상처와 질병으로 인해 발생되는 정서에서부터 단순히 덥거나 추운 것에 이르기까지 광범위한 상황을 포함하고 있다. 과로, 시간 압력이나 직업 상실, 유독 물질에 노출되거나 수면 부족, 좌절감이나 신체적 질병, 지속적인 긴장 상태나 흥분, 이혼이나 성적 부진 등 일상생활의 거의 모든 사건은 스트레스를 일으킨다.

스트레스 연구의 선구자인 Selye는 어떤 종류의 스트레스라도 발생된 스트레스에 대응하는 신체 반응은 동일하며 이 신체 반응이 지속되면 일반적응증후군(General Adaptation Syndrome: GAS)을 발생시킨다고 하였다. 일반적응증후군 증상은 부신선 확대, 체중 감소와 위궤양 등이 가장 대표적이다.

부신선은 스트레스 호르몬을 분비하여 신체가 스트레스에 대응하도록 하기 때문에 스트레스가 지속되는 상황에서는 부신선이 커지게 된다. 일반 적응 증후군 가운데 위궤양은 스트레스에 저항하는 신체 방어 활동에서 부작용이 발생한 예라고 볼 수 있다. 위 점막은 소화를 위해 분비되는 염산으로부터 위벽을 보호한다. 점막을 유지하기 위해서는 위장에 혈액이 원활히 공급되어야 한다. 하지만 스트레스로 발생된 부정적 정서 상태는 교감신경계를 활성화시켜 혈액 양을 증가시키는데, 이러한 혈액 증가가 단기간에 종료되지 않고 오랫동안 지속되면 위장 점막은 손상되고 그 결과로 위벽이 헐린다.

시상하부는 여러 개 신경 핵으로 이루어져 있다. 그중 실방핵(paraventricular nucleus)은 대뇌와 망상조직으로부터 각성 수준에 대한 정보를 받아들여 인슐린 수준을 조절하고 스트레스에 대응하는 호르몬을 생성하고 분비하도록 만든다. 시상하부는 신경계와 내분비계를 통해서 스트레스 반응 이외에도 섭식과 관련된 행동, 성적 행동 등 신체·화학적 환경을 조절하는 역할을 수행한다.

6) 변연계

변연계(limbic system)는 뇌 중앙선 부근에 있는 해마, 편도체, 중격 등으로 구성되어 있다. 주름진 대뇌를 걷어 냈을 때 가장자리에 위치하는 구조물들이 바로 변연계이다. 변연(limbic)이란 가장자리를 뜻하는 라틴어에서 유래한다. 변연계의 기능은 주로 정서와 기억에 관련한 것들이다.

사나운 원숭이의 편도체(amygdaloid) 특정 부위를 잘라 내면 온순하게 변하고, 쥐의 편도체 특정 부위를 손상시키면 공포 반응이 없어져 고양이를 공격하게 만들 수도 있다. 중격(septum)의 손상은 공격적 분노를 유발하는 것으로 알려져 있기도 하다. 해마(hippocampus)는 학습 초기에 관여하여 학습 내용을 기억하도록 한다. 또한 해마는 공간적 장소를 기억하는 구조로 생각되며, 최근의 실험적 증거들은 사건 순서를 선별적으로 기억하는 능력과 관계가 있다는 증거들이 발견되기도 했다.

7) 대뇌피질

뇌의 표면에는 많은 주름이 있다. 목 뒷부분에 위치한 더 섬세한 주름을 가진 소뇌를 제외하고는 뇌간 위에 붙어 있는 전체가 대뇌피질(cerebral cortex)이다. 대뇌피질은 포유류의 진화 과정에서 가장 발달된 뇌 구조이다. 인간과 다른 동물과의 차이는 주로 대뇌피질에 의해 발생한다.

대뇌피질은 평균 2.5mm 정도의 두께를 이루고 있는 세포체들의 집합이다. 대뇌피질의 주름은 두개골 속에 보다 넓은 피질이 들어갈 수 있도록 하기 위해서 진화한 것이다. 접혀 있는 대뇌 주름을 폈을 때 면적은 대략 4,000cm^2에 이른다. 피질에는 150억 개 이상의 뉴런이 있는 것으로 추정되는데, 대뇌피질에는 이러한 뉴런들이 6개 정도의 층을 이루고 있다. 피질 표면을 이루고 있는 2.5mm의 두께를 회질이라 부르며 그 안쪽을 백질이라고 부른다. 백질은 수초막으로 싸인 축색으로 구성되어 있으며, 축색들은 흔히 다발을 이룬다. 이러한 대뇌의 축색다발들은 피질 내의 여러 부위이나 다른 신경계 구조물과 연결되어 있다.

대뇌피질의 가장 큰 구조적 특징은 2개의 반구로 나뉘어져 있다는 것이다. 각각의 반구는 반대편 신체와 대응하고 있다. 즉, 우측 신체는 좌반구에서 조절하고, 좌측 신체는 우반구에서 조절한다는 것이다. 우측 시야에서 일어나는 일은 대뇌 좌측 시각 피질에서 담당하고 있다. 또한 좌측 대뇌는 우측 신체의 근육을 조절하여 오른팔, 오른 다리 등을 움직인다. 좌 · 우 반구는 축색다발로 연결되어 있는데, 그중 가장 큰 연결을 이루고 있는 곳이 바로 뇌량(corpus callosum)이다.

(1) 대뇌피질 기능의 국재화

대뇌피질은 구조적으로는 거의 동일하지만 부위에 따라 담당하는 기능이 다르다. 뇌 특정 부위가 손상되었을 때 관찰되는 정신기능과 행동 장애를 통해서 그리고 뇌 특정 부위를

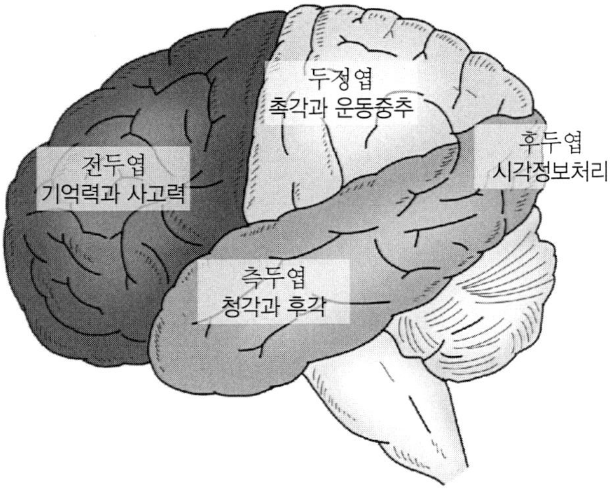

[그림 2-6] **대뇌피질의 국재화**

인위적으로 자극하였을 때 관찰되는 행동을 통해서 피질 각 부위는 서로 구별되는 정신 기능과 행동을 담당하고 있음을 알게 되었다.

피질은 크게 네 부위로 나뉘는데, 머리 뒷부분의 후두엽은 시각 기능을 담당한다. 앞부분의 전두엽은 이성적 사고를 담당하여 계획적이거나 의지적인 행동을 만든다. 귀 쪽의 측두엽은 청각을 처리하며 언어를 이해하도록 하는 기능을 주로 수행한다. 그리고 머리 위쪽 두정엽은 신체의 감각과 운동을 연결해 주는 부분이다.

피질을 인위적으로 전기 자극하면 자극된 부위에 따라 특정한 정신 기능을 인위적으로 일으킬 수 있다. 사고나 종양 혹은 출혈 등의 이유로 피질이 손상되면 손상된 부위에 따라 특정 정신 기능이 훼손된다. 예를 들어, 좌측 시각 피질이 손상되면 우측 시야를 볼 수 없게 된다. 좌측 운동 피질 가운데 팔을 움직이는 부위가 손상되면 오른팔이 마비된다. 이처럼 특정 정신 기능이 각기 다른 피질 부위와 연결되어 있다는 것을 바로 대뇌피질 기능의 '국재화(localization)'라 부른다.

1860년대 이후 Broca와 Wernicke에 의해서 점화된 실어증에 관한 신경학적 연구들은 언어를 이해하고 만들어 내는 기능이 대뇌 특정 부위에 국재화되어 있음을 보여 주었다. 이 연구들은 언어 능력과 같은 고등 정신 기능도 대뇌피질의 일부분에 국재화되어 있음을 증명하면서 대뇌기능의 국재화 개념을 확립하는 데 중요한 역할을 하였다. 또한 좌 · 우 대뇌 반구 기능이 완전히 대칭적으로 동일한 것이 아님을 증명하기도 하였다.

브로카 영역(Broca's area)으로 명명된 좌측 피질을 포함하여 그 안쪽에 있는 백질과 주변 영역이 종양이나 혈관 파열 혹은 막힘 등으로 손상되면 의미 있는 정확한 발음의 논리적인 언어를 구사할 수 없게 된다. 즉, 언어적 표현 장애 혹은 표현적 실어증이 발생하는 것이다.

이와는 다르게 좌측 피질의 베르니케 영역(Wernicke's area)을 포함한 주변 부위가 손상되면 언어 이해 능력이 감퇴되고, 말소리는 유창하지만 의미 없는 소리의 나열 현상이 발생한다. 이런 증상을 수용적 실어증이라고 한다.

전도성 실어증은 위의 두 실어증보다 훨씬 알아차리기 힘들다. 수용적 실어증과 달리 말과 글의 이해가 완벽하며, 표현적 실어증과 달리 유창하게 말하기도 한다. 전도성 실어증의 문제는 환자가 듣거나 읽는 것을 반복할 수 없다는 것이다.

Wernicke는 언어를 이해하는 영역과 말을 생성하는 영역을 연결하는 활꼴 다발이 손상되면 전도성 실어증이 발생한다고 생각하였다. 말을 들을 때 청각 신호가 제1차 청각 피질에 도달하고, 제1차 청각 피질을 거쳐 베르니케 영역에 이르러 말의 언어적 의미가 파악된다. 들은 말을 반복하려 할 때 파악된 의미에 해당하는 신호가 활꼴 다발을 타고 앞으로 전도되어 브로카 영역을 포함한 언어 생성에 관한 운동 영역에 도달하게 된다. 그러나 활꼴 다발이 손상되면 뒤편의 언어 이해 영역 신호가 앞쪽의 언어 생성 영역으로 전달되지 못하는데, 이것이 읽거나 들은 말을 반복할 수 없게 만드는 것이다.

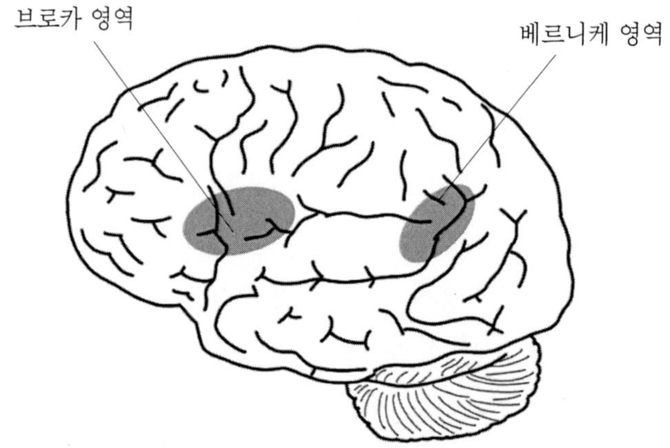

[그림 2-7] 브로카 영역과 베르니케 영역

(2) 대뇌피질 기능의 이상: 뇌전증

뇌전증(epilepsy)은 그 정도에 따라 여러 형태가 있는데 대개 일정한 부위에 있는 뉴런 집단이 일시적 활동을 시작하고 이것이 다른 부위로 전도・확산되면서 발생한다. 심한 경우 운동 영역에 확산되어 뉴런들이 일시적으로 활동하게 되면 길항작용을 하는 근육들이 동시에 수축되어 근육 경직이 일어날 수 있다.

뇌전증이 시작되는 뇌 부위는 환자에 따라 일정한 것으로 알려져 있는데, 약물 치료 및 행동 치료의 효과가 없는 경우 최종적으로 뇌량을 절제하는 수술을 통해서 어느 정도 조절할 수 있다. 뇌량 절제 수술 결과 한쪽 반구에서 시작된 뇌전증이 다른 반구로 확산되는 것을 막을 수 있으며, 실제 뇌전증 발생 빈도도 감소하는 것으로 알려져 있다. 뇌량 절제로 좌・우 반구가 분리된 환자의 행동은 수술 전과 비교해 크게 달라져 보이지는 않는다. 그러나 잘 통제된 실험 상황에서는 차이를 찾아낼 수 있다. 분리된 뇌 환자들로부터 나온 실험 결과 가운데 일반적으로 받아들여지는 것은 좌반구는 언어 능력에서 우반구보다 월등하며, 우반구는 좌반구보다 공간 이해 능력에서 우세하다는 것이다.

우반구가 공간 이해에 우월함을 시사하는 실험이 있다. 뇌전증 환자에게 동일한 그림을 보고 왼손을 사용하여 그리게 하고, 다음에 오른손을 사용하여 그리게 하였다. 그리고 뇌량을 분리하는 수술을 실시한 후 다시 왼손과 오른손으로 그림을 그리게 하였다. 뇌량이 분리되면 오른손은 전적으로 좌반구의 통제만 받게 되고, 왼손은 전적으로 우반구의 지휘 아래 놓이게 된다. 뇌량 분리 수술 전 뇌전증 환자는 오른손잡이였기 때문에 왼손 그림은 서툴고 떨리며 선들이 바르지 않았다. 반면에 오른손을 사용한 그림은 꽤 곧은 직선들로 이루어져 있다. 그러나 뇌량 분리 수술 후 오른손 그림은 원래 모양을 추측할 수 없을 정도로 엉망이 되었다. 반면에 왼손 그림은 수술 전 오른손을 사용한 경우에 비해서는 잘 그려진 그림은 아니었지만 뇌량 분리 수술 후 오른손이 그린 그림보다는 훨씬 좋았다. 이러한 뇌전증 환자에 대한 실험 결과는 뇌의 우반구가 좌반구에 비해서 공간을 이해하는 능력이 훨씬 우세함을 증명해 준다. 대뇌 좌・우 반구 중 어느 한쪽 반구의 기능이 더 우세한 것을 '측화(lateralization)'라고 한다. 뇌전증 연구를 통해서 대뇌 기능이 측화되어 있다는 증거가 점점 더 많이 모이고 있다.

3. 이상심리와 위험

1) 정신장애

정신장애(mental disorder)를 가진 사람들에 대해서 일반인은 동기나 행동을 이해하기 어렵고 예측하기도 어렵다. 이해하기 어렵고 예측하기 어려움은 공포를 유발해서 정신장애를 가진 사람을 일반인보다 더 위험한 사람들로 인식하게 한다.

Bolten(1976)은 미국 캘리포니아 주 교도소의 수감자 1,000명과 소년원 수감자 650명을 조사한 결과를 발표했는데, 성인 범죄자의 6.7%와 청소년 범죄자의 2.9%만이 심한 정신장애를 가지고 있는 것으로 나타났다. 또, 성인의 9.3%와 청소년의 20.6%가 경미한 정신장애를 가지고 있는 것으로 밝혀졌다. 이 정도의 정신장애 비율은 비범죄자들의 정신장애 비율과 비교해서 큰 차이가 없는 것이며, 결코 더 높다고 보기 어렵다(성한기, 김교헌, 2004). 즉, 정신이상이 사람들을 더욱 위험하게 만든다는 확실한 증거는 최소한 교도소에서는 나오지 않았다.

한국의 경우, 법무연수원(2002)에서 편찬한 범죄백서에 따르면 범죄 발생률이 일반인의 경우 인구 10만 명당 2,545명으로 2.54%인 데 비해 정신장애를 가지고 있는 사람들의 비율은 1.65%로 일반인에 비해 훨씬 낮은 수치를 보였다. 정신장애를 가진 사람들 중 알코올 또는 약물남용자만이 실제로 폭력 등의 특정 위험수준이 높게 나타났으며, 사회적 상호작용이 줄어드는 조현병(schizophrenia) 등 물질 남용이 없는 정신장애자들의 폭력행동은 일반인보다도 낮았다. 이인혜(1995)는 교도소에 수감되어 있는 전과 2범 이상의 범죄자 171명을 조사한 결과, 폭력범이 정신병적 경향이 가장 높은 것으로 나타났고, 사기범의 정신병적 경향성이 가장 낮게 나타났다. 이러한 결과들을 종합적으로 살펴볼 때, 모든 범죄가 정신장애와 연결되는 것이 아님을 알 수 있다.

하지만 일반적으로 정신장애와 범죄 발생의 상관이 일반인에 비해 높지 않음에도 정신장애를 가진 사람들에 대해서 과도하게 높은 불안을 보이고 범죄연결성을 높게 지각하고 있다. 이러한 현상은 착각현상으로 설명할 수 있다. 정신장애와 범죄 발생에 대해서 상관착각(illusory correlation)이나 인과착각(illusory causation)이 나타나기 때문이다. 상관착각은 거의 동시에 발생하는 사건에 대해서 상관을 높게 지각한다는 것을 말한다. 예를 들어, 까마귀가 날고 배가 떨어질 때 다른 정보가 있음에도 불구하고 까마귀가 날아간 것이 배가 떨어진 것과 동시에 발생하였기 때문에 상관이 있을 것이라고 생각하는 것이다. 또한 이렇게 동시에 연결된 사건들이 서로 간의 인과관계를 가진다고 생각하는 것이 인과착각이다.

2003년 2월 18일 대구지하철 참사의 원인이었던 방화는 뇌졸중으로 우울증을 앓고 있던 50대 환자의 방화로 밝혀졌다. 당시 사건 초기에는 방화를 저지른 원인이 정신장애 때문이라는 기사나 보도가 많았다. 일반인의 경우 이러한 기사나 보도를 접하며 정신장애와 방화를 동시에 일어난 사건으로 '상관착각'을 가지게 되고, 다시 정신장애가 방화를 발생시켰다는 '인과착각'을 가지면서 정신장애에 대한 부정적인 인식과 잠재적 범죄자라는 인식을 높일 수 있다(성한기, 김교헌, 2004). 이러한 정신장애에 대한 잘못된 인식과 차별은 정신 장애인에 대한 부정적 압력(낙인 효과 등)을 가중시켜 또 다른 형태의 위험을 고조시킬 수 있다.

2) 뇌손상과 위험

정신장애가 위험과 그리 큰 상관관계나 인과관계가 없다면 뇌 손상은 어떨까? 뇌 손상이 위험을 증가시킨다는 몇 가지 증거를 찾을 수 있다. 하나는 뇌 손상이 인지 수준을 낮추어서 자신의 행동 결과에 대한 인식을 명확하게 하지 못하기 때문에 범죄와 같은 위험행동에 더 많이 연루될 수 있다는 것이다. 또 다른 이유는 뇌 손상이 정서적 분노나 충동 통제력을 약화시킨다는 것이다. 마지막 이유는 뇌 손상을 입은 사람들이 가지는 좌절감을 들 수 있는데, 좌절감은 인생을 포기하거나 타인이나 환경에 대한 공격성을 증가시킬 수 있다(Sarapata, Hermann, Johnson, & Aycock, 1998).

그런 의미에서 2003년 대구지하철 방화사건은 정신이상이 원인이 아니라 뇌손상 환자가 과도하게 지각한 좌절감과 절망감이 사회적 분노로 잘못 표출된 참사라고 보는 것이 맞을 것이다. 뇌손상 질환을 앓고 있던 개인의 심리상태가 부정적이었고, 이러한 부적 감정을 사회가 완충시켜 주지 못하는 상황에서, 불특정한 대상들로 분노 감정이 표출된 안타까운 사건이다. 더욱이 지하철 화재에 대한 시설물 투자나 화재 진압을 위한 국가적 대비가 미흡했던 것은 작은 사건으로 끝날 수 있었던 일을 참사로 만든 가장 결정적인 이유이다.

Freedman과 Hemenway(2000)는 사형선고를 받은 16명 중 12명이 뇌손상 경험이 있다고 보고하였다. 279명의 베트남 참전병사를 조사한 연구에서는 뇌손상을 경험한 병사들이 그렇지 않은 병사들에 비해서 폭력성이나 공격성 및 분노와 적개심이 더 높은 것으로 나타났다.

또한, 임신 중 알코올 섭취는 태아알코올 증후군으로 이어져 뇌손상이 있는 아이를 출산하게 되는데, 알코올로 인한 태아기 뇌손상은 공격적인 과잉행동장애를 보인다는 연구보고들이 있다. 이러한 뇌 손상과 범죄와의 관계는 주로 전두엽 손상으로 인한 주의력과 계획성 그리고 충동 억제 및 자발적 행동 제어 상실 등의 복합적인 문제로 보인다.

뇌 손상으로 인한 전두엽의 문제는 상황을 파악하는 데 인지적 오류를 쉽게 발생시키고, 미숙한 판단과 자극적인 상황에서 더욱 과민하게 반응하도록 할 수 있다. 또 갈등을 조정하는 언어적 의사소통 기술도 부족해지고, 충동적 감정 표출이 쉽게 일어난다. 종합적으로 뇌 손상은 사회적 지각과 판단, 자기통제와 정서 및 기분 조절에 부정적인 영향을 미치기 때문에 자신과 타인을 보다 위험한 상황으로 몰아갈 수 있다(Turkstra, Jones, & Toler, 2003).

4. 약물과 생리작용

1) 알코올과 위험

알코올(음료에 포함된 에탄올)은 중추신경계의 활동을 이완시킨다. 알코올을 섭취한 사람의 행동이나 언성이 높아지는 것을 보면 알코올이 흥분성 물질이 아닌가 생각할 수 있지만 알코올은 이완제로서 진정시키는 효과를 주는 물질이다.

알코올은 단기적으로 낮은 혈중 알코올 농도에서도 중추신경계를 억제한다. 중추신경계통에 대한 이완 작용은 활동을 통합시키는 기능을 저하시킨다. 계속 알코올을 섭취해서 혈중 알코올 농도가 높아지면 시야를 조절하고 다른 근육들과 협응하는 기능이 저하되어서 균형 잡기가 어려워지고 비틀거리게 된다. 사고 과정을 통제하는 전두엽 부위의 기능이 약화되어서 이성적인 판단도 둔화된다. 알코올 과대 섭취가 심신에 부정적인 영향을 준다는 것은 여러 연구가 내놓고 있는 공통적인 내용이다.

Zimberg(1982)의 연구에 따르면 미국 성인 10명 중 1명은 알코올 사용에 관한 심각한 문제를 가지고 있는 것으로 나타났다. 장기간에 걸친 알코올 섭취는 간경화나 암과 같은 신체적 질병을 발생시킬 수 있다. 간 손상 이외에도 위장 질환이나 혈관계 및 신경계 이상과 그 밖의 여러 가지 다른 의학적 문제를 발생시킬 수 있다.

성격적 요소에서 알코올 섭취는 자기 비판력을 상실시키고, 자기 행동에 대한 평가가 부정확해지는데 대체로 자신에 대한 과도한 긍정적 태도를 가지게 된다. 낮은 수준의 알코올 섭취는 기분상승 효과를 보이는데, 이것은 알코올 섭취가 불안감을 감소시켜 주기 때문이다(박선영, 2006). 소량의 알코올 섭취는 도취감이나 자신감을 상승시키는 효과를 주는데, 이는 뇌의 억제 시냅스가 알코올에 의해서 억압되기 때문에 발생하는 현상이다. 알코올 섭취가 증가할수록 억제 시냅스와 흥분 시냅스 모두 억압되고 도취 상태는 점차 약해진다.

더 많은 알코올을 섭취하게 되면, 사고 능력이 저하되고 판단력도 손상된다. 정서가 불안정해지고 잠에 빠지기 쉬워지지만 REM 수면은 억제되어 깊이 있는 숙면은 취하지 못한다. 알코올에 문제가 있는 사람들은 그렇지 않은 사람들에 비해서 사고 발생 가능성이 확실히 높다. 일을 마치고 술을 마시는 것도 그다음 날 일과 중 사고 발생 확률을 높인다.

McFadden(2002)의 연구에 따르면 38만 명의 항공기 조종사들을 대상으로 한 대단위 조사에서 음주운전으로 적발된 경험이 있는 조종사들은 음주운전으로 적발된 경험이 없는 조종사들에 비해 비행 중 음주로 인한 문제를 발생시킬 확률이 3.5배나 더 높다고 보고하였다. 이러한 원인은 알코올이 판단 능력에 손상을 가져다주고 자신의 능력을 과대평가하도록 만들기 때문으로 보인다.

Tiplady, Franklin과 Scholey(2004)는 알코올 섭취가 과대확신으로 이어지는 과정을 연구하였다. 연구는 3일 연속으로 대학생들에게 다른 양의 알코올을 섭취하도록 하고 일반 상식 검사를 수행하는 방법으로 진행하였다. 일반 상식 검사 결과는 어떤 답을 하더라도 비슷한 점수가 나오도록 조작되어 있었다. 실험 결과, 알코올 섭취량이 증가할수록 참가자들의 수행에 대한 과대평가 경향이 증가하였다. 술에 취하면서 자신에 대해서 과신하게 된 것이다.

술을 마시면 먼저 시력이나 운동신경이 둔해지기 시작한다. 무엇보다 중요한 것은 판단력이나 자제력이 떨어지게 된다는 것이다. 그리고 본인은 자기가 어느 정도 술에 취해 있는지를 객관적으로 정확하게 파악하지 못하게 된다. 음주로 몸을 가누지도 못하면서 "술에 안 취했다."고 주장하는 사람들을 떠올려 보면 음주 후 자기 평가가 얼마나 왜곡될 수 있는지 알 수 있다. 음주는 가장 먼저 뇌 기능을 저하시키지만 소량일 때는 뇌를 자극시켜 사람들이 자신의 컨디션이 좋다고 착각할 수 있다. 이와 같은 기분의 고양과는 반대로 알코올 섭취는 심신기능 저하를 야기해서 돌발적인 위험에 적절하게 대처하지 못하여 사고를 일으키게 할 수 있다(이순철, 1993).

알코올의 섭취는 즉시적인 영향을 미치기도 하지만 지속적인 영향을 주기도 한다. 64g(약 5잔 정도)의 알코올을 섭취하면 체내에서 알코올을 완전히 분해시키기 위해서는 대략 6~8시간 이상이 필요하다. 더욱이 이러한 알코올 분해 시간은 개인차가 크다. 따라서 체내 알코올이 분해되기 전에 일어나는 육체적인 활동이나 정신적인 활동은 비정상적인 결과를 초래하게 되고, 위험 상황을 발생시킬 가능성이 높아진다.

알코올과는 대조적으로 벤조다이아제핀(항우울제)을 복용한 사람들은 반응 속도는 느려지지만 반응 정확성은 유지하기 위해서 노력하는 경향을 보인다. 알코올 섭취가 속도를 유지하려는 성향이 있다는 것은 운전자들이 술에 취해서 운전하면서도 평상시와 같은 속도 혹은 더 높은 속도로 자동차를 운전하는 현상을 설명해 줄 수 있을 것이다. 음주운전자들은 술에 취하지 않은 사람들보다 더 빠르게 운전하는 경향이 있는데 '조심해야지.' 하는 생각과는 다르게 실제 행동에서는 더욱 위험한 상황을 선택하였다. 이러한 사실은 실제 도로에서 음주운전자의 위험한 운전행동을 보면 쉽게 이해할 수 있다.

알코올은 중추신경계를 진정시키는 효과가 있기 때문에 교통사고의 주요한 원인으로 지목된다. 이러한 이유로 산업안전에서도 작업 중 알코올 섭취를 금지하고 있다. 만취는 교통사고 사망의 중요한 원인이며 운전자의 30%는 적어도 한 번 이상 음주 후 운전을 시도한 적이 있다고 한다.

또 다른 연구에서는 알코올이 실수-지각에 특별한 영향을 준다고 보고하였다. 연구자들은 알코올이 반응 정확성과 속도에 영향을 미치고, 특히 알코올 섭취가 속도보다도 정확성에 더 큰 영향을 준다고 강조하였다. 이러한 연구 결과는 술에 취한 운전자가 차량 속도를 유지하는 데 과도하게 신경을 쓰다가 정확성이 상실되어 사고가 발생할 수 있음을 시사해 준다. 음주 후에 왜 실수가 많아지고 사고가 증가하는지를 설명하는 실험이라고 할 수 있겠다.

알코올은 중추신경에 영향을 미치며, 혈중 알코올 농도는 지각 및 운동 능력의 저하와 직접적인 관계가 있다. 운전 시뮬레이션을 활용한 연구에 의하면(Jex, DiMarco, & Wade, 1974), 혈중 알코올 농도가 0.11%인 운전자들은 술을 전혀 마시지 않는 운전자보다 500배나 불필요한 차로 변경을 많이 하는 것으로 나타났다. 조향 장치와 같은 자동적 조작에서도 알코올 섭취는 문제를 일으키고, 고차적인 정보처리에도 손상이 왔다.

또한 음주는 행동에 중요한 부분인 효과적인 주의 분산 능력을 감소시키기도 한다. 알코올을 섭취한 작업자는 시각 탐색이 활발하지 못하고 중앙에만 집중하면서 적절한 주의 배분 및 분산 능력에 문제를 보인다(Belt, 1969). Moskowitz와 DePry(1968)는 헤드폰을 운전자에게 착용시키고 양 귀에 서로 다른 정보를 보내어 정보를 구분하는 실험을 실시하였다. 실험 결과, 매우 적은 음주량에서도 술을 먹지 않았을 때에 비해 과제 수행이 급격히 감소하였다. 즉, 알코올 섭취는 적절한 주의 배분과 반응에 문제를 일으켰다.

혈중 알코올 농도(Blood Alcohol Concentration: BAC)는 인체의 혈액 내 알코올 함유량을 의미한다. 혈중 알코올 농도는 mg/ml 또는 %로 나타낸다. 섭취를 통해 혈액 중의 알코올 함유량은 체중, 알코올 분해 능력, 성별 등에 따라서 달라질 수 있다. 일반적으로 건강한 성인 남자는 한 시간에 14cc 정도의 알코올(소주나 맥주 1잔 정도)을 분해할 수 있다. 일반적으로 알코올 농도 5% 정도의 맥주를 섭취하는 경우, 혈중 알코올 농도와의 관계는 맥주 2잔(350ml)

에서는 0.02~0.04% 그리고 맥주 3~5잔(525~875ml)은 0.05~0.10%에 도달하게 된다(최인섭, 박철현, 1996).

중추신경계는 알코올 섭취 후 몇 분 만에 영향을 받기 시작한다. 알코올 섭취를 멈추면 1시간 이내에 혈중 알코올 농도가 최고조에 이르고 완만한 선형을 이루면서 감소한다. 섭취된 알코올의 95% 정도는 신체 대사활동을 통해서 제거되고 나머지는 소변이나 호흡을 통해서 배출된다. 알코올은 섭취량과 상관없이 대사 작용이 일정한 속도로 진행된다. 체내 알코올의 분해 속도는 운동이나 카페인 섭취와는 상관이 없으며 개인차도 크다.

혈중 알코올 농도 0.02%부터 보통 지·감각과 인지 능력의 변화가 시작되는데, 지각 능력에 영향을 미치는 주요한 효과 중 하나는 '터널 시야 효과(Tunnel vision effect)'이다. 터널 시야 효과는 전방 주시에 있어서 시야가 좁아지는 것을 의미한다. 시야가 좁아져 주변 시야로부터 입력되는 중요한 정보량이 감소하는 것은 위험이 증가되는 것을 의미한다. 주변 시야로부터의 정보 차단은 중심 시야에서 발생하는 현상에만 주의를 집중하게 하는데 음주가 이러한 현상을 촉진하게 된다(Moskowitz & Sharma, 1974).

알코올 섭취는 생리적 손상과 더불어 반사회적 행동, 불법적 행동 그리고 위험한 행동에 복합적으로 작용하는 것으로 나타난다. 알코올 중독에서 회복된 사람들은 뇌 전두엽 기능에 손상을 입어서 적절한 주의집중이나 계획하기, 문제해결 기능 등에 영구적인 신경학적 손실을 경험하기도 한다(Tedstone & Coyle, 2004).

2) 약물과 위험

감기약이나 멀미약, 두통약 혹은 진통제 등 쉽게 복용할 수 있는 약물에는 항히스타민제를 포함하고 있다. 항히스타민제의 복용은 진정효과를 발생시킨다. 그러나 진정효과의 대표적인 부작용은 졸음이나 멍한 상태를 만드는 것이고, 순발력을 저하시킬 수도 있다. 미국의 경우 약 5% 정도의 사람들이 벤조다이아제핀(Benzodiazepines), 클로르디아제폭시드[Chlordiazeproxde, 상표는 Librium], 디아제팜[Diazepam, 상표는 Valium] 등의 약물을 불안이나 불면 등의 이유로 처방받아 사용하고 있다고 밝히고 있다(Taylor, McCracken, Wilson, & Copeland, 1998).

이것은 일상생활을 하면서 멍하거나 졸린 상태인 사람들이 미국의 경우 최소한 5% 정도는 될 수 있다는 것이다. 벤조다이아제핀계 약물은 효과가 오래가기 때문에 복용 후 다음 날까지도 정상적인 심신기능을 회복할 수 없는 경우가 많다. 자동차 운전의 경우 벤조다이아제핀을 사용한 운전자의 사고 가능성은 다른 운전자들에 비해 6배 정도 높다고 보고되는데, 진정효과의 부작용 때문에 발생하는 사고라고 추정된다(Vingilis & Macdonald, 2002).

이처럼 정상적으로 복용할 수 있는 약물도 위험을 내포하고 있는데, 정신기능에 지대한 영향을 미치는 향정신성 약물의 경우에는 예상되는 위험의 범위가 더욱 클 것이다. 미국의 경우 2015년도에만 5만 2,000여 명, 2016년도에는 6만여 명이 마약으로 사망하였다. 마약에 중독된 사람들이 증가하는 것은 여러 가지 복합적인 문제를 발생시킬 수 있는데, 부모의 마약중독을 배 속에서부터 물려받으면서 태어나는 아이들의 숫자가 미국의 경우 하루에 80여 명에 달한다.

마리화나는 미국의 경우 알코올과 마찬가지로 매우 흔하게 사용되는 향정신성 약물이다. 흡입 후 10~30분 이내에 혈액에서 최고 농도에 도달해 2~3시간 이상 지속된다. 낮은 농도로 마리화나를 복용하면 알코올이나 벤조다이아제핀과 같은 진정-최면 효과가 나타난다. 높은 농도로 마리화나를 복용하면 LSD 복용과 비슷한 황홀감이나 환각 혹은 고양된 감각을 경험할 수 있다. 마리화나의 사용은 정신운동 수행과 인지 및 과제 수행에 손상을 줄 수 있다.

알코올을 복용한 운전자는 인지나 정신기능뿐만 아니라 자기통제감에 손상이 발생해서 사고 위험이 높아지지만, 마리화나를 사용한 운전자들의 사고 위험 증가에 대한 명확한 증거는 다소 부족하다. 이러한 이유에 대해서 마리화나가 운전 능력을 손상시키긴 하지만 운전 능력의 손상을 지각하도록 하여 더 낮은 속도의 운전과 더 긴 안전거리를 확보하는 등의 나름의 보상행동을 증가시키기 때문이라는 연구 결과들이 있다. 그러나 마리화나를 사용한 운전자들은 일차적인 운전수행과 동시에 2차적인 과제들에 대한 반응 시간이 증가하기 때문에 주의분산을 제대로 하지 못해서 사고 위험을 높인다는 보고도 있다(Vingilis & Macdonald, 2002).

암페타민과 코카인 등은 사람의 성격 특성에 큰 영향을 줄 수 있다. 암페타민은 피로를 쫓기 위해서 주로 사용되고, 일시적으로 도취감이나 정신적 각성과 지적 능력의 증가 그리고 안녕감을 경험하게 한다. 코카인은 피로감을 줄여 주며, 활력이 증가하는 기분이 들지만 복용량이 증가할수록 운동 협응 능력은 현저히 저하되기 때문에 정상적인 활동을 할 수 없다. 높은 용량의 코카인 사용은 과대망상과 충동성을 유발하기도 한다. 코카인 복용이 공격성을 증가시킨다는 연구 결과가 있다. 코카인은 복용을 중단하더라도 지속적으로 집중력이 저하되어 일상적인 활동에 지장이 올 수 있다.

코카인을 정제한 환각제인 크랙이나 메사돈(methadone) 혹은 엑스터시(ecstasy) 등의 복용은 인지기능에 치명적인 손상을 일으킨다. 메사돈은 모르핀과 같은 진통 효과를 가지고 있으며, 헤로인 중독자들의 금단 증상을 완화하기 위해서 사용하는 대용물이지만 도취감을 유발하지는 않는 것으로 알려져 있다. 바비튜레이트(진정제의 일종)는 복용량에 따라 도취감에서 졸림까지 다양한 증상을 나타낼 수 있다.

바비튜레이트의 효과는 알코올과 유사한데 개인에 따라서 공격성이나 우울증을 유발하기도 하고 판단력에도 문제를 야기한다. Friedel과 Staak(1993)은 바비튜레이트가 과제에 상관없이 반응 시간을 증가시키고, 표적 탐지를 감소시키며, 운동 제어와 협응을 손상시킨다고 보고하였다. Butler와 Montgomery(2004)는 엑스터시(암페타민 유도체)를 복용한 경우 충동성과 위험감행 행동이 증가한다고 보고하였다.

현재 미국은 오피오이드(opioid) 성분의 마약들로 인해서 큰 문제에 직면해 있다. 대표적인 오피오이드 성분의 마약은 헤로인이다. 헤로인과 같이 강한 진통효과를 가지고 있는 오피오이드 성분의 약제들은 미국에서 한때 정책적으로 쉽게 처방받을 수 있었다. 대표적으로 처방받아 사용할 수 있었던 오피오이드계 약물은 옥시코돈(oxycodone)이다. 미국의 정책 실수로 인해서 많은 사람은 합법적으로 오피오이드 성분의 약물을 섭취하게 되었고 중독되어 갔다. 나중에서야 문제를 깨달은 미국 정부는 오피오이드 성분의 약물 처방을 금지하였지만 이미 수많은 사람이 중독되고 난 뒤였다. 다시 엄격해진 미국의 약물 처방 정책으로 옥시코돈을 구하기 어렵게 되자 미국 사람들은 대체제로 헤로인을 찾게 되었다. 그리고 헤로인에 내성이 생기자 더 강한 약물인 펜타닐(fentanyl) 등을 복용하게 되었다. 펜타닐은 완벽한 인공 화학합성물로 헤로인보다 40배나 더 강하다. 펜타닐의 대표적인 효과는 고통을 느끼는 뇌 부위를 마비시켜서 황홀감에 빠지게 하는 것이다. 문제는 너무나 강력한 영향으로 인해서 연수와 같은 생명 중추를 담당하는 뇌 영역까지 기능을 멈추게 한다는 것이다.

아편제의 대표적인 약물인 모르핀은 도취감을 유발한다. 정제되지 않은 아편은 모르핀이나 코카인을 포함한 다양한 성분을 가지고 있다. 헤로인은 모르핀의 반합성 변형물로 모르핀보다 3배 정도 강하다. 아편계 약물은 진통제로서는 합법적인 의약품이지만 그렇지 않은 경우는 마약으로 분류된다. 아편계 약물의 효과는 대개 3~5시간으로 단기적이지만 내성이 빨리 생기고 갈망과 불안, 발한, 발열, 구토, 경련, 설사와 통증이 동반되는 금단 증상을 경험하게 된다.

LSD, 메스칼린(mescaline), 실로시빈(psilocybin), 펜시클라이드(phencyclid)와 같은 환각제들은 시간과 지각을 왜곡하게 하고 심신기능 전체에 큰 영향을 주어서 정상적인 일상생활을 할 수 없도록 만든다(Vingilis & Macdonald, 2002). 약물 오남용은 대체로 한 가지 약물에서 시작되어 여러 약물을 동시에 사용하는 단계로 나아가게 된다. 마리화나와 알코올, 엑스터시와 마리화나, 코카인과 알코올 등은 흔히 함께 사용되는 약물들이다. 이러한 약물 혼용은 더 강력한 신경생리학적 작용을 만들어 낸다.

예를 들어, 알코올과 바비튜레이트의 혼용은 더 강한 진정 효과를 발생시킨다. 마리화나도 알코올과 함께 사용될 경우 운동기능이나 판단 능력에 더 큰 손상을 가져다줄 수 있다. 알코올과 같은 이완제와 코카인이나 암페타민 같은 흥분제 약물을 같이 사용하는 것은 더욱 복잡한 영향을 발생시킨다.

어떤 약물을 먼저 복용하였는가에 따라 효과가 달라지는 경우도 있다. 예를 들어, 알코올을 먼저 섭취한 상태에서 코카인을 복용한다면 훨씬 더 코카인 섭취를 촉진시킬 수 있는데 이것은 코카인의 흥분작용을 알코올이 더욱 강하게 만든다. 그러나 코카인을 섭취한 상태에서 알코올을 섭취하는 것은 알코올 작용에 거의 영향을 미치지 않는다(Pennings, Leccese, & Wolff, 2002). 향정신성 의약품이 알코올과 결합될 때는 공격성이 더욱 증가하고 피로를 가중시켜 일상의 위험도 늘어나게 된다.

3) 중독

(1) 중독 물질 분류와 중독 증상

중독 물질은 각 특성에 따라서 억제제, 각성제, 진정제, 환각제의 4가지 분류로 구분할 수 있다. 억제제(depressants)는 신체기능을 떨어트리거나 마취 효과를 가져오는 물질을 말한다. 대표적인 물질로는 알코올, 바비튜레이트, 발륨(valilum), 할시온(halcion) 등이 있다. 각성제(stimulants)는 각성 효과를 가져오고 기분을 고양시키는 물질들이다. 대표적으로는 암페타민, 코카인, 니코틴, 카페인 등이 있다. 진정제(opiates)는 단기적으로 고통을 못 느끼게 하고 기분을 고양시키는 물질들이다. 대표적으로는 헤로인, 아편(opium), 코데인(codein), 모르핀 등이 있다. 환각제(hallucinogens)는 감각을 변화시키며 망상이나 환상, 환청 등을 일으키는 물질을 말한다. 대표적으로는 마리화나, LSD 등이 있다.

이러한 물질들에 대해서 병적인 사용은 대체로 다음의 6가지 증상으로 나타난다.

첫째, 온종일 약물을 복용한 상태로 있다.

둘째, 사용을 줄이는 데 실패한다.

셋째, 일시적으로 사용을 중단하거나 특정한 시간에 사용하는 방법으로 사용을 통제하려고 시도하지만 성공하지 못한다.

넷째, 신체적으로 문제가 생겼음에도 불구하고 지속적으로 사용한다.

다섯째, 적절한 심신기능을 수행하기 위해서 매일 사용해야 한다.

여섯째, 사용에 따른 신체적 부작용을 경험하게 된다.

(2) 중독 단계

물질이나 행위에 중독되는 것은 완만하고 지속적으로 이루어질 수도 있고, 급성적일 수도 있지만 일반적으로 다음 4단계로 구분할 수 있다.

우선 중독 물질이나 행위 등을 일상생활에서 사용하거나 가담하는 것으로 사용자의 생활에 전혀 지장을 주지 않는 일회적 사용 단계(an event use stage)가 있다. 예를 들어, 술을 사교적인 상황에서 마시는 경우 또는 카지노에 가지만 도박 중독에 빠지지 않고 단지 그 순간을 즐기는 경우이다. 직장생활이나 가정생활 등에 아무런 지장을 주지 않는 단계를 말한다.

두 번째 단계는 사용 단계(use stage)이다. 사용 단계는 적당한 술이나 도박을 통해 오히려 삶의 활력을 얻는 정도를 말한다.

세 번째 단계는 마약이나 술 등에 심하게 취하게 되는 만취 단계(intoxification)이다. 이 상태가 되면 판단력이 흐려지고 감정이 변하게 되며, 신체 반응이 둔감해지거나 민감한 상태로 변한다. 그러나 취한 상태가 오래 지속되지는 않는다.

네 번째 단계는 남용 단계(abuse)이다. 중독 물질의 사용이 지속적으로 문제가 되는 단계이다. 중독 물질이나 행동 때문에 삶의 리듬이 깨지고, 직장이나 가정 그리고 전반적인 인간관계에서 문제가 발생하는 단계이다. 술의 경우는 음주운전 같은 사건에 연루되기도 하고, 결근을 하게 된다든지 기타 형사적 책임을 져야 하는 범죄를 저지르기도 한다. 도박과 같은 행위 중독도 일상생활에 지장을 주고 범죄 행동에 연루될 수 있다.

의존성(dependence)이란 물질이나 행위에 중독되어 헤어날 수 없는 경우를 말한다. 신체적으로 나타내는 의존성의 특징은 내성의 발생이다. 내성이란 중독 물질의 양을 늘려야 효능을 보거나 중독된 행위에 더 많은 시간을 투자해야만 욕구가 해소되었다고 느끼게 되는 상태를 말한다. 의존성의 또 다른 특성은 금단 증상이다. 금단 증상은 중독 물질이 체내에서 줄어들거나 중독된 행위를 못하게 될 때 심신기능이 부정적으로 변하는 것을 말한다. 금단 증상은 구토, 설사, 오한이나 고열, 두통, 우울, 불안, 망상, 환각과 환청 혹은 분노나 우울 등으로 나타날 수 있다(Kalant, 1989).

(3) 갈망과 재발의 위험

중독에 대한 진단은 의존, 남용, 만취, 금단 증상 등의 여러 가지를 통해서 가능하다. 중독 진단은 다양할 수 있지만 공통점은 갈망 증상으로 인해 재발하기 쉽다는 것이다. 갈망은 중독 물질에 대한 강한 욕구를 말한다.

신체적인 금단 증상에서 오는 불쾌감이 강하면 강할수록 중독 물질에 대한 강한 갈망을 느끼게 된다. 갈망은 중독 물질의 사용에서 오는 쾌감에 대한 기대를 강화시키는 역할을 한다. 따라서 갈망은 중독 물질 사용에 대한 긍정적인 기대감이라고 표현할 수 있다.

이러한 관점에서 갈망에 대한 인지적인 역할이 강조된다. 대체로 갈망은 중독자들이 단주나 단도박을 했다가 술이나 도박에 노출되면 신체 반응을 일으키고, 그에 대한 긍정적인 인지적 연상이 갈망을 행동으로 촉진시키는 역할을 한다.

즉, 단주나 단도박을 한 사람이 다시 그 행동을 하고 싶은 충동을 느꼈을 경우 그 순간 과거 경험한 쾌감에 빠져들면서 긍정적인 내적 대화를 하게 되면 중독 행동으로 이어질 가능성이 높아진다. 그러나 중독 행동의 부작용과 문제점에 초점이 맞추어지면 억제하는 행동으로 나타날 가능성도 높아질 수 있다.

중독 치료에서 가장 문제가 되는 것은 높은 재발률이다. 대체로 효과적인 중독 치료 프로그램도 재발률이 60~70%에 달한다는 보고도 있다. 따라서 좋은 중독 치료 프로그램의 여부는 재발을 어떻게 방지하느냐에 달려 있다고 해도 과언이 아니다. 중독 물질이나 행위에 대한 재발 예방은 치료의 종결 후에 하는 것이 아니라 치료를 시작하자마자 동시에 시작되어야 한다.

중독 치료가 실패하고 재발되는 이유는 몇 가지가 있다. 첫째, 부정적인 정서 발생이다. 우울감이나 분노 혹은 고독감과 같은 부정적인 정서는 과거에 부정적 감정을 줄이는 데 기능적으로 작용했던 중독 물질을 재사용하고 싶은 충동을 발생시킬 수 있다. 따라서 재발을 막기 위해서는 치료대상자에게 효과적인 스트레스 관리법을 습득시키는 것과 함께 부정적 정서를 약물이나 물질을 사용하지 않고 대처하는 방법을 학습시킬 필요가 있다.

둘째, 사회적 압력 증가이다. 중독 물질을 복용하던 집단이나 관련된 사람들과의 관계를 지속하는 것은 다시 중독 물질을 접하기 쉽도록 만들 수 있다. 따라서 재발을 방지하기 위해서는 집단 압력을 거부하는 훈련이나 새로운 사회 집단에 소속되는 것을 권해 줄 필요가 있다.

셋째, 대인관계의 갈등이다. 배우자나 친구, 동료 등과 갈등이 발생하게 되면 중독 물질이나 행위로 긴장이나 갈등을 해소하려는 유혹을 느끼게 된다. 따라서 재발을 막기 위해서는 치료대상자들에게 효과적인 사회기술을 가지도록 훈련할 필요도 있다.

5. 위험과 안전에 대한 심리 측정법

위험과 안전에 관련한 심리적 측정은 생리작용을 측정할 수 있는 방법과 주관적 평정을 활용한 기법으로 구분할 수 있다. 특히 생리적 측정 방법은 최근 기술의 발달에 힘입어 상당히 크게 발전하고 있다. 위험과 안전에 대한 심리적 측정은 위험과 안전에 대한 심리학적 연구의 출발점이다. 심리상태는 반드시 생리적 현상이나 행동으로 표현된다. 따라서 위험과 안전에 관한 심리내적 상태 또한 여러 가지 생리 현상과 행동 패턴을 통해서 측정될 수 있다.

1) 생리적 측정

(1) 심박수

심장박동률은 위험이나 안전을 측정할 수 있는 가장 대표적인 생리 측정 방법이다. 심리상태 변화는 심장박동률에 변화를 준다. 1분 동안의 심장 박동수를 나타내는 심박수(Beats per Minute: BPM)는 정상 상태에서는 보통 1분당 60~80회 정도이다. 이것을 100퍼센트로 가정하였을 때 심박수가 165% 정도 상승하면 평소 상태로 돌아가는 데 5분 이상의 시간이 필요하고, 생리적으로는 몹시 흥분하여 돌발 상황이 발생할 수도 있다. 의식적으로는 각성되어 있는 것 같지만 자신도 모르는 행동이나 선택을 할 수도 있다(박민용, 박인용, 2015).

심장박동률은 감정적 경험이나 즐거움, 새로운 자극에 대해 정향 반응이나 방어 반응으로 변화를 보이게 된다. 심장박동률 변동은 자율신경계 중추로 부교감신경계에 의해 통제되며 개인의 심리내적 상태를 반영한다. 정향 반응은 주의의 일시적 변화와 관련되어 있으며 새롭거나 기대하지 못한 자극 또는 의미 있는 자극에 의해서 유발되는 반응이다(Ravaja, 2004).

그러나 스트레스나 과부하에 대한 1차적 반응이 각성 상태의 변화이기 때문에 현재 발생하고 있는 자극과 심장박동률과 완벽히 일치하지는 않는다. 따라서 좀 더 섬세한 측정치를 필요로 한다면 심장박동률의 변산성에 주목할 필요가 있다(Vicente, Thornton, & Moray, 1987).

신경생리학적 관점에서 엄밀히 따지면 심장혈관계 지표들을 단순히 부교감신경계의 활동으로 해석하기보다는 교감신경계와 부교감신경계의 상호작용 결과로 판단하는 것이 더 자연스럽다. 따라서 심박수에 대한 측정은 단기적 주의집중에 대한 연구에서나 새로운 자극에 대한 정향 반응을 측정하는 지표로 활용하는 것이 더 바람직할 수 있다는 주장이 제기된다.

일시적인 심박률 감소는 무의식적인 주의집중의 증가를 반영하는 것으로 보이기도 한다. 반면에 호흡 공동 부정맥(Respiratory Sinus Arrhythmia: RSA) 지수의 감소는 의식적인 주의집중의 증가를 반영한다고 알려져 있기도 하다.

(2) 심전도

심전도(Electrocardiogram: ECG)는 심장이 수축함에 따라 심박동과 함께 발생하는 전위차를 곡선으로 기록한 측정치이다. 심전도에서 나타나는 파형에는 여러 가지가 있지만 대표적으로 사용되는 파형에는 ECG상에 나타나는 최초의 파로서 심방의 탈분극에 의해 일어나는 양성파인 P파가 있다. 그리고 심실의 탈분극에 의해 형성되며 음성파와 양성파를 번갈아 나타내는 Q−R−S 파형군이 있다. 심실의 재분극에 의해 형성되며, 심실 흥분 회복기를 나타내는 T파와 T파에 이어 바로 뒤에 그려지는 매우 작은 평탄한 파인 U파 등도 있다.

심전도의 연속적 파형 중 가장 두드러진 파형인 R파와 R파 사이의 시간간격 변화를 의미하는 심장박동 변량(Heart Rate Variability: HRV)을 이용하여 운전행동에 따른 심전도 변화와 피로도를 알아보는 연구가 진행되기도 하였다. 연구 결과, 운전시간이 경과함에 따라 ECG와 HRV(심박변이율: Heart rate variability)가 증가함을 발견하였다(O'Hanlon, 1972).

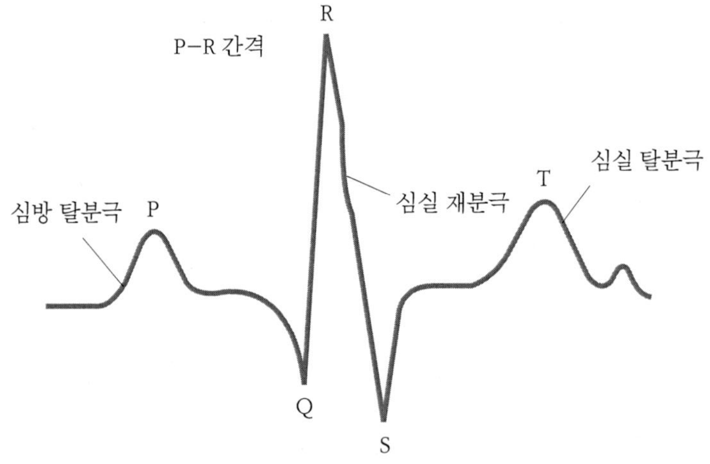

[그림 2-8] **심전도 파형**

출처: 이순철(2000).

(3) 뇌 전위 및 파형 측정

뇌 전위는 요즘 가장 많이 사용되고 있는 생리 측정치 중 하나이다. 대뇌피질에서 유발된 전압의 진동이 뇌 전위인데 자극에 대해 뇌에서의 반응이 어떻게 일어나는지를 보여 준다. 대체로 측정은 반복된 시행들을 평균하여 특정 상황에서 유발된 뇌 전위 파형을 결정하도록 한다. 유발 반응의 구성요소는 정적(Positive: P)이거나 부적(Negative: N)이다. 각 피크 점들과 자극 제시 시간 간의 간격에 근거하여 구성요소들에 이름을 붙이게 된다.

뇌파는 의식 상태를 파악할 수 있는 중요한 생체신호이다. 특히 대뇌피질이 출력하는 파형의 변화를 통해서 뇌 기능과 의식 상태를 파악할 수 있다. 뇌파는 파형에 따라 β(Beta)파, α(Alpha)파, θ(Theta)파, σ(Delta)파의 4가지로 구분된다.

β파는 2~20μV의 진폭과 14~30Hz 정도의 주파수를 보이는 불규칙적인 파형으로 정신적인 활동이나 신체적 운동에 의해서 발생한다. 따라서 β파는 뇌 전위가 활발하게 활동하여 풍부한 정신기능을 발휘하는 활동 상태의 뇌파형이다.

α파는 20~60μV의 진폭과 8~13Hz 정도의 주파수를 보이는 파형으로 이완된 안정 상태로 보통 휴식 상태의 뇌파형이다.

θ파는 20~100μV의 진폭과 4~7Hz 정도의 주파수를 보이는 파형으로 즐겁거나 불만족스런 상태 또는 졸고 있는 성인에게서 주로 나타난다. 의식이 흐릿하고 심한 졸음이 올 때

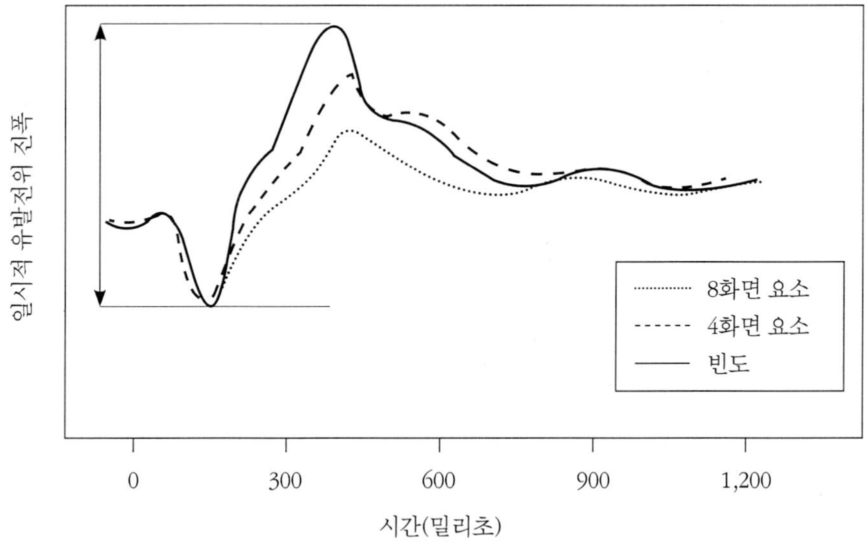

[그림 2-9] **뇌전위 파형**

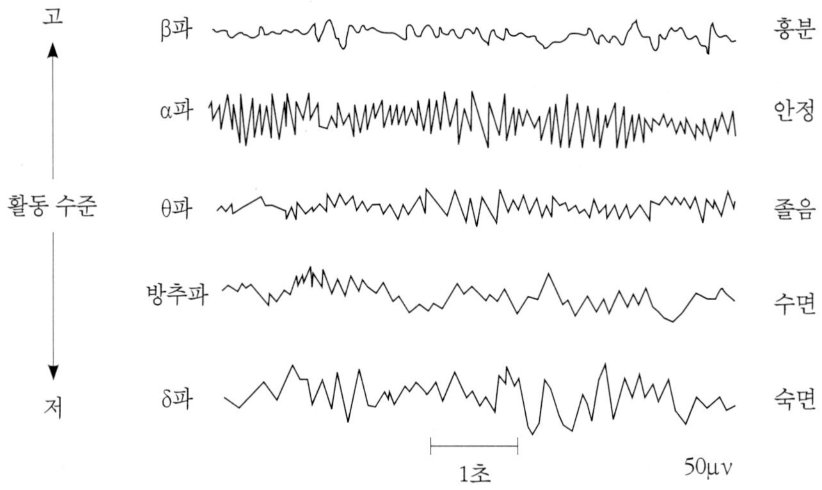

[그림 2-10] 뇌파의 형태

나타나는 경우가 많기 때문에 수면 상태의 뇌파형이라고 불리기도 한다.

σ파는 100~200μV의 진폭과 0.5~3.5Hz 정도의 적은 주파수를 보이는 파형으로 숙면 상태의 뇌파형이다.

의식의 흐름은 Phase 0, Phase I, Phase II, Phase III, Phase IV 단계로 구분하고, 단계마다 각기 다른 파형이 주도한다.

Phase 0 단계는 α파가 주를 이루며 의식이 없는 상태로 정상적인 활동 중에는 발생하지 않는다.

Phase I 단계에서는 θ파가 우세한 상태로 의식이 둔화되면서 부주의한 상태로 접어들고 의식 이완으로 인한 실수나 부주의가 생기기 시작하는 단계이다.

Phase II 단계는 α파가 많아지는 단계로 장상적인 의식 상태나 휴식을 하고 있는 맑은 의식을 나타낸다. 그러나 예기치 않은 상황에는 주의를 빼앗기기 쉽고 인지나 확인의 실수를 범하기 쉽다.

Phase III 단계는 β파가 우세한 단계로 의식이 맑고 밝으며, 전두엽 활동이 활발하고 의식의 이완으로 인한 실수는 거의 일어나지 않는다. 그러나 시간이나 상황에 대한 압력이 생길 경우에는 판단의 실수가 발생할 수도 있다.

Phase IV 단계는 β파가 우세하긴 하지만 과대한 긴장이나 놀라면서 일어나는 흥분 상태의 의식 단계이다. 공포나 당황스러운 상황에서 정보처리 기능도 분열 상태에 빠지게 된다.

표 2-1 뇌파의 종류

Phase(국면)	파형	의식 상태	의식작용	생리 상태	신뢰성
0	델타(δ)파	무의식, 실신	없음	수면, 뇌발작	0
I	세타(θ)파	의식둔화	부주의	피로, 만취, 졸음	.9 이하
II	알파(α)파	이완 상태	내면화	안정, 일상작업	.99~.9999
III	베타(β)파	명료함	주의	적극적 활동	.999999 이상
IV	베타(β)파	과긴장	과집중, 판단 중지	긴급방어, 공포	.9 이하

이순철(2000)은 자동차 주행속도에 따른 뇌파 활성화 연구를 통해서 자동차 속도에 의해서 의식 상태가 어떻게 변화하는지를 보여 주었다([그림 2-11]). 연구 결과 자동차 속도가 증가할수록 각성 상태를 나타내는 β파가 증가됨을 확인할 수 있었다.

표 2-2 주행속도와 뇌파

	60~70Km/h	100~110km/h	증감률(%)
델타(δ)파	34.08	29.38	−4.70
세타(θ)파	15.68	13.41	−2.27
알파(α)파	17.27	14.46	−2.81
베타(β)파	34.46	42.60	8.14

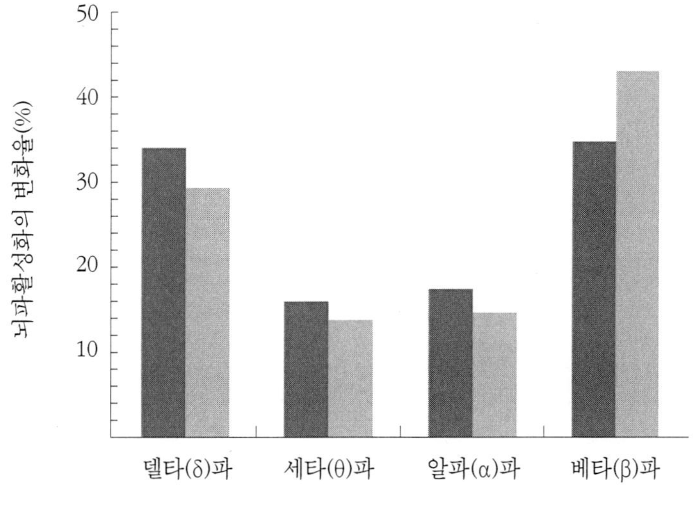

[그림 2-11] 주행속도와 뇌파측정

출처: 이순철(2000).

가장 안전하게 생활하거나 작업하기 위해서는 β파형의 뇌파 상태가 가장 좋다. 그러나 의식은 흐름을 가지고 긴장과 이완을 반복하기 때문에 의식 상태는 수시로 변화한다. 따라서 집이나 직장의 설계 그리고 도구의 사용이나 업무 시간과 휴식 시간 배치에서 의식의 흐름과 상태의 변화를 감안해야만 보다 안전한 생활을 영위할 수 있을 것이다.

(4) 뇌 영상 촬영

과학기술 발전에 힘입어 현재 심신 상태를 파악하기 위해 가장 각광받고 있는 생리측정 방법은 뇌 영상 촬영기법이다. 그중에서도 fMRI(functional Magnetic Resonance Imaging, 기능적 자기공명영상)는 특정 자극에 대한 뇌 반응 영상으로 최근 가장 빈번히 이루어지고 있는 뇌 영상 측정 방법이다.

fMRI는 인지신경과학 연구에서 개발된 것이다. 일반적으로 MRI가 인체의 해부학적 단면

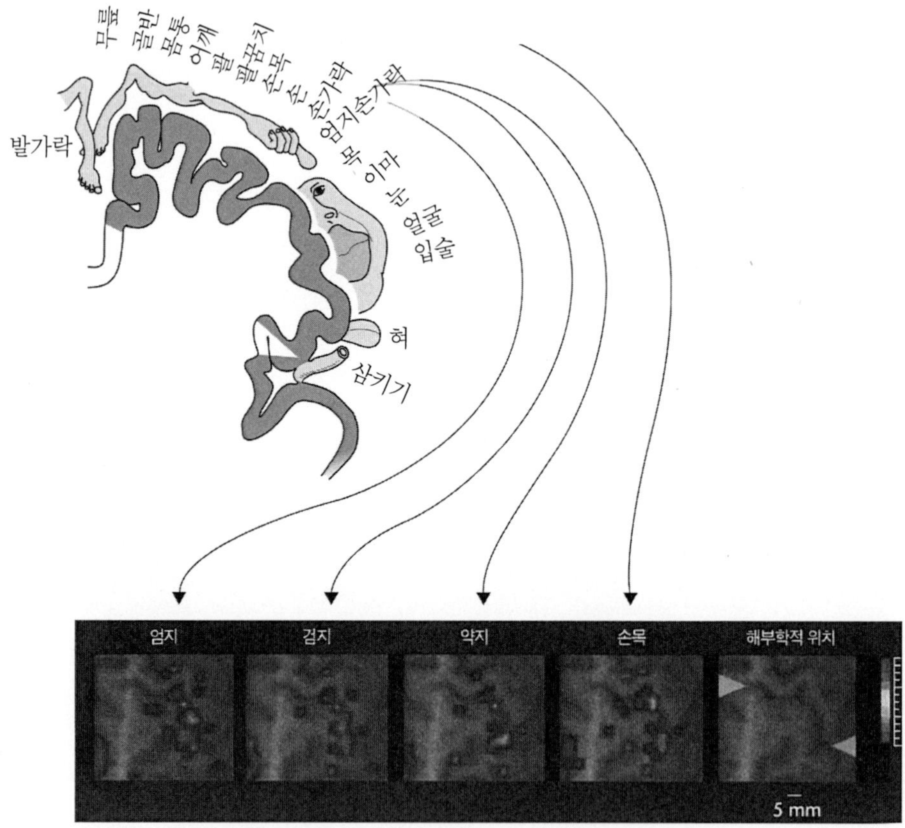

[그림 2-12] 손가락 운동에 반응하는 대뇌피질 fMRI 촬영

출처: Sanes, Donoghue, Thangaraj, Edelman, & Warach (1995).

을 촬영하는 데 비해서 fMRI는 아주 짧은 시간(100~200msec) 안에 뇌 활동을 단층별로 촬영하여 제시해 준다. fMRI는 뇌가 활동할 때 생기는 혈류의 산소 수준인 BOLD 신호를 반복적으로 촬영하여 뇌가 기능적으로 활성화된 정도를 촬영하는 방법이다. 이 방법은 보다 활성화된 뇌 영역이 더 많은 혈류 공급을 필요로 할 것이라는 가정에 기초한다. fMRI를 통해 여러 자극이 뇌에서 어떻게 활성화되는지를 확인할 수 있다(성영신, 허태균, 김보경, 박정선, 2006).

(5) 안구 측정

안구 측정을 통한 심리 측정 방법 중 한 가지는 동공의 변화를 살펴보는 것이다. 동공 측정을 심리내적 측정에 포함시키는 이유는 인간의 동공이 다양한 감정과 시각 자극에 따라 반응하기 때문이다. 얼굴 표정은 의식적으로 통제할 수 있는 경우가 많지만, 동공 확장이나 수축은 무의식적인 반응으로서 인지적인 방법으로 통제할 수 없기 때문에 믿을 수 있는 생리 측정치가 될 수 있다.

인간은 피로를 느끼거나 과업에 대해 부하가 증가하면 동공의 크기가 커진다. 따라서 동공 지름을 측정하는 방법을 통해 피로도나 집중력 저하를 측정할 수 있는데, 일련의 동공 지름 측정을 통한 연구는 충분히 신뢰할 만한 결과를 보여 주고 있다(Beatty, 1982).

안구 측정의 또 다른 방법은 안구 운동 측정(Eye Tracking)이다. 안구 운동 측정은 눈동자 움직임을 관찰하여 자극에 대한 반응과 정보 습득 결과를 연구할 수 있다(김태용, 2008). 안구 운동의 지표는 크게 공간적 지표와 시간적 지표로 구분할 수 있다. 공간적 지표는 안구 운동의 진폭과 주사선의 길이로 측정된다. 시간적 지표는 응시 시간, 응시 횟수 등을 측정하는 것이다.

안구 운동 측정치를 활용한 연구의 예로 자동차 운전 중 운전자의 주시행동에 대한 연구가 있다. 안구 운동 측정을 위해서는 안구 측정 장치(eye mark recorder)를 주로 사용한다. 안구 측정 장치는 운전 중 도로 상황을 촬영하는 카메라와 운전자의 주시행동에 따른 각막 반사 상황을 기록하는 장치이다. 안구 운동 측정 장치를 착용하고 자동차를 운전하면 전방의 도로 상황과 함께 운전자의 주시행동이 동시에 기록된다. 이 장치를 통해서 운전자의 주시 시간과 주시 빈도를 자극 대상별로 파악할 수 있다. 주시 시간과 주시점의 각도 범위는 측정자가 각기 다르게 설정할 수 있다. 안구 운동의 분석 내용은 일반적으로 4가지로 구분된다.

첫째, 주시 빈도의 확인 분석과 비교

둘째, 주시 시간 분석

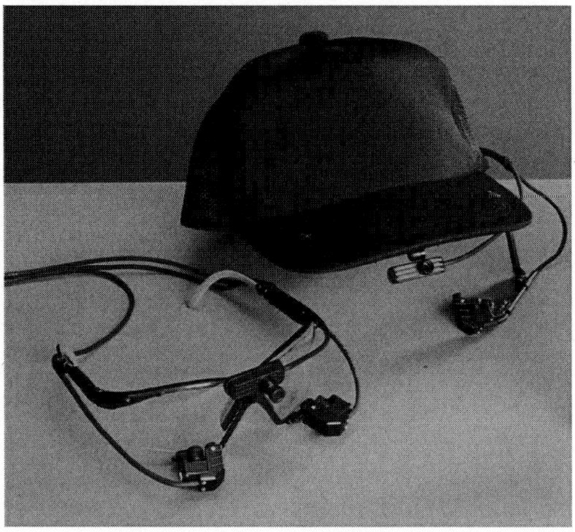

[그림 2-13] **간단한 안구 측정 장치**

셋째, 주시 수준 및 주시 패턴 분석
넷째, 주변시 역할

(6) Flicker 측정

Flicker 측정 방법은 비교적 과거에 많이 사용된 생리 측정 방법으로, 측정 방법은 다음과 같다. 빛을 내는 광원 앞에 사이가 벌어진 원판을 놓고 원판을 회전시키면 눈으로 들어오는 빛이 사이가 벌어진 원판을 지날 때만 비친다. 원판의 회전 속도가 낮으면 빛이 깜빡거린다고 느끼겠지만, 빨라지면 연속된 불빛으로 보일 것이다. 이때 빛이 연속된 빛으로 보이는지 깜빡거리는 빛으로 보이는지에 대한 경계 변별 수치를 깜빡임 횟수(Hz)로 나타낸 것이 바로 Flicker값(시각적 피로도 수치)이다.

Flicker값이 높다는 것은 깜박거림에 대한 변별이 쉽게 잘 이루어지고 있다는 것을 의미한다. 생리적인 조건하에서 Flicker값의 높고 낮음은 대뇌피질의 활동 수준에 대응한다. 직접적으로는 시·지각적인 검사 방법이지만 대뇌피질의 피로도를 판정하는 데 응용되기도 한다.

Flicker값은 광점의 밝기에 따라 크게 변화하기 때문에 피검사자의 Flicker값이 어느 정도 변화해 가는가를 해석하는 것이 보다 의미 있는 측정값이 될 수 있다. 일반적으로 작업 시간이 길어지면서 피로도가 쌓이면 Flicker값은 서서히 낮아지는 경향을 나타낸다. 특히 졸음이 오는 상황이나 초저녁에서 밤 시간으로 갈수록 저하되는 정도가 커진다.

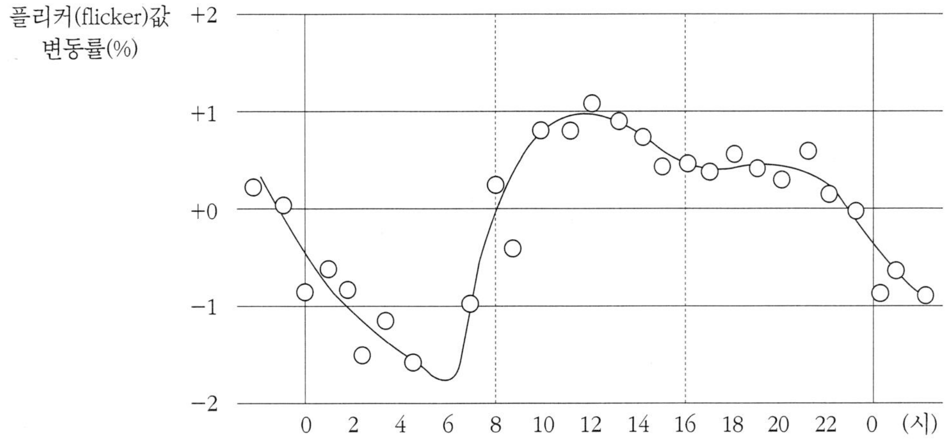

[그림 2-14] **시간의 경과에 따른 대뇌기능**

산소 부족 실험 등에서는 일반적인 수준에 비해 10~20% 정도 더 Flicker값이 저하되는데 Flicker값이 빠르게 저하되는 것은 작업 수행에 문제가 발생할 수 있음을 알려 주는 것이다. Flicker값 측정 결과, 대뇌 활성 수준은 아침 6시가 최저이고 8시를 기점으로 서서히 높아져 정오가 되면 최고에 도달한다. 그 후 서서히 낮아져서 밤 10시쯤 되면 평균에 도달하고 아침 6시에 다시 최저치까지 낮아진다(박민용, 박인용, 2015).

(7) 전기피부반응 측정

전기피부반응(Galvanic Skin Response test: GSR) 검사는 PGR(Psychogalvanic Reflex), SCR(Skin Conductance Response) 등으로 불리기도 하는 검사로, 피부의 전기 전도도를 측정하는 방법이다. 신체는 피부를 포함해서 전기적 전도성을 띠고 있다. 터치스크린을 조작할 수 있는 것은 바로 피부 접촉 시 발생하는 전기적 작용 때문이다.

땀샘(sweat gland) 등의 피부 조직들은 교감신경계(sympathetic nervous system)의 통제하에 있기 때문에 피부의 전기 저항 수치(전도도)는 피검사자의 심리적, 신체적 각성 상태에 따라서 다르게 나타나는데, 이것을 GSR 수치로 나타낼 수 있다. GSR 측정은 보통 자극에 대한 반응이나 변화를 살피는 데 사용된다.

사람들이 느끼는 공포, 분노, 놀라움, 동기 및 욕구 강도 등은 GSR 검사에서 비슷한 수준의 피부 전도도 반응으로 나타난다. 이러한 특징 때문에 GSR 검사는 거짓말 탐지기(polygraph, lie detector)로 쓰이기도 한다.

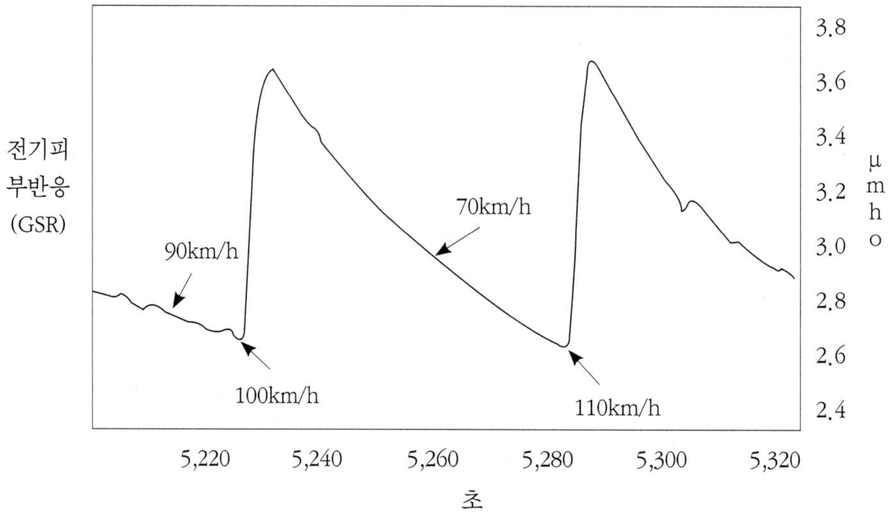

[그림 2-15] 속도의 변화에 따른 전기피부반응의 변화

출처: 이순철(2000).

이순철(2000)은 자동차 속도에 따른 GSR 변화를 측정하였는데, 자동차 속도가 100km/h와 110km/h가 되는 시점에서 변화를 보이는 파형을 발견하였다([그림 2-15]).

[그림 2-16]은 피험자가 자동차 운전 중 추월 행동을 진행하는 동안의 GSR를 측정한 것

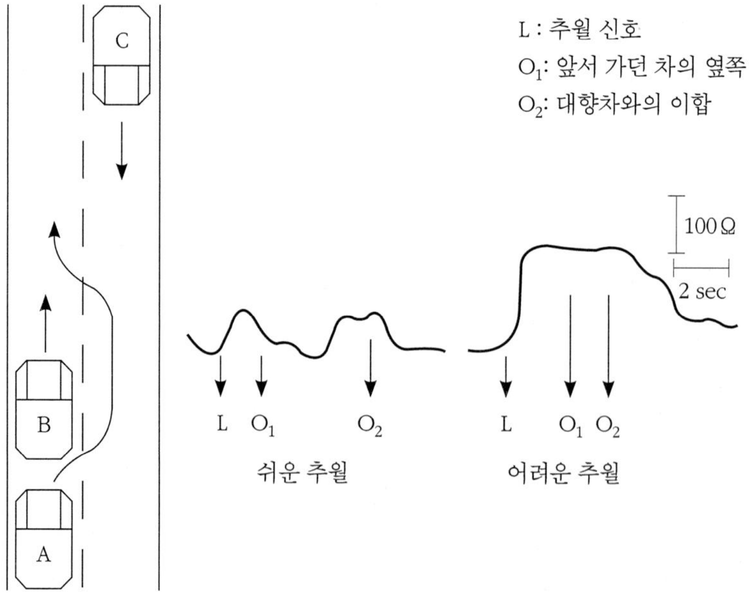

[그림 2-16] 자동차 추월 상황에서의 전기피부반응 형태

이다. 측정된 GSR은 쉬운 추월과 어려운 추월로 구분되는데 약간의 긴장과 고도의 긴장에서 GSR이 차이를 나타냈다. 약한 긴장한 상황에서는 2개의 작은 언덕을 보이던 파형이 나타났으며, 높은 긴장 상황에서는 사다리 형태로 넓은 파형을 이루는 것을 볼 수 있다. 이처럼 GSR은 자극의 종류에 따라서 다른 측정값을 나타내는데, 이러한 GSR의 차이를 생리적 변화를 나타내는 주요한 지표로 삼을 수 있다.

2) 주관적 척도

인체 내 심신 상태에 대한 평가를 참여자로 하여금 주관적으로 평정하도록 하는 것을 주관적 척도를 활용한 생리 측정법이라고 한다. 일반적인 주관적 측정 척도는 리커트(Likert) 척도를 기반으로 한 설문지 조사 방법이 대표적이다. 설문조사 방법은 용도와 목적에 따라 다양하게 개발되어 있다. 이 책에서는 일반적인 리커트 척도가 아닌 방법으로 위험이나 안전에 대해서 측정하고 있는 주관적 측정 방법을 소개하고자 한다.

(1) NASA-TLX

NASA(National Aeronautics and Space Administration) 아메스 연구센터(Ames Research Center)에서 개발한 NASA-TLX(National Aeronautics and Space Administration-Task Load Index)는 주로 비행기 조종사의 작업부하를 측정하기 위해 고안된 것이다. 현재는 주로 인지적인 과업에서의 작업부하를 평가하기 위해 사용하고 있다.

6개의 하위척도(정신적 부담, 신체적 부담, 시간적 부담, 작업 어려움, 노력 부담, 좌절감)에 대해서 평정하고, 각각의 하위척도에 가중치를 두어 전체 점수를 산출하는 방식으로 측정한다(Hart & Staveland, 1988). 다차원적 측정 도구인 NASA-TLX를 구성하는 6요인(정신적 부담, 신체적 부담, 시간적 부담, 작업 어려움, 노력 부담, 좌절감)의 의미를 살펴보면 다음과 같다.

정신적 부담은 지각적 활동과 관련이 있고, 신체적 부담은 신체 활동과 관련되어 있다. 시간적 부담은 시간적인 압력과 관련되어 있다. 작업 어려움은 목표 성취 유무와 관련 있는 의미이며, 노력 부담은 수행의 성취 단계에서 에너지 소비량과 관련이 있다. 마지막으로 좌절감은 불안전에 대한 느낌 등 불쾌함과 관련된 수준이다. NASA-TLX는 다른 주관적 척도들과는 다르게 특수한 과업을 수행하는 상황에서 평가자에 의한 주관적 중요성에 따른 하부척도를 가중해서 평가하는 절차를 거친다. 따라서 동일한 과업을 수행하는 사람들에 대한 일관적인 점수 획득이 가능하다는 장점이 있다.

NASA-TLX를 시행하는 방법은 먼저 각 요인들을 다른 5개의 요인과 순차적으로 비교하는 쌍 비교 절차를 수행하는 것이다. 각 요인마다 20개의 눈금으로 나뉘어 있는 양극 척도에서 각 요인에 대한 부담 정도를 평가한다. 이때 양극 척도의 범위는 0~100점(100mm)이며, 5점 간격으로 되어 있다. NASA-TLX의 점수는 작업 중 더 부담되는 요인을 선택하는 6요인들의 쌍 비교 절차에서 각 요인을 선택한 개수와 양극 척도에서 각 요인이 부담되는 정도를 표시한 점수를 곱한 값으로 한다. 이와 같은 방법을 사용하여 각 요인이 부담이 되는 빈도와 그 정도를 모두 고려하여 중요성을 판단할 수 있다. 그리고 작업부하 점수는 6개의 각 요인 점수를 합한 값을 의미한다(이순철, 황윤숙, 오주석, 2008).

(2) VAS

VAS(Visual Analog Scale, 시각적 단위 척도)는 고통의 크기 변화를 평가하는 방법으로 간단하게 사용할 수 있다. 응답자들은 고통의 강도를 나타내기 위해 양극단에 형용사가 있는 100mm의 직선 위에 고통의 강도를 표시한다(이순철 외, 2008).

여러 연구를 통해서 VAS가 만성적인 고통을 표현하는 데 유용하며 고통과 관련된 간격 척도와 고통의 구두 표현을 확립하는 데 뛰어나다는 것을 확인하였다(DeLoach, Higgins, Caplian, & Stiff, 1998). 뿐만 아니라, 피로나 태도를 측정할 때도 VAS를 사용하는 경우가 있는데 리커트 척도보다 개인차를 보다 세부적으로 측정해 낼 수 있다는 장점이 있다.

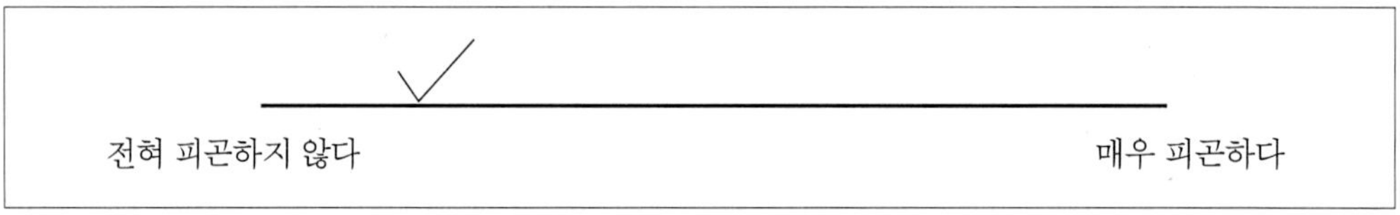

[그림 2-17] VAS 척도와 응답 예

(3) 주관적 척도에 대한 고려사항

주관적 척도는 대체로 리커트 척도나 상대적 비율 척도의 형태로 만들어지는데, 몇 가지 고려해야 하는 사항이 있다. 첫 번째 고려사항은 대체로 주관적 척도들은 심리적 자극들에 대한 반응 강도(intensity)만을 측정하고 있어서 측정이 주관적 차이를 객관화하기에는 근본적인 제한을 가진다는 것이다. 두 번째 고려사항은 자극에 대한 반응이나 인식 강도에만 집중한 주관적 측정은 평가자로 하여금 자극이나 반응 혹은 인식의 발생 빈도나 심각도 등을 고려하지 못하게 하는 제한점을 발생시킬 수 있다는 것이다(Cox & Ferguson, 1994).

따라서 이러한 보완점을 고려한 주관적 척도는 내용 면에서는 측정하고자 하는 주관적 척도가 최대한 전체적인 요소를 포함할 수 있도록 노력하여야 할 것이다. 측정 면에서는 자극이나 반응 혹은 인식의 강도(intensity)와 함께 그러한 자극이나 반응 혹은 인식의 발생 빈도(frequency)를 함께 측정할 수 있어야 한다(전겸구, 장세진, 홍기원, 하은희, 김남송, 2003).

이러한 요구을 충족시킬 수 있는 주관적 척도를 개발하기 위해서는 우선 설문 문항을 제작할 때부터 되도록 여러 가지 자극 및 반응과 인식 상황을 고려하여야 한다. 측정 문항 내용에서도 '…괴롭다.' '…긴장한다.' '…초조해진다.' '…화가 난다.' 등과 같은 상황에 대한 응답자의 정서적 반응 강도를 묻는 질문과 함께 자극 및 반응과 인식이 발생하게 되는 상황을 묻는 질문 문항을 함께 구성하여야 할 것이다. 또한 측정하고자 하는 주관적 척도의 약점을 최소화하기 위해서는 포괄적인 척도를 만들기 위한 선행연구의 충실한 참조와 내용타당도 획득을 위한 연구자들의 심도 있는 고려가 필요하다.

평가 면에서는 자극과 반응 및 인식의 강도와 함께 자극과 반응 및 인식의 발생 빈도를 함께 측정하는 주관적 측정 방법을 모색하여야 한다. 왜냐하면 아무리 극심한 강도의 자극이나 반응 혹은 인식이라고 하더라도 개인에게 거의 발생하지 않는 자극이나 반응 혹은 인식이라면 결국은 제대로 측정했다고 보기 힘들기 때문이다. 예를 들어, 작업 중 동료가 사망하는 상황에 대한 스트레스는 실제 사건을 경험한 작업자들에게는 극심한 스트레스로 작용할 것이 분명하다. 하지만 그러한 상황을 겪는 작업자는 극히 제한적이기 때문에, 작업 중 동료가 숨지는 상황에 대한 스트레스는 결국 대다수 작업자에게는 0이 된다. 따라서 어떤 상황이 개인에게 실제 영향을 미쳤는지를 측정하는 주관적 척도에서는 자극 발생에 대한 심리적 반응의 강도에 대한 평가와 함께 특정 기간 얼마나 자주 발생된 자극인가를 묻는 빈도 평가도 함께 이루어져야만 할 것이다.

6. 생체주기

인간의 몸은 정상적으로 하루에 몇 시간을 움직이고 활동할 수 있을까? 최대한 정상적으로 기능할 수 있는 인간의 생체작용 시간은 얼마나 될까? 이러한 문제는 사고를 예방하고 위험을 제거하기 위한 연구에서 오랫동안 연구되어 온 주제이다. 과거에는 인간을 기름칠만 하면 돌아가는 부속품이라고 생각하고 끊임없이 작업 현장으로 내몰았던 적도 있었다. 하지만 사고나 사건의 발생 없이 정상적으로 최적의 활동을 수행하기 위해서는 인간의 생체

주기와 기능을 이해하는 것이 점점 더 중요해지고 있다.

생체주기(biorhythm)란 'Biological rhythm'의 준말이다. 체온, 혈압, 맥박, 혈액, 수분, 염분량 등은 24시간 일정한 것이 아니라 시간에 따라 혹은 밤·낮의 주기에 따라 변한다. 일반적으로 주간에는 체온, 혈압, 맥박 등이 상승하고 야간에는 하강한다. 또한 혈액 내 염분량은 주간에 감소하고 야간에는 증가한다. 부신피질, 호르몬 분비량, 백혈구 작용도 역시 주기를 가지고 변화한다. 하루를 주기로 변화하는 것은 주간에는 교감신경계 기능이 우월해지고, 야간에는 부교감신경계 기능이 우월해지도록 설계된 우리 몸의 유전적 정보체계 작용 때문이다. 따라서 생체주기가 바뀌는 생활(밤에 일하고 낮에 쉬는 등)은 생리작용에 부담을 줄 수밖에 없고, 여러 가지 위험을 증가시킨다(Ross, 1980). 생체주기에 따른 기능상에 문제가 발생하는 원인은 대뇌기능의 저하 때문이다.

[그림 2-18]은 작업자를 특정한 시간에 깨워 작업을 시키면서 Flicker 수치를 측정한 결과이다. 1일 동안 Flicker 수치는 시간에 따라 변화하였다. Flicker 수치는 아침 6시에 최저가 되었다가 12시쯤 최대가 되고, 서서히 저하되어 22시부터 6시까지는 계속 저하된 상태를 보였다. Flicker 수치에 따르면 대뇌기능은 22시부터 6시까지는 최저가 되고, 이후 상승하는 낮高-밤低의 특성을 나타낸다(한국산업안전공단, 1994).

일본 국가철도노동연구원에서 시간대별 철도 관련 사고를 분석한 결과 심야 시간대가 월등히 사고가 많이 발생하는 것으로 나타났다. [그림 2-19]에서도 하루 중 오후 4시에서 6시 사이에서 사람들이 다른 시간대에 비해 가장 많은 오류를 저지르는 것으로 나타났다. 이스라엘에서 실시된 1984년에서 1989년 사이의 교통사고 분석 결과에서도 다른 시간대보다

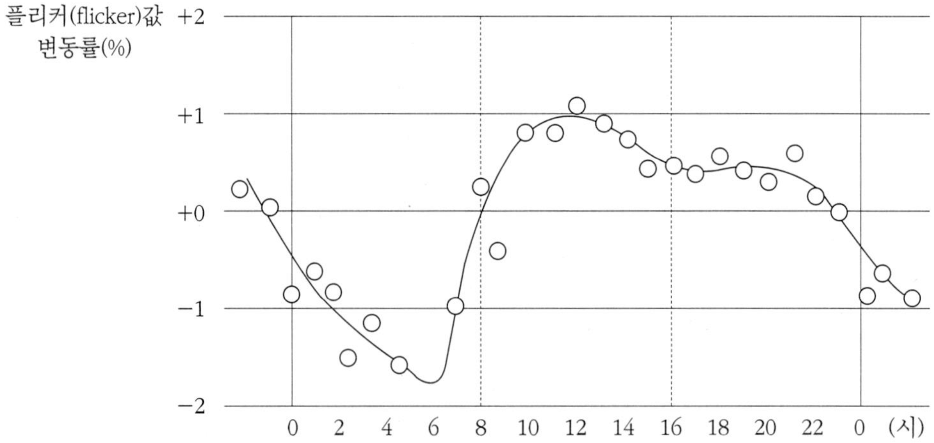

[그림 2-18] 시간의 경과에 따른 대뇌기능 측정값(Flicker 수치)

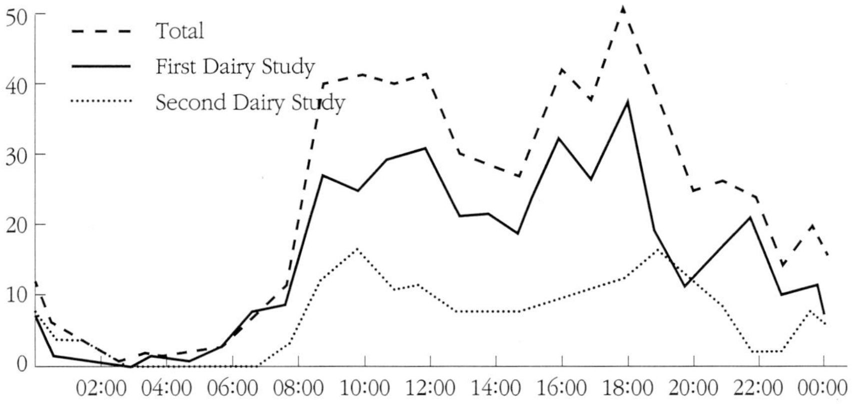

[그림 2-19] **하루 중 시간대에 따른 오류의 발생**

출처: 김정오(2005).

오전 1시에서 4시 사이 그리고 오후 1시에서 4시 사이에 가장 많은 교통사고가 발생한다고 하였다. 이것은 인간의 생체주기와 일치하는데 각성 정도가 저하되는 시간대(주로 야간이나 저녁이 되기 전 오후)에 실수가 생기기 쉽고, 이로 인해 사고 발생률이 증가한다는 것을 보여준다.

7. 피로와 위험

계속적인 심신활동은 피로를 느끼게 한다. 피로는 정신과 운동기능 모두에 부정적인 영향을 미치는데, 일상에서 경험하게 되는 대표적인 피로 현상은 졸음이나 집중력 저하 등이다.

자동차를 운전하는 사람이 1초만 졸아도 수십 미터를 무방비로 주행하게 되는데 제동이나 제어 없이 사고를 발생시키기 때문에 사고 심각도가 다른 교통사고에 비해서 클 수밖에 없다. 피로한 상태로 운전할 경우 교통사고 치사율은 크게 증가하는데, 일반 교통사고보다 약 3~4배 이상 높게 나타났다. 이것은 음주운전보다도 더 높은 치사율이다(삼성교통안전 문화연구소, 2004).

회전하는 톱날 앞에서도 졸음에 눈이 감기거나, 중요한 회의를 쉬지 않고 준비하다가 정작 발표 시간에 지각해 버리는 경우가 생기는 것도 피로 때문이다. 따라서 위험을 잘 해결한다는 것은 끊임없이 피로와 싸우고 극복하는 일상의 과제를 얼마나 잘 수행하느냐에 달려 있다고도 볼 수 있다.

1) 피로연구의 방향과 주제들

피로에 관한 연구는 주로 2가지 방향으로 진행되어 왔다. 첫째, 인지 및 운동 능력이 피로에 의해서 어떻게 저하되는가에 관한 연구들이다. 둘째, 인지 및 운동 능력의 저하를 예방하기 위한 연구들이다. 구체적으로는 피로로 인한 부담과 건강상의 장애를 파악하는 것과 작업 및 근로 조건이 건강 유지를 위해서 어떻게 개선되어야 하는지에 대한 연구들을 말한다(野澤浩 小木和孝, 1980).

피로는 작업의 종류나 환경에 따라 다양한 형태로 나타난다. 우선, 자동차 운전에서의 피로를 생각해 보자. 자동차 운전 중 발생하는 피로는 장시간 앉아 있는 자세로 인해 발생하는 신체 피로와 함께 자동차 운전 상황에서 나타나는 다양한 자극에 집중하여야 하는 정신적 긴장 때문에 발생하는 경우가 많다. Crawford(1961)는 이러한 운전 중 발생하는 피로를 스트레스 피로(stress fatigue)라고 불렀는데 환경자극에 집중해야만 하는 긴장 상태가 누적되면서 신경계 및 내분비계통에 발생하는 불균형이 피로의 원인이라고 설명하고 있다.

피로에 관한 연구 주제들은 시기적으로 크게 3가지로 분류할 수 있다(Cameron, 1973). 첫 번째 시기에는 산업 장면에서의 생산성과 피로를 관련짓는 연구들이 진행되었다. 제1차 세계 대전과 그 이후에 수행된 연구들이 주로 다루었던 주제들로 작업자의 생산성이 피로와 연관되어 있음을 증명하고, 피로를 줄이는 방법을 모색함으로써 생산성을 높이려는 목적으로 수행되었다.

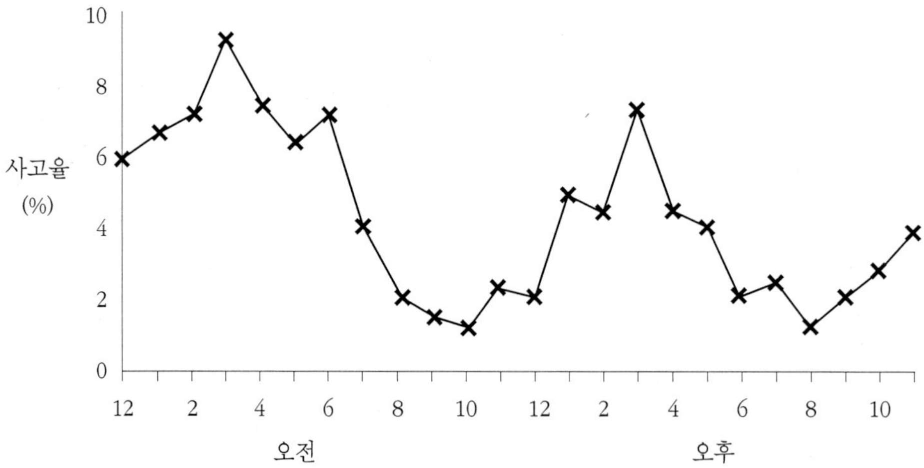

[그림 2-20] 수면부족과 관련한 교통사고의 발생빈도

출처: 김정오(2005).

두 번째 시기는 1940년대와 1950년대 사이로 비행기나 탱크 그리고 잠수함 같은 새로운 전쟁 무기나 복잡한 기기들이 발명되면서 공학심리학 및 인간공학적 측면으로 기계 조작과 피로를 관련짓는 연구가 진행되었다.

세 번째 시기는 1950년대 이후로 자동차가 증가되면서 이로 인한 사고가 피로와 관련 있을 것이라는 가정에 기초한 연구들이다.

피로에 관한 연구는 시대에 따라 변화되어 왔지만, 공통적인 것은 피로가 위험이나 사고 및 사건과 어떠한 관련을 가질 것이라는 생각이다. 위험과 안전에 관한 연구에서 피로가 주요한 주제로 자리 잡게 되는 것은 작업 능력이나 운동 능력 및 인·지각 능력이 피로 현상으로 인해서 감소된다는 견해 때문이다.

Brown(1994)은 피로 현상을 심리적 피로와 생리적 피로로 구분하였다. 심리적 피로는 주어진 과제를 수행하는 작업자가 주관적으로 지각하는 수행 저하를 의미한다. Brown(1994)에 따르면 피로는 교통사고 발생 가능성을 10% 이상 설명해 주며, 고속도로와 같은 단조로운 환경에서의 교통사고는 20%까지 설명해 준다.

생리적 피로는 근육에 공급되는 산소나 영향에 문제가 있을 때 경험하게 된다. 생리적 피로는 신체상의 직접적인 손상(impairment)으로 나타난다. 피로는 지속적인 집중이나 수행으로 발생할 뿐만 아니라 정신작용에 영향을 미치는 심리적·환경적·사회문화적 요인들로 인해서도 발생할 수 있다. 피로는 주의를 기울여야 하는 정보량이 얼마나 되는지에 의해서도 영향을 받지만 주의가 필요한 대상이 예측 가능한 것인지 아닌지 등에 의해서도 영향을 받게 된다.

심리적 피로는 반드시 심신기관의 생리적 고갈이나 결핍 때문에 발생하는 것은 아니다. Bartley와 Chute(1947)는 심리적 피로는 생리적 손상으로 인해 발생하는 피로와는 다르며, 반드시 생리적 피로와 동시에 발생하는 것이 아니라고 보았다. 생리적 피로를 느끼더라도 수행에는 문제가 없을 수 있으며, 반대로 생리적 피로를 느끼지 못하더라도 수행에 문제가 발생하도록 할 수 있는 것이 심리적 피로의 특징이다.

2) 피로와 심리작용

피로를 발생시키는 조건은 다양하다. 피로할 때 나타나는 가장 일반적인 현상은 경계(vigilance)나 선택적 주의 및 복잡한 의사결정 그리고 자동화된 지각-운동 제어기능 등의 활동들이 저하되는 것이다.

Bartlett(1948)는 피로해지기 전에 나타나기 행동상의 전조 현상을 4가지로 제시하였으며, 피로 전조 현상을 통해 피로를 예방하거나 대책을 세울 수 있을 것이라고 기대하였다.

첫째, 피로 전조 현상은 움직임의 시작과 종료에 필요한 시간이 부적절해지는 것이다.

둘째, 자극반응 내성이 증가(반응하기 위해 짐짐 큰 자극이 필요함)하게 된다.

셋째, 예측 시간이 감소하는 것이다.

넷째, 신체 변화에 민감하게 반응하게 되는 것이다.

野澤와 小木(1980)은 피로의 발생이 위험에 영향을 미치는 원인을 3가지로 설명하였다.

첫째, 원인은 피로가 작업이나 실행 태도를 거칠고 치밀하지 못하게 만들기 때문이다.

둘째, 원인은 피로해지면 지각 및 운동 계통의 협응 능력이 떨어지기 때문이다.

셋째, 원인은 피로가 자극에 대한 반응 동작을 둔화시키기 때문이다.

Wickens, Gordon과 Liu(2001)는 피로가 시간 압력, 불안, 욕구좌절 및 분노와 같은 심리적 요인 중 하나로 물리적 요인과 함께 스트레스를 발생시킨다고 보았다. 피로로 인한 스트레스는 정보처리에 영향을 미치는데, 장기기억으로부터의 정보 인출에는 별로 지장을 주지 않지만 제한된 용량을 가진 작업 기억을 방해할 수 있다고 보았다.

또한 피로가 증가하면 시간 압력이 있는 상황에서 의사결정을 할 때에는 입력 정보를 선택적으로 받아들이게 된다. 그리고 중요한 정보 원천이 더 큰 비중을 갖게 되며, 정확도가 감소할 수 있다. 더불어 복잡한 심적 계산 능력이 저하되고 한 가지 방법에만 집착하는 현상이 발생할 수 있다. 정보처리상의 문제는 중요한 선택에 실수를 발생시키고 사고나 사건의 원인으로 작용할 수 있다.

피로는 작업부하에 대처하기 위해 노력을 기울이는 상황과 주의, 지각, 의사결정 과정에서 예측할 수 없는 사건들에 지속적으로 대처하는 상황에서 주로 발생한다. 그리고 피로를 느끼게 되는 작업자의 동기나 업무에 대한 흥미 그리고 심리적 요인에 의해서도 영향을 받는다. 금속 조립 작업자들을 대상으로 피로에 영향을 미치는 작업 관련 요인들을 살펴본 조사에서는 육체적 부하가 다차원 피로 척도로 측정한 피로 점수와 전반적 피로도 그리고 일상생활 기능장애를 증가시키는 것으로 밝혀졌다(장준호, 강동묵, 고상백, 김정원, 조병만, 이수일, 2004).

김성열, 이성수, 이병국(1997)은 특수간호에 종사하는 간호사와 일반간호에 종사하는 간호사들을 대상으로 간호업무별 작업부하 정도와 피로 자각 증상 정도를 조사하였다. 연구결과, 작업부하 정도와 피로 자각 증상은 유의한 정적 상관이 있는 것으로 나타났다. 각 영역별로 세분하여 살펴보면, 관리적 간호 업무로 인한 작업 부하 정도와 피로 자각 증상의 신체적, 정신적, 신경 감각적 증상은 각각 유의한 정적 상관을 보였다. 기능적 간호 업무의 작업부하 정도와 신경 감각적 증상 호소 정도도 유의한 정적 상관을 나타냈다.

3) 피로와 졸음

현대 산업사회는 만성적인 수면 부족을 유발하고 있다. 기술 발달이 휴식 시간을 늘려 줄 것이라는 기대와는 달리 오히려 기술이 발달할수록 수면 시간은 줄고 수면의 질 역시 하락하는 정반대의 결과가 발생하고 있다. 일본 총무청 조사 결과, 5년 전에 비해 사람들의 수면 시간은 19분 이상 감소하였고, 일하는 시간은 12분이나 늘어났다.

수면시간은 질병뿐만 아니라 사고 발생 등의 위험과도 밀접한 관련을 가진다. 수면은 몇 가지 단계로 나뉘는데 각 단계에 따라 생성되는 뇌 전위는 다르다. 수면에 대한 가장 극적인 구분 기준은 REM(Rapid Eye Movement) 수면과 비-REM 수면일 것이다.

비-REM 수면은 성인 수면의 약 70% 정도를 차지한다. 좀 더 세부적인 구분으로는 비-REM수면을 1단계에서 4단계까지로 나누는 것이다. 1~2단계는 과도기적 수면으로 얕은 수면 상태에 해당한다. 깨어 있는 상태에서 금방 잠이 든 상태라고 생각할 수 있다. 3~4단계는 가장 깊은 수면 상태이다. 개인마다 차이는 있지만 RAM 수면은 잠이 든 후 대략 90분 이내에 나타나서 90분 정도마다 반복된다.

Horne(1993)은 3~4단계의 수면은 전두엽 피질의 회복에 밀접한 관련이 있다는 연구 결

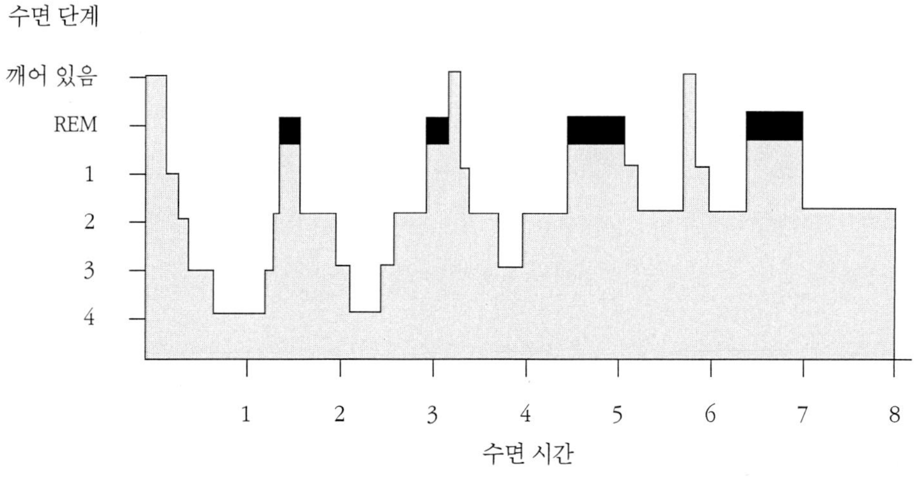

[그림 2-21] **청년기 성인의 야간 수면 단계**

과를 내놓았다. 따라서 깊은 숙면을 제대로 취하지 못하는 상황이 오래 지속되는 것은 판단과 고차적인 인지기능에 손상이 발생할 것을 예상할 수 있다.

얼마나 피로한지는 얼마나 오랫동안 잠을 잤는가보다 얼마나 깊이 있는 숙면을 취했는지에 더 큰 영향을 받는다. Brown(1994)은 피로의 주된 결과가 주의력 약화라고 보았다. 주의력 약화는 일반적인 자극에서는 큰 차이가 나타나지 않지만 새로운 대응이 필요한 상황에서는 자극 탐색과 통제에 문제를 발생시킨다. 주의력 손상이 가져오는 가장 일반적인 증상은 졸음(eye closure)이다.

수면 부족으로 졸리는 것은 오후가 될수록 강해지는 경향이 있다. 신체는 나른해지고 활력이 없어진다. 자율신경계에 장애가 발생하면서 식욕부진, 구역질이나 설사 등이 일어나기 쉽다. 정신기능에서도 의욕이 감퇴하고 주의집중이 떨어지고 지구력도 약해진다. 계속적인 수면 부족 상태는 내장이나 혈관 계통 기능 저하로 이어질 수 있으며 정서적 장애를 불러올 수도 있다.

생체주기에 따라 사람들은 하루에 두 번(새벽 3~4시와 점심식사 이후 오후 시간) 정도 가장 강력한 졸음을 경험하게 된다. 하루 중 가장 강력한 졸음 시간은 교통사고 통계에 그대로 반영될 만큼 사고나 위험에 직접적인 영향을 준다. 일반적으로 일시적인 수면 부족은 어느 정도 견뎌 낼 수 있다고 보지만, 최소한 하루에 4~5시간은 수면을 취해야만 정상적인 심신기능을 유지할 수 있다(Horne & Reyner, 2001).

졸음은 휴식 없이 계속 작업해야 하는 상황에서도 발생하지만, 단조로운 작업이 반복되면서 주의가 내적 사고 과정으로 전환되기 때문에 발생하기도 한다. 이렇게 발생된 졸음은 외부 환경을 주시하고 있는 상태일 때도 발생할 수 있기 때문에 오히려 대응하기 어려울 수 있다.

무선통신의 발달과 컴퓨터 보급은 기계와 기술이 발달하면 여유가 많아질 것이라는 기대와는 반대로 밤에도 졸음을 참아가며 일을 해야 하는 상황을 맞이하도록 하였다. 피로는 현대사회에서는 만성 질환이라고 볼 수 있다. 인간은 생리 특성상 낮에는 활동하고 밤에는 쉬도록 조절되어 있다. 따라서 밤에 낮처럼 활동해야 하는 상황은 더 큰 위험을 가져다줄 것이다.

4) 수면과 피로

밤에는 시각기능이 제한되어 단조로움이 더욱 커지는데, 이것은 대뇌기능의 저하를 불러온다. 대뇌 기능 저하는 졸음으로 이어지고 육체적 활동이나 정신적 활동 모두에 위험을 가중시킬 것이다.

자동차 운전의 경우 사고 심각도를 결정짓는 충격력은 속도의 제곱에 비례하기 때문에 운전자가 제동장치를 어떻게 조작하는가에 따라 결정적인 영향을 받는다. 졸음은 위험 탐지와 대응을 지연시키기 때문에 늦게 제동장치를 조작하게 되고 속도에 해당하는 충격력을 고스란히 전달하도록 하여 사고 심각도를 높인다.

Safford와 Rockwell(1967)은 운전자를 24시간 동안 잠을 자지 못하게 한 다음 9시간 동안 자동차를 운전하게 하는 실험을 실시하였다. 실험 결과, 운전자의 안구운동 반응이 극도로 둔감해졌다고 보고하였다. 24시간 연속적으로 운전을 하는 경우에도 차량 속도 유지나 차선 유지가 어려워졌다고 밝혔다. Hulbert(1972)도 24시간 잠을 자지 않은 상태에서 운전을 하면 1시간 이내에 졸음이 온다고 하였는데, 이것은 실제 도로 상황에서 운전자가 극심한 졸음과 싸우면서 자동차를 운전하게 될 것을 의미한다.

자동차 운전의 경우 졸음의 원인은 2가지로 구분할 수 있다. 첫째, 도로 환경이나 운전조작의 단조로운 자극을 원인으로 생각해 볼 수 있다. 교통 여건과 운전 환경이 좋아지면서 자동차 조작에 대한 부담이 낮아지게 되면 의식 수준도 떨어진다. 이러한 자동차 조작의 단조로움은 수면 부족이나 과로와는 상관없이 졸음을 유발한다. 내적 상태와 상관없는 외부 조건에 의해 졸음이 발생하는 것이다. 둘째, 생리기능상의 문제나 피로 등으로 정상적이지 않은 경우나 휴식을 취하지 못하여 수면시간이 부족한 경우 혹은 음주나 약물 등에 의해 심신기능이 변화된 경우 졸음이 유발될 수 있다. 이것은 내적 상태가 졸음을 유발하는 것으로 내부 조건에 의한 졸음 발생이다.

이순철(1993)은 고속도로와 같은 단조로운 교통 환경에서의 감시 작업(vigilance task)은 쉽게 졸음과 같은 과제 수행 능력의 저하로 이어질 수 있다고 지적하였다. Duremen과 Bodén(1972)의 운전 시뮬레이터를 이용한 연구에서도 운전 시간이 증가할수록 감시 작업이 감소하였다고 보고하였는데, 이것은 작업 수행 및 운전 능력 감소나 감시 작업 기능 쇠퇴가 피로로 인해서 발생한다는 것을 지적한다.

그러나 감시 작업에 대한 연구 결과는 일관적이지 않다(Klebelsberg, 1989). 시간 경과나 피로가 시험 수행 능력 감소(McFarland & Moseley, 1954)나 감시 작업 능력 감소(Dobbins, Tiedemann, & Skordahl, 1963)를 일으키지 않았거나 오히려 수행 능력을 증가(Brown, Simmons, & Tickner, 1967)시킨다는 결과도 있다.

Näätänen과 Summala(1976)는 이러한 감시 작업과 수행 능력 간의 일관적이지 않은 연구 결과에 대해서 3가지 설명을 내놓았다. 첫째, 수행에 따른 최소한의 감시 작업만 유지하면

문제가 보고되지 않을 수 있다는 것이다. 둘째, 실험에 사용된 자극이 졸음이나 감시 작업 저하를 불러올 만큼 단조롭지 않았다는 것이다. 셋째, 작업 특성 자체가 단조로움에 의해 수행 능력이 크게 바뀌지 않는 특성을 가지고 있다는 것이다.

McFarland와 Moseley(1954)는 20명의 트럭운전자를 대상으로 9시간 동안 운전 중 발생한 행동 변화를 관찰하는 연구를 진행하였다. 연구 결과, 피로할 수 있는 상황인데도 오히려 교통사고가 발생할 뻔한(near accident) 횟수가 감소하였다고 보고하였다. 이러한 연구 결과에 대해서 연구자들은 피로가 당연히 안전성을 감소시키지만, 다른 보상 행동을 증가시키는 전략을 사용함으로써 전체적인 안전성을 일정하게 유지하기 때문이라고 주장하였다.

Philip 등(1997)은 장거리 승용차 운전자들을 대상으로 졸음을 측정하는 연구를 진행하였다. 실험참가자들에 대해 Two Nap Sleep Test(TNST)를 실시하였다. TNST는 실험참가자들이 실제로 잠을 자는 실험으로 잠재 수면시간과 수면 지속 시간 등을 측정하는 방법이다. 그리고 피로, 불안, 졸음 등의 정도를 참가자 스스로 표시하는 주관적 측정도구로써 VAS를 사용하였다. 연구 결과, VAS의 불안/피로 점수는 TNST의 잠재 수면시간, 수면 지속 시간 등과 정적인 상관관계가 있었다.

Segberg(1999)는 피로와 교통사고에 관련한 광범위한 연구를 수행하였다. 2개의 보험회사에서 수집한 29,600건의 사고 보고서를 기초로 3,239명의 가해 운전자와 2,922명의 피해 운전자들을 대상으로 설문조사를 실시하였다. 조사 결과, 12명 중 1명은 1년 동안 졸음운전을 경험한 적이 있다고 응답하였다. 졸음운전 중 4% 정도는 졸음이 원인이 된 도로 이탈 사고를 경험하였다고 보고하였다. 이것은 오래 운전할수록 피로가 가중되고 사고 발생률 또한 증가한다는 것을 보여 주는 주요한 연구이다. Segberg(1999)의 연구에서는 졸음과 사고 위험성은 시간대와 큰 연관을 가진다고 보고되는데, 전체 교통사고에서 졸음으로 인한 사고는 3.9% 정도였지만, 자정부터 오전 6시 사이에서 전체 교통사고의 18.6%를 차지하였다. 이것은 생체 주기에 어긋나는 활동이 그만큼 졸음을 불러오고 사고와 연결될 수 있음을 나타내는 것이다.

또 다른 연구에서는 화물차 운전자와 운송회사의 경영자들을 대상으로 운전자들의 작업시간을 피로의 원인으로 지각하는지를 조사하였다(Arnold, Hartley, Corry, Hochstadt, Penna, & Feyer, 1997). 그 결과, 운전자들 중 38%가 하루 14시간 넘게 운전을 하고 있었고, 51%는 14시간 넘게 운전을 하면서도 운전 외의 작업을 함께 하고 있었다. 그리고 운전자들의 20%가 조사하는 당일 운전하기 전 수면시간이 6시간보다 적었다고 보고하였는데, 이날 발생한 위험한 사고의 약 40%는 이들 운전자가 발생시킨 것이었다. 이러한 사실에도 불구하고 조사에 응한 운전자들과 회사 경영자들은 피로를 다른 운전자나 회사의 문제라고 보고하였으며, 자신과 회사는 상대적으로 피로에 영향을 덜 받는다고 생각하였다. 화물차 운전자나 운송회사의 경영자들이 피로의 문제를 실제보다 낮게 인식하고 있는 것은 피로가 사고 위험성에 미치는 실제 영향을 감안한다면 심각한 문제가 아닐 수 없다.

졸음이나 피로를 해결하기 위해서 커피를 마신다거나 심지어 자신의 따귀를 때리는 신체적 자학을 가하기도 한다. 졸음을 경험하면 활동 중일 때는 잠시 잠을 청하는 것이 가장 효과적인 방법이다. 그러나 경제적 이유 때문에 졸리도록 생산 활동을 끊임없이 요구받거나, 쉴 수 있는 여건이 만들어지지 않는다면 사고로 이어지게 될 것이고, 이것은 더 큰 경제적 손실과 사회적 비용을 지불하게 될 것이다. 편안히 그리고 충분히 잘 수 있을 때 위험은 감소한다.

5) 수면장애와 위험

미국의 모든 트럭 운전자 중 78%는 수면장애가 있다는 통계가 있다. 이러한 통계는 40톤 무게의 자동차가 시속 100km로 달리는 상황에서 운전자는 졸고 있을 수 있다는 것이다. 대표적인 수면장애는 수면 무호흡증(obstructive sleep apnea)이다. 수면 무호흡증이 있는 사람은 잠을 자는 동안 순간적으로 숨을 쉬지 않다가 잠깐 잠에서 깬다. 매일 밤 수백 번씩 잠에서 깨지만 그것을 기억하지 못하는 것이다. 이들은 자신은 이유 없이 피곤하다고 말하지만 졸리는 것은 당연한 현상이다.

스탠퍼드 대학교 수면연구센터의 Dement, Kamdar, Kaplan과 Kezirian(2004)은 밤새도록 2~3분마다 깨었다 잠든 사람들은 전혀 잠을 자지 않은 것이나 다름없다는 연구 결과를 내놓았다. 따라서 미국 트럭운전사들 4명 중 3명이 수면장애로 고생하고 있다면 피로가 사고의 주요한 원인이 되는 것은 당연한 결과라고 볼 수 있다.

미국 고속도로 운전자 중 트럭 운전자는 3%에 불과하지만 전체 사망자의 13%나 차지하는 것은 브레이크 페달을 밟을 수 없는 졸린 상태로 운전하기 때문이다. 수면장애가 발생할 확률은 트럭 운전자들이 일반인에 비해 3배나 높은데 이것은 불규칙한 수면 습관과 장시간의 운전 때문으로 파악된다.

장거리 트럭 운전의 경우 야간 시간의 절반은 운전을 하면서 보내고, 몇 시간의 선잠을 자고 나서는 다시 운전을 시작한다. 또 앉아서 운전을 하는 작업은 과체중을 불러오고 이것이 다시 폐쇄성 수면 무호흡증을 심화시키는 결과를 가져온다는 보고도 있다. 대개 도로선형이 비교적 단조로운 고속도로에서 운전을 하는 경우가 많은데, 단조로움은 더욱 졸음 발생에 취약할 수 있다. 따라서 생활 습관이나 작업 특성이 불규칙하다면 수면장애로 이어지고 이로 인한 위험이 높아질 수 있음을 생각해 보아야 한다(Dobbie, 2002; Hilchey, 1995).

사고 통계치에서 수면장애로 인한 사고는 전체 사고에서는 상대적으로 적을 수 있지만 사고 심각도에서는 큰 비중을 차지한다. 예를 들어, 피로로 인한 졸음이 발생시킨 사고는 전체 교통사고 비율의 1~6% 수준이지만, 사망 교통사고에서의 비율은 25% 이상으로 치솟는다. 피로나 졸음에 관련한 사고는 30세 미만에서 다른 연령층에 비해 4배 이상 높으며 여성보다 남성이 더 높다. 45세 이상은 야간에, 65세 이상은 밤이 아니라 오후 시간에 졸음 사고가 더 많이 발생하였다(Lyznicki, Doege, Davis, & Williams, 1998).

8. 부하와 부담 그리고 과부하

환경에 적응적으로 대응하는 것은 처리해야 하는 정보의 양이 많아질수록 어려워진다. 심신기능에 발생하는 부하(load)는 스트레스를 유발하는 스트레스원(stressor)이다. 부하 혹은 부담(burden)의 증가로 인한 과부하(over load)는 보유한 용량이 과제로부터 요구되는 용량의 수준에 미치지 못할 때 발생한다. 부하는 과제의 난이도나 개수가 증가할 때 나타나며 보유한 용량이 줄어드는 상황에서 나타난다.

Klebelsberg(1989)는 사용할 수 있는 정보 용량[수행 용량(performance capacity)]을 100%라고 가정할 때, 자동화된 작업은 정보의 약 40%, 생리적 작업 준비를 위해서는 용량의 약 50%, 통상적인 예비를 위해서는 용량의 약 80%까지 그리고 자기 방어적 예비를 위해서는 용량의 약 80% 이상을 사용해야 한다고 하였다. 작업 종류와 사용할 수 있는 정보 용량이 다르면 부하나 부담 혹은 과부화를 경험한다.

Schmidtke(1973)는 부하와 부담의 경계를 생리 현상 차이로 기술하였다. 심장박동이 1분에 30회 이상 증가하고, 호흡 균형이 유지되며, 상황 종료 후에는 맥박이 안정된 상태로 즉시 돌아올 수 있는 상태이면 부하 상태라고 볼 수 있다. 생리 현상이 부하 상태 이상을 유지하게 되면 부담이라고 설명하는데, 과부하는 부하가 매우 높은 수준에 있다는 것을 의미한다.

1) 부하 측정

시간-선분 모델(Time-Line Model)에 따르면 부하는 과제를 수행하도록 주어진 가용 시간(Available Time: AT)에 과제 수행을 위해 실제로 필요한 시간(Required Time: RT)의 비율로 정의된다. 즉, TR/AT의 비율이 1.0을 넘어갈 경우, 작업자는 과제를 수행할 시간이 부족해져서 부하를 느낄 수 있다(Wickens, Gordon, & Liu, 2001).

Küting(1976)은 다수의 생리적 지표를 부담과 연관시켜 추론해 보았지만 일치된 결과가 많지 않다고 보고하였다. 이것은 생리적 지표로만 부하를 설명하는 것이 바람직하지 않을 수 있다는 것을 지적하는 것으로 보인다. 하지만 생리적 지표와 부하의 관계보다 더 바람직한 관계성을 나타내는 지표가 있는 것도 아니다. 따라서 부하를 파악할 수 있는 보다 실효적인 지표를 개발하는 것이 중요하다.

부하를 나타내는 가장 대표적인 지표는 심박률이나 뇌파 혹은 GSR 같은 생리적 측정치이다. Brookhuis, Vries와 Waard(1991)는 자동차 운전 중 전화를 사용하면 운전만 할 때보다 심박률이 증가한다고 보고하였다. 이것은 과제가 늘어나면서 부하가 가중되는 것이 심박률 등의 생리적 지표 변화로 나타난 것이다.

2) 과부하와 위험

Caplan과 Jones(1975)는 3가지 요인(불안, 분노, 우울)으로 구성된 A유형 성격 질문지를 사용하여 A유형과 부하의 관계를 연구하였다. 연구 결과, 불안, 분노, 우울 가운데 불안은 작업부하 수준(지표는 높은 심박수)과 정적인 상관관계를 보였다.

Greenglass, Burke와 Moore(2003)의 연구에서도 합병과 인원 감축으로 인해 짧은 시간에 많은 일을 하게 된 간호사들은 냉소적 감정이나 정서적 소진감, 탈진, 분노와 같은 심리적 고통을 더 많이 호소하였다.

버스 운전자의 부하와 건강, 삶의 질 등에 대한 조사에서도 부하를 많이 느끼는 버스 운전자일수록 일을 마치고 난 후에 극도의 피로를 호소할 뿐만 아니라, 긴장을 푸는 것도 어려워하는 것으로 나타났다. 이 연구에서 부하는 버스 운행 일정 때문에 서두르는 정도, 시간 압력을 느끼는 정도, 운행 일정을 지키기 위해 느끼는 긴장 정도 등 주로 운행 계획과 관련한 부담을 측정하는 내용으로 구성되어 있었다(Rydstedt, Johansson, & Evans, 1998). 이 같은 연구 결과는 버스운전자가 정해진 운행 일정과 이로 인해 유발되는 시간적인 압력을 부담으로 느낄 수 있으며, 과부하로 인한 피로 유발 가능성이 있음을 시사한다.

이순철 등(2008)은 직업 운전자 가운데 화물차 운전자를 대상으로 부하와 피로를 연구하였다. 부하는 정신적 부담, 신체적 부담, 시간적 부담, 작업의 어려움, 노력의 부담과 좌절감으로 구성된 다차원 작업부하 지표인 NASA-TLX로 측정하였고, 피로는 시각적 표시 척도인 VAS로 조사하였다. 연구 결과, 화물차 운전자가 일반 운전자보다 피로를 더 많이 호소하는 경향이 있었다. 그리고 두 운전자 집단 모두에서 운전을 하면서 신체적 부담이 큰 운전자일수록 피로를 많이 느끼는 것으로 나타났다. 그러나 화물차 운전자가 피로를 많이 느끼는 것에는 신체적 부담 외에도 정신적 부담과 시간적 부담이 영향을 미쳤다. 이것은 작업부하 자체가 피로에 영향을 미치기도 하지만 운전을 하는 목적에 따라서 피로에 영향을 미치는 작업부하의 하위 부담 요인이 다를 수 있음을 나타낸다.

이순철, 오주석, 송훈화, 윤대섭, 황윤숙(2010)의 후속연구에서는 운전자를 대상으로 부하와 관련된 성격 및 태도를 구체적으로 파악하였다. 연구자들은 관계적응성, 상황 불안, 위험감수성, 준법정신으로 구성된 운전행동 결정 요인과 상황둔감성, 불안전운전, 주의집중소홀, 운전자신감으로 구성된 운전 확신 수준 질문지의 문항 가운데 NASA-TLX 총점과 의미 있는 상관관계를 보인 문항을 선별하여 이 문항들로 새로운 부하 관련 성격 및 태도 요인을 구성하였다. 연구 결과, 시시각각 변화하는 환경에 적응하는 데 불안감이나 긴장감을 느끼는 운전자들은 운전 중 높은 부하를 느끼는 것으로 나타났다. 또한 다른 교통 참가자들에게 적대적인 태도를 보이거나 의사소통에 어려움이 있는 운전자들도 운전 중 높은 수준의 부하를 느끼는 것으로 밝혀졌다. 그리고 위험 상황을 회피하기 위해 보상행동을 하는 운전자들도 운전 중 높은 수준의 부하를 가지는 것으로 나타났다. 이것은 보상행동을 선택하기 위한 노력 자체가 부하를 발생시키기 때문으로 보인다.

Rantanen과 Goldberg(1999)는 실험 참가자에게 신호음 탐지 과제(tone counting tasks)를 주고 골드만 시야계(Goldman visual perimeter)를 이용해 신호음 탐지 과제로 발생하는 부하가 시각 영역 크기에 미치는 영향을 살펴보았다. 연구 결과, 중간 수준의 부하를 느낀 실험 참가자들은 시각 영역 크기가 92.2%로 약 8% 감소하였고, 높은 수준의 부하를 느낀 실험 참가자의 시각 영역 크기는 86.41%로 약 14% 감소한 것으로 나타났다.

오영진과 김제승(2005)도 제한된 반응 시간에서 과도한 정신적 부하가 작업자의 작업 수행에 미치는 영향을 살펴보는 연구를 진행하였다. 연구자들은 실험참가자들에게 위험 수위를 나타내는 여러 개의 계기판을 보여 주고 실험참가자로 하여금 계기판이 위험 수위에 도달하면 키보드를 누르도록 지시하였다.

실험 결과, 제공받은 계기판 수가 많은 집단, 즉 처리해야 할 작업량이 많아 작업 부하 수준이 높았던 실험참가자들은 계기판의 위험 수위가 끝에 도달할 때까지 반응하는 시간이 비교집단에 비해 늦었고, 오동작 횟수도 많았으며, 반응 실패 횟수도 많았다. 또 계기판 작업에 부가적인 작업(단어회상 과제)이 추가되면 반응 실패 횟수가 더 높아지는 것으로 나타났다. 이러한 실험 결과는 과부하가 실수를 증가시킨다는 명확한 증거이며, 실수로 인한 사고 발생 위험이 증가될 수 있음을 시사하는 것이다.

성우일과 이재식(2009)도 시간적 압력으로 인해 높은 정신적 부하를 가진 운전자들은 아무런 시간적 압력이 없었던 운전자들보다 속도 유지 과제(일차로에서 75km/h의 일정한 속도로 운행해야 하는 과제이며, 차량 속도가 ± 5km/h 범위를 벗어날 경우 과제 수행도가 저조한 것으로 간주됨) 수행도가 현저히 떨어진다고 보고하였다.

강동묵 등(2004)은 주물업과 선박 건조업, 정밀기계 조립에 종사하는 작업자들을 대상으로 부하가 코르티솔의 농도에 미치는 영향에 대해서 연구하였다. 코르티솔의 농도는 과부하 수준을 나타내는 생리적 지표 중 하나로 이용되고 있다. 코르티솔 농도의 변동이 클수록 높은 부하가 발생하는 것으로 간주할 수 있다. 작업량이 많은 작업자들의 코르티솔 농도 변화를 측정한 결과, 높은 부하를 가진 작업자들은 코르티솔 농도의 변화폭이 큰 것으로 나타났다.

Gonzalez-Munoz와 Gutierrez-Martinez(2007)는 전기회사에 근무하는 작업자들을 대상으로 정신적 부하와 직무스트레스의 관계를 파악하는 연구를 실시하였다. 연구에서 정신적 부하 수준은 NASA-TLX로 측정되었다. 연구 결과 NASA-TLX 하위 요인인 정신적 부하와 시간적 부하, 그리고 좌절감 요인은 직무 스트레스와 정적 상관관계를 보였다. 정신적 활동에 대해 부담을 가지거나 시간 여유가 없는 작업자들은 직무에 대한 스트레스 수준도 높았다.

Rose, Murphy, Byard와 Nikzad(2002)는 96명의 20대 실험참가자들을 대상으로 성격 5요인(Big five-factor personality) 가운데 부하와 상관관계가 있는 요인들을 파악하였다. 이 연구자들은 실험참가자들에게 12분 동안 사건을 감시하는 과제를 주고, 성격 5요인 측정 도구와 NASA-TLX를 사용하여 부하와 상관관계를 가지는 성격 요인을 살펴보았다. 그 결과 성격 5요인(외향성, 신경증적 성향, 개방성, 친화성, 목표 추구성) 가운데 신경증적 성향은 부하 수준과 정적인 상관관계를 나타내었다. 신경증적 성향이 높은 사람은 환경에 적응하거나 타인과 대인관계를 형성하는 데 불안감이나 긴장감, 공포감을 경험하는 경향이 있었다.

일련의 연구는 부하나 과부하가 인간의 여러 심신기능에 무리를 발생시키고, 이로 인해 발생하는 실수나 착오 혹은 폭력적 선택이 증가하면서 위험과 사고에 영향을 미치게 된다는 공통된 결과를 내놓고 있다.

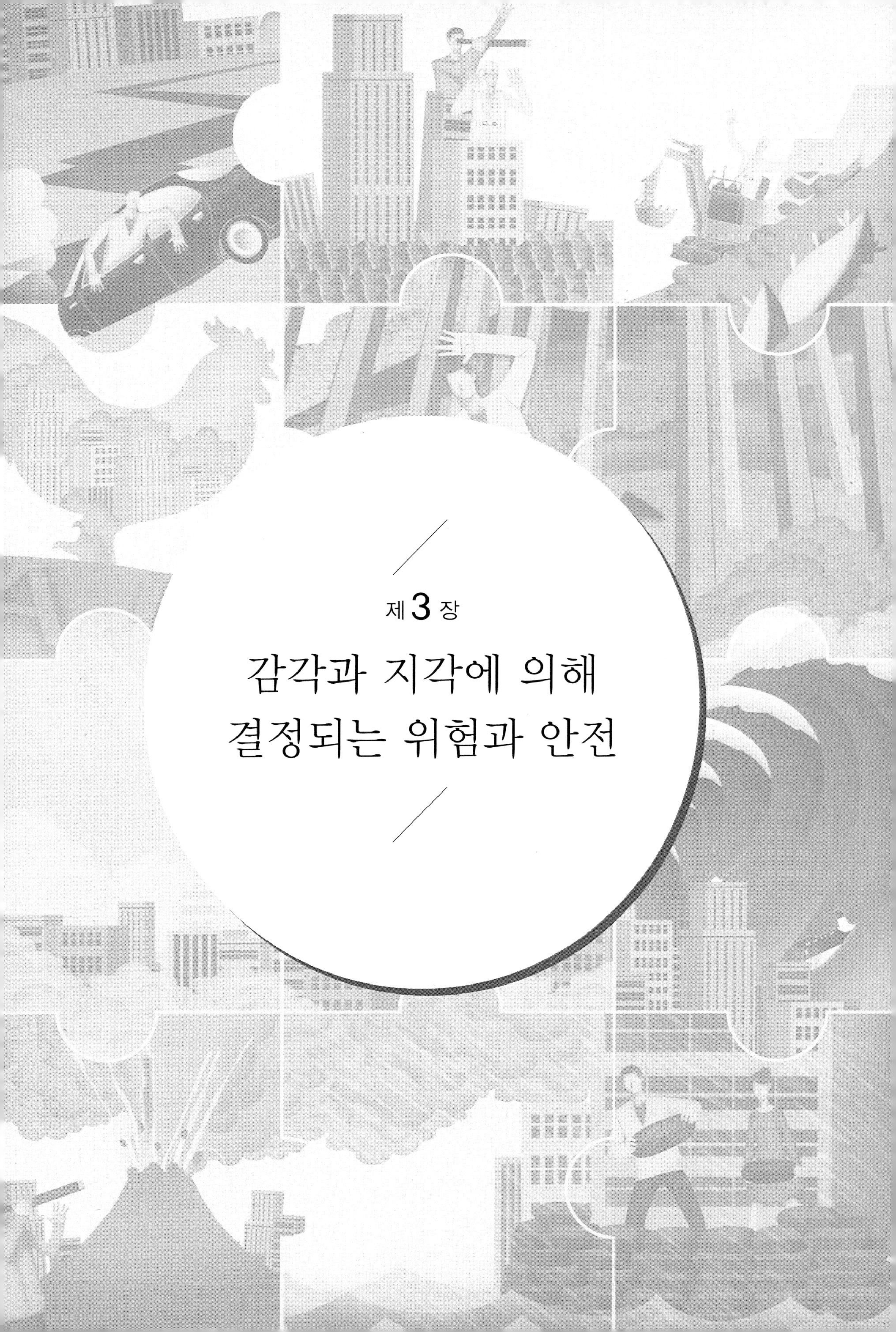

제 3 장

감각과 지각에 의해 결정되는 위험과 안전

우리는 눈, 귀, 코 등의 감각기관을 통해 환경을 인식한다. 감각기관은 우리가 환경의 변화에 적응하며 능동적으로 대처하는 데 반드시 필요하다. 우리는 시각을 통해 사물과 환경에 대한 구체적인 지식을 얻으며, 청각을 통해서는 다른 사람들이 말하는 내용을 이해하고 정확하게 의사소통할 근거를 가지게 된다. 피부감각은 아픔이나 뜨거움과 차가움 등의 정보를 전달해 주는데, 이러한 정보를 바탕으로 환경의 변화에 대응할 수 있다.

따라서 감각기관의 기능에 이상이 발생하면 우리가 환경을 통해 받아들이는 정보가 부정확하거나 충분하지 못할 수 있다. 결정적으로 생명을 유지하고 보호하는 데 지장이 생길 수 있다. 감각기관을 통해 중추로 전달되는 정보는 환경이나 자기 신체의 변화를 인식하는 단서를 제공해 주지만 감각정보 자체를 의식하지는 못한다.

지각은 외부 환경에 대해 해석하는 과정에서 발생하는 심리 현상을 말한다. 지각 과정을 통해 우리는 환경에 있는 대상들의 패턴을 구성하고, 파악하며, 그 의미를 알게 된다. 지각이 유기체의 심리 과정과 행동에 매우 중요한 까닭은 유기체가 외부 사건이나 대상들을 어떻게 파악하고, 판단하며, 해석하느냐에 따라 행동이 달라지기 때문이다. 지각과 행동 간에는 매우 밀접한 관계가 있으므로 위험을 제대로 해결하고 안전한 행동을 선택하기 위해서는 감각과 더불어 감각에 대한 해석인 지각 과정을 제대로 이해할 필요가 있다.

안전에 관해 심리학적으로 연구한 최초의 학자였던 Münstberg는 사고 발생 원인을 기계나 환경이 아닌 '인간'으로 파악하였다. Münstberg는 사고가 발생하는 이유를 인간의 '주의'가 적절치 않기 때문이라고 생각하였다. 위험을 낮추고 사고를 발생시키지 않기 위해서는 적절한 주의를 기울여야 하는데, 이것은 분산과 집중 모두를 적절하게 만족시켜야 하는 어려운 과제이다. Münstberg는 초기 전차 운전자 선발에서 적성의 중요성을 강조하면서 전차 운전자에게 요구되는 심리 과정과 능력을 명확하게 규정하였다. 예상할 수 있겠지만 Münstberg가 사고 없이 기관차를 운전하기 위해서 가장 요구되는 능력으로 꼽은 것은 바로 주의의 적절한 배분과 집중 능력이었다. 산업심리학의 일부로 태동된 안전심리학은 이처럼 인간이 가진 감각과 지각 능력에 대한 주목으로부터 시작되었다고 볼 수 있다(이순철, 2000; 長山, 1975).

감각과 지각 오류가 위험을 높이고 사고를 발생시킨다는 생각은 현대 산업기술이 발달하면서 자연스럽게 기계 과학을 통해 극복하려는 시도로 이어지고 있다. 그러나 기계 과학이 위험을 감소시키기도 하지만 오히려 사고의 원인이 되기도 한다. 1985년 8월 도쿄와 오사카 사이를 비행하던 보잉 747기는 우측 엔진에 문제가 발생하였다. 자동항법 장치가 없었다면 비행기 조종사는 감각 능력이나 지각 과정을 통해서 우측 엔진 이상을 바로 알아차렸을 것이다. 그러나 자동항법 장치가 한계에 도달할 때까지도 비행기의 계기판들은 모두 정상을 가리키고 있었다. 한계치를 넘어서고 나서야 비행기는 갑작스럽게 추락했고, 어떠한 조치도 취할 수 없었다. 기계공학적 기술이 아니라 인간의 감각과 지각이 안전의 최후의 보루가 되었다면 사고를 막을 수도 있었던 안타까운 사례이다(Norman, 1988).

유기체는 자극을 단순히 받아들이는 데 그치지 않고 대상의 의미와 형태의 본질과 같은 포괄적이고 추상적인 특징을 지각하는 단계로까지 나아간다. 즉, 유기체는 감각을 종합해 의미를 찾아 지각하려는 특성을 가지고 있다. 지각의 특징 중 하나는 외부 환경의 의미를 가진 조직화된 상태로 인지하려는 것이다.

감각 수용기로 들어오는 물리적인 에너지로서의 자극은 광선이라는 빛 에너지의 배열로 감각되지만 유기체는 분리된 감각 정보들을 하나의 대상으로 조합해서 인식한다. 그리고

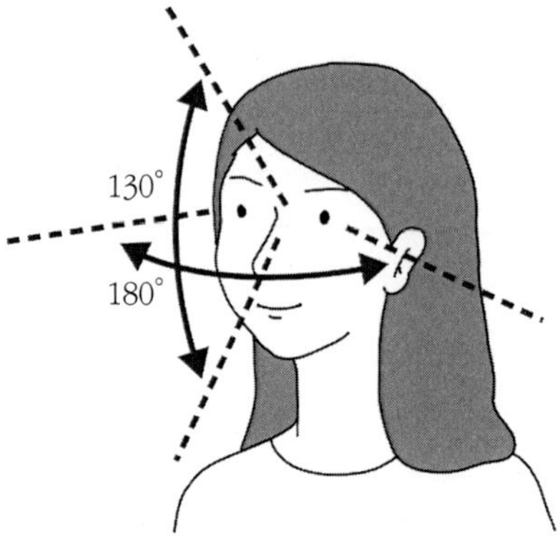

[그림 3-1] 성인 시야각

망막상의 위치 변화가 실제 움직임 때문인지 아니면 유기체 자신의 움직임 때문인지를 지각하게 된다. 시각장은 수평면상 180° 이상 되는 영역이고(좌우로 각 90°) 수직면상으로는 130° 이상의 영역(상하로 각 65°)까지 시각 정보들을 탐지할 수 있다. 그러나 명확한 시각은 아주 작은 영역(중심으로부터 30°)으로 한정되고 그 범위를 넘어서는 것은 불분명하게 인식된다([그림 3-1]).

분리되어서 제시되는 정보는 종합적인 확인과 해석을 필요로 한다. 이러한 확인과 해석 과정에 지각 체제화의 원리와 깊이 지각, 형태 재인 과정 및 주의 과정 등이 관여하게 된다. 주변 환경에 대해 알 수 있는 단서를 제공하는 것은 감각 정보이지만, 지각을 형성하는 것은 감각 정보의 구성을 통해서이다. 그 한 가지 예로 맹점을 들 수 있다. 맹점에는 감각 입력이 없지만, 우리는 그 부분을 텅 빈 공간으로 보는 것이 아니라 자극을 채워서 지각하게 된다. 맹점이 다른 감각 정보로 채워진 것이다(곽호완, 2007).

지각은 생존을 위해 발달시킨 진화의 산물이다. 먹이나 짝짓기의 대상을 잘 찾는 능력은 생존을 위한 필수적인 능력이며, 포식자나 위험물을 피하는 것 또한 지각을 바탕으로 한 생존 능력의 일종이다. 우리는 환경으로부터 관련한 정보를 빠르게 수집하고 해석하여야 하는데 이것을 지각이 담당한다. 예를 들어, 지각은 정보처리 속도를 높이기 위해서 전체 모든 정보를 처리하고 해석하는 것이 아니라 모서리(edge)나 움직임에 대한 탐지에 우선권을 준다. 어둠 속의 희미한 윤곽만으로도 포식자인지 먹잇감인지 알아내고 반응해야 하기 때문이다. 포식자를 너무 늦게 알아채면 잡혀 먹히게 되고, 먹잇감을 너무 늦게 알아채면 굶주리게 된다. 따라서 대체로 감각과 지각 속도는 굉장히 빠르다. 물론 감각자극에 대한 탐지는 감각 종류에 따라 차이가 있다. 청각자극은 시각자극보다 반응 시간이 짧고 신속하다. 감각기관별 반응 시간은 청각은 0.17초, 촉각 0.18초, 시각 0.20초, 미각 0.29초, 통각은 0.70초 정도이다.

인간은 사바나 초원의 시속 16km에서 24km 정도의 속도에 적응하면서 살아 왔다(Rumar, 1988). 그러나 시속 16~24km의 속도에 적응된 신체 구조를 가지고 있는 현대인은 시속 100km가 넘는 속도로 자동차를 운전하고, 거리를 추정하며, 물건을 옮기고, 사물을 식별한다. 따라서 현대인의 삶은 원시시대를 살아가는 것만큼 혹은 어떤 때는 그 이상 위험하다. 수시로 감각과 지각 능력의 한계를 뛰어넘는 환경에 적응해야 하기 때문이다.

1. 감각

1) 감각 경로

감각 경로란 유기체 내부와 외부로부터의 정보를 뇌로 전달하는 경로를 말한다. 이 경로는 자극을 받으면 특정한 감각 경험을 유발한다. 하지만 자극이 무엇이건 간에 우리가 경험하는 것들은 신경계 활동의 결과물이다. 우리가 외부 환경을 직접 경험하는 것이 아니라 자극들의 물리적 에너지가 신경계를 흥분시키는 과정을 통해서 경험하기 때문이다.

물리적 에너지 → 수용기 변화 → 생성전압 → 신경흥분 → 구심부호 → 감각 및 행동 반응

위 경로는 감각 경로에서 물리적 에너지로부터 우리가 경험하고 행동하기까지의 단계를 나타낸 것이다. 여기서 수용기란 어떤 물리적 에너지의 조그만 변화에도 반응하도록 되어 있는 세포 또는 세포군을 말한다. 예를 들어, 후각과 미각 수용기는 화학물질에 반응하는 반면 시각 수용기는 빛 전자 에너지에 반응한다.

유기체가 주변 세계를 알려면 물리적 에너지를 신경계 내의 활동으로 바꾸어야 하는데 이 과정을 변환이라고 한다. 변환은 자극을 모든 뉴런이 이해할 수 있는 언어, 즉 신경흥분으로 번역하는 것이다. 이 과정에서 수용기는 물리적 에너지를 전압으로 바꾸는데, 이것을 수용기 전압이라고 한다. 이러한 전기적 자극 중 신경흥분을 유발시키는 것을 생성 전압이라고 한다. 그리고 환경 사건에 대한 신경흥분 패턴을 구심 부호라고 하며, 이것이 마지막에는 감각 경험이나 행동을 유발한다.

2) 정신물리학

감각 경로에서 중요한 단계는 신경흥분과 행동 사이에서 일어나는 사건들이다. 이것에 관한 연구로 물리적 자극 특성과 심리적 경험 특히 감각 경험 간의 관계를 다루는 학문이 바로 정신물리학이다. 정신물리학은 환경에서 일어나는 자극 탐지의 변별 및 수량화되는 물리적 에너지와 감각 경험 간의 관계를 수치화하는 것이 목적이다. 여기서 수치화란 감각 반응을 쉽게 해석할 수 있는 점수 형태(등급이나 함수관계 등)로 바꾸는 것을 말한다.

(1) 절대역

유기체의 수용기를 흥분시켜 물리적 에너지를 탐지하도록 하려면 최소한의 에너지가 있어야 한다. 이 최소한의 물리적 에너지 수준을 절대역(absolute thresholds)이라고 한다. 수용기 민감도는 여러 원인 때문에 다소 불규칙적으로 변한다. 따라서 절대역은 유기체의 반응을 여러 번 측정해서 정하게 된다. 일반적으로 절대역은 여러 크기의 물리적 에너지들을 100번씩 제시해서 50번(50%) 탐지할 수 있는 크기로 정한다.

시각의 경우 절대역을 구름이 끼지 않은 캄캄한 밤에 300m 떨어진 거리에 놓여 있는 촛불을 탐지해 내는 것이라고 정하였다면, 절대역이란 100번 중 50번 촛불을 볼 수 있는 물리적 강도를 말한다. 따라서 절대역은 이름과는 다르게 사람마다 다를 수 있다. 절대역이 상대적으로 낮은 사람은 더 예민한 감각기관을 가지고 있는 것이다.

(2) 변별과 차이역

자극 간에 차이가 있다는 것을 알아차릴 수 있는, 즉 변별할 수 있는 최소한의 에너지 차이를 차이역(difference thresholds)이라고 한다. 1800년대 중반 독일의 생리학자였던 Weber는 물리적 자극의 크기와 차이역 간의 관계를 발견하였다.

사람들은 약한 자극의 경우 물리적 에너지가 조금만 증가해도 그 변화를 쉽게 파악하는 반면, 강한 자극의 경우에는 비교적 많이 증가해야만 변화를 파악할 수 있었다. Weber가 발견한 법칙에 따르면 최소 차이역을 얻는 데 필요한 자극의 양은 한 자극 크기의 일정한 비율로 증가한다. Weber의 법칙을 수식으로 표현하면 다음과 같다.

$$k = \Delta I / I$$

여기서 ΔI는 차이역에 도달하기 위해 증가되어야 하는 에너지 양이고, I는 원래 자극의 크기이다. 따라서 k가 작아질수록 감각이 예민한 것이다. Weber의 법칙은 극단적으로 크거나 작은 물리적 자극들을 제외하고는 잘 들어맞는 상당히 보편적인 법칙이다.

차이역에 대해 관심을 가진 또 다른 과학자였던 Fechner는 Weber의 발견을 보다 일반화시켰다. Fechner는 최소 에너지 수준부터 최대 에너지 수준까지의 모든 물리적 크기에 대한 감각 반응을 측정하였다. 이것을 통해 Fechner는 물리적 강도가 대수 함수로 증가할 때 감각 반응과 강도는 산술적으로 증가한다는 것을 발견하였다. Fechner가 발견한 함수를 수식으로 표현하면 다음과 같다.

$$S = C \log M$$

S는 감각의 크기, M은 자극의 물리적 크기 그리고 C는 상수를 의미한다. Fechner의 법칙은 물리적인 자극이 대수 함수적으로 증가함을 의미한다. 비유하자면 자연이 인간에게 아무리 많은 에너지를 공급하더라도 인간은 그보다 더 적은 에너지만을 되돌려 준다는 것이다.

1930년 무렵 하버드 대학교의 심리학자 Stevens는 물리적 자극과 감각-반응 간의 관계를 보다 정확히 기술하는 법칙을 발견하였다. 이것은 Stevens의 법칙이라고 부르는데 감각 크기는 자극의 물리적 크기를 몇 자승한 함수로 표현한다.

$$S = kI^n$$

Stevens의 법칙에서 S는 감각의 크기, I는 자극의 물리적 크기, k와 n은 상수이다. 지수 n의 크기는 감각의 종류에 의해서 결정된다. 예를 들어, 빛 밝기인 명도 지수는 33인데, 이것을 두 배 밝도록 조명하려면 실제로 빛 자극을 두 배 상승시켜야 하는 것이 아니라 거의 여덟 배 정도 증가시켜야 한다. 전기충격의 경우 n은 3.5인데 이것은 물리적 강도를 약간만 증가시켜도 큰 감각 반응이 나타남을 의미한다.

Weber, Fechner 및 Stevens의 연구들은 물리적 세계와 심리적 세계를 연결해 주는 근본 법칙이 있음을 보여 주었다. 이 연구들은 신경계가 물리적 자극들을 처리할 때 절대적 크기보다는 상대적 크기로 자극들을 분석함을 시사하고 있다. 따라서 신경계에서 일어나는 정보처리를 제대로 살펴보기 위해서는 자극 자체도 중요하지만 자극들 간의 상대적 관계를 더욱 세밀하게 살펴볼 필요가 있다.

3) 신호탐지이론

Weber, Fechner 그리고 Stevens는 주로 차이역에 관해서 연구하였다. 최근 심리학자들은 차이역과 함께 다시 절대역에 대해 관심을 보이기 시작했다. 그 이유는 기계를 통해 문명을 구축해 가고 있는 현대사회에서 레이더와 같이 수많은 방해자극 속에서 미세한 자극을 탐지해 내야 하는 압력이 커지고 있기 때문이다.

신호탐지이론(Signal Detection Theory: SDT)에서는 최소 자극의 탐지에 영향을 주는 방해자극 판단 경향 등을 고려한다. 신호탐지이론은 고정된 물리적 크기라는 의미의 절대역 개념을 버리고 신호 자극에 대한 개념을 '탐지를 방해하는 자극들(noise) 중에서 보통 정도로 탐지되는 것'이라는 새로운 가정을 세웠다. 예를 들어, 시끄러운 버스 정류장에서 안내 방송을 듣는 상황을 생각해 보자. 버스 정류장의 소음은 커졌다가 작아졌다 하기 때문에 안내 방송을 쉽게 듣기도 하지만 듣지 못할 수도 있다. 원하는 신호를 탐지해 낼 수도 있지만 못할 수도 있다는 것(신호가 있는데 인식하지 못하거나, 신호가 없는데 신호가 왔다고 인식하는 경우 등)이다.

신호탐지이론은 절대역 주변의 신호에 대해서 유기체가 방해자극들을 고려한 나름의 결정 기준을 토대로 반응한다는 이론이다. 절대역 주변의 자극들을 판단할 때 사람들의 반응은 다음 4가지 범주로 구분된다.

첫째, 목표자극, 즉 신호가 제시되었을 때 정확히 탐지하는 반응이다(적중, hit).

둘째, 목표자극이 제시되지 않았는데도 자극을 탐지했다고 보고하는 경우이다(거짓 경보, false alarm).

셋째, 목표자극이 제시되지 않았을 때 제시되지 않았다고 보고하는 것이다(정확한 거부, correct rejection).

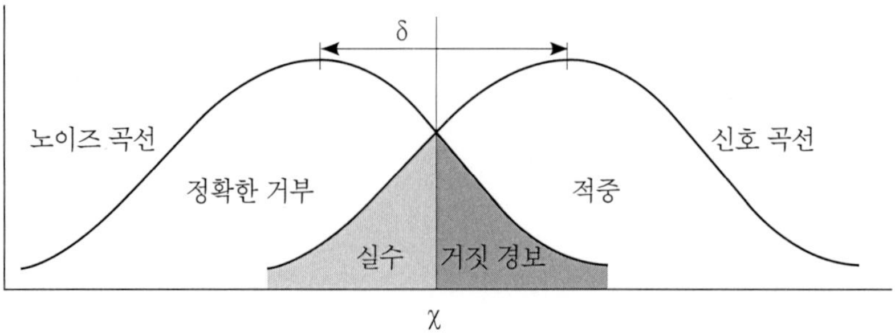

[그림 3-2] 신호탐지이론

넷째, 목표자극이 제시되었는데도 방해자극이라고 생각하고 자극이 제시되지 않았다고 보고하는 것이다(실수, miss).

이 반응 중 중요한 것은 적중률과 거짓 경보율이다. 두 사람이 같은 적중률을 보였더라도 거짓 경보율이 더 작은 사람이 보다 제대로 반응한 것이다.

신호탐지이론에서는 4가지 범주의 반응 비율이 대체로 크게 3가지 요인에 의해서 결정된다고 본다. 신호탐지의 정확도를 결정하는 요인은, 첫째, 신호와 방해자극 간의 관계라고 보았다. 예를 들어, 방해자극이 많아지면 거짓 경보와 실수가 많아진다. 둘째, 개인에 따라서 신호에 대한 민감도가 다르다는 것이다. 예를 들어, 시력이 좋은 사람은 나쁜 사람에 비해 시각자극을 훨씬 더 정확히 탐지할 수 있다. 셋째, 개인의 반응 기준이 앞에서 언급한 4가지 범주의 반응 비율을 결정한다는 것이다. 만약 어떤 사람이 매우 엄격한 판단 기준을 가지고 있다면 확신하는 경우에만 자극을 보았다고 보고할 것이다. 이러한 사람은 기준이 엄격하기 때문에 거짓 경보 반응은 거의 하지 않을 수 있다. 하지만 목표자극을 더 많이 놓칠 수도 있다.

신호탐지이론은 이처럼 감각 민감도와 비감각적 요인들을 분리하는 데 성공함으로써 전통적인 정신물리학이 풀지 못한 문제들을 해결하는 데 기여하였다. 신호탐지이론이 제안한 대로 사람들의 반응 경향성을 분석한 결과, 감각처리 단계와 판단 과정 단계에 각기 다른 요인이 영향을 미치고 있음이 드러났다. 신호탐지이론의 중요성은 지각 과정에서 판단 과정의 특성과 이것에 영향을 주는 요인들을 구별하여 살펴보는 데 있다.

2. 시감각의 기능과 특성

환경에 대한 정보는 거의 약 80% 이상이 시감각기관을 통해서 수용된다. 그러나 '본다'는 것을 우리 삶의 한 부분으로 너무나 당연히 취급되고 있어서 시각 과정이 어느 정도로 놀랍게 수행되고 있는지 제대로 알지 못하는 경우가 많다.

1) 물리적 자극: 빛

시각 탐지는 물체가 방사하거나 반사하는 전자 방사선에서부터 출발한다. 전자 방사선은 파형의 특징이 있는데 진폭과 파장이 다르다. 전자파는 파형의 한쪽 꼭대기에서 다른 꼭

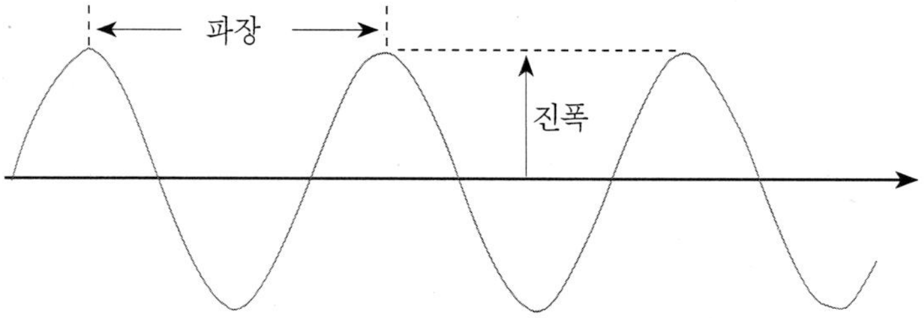

[그림 3-3] **빛 파장**

대기까지의 거리로 측정되는데, 이것을 파장이라고 한다. 파장들의 전 범위를 전자 스펙트럼이라고 하고 그중에서 인간의 시각체계가 반응할 수 있는 제한된 범위를 가시광선이라고 한다.

빛 파장을 표시하는 단위로는 nanometer(nm)를 주로 사용하는데, 이는 1m를 십억 분의 일로 쪼갠 크기이다. 가시광선은 400nm(보라색)로부터 약 700nm(빨강) 사이에 펼쳐져 있다. 가시광선인 백색광은 실제로는 여러 색깔의 파장들로 이루어져 있다. Newton은 프리즘을 이용해서 빛을 분광한 후 다시 렌즈를 써서 백색광으로 만드는 최초의 실험을 하였다. 프리즘은 보라색을 유발시키는 짧은 파장을 빨강색을 유발시키는 긴 파장보다 더 많이 굴절시킨다.

2) 눈의 구조와 기능

눈에는 기능적으로 중요한 네 부분(각막, 홍채, 수정체, 망막)이 있다. 빛은 각막을 통해 눈에 들어오는데, 각막의 표면이 곡선 형태를 이루고 있기 때문에 빛은 망막의 한곳에 수렴될 수 있다. 홍채는 동공을 통해 눈으로 들어오는 빛의 양을 조절한다. 동공은 눈의 중앙에 검게 보이는 부분으로 카메라 렌즈의 조리개라고 보면 된다. 물체를 바라볼 때나 주의를 집중할 때 동공은 커진다. 동공을 통과한 빛은 수정체를 거치는데 수정체는 망막에 상이 분명히 맺히도록 초점을 맞추는 기능을 한다. 모양근은 물체의 거리에 따라 수정체 두께를 조절한다. 홍채 작용과 수정체 활동은 모두 반사적이다.

망막은 두 종류의 수용기 세포로 구성되어 있는데 바로 원추세포와 간상세포들이다. 원추세포와 간상세포가 빛 에너지를 신경흥분으로 변환시킨다. 원추세포는 망막에서 가장 예민한 부위인 중심와에 집중적으로 모여 있다. 색깔을 혼동하거나 잘 구별하지 못하는 것은 원추세포에 이상이 있기 때문이다. 간상세포는 중심와에서 약 20° 떨어진 곳에서부터 말초

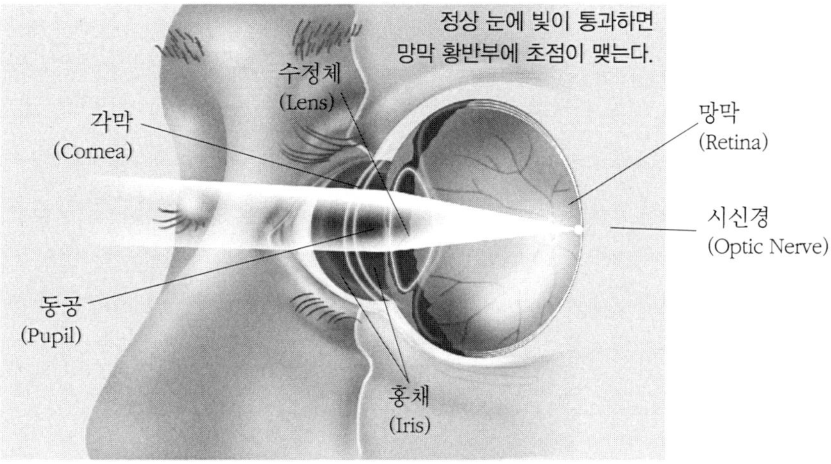

[그림 3-4] 눈의 구조

에 이르기까지 밀집해 있는데 명암 정보를 처리하며 주로 어두울 때 활동한다. 밝은 곳에 있다가 어두운 장소로 갑자기 들어가면 처음에는 아무것도 보이지 않다가 차차 주위가 보이기 시작하는 것은 간상세포가 어둠에 적응했기 때문이다.

시력의 절대역을 측정하는 실험을 통해서 밝혀진 사실은 어두운 곳에서는 처음 7~8분 동안은 원추세포가 먼저 작동하여 어두운 곳의 대상들을 보고, 그 다음 약 40분 정도까지 간상세포가 작동하여 대상들을 식별하게 된다. 이러한 과정이 바로 암순응이다.

원추세포와 간상세포는 민감도가 서로 다른데, 이러한 민감도 차이는 Purkinje shift 현상을 만들어 내기도 한다. 체코의 심리학자 Purkinje가 발견한 Purkinje shift 현상은 밝게 보이던 빨간색 꽃이 황혼 무렵에는 파랑색 꽃보다 더 어둡게 보이는 현상을 말한다. 이것은 원추세포가 주도하는 주간시(day vision)가 간상세포가 주도하는 야간시(night vision)로 바뀔 무렵에서만 경험할 수 있는 현상이다. 암순응 현상과 Purkinje shift 현상은 모두 망막이 원추세포와 간상세포라는 2가지 유형의 수용기들로 구성되어 있다는 이중구조 이론(duplex theory)을 지지하는 증거이다.

3) 시각 신경흥분 과정

원추세포와 간상세포는 감광성 색소를 가지고 있다. 빛이 이 색소들을 자극하면 세포들이 빛 에너지를 흡수하면서 색소 미립자들의 화학 구조가 바뀌게 된다. 이 과정에서 전기에너지가 방출되면서 전기자극이 일어나고 수용기 전압이 생성된다.

원추세포와 간상세포로부터 유발한 전기적 활동은 망막의 수평세포, 양극세포, 아마크린 세포를 거쳐 신경절 세포로 전달된다. 수평, 양극 및 아마크린 세포들을 일명 중간 세포층이라고 하는데, 이들은 여러 세포에서 오는 정보를 한 세포에 전달하거나 한 세포의 정보를 여러 다른 세포에게 보내는 일을 한다. 특히 수평세포와 아마크린 세포은 망막에서 정보를 수평적으로 전달한다. 이처럼 바깥쪽 방향으로 정보를 전달하는 현상 때문에 외측억제(lateral inhibition)가 생긴다. 망막 부위에 있는 세포들이 서로를 억제하기 때문에 물체의 윤곽이 더 뚜렷이 지각된다. 같은 회색이지만 그 주변에 흰색 배경 또는 검은색 배경이 있는지에 따라 회색의 밝기가 다르게 보이는 현상, 즉 명도 대비는 망막에서 외측억제가 발생했기 때문이다.

중간세포층으로부터 정보를 받는 신경절 세포는 긴 축색돌기를 가지고 있는데 이들이 시신경을 이룬다. 이 축색돌기들은 시상의 외측 슬상체에서 연접(synapse)한 다음 신경흥분을 후두엽의 시각 영역으로 전달한다.

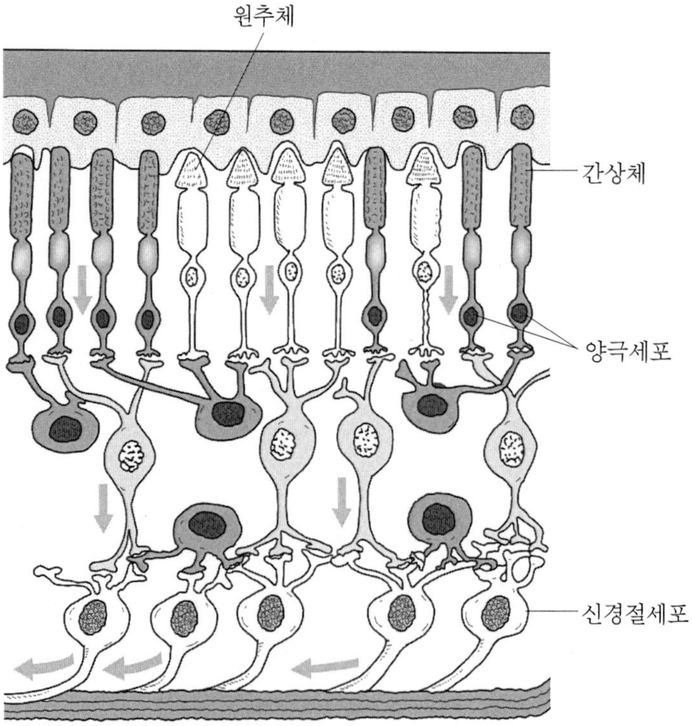

[그림 3-5] 망막의 세포 종류

4) 시각과 정신물리의 관계

시감각 수준에서 사람들은 대상의 형태, 명도, 색상 등을 경험한다. 이런 감각 경험과 자극의 물리적 속성 간에는 어떤 관계가 있다. 생리학 연구를 통해서 구심 신경계가 색상, 명도, 채도 및 형태에 관한 정도를 어떻게 처리(즉, 부호화)하는지가 밝혀지고 있다. 이 연구들은 대개 동물을 대상으로 망막 시신경 외측 슬상체 또는 후두엽의 시각 영역 부위에 미세 전극(microelectorde)을 꽂은 다음 특정 파장이나 여러 모양의 시각적 자극물을 제시하고 오실로스코프상에 나타난 신경 흥분 패턴을 측정하는 형태로 이루어진다.

(1) 형태

우리가 보는 대상의 형태는 망막 특히 중심와에 집중되는 빛 에너지(광자) 분포에 의해서 결정된다. 앞에서 언급된 외측억제 과정에서 어두운 부분과 밝은 부분을 더 분명히 구분하여 윤곽이 형성된다. 시감각 초기 단계에서 물체의 형태를 결정하는 데 기여하는 것은 망막 중심와에 투사된 빛 에너지의 양과 분포 패턴이다.

대뇌피질의 시각 영역에 있는 세포들은 특정한 대상의 형태, 방향 및 운동에 예민한 것으로 알려져 있다. Hubel과 Wiesel(1968)의 고양이와 원숭이를 대상으로 한 연구에서 최소한 세 종류의 생리적 특징 탐지기(feature detector)를 발견하였다. Hubel과 Wiesel은 동물 시각 피질의 각 세포에 미세 전극을 꽂은 다음 스크린의 여러 위치에서 흰 막대기, 틈, 각진 모양, 움직이는 막대기 등을 보여 주고 각 세포의 신경 흥분 정도를 측정하였고, 실험을 통해서 단순세포, 복합세포 및 과복합세포들을 발견하였다.

단순세포들은 망막의 어떤 부위에 특정한 자극(예를 들어, 45° 경사진 모양)에만 흥분하였다. 복합세포들은 자극이 망막 어느 곳에 투사되든지 상관없이 특정한 모양, 움직임 여부, 방향에만 반응하였다. 과복합세포들은 일정한 길이와 두께를 가지고 특정한 방향으로 이동하는 자극에만 반응하였다.

유사한 후속 연구들을 통해서 뇌 피질에는 여러 개의 특정 형태 탐지기들이 존재하는 것으로 밝혀졌다. 따라서 물체나 형태에 대한 지각은 대뇌피질 차원에서 물체나 형태가 가지고 있는 여러 가지 다양한 특징을 가장 작은 단위 수준으로 분해하여 처리하고, 점차 추상화 과정을 통해 추출된 정보를 통합하는 방법으로 이루어지는 것 같다.

(2) 색상

색상은 색깔이라고 부르는 시각적 경험이다. 색상은 빛의 파장에 의해서 결정된다. 망막에는 세 종류의 원추세포들이 있는데, 한 원추세포는 단 파장에 예민하게 반응하고, 다른 원추세포는 중 파장에 예민 반응을 보인다. 또 다른 세포는 장 파장에 예민하게 반응한다. 순수한 파란색은 대략 490nm, 순수한 초록색은 520nm, 순수한 빨간색은 700nm의 파장을 가진 빛의 파장에 의해 경험하게 된다. 이 중에서 순수한 빨간색은 독특한 특징이 있다. 왜냐하면 700~780nm 파장의 가시광선에서는 순수한 빨간색이 감각되지 않기 때문이다.

순수한 빨간색으로 인식되기 위해서는 파란색 파장이 약간 첨가되어 빨간색에 중첩적으로 혼합된 노란색이 지워져야 한다. 빨간색 속의 노란색을 지우기 위해서 약간의 파란색이 필요한 이유는 보색 법칙 때문이다. 두 색을 비슷한 비율로 섞었을 때 회색이 되면 그 두 색은 보색관계에 있다. 예를 들어, 초록색과 빨간색 그리고 파란색과 노란색은 보색관계이다.

색상을 어떻게 인식하는지를 설명해 주는 이론은 대표적으로 2가지이다.

첫째, 삼원색설이다. Young-Helmholtz의 삼원색설에 의하면 망막에는 빨간색, 초록색 및 파란색 파장을 처리하는 3가지 종류의 원추세포들이 있다. 이들이 서로 상호작용하여 다양한 색깔을 배합해 내고, 이것을 지각하여 색깔을 인식한다는 것이 삼원색설이다.

둘째, 대립 과정설이다. Hering이 처음으로 제안한 대립 과정설에서는 색채에 예민한 시각세포들이 쌍을 이루어 대립적으로 작용한 결과로 색깔을 지각하게 된다고 본다. 예를 들어, 빨간색-초록색, 파란색-노란색 및 흰색-검은색을 처리하는 세포들이 짝지어져 있다. 빨간색-초록색 세포에 700nm 파장을 가진 빛을 제시하면 이 세포는 안정전압 이상의 신경 흥분을 일으켜 빨간색을 지각하게 되고, 같은 세포에 400nm 파장을 제시하면 안정전압 이하의 신경흥분을 보이며 초록색을 지각하게 된다.

DeValois, Abromov와 Jacobs(1966)는 원숭이의 외측 슬상체에서 대립 과정설을 지지해 주는 세포들을 발견하였다. 실험에서도 파란색으로 감각되는 파장은 외측 슬상체의 한쪽 세포를 흥분시키지만 노란색에 해당하는 파장은 같은 세포의 흥분을 억압하는 것으로 밝혀졌다.

색상인식에 관한 두 이론은 색채 경험이 일어나는 위치와 과정을 기술하는 면에서 차이가 있다. 망막 수용기 수준에서는 Young-Helmholtz의 학설이 더욱 타당해 보이고, 신경경로 수준에서는 Hering의 학설이 타당한 것으로 간주된다. 따라서 색채에 대한 감각은 최소 두 단계의 처리를 거쳐 인식된다고 볼 수 있다.

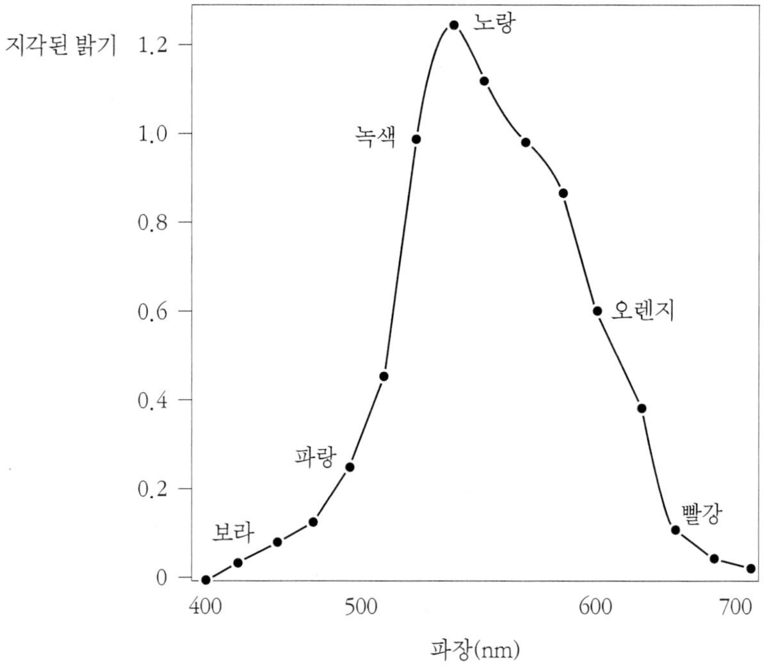

[그림 3-6] **색깔에 따른 지각된 밝기**

(3) 명도와 채도

인간이 눈으로 볼 수 있는 빛 파장의 범위는 400~700nm 사이이다. 빛 파장의 진폭은 명도를 결정하고 길이는 채도를 결정한다. 빛이 가진 물리적 강도는 명도로 표시된다. 즉, 한 물체 표면에서 반사되어 눈으로 들어오는 광자의 수가 명도로 표현되는 것이다.

채도란 색이 흰색 또는 회색 때문에 순수성이 떨어지는 정도를 말한다. 회색의 경우 채도가 전혀 없다. 여러 파장들로 빛이 구성되어 있을수록 그 빛의 채도는 떨어진다. 채도를 기준으로 색깔들을 유사성에 따라 분류하면 원형의 색환으로 배열할 수 있다.

(4) 색과 느낌

물체들은 한 가지 빛 파장만 반사하는 것이 아니라 동시에 여러 가지 빛 파장을 반사한다. 망막은 동일한 지점에서 반사된 자극들을 수용하는데, 색이 혼합되어서 눈으로 들어오는 것이다. 색의 혼합에는 2가지 유형이 있다.

첫째, 가산적 혼합이다. 가산적 혼합은 단일 파장의 빛을 여러 가지 섞을 경우에 일어난다. 컬러 TV는 빨강, 초록 및 파랑 빛을 섞어서 다른 색깔을 만들어 내는 가산적 혼합의 대표적인 예이다. 둘째, 감산적 혼합이다. 감산적 혼합은 물감을 섞는 경우를 생각해 보면 되는데, 여러 물감을 계속 섞으면 회색이 나타난다.

색은 색상, 명도(밝기), 채도(명료)에 따라 매우 다양하게 변할 수 있다. 색은 인식에 있어서 단순히 발견되는 것 이상의 정서적 차이를 만들어 내기도 하는데, 이러한 색채에 따른 인지적, 정서적 변화를 위험과 사고 방지에 활용하기도 한다.

색에 따라 배경과 전경으로 구분될 가능성이 달라지는데 보통 명도가 낮은 색은 배경으로 인식될 확률이 높다. 또 적색 계열은 크고 가깝게 보이고, 청색 계열은 작고 멀리 보이는 경향이 있다.

명도 대비에 따라 명시성이 좋아지는 조합은 황색/흑색, 백색/녹색, 백색/적색, 백색/청색, 백색/흑색 등이다. 따라서 식별을 위해서 사용되는 색들은 다음의 색 대비를 이루면 보다 효과적일 것이다. 빠른 탐색과 대응이 필요한 경우 이상의 색채 조합을 많이 사용한다.

색깔에 따른 온도 느낌도 다르다. 적색이나 황색 계열은 따뜻한 느낌을 주지만, 청색 계열은 차가운 느낌을 준다. 정서적으로도 적색이나 황색은 감정을 흥분시키는 경향이 있지만, 청색 계열은 감정을 진정시키는 경향이 있다.

채도가 높을수록 긴장도가 높아질 수 있고, 채도가 낮을수록 이완될 수 있다. 색채에 따른 정서적 변화를 고려해서 공간에 색을 칠하면, 천장은 가장 명도가 높은 색깔(백색 계열)을 사용하고, 벽면과 바닥 순으로 명도를 낮게 해서 안정감을 높일 수 있다.

3. 시감각과 안전

위험을 줄이고 안전을 획득하기 위한 인간의 활동에는 시감각의 특성이 절대적인 영역을 차지한다고 해도 과언이 아니다. 교통안전 영역에서 Cohen(1980)은 자동차 운전에 필요한 정보의 90% 이상이 시감각에 의한 것이라고 주장하였다. 이러한 이유로는 다른 감각기관은 가까운 거리의 좁은 영역에서만 정보 획득이 가능하지만 시각은 상대적으로 먼 거리와 범위에서도 정보를 획득할 수 있기 때문이다. 더욱이 시감각기관에 의해 수집되는 정보의 양 또한 방향이나 형태, 속도, 거리 등 상당히 많다. 따라서 시감각은 인간의 활동에서 가장 기초적이고 중요한 정보를 제공하고 있으며 위험을 해결하고 안전을 획득하기 위한 대응에 결정적인 영향을 미치고 있다.

동일한 시각적 정보라고 하더라도 받아들이는 사람의 감정과 정서, 성격 및 동기 혹은 의

[그림 3-7] **노파이자 여인의 그림**

[그림 3-8] **루빈의 컵**

[그림 3-9] **천사와 악마**

도나 욕구 및 환경이 어떠한가에 따라서 다르게 지각할 수 있다. [그림 3-7]은 노파를 그린 그림으로 보일 수도 있지만, 고개를 돌리고 있는 젊은 여자로도 보일 수 있다. 동일한 시각 정보지만 바라보는 사람이 어디에 의미를 부여하고 집중하는가에 따라서 노파나 젊은 여자로 각각 다르게 시감각 처리를 하는 것이다. 이처럼 동일한 시각 정보라고 하더라도 사람에 따라서 얼마든지 서로 다른 의미로 지각할 수 있다. 노파와 젊은 여자 그림만큼이나 유명한 루빈의 컵 또한 마찬가지이다([그림 3-8]). 전경과 배경을 어떻게 설정하고 시각 정보들을 파악하느냐에 따라서 컵 모양이 될 수도 있고 얼굴을 마주보고 있는 두 명의 사람으로 지각할 수도 있다.

인간은 자신의 환경에 대해서 기대와 욕구를 가지고 예견하고 예측하는 존재이다. 때문에 숨겨져 있는 작은 위험신호를 보지 못하거나 확연한 위험도 인식하지 못하고 흘려 보내 버릴 수도 있다. 어떤 사람은 환경 속의 위험요소를 인식하고 알아차리는 반면, 어떤 사람은 드러나 있는 위험에도 제대로 반응하지 못할 수 있다. 따라서 위험에 대한 반응을 적절히 유지하기 위해서는 지각 차이를 고려한 접근이 필요하다. 개인의 위험 예측 능력과 위험감수성 차이를 고려하여 적절히 조절하는 교육이나 훈련 프로그램이 필요할 것이다.

시각 정보의 감각적 차이는 어떠한 맥락에서 시감각이 출현하였는가에 따라서도 달라질 수 있다. [그림 3-9]는 천사 그림으로 보이기도 하고, 악마 그림으로 보이기도 한다. 검은색에 집중하면 악마의 모습으로 보이지만, 흰색에 집중하면 천사의 모습으로 보인다. 이처럼 시각 정보는 단순한 자극으로 머무는 것이 아니라 어떠한 환경적 맥락 속에 있는가에 따라 다른 의미로 지각될 수 있다.

환경적 맥락의 중요성은 쉽게 찾아볼 수 있다. 동일한 업무 스트레스를 받더라도 근로 조건이 안정적인 정규직원이 받는 스트레스와 당장 고용이 해지될 수 있는 계약직원이 받는 스트레스 지각은 다를 수밖에 없다. 왜냐하면 스트레스를 받아들이는 환경적 맥락이 다르기 때문이다. 또 다른 예로, 시간에 쫓기거나 제한된 시간까지 도착해야 하는 압력이 큰 상황에서 운전하는 사람은 불안이 클 것이다. 시간 압력 상황에서의 불안은 분노를 발생시키고 자신의 진로를 방해하는 다른 운전자들에게 경음기를 울리거나 위협적으로 운전을 할 가능성이 높아진다. 반면에 시간에 쫓기지 않고 도착 시간에 대한 압력이 낮을 때는 다소 지체되더라도 노래를 부르거나, 창밖의 풍경을 바라보면서 여유를 즐길 수도 있다. 이처럼 어떠한 맥락에 놓여 있는가는 정보의 출현 당시뿐만 아니라 이후 발생하는 연쇄적인 반응에 영향을 주어서 결국 사건의 결말을 다르게 만들 수 있다.

또 다른 시감각의 특성은 정보의 양이 너무 많기 때문에 선택적으로 주의를 배분할 수밖에 없다는 것이다. 선택적 주의집중은 중요한 정보를 놓치게 할 수도 있고, 별로 중요하지 않은 정보에 집중을 빼앗겨 버릴 수도 있게 한다. 주문 전화를 받아야 하는 사람은 한 통의 전화도 놓치지 않기 위해서 노력할 것이다. 하지만 회의 중에도 연신 울려 대는 메시지에 주의를 기울이다가 이번 달 평가 기준이 판매량에서 고객 만족도로 바뀌었다는 중요한 사실을 놓칠 수도 있다. 다행히 옆 사람이 알려 줘서 문제가 커지지 않을 순 있지만 선택적 주의 배분이 얼마나 어려운가를 알려 주는 일상의 사례이다. 선택적 주의 배분의 어려움은 자동차 운전 같이 순간의 방심이 사고로 이어지는 상황에서는 더욱 심각할 수 있다. 자동차 안에서는 놓친 정보를 알려 줄 동료도 없으며, 모든 정보를 운전자가 통제하고 결정해야 하기 때문이다.

인간은 일상을 살아가면서 겪어 온 경험과 지식을 토대로 어느 것이 중요한 정보인지 구별하고 일정한 태도와 자세를 유지하게 되는데, 이것을 도식 형성(Schematic map)이라고 한다. 환경에 대한 도식은 개인의 경험이나 습득한 정보에 따라 달라질 수 있기 때문에 어떠한 경험과 지식을 공급하는가에 따라서 각각의 도식 형성은 달라진다(Neisser, 1976).

1) 시각 순응과 위험

시각 순응은 동공의 수축과 확대에 의해서 조절되는데 어두운 곳에서는 동공이 확대되어서 더 많은 빛을 받아들이려 하고, 밝은 곳에서는 동공이 수축되어서 빛 수용을 제한하려고 한다. 망막에는 1억 3,700만 개 정도의 감광세포가 있는데, 그중 약 1억 3,000만 개는 빛의 밝기에 따라 명암을 식별하는 작용을 하는 막대기 모양의 간상세포(rod)들이다. 나머지 약

700만 개는 밝기가 적절할 때 기능하며 색을 식별하는 원뿔 모양의 원추세포(cone)들이다.

시각 중심에는 원추세포만 있는데 중심와 10~15° 사이에 가장 많이 분포하고 있다. 중심와에서 멀어져 주변시 영역으로 갈수록 간상세포의 수가 감소하고 원추세포가 늘어나는데, 그렇다고 하더라도 간상세포의 절대적인 수적 우위로 인해서 원추세포에 비해 간상세포의 수는 20배 정도 많다. 간상세포는 명암을 식별하는 역할을 수행한다. 갑자기 어두운 곳에 들어가거나 밝은 장소로 들어오면 일시적으로 시각기능이 마비되는 현상이 일어나는 것은 바로 간상세포가 명암의 변화에 적응하는 시간이 필요하기 때문이다.

밝은 곳에서 어두운 곳으로 이동하였을 때 일어나는 순응은 암순응(dark adaptation)이다. 원추세포는 5분 정도가 지나면 암순응이 완료되지만, 간상세포는 30~35분 정도의 상대적으로 긴 시간을 필요로 한다. 어두운 곳에서는 원추세포의 감수성이 떨어지고 간상세포에 의존해서 색을 식별하기 때문에 색 지각도 제한적이다. 암순응에서 가장 잘 탐지되는 색깔은 노란색인데 다른 빛보다 밝게 인식하기 때문에 차량 운전자의 암순응을 돕기 위해서 터널의 조명으로 사용되는 경우가 많다. 그러나 노란색 빛은 색 전도가 높기 때문에 여러 다른 색깔을 모두 노란색으로 물들여 버리는 특성도 있다.

야간 자동차 운전에서 과속은 더 위험할 수 있는데, 이것은 간상세포와 원추세포의 민감도 차이 때문이다. 간상세포는 움직이는 물체에 대한 주변부 지각을 제공한다. 야간에 자동차를 운전하는 사람은 도로 주변의 물체나 나무 등의 요소들을 통해 속도를 지각한다. 따라서 야간에 자동차를 운전하더라도 수많은 간상세포가 주변 환경의 움직임을 비교적 잘 지각하도록 돕기 때문에 큰 문제가 없다고 느낄 수 있다. 그러나 갑작스런 장애물 출현을 발견하는 데 사용되는 세포는 원추세포이다. 따라서 어둠에 활동이 낮아진 원추세포는 갑작스러운 물체의 출현을 제대로 파악하지 못할 수 있다. 이러한 간상세포와 원추세포의 암순응의 차이 때문에 야간의 물체 탐지는 훨씬 어렵다. 야간에 교통사고를 발생시킨 운전자들이 '갑자기 나타나서 어쩔 수 없었다!'라고 진술하는 이유가 바로 이 때문이다.

어두운 곳에서 밝은 곳으로 나올 때 일어나는 순응은 명순응(lightness adaptation)이다. 갑작스런 광 자극은 일시적으로 시력을 상실시킨다. 완전 암순응은 몇 십 분이 필요하지만 명순응은 짧게는 몇 초에서 1~2분의 시간이면 된다. 같은 밝기더라도 적색이나 보라색에 가까운 색보다는 흰색이나 노란색에 가까운 색깔에서 명순응이 가장 느리게 일어난다.

2) 조명

적절하게 설치되고 작동하는 조명장치는 위험을 감소시킬 수 있다. 산업체에서 발생하는 사고의 4분의 1가량은 불량한 조명 때문에 발생한다고 추정된다. 조명이 들어오기 시작하는 어스름한 저녁의 작업장 사고율이 가장 높은 것도 아마 그런 이유때문일 가능성이 높다.

자동차 사고도 시간대별로 사고 추이를 살펴볼 때, 저녁 무렵의 사고율이 가장 많이 증가되었다. 이처럼 조도와 사고율의 관계에 대해서는 명확한 연구 결과가 많다. 사고를 낮추기 위해서는 적절한 조명시설을 갖추어야 하고, 여기에 들어가는 비용을 절약하겠다는 생각은 금물이라고 전문가들은 지적한다(Schultz & Schultz, 2008).

빛의 밝기는 조도와 관련된 가장 일반적인 요소이다. 최적의 밝기는 어떤 일을 하는지와 나이가 어떠한가에 따라서 달라질 수 있다. 동일한 일을 수행하더라도 나이 든 작업자들은 더 많은 빛이 필요하다. 작은 전자제품을 조립해야 하는 라인에서는 더 많은 빛 밝기가 필요하다. 또한 빛 분포인 배광도 조도에 중요한 요소이다.

이상적인 조명은 시각 영역에 골고루 빛을 분포시킬 수 있어야 한다. 배광이 잘못 조절되면 순응을 위해서 더 많은 시간과 에너지를 소비해야 하고 피로도도 증가된다. TV나 컴퓨터를 볼 때도 주변에 추가 조명을 주어서 배광을 조절하는 것이 눈 피로도를 줄이는 방법이다.

조도를 단일하게 유지하는 가장 보편적인 방법은 모든 빛을 반사시켜 눈에 들어오도록 하는 간접적인 조명 형태를 사용하는 것이다. 간접 조명은 빛이 눈에 직접적으로 도달되지 않도록 하지만 직접 조명은 빛이 눈에 직접적으로 도달되어서 더 밝게 보이는 반면, 눈부심과 피로도가 높아진다.

눈부심은 시각 처리 효율을 떨어뜨리고 피로도를 증가시킨다. 눈부심은 보통 익숙한 밝기보다 더 강한 빛이 나타날 때 일어난다. 눈부심을 경험하면 20분 정도 만에 정교한 작업에서 실수가 발생할 확률이 증가한다. 야간에 운전을 하다가 상향등 불빛을 받게 될 때의 눈부심을 생각해 보면 얼마나 큰 문제를 야기할지 알 수 있다. 눈부심을 줄이기 위해서는 강한 광원에 덮개를 씌워 약화시키거나 눈의 초점을 광원에서 멀어지도록 하여야 한다. 즉, 눈동자를 불빛에서 어두운 쪽으로 옮기는 것이다(Schultz & Schultz, 2008).

4. 청감각의 기능과 특성

환경에 대해서 알고 배우고 평가할 수 있도록 정보를 제공해 주는 청각은 시각만큼이나 중요한 감각기관이다. 청각을 통해 우리는 음악을 감상하고, 말을 이해하며, 수많은 신호를 받아들인다. 시각과 마찬가지로 청각이 지각하는 음의 강약, 고저 및 음색은 소리라는 물리적 자극에 의해서 결정된다.

1) 물리적 자극: 소리

(1) 음파

음파는 보통 공기 중의 물체가 진동할 때 생긴다. 물체가 진동하면 주위 공기 입자들이 함께 압력을 받는다. 소리는 공기 압력이 발생시키는 압축과 밀도의 차이로 발생되는 음파라고 볼 수 있다.

음파의 가장 간단한 형태가 사인파(sine wave)이다. 아무리 복잡한 음파라도 사인파로 분해할 수 있다. 사인파에서 진폭은 음파의 강도를 나타내는데, 심리적으로 경험하는 강약과 깊은 관계가 있다. 사인파의 진동수(frequency)는 매 1초당 +와 −의 교대 수를 나타낸다. 사람들은 진동수를 특정한 음의 고저로 경험하는데, 일반적으로 한 음의 진동수가 클수록 지각되는 음은 높게 들린다. 1초당 한 번 진동하는 것을 1Hz(Hertz: Hz)라고 한다. 사람이 들을 수 있는 진동수 범위는 20~20,000Hz이고, 변별력이 가장 좋은 범위는 1,000~4,000Hz이다.

박쥐는 500,000Hz 진동수를 처리하여 물체의 위치를 파악할 수 있다. 사람은 보통 40~2,000Hz까지는 3Hz의 변화도 잘 구별해 낸다. 사람의 경우 가청 범위 내의 소리 고저는 진동수에 좌우되지만 같은 진동수를 가진 음이라도 강도에 따라 고저 지각이 다를 수 있다.

(2) 소리의 물리적 크기

사람들이 반응하는 소리 범위는 굉장히 넓은 편이다. 들을 수 있는 소리 범위를 고려하여 과학자들은 음의 강도를 측정하는 특별한 척도를 만들었다. 이 척도 단위가 바로 데시벨(decibel: dB)인데, 소리의 압력 수준을 나타낸다. 0dB은 1,000Hz 소리를 듣는 절대역으로 정해졌다. 0dB은 들을 수 있는 가장 낮은 소리를 말하기 때문에 인간의 가청 한계는

0~134dB, 주파수로는 20~20,000HZ로 알려져 있다.

데시벨은 두 소리 압력의 비를 나타낸다. 물리적 강도가 10dB씩 증가할 때마다 지각된 음의 강도는 약 2배씩 증가한다. 120dB 이상의 음은 사람에게 매우 고통스럽게 들리는 소리이며, 사무실의 경우 약 40dB 이하의 소음이 있는 것으로 알려져 있다.

음파는 주기적이거나 비주기적이다. 주기적 음파는 반복되는 패턴이 계속 일어나는 경우를 말한다. 주기적 복합 음파는 진동수와 진폭이 다른 여러 개의 사인파로 구성되어 있다. 복합음파에서 가장 낮은 진동수를 기본 진동수라고 하고 높은 진동수를 가진 여러 가지를 조화 진동수라고 한다. 악기들은 복잡한 주기를 가진 소리를 내는데 음색은 조화 진동수와 관계가 있다. 예를 들어, 바이올린과 트럼펫이 같은 곡을 연주하지만 음색은 매우 다르게 들린다. 이러한 현상이 발생하는 이유는 두 악기의 기본 진동수는 같지만 조화 진동수가 다르기 때문이다. 19세기 Helmholtz의 연구에 의하면 기본 진동수만으로 음이 구성되어 있을 때는 '부드러운' 인상을 줄 수 있다. 기본 진동수와 일차 조화 진동수(first harmonic)만으로 음이 구성되면 '감미로운' 인상을 줄 수 있으며, 기본 진동수와 고차 조화 진동수로 된 음은 '날카로운' 인상을 준다. 바이올린 소리가 풍부하게 들리는 이유는 여러 개 조화 진동수를 가지고 있기 때문이다.

2) 귀의 구조

귀는 세 부분의 구조로 이루어져 있는데, 바로 외이(outer ear)와 중이(middle ear) 그리고 내이(inner ear)이다. 외이는 소리 에너지를 모으는 부위이며, 중이는 소리 에너지를 가능한 한 원래 그대로 내이로 전달한다. 내이는 전달받은 소리 에너지를 신경흥분으로 바꾼다.

외이의 귓바퀴(pinnea)는 소리를 모으는데 비대칭적인 모양을 하고 있기 때문에 어디에서 소리가 발생하는지를 알 수 있다. 외이에서 수집된 소리는 외이도에서 증폭되고 고막에 도달한다. 소리 압력이 고막을 진동시키면 고막은 3개의 뼈로 구성된 이소골을 움직인다. 이소골의 주된 역할은 귀 내부로 들어오면서 약해질 수 있는 소리 진동을 더욱 센 진동으로 변화시키는 것이다. 이소골의 등골이 움직임에 따라 진동은 내이 와우각의 난원창으로 전달된다.

내이는 제일 복잡하다. 청감각 수용기는 달팽이 모양을 닮았다고 해서 달팽이관이라고도 부르는 와우각(cochlea) 안에 들어 있다. 와우각은 다시 와우실, 전정실 및 고실로 구성되어 있다. 이소골이 앞뒤로 음직이면 3개의 뼈 중 등골이 난원창 막에 압력을 가하게 된

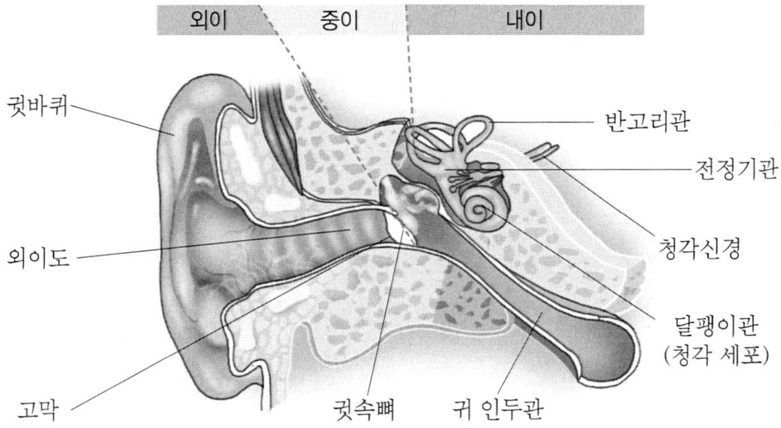

[그림 3-10] 귀의 구조

다. 이렇게 해서 난원창이 움직이면서 와우각 안에 들어 있는 림프가 움직이고, 이 움직임이 눈의 망막과 유사한 기저막 모양을 변화시킨다. 기저막(basilar membrane) 진동이 코르티(corti)씨 기관을 자극하면, 자극에 의해 유모세포(hair cell)들이 구부러지면서 수용기 전압이 발행한다.

따라서 유모세포가 굽는 것이 물리적 에너지를 신경흥분으로 변환시키는 역할을 수행하는 것이다. 와우각에서 유발된 청 신경흥분은 청감각 경로를 따라 뇌의 청각 정보처리 영역으로 전달되는데, 내측 슬상체를 거쳐 측두엽의 청감각 처리 영역으로 전달된다.

3) 소리 지각

(1) 소리 강약

소리의 강도에 따라 청각기관의 흥분 정도는 다르다. 내측 슬상체 부위에서 소리의 강도와 신경흥분 간에 함수관계를 결정하는 것으로 보인다. 소리가 특정한 강도 이상이 되어야 청각 신경이 흥분하여 반응하게 된다. 소리의 강약은 단위 시간당 신경 흥분수와 특정 강도에만 반응하는 신경원이라는 두 기제에 의해서 일어난다.

(2) 소리 고저

소리의 진동수에 따라 최대로 융기하는 기저막 부위들은 다르다. 들을 수 있는 최대 소리는 난원창 바로 옆의 기저막 부위에서 가장 큰 융기를 만들어 낸다. 소리의 진동수가 감소함에 따라 최대로 융기하는 부위는 와우각의 끝으로 옮겨 간다.

소리의 고저 지각에 대한 이론은 2가지이다. 첫째는 파동론(traveling wave theory) 혹은 장소설(place theory)이라고 한다. 장소설은 소리 진동수가 기저막에서 최대로 융기하는 장소에 있는 수용기에 특화되어 있다는 주장이다. 그러나 특정한 진동수에 대해 최대로 융기하는 부위들이 중복될 뿐만 아니라 저음의 경우 기저막이 고르게 융기하는데도 소리의 고저를 잘 변별할 수 있는데, 이것을 장소설 이론은 제대로 설명하지 못한다.

장소설의 제한점을 극복하려고 제안된 이론이 바로 연사설(volley principle)이다. 연사설은 장소설과는 다르게 소리의 고·저 지각을 설명할 수 있다. 소리 진동수는 신경계에서 진동수에 해당하는 것과 동일한 어떤 반복적 자극과 연결되어 있다. 그러나 한 뉴런이 점화하는 속도는 절대 불응기(어떤 자극이 와도 반응하지 않는 시기) 때문에 제한되어 있다. 그러므로 여러 뉴런이 집단을 이루어 연속적으로 반응하여 해당 진동수를 인식하게 된다. 연사설은 소리 고·저 지각과 강·약 지각을 한 기제로 잘 설명할 수 있다.

그러나 연사이론이 가정하는 기제가 생리 수준에서 밝혀지지는 않고 있다. 사람의 귀가 4,000Hz 이상의 소리를 잘 처리한다는 사실에 대해서 연사설은 제대로 설명해 주지 못한다. 따라서 현재는 장소설은 고음 처리, 연사설은 저음 처리를 잘 설명하는 것으로 간주된다. 사람들이 1,000~4,000Hz의 소리를 가장 잘 변별할 수 있는 것은 이 범위에서 두 이론이 가정하는 기제들이 동시에 작용하기 때문으로 생각된다.

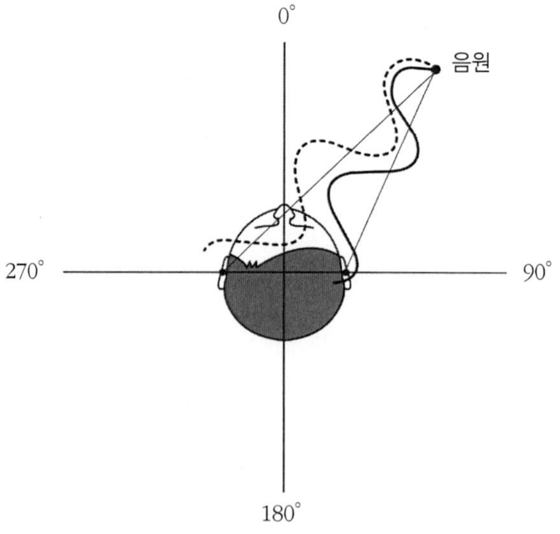

[그림 3-11] 소리 위치 파악

(3) 소리 위치 파악

소리가 나는 곳이 어딘지 아는 것은 소리가 왼쪽 귀와 오른쪽 귀에 도달할 때의 강도와 시간 차이를 변별함으로써 가능하다. 성인의 귀는 약 20cm 정도 떨어져 있기 때문에, 오른쪽 귀 근처에서 발생한 소리는 오른쪽 귀가 왼쪽 귀보다 약 0.4~0.5msec(1msec는 1/1,000초) 더 빨리 듣는다([그림 3-11]). 이러한 차이를 통해서 사람들은 오른쪽 방향에서 소리가 들린다고 지각하게 된다. 그리고 왼쪽 귀에 도달하는 소리는 머리 때문에 회절되어 강도가 약해진다.

5. 청감각과 위험

1) 소음과 위험

소음이란 유쾌하지 않은 모든 소리를 말한다. 따라서 소음이란 주관적이고 상대적인 기준으로 판단된다. 예를 들어, 사랑하는 사람의 목소리는 연인에게는 달콤한 소리이겠지만 다른 사람들에게는 시끄러운 소음이 될 수 있다. 소음의 원리를 이용하여 경고음을 만들어 내기도 하는데, 위급함을 알리는 경보(alarm)를 제대로 탐지하기 위해서는 주변 소음보다 30dB 이상 커야만 효과가 있다.

일정 크기 이상의 소리는 청감각에 손상을 준다. 예를 들어, 80dB이 넘는 소리가 나는 장소에 있으면 얼마 지나지 않아 청각 손상을 입게 되고, 100~125dB에서는 잠깐만 있어도 일시적인 청각 상실이 올 수 있다. 150dB에서는 잠시만 노출되어도 영원히 청각을 잃을 수도 있다. 1971년 미연방 정부는 작업자에게 허용 가능한 최대한의 소음 기준을 발표했다. 90dB에서는 1일 8시간까지, 100dB에서는 1일 2시간까지 110dB에서는 1일 30분만 작업하도록 규정했다. 참고로 실내 소음의 안전 한계는 40dB 이하이며, 계속적인 소음보다는 간헐적이거나 불규칙적인 소음이 인체에 더욱 해롭다고 알려져 있다(Ross, 1980).

소음성 난청은 4,000Hz 부근의 음에 대한 청력 손실을 크게 발생시키는데, 이것을 C5-dip 현상이라고 부른다. C5-dip 현상은 내이의 세포 변형이 주요한 원인인데 약물의 부작용으로도 발생할 수 있다. 초기 소음성 난청은 8,000Hz 이상의 높은 주파수대에서는 청력이 정상으로 나타나다가 C5-dip 현상이 더해지면서 점점 다른 주파수 대역으로 확대될 수 있다. 일반적으로 사람들 간의 대화에 사용되는 음역은 300~3,000Hz로, 30~80dB 정도이다.

대화에서 부자연스러움이 발생한다면 난청이 많이 진행된 상태라고 볼 수 있다.

사람에게 불쾌감을 주는 소음은 장소에 따라 다소 다른데, 주택지는 약 50dB, 상업지는 약 55~59dB, 학교는 50~54dB, 병원은 45~49dB 정도이다. 장기간의 소음은 말초 혈관계 수축이나 부신피질 기능 저하로 이어져 청력 손실이 아니더라도 여러 가지 생리적 변화를 가져다 줄 수 있다(Matsui & Sakamoto, 1971).

소음이 일으키는 가장 직접적 문제는 바로 의사소통을 방해한다는 것이다. 정확하게 의사소통이 이루어지지 못하면 오해나 실수가 증가한다. 〈표 3-1〉은 소음과 정보 수신율 그리고 거리에 따른 관계를 보여 주고 있다. 일반적으로 소음이 커질수록 정보 수신율은 낮아진다. 즉, 의사소통에 문제가 생긴다는 것이다. 소음이 커질수록 가까운 거리에서만 의사소통이 가능해진다.

표 3-1 거리에 따른 소음과 정보수신율

소음 수준(dB)	정보의 수신율(%)	대화 가능 거리(m)
45	80	4
55	70	2
60	80	1
70	50	0.5

일반적으로 소음이 90dB 이상 되면 오류가 증가한다. 소음 발생이 간헐적이거나 연속적인 것에 상관없이 90dB 이상의 소음에 노출되면 숙련된 작업자라도 실수가 늘어난다. 또한, 불쾌감을 호소하는 사람도 많아지는데 특히 정신 노동에서는 현저히 작업 효능이 떨어진다. 95~110dB 범위의 소음에 노출되면 혈관이 수축하고, 심박률이 변하고, 동공이 확장된다. 혈관 수축은 소음이 중단되어도 일정 시간 지속되는데 이 때문에 혈액 공급에 변화가 온다. 소음에 지속적으로 노출되는 것이 고혈압과 근육긴장과도 연관되는 이유가 아마 이 때문일 것이다(Schultz & Schultz, 2008).

표 3-2 소리의 종류와 데시벨(dB)

소음의 원천	데시벨(dB) 수준
호흡	10
속삭임(5피트 멀리서의)	30
일반 가정	50
대화(3피트)	60
보통 자동차(30피트)	74
보통 공장	80~90
부엌 믹서기	90
공장	90
보일러실	90~98
인쇄소	90~100
천공기	100
잔디 깎는 기계	107
디스코텍, 록뮤직홀	110~120
설상차(snow mobiles)	115
수압프레스	120
제트비행기 이륙	150
로켓 발사대	180

2) 음악과 위험

음악이 가지고 있는 물리적 특성이나 의미적 특성은 긍정적으로든 부정적으로든 인간의 정서와 행동에 영향을 미친다. '음악을 듣는다.'는 것은 개인이 행동의 선택권을 가진다는 것으로서 여러 가지 환경을 스스로 조작할 수 있음을 의미한다.

우선 가장 자주 접하는 음악이 일반 대중가요라고 가정할 경우, 음악 자극을 음조, 박자, 가사의 내용, 소리의 크기로 나눌 수 있는데, 음악을 듣는 사람들은 이런 여러 구성요소들을 자신의 필요에 따라 조정할 수 있다. 음악의 구성요소 가운데 음조는 주파수의 진폭과 관련이 있다. 음조는 기분에 영향을 미치고, 박자는 심박률에 영향을 미쳐 운동 강도의 변화를 가져오기도 한다. 배소심과 조성계(1996)는 실험에서 음악의 박자가 빠를수록 에어로빅 운동을 하는 피험자들의 운동 속도와 강도가 강해졌다는 연구 결과를 제시한 바 있다.

의미적 음악 요소에 해당하는 노래 가사도 음조나 박자와 마찬가지로 음악을 듣는 사람에게 영향을 미치는데, Barongan과 Hall(1995)은 실험을 통해 여성비하적인 내용의 록이나 랩 음악을 들은 사람들이 그렇지 않은 음악을 들은 사람들보다 여성에 대한 비하와 공격성을 더 보인다는 결과를 제시하였다.

또한 Button, Behm, Holmes와 MacKinnon(2004)은 큰 소리가 자극 반응 속도를 떨어뜨려서 산업 장면에서 안전에 부정적인 영향을 줄 것이라는 연구 결과를 내놓았다. 비록 이들의 연구에서는 자의로 선택해 듣는 음악이 아니라 일반적인 도시 환경에서 발생하는 소음을 자극으로 사용했기 때문에 음악이 미치는 영향이라고 판별하기 어려운 측면이 있다. 하지만 Ayres와 Hughes(1986)가 실시한 연구에서도 107dB 정도의 소리 크기를 가진 음악 자극이 피험자들의 시각 정확성을 손상시킨다는 사실을 확인하였기 때문에 소리 크기가 인간행동에 영향을 미칠 수 있다고 보아도 무방할 것이다.

공대호, 이준범, 이재식(2005)은 각종 자동차 소음과 음악이 주관적 속도감에 어떤 영향을 미치는지를 알아보는 연구를 진행하였다. 연구 결과, 과도하게 큰 음악 소리는 주행 정보를 제공하는 다른 소리자극을 차단하고, 운전자의 주관적 속도감을 떨어뜨려 과속을 유발한다는 결과를 내놓았다. 그러나 이 연구는 다양한 음악적 구성요소(음조, 박자, 가사 내용)를 고려하지는 않았다.

오주석, 신용균, 이순철(2006)은 젊은 운전자들을 대상으로 음악적 구성요소 중 빠르기(박자)를 고려한 실험을 실시하였다. 젊은 운전자들이 빠른 음악과 느린 음악 그리고 음악이 없는 조건에서 운전행동에 차이가 나타나는지를 살펴본 연구이다. 연구 결과, 음악 빠르기 조건은 전체 주행 소요 시간에 유의한 차이를 보였다. 음악이 빠르면 운전자들의 심박수가 증가하였다. 심박수의 증가는 생리적 흥분 상태로 지각될 수 있는데, 빠른 박자의 음악을 들을수록 보다 과속운전을 할 가능성이 높아짐을 시사해 주는 결과이다.

Wiesenthal, Hennessy와 Totten(2003)은 운전자들이 시간적 압력을 느끼는 정체 상황에서 음악이 스트레스를 감소시키는 역할을 한다고 밝혔다. 또 운전 중 음악을 듣는 것이 경적 울림, 상향등 조작, 욕설 등의 운전 분노행동을 감소시키는 데 효과가 있다며 운전 중 음악 청취의 긍정적 측면에 대해서 언급하였다. 이러한 음악과 작업에 관한 연구가 시작된 이후로 직원들에게 유선 음악 방송을 제공하는 기업체가 부쩍 늘어나기도 하였고 심지어 동·식물에게도 음악을 들려주는 것이 마치 유행처럼 번져 나가기도 했다. 듣기 좋은 음악을 강제로 들려주는 이유는 음악을 싫어하는 사람은 별로 없으며, 유쾌한 분위기가 조성되어 생산성도 향상될 것이라고 기대하기 때문이다.

그러나 항상 음악이 효과가 있는 것은 아니다. 항공기 관제탑처럼 항공기와 교신하고 있는 상태에서는 어떠한 음악도 도움을 주지 못한다. 또한 개인마다 개성이 다르기 때문에 본인이 싫어하는 음악이 흘러나올 때는 유쾌하지 않을 것이다. 따라서 각 장소의 성격에 맞추어서 처방된 곡이 다르게 사용되어야 할 것이다.

태아를 위한 음악 선정에서부터 교양 음악 또는 일반 대중음악은 물론이거니와 정신병을 비롯한 질병 치료에도 음악이 이용되고 있다. 음악 소리가 인간 정서에 미치는 영향을 고려할 때 음악의 사용은 사려 깊게 이루어져야 한다. 또한 동시에 음악이 우리 일상생활의 위험이나 안전에 영향을 미치는 중요한 요소가 된다는 것을 잊지 말아야 할 것이다.

6. 기타 감각

시각과 청각을 제외한 다른 감각들도 우리가 생존하는 데 중요하다. 하지만 이미 살펴본 두 감각에 비해 다른 감각들은 정보를 수집하고, 조직하며, 의미를 파악하는 능력이 상대적으로 협소하다. 이유는 인간이 사용하는 상징적 기호나 형상이 시각과 청각(말, 그림, 사진 등)들로 주로 표현되기 때문이다. 또 다른 이유로는 우리 문화가 보는 것과 듣는 것에 편중되어 있고(TV, 라디오, 영화 등) 만지는 것이나 냄새 맡는 것에 비교적 덜 비중을 두고 있기 때문이기도 하다.

기타 감각은 세 종류로 나눌 수 있다. 첫째, 화학적 성질을 대상으로 하는 미각과 후각, 둘째, 통각과 촉각의 피부감각, 셋째, 평형감각과 운동감각이다.

1) 후각

후각은 가장 원시적인 감각기관이면서 생존에 중요한 감각기관이기도 하다. 냄새를 맡는 감각기관인 코는 뇌와 가장 가깝게 위치하고 있다. 때문에 다른 감각기관에 비해서 뇌에 직접적인 경로로 정보를 보낼 수 있다.

개의 경우 후각 피질은 뇌 옆쪽에 약 1/3을 차지하는 반면, 인간의 경우는 약 1/20에 지나지 않는다. 인간의 후각은 민감도가 다른 동물에 비해 훨씬 떨어지긴 하지만 장기기억과 관계가 있다. 어떤 냄새를 맡으면 연관되는 기억이 물밀듯이 회상되는 것은 냄새와 기억이 강력하게 연합되어 있다는 증거이다.

콧속에는 수용기를 가진 후각 상피막이 있다. 후각 수용기는 콧속 약 4~6cm의 작은 세포군으로 구성되어 있다. 액체에서 증발되거나 기화된 물질들이 공기 중의 미립자 형태로 후

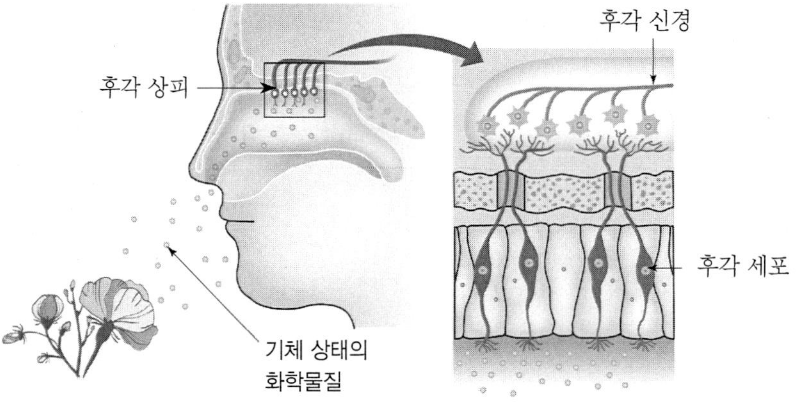

[그림 3-12] 후각

각 수용기에 닿게 되는데, 후각 상피에 있는 수백만 개의 유모세포가 이 물질들을 신경흥분으로 변환시킨다. 후각에 의해서 감각되는 냄새는 크게 신(acid) 냄새와 쓴(burnt) 냄새 및 땀(sweaty) 냄새를 기본으로 한다. 하지만 이들이 시각에서 여러 가지 색깔을 만드는 삼원색처럼 여러 가지 다른 냄새를 만들어 내는 재료로 사용되는 것은 아니다.

일반적으로 사람의 후각은 특정 물질이나 개인의 민감도에 따라 차이가 크다. 일상적인 냄새로 구별할 수 있는 종류는 15~32개 정도이고 훈련을 한다면 60개 정도까지도 구별할 수 있다(Desor & Beauchamp, 1974). 그러나 이런 냄새의 종류는 단순히 복합적인 냄새를 말하며 강도의 차이를 제외한 냄새의 경우 3~4개밖에 구별할 수 없다. 따라서 후각은 냄새의 존재 여부를 탐지하는 기능이 거의 대부분이라고도 볼 수 있다.

2) 미각

미각 수용기들은 맛봉오리라는 곳에 뭉쳐 있다. 맛에 민감한 정도는 냄새 민감도보다 떨어진다. 그리고 사람들은 맛 중에서도 쓴맛과 신맛보다는 단맛에 더 예민하다. 미각 신경섬유의 반응을 측정해 보고 또 유기체의 행동을 관찰해 보면 인간을 포함한 동물들은 맛봉오리의 민감도와 종류에서 차이를 보인다. 고양이와 닭은 단맛의 음식물에 반응하는 미각 수용기들을 가지고 있지 않고, 개나 쥐 그리고 돼지 등은 단맛에 대한 수용기만 가지고 있다.

기본 미각은 단맛, 짠맛, 쓴맛 및 신맛을 포함한다. 음식을 먹을 때는 맛뿐만 아니라 냄새, 물체 표면의 결, 온도 등도 미각에 기여한다. 미각 수용기에 미세 전극을 꽂은 다음 각 세포

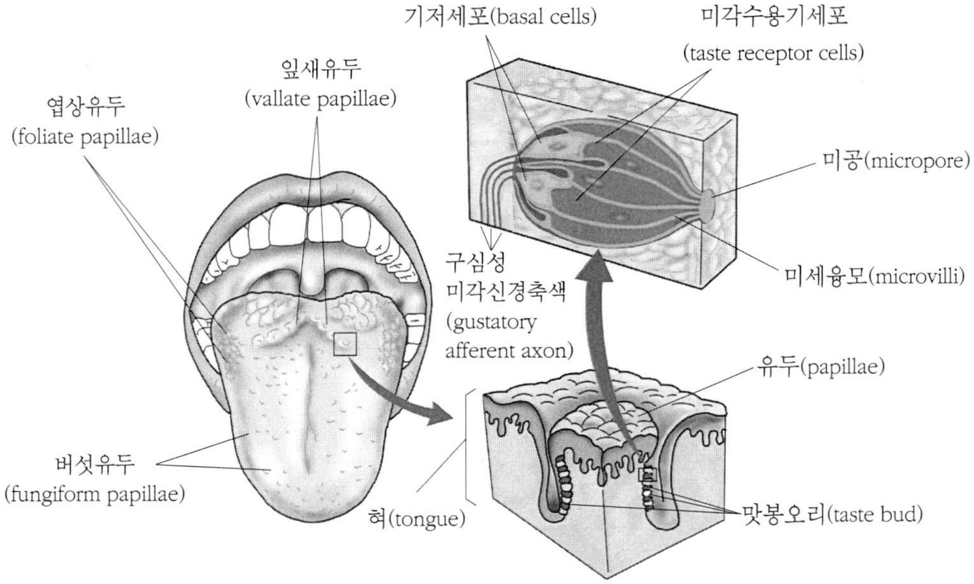

[그림 3-13] **미각**

의 반응을 측정해 본 결과, 설탕과 소금에만 반응하는 세포와 소금과 신맛(acid)에만 반응하는 세포들이 있었다. 이러한 결과는 어떤 맛 하나만을 처리하는 수용기는 없다는 것을 의미한다.

3) 피부감각

피부감각들은 4가지 유형이 있다. 바로 온각 및 냉각, 압각과 통각이다. 사람의 피부에서는 여러 수용기가 있는데, 각 수용기들의 기능이 아직 분명히 밝혀져 있지는 않지만 대략 짐작해 볼 수는 있다.

마이스너(Meissner) 소체는 압력에 예민한 수용기이다. 파치니(Pacinian) 소체는 표피가 마취되었을 때도 느낄 수 있는 진피층의 압력 수용기이다. 크라우제(Krause) 소체는 냉각 수용기이며, 루피니(Ruffini) 소체는 온각 수용기이다.

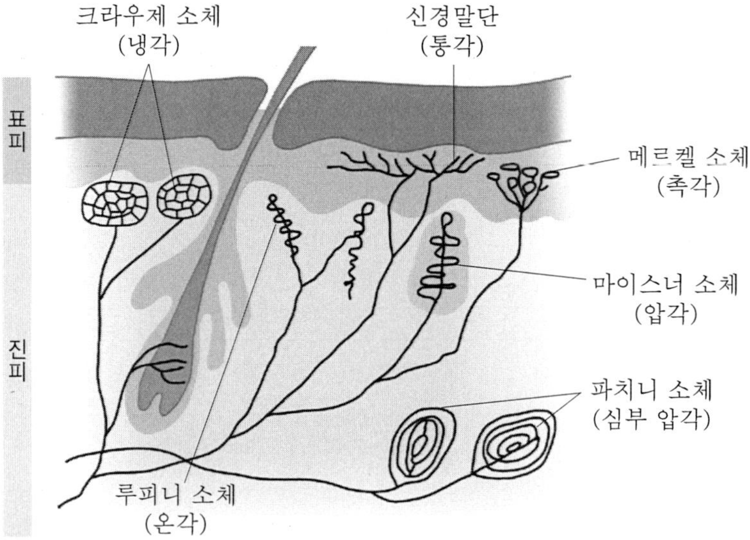

[그림 3-14] **피부감각**

(1) 온각 및 냉각

대략 32°C가 되는 온도를 가진 물체를 피부에 접촉시키면 차갑거나 뜨겁다고 느끼지 못한다. 따라서 32°C를 생리적 영점이라고 부른다. 생리적 영점보다 온도가 높을 때는 뜨거움, 그 이하일 때는 차가움을 경험한다. 피부 $1cm^2$당 차가움을 탐지하는 냉각 수용기는 6개 정도 있는 반면, 온각 수용기는 평균 1~2개 정도뿐이다.

특이한 사실은 냉각 수용기는 아주 덥거나 아주 차가울 때만 반응하는 2개의 절대역(threshold)을 가지고 있다. 따라서 뜨거움은 냉각 수용기와 온각 수용기를 동시에 흥분시켜서 감각되는 것이다.

(2) 압각 및 통각

피부 위치에 따라 압력에 예민한 정도는 다르다. 매우 예민한 부위는 손가락 끝, 입술, 혀 끝 등이다. 이런 곳은 보통 다른 부위(가슴, 배 등)에 비해 압력 변화에 대단히 민감하다. 통각을 유발하는 자극은 상당히 많다. 피부 긁힘, 압력, 열, 비틀림, 큰 소리, 강한 빛 등이 통각을 일으킨다. 통각의 특징은 정보를 처리하는 부위가 잘 알려져 있지 않다는 것이다. 사람마다 통증을 느끼는 정도가 다르며 주의를 다른 데 돌릴 경우 통증을 덜 느끼거나 느끼지 않을 수도 있다. 환상지통(phantom limb pain)처럼 팔이나 다리가 이미 절단되었는데도 마치 있는 것처럼 통증을 호소하는 경우도 있다.

4) 전정감각과 운동감각

전정감각은 신체 평형을 유지하도록 하는 감각인데, 우리는 이 감각을 직접적으로는 의식할 수 없다. 그러면서도 우리는 신체 움직임, 자세, 방향 등을 잘 결정한다. 행동이나 자세의 안정적인 변화는 전정감각과 시각 및 운동감각들이 서로 협동하기 때문이다. 성인의 경우 시감각과 운동감각이 정상적이면 전정기관이 없어도 환경에 잘 적응할 수 있다.

전정기관은 귀의 내이에 위치해 있는데 액체가 든 세반고리관(semicircular canal)을 말한다. 3개의 관은 서로 직각으로 배열되어 있는 삼차원 구조를 이룬다. 한 관의 수평면에서 머리가 회전하기 시작하면 이 움직임이 관 내의 액체를 이동시키고, 이것이 다시 수용기의 유모세포를 굽힌다. 유모세포들은 전정신경과 연결되어 있는데, 이 신경들은 청각 신경과 함께 뇌로 간다. 몸이나 머리의 기울임(tilting)이나 낙하 등이 전정기관을 자극한다.

이 자극들은 안구운동과 흥미로운 관계를 맺고 있다. 스케이트를 탈 때와 같이 바로 선 자세에서 몸을 회전시키면 전정 안진(vestibular nystagmus)이라는 눈이 빠르게 좌우로 움직이는 현상이 일어난다. 땀이 나고, 토할 것 같고, 힘이 빠지는 신체 증상으로 나타나는 멀미는 시각 정보와 전정 정보의 부드러우면서도 정확한 협력이 깨질 때 발생하는 증상이다.

운동감각은 운동과 신체 위치에 대한 감각이다. 운동감각은 전정감각 및 시감각과 협동하여 신체 자세와 균형을 유지한다. 운동감각이 없다면 자세 유지, 걷기, 기어오르기 등은 물론이거니와 손 뻗기, 물건 쥐기 등의 수의 운동(voluntary movement)을 통제하는 데도 상당한 곤란을 겪게 된다. 운동감각은 관절 및 근육에 있는 신경말단으로부터 정보를 얻는다. 관절에 있는 신경말단은 몸의 위치와 운동을 탐지하는 데 매우 중요하며 근육에 있는 감각수용기들은 근육의 수축과 자세를 조정하는 데 기여한다.

7. 온도와 습도

인간은 온도와 습도의 변화에 적응하면서 살아간다. 그러나 모든 적응은 한계를 가지기 때문에 고온과 저온 및 다습과 저습은 심신기능과 정서 및 여러 가지 영역에 영향을 미친다.

1) 온도와 안전

인간의 체온은 정교하고 정밀한 조절체계를 가지고 있기 때문에 36.5°C(약 97.7°F)의 일정한 온도를 유지해야 한다. 만약 체온이 38.8°C만 되어도 탈진할 수 있다. 이처럼 작은 체온 변화로도 우리의 생명은 쉽게 무너질 수 있기 때문에 주위 환경의 온도와 습도는 생활의 물리적인 요건들 중에서 무엇보다도 중요하다.

온도를 연구하는 학자들에 의하면 가장 쾌적한 온도는 22.8~25°C(73~77°F)이고 습도는 25~50%라고 한다. 이것은 노동의 종류에 따라서 다소 차이가 나타날 수 있는데 정신 노동의 적정온도는 17~25°C, 육체 노동의 적정온도는 15~17°C 정도이다. 적정온도보다 높은 온도에 계속 놓이게 되면 체온이 상승하고, 산소 소모량 증가, 수분 및 염분 부족 등으로 인해서 열 실신(heat syncope), 열 부종(heat edema), 탈수증(dehydration), 열 피로(heat exhaustion), 열 경련(heat cramps)과 같은 심신기능의 장애가 나타나게 된다.

그러나 적정온도란 일상적인 기후 환경 속의 평균치를 나타내기 때문에 항상 누구에게나 적용되지는 않는다. 추운 지방에 적응한 사람은 좀 더 내려가는 것이 양호할 것이며, 더운 지방에 적응한 사람은 좀 더 올라가는 것이 이상적일 것이다. 건설업은 다른 산업보다 사고율이 높은 편에 속한다. 특히 겨울이나 여름, 즉 온도가 높거나, 낮고, 습도가 높을 때 더 많은 사고가 발생한다. 육체 노동은 쾌적한 기후 조건에서 작업할수록 노동의 질과 양이 좋아진다는 연구 결과가 있다. 이것은 쾌적하지 못한 환경에서는 그만큼 에너지 소비가 많고 사고 위험이 증가할 수 있음을 나타낸다(Ross, 1980).

일본의 경우 고열이란 건구온도 40°C, 습구온도 32.5°C 이상으로 주로 증발에 의해서 체온조절이 일어나는 온도로 규정하고 있다. 고열에 장시간 노출되면 고열장애로 피로감을 느낄 수 있는데 이것을 열 피로라고 한다. 열 피로의 주요 증상은 피로감과 현기증 등이다. 적정온도를 벗어나면 심리적으로 스트레스가 증가하는데, 안전행동과 온도와의 관계를 분석한 결과 U자 형태를 이룬다고 보고되었다. 17~23°C가 가장 위험행동이 적은 온도이며 이것을 벗어나는 온도에서는 위험행동이 증가하였다(Ramsey, Burford, Beshir, & Jensen, 1983).

공장 작업자들을 대상으로 한 연구에 따르면 작업장 온도가 20°C에서 21°C 사이에서 사고율이 가장 낮았다. 사고율은 온도가 오르거나 내리는 것에 상관없이 변화가 심할 때 높아졌다. 광산 노동자의 경우 낮은 온도(약 17°C)에 비해 높은 온도(약 29°C)일 때 사고 건수가 3배 이상 증가하였다. 작업자들이 높은 온도로 인해 발생하는 불쾌감이나 불편감 때문에 작업에 주의를 기울이지 못하는 것이 사고를 증가시키는 원인이라고 생각된다. 나이가 많은 작

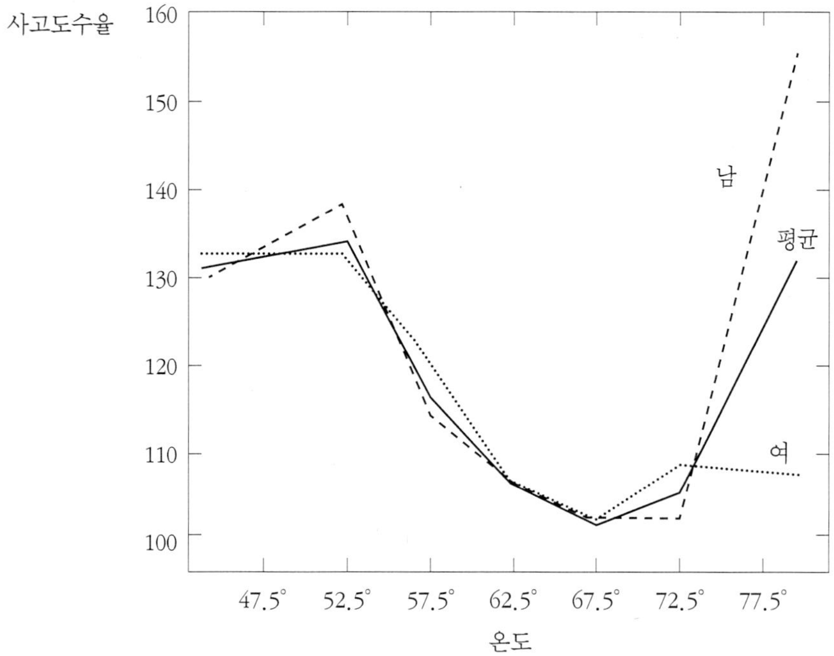

[그림 3-15] 온도와 사고율

출처: 갈원모, 이우언, 권윤아(2012)

업자들은 젊은 작업자들보다 기후 조건에 더 큰 영향을 받으며 높은 온도에서 더 많은 사고 가능성을 보인다(Schultz & Schultz, 2008).

온도는 폭력범죄에도 영향을 미친다는 연구도 있다. Anderson과 Anderson(1984)은 미국 댈러스시 경찰서에 보고된 4,309건의 폭력 사건과 기온의 상관을 연구한 결과, 폭력범죄는 기온과 습도가 올라갈수록 더 빈번하게 발생하는 것으로 나타났다. 시카고나 휴스턴 등 다른 도시들에서도 온도와 폭력범죄는 유사한 상관관계를 보였다. 온도는 절도와 살인 등의 범죄와도 유의한 상관을 보였는데 32°C 이상 넘으면 절도와 살인사건 발생률도 함께 증가하는 것으로 나타났다.

범죄뿐만 아니라 스트레스 반응에도 온도는 영향을 미친다. Baron(1972)은 자동차 진행 신호(녹색 등)에서 머뭇거리는 앞 차량에게 경적을 울리는 정도를 28°C 이상의 날씨와 시원한 날씨 상황을 비교하여 연구하였다. 더운 날씨일 때 운전자들은 시원한 날씨보다 더 빨리 경적을 울렸다.

2) 습도와 안전

사람들에게 영향을 주는 습도는 '상대습도'를 말한다. 상대습도는 대기 중의 현재 수증기양과 최대로 함유할 수 있는 수증기량의 비율로 정의된다. 사람들은 활동량에 따라 땀이 발생하는데 땀이 잘 증발되느냐 여부는 습도에 달려 있다.

습도가 높으면 땀의 배출과 증발이 용이하지 않아 체온 유지가 힘들어지고 불쾌감이 높아진다. 온도가 높더라도 습도가 낮으면 땀 배출과 증발이 잘 되기 때문에 상쾌한 기분이 들 수도 있다. 일반적으로 쾌적한 상대습도는 40~70% 정도이다. 상대습도가 70%를 넘어가면 불쾌감이 생긴다. 반대로 습도가 지나치게 낮아도 문제가 될 수 있다. 낮은 습도에서는 증발에 의한 열 손실이 발생하기 때문에 체온이 떨어진다. 또 코와 목의 점막을 건조하게 해서 불쾌감을 주고 감기와 같은 질병에 걸리기 쉬워진다.

사람이 덥거나 춥다는 느낌을 가지는 것은 단순히 온도에 의한 것이 아니라 습도, 풍속, 일사 등의 요건이 종합된 결과이다. 따라서 사람이 거주하는 집이나 직장은 적절한 환경 시설을 만들어 주는 것이 중요하다. 안전한 생활을 영위하기 위해서는 온도, 습도, 환풍 시설, 공기 정화기 등을 통하여 가장 기본적이고 안정적인 생활 환경 조건을 만들어 줄 필요가 있다.

8. 지각

인간이 무엇을 지각한다는 것은 기억이나 추리와 같은 정신 과정에서 매우 중요한 과정을 성공적으로 이루었다는 뜻이다. 지각은 일반적으로 단편적이거나 애매한 감각 정보를 집단화하고, 그 의미를 결정하거나, 형태를 해석하고, 의식적으로 대상을 인식하도록 하는 매우 복잡한 일련의 심리 과정들로 구성되어 있다. 기억이나 추리 등의 인지 과정에는 오류가 많고 또 과정 자체가 느리고 심리적 노력이 많이 소요되는 반면, 지각은 대부분 정확하고, 대단히 빨리 진행되며, 대상의 의미나 해석이 명확하다.

Hochberg(1978)는 사람들이 지각을 인식하는 2가지 상황을 제시하였다. 첫째, 자신의 관찰이 착각으로 판명되거나, 혹은 어색한 상황이 벌어질 때이다. 착각과 같은 잘못된 지각을 인식하는 순간 정확한 지각은 어떻게 일어나는 것인지 관심을 가지게 된다. 둘째, 인간이 수행하는 기능을 대신하는 기계를 만들려고 할 때이다. 예를 들어, 청각 장애인을 위해 보청기를 개발하려고 하면 청각기관들이 어떻게 환경을 지각하는지를 알아야만 한다.

가까이에 있는 자극은 눈과 몸 또는 물체 자체의 움직임 때문에 끊임없이 변화한다. 하지만 지각 과정은 변화하는 자극 속에서 변화하지 않는 구조를 찾아내야 한다. 이런 의미에서 지각 과정은 외부 자극에서 항등성을 찾고 안정된 정보를 구성하는 과정이라고 볼 수 있다.

변화하는 수많은 현상에서 정보를 수집하고 통합하는 지각 과정은 때때로 애매한 내용에 대해서는 문제해결 과정이나 추리 과정을 작동시킨다. 지금까지 살펴본 지각에 대한 내용을 요약하면 지각은 결코 감각 자료에 의해서만 좌우되는 것이 아니며, 체계적이고 고차적이며 자동적으로 진행되는 정신 과정이다.

1) 지각의 일반적 특징

지각에 대한 심리학적 접근 방법은 크게 구성주의와 형태주의로 양분된다. Helmholtz가 선구적인 기여를 한 구성주의는 영국의 경험주의 철학에 바탕을 두고 있다. 구성주의는 지각의 근본요소로 감각을 가정하고 있으며, 감각자료가 애매모호하고 단편적인 특성을 가지고 있기 때문에 기억과 같은 비감각적 요소들과 연합하고 추리하는 과정을 통해서 지각표상이 형성되고, 대상의 의미가 결정된다고 주장한다. 때문에 구성주의는 지각에서 판단, 추리, 해석과 같은 인지적 측면을 강조한다.

구성주의와 크게 대조되는 입장이 형태주의이다. 형태주의 심리학자들은 지각 단위가 감각이 아닌 형태라고 주장한다. 지각은 과거 경험과는 비교적 독립적으로 그 자체의 법칙에 따라 이루어지며 총체적인 전체 구조가 부분과 요소의 성질을 결정한다고 가정한다. 지각에 대한 접근 방법은 다를 수 있지만 일반적인 지각의 특징을 다음 5가지로 요약할 수 있다(Rock, 1975).

- 멀리 있는 물체가 망막과 같은 근접 자극에서는 애매모호하다.
- 지각은 근접 자극을 묶는 집단화 과정을 거쳐 체계화한다.
- 지각 체제화는 안정된 지각 표상을 목표로 하는 지각체계의 선택과 결정에 의해서 이루어진다. 특히 지각체계는 외부 환경과 잘 일치하는 안정된 지각 표상의 구성을 목표로 한다.
- 지각을 유발시키는 중추 과정들은 무의식적이라서 자각적으로 경험되지는 않는다.
- 대부분의 경우 지각된 내용은 객관적인 대상 속성과 잘 일치해야 한다.

2) 지각적 추리

의자에 앉을 때 우리는 그 의자가 우리 몸무게를 지탱할 만큼 튼튼한지를 확인하기 위해 자세히 살펴보지 않는다. 의자 다리들이 가려져 보이지 않더라도 바닥 위에 안정적으로 서 있다고 여기며, 안심하고 의자에 앉는다. 이러한 행동은 경험에 의해서 얻어진 것이다.

Helmholtz는 과거 경험, 즉 학습이 지각에 영향을 준다고 보았다. 그는 물체 지각은 감각 단서를 기초로 한 무의식적 추리를 통해서 이루어진다고 가정하였다. 즉, 대상에 대한 감각 정보와 기억에 저장된 정보를 사용해서 대상을 추리하는 과정이 바로 지각 과정이라고 본 것이다. Helmholtz가 지각 현상을 '지각(perception)'이라고 이름 지은 이유는 우리가 현재 경험하는 감각 정보에 대해서 과거 경험을 바탕으로 추론하기 때문이다. 무의식적이라고 한 이유는 지각 과정이 의식되지 않고 자동적으로 일어나기 때문이다.

3) 모호성

일반적으로 사람들은 하나의 대상에 대해서는 하나의 분명한 지각적 해석만을 내린다. 예를 들어, 볼펜보다는 두껍고 길쭉하며 노란 색깔의 물체는 '바나나'라는 해석을 즉각적으로 내린다. 사과와 자동차를 혼동하지도 않는다. 그러나 플라스틱으로 만든 인조 바나나는 바나나로 지각되지만 먹을 수는 없다. 진정한 의미에서 바나나는 아닌 것이다. 이러한 경우

[그림 3-16] Jastrow(1900)의 그림

지각체계의 정확한 해석은 '바나나처럼 생긴 것'이어야 한다. 현대사회에서는 이처럼 한 대상에 대해서 둘 이상의 지각적 해석이 가능해지는 경우가 점점 많아지고 있다.

지각적 모호성에 관한 가장 초기의 사례는 Jastrow(1900)가 제시하였다. Jastrow는 토끼와 오리 2가지로 모두 해석될 수 있는 그림을 보여 주었다([그림 3-16]). 그림은 토기와 오리에 관한 정보를 모두 가지고 있다. 토끼일 때는 모습이 오른쪽으로 향해 있고 오리일 때는 왼쪽으로 향해 있는 차이를 가질 뿐이다. 하지만 이 그림에서 토끼와 오리를 동시에 보기는 힘들다. 왜냐하면 감각 자료는 동일하지만 그 자료를 집단화하고, 의미를 추리하여, 의식에 내놓을 때는 한순간에 하나의 해석만 가능하기 때문이다.

9. 지각체계화

지각체계화(perceptual organization)는 시각 영역으로 들어온 감각 정보를 어떻게 집단화해서 처리하는가에 관한 이론이다. 20세기 초 형태심리학자(Gestalt psychologist)들에 의해서 널리 연구된 분야이기도 하다. "전체는 부분을 모아 둔 것 이상의 이미를 가진다."는 것이 바로 지각체계화를 설명하는 대표적인 문구이다(Koffka, 1935).

안경을 볼 때 우리는 곡선, 직선, 검은 부분, 흰 부분, 원형 등의 감각요소 덩어리들로 파악하는 것이 아니라 일정한 크기와 형태가 있고 높이가 있으며 정지된 물체로서 어떤 기능적 의미를 가진 대상으로서 파악한다. 이처럼 대상의 지각적 의미를 파악하기까지는 윤곽형성, 집단화, 체제화 등의 복잡한 과정이 관여하고 있다.

지각체계화의 가장 대표적인 사례는 바로 전경-배경 체계화(figure-ground organization)이다. 전경은 배경에 비해서 쉽게 지각된다. 윤곽은 전경에 속한다. 전경은 배경의 앞에 있으면서 대상으로 보이는 부분이고, 배경은 그 반대이다. 따라서 인간이 가지고 있는 지각체계화를 위배하는 생산품은 실수나 오류를 증가시킬 수밖에 없다. 예를 들어, 모호한 전경-배경 체계화를 만들어 내는 표시장치(모니터 등의 디스플레이)는 자극을 잘못 지각하도록 하여 문제를 발생시킬 수 있다. 지각 집단화의 원리(대칭성, 유사성, 근접성, 폐쇄성, 연속성 등)는 실수로 발생하는 위험이나 사고를 줄이기 위해서라도 중요하게 고려되어야만 한다.

[그림 3-17]은 지각체계화의 여러 원리를 그림으로 나타낸 것이다. a, b, c, d, e는 각각 지각체계화 이론을 설명하고 있다.

(a) 대칭성(symmetry)은 동일한 방향, 동일한 속도로 이동하는 요소들이 함께 집단화되는 원리를 의미한다. 이러한 인간의 지각체계화 경향에 위배되는 디자인이나 작업 과정은 실수로 이어지고 치명적인 사고를 불러올 수 있다.

(b) 유사성(similarity)은 유사한 요소들(색과 형태 및 방향 등)이 지각적으로 함께 집단화되는 원리이다.

(c) 근접성(proximity)은 공간상에서 가까이 모여 있는 대상들을 집단으로 지각하려는 원리를 말한다.

(d) 폐쇄성(closure)은 불완전한 형태이더라도 완전한 형태로 지각하려는 원리이다.

(e) 연속성(smoothness)은 일직선이나 매끄러운 곡선으로 연결된 점들이 하나의 집단으로 지각되는 원리를 말한다. 부드러운 연속 원리라고 부르기도 한다. 예를 들어, 날아오는 돌멩이를 피하기 위해서는 돌멩이의 움직이는 궤도(일관성 있는 방향을 따라 움직임)를 파악할 수 있어야만 한다. 이러한 일상생활의 행동에 부드러운 연속성의 원리가 적용되는 것이다.

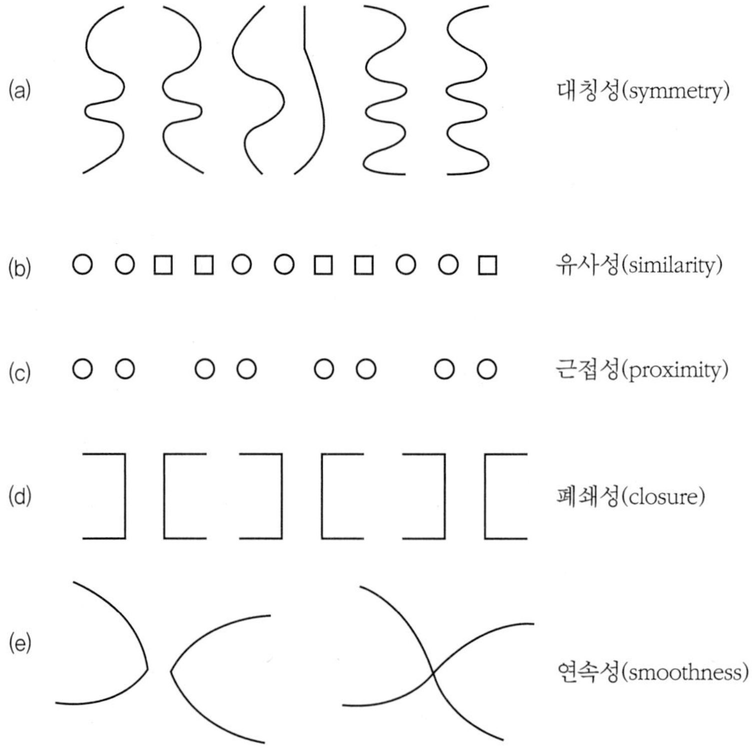

[그림 3-17] 지각체계화의 원리들

Wickens와 Andre(1990)는 비행기 디스플레이에 관련한 실험을 통해서 지각체계화 원리 적용의 중요성을 보여 주었다. 실험 과제는 비행기 조종실에서 사용하는 공기 속도와 흐름 및 보조 날개의 상태를 나타내는 3개의 다이얼을 판독하는 것이었다. 관찰자에게 실속(失速, stall)의 가능성을 측정하거나(통합 과제), 3개의 다이얼 중 하나를 판독하도록 하였다(초점 주의 과제). Wickens와 Andre의 실험에서는 공간적인 근접성은 아무런 영향을 주지 못했지만 디스플레이 요소들이 같은 색이었을 때에 비해 다른 색이었을 때 초점 주의 과제에서 더 좋은 수행 실력을 보였다. 이에 반해 통합 과제는 디스플레이의 모든 요소가 동일한 색상일 때 가장 높은 수행 실력을 보였다.

Wickens와 Andre의 실험은 한 번의 실수가 치명적인 오류를 불러올 수 있는 비행기 버튼들이 어떠한 색상으로 어떻게 배열되어야 할지를 알려 주지만, 보다 근본적으로는 사용하는 도구나 기계들이 지각체계화 원리에 따라 실수를 줄이기 위해 설계되어야 함을 보여 준다.

1) 단안단서

사람들은 수세기 동안 인간의 망막에 맺히는 2차원 영상이 어떻게 3차원으로 지각되는지에 관심을 가져 왔다. 인간은 한쪽 눈만으로도 3차원을 인식할 수 있다. 인간은 단안단서를 이용한 시 지각을 통해서 깊이나 형태 등의 대부분의 정보를 얻을 수 있기 때문에 한쪽 눈을 가린 비행기 조종사가 비행기를 착륙시킬 수도 있고(Grosslight, Fletcher, Masterton, & Hagen, 1978), 한쪽 눈을 실명한 자동차 운전자도 면허증을 소지할 수 있다(Mazur & Reising, 1990; McKnight, Shinar, & Hilburn, 1991).

단안단서는 평면 사진과 같은 2차원 자극을 통해서 깊이에 대한 지각을 유도해 내기 때문에 그림 단서라고도 한다. 화가들은 이 단서들을 그림에서 깊이를 묘사하는 데 사용한다. 그 중 가장 많이 사용되는 단서는 중첩단서이다. 중첩단서는 두 물체가 시각의 동일선상에 놓여 있으면 가까운 물체가 멀리 있는 상을 가린다는 사실에 근거한다.

망막 상의 크기도 깊이 단서를 제공한다. 일정한 크기의 물체는 관찰자에게 가까이 다가올수록 망막에 맺히는 상이 커진다. 따라서 시각장 내에 있는 상의 상대적 크기는 거리와 관련되어 있다. 이것은 만약 그 대상의 크기를 알고 있으면 상의 절대적 크기로 그 대상이 얼마나 떨어져 있는가에 대한 정보를 제공해 줄 수도 있다는 것을 의미한다.

크기에 따른 거리 측정은 현대사회에서 인간이 수행해야 하는 과제의 종류가 다양해지고 있기 때문에 더욱 기본적이면서도 중요한 과업이 되고 있다. 예를 들어, 1970년대 후반쯤부터 자동차의 크기가 작아지기 시작하였다. 큰 차가 작은 차보다 더 친숙하기 때문에 Eberts와 MacMillan(1985)은 작은 차가 교통사고를 당하게 되는 시점에서 실제보다 더 크게 보인다는 것을 확인하였다. 원래 크기가 작은 차를 멀리 떨어져 있는 큰 차로 지각한 탓에 사고가 발생할 가능성이 높아졌다는 것이다. 이처럼 물체 크기에 대한 지각이 잘못되는 것은 현대사회에서는 위험이나 생존에 영향을 미치는 중대한 문제가 될 수 있다.

앞으로 몸을 움직이는 운동도 깊이에 대한 정보를 제공한다. 시각상의 광학 흐름은 자신이 얼마나 빠르게 움직이고 있는가와 주위의 다른 대상들과의 상대적인 위치가 어떻게 변화되는가에 관한 정보를 제공한다. 운동 속도와 광학 흐름 간의 전형적인 관계가 변할 때 속도는 다르게 지각된다. 이것은 비행기가 이륙할 때 창밖을 보면 확실하게 알 수 있다. 비행기가 이륙하여 고도가 올라갈수록 비행기가 생각보다 천천히 움직인다고 느끼게 될 것이다.

2) 양안단서

한쪽 눈만으로도 어느 정도 깊이를 잘 지각할 수 있지만, 두 눈을 사용하면 더 정확하게 지각할 수 있다. 이것은 그림이나 영화, 3차원 또는 입체 그림 등이 주는 깊이의 느낌과 비교할 때 가장 명확해진다. 사람은 2개의 눈을 이용할 때 깊이 정보를 훨씬 더 빠르고 정확하게 처리할 수 있다(Sheedy, Bailey, Burl, & Bass, 1986). 입체 그림은 3D 장면에서 양안 깊이 정보를 모방한 것이다.

양안단서 중 가장 많이 사용되는 것은 양안 부등이다. 입체적인 그림은 깊이의 느낌을 만들어 내기 위해서 양안 부등을 사용한다. 사람의 두 눈은 약 65mm 정도 떨어져 있기 때문에 어떤 물체를 응시할 경우 각 눈이 조금씩 다른 망막 상을 맺게 된다. 두 눈이 만든 이미지들이 융합되는 부분과 그렇지 않은 부분이 있는데 이것을 바탕으로 3차원 물체를 지각하게 된다.

3D 영화를 만드는 원리는 하나의 카메라로 두 눈 사이의 거리만큼 차이를 두고 두 장의 사진을 찍는다. 이 부등이한 상을 입체경을 통해 각각의 눈에 제시하는데 이때 3D로 영상을 지각하게 된다. 3D 영화를 볼 때 사용되는 적색, 녹색, 혹은 편광 렌즈들도 동일한 원리로 작동한다. 이 렌즈들은 양쪽 눈이 각기 다른 상을 보도록 한다(Julesz, 1971).

환경에서 어떤 대상이 관찰자 가까이에 있을수록 양안부등은 커진다. 이러한 거리와 양안부등 간의 관계는 거리 지각의 단서로 사용할 수 있다. 물체가 관찰자 가까이에 있을수록 두 눈이 점점 서로를 향하게 되는데, 이것은 각 눈의 망막 중심와 부위에 물체의 상이 맺히

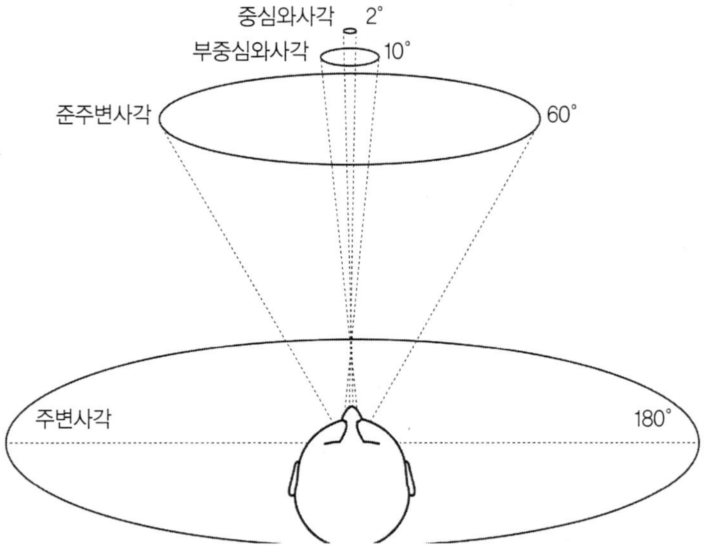

[그림 3-18] **양안 시야 범위**

도록 한다. 한편, 물체가 가까워질수록 눈을 움직이는 근육이 긴장하는 정도가 커지고 이 정보가 뇌에 전달된다. 그리고 뇌는 물체가 떨어진 거리와 근육 긴장 간 관계를 바탕으로 3차원에서 물체의 거리를 판단한다.

그러나 여러 연구에 의하면 이러한 생리적 단서들은 3차원 판단을 결정하는 데 그다지 정확한 지표가 아닐 수 있다고 한다. Hubel과 Wiesel(1970)은 뇌 시각 영역에서 거리 또는 깊이 정보를 처리하는 일을 하고 있는 것으로 보이는 세포들을 발견하였다. 이 세포들은 한쪽 눈에만 물체를 제시하면 흥분하지 않았고, 두 눈의 망막이 동시에 자극될 때만 흥분하였다. 이 연구는 뇌 구조상 생득적으로 3차원 지각을 가능하게 하는 기제가 있음을 시사한다.

3) 크기와 방향 그리고 착시

인간은 지각 체계화의 원리와 깊이 단서들을 이용하여 3차원 공간에서 대상을 정확하게 지각할 수 있다. 그러나 대다수의 정확한 지각에도 불구하고 일정 부분 허점을 가지고 있는데 그것을 '착시'라고 부른다. 크기 착시는 동일한 물리적인 길이와 크기를 가지는 선이나 형태를 다르게 지각하는 것이며, 방향 착시는 선형과 모양을 왜곡되게 지각하는 것이다. Coren과 Girgus(1978)는 잘못 적용된 깊이 처리 과정 및 경계의 이동 등으로 발생한 부정확한 안구운동이 착시의 원인이라고 주장하였다.

[그림 3-19]는 2개의 수평선과 비스듬히 서 있는 긴 선분으로 구성되어 있다. 그림이 주는 단서에 의하면 상단에 위치한 수평선은 하단에 위치한 수평선보다 더 멀리 있는 것처럼 보인다. 동시에 멀리 떨어진 선은 가까이 있는 선과 망막 상의 크기가 동일하다. 따라서 거리와 크기의 관계를 적용한 지각 수정을 거쳐서 위에 있는 선이 아래 선 보다 더 긴 것처럼 인식하도록 착시가 발생하는 것이다. 이러한 착시를 폰조(Ponzo) 착시라고 한다.

인간은 동일한 대상을 보더라도 보는 사람의 경험이나 주의, 의도, 기대에 따라 다르게 지각할 수 있으며 주위 환경에도 영향을 받는다. 정찬섭과 유명현(1989)은 참가자에게 착시 효과를 주는 점들을 보여 주고 심상을 형성하게 한 뒤, 제시한 선분의 길이, 방향, 크기를 판단하도록 하였다. 실험 결과, 심적 표상을 통해서만 재현했는데도 실제 선이 있는 경우처럼 착시가 일어났다. 이러한 결과는 착시가 초기 지각과정에서 나타나는 물리적이거나 생리적인 요인만이 원인이 아니라, 인지적 원인에 의해서도 발생할 수 있다는 것을 보여 준다.

이양(1986)의 뮐러-리어(Muller-Lyer) 착시를 이용한 거리-크기 수정 실험은 연령에 따른 착시 효과의 차이를 보여 주었다. 이양은 실험을 통해서 성인과 아동의 착시를 비교하였는데 연구 결과, 모서리 경험이 많은 성인이 아동보다 더 큰 뮐러-리어 착시 현상을 보이는 것으로 나타났다. 그리고 모서리 경험이 착시에 영향을 미치는지 알아보기 위해 아동들에게 모서리 사진을 보여 준 조건과 보여 주지 않은 조건에서의 착시 정도를 비교한 결과, 모서리 경험을 한 아동이 경험하지 못한 아동보다 더 큰 뮐러-리어 착시 현상을 보여 주었다. 이러한 실험 결과는 경험에 의해서도 지각이 왜곡될 수 있음을 시사한다.

착시 현상은 실제 사고에도 영향을 줄 수 있다. Coren과 Girgus(1978)는 뉴욕 시를 향해서 11,000피트와 10,000피트 고도로 각각 접근하고 있던 2대의 민간 항공기 간의 충돌 사고가 착시 현상 때문에 발생한 것이라고 주장하였다. 사고 당시 구름은 10,000피트 고도에서 푸른 하늘을 배경으로 흰색의 비스듬한 기둥 모양으로 솟아 있었다. 10,000피트에서 비행하고

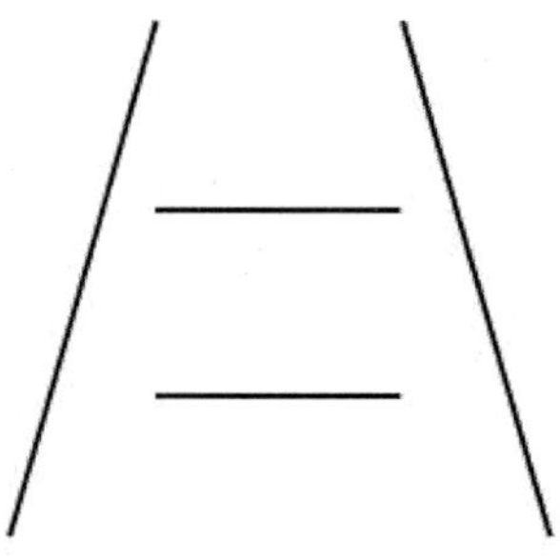

[그림 3-19] 폰조 착시

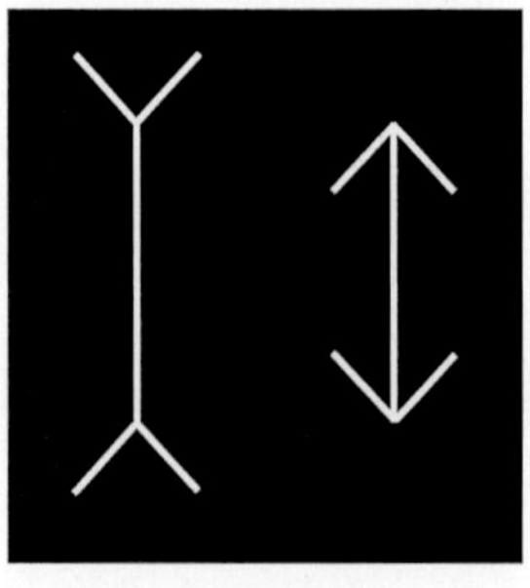

[그림 3-20] 뮐러-리어 착시

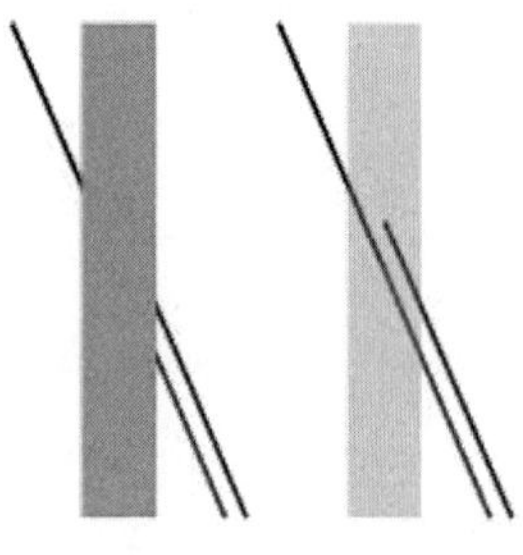

[그림 3-21] 포겐도르프 착시

있던 승무원들은 2대의 비행기가 동일한 고도에 있다고 잘못 지각하였고 충돌을 피하기 위해서 고도를 급상승시켰다. 그 결과 2대의 비행기는 약 11,000피트에서 충돌하였다.

미국 민간 항공학위원회는 고도에 대한 판단 착오가 구름 위로 향하는 기울어진 경계에 의해서 발생하는 포겐도르프(Poggendorf) 착시 때문이라고 보았다. 포겐도르프 착시에서는 2개의 비스듬한 선이 실제로 평행한데도 그렇게 보이지 않는 착시 현상을 말한다. 구름이 2개의 비행 경로가 실제로는 평행하지 않은데도 평행한 것처럼 보이는 착시를 발생시켰고, 비행기 조종사가 사고를 피하기 위해서 고도를 수정하였던 것이 오히려 11,000피트 상공에 있던 비행기와의 충돌사고를 발생시킨 것이다.

착시의 또 다른 예로 야간의 비행기 착륙 상황을 생각해 볼 수 있다. 야간에는 활주로의 불빛만 보이는 블랙홀 현상이 발생한다. 활주로의 불빛만 보이는 상황에서는 조종사들이 보통 때보다 더 낮은 고도로 비행하려는 경향이 발생한다. 짧은 활주로에서 더 낮은 고도에서 착륙을 시도하는 것은 비행기 충돌사고의 위험을 높이는 행동이다. 이러한 충돌사고 위험성 증가는 불빛 이외에는 사용할 수 있는 깊이 단서들이 불충분하기 때문에 발생하는 것으로 접근 각도의 과대 추정이 원인으로 지목된다(Mertens & Lewis, 1981).

4) 운동 지각

Johanson(1975)은 생물학적 운동 지각이 거의 자동적임을 발견하였다. Johanson(1975)은 사람의 팔꿈치, 손목, 어깨, 엉덩이, 무릎 및 발목에 전구를 부착하고 어둠 속에서 움직이는 것을 비디오로 녹화하였다.

관찰자로 실험에 참여한 사람들은 불빛이 정지해 있을 때에는 무의미한 형태의 불빛으로 지각하다가 불빛이 움직이기 시작하자 사람의 운동이라는 것을 즉시 알아차렸다. 즉, 불빛에 의해서 표시되는 움직임의 복잡한 형태가 생물학적 운동으로 지각하기에 충분한 정보를 제공한 것이다. 후속 연구에서는 이 필름을 아주 짧게 보여 주는 것만으로도 사람들의 수와 성별 및 동작(춤을 추는 등) 등을 판단하는 것이 가능하다는 것을 보여 주었다.

이상의 연구 결과를 종합할 때, 운동 지각은 선천적으로 몸의 움직임을 파악하는 능력을 통해서 가능한 것으로 보인다. 사람의 움직임에는 중심을 기준으로 2개의 교차점에 있다. 신체 중심을 이루는 2개의 선 중 하나는 왼쪽 어깨와 오른쪽 엉덩이이며, 다른 하나는 오른쪽 어깨와 왼쪽 엉덩이를 연결하는 선이다.

일반적으로 여자는 남자에 비해서 좀 더 넓은 엉덩이와 좁은 어깨를 가지고 있기 때문에 여성의 움직임 중심은 남성의 움직임 중심보다 상대적으로 더 높다. 이 정도의 운동 지각 정보만을 이용하더라도 성별을 쉽게 구별할 수 있다.

(1) 자동운동과 파이 현상

암실과 같은 짙은 어둠 속에서 작은 광점을 바라보고 있으면 광점이 움직이는 것 같은 착각을 하게 된다. 이것은 광점이 고정되어 있을 때도 안구는 자동적으로 움직이기 때문에 발생하는 현상인데 자동운동(autokinetic movement)의 대표적인 사례로 소개된다.

자동운동은 광점이 작을수록, 빛의 강도가 작을수록, 주변이 어두울수록, 대상이 단순할수록 잘 발생한다. 하지만 속도나 범위, 방향, 유지 시간에는 개인차가 크다. 컴컴한 방에서 조그만 불빛을 보여 주면, 비록 그 불빛이 정지되어 있는데도 여러 방향으로 움직이는 것같이 보인다. 이 현상은 우리가 불빛의 상대적 위치를 확인할 바탕이 되는 참조틀이 없기 때문에 생긴다.

또 다른 가현 운동지각 현상으로는 파이(phi) 현상을 들 수 있다. 파이 현상은 고정된 거리로 분리되어 있는 자극들을 기계적인 순서에 따라 제시할 때 일어나는 현상인데 일정한 시간 간격(1/10초)으로 4개의 불빛을 켜고 끄는 것을 계속하면 점선과 같은 움직임을 보게 된다. 가현운동은 일종의 운동 착시이기는 하지만 물체가 실제로 움직일 때 경험하는 것과 매우 유사한 지각적 표상을 경험하도록 한다. 앞에서 언급된 지각적 추리를 파이 현상에도 적용할 수 있다. 교대로 일어나는 감각 정보를 바탕으로 지각체계는 자극이 일련의 계속적인 운동을 하고 있다고 추리하는 것이다.

(2) 속도지각

속도에 대한 지각은 움직이는 물체를 다루는 활동을 많이 하는 현대인에게 매우 중요하다. 자동차 과속 운전은 심각한 사고를 초래하는 대표적인 원인으로 지목받는데, 고의적인 과속과 함께 지각 오류로 인한 과속도 많이 발생한다. 예를 들어, 자동차 안의 소음이 작다거나, 운전 좌석의 높이가 높아질 때 또는 지면의 결이 잘 보이지 않을 때 운전자는 속도를 실제보다 낮게 지각할 수 있다(이재식, 2005).

주변의 자동차 속도를 판단하는 상황에서 사용되는 지각은 자동차 크기의 변화이다. 즉, 관찰하고 있는 차량의 크기가 빨리 커진다면 그 차량은 속도가 빠른 차량이며, 크기의 변화가 느리면 속도도 느린 것이다. 이것을 판단하기 위해서는 오랫동안의 주시와 집중이 필요하기 때문에 성공적인 자동차 속도 판단은 쉽지 않다.

속도에 대한 지각은 정서에 영향을 받기도 하는데 스트레스 상황이나 시간 압력이 높아지는 상황에서는 속도에 대한 인식이 보다 낮아진다. 그리고 목적지에 빨리 가고자 하는 기대와 욕구가 더해져 보다 속도를 높여서 과속으로 운전을 하면서도 속도에 대한 인식은 낮게 가질 수도 있다(Denton, 1980).

(3) 주관적 속도감

주관적 속도감에 영향을 미치는 것은 주변 풍경, 소리, 진동과 같은 감각 정보이며 가장 대표적인 시각 단서로는 모서리 빈도(edge rate)와 전역적 광학 흐름(total rate of optical flow) 등이 있다(Wickens & Hollands, 2003).

모서리 빈도란 단위 시간당 관찰자를 지나치는 모서리 혹은 불연속적 표면의 수를 말한다. 모서리 빈도는 표면 결의 밀도에 영향을 받는데 같은 공간 안에 표면 결이 조밀하게 분포하면 동일한 시간 동안 관찰자를 지나치는 모서리 빈도가 증가하여 빠른 속도감을 지각한다.

이를 응용한 사례가 Denton(1980)의 속도 지각에 영향을 주는 시각 패턴에 관한 연구이다. Denton(1980)은 연구에서 피험자가 노면 표시의 간격이 다른 두 조건과 통제 조건에서 모의로 주행하면서 목표 속도의 절반에 해당하는 속도에 반응하도록 하였다. 모의주행 실험 결과에 따르면 노면 표시가 있는 조건이 통제조건보다 유의하게 빠른 속도감을 지각하였고, 간격이 조밀한 횡선(transverse line) 형태의 노면 표시가 그렇지 않은 형태보다 주관적 속도감을 더 빠르게 왜곡시키는 것으로 나타났다.

전역적 광학 흐름이란 시간에 따른 광학 흐름의 변화 속도를 말하는 것으로 관찰자의 눈높이와 움직이는 속도에 영향을 많이 받으며, 관찰자의 눈높이가 낮으면 낮을수록, 관찰자의 움직임이 빠르면 빠를수록, 전역적 광학 흐름이 증가하여 빠른 속도감을 지각하게 된다는 것이다.

황봉기, 이순철, 오주석(2010)은 도로의 중앙분리대 형태가 가지는 모서리 빈도 및 전역적 광학 흐름에 따라 운전자의 속도 지각이 어떠한 차이를 나타내는지 살펴보는 연구를 진행하였다. 그 결과, 콘크리트벽형 강성 방호울타리 조건보다 모서리 빈도가 많은 가요성 방호울타리에서의 자동차 운전이 더 빠른 속도 지각을 나타내었다. 즉, 중앙분리대 형태에 따라서 운전자의 주관적 속도감에 차이가 나타난 것이다. 이상의 연구는 모서리 빈도와 전역적 광학 흐름이 속도를 주관적으로 지각함에 있어서 중요한 역할을 하고 있음을 나타낸다.

광학 흐름을 통한 주관적 속도감은 과속경향성을 줄이기 위한 노력에 주로 사용된다. 한

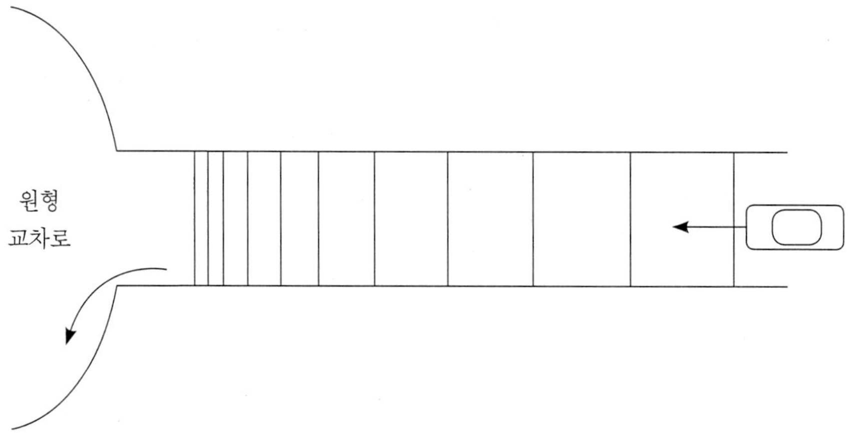

[그림 3-22] 회전교차로의 세로결 간격과 주관적 속도감

예로, 스코틀랜드의 원형 교차로 재설계를 들 수 있다. Denton(1980)은 자동차 운전자들이 회전교차로에 들어오면서 과속을 하게 되고, 이로 인한 사고가 많다는 것을 파악하였다. 이러한 사고를 줄이기 위해서 Denton은 [그림 3-22]처럼 회전교차로에 가까워질수록 도로 위에 새겨지는 가로결 모양을 더 촘촘해지도록 설계하였다. 운전자는 회전교차로에 접근하면서 좁아지는 결을 통해 빠르게 접근하고 있다는 것을 보다 효과적으로 인식할 수 있다.

사실 이것은 일종의 착시 현상을 이용한 것이다. 운전자는 상대적으로 좁아지는 세로결 자극을 통해서 자신이 과속하고 있다는 것을 인식하게 된다. 자신의 생각보다 속도가 높다고 지각하게 되면 본능적으로 브레이크 페달을 밟아서 주행 속도를 낮추게 된다. 즉, 가로결 간격을 조정함으로써 운전자의 주관적 속도감을 증가시키고, 이것을 통해 감속을 유도하여, 교통사고를 감소시킬 수 있었던 것이다.

5) 형태 재인

지각체계화가 형태들이 어떻게 지각되는가에 초점을 맞추고 있는 것이라면, 형태 재인은 우리가 형태를 어떻게 확인하는가에 초점을 맞추고 있다. 형태에 대한 인식은 인간 생존에 가장 강력한 단서를 제공한다. 시각 정보에서 모서리 탐지와 선분 탐지 등에 탁월한 능력을 보이는 것은 형태나 윤곽에 대한 재인이 생존에 필수적이기 때문이다. 어렴풋한 형태만 보고도 그것이 우리의 포식자인지 먹잇감인지 알아차려야 한다. 포식자라면 더 빨리 도망가야 하고, 먹잇감이라면 더 빨리 다가가야 한다.

형태 재인을 설명하는 모형은 크게 3가지가 있다. 첫 번째 모형은 형판 이론(template theory)이다. 형판 이론은 제시된 시각 자극 패턴이 기억에 저장되어 있는 동일한 형판과 짝지어지면서 형태를 파악하다는 이론이다. 즉, 현재 제시된 자극과 기존에 기억되어 있는 형판이 똑같다고 인식될 때 자극이 파악된다는 입장이다. 그러나 형판 이론은 자극과 형판이 조금만 달라도 파악되지 못한다는 입장을 취해 모든 자극에 해당하는 형판이 기억 속에 있어야만 형태를 재인할 수 있다는 비판을 받고 있다.

두 번째 모형은 세부 특징 분석 이론(feature analysis theory)이다. 세부 특징 분석 이론은 자극 패턴이 제시되면, 그 자극을 세부 특징별로 분석하고, 종합하는 과정을 거쳐 파악한다고 가정하며, 유기체가 자극 패턴의 수직선, 수평선 등의 세부 특징을 탐지할 수 있는 선천적으로 주어진 생리 탐지기들과 함께 지각 학습을 통해 획득한 후천적인 세부 특징 목록들을 가지고 있다고 주장한다. 이러한 세부 특징 분석 이론의 단점은 크게 2가지이다. 첫째, 형태 재인에서 국소 정보의 처리를 지나치게 강조한다는 것이다. 둘째, 지엽적 수준의 정보처리를 강조하고 있기 때문에 형판 이론이 가지고 있는 단점을 동일하게 가진다.

Treisman(1986)은 세부 특징이 전주의적 단계에서 사용된다고 주장하였다. 예를 들어, 다른 방향의 방해자극 사이에서 단일 방향의 표적자극을 검색할 때, 표적이 있다는 것을 판단하는 시간은 방해자극의 개수에 영향을 받지 않았다. 표적이 방해자극들과 색만 다를 경우에도 유사한 결과가 나타났다. 반면에 방해자극의 색과 방향을 둘 다 공유하는 표적을 탐지해야 하는 과제에서는 반응 시간이 방해자극의 개수만큼 증가하였다.

시각 검색에서 얻은 이러한 연구 결과들은 색채를 이용한 컴퓨터 디스플레이 설계가 어떻게 이루어지는가에 따라서 사용자의 검색 시간을 늘릴 수도 있고, 현저하게 줄일 수도 있다는 것을 알 수 있다(Fisher, Coury, Tengs, & Duffy, 1989; Fisher & Tan, 1989). 표적이 강조되도록 디스플레이를 설계한다면 반응 시간이 더욱 빨라질 것이고, 그렇지 않을 경우에는 반응 시간은 느려진다. 형판 이론과 세부 특징 분석 이론은 형태 재인에 있어 표상의 중요성을 강조하고 있다는 공통점이 있다.

그런데 표상 수준보다는 처리 수준을 강조하는 모형이 있는데, 이것이 바로 세 번째 모형인 두 과정 모델(two process model) 이론이다. 두 과정 모델 이론은 형태 재인이 제시된 자극 패턴의 물리적인 세부 특징을 분석하는 자료 주도적 처리(data-driven process)와 처리된 자료를 종합하여 검증하는 개념 주도적 처리(concept-driven process)라는 두 과정을 모두 포함하고 있다고 주장한다.

전자는 제시된 자극 패턴을 먼저 개개의 세부 특징으로 분석하고 종합한 다음, 과거 경험이나 기억과 비교하여 판단하고, 그 결과로 반응을 결정짓는 순차적인 처리(serial processing)를 말한다. 후자는 자극 패턴에서 추출한 몇 가지 세부 특징을 종합한 다음, 그 패턴과 관련된 개념들을 찾고, 그 개념들을 바탕으로 세부 특징에 대한 가설을 만들고, 제시된 패턴에 과연 그 세부 특징이 있는지 여부를 검증하는 것이다. 자극이 짧은 시간에 제시되거나 애매한 경우에는 후자의 처리가 우세하게 작용하는 것으로 생각된다.

두 과정 모델 이론에서 개념 주도적 처리를 더 발전시킨 이론이 있는데, 그것은 바로 전형 이론(prototype model)이다. 전형 이론에서는 세부 특징이 구성하는 전형적인 구조를 파악한다. 구조에서 변형된 규칙을 파악하는 과정을 통해 자극 패턴의 재인이 이루어진다고 가정한다(이재식, 이순철, 조대경, 1990).

6) 지각 항등성

어떤 사람이 다가오는 것을 우리는 그의 몸이 점점 더 커지는 것으로 지각하지 않는다. 탁자 위의 접시가 어떤 곳에서 보면 원형으로 보이고 다른 위치에서는 타원형으로 보이지도 않는다. 머리를 움직이더라도 소리가 나는 위치가 변한다고 여기지도 않는다. 환경 속의 자극들에 대해서 우리의 지각체계는 형태와 방향을 일관성 있게 처리한다. 이처럼 환경을 되도록 일관적으로 지각하려는 특성이 바로 '지각 항등성'이다.

물체의 크기는 망막 상의 크기로 인식된다. 따라서 거리가 2배 멀어지면 망막에 맺히는 크기도 1/2로 작아진다. 하지만 실제로는 물체가 작게 보이지는 않는데, 대상과의 거리가 바뀌더라도 크기를 동일하게 지각하려는 경향성 때문이다. 이러한 현상을 지각 항등성 중에서 크기 항등성이라고 부른다.

지각 항등성들은 우리가 환경에 효과적으로 적응하는 데 큰 도움을 준다. 만약 어떤 물체가 거리 또는 각도에 따라 다르게 보인다면 적절한 대응이 어려워질 것이다. 따라서 사람들은 매 순간 물체들로부터 받는 감각 정보들이 변하는데도 물체가 안정된 특성들을 항상 지니고 있는 것으로 지각한다. 항등성 유형에는 크게 3가지가 있다. 시각적 대상에 관계되는 크기 항등성과 모양 항등성이 있고, 시각적 대상의 속성에 관계되는 명도 항등성과 색채 항등성이 있으며, 시각적 대상들 간의 관계에 관한 것으로는 위치 항등성과 방향 항등성 등이 있다.

앞서 살펴본 크기 항등성은 대상과의 거리에 상관없이 크기를 동일하게 지각하는 것이다. 이때 대상이 관찰자로부터 떨어져 있는 객관적 거리에 대한 정보를 무의식적으로 고려하여 크기 항등성을 유지한다는 설명이 유력하다. 모양 항등성은 대상이 경사진 위치에 있든, 그렇지 않든 관찰자의 시각 방향에 상관없이 같은 모양을 가진 것으로 지각하는 경향이다. 가장 흔한 예는 문이 열렸다가 닫힐 때 실제로 여러 모양으로 변하지만 같은 모양을 가진 문으로 지각하는 것이다.

명도 항등성은 대상을 비추는 빛, 즉 조도가 변화하더라도 회색, 흰색 또는 검은색을 그대로 각 색깔로 보게 되는 현상을 말한다. 색채 항등성은 어떤 물체가 주변의 조명 조건에 상관없이 같은 색깔을 가지고 있다고 지각하는 경향성이다. 예를 들어, 소화기는 사무실의 불빛이 밝을 때나 어두울 때나 같은 정도의 붉은색을 가지고 있는 것으로 지각된다.

위치 항등성은 관찰자가 머리나 몸을 움직일 때 망막 상에 맺히는 대상도 함께 변하지만 대상 자체는 다른 대상들과의 관계에서 움직이는 것으로 지각되지 않는 현상을 말한다. 방향 항등성이란 지각된 방향과 망막상의 방향이 독립적으로 지각되는 현상이다. 예를 들어, 응시하는 방향이 변하는데도 대상이 있는 방향은 일정하다고 지각하는 경향이다.

여러 항등성에서 일관되게 나타나는 특성들은 지각체계가 다양하게 변하는 감각 정보를 처리할 때 여러 정보의 중요성을 구분하고 추리하여 다루고 있다는 것이다. 예를 들어, 크기 항등성의 경우 멀리 떨어져 있는 사람의 몸 크기가 망막 상에서는 실제로 매우 작지만, 지각체계가 거리를 무의식적으로 고려해서 실물의 크기를 추리한다. 이러한 과정을 통해서 될 수 있는 한 같은 크기로 지각하려 한다.

10. 주의와 위험

미국에서 실시한 건물 비상벨 실험에서 실험에 참가한 사람들은 비상벨이 울렸음에도 즉시 대피를 하지 않았다. 실험 참가자들은 대피 시간의 2/3시간 동안 주변을 머뭇거리거나 사태를 파악하는 데 시간을 써 버렸다. 이것은 사람들이 비상벨 신호의 의미를 불분명하게 받아들였기 때문으로 파악된다. 사람들은 경보(alarm)가 뚜렷한 이유 없이 잘못 울리기도 한다고 생각했기 때문이다. 이것은 즉각 반응하라는 의미인 경보가 일관성 없이 제시되면, 주의를 통해서 해석이 필요한 신호로 격하될 수 있음을 보여 준 실험이다(Winerman, 2004).

대부분의 과제 수행에는 선택적 주의가 요구된다. 선택적 주의 연구에 사용되는 대표적인 과제로는 선택적 듣기가 있다. 실험에서는 주의를 기울여야 하는 청각적인 표적 메시지와 함께 방해 청각 신호가 동시에 제시된다. 방해자극은 표적 메시지를 차단하거나 혼동시켜 처리를 방해한다. 실험 결과, 선택적 듣기는 표적 메시지가 방해물과 물리적으로 멀리 떨어져 있을 때 상대적으로 탐색하기 쉬웠다. 별개의 스피커로 신호를 제시하거나 헤드폰을 통해 양쪽 귀에 다른 메시지를 들려주는 등의 표적과 방해자극의 공간적 분리는 표적 메시지에 더 쉽게 주의를 기울이도록 한다(Spieth, Curtis, & Webster, 1954). 이와 유사하게 표적과 방해자극의 강도가 다르거나 주파수가 서로 다를 때 선택적 듣기에 대한 탐지가 더 용이해졌다(Egan, Carterette, & Thwing, 1954).

이러한 결과들은 선택적 주의가 거리나 공간과 같은 물리적 특성에 근거하여 일어난다는 초기의 주의 선택 모델을 지지한다. 예컨대, 시각 각도 약 1° 정도 떨어진 곳에 있는 아무런 관련이 없는 자극도 표적의 처리를 다소 방해할 수 있다(Eriksen & Eriksen, 1974). 반면에 공간적으로 충분히 분리되어 있는 방해자극이라면 표적 처리에 전혀 영향을 주지 않는다. 비슷한 사례로 방해 단어들이 공간적으로 충분히 분리되어 있지 않다면 표적 단어와 함께 처리되어 과제 수행을 어렵게 만들 수 있다(Eriksen & James, 1986; Treisman, Sykes, & Gelade, 1977). 한국말이 띄어쓰기에 따라 전혀 다른 의미로 해석되는 것이 대표적인 사례라고 할 수 있다. '아버지가 방에 들어가신다.'와 '아버지 가방에 들어가신다.'의 의미 차이는 바로 주의 선택의 공간적 물리 특성에 따라 발생된 현상이라고도 볼 수 있다.

운전과 같이 많은 과제를 동시에 처리해야 하는 상황에서는 주의를 보내는 대상을 변환하는 능력이 필요하다. Viollanti와 Marshall(1996)은 운전을 하면서 휴대폰을 사용하는 경우 사고 발생률이 5배 이상 높아진다고 보고하였다. 이것은 음주운전 사고율과 비슷한 수준이다. Parasuraman과 Nestor(1991)에 의하면 주의 전환 능력의 쇠퇴가 나이가 많고 치매를 앓고 있는 운전자들의 운전 능력을 저하시키는 주요한 요인이라고 지목하였다. 연구 결과를 토대로 주의 전환 능력이 떨어지는 고령 운전자들이 운전면허를 취득하거나 갱신할 때에 반드시 주의 측정검사가 포함되도록 하는 정책을 마련하기도 하였다.

같은 맥락으로 Cairney와 Catchpole(1995)은 멜버른 도심 교통사고의 30%는 교차로에서 발생한다고 보고하였다. 사고를 분석한 결과 차와 차 충돌사고의 80~90%는 최소한 한 명의 운전자가 상대방을 발견하지 못해서 발생했고, 50%는 두 명의 운전자 모두 서로를 발견하지 못해서 발생한 것이었다. 분명히 시선은 상대방을 향하고 있었지만 발견하지 못하는(Looked But Failed to See: LBFS) 현상이 발생한 것이다. 감각했지만 지각하지 못하는 사고들의 문제는 대다수 주의를 포함한 인지체계의 한계 때문에 발생하는 것으로 보인다.

위급하거나 시간적 압력이 높은 경우 혹은 스트레스 수준이 높은 경우에는 인지적 처리가 늦어지는 터널화(인지적 터널화) 현상이 생긴다. 협소해진 인지 처리 능력은 정보의 말초적 특성에 집중하도록 한다. 따라서 안전에 관련된 정보는 자료 주도적 처리가 쉽도록 설계되어야 할 것이다(Fowler, 1980).

주의는 지속 시간이 짧을 수 있다는 단점을 가지는데 강하게 주의를 사용한 경우 이완이 급격히 발생할 수 있다. 긴장하고 집중했던 일이 마무리되는 시점에서 긴장이 풀리면서 급격히 정신과 육체의 이완이 올 수 있다. 산행 사고는 내려가는 길에 발생한다는 속설은 바로 강한 주의 이후에 이완이 발생할 수 있음을 경고하는 말이다.

1) 선택적 주의

주변의 수많은 자극은 어느 한순간에 그 일부분만이 지각된다. 의식된 경험에는 집중해야 하는 지점과 그렇지 않은 지점이 있다. 집중이 필요한 대상들은 분명히 파악해야 하는 반면 변두리에 있는 대상들은 흐릿하게 파악된다. 사람들의 정보를 처리하는 역량은 제한되어 있기 때문에 계속 정교하게 처리할 필요가 있는 자극을 수많은 자극 중에서 선택해야 한다. 주의 또는 의식 집중은 우리가 지각할 내용을 선택한 결과로 나타난다고 볼 수 있다.

(1) 여과

인간은 주변 환경이나 신체 내부로부터 오는 수많은 자극의 홍수 속에서 살아간다. 모든 자극에 일일이 집중하여 다 처리하기에는 심리적 용량은 제한적이다. 따라서 필요한 자극은 받아들이고 중요하지 않은 것은 여과해 버려야 한다.

유기체가 불필요한 자극을 걸러 내지 않는다면 어떻게 될까? 두 귀에 각각 다른 내용의 메시지를 들려주면서 두 메시지의 내용을 동시에 주목하라고 요구하면 사람들은 아무것도 들을 수 없게 된다. 하지만 둘 중 하나를 버리고 한쪽 귀에 들리는 내용만 주의하도록 하면 비교적 정확히 내용을 들을 수 있다. 불필요한 자극을 제대로 여과하지 않는다면 아무것도 처리하지 못하기 때문에 여과는 정보를 제대로 처리하기 위한 매우 중요한 기능이다.

주의는 3가지 특징을 가지고 있다. 첫째, 경계이며, 둘째, 정보 선택이고, 셋째, 제한된 중앙처리 용량이다. 경계란 유기체가 내 · 외부에서 발생하는 자극에 대해서 최적의 민감도를 유지하는 것을 말한다. 경계 상태에서는 정보가 잘 처리할 수 있지만 계속 유지하기가 힘들다는 단점이 있다. 정보 선택은 이미 언급한 바와 같이 다양한 출처의 정보 중 한 가지 출처의 정보만을 계속 처리하기 위해 선택하는 것이다. 제한된 용량은 둘 이상의 심리적 집중이 요구될 때 문제가 발생한다는 것이다. 숫자들을 외우는 심리 과정과 불빛의 유 · 무를 탐지하는 과정 등은 모두 심리적 자원에서 용량의 한계를 가지고 있기 때문에 각 과정을 동시에 수행하는 것은 어렵다. 한 번에 한 가지 과제만을 수행하는 것에 비해서 2개 이상의 과제를 함께 수행하려면 제한된 용량 때문에 실패할 확률이 높아진다. 이러한 주의의 3가지 특징은 왜 성공적인 주의를 위해서 여과가 필요한지를 잘 설명해 준다.

(2) 주의를 결정하는 요인

어떤 대상에 주의를 보내게 되는 이유에는 4가지가 있다. 첫째, 강도와 크기이다. 둘째, 대조와 신기함이다. 셋째, 반복, 넷째, 움직임이다. 어떤 자극이 강할수록 우리는 그 자극에 주의를 기울이기 마련이다. 조그만 광고보다 전면광고가 주의를 끄는 것과 같은 이치이다. 어떤 대상이 새롭거나 또는 다른 대상들과 크게 대조적이면 당연히 주의를 끈다. 반복이 주의를 끌 수도 있는데, 예를 들어, 같은 단어를 여러 번 반복해서 사용하면 다른 단어들보다 주의를 끌 수 있다. 또한, 인간과 동물은 물체의 움직임에 대해 즉각적으로 주의를 보낸다. 전광판은 인간이 움직임에 보다 주의를 기울인다는 것을 이용한 광고 방법이다.

주의가 발생하는 이유는 유기체 내부에도 있는데, 3가지로 구분할 수 있다. 첫째, 동기, 둘째, 준비, 셋째, 흥미이다. 배고픈 사람은 허기를 충족시키는 것에 동기화되어 있기 때문에 배부른 사람보다 음식에 주의를 더 잘 기울인다. 또, 중요한 전화가 올 것을 예상하고 기다리는 사람은 졸고 있는 상태에서도 전화 소리를 들을 수 있다. 인간은 특정한 자극을 보거나 들을 수 있도록 마음의 태세를 갖출 수 있다. 우리가 어떤 자극에 반응할 준비를 하고 있다면, 그 자극에 더욱 쉽게 주의를 집중할 수 있으며, 더 빨리 분석하고 정확히 판단할 수 있다. 그리고 인간은 자기가 흥미를 가지고 있는 것에 대해 다른 것들보다 쉽게 주의를 기울이게 된다. 시끄러운 소음 속에서도 관심 있는 사람의 목소리가 더 잘 들리는 것은 바로 그 사람에게 흥미가 있기 때문이다.

이처럼 매우 유연한 주의의 특성 때문에 우리는 어느 정도 여유를 가지고 규칙 있게 자극들을 선택하고, 적합한 반응을 결정할 수 있다. 주의를 결정하는 내적 원인이 없다면 환경에 대한 인간의 적응은 완전히 수동적인 성질을 띠게 될 것이다.

2) 부주의

부주의(inattention)는 행위 목적에서 벗어난 심리적 · 생리적 현상을 말하며, 주의가 낮아지거나 산만해진 상태를 의미한다. 따라서 부주의는 의식 수준과 관련이 높으며 사고를 비롯한 위험을 증가시키는 주요한 원인이 된다.

Stevens와 Minton(2001)은 영국 웨일스에서의 교통사고를 조사한 결과 5,740건의 사고에서 2%(101건)는 운전자의 부주의가 직접적 영향이라고 발표하였다. 부주의의 원인은 동승자와의 교류나 차량 내 음악장치 조절, 음식물 섭취나 흡연 그리고 내비게이션 조작 등으로 꼽혔다. 한국도 손해보험협회(2008)의 연구에 따르면 자동차 운전 중 DMB를 사용하면 전방주시가 70.4% 수준으로 하락하게 된다. 이러한 부주의로 인한 사고는 전자 기계의 발전과 개인용 장치의 보급으로 더욱 급속히 증가하고 있다.

주의에는 선택성과 방향성, 변동성이 있다. 선택성은 자극 중 선택해서 주의를 기울이는 것이다. 방향성은 한곳에 주의를 기울이면 다른 방향에는 주의가 산만하게 됨을 의미한다. 변동성은 지속적인 주의가 힘들기 때문에 산발적으로 주의와 부주의가 리듬을 타면서 발생하는 것이다. 외부 대상에 대해서 주의를 기울여 관찰하는 것은 외향적 주의이며, 공상이나 잡념에 빠지는 것을 내향적 주의라고 한다.

주의를 기울여야 하는 외부 대상이 많아지면 주의의 범위는 넓어지고 깊이는 얕아진다. 주의를 기울어야 햐는 외부 대상이 적어지면 주의의 범위는 좁아지고 깊이는 깊어진다([그림 3-23]). 부주의 상태일 때는 환경 조건이나 변화에 주의를 기울이지 못하거나 알아차리지 못한다. 또 알아차리긴 하더라도 간과하게 된다. 부주의는 경험이 없거나 숙련되지 못하거나, 정서 불안정, 혹은 심신 피로가 원인으로 작용할 수 있다. 왜냐하면 주의는 장시간 지속할 수 없다는 특징을 가지는데, 고도의 집중일수록 지속 시간은 짧아지고 부주의가 나타나게 된다. 또한 동시에 2가지 이상의 과제에 집중하는 것은 거의 불가능하다. 따라서 위험을 줄이고 사고를 예방하기 위해서는 일상의 중요한 활동들이 주의의 한계를 넘지 않도록 계획되

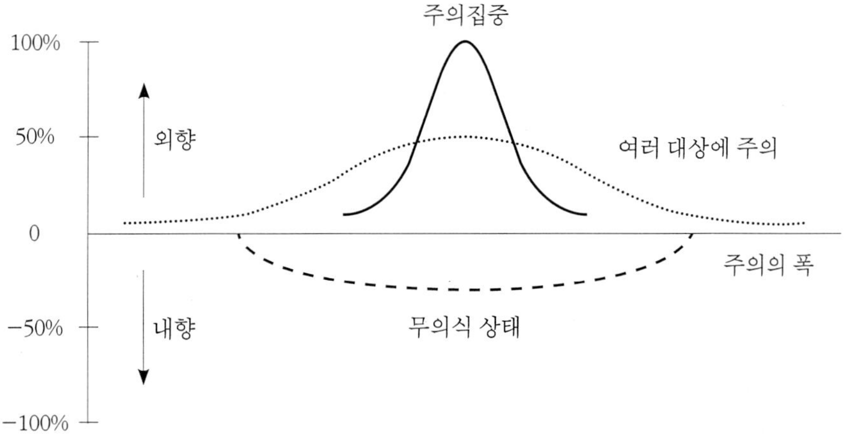

[그림 3-23] 주의력의 범위와 수준

어야 한다.

부주의 현상은 의식 중단과 의식 우회, 의식 저하 등으로 나타난다. 의식 중단은 의식 흐름에 갑작스런 중단이 생기는 경우를 말한다. 특수한 질병이 있는 경우에 나타나기 때문에 일반적으로 건강한 사람들이 경험하지는 않는다. 의식 우회는 의식 흐름이 주의를 기울이는 대상을 벗어나는 것을 말한다. 걱정이나 고민거리 혹은 공상이나 욕구 불만 등으로 주의가 다른 곳으로 옮겨 가서 정상적인 주의집중 활동에 문제가 생기는 경우이다. 의식 저하는 멍한 의식 상태를 말하며, 심신이 피로하거나 단조로운 작업이 반복될 때 발생한다.

대표적인 부주의 현상 중에는 부주의 맹시(inattentional blindness)가 있다. 부주의 맹시(inattentional blindness)는 양분하거나 복합적인 과제에서 주의 배분이 제대로 이루어지지 않아 변화나 탐지해야 할 신호를 놓치는 것을 말한다.

3) 각성과 경계

불안이나 위험에 의한 스트레스 상황은 생리적 각성 수준을 증가시키는데 이것은 심장 박동이나 동공 크기 그리고 호르몬 변화 등 다양한 생리적 변화를 통해서 기록될 수 있다.

주의는 각성(arousal) 수준에 영향을 받는다. 주의 할당 방식과 주의 자원의 양이 각성 수준에 영향을 미친다. 각성 수준이 증가함에 따라 최적 각성 수준(optimum level of arousal)까지 수행률은 증가하다가 이후로 급속하게 감속하게 된다. 주의와 각성 간의 이러한 관계를 Yerkes-Dodson 곡선으로 표현할 수 있다(Yerkes & Dodson, 1908). Yerkes-Dodson 곡선은 복합 과제에 비해 단순 과제의 경우 각성의 최적 수준이 역 U자 모양의 함수관계를 나타낸다는 것이다([그림 3-24]).

각성 수준이 낮으면 수행이 저하되는 것은 당연한 일이다. 낮은 각성 수준에서는 과제 수행을 위해 준비하는 것을 잘못 선택할 수도 있고, 주시 과제에 주의를 적절하게 몰입하지 못할 수도 있다. 최적 각성 수준까지 각성이 증가함에 따라 수행이 향상되는 것은 더 잘하기 위해서 노력하는 촉진효과라고 볼 수 있다. 실패에 대한 두려움이 증가하는 것 자체가 더 열심히 더 잘 하려고 노력하게 만드는 것이다.

그러나 각성이 최적 수준을 넘어서면 수행은 오히려 감소하는데, 일종의 과다각성(overarousal) 효과가 발생한다. 높은 각성 수준에서는 주의 폭이 좁아지기 때문에 주의를 끌기 위해 사용하는 단서도 제한적이다(Easterbrook, 1959). 또한 적절한 단서와 부적절한 단서들 간의 구별 능력도 떨어진다. 이러한 이유 때문에 높은 각성 수준에서의 주의 할당은 오히

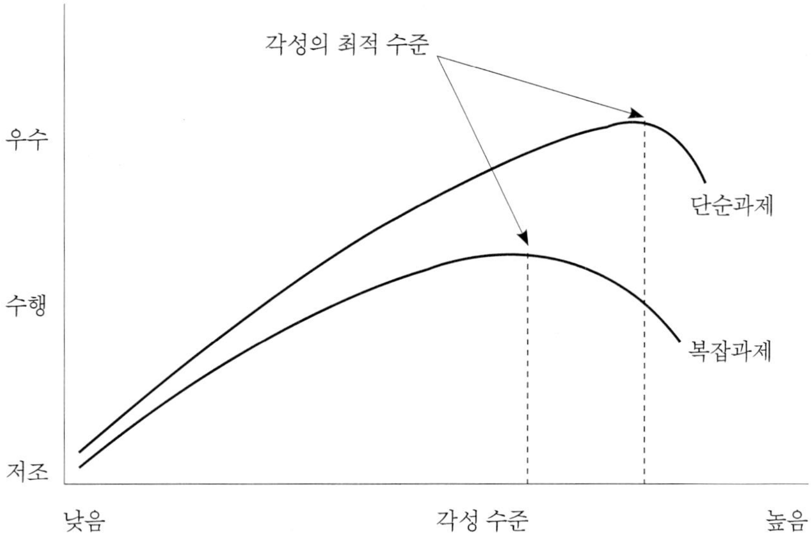

[그림 3-24] **Yerkes-Dodson 법칙에 따른 각성 곡선**

려 제대로 이루어지지 못할 가능성이 높아지고 수행의 질이 떨어지게 된다.

높은 각성 수준에서 일어나는 주의 한계 현상은 지각 협소화 때문이다(Kahneman, 1973). Weltman과 Egstrom(1966)은 초보 스쿠버 다이버의 수행에서 지각 협소화를 알아보기 위해 이중 과제를 사용한 실험을 실시하였다. 1차 과제는 산수와 숫자판 탐지에 관한 것이고, 2차 과제는 주변에 제시되는 빛 탐지에 관한 것이다. 각성 수준은 정상 환경(낮은 스트레스), 탱크 안(중간 스트레스), 바다 안(높은 스트레스)에서 다이버를 관찰함으로써 측정되었다. 스트레스가 증가해도 1차 과제 수행은 영향을 받지 않았지만, 2차 과제 수행은 저하되었다. 이것은 증가한 스트레스 상황에서의 주의집중이 협소화된다는 개념과 일치하는 결과이다.

Leibowitz와 Owens(1986)는 야간 자동차 운전의 사고율 증가가 각성과 경계의 차이 때문일 수 있다는 연구 결과를 발표하였다. 운전자들이 자동차를 운전하는 것은 도로와 인도의 경계를 따라가는 것인데, 환경의 경계에 대한 지각은 야간에도 크게 감소하지 않는다. 그러나 경계 탐색의 낮은 지각적 손상은 야간 운전의 위험을 과소평가하게 만들 수 있다. 야간은 시각 초점 체계에 큰 손상을 주기 때문에 돌발적인 장애물 탐지를 어렵게 만든다. 따라서 야간에 자동차 운전이 위험한 이유는 환경 경계에 대한 지각이 잘 된다는 생각에 별다른 조심을 하지 않다가 갑작스런 돌발 상황이나 돌출물이 발생하면 탐지와 대응이 낮 시간보다 어려워 사고로 이어질 확률을 높이기 때문이다.

긴 시간 동안 지루한 과제를 수행해야 할 때도 각성 수준은 낮아진다. 경계(vigilance) 과제는 예상치 않은 시행에서 발생하는 불규칙한 신호들을 탐지하는 것이다. 경계에 관한 연구는 제2차 세계 대전 당시 왜 레이더 탐지병이 표적을 제대로 탐지하지 못하는가에 대한 의문에서 출발하였다. 시스템이 자동화됨에 따라 레이더 탐지병 역할은 주로 결정적 신호의 출현을 주시하는 것으로 바뀌었지만 여전히 주의를 통한 각성과 경계는 산업 현장의 품질관리, 항공기 관리, 제트기와 우주선, 인공물의 조작에서 인간 수행의 신뢰성을 결정하는 중요한 지표로 쓰인다(Warm, 1984).

11. 맥락과 지각

1) 장 의존적 지각과 장 독립적 지각

사람은 자신이 속한 환경을 어떠한 맥락에서 이해하는가에 따라 시각 정보에 대한 지각적 판단을 달리할 수 있다. 이러한 지각적 판단의 차이를 크게 장 의존적(field-dependence) 지각과 장 독립적(field-independence) 지각이라고 말한다. 장 의존적 지각이냐 장 독립적 지각이냐는 사람이 주변 환경에 얼마나 영향을 받느냐의 정도로 구별할 수 있다.

일상의 환경이 주는 위험에 대한 정보는 위장되거나 숨겨져 있는 경우가 많다. 표면적인 정보와 상태에 집중하는 사람은 숨겨져 있는 정보를 탐지하기 어렵다. 환경 표면에 나타난 정보와 감각적 탐지에만 몰두하는 지각 스타일을 장 의존적 지각이라고 부른다. 이와는 반대로 환경 표면의 1차적 정보뿐만 아니라 숨겨져 있는 정보와 예상되는 정보까지 모두를 지각적 평가 대상으로 삼는 지각 스타일을 장 독립적 지각이라고 부른다(Burg, 1971).

장 의존적인 지각 스타일의 사람은 주변 환경의 영향을 많이 받는 데 비하여 장 독립적인 지각 스타일의 사람은 주변 환경의 영향을 비교적 적게 받으며 독립적이고 포괄적인 정보처리 방식을 주로 사용한다. 장 의존적 지각과 장 독립적 지각은 또한 환경과의 상호작용 스타일에서도 차이가 나타난다. 장 의존적인 사람은 주변에 너무 많은 정보가 제시되면 영향을 받기 때문에 어떻게 정보들을 배치할 것인가에 보다 더 주의를 기울어야 한다.

Shinar, McDowell, Rackoff와 Rockwell(1978)은 장 의존적 지각과 장 독립적 지각의 차이를 안구운동 분석을 통해서 밝혀내는 연구를 실시하였다. 연구 결과, 장 의존적으로 지각하는 사람들의 안구운동은 장 독립적으로 지각하는 사람들보다 대상물에 대한 주시 시간이 더 길었다. 이것은 장 의존적 지각 스타일을 가진 사람은 대상이 가진 1차적 정보를 획득하는

데 집중하기 때문에 맥락을 통해 대상을 파악하는 장 독립적 지각 스타일보다 더 많은 시간을 필요로 한다는 것을 시사한다.

이 실험에서 피험자는 2대의 자동차 뒤를 주행하게 했다. 앞선 자동차가 감속하면 두 번째로 주행하는 자동차도 추돌하지 않기 위해서 감속하게 된다. 이때 세 번째로 주행 중인 피험자의 브레이크 반응 시간을 측정하였다. 가장 앞서가는 자동차가 보이지 않을 경우에는 장 의존 운전자와 장 독립 운전자의 브레이크 반응 시간은 유의미한 차이가 없었다. 하지만 가장 앞서가는 자동차를 세 번째 피험자가 볼 수 있을 경우에는 장 독립 운전자의 브레이크 반응 시간이 장 의존 운전자들보다 빨랐다. 이것은 가장 앞서가는 자동차의 움직임을 보고 상황을 예측하는 능력이 장 의존 운전자들보다 장 독립 운전자가 더 뛰어나며, 장 의존 운전자는 두 번째 주행 중인 차량에 크게 영향을 받고 있음을 의미한다. 즉, 장 독립적 운전자는 보이는 차량 모두에 대응하는 반면 장 의존적 운전자는 바로 앞 차량만 보고 운전하는 것이다.

불행하게도 앞 차량의 브레이크 등을 보고 자신의 차량 브레이크 페달을 조작한다면 사고를 막기에는 너무 늦은 경우가 많다. 안전거리를 잘 두지 않는 한국의 경우에는 장 의존적 운전자의 위험은 더욱 커질 것이 예상된다.

Mihal과 Barrett(1976)는 75명 운전자들을 대상으로 장 의존과 장 독립의 지각 스타일과 주위집중 차이를 비교 분석하였다. 그들이 세운 가설은 다음과 같았다.

첫째, 지각 스타일이 사고와 연관이 있을 것이며, 장 독립적 지각을 하는 운전자가 더 적게 사고에 연루될 것이다.

둘째, 선택적 주의(selective attention)는 사고와 관련이 있으며, 적절히 주의집중을 하는 사람들이 사고를 적게 발생시킬 것이다.

셋째, 지각-운동에서 선택, 복합 반응 시간이 사고와 관련이 있을 것이며, 단순 초기 반응 시간(초기 반응 시간은 자극 제시 후, 손이 움직이기 시작할 때까지의 반응 시간을 의미함)과는 관련이 없을 것이다.

넷째, 지각 스타일과 선택적 주의는 선택과 복합 반응 시간과 관련이 있을 것이며, 초기 및 단순 반응 시간과는 관련이 없을 것이다.

다섯째, 지각 스타일은 선택적 주의와 관련이 있을 것이고, 장 독립 운전자가 더욱 주의를 잘 기울일 것이다.

이상의 가설들을 검증하기 위해서 실시된 실험 결과는 〈표 3-3〉으로 제시하였다. 〈표 3-3〉에서는 사고 건수가 많은 사람은 무사고자들에 비해 막대 조정 검사와 숨은 그림 찾기의 점수가 낮았다. 이것은 장 의존적으로 지각하는 운전자들일수록 사고를 많이 발생시키

표 3-3 사고기록별 변인들의 평균과 표준편차

변인	무사고자[a]		1회 사고자		2회 이상 사고자		전체	
	M	SD	M	SD	M	SD	M	SD
막대 조정 검사	2.85[b]	2.39	3.94	3.18	5.21	3.18	4.04	3.36
숨은 그림 찾기	69.45[b]	40.93	92.29	47.45	96.49	45.18	85.19	45.26
선택적 주의	25.00[c]	13.64	45.20	37.12	47.59	38.93	38.23	32.63

* 무사고자 29명, 1회 사고자 15명, 2회 이상 사고자 31명, 전체 피험자 75명
a: 지난 5년간 무사고자
b: 낮은 점수가 장독립 운전자
c: 낮은 점수가 더욱 주의 깊은(attentive) 운전자
출처: 이순철(2000).

는 것을 나타낸다. 그리고 선택적 주의(selective attention) 점수도 사고 건수가 많은 사람들이 무사고자들에 비해서 더 높았다. 이것은 사고가 많은 운전자들일수록 주위집중에 문제가 있다는 것을 나타내는 것이다.

5가지의 가설 검증에 대해서는 〈표 3-4〉에 제시되어 있다. 첫 번째 가설은 입증되었는데 지각 스타일이 장 의존적이냐 장 독립적이냐에 따라 막대 조정 검사와 숨은 그림 찾기 점수들은 사고 건수와 유의미한 상관을 보였다. 두 번째 가설에서도 선택적 주의 점수가 사고 건수와 유의미한 상관이 있음을 입증하였다. 세 번째 가설 중 복합 반응 시간만이 사고와의 관련성이 입증되었고, 선택 반응 시간과 사고 건수 사이에서는 유의미한 상관관계가 나타나지 않았다. 그러나 단순 및 초기 반응 시간은 가설대로 사고와의 관련성이 없었다. 네 번째 가설에서도 지각 스타일이 장 의존적이냐 장 독립적이냐에 따라 복합 반응 시간과 상관관계를 나타내었는데, 선택 반응 시간과는 유의미한 상관관계가 나타나지는 않았다. 그러나 선택적 주의는 예측대로 선택 및 복합 반응 시간과 관련이 있는 것으로 나타났다. 마지막으로 장 독립적 지각 스타일의 운전자가 더욱 주의를 잘 기울일 것이라는 가설은 막대 조정 검사와 숨은 그림 찾기 득점과 선택적 주의 시험에서 유의미한 상관이 있음으로 입명되었다.

신용균과 황병철(1990)은 장 독립적 지각을 하는 운전자 15명과 장 의존적 지각을 하는 운전자 15명을 대상으로 한 연구에서 속도지각과 공간지각에서 차이가 있음을 보고하였다. 이것은 한국 운전자들의 경우, 장 의존적 지각을 하는 사람들은 속도 추정에 문제가 있을 수 있고 공간 지각에서도 중요한 정보를 제대로 파악하는 데 문제가 있을 수 있음을 알려 주는 실험이다.

표 3-4 변인들과 운전행동 및 사고건수와의 상관관계

변인	숨은 그림 찾기	초기 반응 시간	단순 반응 시간	선택 반응 시간	복합 반응 시간	선택적 주의	사고 건수
막대 조정 검사	.53	−.22	−.07	.02	.26	.46	.38
숨은 그림 찾기		−.18	−.05	.11	.23	.44	.24
초기 반응 시간			.65	.33	.23	−.10	−.11
단순 반응 시간				.3	.23	.00	.15
선택 반응 시간					.65	.45	.15
복합 반응 시간						.44	.27
선택적 주의							.40

* 피험자 75명 $p < 0.05$, $p < 0.01$, $p < 0.001$

출처: 이순철(2000).

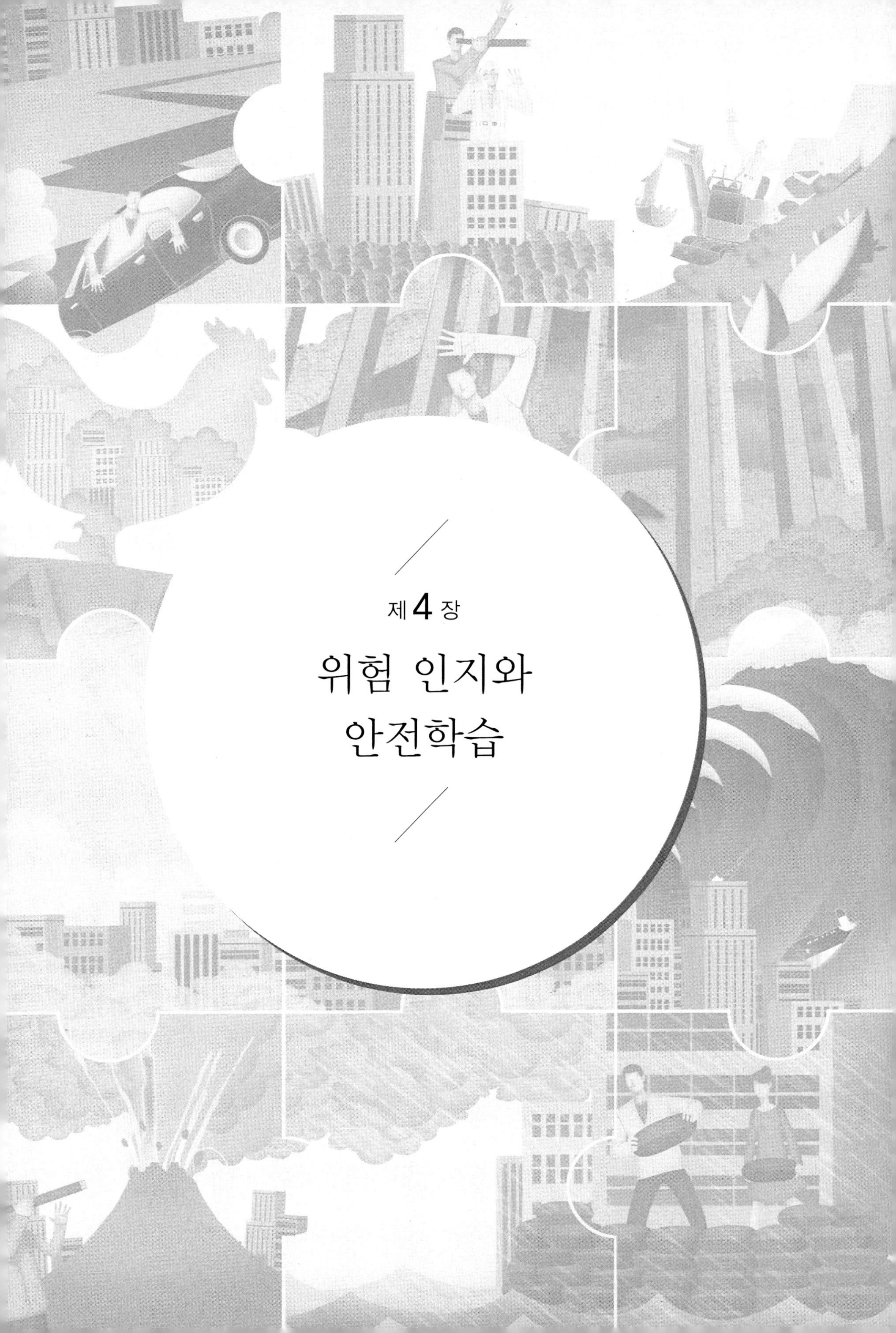

제 4 장

위험 인지와 안전학습

심리학의 역사를 돌이켜 보면 1960년대까지는 행동주의 심리학이 가장 큰 비중을 차지하였다. 그러나 1960년부터는 컴퓨터의 등장과 더불어 인지심리학이 주도하는 정보처리적 접근이 발전하기 시작하였다. 행동주의자들의 초기 학습이론(조건형성)은 인지와 같은 유기체의 내적 요인을 고려하지는 않는다. 그러나 인지 이론가들이 내적 요인을 고려하면서 조건형성 모델에 대해서 새로운 시각을 가지게 되었다.

연합학습의 입장과 인지학습의 입장은 상반되는 것 같아 보이지만 상호보완적인 역할을 한다. 조건형성 이론은 연합을 설명하는 훌륭한 방법이며, 인지이론은 통찰과 같은 보다 고차적인 학습 과정을 설명하는 도구라는 점에서 상호보완적이다.

사람들의 위험에 대한 반응은 때로는 조건반사적인 경우가 있다. 혐오 자극에 대한 학습은 단 한 번의 경험만으로도 강력한 연합을 이루고, 소거되지도 않는다. 사회가 발전할수록 위험에 대응하는 매뉴얼이 만들어지고 교육이나 훈련과 같은 방법으로 대응하게 된다. 즉, 위험에 대응하는 가장 고차원적인 대응은 인간 심리에 대한 인지적 접근과 학습적인 방법이다.

인지란 감각기관을 통해 들어온 정보가 변형되고, 축약되고, 활용되는 정신 과정을 말한다. 인지심리학에서는 인간에 대한 이해의 틀로써 정보처리적 접근을 주로 사용한다.

인지적 관점에서 고전적 조건형성은 자극과 자극 사이의 관계성을 인식하는 것이며, 조작적 조건형성은 반응과 결과 사이의 관계성을 인식하는 것이다. 관계성이란 수반성이라고 할 수 있다. 수반성이란 '먹구름이 끼면 비가 온다.'와 같이 2가지 사건의 확률적 관계성을 말한다. 고전적 조건형성에서 조건자극은 무조건자극이 일어날 것인지에 대해 무엇인가를 말해 주어야 한다. 파블로프의 개를 예로 들어, 종소리는 음식을 수반하여야 한다. 즉, 조건자극은 무조건자극의 출현에 대한 어떤 정보를 제공하여야 한다는 것이다.

고전적 조건형성이 잘 일어나기 위해서는 조건자극(conditioned stimulus: CS)과 무조건자극(unconditioned stimulus: US) 간의 시간적 근접성보다는 수반성이 있어야 한다. 예를 들어, 학습된 무력감은 전기충격을 멈출 수 있는 행동과 그 결과와의 수반성을 인식하지 못했기 때문으로 설명할 수 있다. 어쩔 수 없이 전기충격을 받았던 과거의 경험(학습)이 새로운 도피 가능 상황에서도 잘못 일반화되면서 발생한다. 즉, 도피행동을 하면 전기충격을 피할 수 있다는 수반성의 지각(조건화나 학습)을 못하게 되면서 가만히 있는 무기력 반응이 나타나는 것이다.

1960년대 말부터 인지심리학이라는 용어는 인간이 어떻게 정보를 획득 · 저장 · 조직하고 사용하는가를 설명하는 데 사용되기 시작했다. 현재의 인지심리학은 많은 기초 심리학에 뿌리를 두고 있는데 그중에서도 특히 지각심리학이나 학습심리학이 바탕을 이루고 있으며 사고의 통합에서 인지적 역할을 강조하였던 초기 게슈탈트 학파의 영향도 크게 받았다.

게슈탈트 심리학에서는 기억을 부분적인 요소들의 연합만으로는 설명할 수 없다고 보았다. 지각과 기억 및 사고는 역동적으로 구조화된 하나의 체계를 이룬다고 생각하였다. 따라서 유기체가 경험하는 새로운 정보는 기존 체계에 단순히 첨가되기보다는 기존 체계를 재구조화하거나 왜곡 혹은 변형하게 된다. 이러한 게슈탈트 심리학의 전통이 최근 정보처리접근 방법을 기초로 한 인지심리학으로 이어져 오고 있다. 현대적 인지심리학은 인간 정신 과정을 컴퓨터의 정보처리 과정과 동일한 관점에서 파악하려는 경향이 강해지고 있다.

컴퓨터에 정보를 입력하고 저장하였다가 필요할 때 그것을 꺼내어 사용할 수 있듯이, 유기체의 인지 활동도 감각기관을 통해 들어온 정보가 기억 속에 저장되었다가 필요할 때 인출되는 일련의 정신 조작 과정으로 파악된다. 더불어 이러한 인지적 관점에 기초한 학습은 위험과 안전의 작용에 지대한 시사점을 주고 있다. 왜냐하면 인간에 대한 인지행동 모델과 학습에 관련한 심리학적 발견은 위험에 대한 인식에서부터 출발해서 위험행동의 발생 원인 그리고 행동적 수정 방법에 이르기까지 다각도로 적용되고 있기 때문이다. 또한 다양한 실천 방법을 제공해 주고 있기도 하다.

1. 인지심리학적 위험 모델

인간은 수많은 정보를 처리하면서 살아간다. 의식적이든 무의식적이든 정보가 입력되고, 기억되고, 어떻게 처리되는가는 행동과 연관을 맺고 있다. 현대 심리학은 행동 자체보다는 행동이 일어나는 인지 과정에 더 많은 관심을 기울인다(Michon, 1987).

1) 정보처리모델

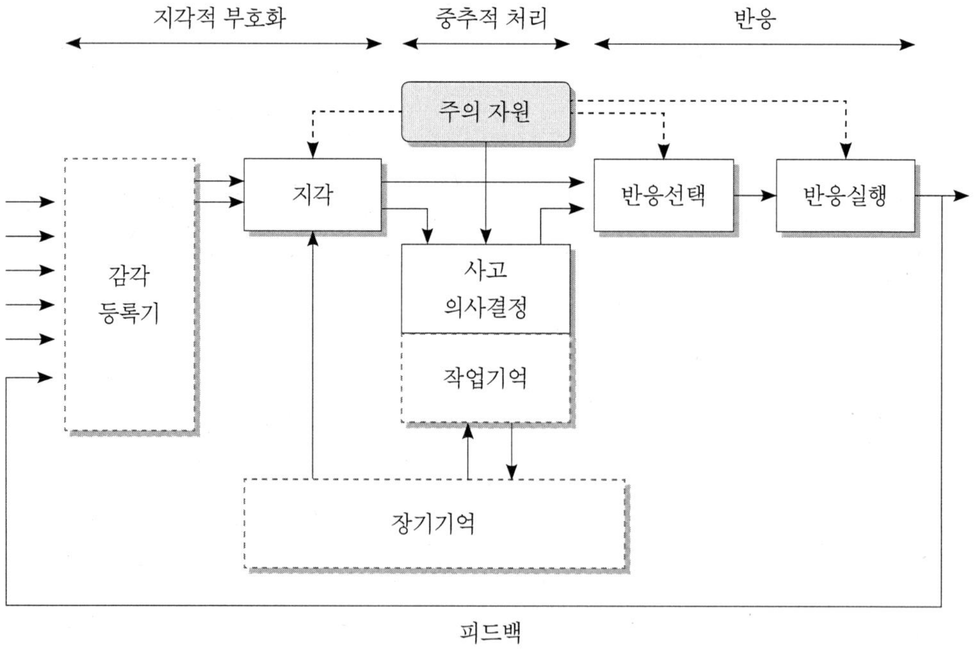

[그림 4-1] 정보처리적 모델

출처: Wickens & Carswell (1997).

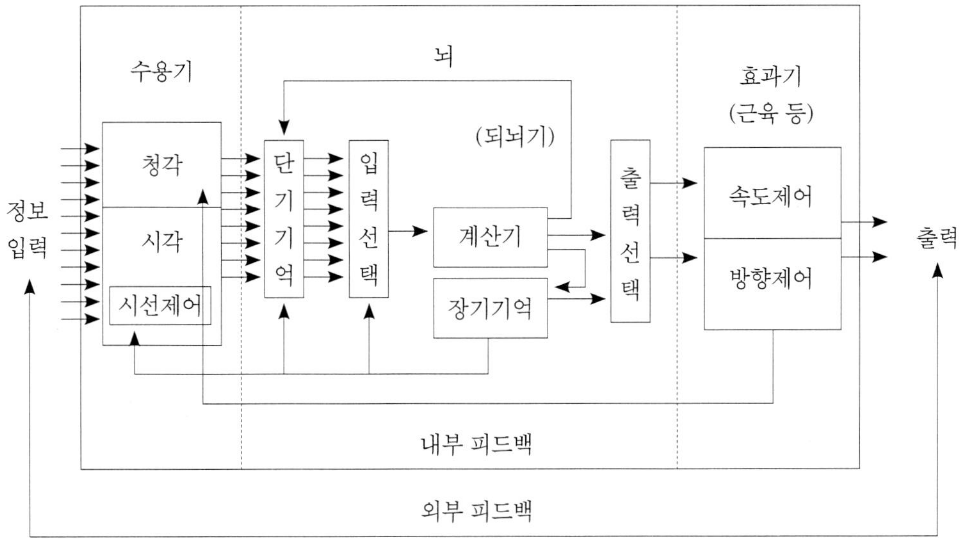

[그림 4-2] **정보처리 모델**

인지심리학적 행동 모델들은 정보처리 접근 과정에서 정보를 받아들이는 다양한 방식과 정보에 대한 인지 그리고 환경에서 어떠한 행동으로 방출되는가에 대한 이론적 가설들을 제공해 준다. 이러한 정보처리에 기반한 모델들은 인간 공학적 설계와 정보체계화, 인간-시스템에 관한 정보를 다루는 데 유용하다. 또한 위험과 안전에 대한 선택과 행동을 이해하도록 돕는다(Wickens & Carswell, 1997).

[그림 4-2]에서 Reason(1974)은 감각자극 수용기와 뇌, 운동신경으로 나누어 정보처리 과정을 설명하고 있다. 감각기관은 환경적 정보를 수용하여 뇌에 전달한다. 뇌는 감각기관이 수용한 정보를 취합하고, 모아서 기억화하고, 필요하거나 중요하다고 생각하는 정보를 우선적으로 처리한다. 그리고 몇몇의 정보는 장기 기억화하고 체계적으로 저장된다. 유사한 자극이 반복되면 뇌의 정보처리 시간은 단축되는데, 이것은 장기 기억화된 체계적인 정보가 재빨리 개입하기 때문이다.

자동차 운전을 예로 들면, 초보자는 자신이 어떻게 운전해야 하는지를 계속 의식 수준에서 고려하고, 일련의 행동들이 순서를 잘 맞추어서 일어나도록 조절해야 한다. 그러나 경력이 많은 운전자는 자동차 운전에서 상당 부분 자동화를 이루고 있다. 즉, 자동차 운전에 필요한 장기기억과 선택적 출력기가 연결되어 있어서 일련의 행동 순서들을 의식하지 않고도 바로 인출하여 사용할 수 있다. 자동화된 장기기억의 증가가 경력이 많은 운전자가 초보자보다 쉽게 자동차를 운전할 수 있는 이유이다. 하지만 Reason의 모델은 입력된 정보들을 어떻게 처리하고 출력하는지에 대해서는 상세히 설명하고 있지만, 외부의 수많은 정보를 어떻게 선택적으로 받아들이는지에 대한 설명은 부족하다.

Shinar(1985)는 인간을 정보를 처리하는 적극적 주체로 보는 입장을 취하면서 정보처리와 인지 과정을 설명한다. 인간을 환경이나 타자 및 자신의 상태를 파악하여 적절한 의사결정을 내리는 존재로 파악한 것이다. 환경과 타자 및 자신의 변화를 관찰하고 변화에 적절히 대응하는 것이 정보를 처리하는 주체로서의 인간이 수행하는 역할이다. 예를 들어 지각이나 주의 및 태도, 경험, 성격 등의 특성에 따라 자동차 운전자의 의사결정은 영향을 받게 된다. 따라서 시간에 쫓기는 상황에서의 운전행동과 그렇지 않을 때의 운전행동이 다른 것은 Reason(1974)의 이론보다는 Shinar(1985)의 정보처리 인지 과정이 더 잘 설명할 수 있다. 하지만 Shinar도 Reason과 마찬가지로 인간이 인지 과정에서 환경 정보를 어떻게 선택적으로 획득하는지에 대한 설명은 충분하지 못하다.

기억은 사고와 위험을 평가하는 중요한 준거인 경험의 근거가 된다. 그러나 기억은 취약할 수 있다는 단점을 가진다. 사람들은 자신이 사고를 날 뻔했던 경험을 비롯해서 실제 사고를 겪더라도 생각보다 제대로 기억하지 못하는 경우가 많다. Chapman과 Underwood (2000)는 운전자들에게 지난 2주 동안 자신이 경험한 사고나 사고가 발생할 뻔했던 상황(near accident)을 회상해 보라고 요구하는 연구를 진행했다. 또 다른 운전자들에게는 2주 동안 각자 녹음기를 가지고 다니면서 사고나 근접사고를 기록하도록 하였다. 기억과 기록의 비교에서 기억에 의존한 보고는 훨씬 더 적은 수를 기록하였다. 사고가 발생할 뻔했던 기억도 2주 정도만 지나면 80% 이상이 망각되었다. 이러한 결과는 위험을 연구할 때 기억에 의존한 평가가 매우 취약할 수 있음을 보여 주고 있다.

2) 위험인지 과정: 주관적 위험모니터

Näätänen과 Summala(1976)에 의하면 주관적 위험모니터(subjective risk monitor)는 운전자가 가지고 있는 동기보다 더 내면의 위험 인식 형태를 가리킨다고 한다. '주관적 위험'이라는 용어 대신 '주관적 위험모니터' 라고 용어를 사용한 것은, 주관적 위험을 전혀 느끼지 않으면서 운전하고 있는 자동적 상태를 설명할 수 있도록 하기 위해서이다.

Näätänen과 Summala에 의하면 주관적 위험모니터 모델은 자동차 운전자가 대체로 일정한 수준까지 주관적 위험 인식을 유지하려고 한다는 위험항상성이론과는 반대되는 견해를 가지고 있다. 왜냐하면 실제 운전 중에는 위험하다고 느끼는 경우가 그렇게 많지 않다

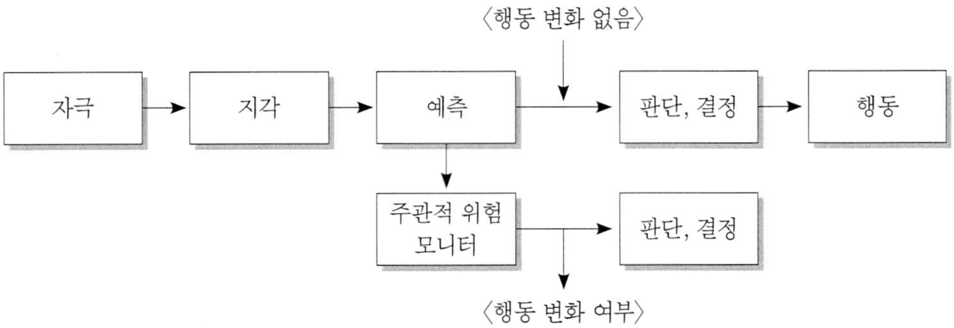

[그림 4-3] 주관적 위험모니터와 운전행동 결정 과정

출처: 이순철(2000).

고 보기 때문이다. 실제 위험을 느끼고 행동 변화를 요구할 경우에는 주관적 위험모니터가 관여하게 되겠지만 그렇지 않을 경우에는 주관적 위험과 상관없이 운전하게 된다. 따라서 Näätänen과 Summala(1976)의 견해에 따르면 '교통사고가 많다.'는 사실은 '주관적 위험모니터'를 활성화시키는 빈도가 낮다는 것과 같은 뜻이다.

[그림 4-3]은 주관적 위험모니터가 작동하는 과정을 보여 주고 있다. 정상적인 운전에서는 운전자가 주관적 위험과는 전혀 관계없이 행동 결정을 하게 된다. 그러다가 위험이 예견될 때, 주관적 위험모니터가 활성화되면서 행동 변화가 일어나 위험을 제거하는 쪽으로 운전을 하게 된다. 일반적으로 주관적 위험활성화에 필요한 한계치는 높게 책정되어 있기 때문에 주관적 위험모니터의 도움을 받아 행동 변화가 일어나는 경우는 많지 않다.

주관적 위험모니터에 대한 이론적 기초들은 다음의 2가지로 정리할 수 있다(OECD, 1990; 이순철, 2000). 첫째, 위험을 인지하는 주관적 위험 강도가 운전행동에 중요한 동기요인(조절)이라는 것이다. 둘째, 주관적 위험 인식이 일반적으로 강하게 작용하고 있지 않다는 것이다. 자동차 운전자의 주관적 위험 인식 수준이 높게 형성되는 이유를 Klebelsberg(1989)는 다음의 5가지로 지적하고 있다.

첫째, 속도의 과소평가, 물리력의 과소평가, 운전 능력의 과대평가 그리고 좋지 않은 경험 억제 등 지각 과정과 인지 과정에서의 문제 때문이다.

둘째, 경험 형성 과정에서의 주관적 위험 축소 때문이다.

셋째, 운전 과제를 너무 쉽게 인식하기 때문이다.

넷째, 동승자 입장에서보다 운전자 입장에서 주관적 위험을 축소해서 평가하기 때문이다.

다섯째, 잘못된 운전을 학습하였기 때문이다.

2. 왜곡과 편파

지각이나 인지는 항상 왜곡될 위험이 있다. 자동차 운전의 경우 실제 자동차 속도에 대한 과소평가가 대표적인 왜곡 현상이다. 또한 속도에 따른 차량 정지 거리에 대한 과소평가나 자동차 성능 및 자신의 운전 능력에 대한 과대평가도 왜곡의 한 형태이다. 즉, 환경과 도구 및 인간 특성에 대해서 자기중심적으로 위험에 대해 과소평가나 과대평가를 할 수 있다.

자동차 운전의 경우 속도에 대한 평가가 어렵다. 왜냐하면 자동차의 속도는 인간의 시감각을 통해 인지하는 방법밖에는 없는데, 이것은 속도를 판단하려는 차량의 크기 변화를 감지하는 간접적 방식을 취하기 때문이다. 이러한 간접적 속도 판단 단서의 활용은 가깝게 다가오고 있는 차량을 실제보다 더 멀리 있다고 지각하도록 왜곡할 수 있다(Eberts & MacMillan, 1985). 인지적 편파는 수량화하기 어려운데 확신감과 사고 가능성에 대한 긍정적 편파와 연관되어 있어서 더욱 그렇다(Svenson, 1981).

1) 기억의 종류와 위험

과거에 문자는 소수 특권 계급의 전유물이었기 때문에 인간은 언어를 이용한 지식과 기술의 전수를 위해 운문(언어의 음악적 표현)을 고안하였다. 어느 문화에서나 볼 수 있듯이 오래된 구전 문학들은 모두 운문체로 되어 있다. 기억하기 쉽도록 4-3조나 4-4조로 구성되어 있다는 공통점이 있는데, 이것은 심리학자들이 밝혀낸 인간이 한 번에 기억할 수 있는 기억 단위의 개수와도 일치한다. 또한 압운 및 각운, 리듬 등은 인간의 기억을 용이하게 하는 언어적 기억보조장치로 고안된 것으로 보인다(이건효, 2007).

기억은 내용에 따라 일화 기억과 의미 기억으로 구분할 수 있다. 일화 기억이란 '나는 어제 극장에 갔었는데 표가 없어서 돌아올 수밖에 없었다.' 혹은 '나는 내일 오후 두 시에 진찰받기로 한 약속을 기억한다.' 등과 같이 한 개인의 특정한 과거 경험이 시간과 공간적 맥락에 따라서 자서전적으로 기술될 수 있는 기억을 말한다.

이에 비해 의미 기억은 단어나 상징에 대한 지식, 즉 단어의 의미 또는 단어들 간의 관계나 단어의 생성 규칙 등에 관한 지식을 포함한다. 의미 기억의 예로는 '나는 호랑이가 고양이과 동물이라는 것을 안다.' 혹은 '나는 적도가 열대 지방이라는 것을 안다.' 그리고 '나는 삼월 다음에 사월이라는 것을 안다.' 등이다. 이들 예문은 의미 기억이 개인의 과거 경험이나 지식이 습득된 맥락과는 독립되어 있는 일반적인 지식임을 보여 준다.

일화 기억(episodic memory)은 이야기의 형태로 기억되는 정보이기 때문에 그럴듯한 이야기 형태로 재인될 때 왜곡되거나 편파될 수 있다. 왜곡과 편파는 시간이 흐를수록 더욱 심해지는 경향이 있다. 왜곡되거나 편파되는 것은 인식하기 힘들기 때문에 위험한 상황이 발생할 수 있다.

사건이나 사고를 조사받을 경우 생생했던 일화 기억의 정확성과 실제 발생된 일의 관련성이 그리 높지 않다는 연구 결과들은 모든 증언을 맹목적으로 믿어선 안 된다는 충고를 하고 있다. 너무나 그럴듯하게 진술하고 있어서 본인조차 마치 사실인 것처럼 믿어 버리기 때문이다(Wells, Lindsay, & Ferguson, 1979).

일화 기억의 문제가 과거에 발생했던 일들에 대한 부정확한 회상이라면, 예기 기억(prospectie memory)의 문제는 미래에 어떤 것을 해야 할 것인지를 망각하는 것을 의미한다. 또 예기 기억은 행동 순서를 결정하기 때문에 위험한 작업을 할 때, 순서에 맞게 일을 하는 데 영향을 줄 것이다. 중요한 작업에서 순서가 잘못된다면 위험해질 수 있다.

예기 기억에 관한 안타까운 사고로 1991년 발생한 항공기 사고를 예로 들 수 있다. 항공관제사는 여객기 한 대를 활주로 한끝에 위치시킨 후 그 비행기를 다른 곳으로 옮겨야 한다는 사실을 잊어버렸다. 다른 화물 여객기가 같은 활주로에 착륙할 때까지 서 있었던 여객기는 충돌했고, 엄청난 사상자가 발생하였다(Wickens et al., 2001).

예기 기억의 실패는 종종 멍한 상태를 말하기도 한다. 해야 할 일을 잊어버리거나, 냉장고 문을 열고 무엇을 하려 했던 것인지 기억하지 못하는 경우 혹은 알람이 울렸지만 무엇 때문에 알람을 맞춰 둔 것이지 기억나지 않는다면 예기 기억에 문제가 발생한 것이다.

2) 기억의 구성과 재구성

기억에 관한 논의는 주로 언어에 관한 연구에 초점을 맞추는 경우가 많다. 그래서 기억을 수동적으로 정보를 처리하는 과정이라고 생각하기 쉽다. 그러나 언어 문장에 대한 기억 연구에서 밝혀진 중요한 사실은 기억이 수동적인 것이 아니라, 적극적으로 왜곡되거나 새롭게 구성할 수 있다는 것이다.

이러한 기억의 특징에 대한 초기 연구로는 Bartlett(1932)의 연구가 있다. 그는 북미 인디언들의 전설인 '유령들의 전쟁'을 영국의 성인 피험자들에게 들려주고 일정한 시간이 지난 후 회상하도록 하였다. 그 결과 피험자들은 이야기의 세부적인 사항을 생략하거나 자신이 속해 있는 문화권의 기대에 따라 체계적으로 왜곡하는 오류를 범하고 있음을 발견하였다. 즉, 피험자들은 자신이 이미 가지고 있는 일반적인 지식과 기대를 사용하여 단편적인 정보들을 서로 결합시키면서 이야기를 새롭게 재구성해 내었던 것이다. 이와 같이 기대나 지식에 의해서 기억은 변형되는 과정을 겪을 수 있다.

Bartlett(1932)의 연구에서도 보았듯이 기억에서의 재구성 과정은 엄격히 통제된 실험실 연구에서나 일상적인 상황에서도 흔히 관찰된다. 예를 들어, Bransford, Barclay와 Franks (1972)는 다음과 같은 문장을 피험자에게 제시하였다.

"거북이 세 마리가 물 위에 떠 있는 통나무 위에서 쉬고 있었고,
물고기 한 마리가 그 아래에서 헤엄치고 있다."

위 문장에서 물고기가 거북이 밑에서 헤엄치고 놀았다면, 그 물고기는 통나무 밑에서 헤엄치고 놀고 있다고 생각할 수 있다. 피험자가 이렇게 추론했다면, 추론된 내용은 문장의 인출에 영향을 줄 것이라고 예측할 수 있다. 사람들에게 어떤 문장이나 이야기를 들려주면 그들은 그 속에서 어떤 내용을 추론하고, 추론된 내용을 실제 내용과 함께 기억하게 된다. 대표적인 예가 바로 목격자들의 증언이다.

법정에서의 목격자 증언은 재판에 중대한 영향을 미칠 수 있으므로 그 신빙성이 매우 중요시된다. 그러나 불행하게도 목격자 증언에 관한 연구에 따르면 목격자 증언은 목격자의 기대나 증언 당시에 주어지는 지시에 의해서 변형되거나 왜곡될 수 있다. 예를 들어, 피험자들에게 자동차 사고가 나는 영화를 보여 주고 나서 "그 자동차가 충돌했을 때 속도는 어느 정도인가?"라고 물었을 때보다 "그 자동차가 충돌하여 박살이 났을 때 속도는 어느 정도인가?"라고 물어보았을 때, 피험자들은 두 번째 질문의 자동차 속도를 더 높게 응답하였다. 이것은 질문의 형태에 따라서 기억된 반응이 다를 수 있음을 보여 준다.

3) 확신의 왜곡과 편파

일반적으로 자신의 능력에 대해 자신감과 확신을 갖는 것은 과업을 수행하는 데 긍정적으로 작용한다. 그러나 과도하게 자신하는 경우에는 위험하고 무모한 행동을 저지르기도 한다. Bandura(1997)는 '확신(confidence)'을 특정한 과제에서 특정한 결과를 얻고자 할 때, 행동을 통해서 성공적으로 실행해 낼 수 있는 개인의 신념 혹은 믿음이라고 정의하였고, 확

신의 강도를 '자신감'으로 설명하였다.

운동선수를 대상으로 이루어진 연구에서 선수들의 경기 성적과 확신은 관계가 있음이 밝혀졌다. 구체적으로 중학교 양궁 선수의 신체와 인지 능력에 대한 확신은 경기 성적에 긍정적인 영향을 주는 것으로 나타났다(한태준, 김용근, 2001). 또 대학생 골프 선수들의 운동 능력에 대한 자신감은 골프 경기 결과에 유의한 영향을 미치는 변수로 확인되기도 하였다(신정택, 육동원, 정재은, 2003). 이순철, 오주석, 박선진, 이순열과 김인석(2006)은 운전 중 운전자가 가지는 확신에 대해서 연구하였는데 운전 중 발생하는 확신에는 4가지 요인(운전 상황, 위험 운전, 운전 능력, 주의집중)이 있다고 밝혔다. 운전 중 발생하는 확신감의 차이는 운전행동 특히 과속이나 음주운전 그리고 교통사고와 같은 위험행동 및 사고에 영향을 주고 차이를 발생시키는 것으로 나타났다.

(1) 확신감과 과속운전

이순열, 이순철과 박선진(2006a)의 연구에서 과속운전자와 과속하지 않는 운전자의 확신감 차이는 상황둔감성 요인, 위험운전 요인에서 나타났다. 상관분석에서 과속운전을 시도하는 운전자는 주로 상황둔감성 요인과 위험운전 요인이 정적으로 유의하게 상관관계를 나타냈다. 이것은 과속운전의 원인이 운전자신감과 같은 개인적인 능력의 확신보다는 도로의 정비나 차선, 표지, 표시의 정비 등으로 객관적 위험이 줄어든 상황임을 인지하게 될 때 주로 발생함을 나타내는 것이다. 과속운전자의 운전자신감에 대한 확신이 과속하지 않는 운전자보다 근소하게 높기는 했지만 유의미하지는 않았다. 이러한 결과는 운전자가 운전을 시작해서 어느 정도 시간을 보내고 경험을 쌓게 되면 운전자신감에 대한 확신은 일정 수준에서 유지되며 운전자신감 요인 하나만으로는 과속운전행동에 직접적인 영향을 미치지는 않음을 알 수 있다.

도로교통공단(1998a)의 연구에서도 과속운전은 운전자가 자신의 수용 능력 여부와 함께 다른 차량의 속도, 도로 시설 등과 같은 외적 상황에 대한 평가를 어떻게 하는가에 따라 결정된다고 밝히고 있다. 즉, 운전자가 운전 상황에 대해서 어떠한 인식을 가지고 있는가에 따라서 과속운전이 감행된다는 것이다. 따라서 운전 확신 수준에서 운전 상황 요인이 증가하면 과속운전 가능성도 높아질 것으로 생각된다.

이순열 등(2006a)의 연구에서 과속운전행동은 주의집중 소홀 요인과 유의한 부적인 상관을 나타냈는데, 이순열 등(2006)은 주의집중 소홀 요인의 부적인 상관을 과속단속의 결과라고 설명하고 있다. 즉, 한 번 이상 과속단속을 경험한 운전자는 과속단속을 예방하기 위해

규정 속도를 줄이는 것이 아니라 좀 더 주의탐색에 노력을 기울여서 단속당하지 않으려고 한다.

(2) 확신감과 음주운전

음주운전은 주위 상황과 함께 자신의 음주가 운전에 지장을 주는지 여부에 대한 확신에 따라 시도되는 경우가 많다. 음주량과 운전행동과의 관계에서 음주가 운전에 지장을 주는 것에 대한 과소평가가 음주운전의 이유라는 것이다. 이것은 음주 운전자들이 자신의 운전 능력을 과신한다는 것을 지적하는 것이다(최상진, 손영미, 김정인, 2001).

운전자가 자신의 운전 능력에 대한 자신감으로 음주운전을 시도한다면 음주운전자는 운전 확신 수준에서 운전자신감 요인이 높아질 것이다. 이러한 현상은 이순열 등(2006a)의 연구에서도 나타났는데, 통계적으로 유의하지는 않았지만 운전확신 수준 중 운전자신감 요인이 29세 이하 운전자 집단에서부터 40~49세 운전자 집단까지 꾸준하게 증가하고 있었다. 이러한 연구 결과는 실제로 젊은 운전자와 중년의 운전자가 음주운전을 시도하는 비율이 비슷하게 높다는 보고와 일치하고 있다(Brorsson, Rydgren, & Ifver, 2002).

이순열 등(2006a)의 연구에서 음주운전을 시도하는 운전자와 음주운전을 하지 않는 운전자는 '상황둔감성', '위험운전', '운전자신감' 등의 요인에서 차이를 보였다. 음주운전자들은 자신이 단속되지 않을 것이라는 상황에 대한 확신과 사고 없이 목적지에 도착할 수 있다는 음주 후 '운전자신감'에 대한 확신으로 음주운전을 시도한다고 했는데(이순철, 2000), 이러한 기대가 운전 확신 수준에서 상황둔감성 요인, 위험운전 요인과 운전자신감 요인을 높이는 것이다.

(3) 확신감과 교통사고

운전자가 특정한 운전행동에 대해서 확신하는 것은 자신이 경험한 운전 경험과 상당한 관계가 있다(Katila et al., 1996). 운전자가 어떤 운전 경험에서 성공하면 유사한 경험에 대한 확신이 증가한다. 하지만 이러한 확신의 증가는 과도한 자신감으로 이어져 오히려 교통사고를 발생시킬 수도 있다. Katila 등(1996)은 차량 미끄러짐 사고 방지 교육을 이수한 교육생들이 눈길 미끄러짐 사고에 연루되는 이유가 위험한 상황에 대한 훈련이 확신의 증가를 주고, 자신감을 높여 눈길 위험요소를 과소평가하거나 위험 수준을 낮추는 행동을 하지 않게 한다고 보고하였다. 이처럼 운전자의 확신감은 교통사고에 영향을 주고 있다.

운전 확신 수준 연구에서 교통사고는 위험운전 요인과 정적 상관을 나타내었다. 즉, 교통사고 경험이 많은 운전자들은 법규 위반이 많은 사람들이었다. 주의집중 소홀 요인은 교통사고와 유의한 부적 상관을 나타냈는데, 이순열 등(2006)은 주의집중 소홀 요인의 부적인 상관을 교통사고의 결과라고 설명하였다. 즉, 한 번 이상 교통사고를 경험한 운전자는 교통사고를 예방하기 위한 보상행동으로 좀 더 주의탐색에 노력을 기울이고 운전행동에 집중하려고 한다는 것이다.

3. 사고 과정과 문제해결

사고(思考)는 매우 넓게 사용되는 용어이다. 가장 넓은 의미로는 주어진 정보에 대해 무엇을 안다고 할 때 그 앎은 사고의 결과라고 말할 수 있다. 이렇게 넓게 정의한다면 인지가 곧 사고라고 볼 수 있다. 개념 형성과 언어 이해가 모두 사고의 결과물이기 때문이다. 좁은 의미로 사고를 규정한다면 추리 판단 및 문제해결이라고 할 수 있다. 이러한 종류의 사고는 주어진 정보 이상의 것을 추론한다는 뜻이다.

1) 표상과 추론

지식 표상의 기본 단위는 명제이다. 사고의 기본 단위 역시 명제이다. 명제 표상은 그것 자체가 '참' 혹은 '거짓'으로 판단되는 표상을 말한다. 이를테면 '돕다'라는 표상에 대해 우리는 '철수가 영희를 돕는다.'가 참인지 거짓인지를 판단할 수 있다. 판단의 기본 단위라는 점에서 명제는 사고의 기본 단위가 되기도 한다. 즉, 명제 표상은 사고 처리의 가장 기본적인 단위 요소가 된다.

Piaget는 구체적 조작기의 아이들이 다음과 같은 추리 문제를 해결하지 못한다고 하였다. 예를 들어, '영희는 머리카락이 수연보다 밝은색이다.' '영희는 영경이보다 머리카락 색깔이 어둡다.' 그렇다면 '누구의 머리카락 색깔이 가장 어두운가?'라는 문제이다. Piaget가 관찰한 바에 따르면 9세 내지 10세의 아동은 이 문제를 이렇게 추리한다. '영희가 수연보다 머리카락 색깔이 더 밝으니까 둘 다 머리카락 색깔이 밝다. 영희가 영경이보다 머리카락 색깔이 더 어두우니까 둘 다 머리카락 색깔은 어둡다. 그러니까 영경이는 머리카락 색깔이 어둡고, 수연은 머리카락 색깔이 밝으며, 영희는 이 두 사람들 중에서 중간이다.'라고 결론을 내린다는 것이다. 문장이 표현하는 바를 제대로 표상하면 영경이가 가장 머리카락이 밝은 사람이라는 결론에 도달하게 되는데, 왜 아이들은 추리에 오류를 발생시킬까? 그것은 '영경이의 머리카락 색깔은 어둡다.'라고 표상하기 때문이다.

2) 시각적 사고

명제 표상은 언어 형식과 유사하다. 그러나 표상에는 이러한 언어적 표상만 있는 것이 아니다. 언어적인 명제 표상이 사고 과정에 아무리 중요한 역할을 한다 하더라도 명제 표상 이외에 심상(mental imagery)이라는 표상이 실재한다는 것도 부인할 수 없다.

외국에 살고 있는 사람이 고향을 생각할 때 고향에 관련한 장면들이 눈에 보이듯 떠오르고, 사랑하는 사람을 생각할 때 그 사람의 목소리가 들리는 듯하는 것이 대표적인 심상의 예이다. 전자의 사례가 시각적 심상이고 후자의 사례는 청각적 심상이다.

명제가 언어 형식과 유사하듯이 심상은 지각 형식과 매우 유사하다. 그러나 심상은 지각과는 달리 추상화된 것이고 우리의 의도에 따라 변형할 수 있다. 왜냐하면 심상은 장기 기억에 저장되어 있는 정보를 새롭게 구성한 것이기 때문이다. 따라서 구성된 심상에 대하여 여러 가지 조작을 가함으로써 변형시킬 수 있다.

실제 생활에서 사물을 지각할 때 주의를 보낸다는 것은 상당히 중요하다. 예를 들어, 식물을 관찰할 때 식물의 잎 모양을 주의해서 관찰하라는 지시를 받았다면 지시가 없을 때보다 식물의 잎 모양에 대해 좀 더 상세히 보고할 수 있다. 지각과 마찬가지로 심상에서도 주의를 기울이면 더 좋은 심상 보고를 할 수 있는 것이다.

피험자에게 자동차를 상상하게 하는데 한 집단의 피험자들에게는 자동차의 앞부분만을 상상하라고 지시하고, 다른 집단에게는 자동차의 뒷부분만을 상상하게 하였다. 그러고 난 후에 차의 심상에 대하여 질문을 하였다. "전조등이 있었는가?"라는 질문을 받으면 자동차의 앞부분에 주의하고 있었던 피험자들이 뒷부분에 주의하고 있던 피험자들보다 대답을 더 빨리 했다. 이러한 결과는 실제 사물 지각과 마찬가지로 주의를 집중했을 때 더 자세히 상상할 수 있음을 보여 주는 것이다(Kosslyn, 1973).

지각과 심상이 비슷한 특성을 가지고 있다는 것을 보여 주는 또 다른 사례로 잔디밭에 앉아서 옆에 핀 장미꽃을 바라볼 때와 방 안에서 창문 너머로 보이는 장미꽃을 바라본다고 생각할 때에 세세한 부분에서 지각의 차이가 나타난다는 것이다. 가까이에서 옆에 있는 장미꽃을 바라본다고 생각할 때에는 장미꽃의 색이 바래 간다든지, 벌레가 먹은 잎이 있다든지 하는 것을 보다 쉽게 발견할 수 있다. 하지만 멀리서 보이는 장미꽃을 생각할 때에는 그런 자세한 모습을 알 수 없다. 이처럼 심상은 집중 정도에 따라서 달라질 수 있다.

심상(perspective)에 따라 다르게 상상한다는 것을 보고한 실험도 있다. Abelson(1975)은 피험자들에게 호텔을 나와서 거리를 따라 걸어가는 사람에 대한 이야기를 해 주면서 그 광경을 상상하도록 했다. 한 집단에게는 피험자들이 그 이야기의 주인공이라 가정하고 상상해 보도록 지시하였고, 다른 집단의 피험자들에게는 그들이 호텔 4층 발코니에서 지켜보고 있다고 가정하게 하였다. 또, 이러한 지시와 함께 멀리서 잘 보이는 광경을 상상하게 하거나 커피를 마실 때 느낄 수 있는 맛, 냄새 등에 대한 감각을 상상해 보도록 지시하였다. 결과는 발코니에 있다고 가정한 피험자들은 멀리 보이는 것에 대한 상상을 잘 회상한 반면에, 이야기의 주인공이라고 가정한 피험자들은 멀리 보이는 것에 대한 상상을 잘 기억하지 못했다. 반면, 발코니 피험자들은 커피 마실 때의 감각은 잘 기억하지 못했지만, 주인공 피험자들은 이러한 신체감각을 잘 회상하였다.

3) 문제해결

어떻게 문제를 해결할 수 있느냐를 묻기 전에 문제해결이 가지고 있는 특성을 먼저 살펴볼 필요가 있다. 문제해결 과정을 살펴보기 위해서는 제시된 문제를 잘 정의된(well-defined) 문제와 나쁘게 정의된(ill-defined) 문제로 구별할 필요가 있다. 잘 정의된 문제는 문제의 목표점과 최종 상태가 명백할 뿐만 아니라 문제의 출발점과 최초 상태도 명백하다.

다시 말하면 잘 정의된 문제에서는 해결에 필요한 정보가 문제 전체에 잘 포함되어 있는 반면, 나쁘게 정의된 문제에서는 어떤 정보가 적절한지 불분명하다. 목표 역시 마찬가지로 전자에서는 도달하여야 할 목표가 분명하고, 후자에서는 목표가 막연하다. 학교에서 선생님이 학생에게 내 준 수학 숙제나 신문에 게재되는 바둑의 묘수풀이가 잘 정의된 문제의 보기들이다. 반면, '장래의 행복을 위해 어떤 직업을 선택할 것인가?'라는 문제는 행복이라는 목표도 막연하거니와 직업에 관한 정보도 불분명한 나쁘게 정의된 문제라고 볼 수 있다. 따라서 우리가 장래의 행복에 대해서 답을 얻기 힘들어하고, 고민에 빠지는 것은 당연한 것이다.

(1) 문제해결 4단계

잘 정의된 문제든 나쁘게 정의된 문제이든 해결 과정은 다음 네 단계를 거친다.

첫 번째 단계는 문제를 이해하는 단계로서, 작용 기억 속에 문제를 약호화하는 단계이다. 이 단계를 통해서 문제의 최초 상태와 최종 상태를 규정하게 된다. 물론 나쁘게 정의된 문제에서는 이 단계가 아주 어려울 수 있다.

두 번째 단계는 계획을 세우는 단계로서, 때로는 시행착오와 같은 방법을 동원하기도 하지만 주로 장기 기억을 탐색해서 계획을 수립한다. 첫 번째 단계에서의 장기 기억 활용은 거의 무의식적이고 자동적인 반면, 이 단계에서는 의식적으로 이용 가능한 정보를 인출하여 문제해결 전략을 검토하게 된다. 이때 문제의 성질과 설정된 해결 목표가 무엇인가에 따라서 어떠한 정보를 이용할 것인가를 결정하게 된다. 정보의 인출은 인출 단서에 의존한다. 실제 행동을 수행하도록 계획과 책략을 세우는 것은 산출 체계를 세우는 것이다. 예를 들어, 바둑을 둘 때 첫 번째 돌을 어느 점에 놓으면 그것에 대한 상대방의 응수가 어떠할지까지 대처하도록 하는 것이 바로 산출 체계이다.

세 번째 단계는 산출 계획을 실행하는 단계이다. 세워진 계획이 단순하고 잘 짜여 있다면 이 단계에서의 실행은 당연한 것이 된다. 그러므로 실행이 시간을 얼마나 소모하고 오류를 얼마나 많이 일으키는가는 바로 세 번째 단계의 문제라고 할 수 있다.

네 번째 단계는 목표를 향한 진전 정도를 평가하는 단계이다. 문제해결 여부, 목표 진전 여부 그리고 현재 사용하고 있는 계획의 계속적인 실행 여부를 결정하는 것이 이 단계의 작업이다. 평가를 올바르게 해서 첫 단계부터 다시 시작할 것인지, 중간 단계에서의 계획 수정만을 할 것인지 결정하고, 미래의 비슷한 문제에 대해서도 적용을 결정할 수 있다.

(2) 기능적 고착의 극복

시작이 반이라는 말이 있듯이 문제해결에서 중요한 것은 작용 기억 속에 문제를 부호화하여 어떠한 내적 표상을 얻는가 하는 것이다. Duncker(1945)는 이와 관련된 의미 있는 실험을 실시하였다.

Duncker는 [그림 4-4]에서처럼 책상 위에 놓인 물건들을 가지고 오른쪽의 모습처럼 벽면에 수직으로 촛대를 세우는 문제를 피험자들에게 주었다. 해결의 열쇠는 압침통을 비우고 통을 벽에 압침으로 고정시키는 발상을 해 내는 것이다. 그 이후에 양초를 통 위에 고정시키면 문제는 해결된다. 하지만 피험자들은 대체로 이 문제를 해결하지 못했는데 주로 압침통을 받침대로 쓸 수 있다는 생각을 하지 못하는 것이 원인이었다.

이처럼 과거 경험에 경직되어 있는 것을 기능적 고착(functional fixedness)이라고 한다. 경직성에 관한 Duncker의 실험 상황처럼 우리는 가장 흔히 사용되는 기능이나 최근에 이용한 기능 등에 고착되기 쉽다. 사물의 한 가지 기능 혹은 역할에만 함몰되어 문제를 해결할 수 있는 또 다른 시야를 가지지 못하는 것은 일상에서 쉽게 발견할 수 있다. 반면, 과감하게 시

[그림 4-4] Duncker의 실험 상황

야와 관점을 바꾸어서 문제를 해결하고 위기를 기회로 만드는 경우도 있다. 이러한 사례로 대표적인 것이 바로 일본 다니가와산 터널공사 현장의 사례일 것이다.

동일본 여객철도는 도쿄에서 북서쪽으로 190km 떨어져 있는 다니가와산에서 터널 굴착 공사를 하던 중 어려운 문제에 봉착하였다. 바로 다니가와산 터널 공사장에 물이 차오르는 문제였다. 터널로 스며드는 물은 아무리 해도 막을 수 없었다. 배수로나 방수시설로는 문제가 해결되지 않았다. 작업은 지연되었고 해결의 실마리가 보이지 않던 어느 날 정비공 한 명이 다니가와산 터널을 가득 채우고 있던 물을 한 모금 마시면서 문제가 풀리기 시작했다. 물을 마신 정비공은 이제까지 마셔 본 물 중에서 가장 맛이 좋았다고 주변 사람들에게 알리기 시작했고, 회사 경영진에게까지 소식이 전해졌다. 경영진은 진지하게 다니가와산 터널에 고인 물의 성분을 분석해 보았다. 분석 결과, 다니가와산 터널의 물은 산을 덮고 있던 눈이 수십 년에 걸쳐서 녹으면서 지하로 스며든 것이었다. 다니가와산 터널의 물은 건강에도 좋은 광물질을 함유한 그야말로 일급수 미네랄 워터였던 것이다. 동일본 여객철도는 다니가와산 터널의 물을 '오시미즈 워터(대청수)'란 상표로 출시했고, 가정용까지 판매하면서 연 매출 7,500만 달러를 기록하였다. 문제라고만 생각했던 다니가와산 터널의 물을 조금만 다른 시각으로 바라보자 오히려 기회로 만들 수 있었던 것이다.

(3) 부화와 통찰을 통한 문제해결

이 밖에도 문제해결 과정에서 찾아지는 현상들로 부화(incubation)와 통찰(insight)이 있다. 부화는 시도하던 문제해결 노력을 중단하고 난 뒤, 일정한 기간이 지난 후에 다시 노력을 계속하는 사이의 시간을 말한다. 아무리 애써도 실마리가 제대로 풀리지 않던 일이 일정한 부화 기간 이후에 재차 해결 노력을 시도하면 쉽게 길이 보이는 경험을 아마 누구나 한 번쯤 해 보았을 것이다. 이때의 경험은 통찰로 인해 생기는 '아하! 경험'이라고 부른다.

장기 기억 속의 정보가 어떤 역할을 하느냐에 관해 Chase와 Simon(1973)은 중요한 실험을 실시하였다. 이들은 체스가 진행되고 있는 중간에 체스 판을 5초간 관찰시킴으로써 체스 실력자와 초보자의 기억 차이를 측정하였다.

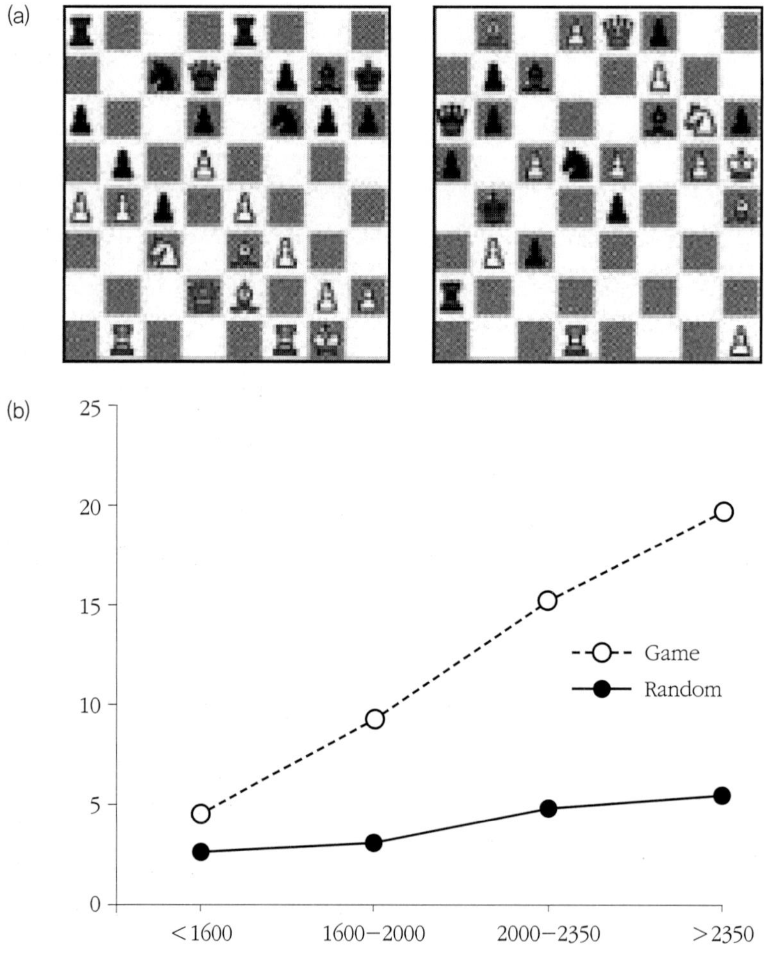

[그림 4-5] Chase와 Simon의 실험 결과

[그림 4-5]의 연구 결과처럼 체스 실력자와 초보자의 기억 정도 차이는 뚜렷하게 나타났다. 그렇다면 실력자가 체스를 잘 두는 것은 그들의 기억 능력이 월등하게 좋기 때문인가라는 의문이 생길 수 있다. Chase와 Simon(1973)은 후속된 실험을 통해 반드시 그런 것만은 아님을 밝혔다.

실행되고 있는 중간의 체스판이 아니라 이번에는 제멋대로 체스 말을 나열해 놓은 체스판을 보여 주고 그대로 재현하도록 지시한 것이다. 그 결과가 [그림 4-5]의 아래 그래프처럼 나왔다. 시행이 반복될수록 체스 실력자의 회상률이 오히려 낮아지기도 하였다.

(4) 체벌과 회피 그리고 무력감

행동주의 심리학에서는 조작적 조건형성을 통해서 무엇이든지 학습시킬 수 있다고 주장한다. 조작적 조건형성은 긍정적인 자극물을 이용한 정적 강화나 부정적인 자극물을 이용한 부적 강화를 주요한 방법으로 사용하는데, 가장 대표적인 부적 강화물은 체벌이며 체벌에 대한 가장 대표적인 반응은 회피이다. 부정적 정서나 물리적 결과가 예상될 때 회피하게 되는데, 이것은 조작적 조건형성으로 나타나는 경우가 많다. 비난과 체벌이 부적 강화물로 작용할 때 그러한 부적 강화에서 벗어나는 것을 추구하기 때문이다.

체벌에 대한 반응이 회피라면 회피가 불가능한 상황에 놓인 사람은 무력감을 느끼게 된다. 회피를 자극에 대한 적극적 반응이라는 관점으로 파악할 때, 아무것도 하지 않으려는 무력감보다는 적절한 반응일 수 있다. 그러나 회피가 불가능한 상황이 되어 버리면 무력감을 학습하게 되고 이러한 무력감이 지속되어 조건화되면 대응이 가능한 상황에서조차 아무런 조치를 취하지 않는 무기력을 보일 수 있는데, 이것은 문제해결을 막는 걸림돌이 된다.

한 실험에서 자원한 피험자들에게 큰 소리와 불쾌한 소음으로 체벌받는 상황을 만들었다. 실험자는 피험자들에게 어떤 조정 장치를 사용하는 방법을 알면 소음을 멈출 수 있다는 정보를 주었다. 그러나 사실 조정 장치는 어떻게 조작하더라도 작동하지 않는 것이었다. 피험자들은 조정 장치를 아무리 조작해도 소음을 멈출 수 없다는 것을 학습하고는 그냥 참고 버티는 것으로 반응하기 시작했다. 이후 피험자들은 다시 똑같은 상황에 놓였을 때 조작을 통해 소음을 멈출 수 있는 장치를 옆에 두고도 그냥 참고 버티기만 했다. 이는 무기력을 학습하게 되면 가능성이 있는 문제해결 행동도 소거되어 버릴 수 있다는 전형적인 사례이다.

4. 행동이론

학습심리학자들은 행동은 학습된다고 본다. 따라서 학습심리학적 입장에서는 위험행동을 관리하기 위해서는 위험행동이 학습되는 원리를 파악하여야 한다. 위험행동 학습에 관한 대표적인 이론 중에는 Ajzen(1985, 1991)의 계획된 행동이론(Theory of Planned Behavior)과 ABC 행동 모델 등이 있다(오세진, 2016).

1) 계획된 행동이론

Ajzen의 계획된 행동이론(Theory of Planned Behavior: TPB)에 따르면 의도적인 행동을 결정하는 것은 행동에 대한 태도가 직접적인 영향을 미치는 것이 아니라 행동을 수행하고자 하는 의도를 통해서 영향을 받는다고 본다. 그리고 행동의 의도는 태도와 주관적 규범과 함께 행동 통제력에 대한 지각이 영향을 준다. 행동통제력에 대한 지각은 행동에 직접적으로도 영향을 미칠 수 있다([그림 4-6]).

일반적으로 알려진 계획된 행동이론 모형은 행동에 영향을 미치는 태도, 주관적 규범, 행동통제력 지각 요인이 행동 의도 요인을 매개하여 간접적으로 행동에 영향을 미친다고 본다. 이 중 행동통제력 지각 요인은 행동 의도 요인을 거치지 않고도 직접적으로 행동 요인에 영향을 미칠 수도 있다. 이러한 각각의 요인들의 전체적인 인과관계와 방향성을 가설화한

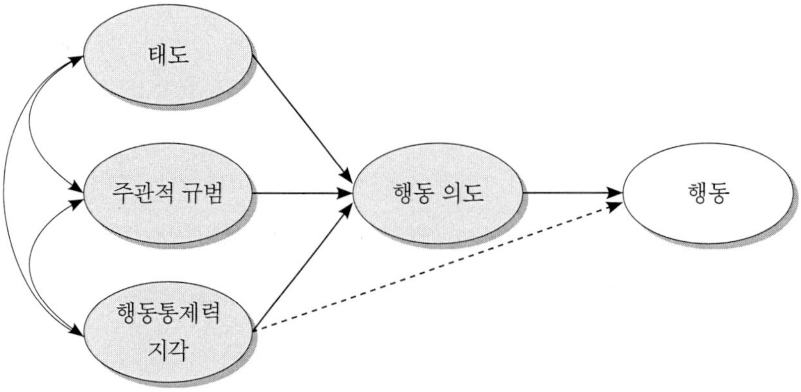

[그림 4-6] TPB 모형

출처: Ajzen (1991).

것이 바로 계획된 행동이론 모형이다. 계획된 행동이론 모형은 행동통제력 지각 요인이 행동 요인에 미치는 효과가 행동 의도 요인을 통한 간접 효과와 행동 요인에 미치는 직접 효과를 합한 총 효과에 의하여 영향력을 완전하게 파악할 수 있다고 설명한다.

장석용, 정헌영, 백상금, 이순열, 류준범(2013)은 음주운전행동에 계획된 행동 모형이 작용하는 과정을 설명하는 연구를 진행하였는데, 의도적 행동의 근접 결정 요인은 행동에 대한 태도가 아니라 행동을 수행하고자 하는 의도이며, 이러한 행동 의도는 태도와 주관적 규범 이외에 행동통제력 지각이 행동에 영향을 미치는 간접적 경로를 통해서 영향을 받는다고 보았다. 연구 결과, 음주운전행동은 태도와 주관적인 규범만으로는 설명하기 부족하기 때문에, 행동 의지뿐만 아니라 특정 행동을 수행하기 쉽거나 어렵다고 지각하는 수준, 즉 행동통제력 지각 수준에 의해서 영향을 많이 받는 것으로 나타났다.

Warner와 Aberg(2006)는 계획된 행동이론 모델을 이용하여 운전자의 속도 선택에 영향을 미치는 요인들을 살펴보는 연구를 실시하였다. 그 결과, 3가지 요인(행동에 대한 태도, 지각된 행동 통제, 주관적 규준) 모두가 운전자가 보고한 주행 속도에 직·간접적으로 영향을 미치고 있었다. 행동에 대한 태도란 개인이 어떤 행동에 대해 가지고 있는 긍정적 혹은 부정적 태도를 의미하며, 지각된 행동통제란 어떤 행동에 대해 개인이 주관적으로 느끼는 통제력을 의미한다. 예를 들어, 특정 도로에서 80km/h라는 주행 속도를 지나친 과속이라고 생각하는 운전자는 80km/h라는 속도에 대한 행동통제력 지각이 낮은 것이다. 마지막으로 주관적 규준은 어떤 행동에 대한 도덕적, 윤리적 가치에 대한 주관적 기준인데, 이것은 명문화되어 있는 법률이나 규칙과는 완벽히 일치하지 않을 수도 있다.

Warner와 Aberg(2006)의 연구에서는 이 세 요인 가운데 특히 주관적 규준이 운전자의 자기 보고식 주행 속도와 실제 주행 속도 모두에 직접적으로 영향을 미치는 것으로 나타났다. 이와 같은 결과에 따르면 운전자는 법적으로 제시된 주행 속도 이외에도 스스로 과속 여부를 결정짓는 주관적인 기준을 가지고 있으며, 설령 법규상으로는 과속운전이라고 하더라도 스스로의 기준에서는 과속운전이 아니라고 생각하는 경우가 생기게 됨을 알 수 있다.

2) ABC 모델

행동 모델에 기초해서 학습 원리를 분석할 수 있는 또 다른 이론으로는 E-TIP/D-TIP 분석이론이 있다. 두 이론 모두 ABC 모델에 기반하고 있는데, ABC 모델이란 A(Antecedents: 선행사건)−B(Behavior: 행동)−C(Consequences: 결과)의 경로로 나타나는 행동 학습적 모델을

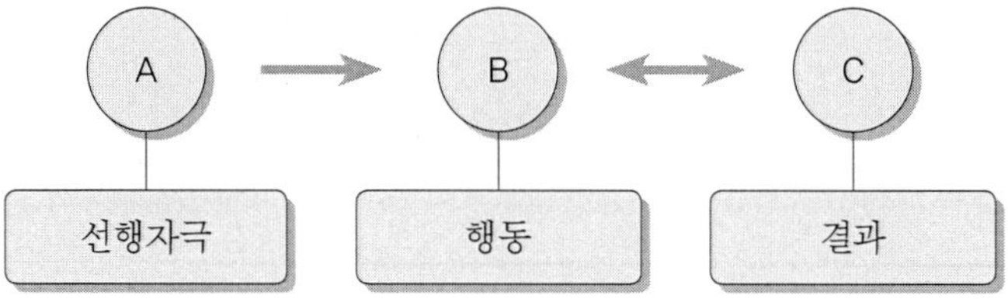

[그림 4-7] ABC 모델

뜻한다(오세진, 2016).

담배를 피우는 행동을 ABC 이론에 적용하여 살펴보면 다음과 같이 설명할 수 있다. 담배를 피우도록 자극하는 선행 요인들은 식사를 마쳤거나, 옆 사람의 담배를 권하는 행동 혹은 술을 마시면서 다른 사람들이 흡연하는 모습을 보거나, 여유 시간이 생기는 것 등이다. 이러한 선행자극이 흡연행동을 촉발하는데, 흡연 행동에 의한 부정적인 결과는 폐암 발생, 여러 합병증으로 인한 사망, 주변 사람들의 불평 등이다. 반면에 흡연을 통해서 얻게 되는 긍정적인 결과도 있는데 긴장 완화나 니코틴 금단 증상 해소를 통한 만족감 등이다.

이처럼 대다수의 행동은 부정적인 결과와 긍정적인 결과 모두를 포함한다. 그렇다면 흡연을 하게 되면 심각하게는 폐암 등이 발생할 확률을 높이고 여러 가지 질병의 발생으로 이어져 사망에 이를 수도 있는데도 사람들은 왜 담배를 피울까? 이러한 의문에 대해서 ABC 모델은 E-TIP/D-TIP 분석 과정을 통해서 다음과 같이 설명한다.

(1) E-TIP/D-TIP 분석

행동주의 심리학은 사람들이 긍정적인(Encouraging: E) 결과를 초래하는 행동을 더 많이 하고, 부정적인(Discouraging: D) 결과를 초래하는 행동을 덜 할 것이라는 가정에서 출발한다. 그렇다면 흡연은 긍정적인 효과보다는 부정적인 효과가 더 큰데 왜 계속 일어나는 것일까? 이것을 이해하기 위해서는 행동의 결과를 단순히 긍정적/부정적 차원에서만 분석할 것이 아니라 결과가 발생하게 되는 시간적 차원과 결과 자체의 중요성 그리고 결과가 발생할 확률까지도 고려하여야 하는데, 이러한 점을 고려한 분석이 바로 E-TIP/D-TIP인 것이다.

선행 자극들을 통해 흡연이 발생하고, 그 결과는 긍정적인 결과가 보다 직접적이고 빠른 시간(Time: T)에 나타난다. 흡연을 통해서 긴장과 스트레스를 완화하게 되고, 니코틴이 보충되면서 만족감을 느끼게 된다. 그러나 부정적인 결과는 주로 먼 미래에 발생하는 확실하지 않은 것들이다. 행동은 일반적으로 먼 미래에 나타나는 결과보다는 현재와 가까운 시간에 나타나는 것에 더 크게 영향을 받는다.

또한 행동의 결과가 가지는 중요도(Important: I)에 따라서 영향을 받을 수도 있다. 담배를 피우지 않는 사람에게는 건강이 중요한 문제이고 긴장 완화나 니코틴 보충 등은 중요하지 않은 문제이다. 따라서 별다른 계기가 없는 한 담배를 피우는 선택을 하지 않을 것이다. 반면에 담배를 피우는 사람에게는 건강상의 문제만큼이나 담배를 통한 긴장 완화나 니코틴 보충은 중요하다. 따라서 담배를 피우기 시작한 사람이 흡연보다 건강에 더 중요한 가중치를 두지 않는 한 흡연 행동은 멈추지 않을 것이다.

발생확률(Probability: P)에 있어서도 흡연이 주는 긴장 완화나 니코틴 보충을 통한 만족감은 확실한 반면, 건강 악화나 암 발생 등은 확률이 떨어지는 사건이다. 행동은 나타날 확률이 높은 결과에 더 크게 영향을 받는다.

이상의 차원을 종합해 보면, 특정 행동이 나타나는 것은 사람들이 선택한 행동이 E-TIP 특성(긍정적, 가까운 미래, 중요함, 높은 발생 확률)을 가지고 있으면 증가하고, 반면 D-TIP 특성(부정적, 가까운 미래, 중요함, 높은 발생 확률)을 가지고 있으면 감소하게 된다는 것을 알 수 있다. 또한 행동의 결과가 긍정적이더라도 다른 E-TIP의 특성을 가지지 못하면 행동에 영향을 미치는 정도가 감소할 것이고, 행동의 결과가 부정적이더라도 다른 E-TIP의 특성을 가지고 있으면 행동에 영향을 미치는 정도가 커진다.

(2) 위험행동 적용

오세진(2016)은 E-TIP/D-TIP 분석을 산업 현장의 위험행동을 예로 들어 적용하였다. 위험행동이란 사고를 유발할 수 있는 바람직하지 않은 행동을 뜻한다. 오세진(2016)은 용접공의 보호 안경 착용 여부를 E-TIP/D-TIP 분석의 예로 사용하였다.

용접공은 보호 안경을 착용하지 않으면 지금 당장 편리하다는 결과를 확실히 얻을 수 있다. 용접공 입장에서는 긍정적인(E) 결과이다. 한편, 행위 결과는 빨리 일어나고(T-성립), 편리함은 작업자에겐 중요한 고려사항(I-성립)이다. 또한 보호 안전을 착용하지 않을 때의 편리함은 선택할 때마다 확실하고 명확한(P-성립) 결과를 가져다준다. 이러한 E-TIP 분석은 용접공이 보호 안경을 착용하지 않고 작업을 하려는 의도와 행동 선택의 이유를 잘 설명해 준다. 그러나 당연히 용접공이 보호 안경을 착용하지 않는 것은 사고나 부상이라는 부정적인(D) 결과를 가져다줄 수도 있다.

보호 안경을 착용하지 않고 있다가 눈을 다쳐서 시력에 문제가 생기거나, 심하면 실명할 수도 있다. 하지만 이러한 부정적 결과는 중요한 사항(I-성립)이긴 하지만 미래의 일이고(T-불성립), 확실하지도 않다(P-불성립). 따라서 일반적인 상황에서는 용접공이 보호 안경을 굳이 착용하려는 의도를 높이기 어렵고 그러한 행동 선택도 증가되기 어렵다.

따라서 안전 장구의 착용이나 안전행동을 증가시키기 위해서는 행동의 결과 자체가 가지는 있는 D-TIP 이외에, 외부적인 보상이나 처벌을 통해 안전 장구 착용 행동을 E-TIP 쪽으로 인식하도록 조취를 취하는 것이 필요하다. 예를 들어, 용접공과의 고용계약에서부터 보호안경 착용 여부를 의무로 명시하거나 위반 시에는 고용을 해지할 수 있다는 강력한 조항을 두는 것이 한 가지 방법이 될 수 있다. 혹은 모범적인 보호 안경 착용 작업자에게는 인센티브를 통해 급여나 직급을 상승시켜 준다든지 하는 강화물을 사용할 수도 있다. 대체로 위험한 행동은 E-TIP 분석 방향으로 유인가를 많이 가지고 있기 때문에 발생한다. 따라서 인위적으로 D-TIP 특성이 부여되도록 해야만 위험행동은 감소하게 될 것이다(오세진, 2016).

흡연을 감소시키기 위한 담배가격 인상을 E-TIP/D-TIP 분석에 적용시켜 보더라도 담배가격의 인상은 흡연이 주는 긍정적 효과를 줄여 줄 것으로 예상된다. 그러나 담배가 주는 긍정적 효과를 확실히 상쇄할 만큼 담배 가격이 인상되지 않는다면 큰 효과를 장담하기 어려울 것이라는 것도 예상할 수 있다.

이순열(2016)은 안전의 개념이 미래적이고, 에너지를 투자해야 하며, 불확실성을 가진다고 했다. 반면에 위험은 현재적이고, 자연적인 방향의 속성을 가진다고 하였다. E-TIP/D-TIP 분석도 이러한 안전과 위험의 속성을 감안한 접근이라고 볼 수 있을 것이다. 위험이 증가하고 사고가 발생하는 원인을 인간에게서 찾는다면 사람들이 굳이 자신의 한정된 에너지를 투자해서 불확실한 미래의 안전을 추구하려고 하지 않기 때문이다.

따라서 안전행동을 증가시키기 위해서는 의도적인 안전 추구 장치를 마련해야 할 것이다. 행동 모델들은 공통적으로 안전을 추구하지 않았을 때 불이익을 확실히 키운다든지, 안전을 추구하였을 때 생기는 확실한 이익을 만들어 주지 않으면 사람들은 안전을 선택하지 않을 것이라고 말한다. 그런 의미에서 E-TIP/D-TIP 분석은 행동적 관점에서 인간과 조직의 안전 향상 노력이 어떠한 방향으로 진행되어야 할지를 명확하게 제시해 주고 있다.

5. 안전교육

안전교육이란 상해, 사망 또는 재산 피해를 불러일으키는 불의의 사고를 예방하는 모든 교육적 활동들을 일컫는다. 안전교육은 환경의 상태와 인간의 태도 및 행동을 바람직한 방향으로 변화시켜 위험을 미연에 해결하고 안전 상태를 향상시키기 위해 실시되는 학습 활동이다. 환경 상태에 대한 고려와 대상이 되는 인간에 대한 고려가 적절히 이루어질 때 안전교육의 효과성은 극대화될 것이다.

어린이 및 청소년에 대한 안전교육과 성인 대상의 안전교육은 안전에 관한 교육 내용을 전달하려는 의도는 명확하지만, 집단 특성에 따라 제대로 교육 내용이 목표 집단에 전달되는지 혹은 수용되는지는 크게 달라질 수 있다. 안전 홍보 및 교육의 대상으로서 어린이와 청소년층은 중요하다. 어린이와 청소년의 안전교육은 위험으로부터 격리시키는 방향이 아니라, 위험을 이해하고 대처해 나갈 수 있는 방향으로 이루어져야 한다. '위험하니까 조심해야 한다.'는 식의 접근은 위험에 대한 올바른 대응이 아니라 무조건적인 공포 반응이나 회피 반응(아이들이 도로에 서서 위험을 확인하고 걸어가는 것이 아니라 뛰는 행동을 많이 하는 것은 위험에 대한 공포와 불안 반응으로 보인다)을 학습시킬 수 있다.

안전 홍보는 안전교육과 같은 성격을 가지고 있지만, 목표 집단에 홍보 내용이 정확하게 전달되고 있는지가 명확하지 않다. 따라서 홍보 활동은 효과 분석이 필수적이며, 효과 분석이 가능한 행동 변화부터 유도해야 한다. 이를 위해서는 평가 절차 확립이 홍보 활동의 중심요소가 되어야 하며, 추상적인 홍보 효과 평가나 실적 평가는 목표행동의 변화를 분석하는 데 도움이 되지 못하는 경우가 많다. 불명확한 구호보다는 '정지선을 지키자.' '안전모를 착용하자.' 등의 구체적인 메시지가 더 효과적으로 작용하는 이유가 여기에 있다(이순열, 2015c). 또한 안전에 핵심이 되는 행동 변화에 성공하게 된다면 여러 다른 부수적 행동 변화를 쉽게 불러일으킬 수 있다. 교통안전의 경우 안전띠 착용률이 높아지면, 정지선 준수행동이 증가하고, 신호 변경 전 출발행동이 감소한다는 연구 결과가 확인되었다(이순철, 2000).

성인 직원에 대한 안전교육의 목적과 내용은 작업자의 의식 개선이나 활동요령에 관한 것이 많다. 그러나 안전교육의 성패는 경영자의 의지에 달려 있다. 따라서 직원의 안전교육이 기업의 경영 수익과 직결된다는 인식의 확산이 무엇보다 중요하다. 많은 안전 전문가들이 사고 없이 효율적으로 업무를 잘 처리하는 수준 높은 작업자의 확보는 교육을 통해서만 가능하다는 사실을지적하고 있다(이순철, 2000). 그런 의미에서 안전교육은 전 연령과 조직체를 통해서 통합적으로 수행되어야 한다. 따라서 안전교육은 교육과정의 연속성, 교육담당자 및 교육기관의 연계, 이론과 실제의 상호보완 확립, 태도와 행동의 변화를 포함한 광범위한 학습 목표를 가지고 실시되어야 할 것이다.

1) 한국학교에서의 안전교육

학교에서의 안전교육은 학생들의 심신 발단단계를 고려하여 성인이나 직장에서의 안전교육과는 몇 가지 지향점의 차이를 가진다(교육부, 2016). 따라서 한국 사회나 교과과정이 가지고 있는 독특한 환경 특성을 반영하여 학교 안전교육을 살펴볼 필요가 있다.

한국의 경우 2017년 교육부에서 최초로 안전 관련 국정 교과서(『안전한 생활』)를 초등학교 1, 2학년용으로 편찬・보급하였다. 다음 내용은 한국에서 초등학생을 중심으로 안전교육을 체계화시키기 위한 몇 가지 지향점을 제시하고 있다.

우선, 한국 학교에서 안전교육을 추구하는 9가지 원리는 다음과 같다.

- 초등학교－중학교－고등학교로 구분된 교육과정을 충실히 반영하여야 한다.
- 생명존중과 존엄성을 바탕으로 안전생활을 실천할 수 있도록 안전 규칙과 행동 수칙을 구체적으로 제시하고 익히도록 한다.
- 발달단계를 고려하여 유아부터 초등 저학년, 초등 중학년, 초등 고학년, 중등과정, 고등과정 등의 세분화된 접근이 필요하다.
- 자기관리 역량, 공동체 역량, 지식 정보처리 역량을 함양할 수 있는 교수・학습이 이루어질 수 있도록 구성하여야 한다.
- 현장실습 등을 통하여 직접 보고, 듣고, 따라함으로써 안전생활이 습관이 되도록 반복학습, 체험 활동 중심의 교육이 이루어져야 한다.
- 학습 내용을 일상생활에 적용할 수 있도록 가정 및 지역사회와의 연계를 고려한다.
- 학습 내용을 적정화하여 학생들의 학습 부담을 줄일 수 있도록 한다.
- 전체 교과과정의 연계성을 고려한다.
- 교수・학습 과정을 통해 인성교육이 구현되도록 한다.

(1) 학교 안전교육의 구성 체계

교육부는 2017년 초등학교 『안전한 생활』 국정 교과서를 편찬하면서 학교 안전교육의 구성 체계는 교육과정의 성취 기준을 효과적으로 달성할 수 있어야 한다고 제시하였다. 개념이나 원리를 이해하도록 하는 인지 영역을 바탕으로, 안전한 생활 습관이 몸에 체화되도록 하는 기능적 영역과 안전생활에 필요한 올바른 가치관이나 합리적인 생활태도를 기르는 정의적 영역에 초점을 맞춰서 구성하였다. 학교 안전교육 구성 체계는 인지적 영역 중심으로 내용을 나열하는 방식이 되지 않도록 유의하여야 한다. 그리고 교육과정에 제시된 학년별 내용 요소를 충실히 반영하고, 학습 시기를 고려하여 구성하려는 노력이 병행되어야 할 것이다.

(2) 학교 안전교육의 내용

2017년 편찬된 초등학교 안전교육의 주된 내용은 위험에 대한 '식별하기' '예방하기' '벗어나기' '알리기' 등의 구체적인 행동 수준을 목표로 하고 있으며 생활 속의 안전 관련 체계 중심, 체험 활동 중심으로 학습 내용을 구성하였다.

그리고 초등학생들의 발달 수준과 학습 내용의 계열성, 통합성을 유지하는 내용 구성을 이루고 있다. 안전교육 내용은 구체적으로 생활안전, 교통안전, 신변안전, 재난안전으로 구분하여 전체적인 위험과 안전 영역에 대응한 교육이 진행된다.

생활안전은 학생들의 생활공간인 학교와 가정 및 사회에서의 위험 요인들에 대해서 알고 대처할 수 있는 방법을 탐색해 본 후 구체적이고 실체적인 사고 사례 중심의 실습 교육을 실시하여 각종 안전사고에 스스로 대처할 수 있는 능력을 기르는 내용으로 구성되었다.

교통안전은 다양한 상황에서 지켜야 할 교통안전 규칙을 바르게 알고 실생활에서 체험을

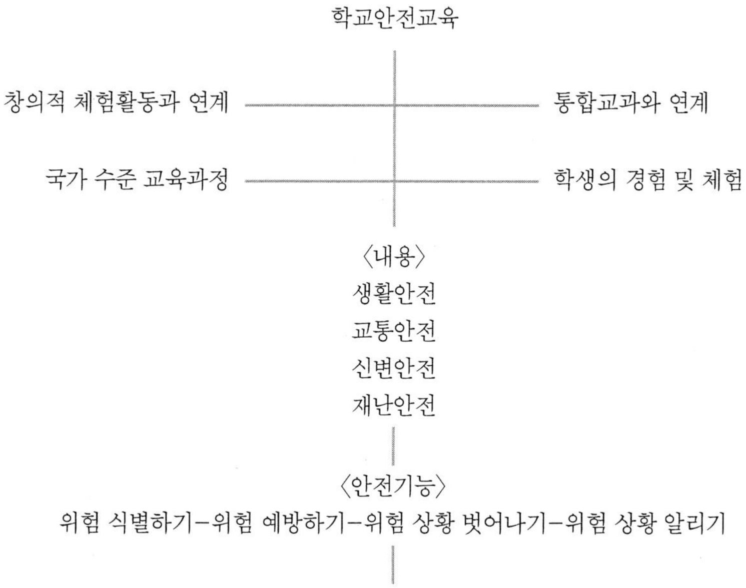

[그림 4-8] 학교안전교육의 구성체계 및 내용

통해서 습관화하도록 하는 내용으로 구성되었다.

신변안전은 유괴 및 미아사고, 학교 및 가정 폭력을 포함한 다양한 폭력 상황에 대한 이해와 사건 발생 시 실천할 수 있는 대처 방법을 익혀 자신을 보호할 수 있는 능력을 기를 수 있도록 하는 내용으로 구성되었다.

마지막으로 재난안전은 화재 발생의 원인을 알고 예방하는 태도를 습관화하게 하며, 발생 시 대피 방법을 익히도록 한다. 또한 지진과 같은 재난과 황사, 미세먼지 등과 같은 계절 및 기후 변화에 따른 재해에 대한 실제적인 대응 방법을 익혀 생활화하는 내용으로 구성되었다.

이상의 내용 구성에 대해서 학생들의 흥미와 관심을 유발할 수 있도록 다양한 체험 중심의 수업 방법을 활용한다. 즉, 시청각 교육법, 소그룹 토의, 게임 및 놀이, 역할극, 실습, 가상

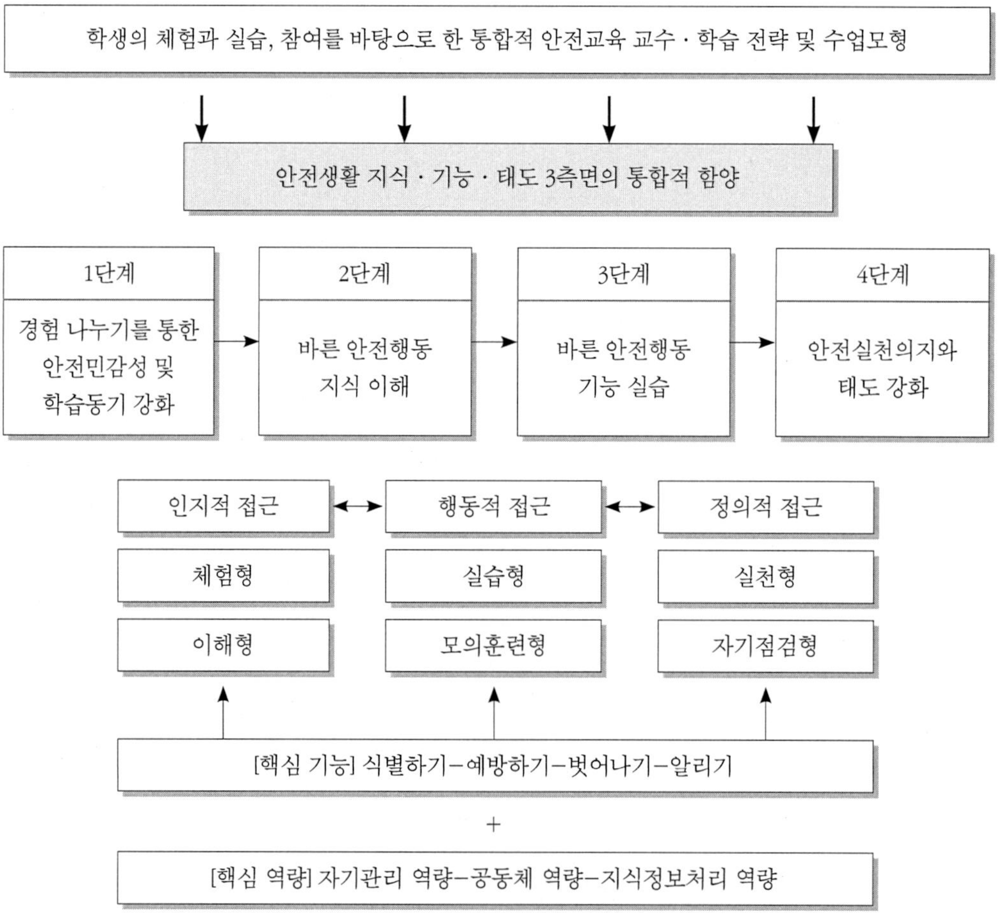

[그림 4-9] **안전교육 교수 · 학습 전략 및 수업 모형**

학습, 사례 발표, 견학 및 훈련장 활동 등을 활용하여 직·간접 체험 중심의 참여형 교육 방법으로 진행한다.

(3) 효과적인 안전교육 교수·학습 전략 및 수업 모형 수립

① 1단계: 경험 나누기를 통한 위험 감수성 및 학습 동기 강화

학생들이 직접 겪었던 사고 경험이나 위험 상황의 경험을 상기시켜 보고, 이것을 다른 사람들과 나누는 단계이다. 자신이 알고 있는 사고 사례나 안전 수칙 등에 관한 자신의 경험을 다양한 체험 활동을 통해 상기시켜 봄으로써 일상생활에서 위험 요소나 상황을 식별한다(위험 식별하기 기능). 그리고 이것을 다른 사람들과 함께 나누어 봄으로써 안전에 대한 민감성과 학습 동기를 불러일으킬 수 있는 체험활동을 제공한다.

이 단계에서는 학생들의 경험을 향상시킬 수 있는 다양한 체험활동을 제공하는 체험형 교수 학습 방법이 활용될 수 있으며, 또래와의 상호작용 및 모둠 활동을 통해서 공동체 역량을 강화하는 전략을 도입할 수 있다.

② 2단계: 바른 안전행동 지식 습득 및 이해

해당 영역에서는 모범적인 안전행동은 어떤 것인지를 구체적으로 알아보고 모범 안전행동을 실천하기 위한 행동수칙을 익혀 안전사고를 예방하는 활동(위험 예방하기 및 위험에서 벗어나기 기능)이 이루어진다.

이 단계에서는 안전한 생활을 실천할 수 있는 모범적인 방법 및 올바른 행동수칙을 살펴보고 이것을 연습해 볼 수 있는 교수 학습 방법(이해형과 실습형)이 활용된다. 이때 이해형이란 안전한 생활과 관련된 지식적인 요소를 단순히 나열하는 방식이 아니라, 다양한 체험활동과 경험을 바탕으로 한 자기주도적인 이해 활동을 구성하는 것이다. 이것을 위해 학생들이 움직이면서 이해할 수 있는 활동 위주의 체험이 될 수 있도록 구성한다.

실습형은 학생들에게 보다 학습에 대한 적극적인 역할을 부여함으로써 스스로 위험 상황에서 벗어나 안전하고 바른 모범 행동을 연습해 보도록 하는 유형이다. 이 단계에서는 바른 안전행동에 관한 매뉴얼 및 주의사항 등에 관하여 교과서에 제공된 정보와 자료들을 활용하여 실제로 바른 행동으로 실행하기 위한 방법을 습득한다. 그리고 이것을 숙지함으로써 지식 정보처리 역량을 강화하는 전략을 도입하거나, 바른 행동을 해 보기 위하여 자신의 평소 행동을 조절하는 차원에서 자기관리 역량을 강화하는 전략을 활용할 수 있다.

아울러 안전을 생활화하기 위해서는 보다 실천할 수 있는 폭넓은 학습의 장이 요구되므로 가정이나 지역사회와 연계하여 안전한 생활을 실천할 수 있는 방법을 제시하고, 생활 속에서 꾸준히 실천할 수 있도록 하는 내용으로 구성한다.

③ 3단계: 바른 안전행동 기능 실습

안전행동 기능을 실습해 보고, 위험한 상황이 실제로 발생했을 때를 가정하여 이에 대처하는 방법과 행동 수칙에 따라 침착하게 대처하여 벗어나는 활동('위험 예방하기' 및 '위험에서 벗어나기' 기능)을 위한 실습이 이루어지는 단계이다. 이는 앞선 1, 2단계의 학습을 발전시킨 형태로, 안전수칙과 위험 상황에서의 대처 방법 등을 준수하고 질서와 규칙을 지키며 바른 안전행동 기술을 실습해 보는 단계이다.

구체적으로 실제 위험이 발생했을 때를 가상하고, 침착하게 대처하여 대피해 보는 역동적인 기능훈련 활동과 모의 훈련형 등과 같은 다양한 체험활동을 통하여 안전한 활동을 실습하여 익혀 보는 실습형 등이 활용될 수 있다.

이 단계에는 행동을 조절하고 바른 안전행동 기능을 익혀 보는 차원에서 자기관리 역량, 그리고 공동체 내에서 지켜야 할 규칙과 질서를 정한다. 그리고 이것을 지키며 실습과 훈련에 임하는 차원에서 공동체 역량 강화를 위한 전략 등이 도입될 수 있다.

④ 4단계: 안전 실천 의지와 태도 강화

안전 실천 의지와 태도 강화 단계에서 학생들은 평소 일상생활에서 그리고 가정이나 지역사회 생활에서 그들 스스로의 행위 계획을 세우고 안전한 생활을 꾸준히 실천한다. 그리고 자기 자신의 안전생활 태도를 되돌아보고, 앞으로 더 나은 태도를 가질 수 있도록 스스로 다짐하고 의지를 강화하는 활동을 한다.

이 단계에서는 자신의 안전생활 태도를 반성하고 점검하며, 보다 안전한 생활을 실천하는 데 필요한 올바른 가치관을 가지게 된다. 일상 및 재난 상황에서 안전을 실천하고 사고를 예방하려는 태도를 기르도록 하는 활동(자기점검형, 실천형) 등으로 진행된다. 그리고 자신의 행동을 통제하고 조절하는 차원에서의 자기관리 역량을 강화하는 전략을 도입할 수 있다.

또한 이 단계에서는 위험한 상황이 발생하였을 때 내 주변 사람들에게 정확하게 알릴 수 있는 활동(위험 알리기 기능)을 해 볼 수 있다. 이를 위해서는 앞서 익힌 위험 식별하기, 위험 예방하기 및 위험 벗어나기의 기능을 종합적으로 활용한다.

구체적으로 자신이나 다른 사람들이 처한 위험한 상황을 효과적으로 알려서 도움을 요청하고, 위험에서 벗어나고, 자신과 타인을 보호할 수 있도록 직접 연습해 보는 활동을 진행한다. 지역사회의 유관 기관에 도움을 요청할 수 있는 방법으로 가까운 경찰서나 소방서, 아동안전 지킴이 집, Safety Zone 등을 파악한다. 또한 위험 상황이 발생했을 때 119 신고 요령 내지 휴대전화, 학교생활안전 앱(APP) 등을 이용하는 방법을 익혀 보는 활동 등을 해 볼 수 있다. 아울러 가정이나 지역사회와 연계하여 안전한 생활을 실천할 수 있는 방법을 제시하여 생활 속에서 꾸준히 안전한 생활을 실천하려는 의지와 태도를 강화시키는 내용으로 구성한다.

2) 안전교육 모델

(1) 영국 왕립사고예방협회 모델

영국 왕립사고예방협회가 밝힌 효과적인 안전교육의 10가지 원리는 안전교육 실행에 매우 중요한 원칙들을 제시해주고 있는데, 구체적인 내용은 다음과 같다.

- 전체 공동체에서 안전에 대한 접근을 격려하고 강화해야 한다.
- 교수-학습 방법에 상호작용과 경험학습과 같은 활동적 접근법을 사용해야 한다.
- 안전을 지키는 데 도움을 줄 수 있는 실제 의사결정에 학생들을 참여시켜야 한다.
- 학생들의 학습 요구 정도를 평가해야 한다.
- 사회 및 건강교육의 포괄적 접근으로서 안전을 지도해야 한다.
- 실제적이고 적절한 자료와 도구를 사용해야 한다.
- 가정 및 지역사회 유관 기관과의 동반자적 관계에서 안전교육을 실시해야 한다.
- 알 수 있는 발생된 위험 요소와 함께 위험을 예방할 수 있는 요소를 다루어야 한다.
- 안전에 관한 심리·사회적인 측면(자신감, 탄력성, 자기효능감 등)을 고려하여야 한다.
- 안전하고 지지적인 환경 내에서 안전한 행위를 보상하고 모델링할 수 있는 긍정적인 접근 방법을 선택해야 한다.

(2) AHE 모델

Dennison과 Golaszewski(2002)는 안전한 행위로의 변화를 위한 교육적 접근 전략을 개발하였는데 그것이 바로 AHE(Activated Health Education) 모델이다. 이 모델에서는 안전교육 방법을 3단계로 구성하고 있다.

Dennison과 Golaszewski(2002)는 건강하고 안전한 행위로의 변화를 위한 단계로 교사중심의 강의식 수업이 아닌 학생 참여 중심의 다양한 매체 및 프로그램 교수법을 적용하였다. 구체적인 AHE 구성단계는 경험 단계와 인지 단계 그리고 책임 단계로 나뉜다.

첫째, 경험 단계는 자신의 경험에 대해 평가하는 단계로, 학생들을 안전생활 평가에 적극적으로 참여시킨다. 현재 문제행동을 진단하도록 하면서 향후 목표 달성을 위해 관찰해야 할 행위들을 분명하게 제시한다.

둘째, 인지 단계는 건강행위에 대한 지식 및 편익에 대한 단계로 이전 경험에 기초한 행동원리의 정보를 제공한다. 학생들에게 목표가 되는 안전행위에 대한 일반적 지식과 기본 사실을 제공해 주는 단계이다. 또 안전행동 목적에 부합하는 가치를 성취함으로써 생길 수 있는 이익에 대해서 인지시키는 단계이기도 하다. 안전 정보의 제공과 설득, 호소 등의 방법을 활용한다.

마지막 세 번째 단계는 책임감 획득 단계로 습관화를 제시하고 있다. 학생들을 변화 과정에 직접 포함시켜 안전에 대해 책임감을 가지도록 한다. 책임감 단계에서는 자기관리 전략을 통해 학생 스스로 행위 계획을 수립하도록 한다. 안전 장구 착용이나 착용 행위 관찰, 포상 및 처벌 등의 강화방안이 적용된다.

AHE 모델은 보통 3~6주 정도 지속되는 단기교육을 위해서 개발된 모델이다. 학생들을 건강하고 안전하게 행동하도록 변화시키기 위한 모델로서 실제 수업 시 참여적인 활동으로 학습을 전개한다는 장점이 있다. 또한 안전교육을 실시하는 교수자가 무엇을 가르쳐야 하고, 언제 그것을 해야 하는가에 대한 실질적인 방법을 제공해 주기도 한다.

AHE 모델에 따르면 안전교육 교수-학습모형은 대상자의 동기유발을 위한 수업 전략으

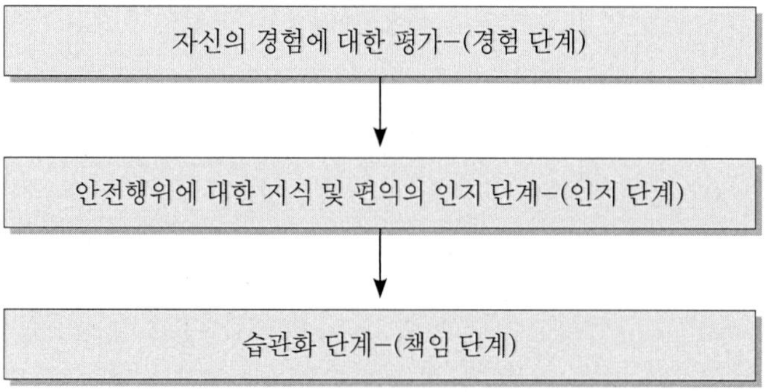

[그림 4-10] AHE 모델

로서 주의, 관련성, 자신감, 만족감의 요소를 고려한다. 이것을 위해서 자신과 다른 사람들의 사고(accident) 경험을 나누는 것에서 시작된다. 그리고 학습 내용을 제시하는 전략으로는 각 차시별로 현재 안전교육 교과서에서 다루고 있는 내용의 교과목과 단원, 내용과 해당 쪽수를 알려 주어 친근감을 갖고 쉽게 관련 내용과 연결 지을 수 있도록 한다.

또한 학습 방법으로는 각 학습 형태가 가지고 있는 특성을 살리기 위해서 노력한다. 교수자는 학생들에게 학습 내용을 설명하고 시범을 보이는 대집단 수업과 위험과 사고와 관련된 토의, 사례연구, 역할놀이, 시뮬레이션, 게임, 협동학습 등으로 구성된 소집단 활동, 연습 문제지, 시각 자료를 활용한 개별학습 등으로 진행한다.

(3) 모든 위험 접근법

미국의 재난관리 기본 원칙인 모든 위험 접근법(All-Hazard Approach: AHA)은 재난안전관리체계로 근간을 이루는 원리이다. 특히 재난안전교육모델을 제공하고 있기도 한다. 미국 연방재난관리청(Federal Emergency Management Agency: FEMA, 1997)은 재난관리에 있어서 8가지 원리로 구성된 정책을 유지하고 있다(강욱, 박준석, 조준택, 2014). AHA에서는 모든 위험에 우선순위를 두고 있는데, 위험이 발생할 가능성(likelihood)과 위험으로 인한 결과(consequence) 그리고 위험에 대한 분석과 평가(assessment)를 기준으로 한다.

FEMA(1997)는 위험에 대한 과학적 분석을 통해서 위험수준을 〈표 4-1〉과 같이 분류하였다. 그리고 위험수준에 따라 다양한 재난이 어떠한 위험인지 구체적으로 분류하여 개별적인 대응을 할 수 있도록 기틀을 마련하였다.

표 4-1 위험평가에 따른 위험의 수준

위험수준	내 용
가장 높은 위험 (extreme risk)	• 대규모 피해가 확실히 발생할 것이 예상되는 위험 • 즉각적인 대응이 필요한 경우
높은 위험 (high risk)	• 소규모 피해가 확실히 발생할 것이 예상되는 위험 • 위험에 대응과 대비가 필요하며 비상 계획에 따라 조치가 필요한 경우
보통 위험 (moderate risk)	• 피해 발생가능성은 낮은 위험 • 재난에 대한 조치와 사전 계획은 필요한 경우
낮은 위험 (low risk)	• 낮은 수준의 위험 • 조건부 실행 계획이 필요한 경우

출처: 미국 연방재난관리청(FEMA, 1997).

이러한 재난 수준별 분류는 해당되는 연령별 발달과정 및 교육 수준을 고려하여 재난 대응 교육 및 훈련에 활용되고 있다. 안전교육에 활용될 때의 특징은 다음 4가지로 요약된다.

첫째, 가장 기본이 되는 교육 내용은 재난에 대한 이해, 재난 대비, 재난 대응의 3개 분야로 구분된다. 먼저 재난의 개념과 유형을 이해한 후, 재난을 대비하는 방법과 재난 발생 시 대응요령을 학습하는 순서로 진행된다. 대상자의 연령이 증가할수록 교육 및 훈련 내용을 심화시키는 형태로 발전 및 확장해 나갈 수 있다.

둘째, 효과적인 학습을 위해서 게임 등 다양한 교수 방법을 활용할 수 있다. 재난 체크리스트 제작이나 스피드 퀴즈나 그림 소설 및 뉴스 기사 작성, 문자메시지 작성 및 전송 등 학습자의 수준을 고려한 다양한 교육수단을 활용하는 것이 효과적이다.

셋째, 직장이나 교육기관에서의 활동 못지않게 가정에서의 재난 대비도 강조된다. 가정에서의 여러 안전 수칙 및 요령에 대한 학습을 비중 있게 다룬다. 가정에서 사용할 수 있는 각종 재난대비 장구 준비도 중요한 고려사항이다.

넷째, 학습자의 적극적인 참여가 필요한 발표형식과 참여형식의 학습이 주로 이루어진다. 주입식 교육보다는 지역이나 연령 특성에 기초한 실습이나 자기주도식 학습을 통해서 재난 대응 방법을 습득한다.

표 4-2 재난 유형별 위험 수준 분류

재난 유형	발생 확률	위험수준	위험 결과
홍수	약간 높음	가장 높은 위험	심각
가뭄지진	높음	낮은 위험	심각
혹서/혹한	약간 높음	높은 위험	보통
태풍	매우 높음	높은 위험	경미
폭설	높음	높은 위험	보통
지반 침하	매우 낮음	낮은 위험	경미
지진	매우 낮음	높은 위험	심각
화재	낮음	가장 높은 위험	매우 심각
건물 붕괴	매우 낮음	높은 위험	매우 심각
가스관 사고	낮음	낮은 위험	경미
정보통신망 사고	약간 낮음	보통 위험	경미
화학물질 사고	낮음	보통 위험	보통

출처: Pine (2009).

3) 안전교육 기법

안전을 교육하는 기법은 다양하다. 기술의 발달과 자본의 성장으로 안전교육에 투자되는 예산은 점차 증가되고 있다. 더불어 안전교육 기법도 다양하게 개발되고 있다. 요즘은 체험시설을 활용한 직접적 체험교육이나 역할훈련 기법 혹은 모의훈련 기법을 사용하기도 한다. 그리고 디스플레이 기술의 발전과 함께 시뮬레이션 기법이나 증강현실(Augmented Reality: AR)과 가상현실(Virtual Reality: VR)을 이용한 교육이 확대되고 있다. 다음에 소개할 내용은 가장 전통적인 안전교육 기법들이다.

(1) 회의

작업 전이나 조회 후에 감독자가 회의를 주재하여 당일 작업에서 발생할 수 있는 위험 요소들을 찾아보고 대책과 안전행동실천을 수립하는 교육 기법이다. 가장 일반적인 교육 형태 중 한 가지로 미국 건설 현장에서 주로 사용되어 왔다. 작업자들이 도구상자 위에서 안전회의를 하였다고 해서 'Tool Box Meeting(TBM)'이라고도 부른다.

(2) 위험예측훈련

사진이나 그림 혹은 동영상 자료를 활용하여 제시된 상황에 숨어 있는 위험을 찾아보고 대처법을 토의하는 소집단 형태의 활동이다. 작업자나 활동 당사자에게 위험을 탐지하고 예측하는 지식을 함양하고 이것을 통해 위험감수성을 고양하기 위해 주로 사용한다.

(3) 근접 사고 보고

사고가 발생할 뻔했거나 위험했다고 인지된 활동이나 경험을 공유하고 큰 사고가 발생할 수 있는 요인을 찾아내는 형태로 진행된다. 중대한 사고를 미연에 방지하는 목적이 있으며, 참여자들이 자신의 경험을 허심탄회하게 공유할 수 있는 분위기를 조성하는 것이 무엇보다 중요하다. 사고가 발생할 뻔했던 상황을 보고한다고 해서 징계를 받거나 불이익을 받는 분위기가 조성된다면 효과는 급격히 떨어진다.

(4) 안전 제안제

안전을 향상시키고 위험을 감소시킬 수 있는 제안이나 의견 혹은 생각을 제안하는 제도이다. 발굴된 제안은 실천하도록 하고, 인센티브나 정적 자극물을 사용하여 동기부여를 할

수록 효과가 크다. 대표적인 상향식 교육 기법으로 구성원들의 안전에 대한 능동적 참여를 이끌어 낼 수 있다. 제안에 대한 평가가 객관적이고 공평할수록 효과가 좋아진다.

4) 안전교육에 대한 지지 효과

어떤 조직이든 안전과 관련된 훈련과 교육에 대한 지지가 높을 때 안전행위는 증가한다. 감독자는 실행자와 항상 밀접하게 관련되어 있기 때문에 안전을 등한시하는 태도는 금방 알아차릴 수 있다. 더욱이 이러한 안전교육과 훈련에 대한 지지는 안전 문화와 풍토로 연결되어 조직 태도나 행동에 직접적인 영향을 줄 수도 있다. 따라서 감독자의 안전에 대한 지지와 교육 훈련에 대한 배려는 조직 전체와 구성원들에게 안전에 대한 경각심이나 중요도를 상승시키는 작용을 한다.

이스라엘에서 실시된 연구에서는 작업자 381명과 36명의 감독자에게 안정 향상을 위한 훈련을 실시하였다. 훈련 결과, 감독자들의 향상된 안전의식이 작업자들의 사고율을 유의미하게 감소시켰다. 연구 결과는 작업자들에 대한 안전교육과 더불어 감독자들에 대한 안전의식 고양이 작업자들의 긍정적인 행동 증가를 더욱 향상시킬 수 있음을 보여 준다(Zohar, 2002). 미국 육군 127개의 수송부대를 대상으로 수행된 연구에서도 높은 수준의 리더-구성원 교환관계(Leader-Member exchange relationship: LMX)가 안전한 임무 수행에 긍정적인 분위기를 만드는 것으로 나타났다. 이와는 반대로 낮은 수준의 리더-구성원 교환관계는 안전에 대한 인식을 긍정적으로 변화시키지 못했다(Hofmann, Morgeson, & Gerras, 2003).

리더-구성원 교환관계란 리더와 구성원 간의 상호작용은 구성원마다 독특한 특성을 가지며, 리더는 한 집단 내에서 구성원들과 차별적인 관계를 형성한다는 이론이다. 캐나다에서 174명의 식당 종업원과 다른 직종의 작업자 164명을 대상으로 한 연구에서도 감독자들이 업무 수행 중 안전교육을 실시하거나 안전행동에 대해서 지지적인 입장을 보일 때 업무에 임하는 사람들의 안전 향상 행동이 증가하였다. 그러나 감독자나 조직 차원의 안전 향상에 대한 지지가 없었거나 별다른 강조점이 발견되지 않았다던지, 중립적인 입장만 취했더라도 종업원들의 안전 실천 행동은 급격히 감소되었다.

호주의 10개 제조업체와 광산업체 1,590명의 작업자를 대상으로 한 연구에서도 안전에 관한 경영진들의 적극적인 태도가 안전 수행을 유의미하게 증가시키는 것으로 나타났다. 이스라엘의 53개 작업 집단의 534명의 작업자를 대상으로 한 연구에서도 직속 감독자가 조성하는 안전 분위기가 업무상 발생하는 부상 사고 비율을 감소시켰다(Zohar, 2002). 이러한 연구 결과의 공통적인 시사점은 감독자와 조직 차원의 안전 분위기 조성이 실제 안전행동 증가에 매우 중요한 영향을 미친다는 것이다(Barling, Loughlin, & Kelloway, 2002).

5) 안전 홍보

안전 홍보는 사고와 연결될 가능성이 높고, 바람직하지 않은 태도와 행동을 표적으로 선정하여 태도와 행동 변화를 유도할 수 있도록 한다. 이러한 관점에서 이순철(2000)은 홍보란 다양한 의사소통 수단을 이용하여 참가자의 태도와 행동 변화를 유도하기 위한 설득 과정이며, 다음과 같은 특징을 염두에 두어야 한다고 강조하였다.

첫째, 홍보는 참가자의 자발적인 이해와 지지 · 동조를 얻고자 하는 것이기 때문에 일방적인 의견이나 주장을 강요하여서는 안 된다.

둘째, 홍보는 태도와 행동 변화를 유도하는 의사소통 과정이므로, 상호적으로 이루어져야 하며, 참가자가 가지고 있는 소망 · 기대 · 가치 등을 먼저 파악하고, 그 바탕 위에서 사회적으로 바람직한 태도와 행동으로 유도하여야 한다. 따라서 정보를 제공할 뿐만 아니라 동시에 정보를 흡수하는 것을 중요하게 생각하여야 한다.

셋째, 사회의 복지와 공공의 이익을 위해 전개되어야 한다. 정보화 사회에서는 TV나 라디오 등의 방송 매체가 중요한 역할을 담당하는데, 특히 홍보활동을 하는 홍보 주체와 참가자와의 의사소통이 이루어질 수 있도록 서로 노력하여야 한다. 안전 홍보는 참가자의 태도 및 행동을 바람직한 방향으로 변화시켜 사고 방지와 원활한 소통을 이룩하는 것이다. 즉, 안전 홍보활동은 여러 가지 안전 활동의 일부이며, 그 목적은 참가자의 안전행동을 촉진시키는 것이다.

안전 홍보의 역할 및 기능은 2가지로 나누어 생각할 수 있다. 첫째, 직접적인 기능으로 참가자의 주의를 환기시키면서 안전과 사고 방지에 도움을 줄 수 있는 지식이나 행동요령을 간략하게 알리는 활동이다. 이것은 참가자의 안전행동 촉진을 위해 직접적으로 호소하는 방식이다. 둘째, 간접적인 기능으로 안전 모임 · 강연회 · 전시회 · 안전 실적 보고 등을 알려 주는 활동으로, 참가자가 안전 활동에 관심을 가지도록 하는 방법이다.

한편, 안전 홍보가 사고 방지에 기여하고 있는가를 평가하는 것이 쉽지 않다. 왜냐하면 사고는 다양한 원인이 복합적으로 연결되어 발생하는 것이므로, 홍보 효과와 사고 증감을 직결시켜 홍보 효과를 평가하기 어렵기 때문이다. 이순철(2000)은 안전 홍보와 상품 광고의 차이를 다음과 같이 설명하였다.

표 4-3 홍보와 공보, 선전 및 광고의 차이

구분	홍보 (public relations)	공보 (public information)	선전 (propaganda)	광고 (advertising)
활동목적	대중과의 이해증진		선전과의 명분 강화	판매/이미지 제고
대상	대중(public)		정치와 관련된 대중 (투표자)	소비자
주체	조직(기업체)	정부기관	정당, 정치단체	기업체
커뮤니케이션 형태	쌍방적		일방적	일방적

상품 광고는 소비자의 욕구를 기반으로 하지만, 안전 홍보는 안전 욕구를 기반으로 할 수 없다. 상품 광고는 소비자의 목표 달성 또는 욕구 충족을 위해 해당 상품의 적절성, 필요성을 납득시키면 광고 효과가 일어난다. 즉, 구매상품에 의해 상위 욕구의 충족이 가능하다. 예를 들어, 여행 욕구가 있는 집단에 광고하고 있는 가방 상품은 여행 욕구를 충족시켜 주는데 필요하며, 여행을 위해서 사용하기에 적절한 가방이 될 수 있다는 사실을 광고하여 가방 구입으로 상위 욕구인 여행 욕구가 충족될 수 있다는 인식 변화가 일어나면 성공이다.

그러나 안전 욕구 및 안전 동기는 상위욕구가 아니다. 다시 말하면 안전하게 살아가기 위해 특정한 환경에 참가하는 것이 아니라 경쟁의 승리나 재화의 획득 등이 기본적인 욕구로 작용하는 경우가 많다. 따라서 안전 홍보가 '안전이 문제이기 때문에 안전에 호소할 수밖에 없다.'는 식으로 이루어지면 성공 가능성이 떨어진다. 즉, '안전은 충족되어야 한다.'는 식의 안전 동기에 호소하는 홍보는 성공 확률이 낮다는 것이다. 게다가 안전이란 개념의 모호성이나 추상성도 한몫한다. 따라서 안전에 대한 홍보는 보다 구체적인 신호로 작용할 수 있는 위험에 집중할 필요가 있다(이순열, 2015c).

구체적으로 위험에 대한 인지적 지식을 공급하여 주는 형태로 홍보를 하는 것, 구체적인 위험과 행위규범을 정해 주는 형태로 홍보하는 것이 더욱 효과적일 수 있다. 안전행동을 했을 때 즉시 발생하는 확실한 이익에 집중하도록 한다든지, 위험행동을 선택했을 때 발생하는 즉시적인 손해나 위해를 인식시켜 주는 방향으로 메시지를 전달하는 것이 보다 효과적인 안전 홍보 방향이 될 것이다.

안전 홍보의 기본은 인간 삶의 질을 향상시키기 위해 안전 욕구가 상승하도록 유도하는 것이다. 즉, 안전 자체를 홍보하기보다는 참여자가 중요하다고 생각하는 문제에 이해와 관심을 가질 수 있도록 홍보가 이루어져야 한다. 따라서 안전 홍보의 가장 기본은 안전이 인간의 삶에서 가지게 되는 다른 욕구이나 동기만큼 혹은 그 이상으로 중요하다는 것을 인식하도록 하는 것이다.

6) 안전 홍보 모델

안전 홍보의 목표는 사고 감소로 설정하고, 홍보 계획 단계에서 홍보 기관별 역할 분담과 하위 목표 설정이 이루어지도록 해야 한다. 이순철(2000)은 안전에 대한 홍보모델에 포함되어야 할 것들은 홍보 대상이나 주체 및 내용에 따라 상이할 수밖에 없겠지만 3가지 공통적인 요소를 포함해야 한다고 강조했다.

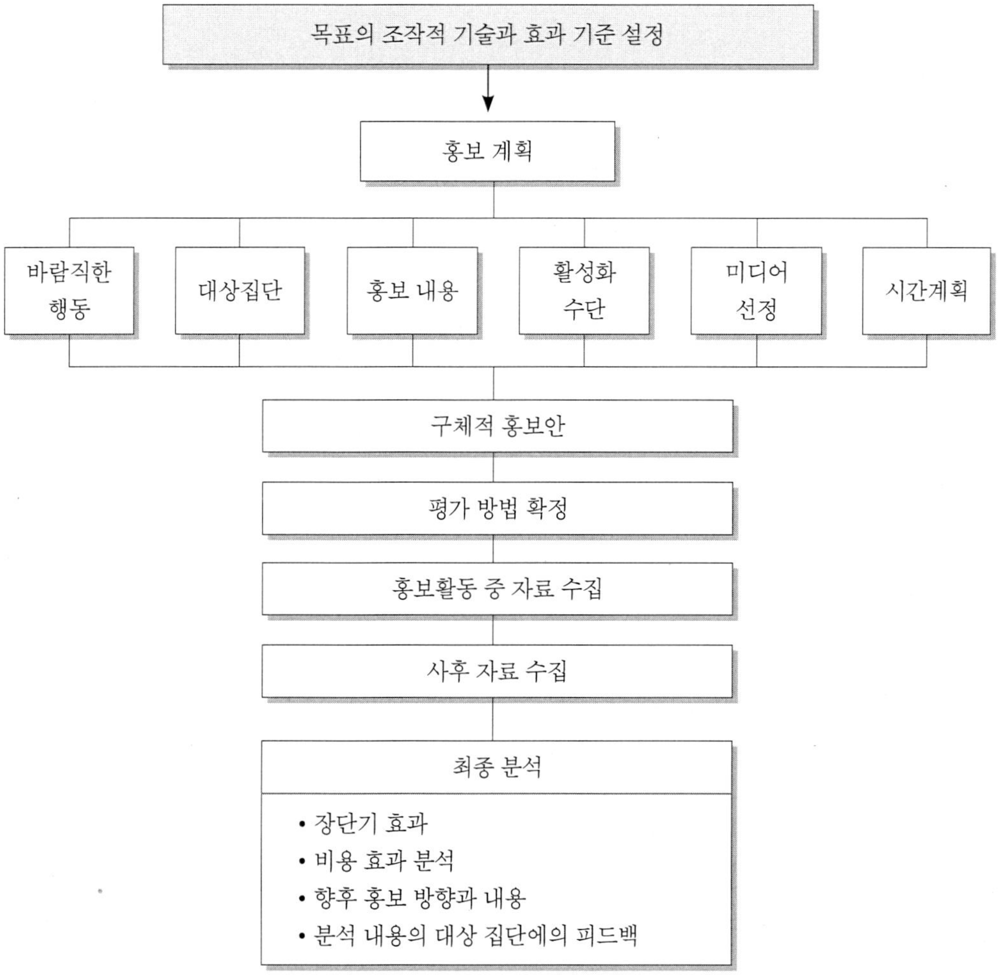

[그림 4-11] **안전 홍보 활동의 구성과 평가**

출처: 이순철(2000).

첫 번째는 안전 지식에 대한 내용이며, 두 번째는 안전기능에 대한 내용, 세 번째는 안전 태도에 대한 내용이다. 안전 지식이란 인간과 환경 그리고 도구 혹은 다루어야 하는 매체가 가지고 있는 특성과 안전 및 위험에 영향을 줄 수 있는 지식을 말한다. 즉, 인간과 도구 및 환경에 대한 지식 체계이다(이순열, 2016). 현대 산업사회에서 안전해지기 위해서는 위험과 안전에 대한 지식의 정도가 결정적인 영향을 줄 수 있다. 다음으로 안전기능에 대한 것은 안전 지식에 관련한 것들을 어떻게 적절히 실천할 수 있는가에 관한 것이다. 정확한 지식이 구비되어도 수행에서 문제가 발생할 수 있기 때문이다. 마지막으로 안전 태도에 대한 내용은 안전 지식과 안전기능을 함양하여야 하는 이유 및 동기를 고취시키는 데 반드시 필요한 것이다.

이순철(2000)은 이상의 안전 홍보 요소를 실천하려 할 때는 다음 6가지에 대해서 고려하여야 한다고 보았다. 안전 홍보 요소 실천의 6요소는 ① 바람직한 행동, ② 대상집단, ③ 홍보 내용, ④ 활성화 수단, ⑤ 미디어 선정, ⑥ 시간계획(Time schedule)이다([그림 4-11]).

(1) 바람직한 행동

바람직한 행동은 위험을 줄이기 위한 벨트 착용, 안전모 착용, 보호 장구의 점검, 법규 및 규칙의 준수 등을 의미한다. 바람직한 행동에 관한 홍보의 경우 위험행동 금지보다는 안전 행동 육성에 초점을 맞추는 것이 좋다. 왜냐하면 사고의 원인에 치우치면, 안전 욕구 형성에 역효과를 줄 수 있기 때문이다. 또한, 분명한 목표행동을 위해서는 실증적 행동분석 결과에 기초해야 한다. 홍보 시작 시점에서 행동의 현상적 문제점을 과학적으로 진단하여야 하고, 그 진단에 근거하여 홍보 활동이 시작되어야 한다. 홍보가 시작된다는 것은 문제행동에 대한 사회적 치료행위가 이루어지고 있음을 의미한다. 사회적 치료가 이루어졌다면 홍보 영향 평가에 의해 치료가 이루어졌는지를 행동 변화를 비교 측정하는 방법으로 확인할 수 있어야 한다.

(2) 대상집단

대상집단을 명확히 하는 것은 목표행동과 밀접하게 관련되어 있다. 연령, 주거지역, 사용하는 도구의 종류나 목적에 따라 홍보 대상집단과 목표행동을 연계할 수 있도록 해야 한다. 대상집단을 선정할 때는 반드시 본인이 홍보의 대상이 되고 있다는 사실을 인식할 수 있도록 하여야 한다. 모든 사람을 대상집단으로 삼기보다는 구체적인 홍보 메시지에 직접 연관이 있는 대상에게 쉽게 인식할 수 있도록 하여야 한다는 것이다.

대상집단의 종류나 형성 배경 등에 따라서 메시지 전달 방법이나 안전 홍보 효과는 다를 수 있다. 비자발적인 집단에 비해서 자발적으로 모인 집단에 대한 홍보 효과가 크지 않다. 홍보 활동에 자발적으로 모인 사람들은 일정 수준 이상의 안전 태도가 형성되어 있기 때문이다.

한편, 명백하게 잘못된 행동을 하고 있는 대상집단에 대한 대중 홍보 역시나 효과가 없거나 바람직하지 않을 수 있다. 특정 대상의 사람들이 가진 문제점을 홍보하여 문제행동을 올바른 방향으로 변화시키려는 대중 홍보는 다른 대상집단에게는 심리적 위안을 주거나, 잘못된 행동에 대한 왜곡된 해석의 구실을 줄 수도 있다.

(3) 활성화 방안

행동과 태도를 목표 수준까지 도달시키는 것은 결코 쉬운 일이 아니다. 따라서 대상집단을 활성화시키는 홍보 방법의 하나로 부분 집단이나 오피니언 리더(Opinion Leader)에게 영향을 미치도록 함으로써 간접적으로 대상집단에 홍보 효과가 파급될 수 있도록 하는 방법도 고려할 수 있다. 공적 활동을 하는 집단이나 영향력이 큰 회사 구성원 집단 등의 바람직한 행동은 전체 집단의 행동 변화에 영향을 미칠 수 있다.

(4) 홍보 방안 및 계획

이순철(2000)은 바람직한 홍보 캠페인 모델을 이용하여 차량 안전띠 착용률 향상을 위한 홍보 방안을 목표 기준과 효과 기준을 중심으로 다음과 같이 제시하였다.

- 목표 기준: 안전띠 착용이 사고 방지 효과와 안전 태도 형성의 기초행동이 됨을 인식한다.
- 효과 기준: 현재 안전띠 착용률이 33.6%인데 착용률을 85%까지 향상시킨다. 이것을 통해, 사고 감소 효과는 치사율 약 10% 감소로 매년 1,000여 명의 교통사고 사망자를 줄일 수 있다.

이순철(2000)은 자동차 안전의 경우 홍보 계획 사례를 차종별 안전띠 착용률을 고려하였고, 홍보 기관별 목표 계획을 다음과 같이 수립하였다. 승용차 42.81%, 소형화물차 31.67%, 소형승합차 29.89%는 A 홍보 기관의 책임으로 5년간 85% 착용률 향상 목표를 설정한다. 화물차 12.20%, 버스 5.05%, 택시 18.10%는 B 홍보 기관 책임으로 5년간 85% 향상시킨다. 그리고 지역별 안전띠 착용률을 고려하여 특정 지역의 중점 목표 집단을 설정할 때, 지역에 따른 안전띠 착용률 향상에 주력하는 목표 집단을 설정한다.

(5) 구체적인 홍보 내용

이순철(2000)은 자동차 안전의 경우 안전띠 착용에 대한 홍보모델의 구체적인 내용을 다음과 같이 제시하였다.

- 안전띠가 자동차 사고 치사율 저하에 도움이 된다는 사실
- 안전띠 착용이 안전운전 태도 형성과 운전에 안정감을 높여 준다는 사실
- 남자 운전자(33.10%)보다 여자 운전자(43.01%)가 착용률이 더 높다는 사실
- 안전띠를 착용한 운전자가 신호 변경 전 비정상적으로 출발하는 운전자보다 상대적으로 적다(31.96% 대 38.91%로 좋음)는 사실
- 안전띠를 착용한 운전자가 일단 정지선을 더 잘 준수한다는 사실

(6) 평가절차 확립

이순철(2000)은 자동차 안전의 경우 안전띠 착용에 대한 평가절차 내용을 다음과 같이 제시하였다.

- 연구 결과로 얻은 안전띠 착용률을 활용하여 안전띠 착용을 위한 홍보 활동 시작
- 매 1, 2년 단위로 안전띠 착용률을 조사, 교통사고 통계 활용으로 사망사고율 조사
- 5년 후 안전띠 착용률을 조사 비교하고, 교통사고 변화와 효과 기준과의 비교

(7) 최종 분석

이순철(2000)은 자동차 안전의 경우 안전띠 착용에 대한 홍보의 최종 분석 내용을 다음과 같이 제시하였다.

- 장 · 단기 안전띠 착용률 비교
- 교통사고 사망자 감소 비교
- 비용 효과 분석
- 결과에 대한 기관별 피드백 실시

7) 기업의 안전관리

기업에서 실시하는 안전관리 업무는 안전관리자 선임, 조사, 계획 입안, 계획의 승인 요청, 안전교육, 추적 검토, 보고의 요소로 이루어져 있다. 각 요소의 중요성은 계획 수립, 운용의 각 단계에서 변화될 수 있다.

(1) 안전관리자 선임

안전관리자는 학교교육, 특수 안전교육 및 직무 경험이 있어야 한다. 안전관리자는 직무를 충실히 수행하기 위해서 안전에 관한 서적, 세미나 참석, 안전 단체 활동 등을 통하여 자기 노력을 계속하여야 한다. 필요하다면 안전교육 전문학교에 재입학하여 특정 안전 지식에 대한 함양을 고양시켜야 한다.

(2) 조사

안전 계획을 새로 수립하거나 진행 중인 계획이라고 하더라도 사실관계를 분명히 하기 위해서 재검토가 필요할 수 있다. 조사는 철저하게 이루어져야 한다. 조사는 사고기록의 재검토에서부터 출발하여야 하며, 사고 유형, 장소, 원인 및 다른 요인들을 명확하게 검토하여야 한다. 그러나 사고보고서에 관련된 정보가 충분하지 못할 경우가 있으므로, 관리자는 사고당사자와 면접을 통하여 원인을 심층 분석하고 필요한 정보를 확보하여야 한다.

(3) 계획 수립

안전관리자는 사고 조사, 현지 관찰, 직원과의 면접 등을 통하여 분석한 내용을 바탕으로 실시 계획을 세워야 한다. 계획 수립 당시 제안사항도 완전해야 하고 이해하기 쉬워야 하면서 실제적이어야 한다. 계획이 치밀하고 과학적일수록 성공할 가능성이 높아진다. 계획은 탄력적이어야 하며, 대안이 포함되어야 하고, 나아가 개정 가능성도 남겨 두어야 한다.

(4) 계획 승인 요청

안전관리자는 안전 계획의 실시를 경영자에게 보고하고 승인을 받아야 한다. '안전 계획을 실시하는 것이 바른 길이며, 도의적인 책임이다.'라고 회사 경영자에게 보고하여 승인을 받을 수만 있다면 좋겠지만 어려울 수 있다는 것도 알아야 한다.

유능한 경영자는 계획 수행에 투입되는 비용과 결과에 나타날 수 있는 효과 분석을 통하여 계획의 승인 여부를 결정할 것이다. 따라서 안전관리자는 상세한 비용 분석을 제시하고, 계획에 의해 절약할 수 있는 금액도 계획에 포함시켜야 한다.

(5) 안전교육

사고방지 교육은 감독자 혹은 중간 관리자에게 먼저 실시하여야 한다. 직원과 경영자의 연결 역할을 담당하고 있는 감독자 혹은 중간관리자가 계획의 내용을 이해하지 못한다면 계획의 성공을 기대하기가 어렵다.

감독자 혹은 중간관리자에게 계획의 내용을 알리는 것뿐만 아니라 직원에 대한 사고방지 지식을 효과적으로 전달할 수 있는 방법, 직원이 받은 다른 교육과 사고방지 교육과의 조정 역할도 그들에게 교육되어야 한다.

직원에 대한 안전교육을 감독자 혹은 중간관리자, 교육전문가 중 누가 담당하더라도 안전관리자는 그것을 체크해야 한다. 계획을 입안한 안전관리자가 책임지고 교육 내용과 교육과정의 진행과 성취 여부를 살펴보아야 한다.

(6) 추적 검토

안전 계획이 실시 중일 때는 실시 상황을 추적 검토하여야 한다. 추적 검토는 간단한 것에서부터 상세한 것까지 수행할 수 있다. 사고로 인한 결근자 확인 및 사고보고서 제출 여부 확인, 혹은 점검표를 이용한 점검활동 등이 여기에 포함될 수 있다.

(7) 보고

경영자 및 직원에 대한 안전 계획 실시 상황과 결과를 정기적으로 보고하여 피드백해 주어야 한다. 경영자에 대한 안전 계획 보고는 정보 제공뿐만 아니라 회계방식에 의한 체계적인 것이어야 한다. 또한, 경영진에게 보고할 때는 누가 사고를 일으켰다는 사실 보고가 아니라 '어떠한 직무 종사자 외 어떤 행동의 잘못으로 사고가 발생했다.'와 같은 내용이어야 한다.

(8) 작업자 교육

작업자의 기능은 경제적인 측면에서도 중요하다. 신규 채용자가 과거 어떠한 교육을 받았는지에 상관없이, 채용한 회사의 기준에 합치할 수 있는 작업을 실행할 수 있어야 한다. 따라서 채용 전의 행동을 그대로 수용해서는 안 된다. 높은 수준의 기능을 확보하기 위해서는 신규 채용자의 교육이 가장 효과적이다. 직무 수행에 필요한 지식, 직무 수행에 적절한 기능을 교육시켜서 업무의 중요성과 안전의 필요성을 인식시켜야 한다. 작업자 안전교육을 위해서는 비용과 시간 등의 여러 노력이 필요하지만, 경영자는 다음과 같은 기대 이익을 생각할 수 있다.

- 사고 감소 및 사고 추방
- 장치 보수 유지비의 감소
- 결근이 줄고, 업무 이해도가 깊어져 직무 만족감을 가지게 된다.
- 감독 부담이 줄어든다.
- 홍보 효과가 크다.

작업자는 다른 조직이나 사람들과 접촉하면서 자연스럽게 회사를 홍보하는 주체가 된다. 안전 인식이 높고 실천력이 높은 작업자는 회사의 신용을 높이는 움직이는 광고판이다.

여러 가지 기대이익을 가지고 작업자에게 안전교육을 실시할 때 가장 중요한 부분은 교육 내용이다. 교육 내용 선정에서 중요한 것은 작업자가 업무를 수행하는 데 꼭 숙지해야 할 내용으로 구성해야 한다는 것이다. 따라서 교육 내용은 다음과 같은 순서에 따라 결정하는 것이 바람직하다.

① 업무 달성에 절대로 필요한 내용
② 업무의 기본 이해에 필요한 내용
③ 업무에 관계가 있으며, 업무 수행에 도움이 되는 내용
④ 업무 수행에 꼭 필요하지는 않지만, 알아 두면 좋은 내용

이상의 우선순위를 고려한 교육 내용이 결정되었다면 다음 9가지 내용을 중심으로 구체적인 안전교육 커리큘럼을 구성하여야 한다.

첫째, 사고 경향에 대한 내용이다. 작업 환경이나 작업자 특성에 따른 사고 경향을 먼저 제시하고, 자기 조직의 사고 건수 및 사고 비용을 제시하면서 다른 조직과의 비교 · 검토를 하여야 한다. 사고 감소가 자신과 지역사회에 공헌한다는 사실과 함께 안전조치가 경비절감과 고객서비스의 기본이 된다는 사실을 제시하여야 한다.

둘째, 법규 및 규칙의 중요성이다. 조직이나 회사는 모든 구성원이 법규나 규칙 및 규정을 준수할 것이라고 기대하고 있다는 사실을 강조하여야 한다. 그리고 규칙이나 법규 위반의

위험성과 법규 준수의 이익에 대해서 설명해야 한다.

셋째, 사고 원인 분석이다. 사고는 우연하게 일어나는 것이 아니고, 대부분 작업자의 제어 능력 및 대처 능력의 오류 때문에 발생한다는 사실을 통계와 같은 수치나 과학적 지식을 바탕으로 설득력 있게 제시하여야 한다.

넷째, 작업에 미치는 인간 요인의 중요성에 대한 강조이다. 작업자의 신체적, 정신적 변화가 작업에 미치는 영향, 그리고 약물, 알코올이 작업에 미치는 악영향 등을 설명하고, 특히 피로 조건과 만성 피로를 이겨 내는 방법 등을 교육해야 한다. 위험과 사고에서 인간 요인이 얼마나 작용하고 있는지를 설명해 인간 요인의 중요성과 조절 원리에 대해 강조해야 한다.

다섯째, 위험 예측 능력 및 실행 능력의 향상이다. 위험 예측은 사고가 일어날 만한 상황에 직면했을 때, 사고 발생을 방지할 수 있는 능력을 작업자에게 요구하고 이를 실행하는 방법에 관한 것이다. 작업자는 주의, 지식, 판단기능을 사용하여 위험을 예측할 수 있다. 따라서 위험을 감소시킬 수 있는 구체적인 실행 방법과 기법을 습득하는 능력을 발전시켜야 한다.

여섯째, 장치 및 조작에 의한 사고 방지이다. 장치나 도구의 위험요소와 장치나 도구를 안전하게 사용하는 방법에 대해서 습득하고 이것을 통해 사고를 방지할 수 있음을 교육받는다.

일곱째, 작업자의 감각 및 지각의 문제이다. 작업자가 지각적 실수나 오류 그리고 감각기능의 한계에 대해서 제대로 인식하고 있을 때 보다 안전하게 활동할 수 있다.

여덟째, 장치의 특성과 조작의 특성에 대한 이해이다. 기계나 전자 장치 혹은 물리적 도구들의 특성과 조작 방법에 대해서 실제적인 지식이 있는 만큼 위험은 줄어든다.

아홉째, 실제 장치 사용 연습 및 응급 상황 대처이다. 강의식 학습에만 머무르지 말고 실습이나 실제 체험 혹은 체험적 훈련을 통해서 지식을 체화시키는 것이 중요하다. 예견되는 위험에 대해서는 반사적으로 대응할 수 있을 때까지 체화시키는 것이 위험을 감소시키는 가장 효과적인 방법이다.

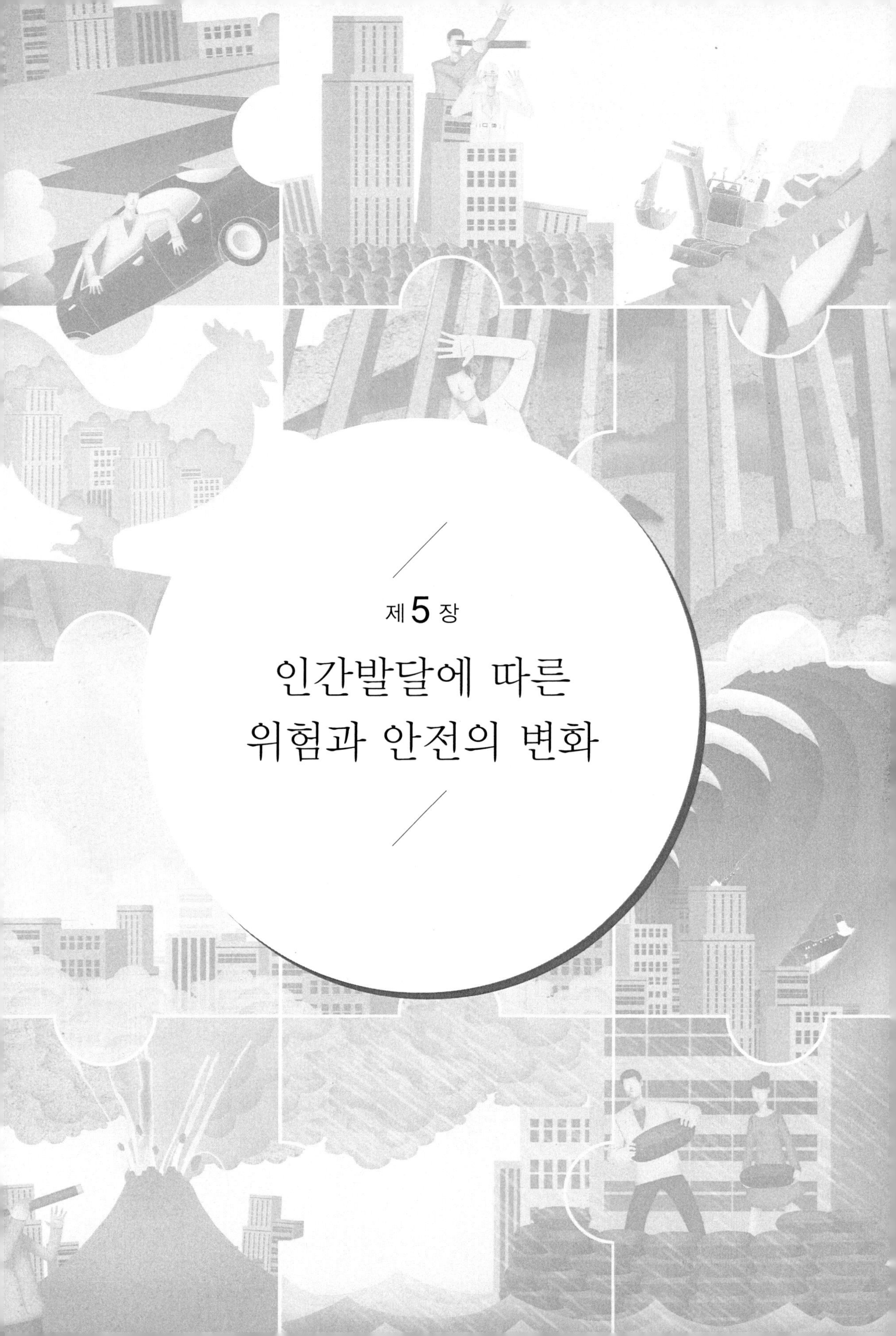

제 5 장

인간발달에 따른 위험과 안전의 변화

위험과 안전에 관련한 이해를 목적으로 하는 심리학적 고찰에서 인간발달에 관심을 가져야 하는 가장 기본적인 이유는 위험과 안전이 인간에게는 실존적인 문제이기 때문이다. 실존적이란 인간은 수정되는 순간부터 죽음에 이르기까지 계속 변하는 존재라는 인식에 기초한다.

연령이 증가하면서 신체 크기는 물론 인지 능력도 변화한다. 뿐만 아니라 행동방식도 달라지고 관심사나 기호도 변한다. 또한 사고방식과 가치관도 달라진다. 그리고 이러한 변화를 유발하는 생리적, 심리적 구조와 기능도 변화해 간다. 만일 안전심리학의 관심이 어느 특정한 연령 단계에만 국한된다면 변화해 가는 인간 유기체가 직면하게 되는 다양한 위험과 안전의 모습을 제대로 이해하지 못할 것이다.

우리가 속해 있는 자연환경은 끊임없이 위험을 향해 나아가고 있다. 인간의 생애도 나이가 들어 감에 따라 위험을 잘 극복해 갈 때도 있지만, 결국 마지막 순간이 가까워질수록 어쩔 수 없는 위험과 직면하게 된다.

기계화된 사회에서 사고는 처음 기계를 접하는 초보자인 청소년층이나 노화 현상으로 인해서 심신기능이 떨어지는 고령자 층에서 눈에 띄게 많이 발생한다. 이것은 사고가 경험과 시간에 기본적으로 영향을 받는다는 것을 의미한다. 청소년의 사고는 단순히 경험 미숙이 원인이 되기도 하지만, 위험을 추구하는 경향이 높다는 성향적 측면도 함께 고려되어야 한다. 따라서 초등학교와 중 · 고등학교에서 위험을 제대로 해결하고 안전을 충족시킬 수 있는 발달단계를 고려한 교육과 훈련이 이루어질 필요가 있다.

신체골격은 20세 전후에 완전히 완성되며, 키는 20세에서 50세까지는 변화가 적다. 근력은 25~30세 사이에 최대 수준에 이르렀다가 35세 이후부터 점차 감소하기 시작하는데, 남성보다 여성의 감소 폭이 더 크다. 체중과 가슴둘레 등 다른 신체적 특성은 60세까지 증가하

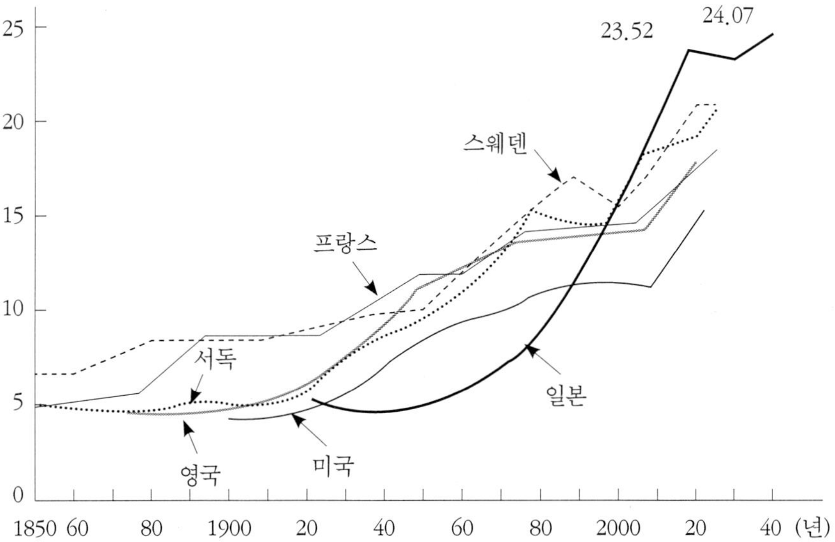

[그림 5-1] 65세 이상 고령자 증가 예상도

다가 감소하기 시작한다. 골격 화학물질은 연령이 증가함에 따라 밀도가 낮아지는 쪽으로 변하는데, 그 결과 말년에는 골다공증 발병 확률이 높아지고, 쉽게 골절이 생기며 회복이 더디게 된다(Vancott & Kinkade, 1972).

대체로 연령이 증가하면 생리적 위험도 증가한다. 나이가 들면 지방질 축적은 늘어나지만 피하지방질은 감소되어 피부에 주름살이 생긴다. 근육의 움직임은 주로 소뇌가 담당하지만 노년기 근력의 상실은 내이 속의 전정기관의 손상과 연관되는 경우가 많다.

연령 증가는 콜라겐이나 엘라스틴 및 레티큘린 등의 기초물질 양이 감소하도록 하며, 신경섬유 밀도를 증가시킨다. 신경섬유 밀도의 증가는 물질이 통과하는 것을 방해한다. 덥거나 추운 기온에 적응하는 능력은 젊은 연령층에 비해 고령자일수록 떨어지고, 기초 대사량은 연령이 증가할수록 감소하는데, 세포 수가 줄어들고 간과 같은 내장기능이나 근육 활동이 약해지기 때문으로 생각된다.

55세 이후부터 혈액순환이 둔화되고 심장박동이 불규칙해진다. 이런 증상은 동맥경화의 원인이 되고 혈관벽이 두꺼워져서 혈액순환을 방해한다. 연령이 증가하면서 REM 수면과 느린 파장의 잠이 감소하게 되는데, 이것은 수면의 질을 떨어트려서 인지활동과 정서 상태에 부정적인 영향을 준다(윤진, 1985).

그러나 연령의 증가는 경험의 축적이라는 또 다른 보상기제를 가지고 있기도 하다. 나이가 어리거나 젊다는 것이 무조건 안전에 도움이 되는 것이 아니라는 것이다. 평상시에는 얌전하고 점잖은 사람도 자동차 운전석에 앉으면 노골적인 공격성을 보이기도 하고, 야비한 언사를 하며 상대방을 위협하기도 한다. 평상시에는 도저히 사용할 수 없는 태도가 운전 중에 나타나는 것이다.

사람은 인간관계에서 자신의 기분과 욕망을 적절히 억제하면서 원만한 관계를 형성하려고 노력한다. 이러한 태도가 고양되는 것이 심리적인 성장이며 성숙이고, 타인과의 갈등을 해소할 수 있는 능력을 갖추는 것이다. 그러나 자동차를 운전하게 되면 충동적인 측면이 생긴다. 익명이 보장되는 공간이라는 인식, 그리고 남의 간섭을 받지 않기 때문에 자기 마음대로 할 수 있다는 의식이 작용하면서 평상시에는 참아 왔던 욕망이 분출되기 때문이다. 따라서 안전하게 자동차를 운전하기 위해서는 운전이 대인관계의 일부라는 사실을 인식하고, 욕망을 조절하기 위한 자기통제가 필요하다.

특히, 청소년 운전자는 과속운전의 욕구가 도로상에서 분출되면서 위험 상황에 휘말리는 경우가 다른 연령층에 비해 많다. 따라서 청소년의 교통사고를 예방하기 위해서는 과속 욕구를 심리적으로 억제할 수 있는 운전자가 되도록 하여야 한다. 사회 그리고 학교와 가정에서 청소년 자신이 중요한 역할을 담당하고 있다고 자각하고, 자신의 책임과 권리를 정확하게 인식하고, 생명의 중요성을 인식하여야 한다. 또 운전 중에는 위험 인식을 높일 수 있는 위험감수성을 배양해야 한다. 즉, 청소년에게는 안전에 관한 지식의 함양만큼이나 위험을 위험으로 인식할 수 있는 능력과 안전해야겠다는 적극적인 태도 변화가 필요하다. 이를 위해서 위험 상황에 대한 체험식 교육과 함께 논리적인 인식 변화와 태도 변화를 유도할 수 있는 사회교육 프로그램이 요구된다(이순철, 2000).

이처럼 위험이나 안전은 인간의 발달단계와 밀접한 관련이 있다. 욕구를 조절하는 단계인지 욕구를 해소하는 것이 우선시 되는 단계인지를 파악하여 적절히 대처해야 한다. 신체적 변화와 함께 심리적 변화는 나이의 변화와 함께 시작되거나 종료되는 경우가 많다. 따라서 위험과 안전 혹은 사고에 대한 연령별 특징을 검토하는 것이 필요하다. 연령별에 따른 차이를 다각도로 검토하여 안전 대책의 시사점을 발견하여야 할 것이다. 그리고 연령과 경험과의 관계를 고찰하여 경험의 올바른 축적을 위한 방안을 생각해 볼 필요도 있다.

연령과 사고와의 관계를 규명하기 위해서는, 능력(skill), 태도 및 행동 그리고 안전과의 관계를 정확히 이해하는 것이 무엇보다 중요하다. 연령과 함께 대체로 발달하는 능력들이 사람들을 보다 안전하도록 하는 것인지 혹은 신체적 감각 능력이 20대보다 떨어지는 40~50대의 사고율이 낮은 이유가 무엇인지, 청소년과 고령자의 위험 증가는 무엇 때문인지 그리고 영·유아기 때부터의 발달적 특성이 전체 생애를 걸쳐서 위험과 안전에 어떻게 관여하는지 등을 설명하려는 심리학적 노력이 필요하다.

1. 연령별 감각과 지각 특성

Piaget의 인지발달이론에 따르면 아이의 탄생 이후 첫 1년은 감각운동기이다. 감각운동기에서 가장 중요한 것이 바로 감각과 운동의 협응 능력을 획득하는 것이다. 소리가 나는 쪽으로 고개를 돌리고, 눈으로 보고, 붙잡고 싶은 대상을 손으로 붙잡을 수 있는 능력이 바로 감각과 운동의 협응 능력이다. 이러한 기본적인 협응 능력을 기초로 아이들은 세상을 조작할 수 있는 능력을 가지게 된다.

시감각 영역은 20대에 가장 예민하며, 40대부터 원시가 진행되어 안경이 필요해진다. 이것은 수정체를 조절하는 근육인 섬모체의 수축력이 저하되고 망막의 해상도가 나빠지기 때문이다. 여성은 좀 더 이른 30세 후반부터 시력의 노화가 시작될 수 있다. 청력의 감퇴는 25세 이후에 뚜렷해진다. 특히 고음을 듣는 능력이 감퇴된다. 미각이나 후각 및 통각과 온도에 대한 감각은 45세에서 이후부터 서서히 감퇴되기 시작한다(Troll, 1985).

1) 영 · 유아의 감각 및 지각 능력 변화

(1) 형태 지각

영 · 유아의 시 지각은 외부세계의 자극 특성, 유기체의 경험, 기억 능력 등의 3가지 요인에 의해서 규정된다. 자극 특성은 움직이는 대상이나 배경과 대비가 뚜렷한 대상 그리고 자극 요인이 많은 대상을 더 잘 본다는 것이다. 생후 5일 된 신생아도 시야 내에서 빛이 움직이기 시작하면 젖 빨기 반응을 멈추고 빛에 반응한다. 신생아는 무늬가 없는 물체보다 흑백 대비가 뚜렷한 대상을 더 집중적으로 응시하며 무늬가 있는 대상을 더 오랜 시간 동안 관찰한다.

몇 가지 종류의 가면을 사용한 연구에서 3~4개월 된 영아는 눈과 코가 다 있는 정상적인 얼굴의 가면을 더 오랫동안 보았다. 그 이후의 시기에는 응시 시간이 감소되다가 8~9개월 경에 다시 응시 시간이 길어진다는 연구 결과도 있다. 이러한 연구 결과는 8~9개월 된 영아도 사람 얼굴에 대한 도식이 형성되어 있고, 자신의 기억으로부터 사람 얼굴의 도식을 인출하고, 그 도식과 얼굴 모양의 가면에 대한 지각을 유지할 수 있음을 알려 준다. 그리고 이상의 2개 정보를 관련시켜 비교하는 작업까지 가능하다는 것도 유추할 수 있다. 즉, 나이가 들수록 지각 과정에 기억이나 심상작용과 같은 인지활동이 관여하게 된다는 것이다. 이와 같이 신생아의 지각에는 자극 탐지뿐만 아니라 지각 체계화와 해석 과정이 포함된다. 영 · 유아기의 형태 지각은 좀 더 큰 아동이나 청소년과는 몇 가지 차이를 보인다. 5~6세 이전인 전조작기의 유아는 대상자극을 전체적인 형태로만 지각하였다. 그러나 6~7세 이상인 구체적 조작기의 아동이나 청소년은 자극의 전체 형태를 이루고 있는 세부 특징을 선택적으로 지각할 수 있었다.

(2) 거리 및 깊이 지각

영아도 깊이를 지각할 수 있다. Gibson과 Walk(1960)는 절벽이 있는 실험 장치를 만들어서 영아의 깊이 지각에 대해서 연구하였다. 실험 장치는 1인치 정도의 낮은 절벽과 40인치 정도의 깊은 절벽의 두 부분으로 되어 있다. 그리고 절벽을 사이에 두고 아이의 반대편에 엄마가 아기를 부르고 있다. 6~14개월 된 아기는 깊은 쪽을 피해서 엄마에게로 다가갔다.

Gibson과 Walk(1960)의 실험은 6개월경부터는 영아도 깊이 지각이 가능하다는 것을 보여 주었다.

그러나 후속 연구자들은 Gibson과 Walk의 실험에서 기어 다닐 수 있는 연령이 생후 6개월이기 때문에 그러한 결과가 나타난 것이 아닌지 의문을 제기했다. 즉, 기어갈 수 있는 나이를 깊이 지각이 가능한 나이로 오해했다는 것이다. 이러한 의문을 해결하기 위해서 후속 실험이 실시되었다. 실험 결과, 기어 다니지 못하는 6개월 미만의 아기들도 낭떠러지로 보이는 '시각적 절벽(visual cliff)'에 올려다 놓으면 맥박 등이 공포 반응을 나타낸다는 것을 발견하였다. 이와 같은 실험들은 6개월 이전의 영아도 깊이 지각이 가능함을 보여 주고 있다.

(3) 지각발달

Maurer와 Salapatek(1976)의 실험에 의하면 생후 1개월 된 영아는 주로 얼굴의 가장자리와 대비가 분명한 곳을 바라보는데 2개월 된 영아는 얼굴의 여러 곳에 시선을 배분하며 더 많은 넓이를 보며, 눈과 입과 같은 세부 특징들을 더 많이 응시하였다. 대부분의 영아가 2개월 내지 3개월이 되는 무렵이면 얼굴 특징과 입의 움직임을 식별할 수 있게 되고, 5~6개월경에 이르면 익숙한 얼굴과 낯선 얼굴 그리고 부모와 다른 사람을 식별할 수 있게 된다.

Fantz(1963)는 생후 1~2개월이 되는 영아도 3차원의 물체와 그 물체들의 사진을 보여 주었더니 사진보다 실물 보기를 선호한다는 것을 발견하였다. 그리고 생후 2~3일 되는 영아에게 '파, 파, 파' 소리를 녹음한 것을 들려주었더니 소리가 나는 쪽으로 주의를 보내면서 우유 젖꼭지를 더 세차게 빠는 반응을 보이다가 점차 빨기 반응이 약해졌다고 보고했다. 이것은 '파' 소리에 대해 습관화가 일어나는 것인데, 잠시 후에 '바, 바, 바' 소리를 들려주었더니 곧 소리 나는 쪽으로 주의가 옮겨 가면서 빨기 반응이 다시 강해지는 탈습관화가 일어났다고 한다. 이것은 생후 2~3일밖에 안 되는 영아도 '파' 음과 '바' 음의 차이를 식별할 수 있음을 보여 주는 것이라고 해석할 수 있는 실험 결과이다.

2) 고령자의 감각 및 지각 능력 변화

(1) 고령자의 시각 능력 변화

나이가 들수록 감퇴되는 감각기능 중에 가장 큰 생활상의 문제를 만들어 내는 것은 시각 능력의 쇠퇴이다. 인간의 대뇌에 도달하는 모든 정보는 절대적으로 많은 양이 시각기관을 통해서 들어온다. 연령의 증가는 시력에서 원시가 되도록 한다. 따라서 고령자가 많아지는 사회에서는 고령자들의 시각 능력의 변화를 감안한 제품 설계 및 공간 설계 그리고 행동 구조화가 필요할 것이다.

연령이 증가할수록 수정체 중심의 세포들은 경화되어 간다. 투명도도 떨어지고, 수정체의 유연성도 감소한다. 동공을 제어하는 근육도 퇴화되고, 명암에 따른 순응에 필요한 시간도 증가한다. 인간의 시각 능력은 30세 이후 매년 0.5%씩 감퇴되어 65세 이상의 경우 일반적인 시각 능력의 약 78%만을 가지게 된다(윤가현, 1993).

고령자의 원시는 안경 등의 보조 장치를 통해서 교정할 수 있지만, 동공 조절에 따른 순응 시간 증가는 20대에 비해서 50대 이상이 되면 50% 이상 증가한다. 80세 고령자의 경우에는 20세 청년에 비해서 200배 이상의 밝은 빛이 필요하다. 고령자는 젊은이에 비해 시각적 작업에 더 많은 빛을 필요로 하는데, 이것은 빛 공급이 제한되는 야간 활동에서 보다 많은 문제를 야기할 수 있음을 의미한다.

약한 조명 아래에서 발생하는 시각적 문제와는 반대로 너무 강한 밝기도 고령자에게는 문제가 될 수 있다. 노화는 안구 렌즈를 불투명하게 만드는데, 눈부심(Glare)에 대한 감수성이 40대까지 서서히 증가하다가 50대 이후부터 70대까지는 급속하게 증가한다. 따라서 고령자가 번쩍이는 광선이나 야간 자동차 불빛에 갑자기 노출된다면 시각 능력은 현저히 저하될 수 있다(Kosmik, Winslow, Kline, Rasinski, & Sekuler, 1988).

수정체가 두터워지면 보라색 가시광선에 가까운 색깔의 투과를 방해할 수 있는데, 이것은 색 분류나 탐지에 어려움이 생길 것이라는 것을 예상할 수 있다. 대표적인 색 투과 변화로 발생할 수 있는 현상이 바로 황화 현상(yellowing)이다. 황화 현상은 가시광선 중 짧은 파장을 가진 청색계통(파랑, 초록, 보라)은 보기 어려워지는 반면 긴 파장을 가진 붉은색 계통(빨강, 주황, 노랑)은 잘 보이게 되는 현상을 말한다. 황화 현상이 심해지면 마치 노란 색안경을 끼고 있는 것처럼 노란색이 모든 시야의 전체 배경색이 되어 버릴 수 있다.

또한 수정체가 두터워지면서 안구액 내의 빛 산란도가 증가하는데, 이것은 망막 상을 흐릿하게 맺히도록 할 수 있다. 또한 연령이 증가하면서 수정체 자체가 황색으로 변화되거나 탄력성이 저하되는 문제를 가질 수도 있다.

고령자의 시각 문제는 병리적인 원인 때문에 생길 수도 있다. 녹내장(glaucoma), 당뇨망막병증(diabetic retinopahty), 백내장(cataracts)과 뇌졸중으로 인한 시각 손상 등이 대표적이다. 녹내장과 당뇨망막병증은 주변 시야 탐색에 문제를 일으킨다. 백내장은 이미지에 초점을 맞추기 어려워지고, 대비 민감도가 저하되고, 세심한 물체의 특성을 분석하는 데 어려움을 줄 수 있다. 뇌졸중에 의한 시각 영역 축소는 시각의 반이 상실되는 반맹(hemianopia)이나 주변 영역을 부분적으로 볼 수 없는 증상으로 나타날 수 있다. 더 큰 문제는 고령자들이 자신의 시각 문제를 전혀 의식하지 못할 수 있다는 것이다(Olson & Sivak, 1984).

고령자들은 시야의 폭도 감소한다. 수평 시야는 10대 청소년의 경우 170° 정도인 데 비해 50대 이상에서는 140° 정도로 줄어든다. 가용 시각장(Useful Field Of Vision: UFOV)은 잠시 힐긋 보는 것을 통해 정보를 얻을 수 있는 시야로 젊은 사람에 비해 고령자의 가용 시각장은 줄어든다. 가용 시각장 감소는 고령자의 시각 민감도를 떨어트려 주변시각을 많이 활용하여야 하는 활동에 지장을 줄 수 있다. 같은 연령대의 고령자들이라도 가용 시각장에 문제가 있는 사람들이 4.2배나 교통사고 위험이 높았다(Sivak, 1995).

Pringle, Irwin, Kramer과 Atchley(2001)는 맹시에 관한 연구에서 명멸 패러다임을 이용하여 젊은 운전자와 고령 운전자의 변화 맹시(changed blindness) 차이를 비교하였다. 운전자 관점에서 촬영된 2개의 영상을 제시하고 장면의 차이를 탐지해 내는 실험이었다. 2개의 영상은 위치와 명료성 그리고 유의미성(얼마나 중요한 정보인가) 등에서 차이가 나타났다. 연구 결과, 연령이 젊을수록 점수가 높았다. 젊은 운전자의 반응 정확성은 중심 시야 영역에서의 변화에 더 높은 반응을 보였다. 젊은 운전자가 현저성 반응도 더 좋았다. 다만 연령에 따른 유의미성은 차이가 적었다. 이러한 차이는 연령이 증가함에 따라 유용한 시각장의 범위가 줄어들기 때문으로 파악된다.

(2) 고령자의 청각 능력 변화

청력의 경우 높은 진동수일수록 노화로 인한 감퇴가 심하다. 청력은 20세 이후부터 서서히 감소되는데 처음에는 저주파 소리에 대한 감각기능이 감퇴되지만 55세 이후부터는 고주파 소리에 대해서 급속히 저하된다. 경고음은 고주파음인 경우가 많은데 경고나 주의의 청각적 신호에 고령자들은 다른 연령대보다 반응이 느릴 수 있다. 청력이 약해진 고령자는 위험 알림 소리 등을 잘 듣지 못하게 되고, 이로 인해 의사소통에 문제가 발생하여 위험에 처할 가능성이 높아진다.

약 55세 이후부터는 여성보다 남성의 청력 감퇴가 더 심해진다. 75세에 이르면 미국의 경우 15% 가까이가 청력을 완전히 상실하게 된다고 한다(Troll, 1985). 고령자의 청각 능력 저하는 일상생활의 어려움뿐만 아니라 대인관계와 의사소통에 장애를 일으켜 결과적으로 인지 능력 쇠퇴나 고립감과 같은 개인 생활 만족도에까지 부정적인 영향을 미친다.

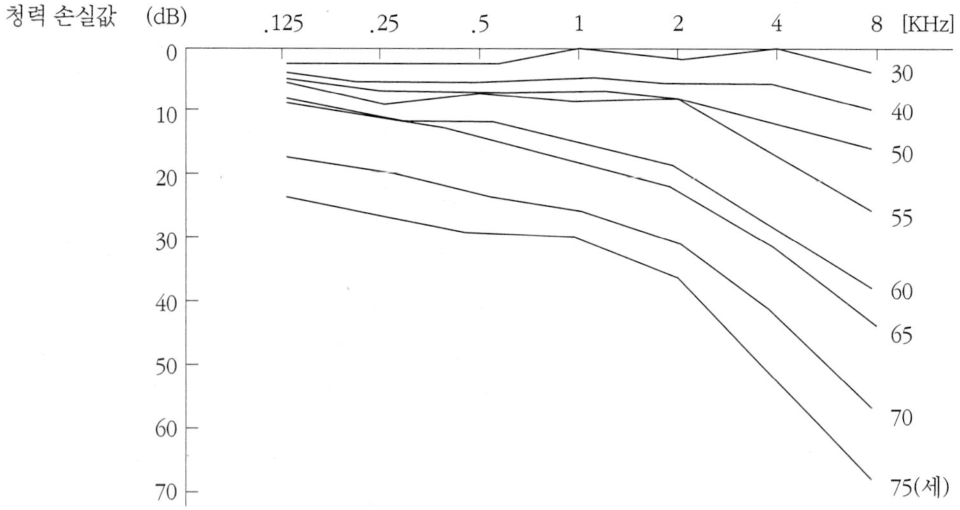

[그림 5-2] 연령 증가와 청력 변화

(3) 고령자의 기타 감각 능력 변화

미각도 50세 정도부터 감퇴되기 시작하는데 맛의 미묘한 차이를 구별하는 능력이 떨어지기 시작한다. 따라서 음식에 더 많은 양념을 넣어야지만 젊었을 때 느꼈던 맛과 비슷하다고 느끼게 되는데, 이것은 염분이나 조미료의 과다 섭취로 이어지기 쉽다. 후각은 가장 나중에 쇠퇴하는 감각 중 하나로 연령에 따른 차이가 보고된 연구가 가장 적다(Troll, 1985).

(4) 고령자의 지각 능력 변화

연령은 지각적 손상과 퇴행을 일으키는 가장 중요한 원인이다. 연령이 증가할수록 지각 속도는 저하되는데, 이것은 환경 변화에 즉각적으로 대처하지 못하는 문제를 만들어 낸다. 특히 움직이는 물체에 대한 속도 지각에 둔화를 보일 수 있다(신용균, 이건호, 박지영, 1998). 연령 증가에 따른 속도 지각 능력에 대해서 Ball과 Sekuler(1986)는 고령자의 경우 움직임을 탐지할 때 문제가 가장 크다고 보고하였다.

연령이 다른 세 집단(30~35세, 40~45세 그리고 50~55세)의 경우 나이가 많을수록 형태자극을 지각하는 데 더 많은 시간이 소요되었다. 그리고 형태자극의 지각 난이도가 비슷한 자극물을 위 세 집단에 제시하는 경우에도 연령이 증가할수록 자극물을 정확히 파악하는 데 시간이 더욱 많이 필요했다(윤진, 1985).

고령자에게는 자극 지속에 따른 시각자극과 청각자극의 정보처리 둔화가 일어날 수 있다. 이것은 주변 상황을 판단하고 적절한 결정을 내리는 데 더 많은 시간을 필요로 한다는 것을 의미한다. 이순열, 이순철과 김인석(2006)은 65세 이상의 고령자들이 20대 초반의 젊은이에 비해서 단순반응 속도가 거의 2배 이상 길다고 보고하였다. 이러한 반응 능력의 차이는 위험에 대응하는 시간의 증가를 의미하는 것이며, 젊은이보다 더 위험에서 벗어나기 힘들 수 있음을 나타내는 것이다. 고령자들의 반응 시간 증가는 감각기관과 운동기관의 협응 시간 증가가 원인으로 생각된다.

연령 증가는 인지기능의 감퇴를 발생시킨다. 작업 기억 능력의 감소 특히, 정보를 파지하는 시간에서의 단축을 가져와 신속한 정보처리와 충분한 파지 시간이 요구되는 상황 대응에 부정적인 영향을 줄 수 있다. 정보처리 시간의 지연은 고령자의 생활 전반에 걸쳐 발생할 수 있는데, 느린 반응 시간은 감각운동 협응에서 효율성 저하로 나타난다. 특히 2가지 이상의 자극이 동시에 발생하는 복잡하고 연속적인 자극을 구분하는 과제에서 고령자들은 다른 연령층에 비해서 더 많은 시간을 필요로 한다.

이순열 등(2006)은 65세 이상의 고령 운전자들이 신호등 없는 좌회전 상황에서 더 오랫동안 머뭇거리고, 또 더 위험한 상황을 선택한다고 보고하였다. 이러한 선택 시간의 지연과 더 불리한 상황의 선택은 차량과의 거리 판단과 맞은편 차량의 속도 판단 등 다양한 고려사항이 존재하는 상황에서 고령자들의 지각 능력이 떨어지기 때문으로 보인다.

부분과 전체를 통합하는 공간적 재배열 능력과 선택적으로 주의를 기울이는 능력 등에서도 저하를 보이는데 이런 변화는 고령자로 하여금 착오나 잘못된 선택을 하도록 만든다. 또한 자극탐지의 경계태세가 잘 이루어지지 않아서 갑작스럽게 출현하는 자극을 탐지하여 적절히 반응하는 데 어려움을 겪기도 한다(윤진, 1985; 강연욱, 2006).

고령화는 장시간 주의집중 능력에서도 변화가 생길 수 있다. 경계 태세를 오랫동안 유지하기 어려워지는데, 특히 예측할 수 없는 상황에서의 장시간 주의집중에 더 큰 어려움을 가지는 것으로 나타난다. 언제 어디서 자극물이 나타날지 모르는 상황에서 표적자극이 빈번히 출현했을 때 나이 든 사람들은 젊은 사람에 비해 수행이 훨씬 저조하였다. 이러한 주의집중 능력이나 경계 태세 능력의 감퇴는 생리적인 각성 수준이 낮아지는 것이 원인이다.

또한 노화는 선택적 주의집중 능력도 저하시킨다. 방해자극이 적은 경우 나이 든 사람이나 젊은이의 표적자극 탐지에는 큰 차이가 없었지만, 방해자극이 증가할수록 예기치 않은 곳에서 나타나는 표적자극에 대한 탐색이 고령자에게는 더 어려운 과제로 인식되었다. 고령화에 따른 선택적 주의집중의 감퇴는 시각 능력의 감퇴와 직접적인 연관이 있다고 여겨지지만 보다 심층적인 원인은 중추신경계의 전반적인 감퇴 때문으로 보인다.

고령자들은 주의 양분 능력도 감퇴되는데, 양분 능력이란 한꺼번에 2가지 이상에 비슷한 주의를 기울이는 것을 의미한다. 젊은 사람들과 비교했을 때 나이 든 사람들의 양분 과제 수행 능력은 크게 떨어진다. 과제가 어렵고 복잡해질수록, 또 익숙하지 않은 과제일수록 고령자의 주의 양분은 더욱 크게 떨어지는 것으로 나타났다(Kotary & Hoyer, 1995).

2. 연령별 신체 및 행동 변화

얼핏 생각하면 신체 모든 부위는 항상 동일한 속도로 골고루 발달할 것 같지만 실은 그렇지가 않다. 영아의 체중은 3~3.5kg인데 생후 6개월쯤 되면 출생 때의 두 배가 되고, 그 후 1년까지는 출생 때의 3배가 된다. 이는 체중 증가속도가 예전보다 감소하였기 때문이다. 이런 현상은 신장 발달에서도 나타난다. 영아는 팔과 다리에 비해서 머리가 크다. 그러나 신체부위의 발달속도가 다르기 때문에 성장해 갈수록 신체부위별 비율이 변화한다. 따라서 신체적 성장을 멈추는 20대 초반에 이르면 머리 크기가 전체 신장의 1/8 정도 된다.

사춘기에 겪는 급격한 신체성장과 성적 성숙은 커다란 심리적 영향을 수반한다. 일반적으로 이 시기에는 정서적 불안정성이 두드러지면서 대인관계에서의 긴장과 갈등이 고조되는 경향이 있다. 특히 조숙하거나 미숙할 때에는 적응의 곤란을 겪기 쉬우며, 이로 말미암아 자아개념 형성이나 성격 발달에도 부정적인 영향을 미칠 수 있다.

20대 중반까지 신체 능력은 절정에 이른다. 신체기능이 완전히 발달하고 최고조에 이르는 20대 중반부터 서서히 쇠퇴하기 시작하는데 50세경까지의 쇠퇴는 거의 알아차리지 못할 정도로 점진적으로 일어난다. 30세에서 45세 사이의 신장은 변화되지 않으며 그 이후에는 서서히 줄어든다. 근력은 25세에서 30세 사이에 절정을 이루며, 30세에서 60세 사이에는 10% 정도 감소한다. 팔 근육보다는 등과 다리 근육 중심으로 많은 감소를 보인다. 손의 민첩함은 30대 중반부터 감소하기 시작한다(Tanner, 1978).

아동기와 청년기에 증가한 복잡한 운동 능력은 20대 중반부터는 점차 쇠퇴한다. 하지만 이러한 쇠퇴가 수행 능력의 감소를 의미하지는 않는다. 자동차 운전을 예로 들면 30세 중반까지는 운동 능력 자체는 쇠퇴하겠지만 운전 능력 자체의 쇠퇴는 찾아보기 어렵다. 오히려 중년기에 접어들수록 풍부한 경험과 맞물려 더 좋은 운전 능력을 보여 주는 경우가 많다. 비슷하게 40대와 50대 중장년층의 산업 작업자들의 작업 능력은 보통 젊은 작업자들보다 좋다. 중장년층은 반응 시간을 비롯한 운동 능력의 감퇴에도 불구하고 더 성실하고 더 신중하게 작업하기 때문이다.

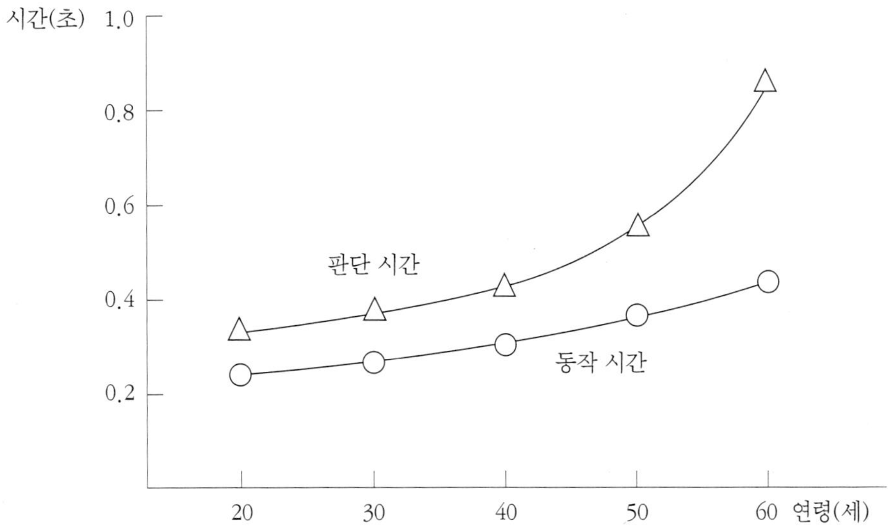

[그림 5-3] **연령과 반응 시간 변화**

자동차 운전의 경우 지각-반응 시간은 대략 2~4초(평균 2.5초) 정도이다(Dewar, 1993). 이러한 수치는 심리학적 실험을 통해서 얻어진 자극-반응 시간보다 훨씬 큰 값인데, 실제 운전 상황에서는 더욱 길어질 가능성도 있다. 왜냐하면 자동차 운전 중 출현하는 자극은 기대되지 못한 것들이기 때문이며, 탐지 이후 반응 동작도 회피할 것인지(핸들 조작) 멈출 것인지(정지페달 조작)를 결정해야 하기 때문이다.

신체와 행동 발달이 위험과 안전의 영역에서 중요한 의미를 갖는 이유는 인간의 몸이 건강과 안녕의 근원적 단위이기 때문이며, 몸에 기초한 여러 심리적 변화와 발달이 영향을 받기 때문이다. 정상적인 신체와 행동 발달은 개인의 생존을 좌우할 뿐만 아니라 인지 능력과 정서 및 사회성 그리고 성격 발달을 좌우한다.

1) 청소년 신체행동 변화와 안전

청소년은 신체, 운동 반응, 지능 등이 다른 연령층에 비해 뛰어나다. 즉, 조작의 민첩성, 정확성이 다른 연령에 비해 뛰어난 시기이다. 그러나 청소년은 자신이 가지고 있는 신체적 장점에도 불구하고 다른 연령층보다 사고를 많이 유발하는 것으로 나타난다. 이러한 이유를 제대로 파악하기 위해서는 청소년의 신체행동 특성과 함께 동기나 태도를 함께 고려해 보아야 할 것이다.

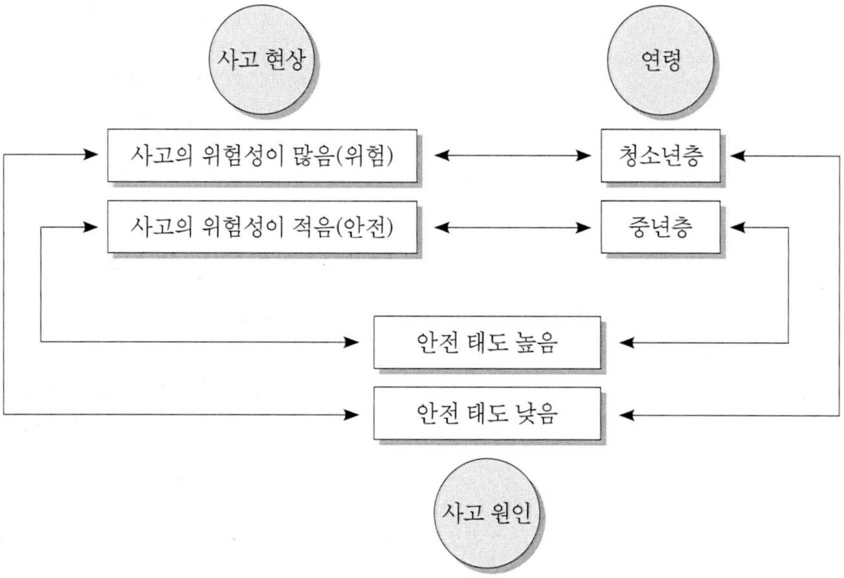

[그림 5-4] **안전 태도와 사고**

출처: 이순철(2000), 長山(1982).

위험물 탐지와 자극에 대한 단순 반응 시간을 비교해 보면 20~25세에서 가장 반응 시간이 짧다. 연령이 증가할수록 반응 시간은 증가한다. 청소년은 반응 시간 이외에도 감각, 지각, 기억, 판단력, 동작 능력에 있어서 다른 연령층에 비해 뛰어나다. 이러한 능력만으로 본다면 청소년의 사고 발생률이 가장 낮아야 함에도 실제로는 다른 연령층보다 높다.

[그림 5-4]에서는 심신기능을 사고 원인으로 인정하게 되면 심신기능이 우월한 청소년층의 사고 위험이 적어야 하지만, 실제로는 사고 위험이 많다는 것을 보여 주고 있다. 이것은 청소년층의 심신기능 우월성이 오히려 사고 위험을 과소평가하도록 만드는 것이 아닌가 생각해 보게 한다. 또한, 심신기능은 뛰어나지만 사고나 위험에 대한 경험이 부족하기 때문에 적절한 심신기능 사용에 문제가 있기 때문이라고 생각할 수 있다.

청소년은 안전 태도가 30대와 40대의 안전 태도보다 더 부정적으로 형성되어 있기 때문에 더 많이 사고를 발생시킨다. 즉, 청소년은 조작 기술을 과신하고, 위험을 더 많이 허용하고, 안전이 중요하다는 태도가 낮고, 법규를 중시하지 않으며, 위반을 용인하고, 상황 변화에 감정적으로 대처하며, 자기통제력(self-control)이 낮다는 행동적 특징 때문에 더 위험해진다. Klebelsberg(1989)는 자동차 운전에서 청소년 혹은 초보자들이 기본적으로 4단계의 발달 과정을 거친다고 보았다. 청소년 혹은 초보자들의 4단계 발달 과정은 다음과 같다.

① 주관적으로 인식하는 위험이 객관적인 위험성보다 높은 단계

이 단계는 처음으로 운전을 시작한 수일 혹은 수주간 사이이며, 운전 과제가 새롭게 인식되고, 이 과제를 수행하기 위해 필요한 경험이 거의 없기 때문에 가능하다면 위험 상황을 피해서 운전한다.

② 주관적으로 인식하는 안전이 실제 객관적인 안전보다 높은 단계

앞 단계에서 위험 상황을 피하면서 운전하였기 때문에 사고에 휘말리지 않았으나, 운전자는 이러한 상황이 자신의 운전 능력 때문이라는 잘못된 인식을 갖게 된다. 결과적으로 운전에 대한 요구 수준이 상승하면서 위험 상황에 휘말리게 된다. 이 단계에서 운전에 필요한 경험의 증가는 일어나지 않는다.

③ 주관적으로 인식하는 안전이 객관적 안전보다 높다고 인식하기 시작하는 단계

객관적 안전과 주관적 안전의 조정과 보완을 이루어 가는 단계로, 운전 경험이 지속적으로 증가하게 된다. 2단계와 3단계는 각각 3~4년 정도의 기간이 필요한데, 이때에 매우 위험한 운전을 시도하며 사고 위험이 증가한다.

Munsch(1966)는 앞의 두 단계를 거치는 데 필요한 주행 거리는 약 10만km 정도라고 주장하였다. 약 10만km 주행거리에 도달하기 위해서는 대략 7~8년 정도의 기간이 필요하다. 청소년 운전자의 위험운전도 초보 운전자의 경향과 비슷하며 이 단계에서 일어날 수 있는 위험운전을 방지하기 위한 교육과 훈련이 필요하다. 교통사고를 통하여 사고방지 방법을 습득한다는 것이 매우 위험하다는 것을 인식시켜야 한다.

④ 객관적 안전이 주관적 안전보다 높아지는 단계

이 단계에서는 안전교육에 대한 학습 효과가 나타나기 시작하며, 주관적 안전 혹은 위험 행동을 통제할 수 있게 된다.

2) 청소년의 사고 위험성 요인

(1) 효능감과 위험

자기효능감(self-efficacy)은 Bandura(1997)에 의해서 개념화되었는데, 개인이 결과를 얻을 때 필요한 행동을 성공적으로 수행할 수 있는 기술에 대한 신념으로 정의된다. 이러한 자기

효능감 개념에 대해서 박영신 등(1998)은 안전효능감이라는 개념을 제안하였다.

안전효능감은 박영신 등(1998)의 연구에서 안전한 작업을 위해 자기를 조절할 수 있는 효능감, 안전을 위해 주위 사람의 도움을 받을 수 있는 효능감, 안전을 위해 주위 환경을 통제할 수 있는 효능감 등의 하위요소로 구분된다. 박영신 등(1998)의 연구에서는 청소년 연령층을 초등, 중등, 고등, 대학교로 분류하여 안전효능감의 변화를 살펴보았다.

전체 안전효능감에서는 초등학생과 중등학생이 이질적인 집단으로 구분되었고 고등학교와 대학생은 동질적인 집단으로 구분되었다. 전반적으로 초등학생의 안전효능감이 가장 높았고 다음으로 중학생, 고등학생과 대학생 순으로 안전효능감이 감소하였다. 안전효능감 하위요소의 차이를 살펴보았을 때 자기조절 안전효능감은 초등학생이 다른 집단에 비해서 높았다. 주위 사람의 도움을 받을 수 있는 효능감은 초등학생과 중학생이 이질적인 집단으로 나타났으며, 고등학생과 대학생은 동질적인 집단으로 나타났다. 마지막으로 주위 환경 안전효능감은 중학생이 가장 높았고, 고등학생이 가장 낮게 나타났다. 청소년의 경우 안전효능감이 높은 집단이 낮은 집단보다 더 주의하거나 조심하는 자기조절을 더욱 많이 하는 것으로 나타났다.

박영신, 김의철, 박동현(1999)은 안전효능감의 증진 방안을 제안하였다. 구체적으로 안전효능감 증진 방안으로 모델링을 통한 관찰학습, 구체적인 작업 특성에 부합되는 안전효능감의 개발, 숙달 모델링을 위한 모의 상황과 실제 상황에서의 응용, 안전행동의 단순 모방이 아닌 안전 관련 기술의 생산적 활용, 안전과 관련된 자기조절 효능감의 중요성 인식 등을 제안하였다.

(2) 청소년기의 사고 특성

청소년의 사고율은 15~24세에서 가장 높았다. 산업체 사고율은 25세에 정점에 달했는데, 청소년은 나이 많은 사람에 비해서 위험을 낮게 평가하기 때문으로 보인다(Lying, 1990). 미국의 경우 16~24세 사이의 인구는 전체의 14%밖에 되지 않지만 2003년 발생한 전체 교통사고 사망의 25%를 차지하였다. 25세 미만의 운전자들이 교통사고 사망에 휘말릴 가능성은 다른 연령대보다 높은데, 이런 경향성은 대부분의 다른 선진국에서도 동일하게 나타나고 있다(National Highway Traffic Safety Administration, 2003).

교통사고의 경우 연령이 증가하면서 사고는 감소하는데, 40대 정도의 중년 운전자가 가장 적었다. 하지만 다시 75세 이상의 고령 운전자에서는 교통사고가 증가한다. 여성은 남성에 비해서 교통사고율은 낮지만 연령에 따른 사고율은 남성과 비슷한 양상으로 나타난다.

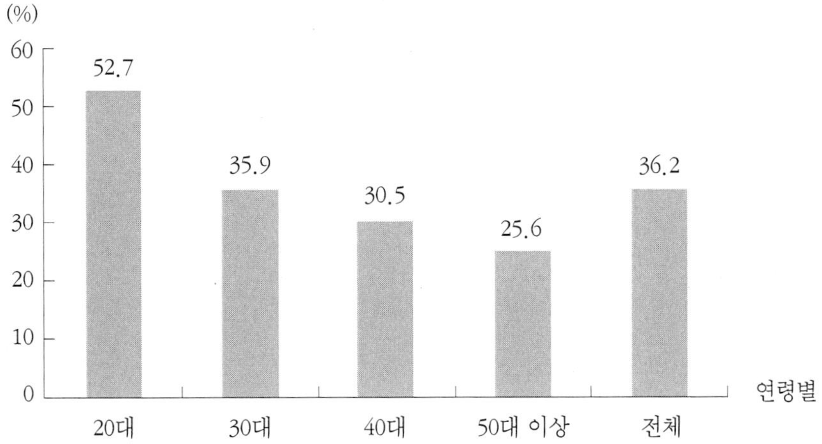

[그림 5-5] 연령별 상대적 속도 비교

출처: 이순철(2000).

이순철(2000)은 청소년의 경우 교통사고의 중요한 원인을 과속운전으로 지목하였다.

[그림 5-5]는 다른 운전자에 비해 자신의 운전 속도가 어떠한가에 대한 응답 내용을 연령별로 보여 준다. 전체 운전자의 응답 비율을 보면, '빠른 속도로 운전한다.'가 36.2%로 나타났다. 응답을 연령별로 살펴보면, 20대가 52.7%로 전체 평균 36.2%보다 높을 뿐 아니라 다른 연령층에 비해서도 빠른 속도로 운전한다고 생각하고 있었다.

법정 제한속도 시속 100km인 고속도로에서 자동차가 많지 않고 직선도로일 경우 어느 정도의 속도로 달리느냐고 질문한 결과를 보면, 20대 운전자는 평균 118.87km로 가장 높은 속도를 보여 주며, 30대 114.84km, 40대 111.85km 그리고 50대 이상은 108.45km의 평균 속도로 달린다고 대답하였다. 시속 100km 이하로 달린다고 응답한 20대 운전자는 19.9%, 시속 101~110km가 12.5%이고, 111~120km로 달린다고 대답한 운전자가 44%로 가장 빈도가 높았다. 121~130km가 8.3%이고, 131km 이상으로 달린다고 응답한 20대 운전자가 15.3%로 나타나고 있다([그림 5-6]).

과속운전은 위험 상황에 직면했을 때, 그 위험에 대처할 수 있는 최소한의 시간마저도 얻지 못할 수 있으며, 핸들이나 브레이크 조작에 조그만 오류가 있어도 걷잡을 수 없는 위험상태에 빠져들게 된다. 과속운전이 습관화되면 앞 차량이 조금만 늦게 가도 참지 못하고 화를 내거나 불안해 하며, 무리하게 중앙선을 침범하여서라도 앞지르기를 하려고 하거나, 다른 차량들에게 경음기를 울리는 등의 압력을 가할 수 있다.

長山(1989)은 자동차 운전의 경우 청소년 운전자의 운전 특징에서 교통사고의 배경으로

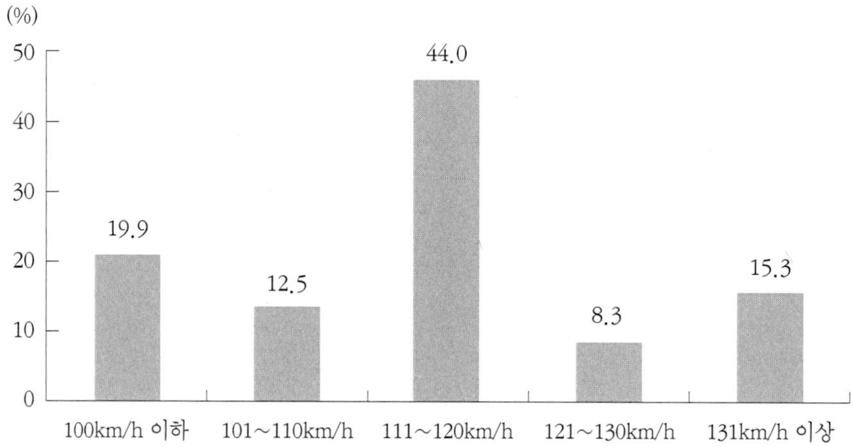

[그림 5-6] 20대 운전자의 고속도로 차량 속도

출처: 이순철(2000).

연령과 경험이 동시에 증가한다는 가정을 전제로 할 때, 경험 부족이 중요한 요인으로 작용한다고 밝혔다. 長山(1989)이 밝힌 청소년의 교통사고 원인의 특성은 다음과 같다.

- 상황에 적합하지 않는 과속운전을 한다.
- 상황 판단이 낙관적이어서 부적절한 운전행동을 한다.
- 상황에 적합하지 않은 운전 조작을 한다.

이러한 청소년기의 행동 특성을 만들어 내는 심리적 배경으로는 다음 내용을 고려할 수 있다.

- 청소년은 안전해야겠다는 태도가 부족하다.
- 상황과 행동에 의한 위험 발생 가능성 인식이 부족하다.
- 사회에서 규칙의 중요성을 무시하고, 자신의 욕구 충족이나 쾌감 만족을 우선시한다.
- 상대방이 자신을 방해하면 돌발적인 감정 충동을 일으켜 공격적인 행동을 한다.
- 자신을 강하게 보이게 한다든지 좋게 보이기 위해서 위험행동을 선택하기 쉽다.

3) 고령자 신체행동 변화와 안전

(1) 고령자의 신체기능

고령자는 나이가 들면서 소화기의 운동성과 소화액 분비 및 영양분 흡수 능력이 저하된다. 소장의 점막 흡수 면적이 감소하면서 엽산이나 비타민, 칼슘 및 철분 등의 흡수가 저하된다. 심혈관계에서도 변화가 나타나는데, 50세 이후의 혈액순환 기능이 감소한다. 혈관벽 내의 탄력도가 감소하면서 굳어지고, 동맥경화나 고혈압이 나타나면서 뇌졸중의 원인이 될 수 있다. 콜라겐이 축적되는 정도도 늘어나면서 혈관벽이 두꺼워지고 혈관 직경이 증가하여 혈액의 흐름이 저하될 수 있다. 혈압은 나이가 들면서 증가하는데, 수축기 혈압이 높아지면서 고혈압의 원인이 될 수 있다. 반면, 기립성 저혈압이 발생할 수 있는데 갑작스런 자세 변화로 인한 어지럼증이나 실신과 같은 균형에 관련한 문제가 발생할 수 있다(박영배, 1997).

근육 및 골격계도 노화에 따라 변화된다. 근육 체적이 감소하는데 25~30세에 근력기능이 최고 수준에 달한 후, 차츰 근력이 감소하고 30~70세 사이에 근육의 힘은 12~15% 정도 쇠퇴한다. 뼈 주위에 붙어 있는 수의근은 수축력이 약해져서 뼈에 부담을 주기 시작하고 근육의 민첩성도 떨어진다. 골밀도도 감소하여 골 소실은 외형적인 변화뿐만 아니라 골다공증을 초래해 골절의 위험을 증가시킨다. 골 소실은 남성보다는 폐경기 이후의 여성과 신체활동이 적은 사람에게서 급격히 증가한다. 나이가 들수록 신체 연결 조직에 영양(콜라겐, 엘라스틴 등) 공급이 제대로 되지 않아 관절 질환에 취약해지는데, 젊은층에 비해서 고령자의

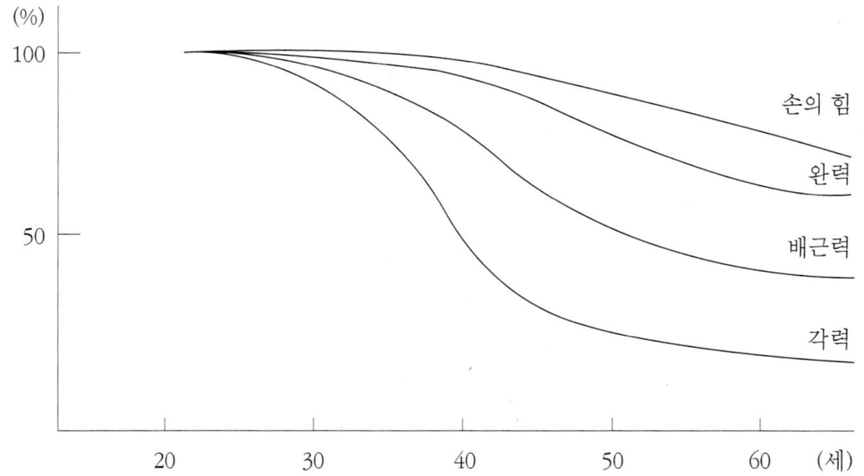

[그림 5-7] 연령 증가와 근력 변화

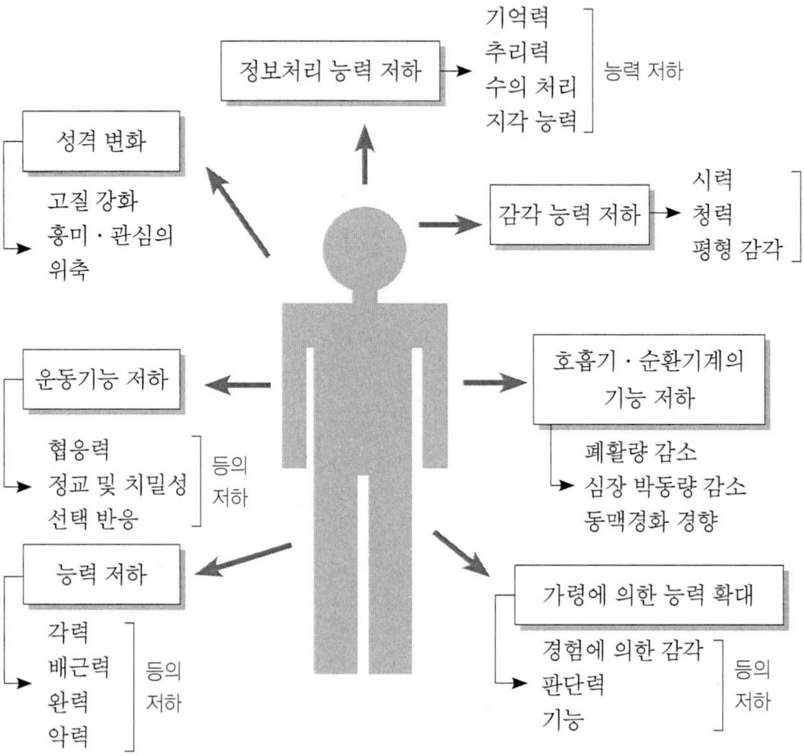

[그림 5-8] **고령자의 신체기능 변화**

관절은 약 25% 정도 쇠퇴하는 것으로 나타난다(이용재, 이상규, 2005).

고령자는 젊은이에 비해 호르몬 분비도 감소한다. 이것은 스트레스에 대한 대처 능력 저하와 회복 능력 감퇴를 불러올 수 있는데, 심한 신체적 혹은 심리적 충격으로부터 회복이 늦어진다는 것을 의미한다. 절대적인 수면 시간과 수면의 질도 악화되는데 25세 이하의 평균 수면시간은 7~7.5시간인 데 비해 75세 이상에서는 5시간 이하로 떨어진다. 또한 REM 수면의 양도 줄어들면서 신체 회복이나 정신 활동의 회복이 더뎌진다. 신생아의 경우 REM 수면 시간이 전체 수면 시간의 50% 이상을 차지하는 것이 비해 50대 이후에서는 REM 수면 시간이 전체 수면 시간의 15% 정도로 급격히 줄어든다(김애순, 2002).

(2) 운동 반응 시간

위험이나 자극에 대한 반응 시간은 사고를 결정짓는 중요한 요소이다. 반응 시간은 요구되는 반응의 유형이나 형태에 따라 다르지만 일반적으로 단순 반응 시간은 20대 중반부터 60대가 될 때까지 평균 20% 정도 증가한다. 느린 반응 시간과 함께 감각운동 협응에서 효율성이 낮아지는 것이 사고의 위험을 높일 수 있다(이지영, 이재식, 2004).

고령자는 인지 반응 능력의 저하와 함께 입력된 자극 흔적이 오래 남아 있어 다음에 들어오는 정보의 처리를 방해하기도 한다. Welford(1969)에 따르면, 노화는 신경 기제가 환경자극의 정보를 빨리 처리하지 못하기 때문에 앞서서 제시된 신경 흔적이 오래 남아 있고, 따라서 다음 자극에 대한 반응이 느려진다고 보았다. 새로운 정보에 대한 반응 능력이 떨어지면 자극이 끊임없이 발생하는 상황에서는 반응 속도가 더욱 느려질 것을 쉽게 예상할 수 있다.

근력의 경우 다리 힘은 50세까지는 큰 변화가 없지만 50세 이후부터 급속한 감소를 보인다. 손이나 손가락 힘은 다리 힘보다는 감소가 느리다. 그러나 나이가 들수록 근육 피로도는 더 쉽게 나타날 수 있다. 따라서 고령자들은 젊었을 때와 같은 근육 강도의 작업을 하더라도 더 쉽게 피로해질 수 있고, 더 많은 근육의 조절이 필요하다. 또한 근육의 통증이나 마비를 더 쉽게 경험한다(Birren, Woods, & Williams, 1980).

(3) 지능 변화와 치매

나이가 들면서 나타나는 인지기능의 감퇴는 기억력과 지능에서 가장 두드러진다. 기억이나 지능은 나이가 증가할수록 심각하게 감소한다(박민, 진영선, 2002). 또한 치매와 같은 기질성 장애가 발병할 위험성도 나이가 들면 증가한다.

Baltes(1987)는 지적 능력을 유동지능과 결정지능으로 구분하여 각각이 어떻게 연령에 따라 변화하는지를 살펴보았다. 결정성 지능은 학습에 의해서 후천적으로 습득되는 유형으로 연령의 변화에 크게 영향을 받지는 않는다. 반면, 유동성 지능은 정보 과정과 문제해결의 기본 구조에 대한 지적 능력으로, 선천적이고 생득적으로 습득되는 지능이다. 유동성 지능은 유아기 때 급속히 성장하고, 성인기 때부터 감소하여 노년기에는 급속히 감소하는 것으로 나타났다.

Lindenberger와 Baltes(1997)는 70~103세 고령자 516명을 대상으로 지적 능력과 연령의 관계에 대해서 연구하였다. 유동성 지능 이외에도 지각 속도, 추론, 기억, 지식, 유창성, 전반적 지능이 연령에 따라 감소하였는데 특히 감각기관 기능의 감소가 일반적 지능 변인의 59%를 예언하였다. 이것은 생물학적 노화가 기능 감퇴의 주요 원인이 된다는 것을 시사한다. 결정성 지능은 교육, 경험, 의사소통 이해력, 판단력 등을 반영하는 후천적으로 습득되는 지능이다. 이것은 연령이 증가하면서 오히려 상승하는 부분도 많았다.

치매는 정신 및 신체 활동에 치명적인 부담을 주는 뇌질환이다. 대다수 고령자는 정도의 차이는 있지만 치매를 경험한다. 치매를 진단받으면 일상생활의 수준을 낮추거나 적절한 도움을 받아야 한다. 그러나 치매의 가장 큰 위험은 당사자가 자신의 치매 발병 여부를 모를 수 있다는 것이다. 몇몇 연구에서는 치매로 진단받은 사람들이 자동차 운전을 그만둔다든지 하는 활동 수준의 감소를 수용하였다. 그럼에도 여전히 많은 사람은 면허취소나 가족의 만류에도 불구하고 예전과 같은 왕성한 활동을 유지하려고 노력하였다.

O'Neill, Neubauer, Boyle, Gerrard, Surmon과 Wilcock(1992)은 기억치료센터에 다니는 329명의 환자들 중 20%가 손발 움직임에 문제가 있음에도 계속 운전을 하고 있다고 보고하였다. 다른 연구에서는 치매로 진단된 사람들의 30～45%가 여전히 운전을 하고 있는 것으로 추정하고 있다(Logsdon, Teri, & Larson, 1992).

치매와 같은 치명적인 심신기능의 손실에도 불구하고 여전히 왕성하게 활동하려는 것은 자신의 변화된 인지 능력과 운동 능력에 대해 알아차리지 못하고, 나아가서는 자신의 심신기능이 여전히 별 문제 없다는 잘못된 확신감에 변화를 주기를 거부하고 있기 때문이다.

(4) 뇌졸중

뇌졸중은 한국에서는 '중풍'이라고 부르며, 뇌혈관 이상으로 혈류에 문제가 생기고, 지속적인 산소 및 포도당 공급이 부족해 생기는 질환이다. 세계적으로 성인 후기의 주요한 사망원인으로 보고되고 있다.

생존하더라도 편마비나 언어장애, 감각 및 운동기능 장애가 남아서 만성적인 질환을 동반하게 되는데, 여러 가지 심리적인 장애가 발생할 수도 있다. 뇌졸중 환자들이 주로 겪는 심리적 장애로는 우울이나 무기력증, 정서 불안정 혹은 무기력감 등이 있는데, 정서적 질환의 위험은 조현병(schizophrenia) 환자보다도 높게 나타난다(김주희, 김재환, 2000). 뇌졸중을 경험하면 우울(72%)이 가장 보편적인 정서 반응인데, 억제를 못함(56%), 적응 문제(44%), 사회적 철회(24%), 수동성(24%), 공격성(11%) 등이 나타날 수도 있다(Bogousslavsky, 2003).

뇌졸중으로 인한 우울은 환자의 인지적·행동적 기능을 가속적으로 감소시키는데, 인지행동기능의 급속한 쇠퇴는 결국 죽게 될 것이라는 비극적 생각을 강화시킨다. 회복을 기대할 수 없는 절망이 뇌졸중 환자들을 우울에 빠지게 만든다. 또한 뇌졸중 환자는 타인에게 쉽게 화를 내고 충동적이거나 공격적인 경향이 높아지기도 한다. 이것은 고혈압이나 관상동맥 질환과 유사한 혈류의 변화에 기인한 것이라고 짐작케 한다. 뇌졸중 환자들은 정서조절 이상이 올 수도 있는데 과도하게 웃거나 우는 행동을 보일 수 있다. 사람들과 함께 있을 때나 TV를 시청할 때 적절하지 않은 상황에서 지나치게 웃거나 우는 반응을 보이는 형태로 나타난다(Kim, Choi, Kwon, & Seo, 2002).

(5) 만성질환과 위험

한국의 65세 이상 고령자들은 만성질환으로 관절염, 고혈압, 요통, 좌골통 등을 호소한다(보건복지부, 2001). 고령자의 만성질환 등은 기본적으로 심신기능의 저하를 불러와 사고 위험을 높이기도 하지만 대부분은 2차 질환으로 인해 위험행동이 증가하거나 수행의 질이 부정적으로 변한다(박선진, 이순철, 장혜란, 2008).

자동차 운전의 경우 영국 운전면허 기록을 분석한 자료에 따르면, 심혈관계 질환을 가지고 있는 고령자는 갑작스런 흉통, 호흡곤란과 심장마비에 의한 의식 상실로 차량에 대한 통제력을 잃을 수 있고 이러한 문제들로 사고 위험을 2배 이상 상승시키는 것으로 나타났다. 특히, 고령자가 심혈관계 기능이 저하된 상태에서 관련된 질환까지 가지고 있는 경우에는 운전기능 약화, 대뇌 산소 공급 부족 등으로 효율적인 정보처리를 수행하지 못할 수 있으며 이러한 문제는 긴급 상황 대처 능력 저하로 이어져 사고를 유발한다(삼성교통안전 문화연구소, 2007).

당뇨는 75세 이상 고령자 가운데 40% 이상이 호소하고 있는 흔한 노인성 질환의 일종이다. 당뇨는 자기 조절 및 통제 능력의 부족으로 이어져 젊은 사람보다 고령자에게 더 높은 사고 위험을 불러일으킬 수 있다. 당뇨는 시력 저하와 혈관 협착 등을 수반할 수 있는데, 이것은 심장마비 및 뇌출혈, 청력 감퇴 및 말초감각 운동기능 손상 등으로 이어질 수 있다.

Charton, Oxley, Fildes, Oxley와 Newstead(2003)는 고령자들이 만성질환을 가지고 있을 때 복용하는 약으로 인해서 부정적인 영향을 받을 수도 있음을 지적하였다. 항콜린제, 항경련제, 항우울제, 항고혈압제, 근육강화제, 항염증약 등은 사고 위험을 높일 수 있다는 연구 결과가 있다.

(6) 늙어 가는 것에 대한 인식

연령에 따른 고령자 분류는 60세와 65세에서부터 기준을 정하는 경우가 많다. 하지만 실제 그 연령대의 사람들이 자신을 심신기능이 노쇠해진 고령자라고 인정하는가는 별개의 문제이다. 일반적으로 고령자들은 나이가 들어 갈수록 자신감이 떨어지기 시작한다.

Tourton과 Hertzorg(2004)는 젊은이와 고령자에게 자신의 기억 능력의 정확도에 대한 자신감을 평가하였다. 연구 결과, 고령자들은 젊은이들보다 자신의 기억력에 대한 낮은 자신감을 나타내었다. 또한 피험자들에게 작은 소리에 정확하게 반응할 것을 요구한 청각검사에서도 젊은 피험자들은 자신감을 가지고 적극적인 자세로 대답하다가 자극이 없는데도 자극이 있다고 판단하는 실수를 하는 반면에, 고령자는 소극적인 자세로 제시된 자극에도 적절히 반응하지 못해 실수를 하는 것으로 나타났다(윤진, 1985).

고령자들은 대체로 자신의 심리 · 인지 능력의 쇠퇴는 인정하는 것처럼 보인다. 그러나 육체적 능력이나 기술 능력에 있어서는 쉽게 인정하지 않는 경향을 보이기도 한다. 이러한 경향은 Marottoli와 Richardson(1998)의 실험에서도 나타났다. Marottoli와 Richardson(1998)은 125명의 77세 이상 고령 운전자들을 대상으로 도로에서의 운전 능력에 대한 자기 평가점수를 조사하였다. 연구 결과, 자기 평가에서 자신의 연령대와 비교했을 때 운전 능력이 떨어진다고 평가한 고령자는 아무도 없었다. 응답자들의 44%는 비슷한 연령의 다른 운전자에 비해 '약간 더 낫다.'고 평가하였으며, 32%는 '거의 같다.', 24%는 '훨씬 더 낫다.'라고 평가하였다. 이러한 운전 능력의 자신감은 사고를 당한 횟수나 실제 운전에서 문제가 있는 것과는 상관이 없었다. 자신의 능력에 대한 확신감은 운전 경험이 증가하더라도 정확도가 향상되지 않았다.

이순열 등(2006)은 고령 운전자들이 악천후나 야간운전 혹은 신호등 없는 좌회전 상황과 같이 위험이 고조되는 상황에서는 운전을 자제하거나 노출 수준을 감소시키는 형태로 보상행동을 한다고 밝혔다. 그러나 이와 같은 보상행동이 지나칠 경우 오히려 교통 흐름을 방해하고 사고 위험성을 증대시키는 원인으로 작용한다고 보고하였다.

좌회전 상황에서의 고령 운전자와 젊은 운전자의 선택 상황 비교 결과, 고령 운전자는 젊은 운전자들에 비해 더 많은 선택 소요 시간을 필요로 하였으면서도, 상대 차량과의 더 짧은 거리와 더 높은 속도에서 좌회전을 선택하였다. 이러한 현상은 고령자들의 확신감이 감소된 결과로 더 오랫동안 신중을 기하며 주의하기는 하지만 자신의 행동 선택에서는 과거 패턴을 유지하기 때문에 오는 결과로 생각된다(이순열 외, 2006).

(7) 고령자의 사고 특성

사고나 위험에 대한 평가가 비교적 신중할 것이라고 생각되는 고령자도 사고 위험이 높아지는 연령층으로 점점 더 많이 지적받고 있다. 사고율은 35세 이후부터는 감소하는 경향이 있는데 65세 이상부터는 다시 증가한다. 고령자 사고율 증가는 정보처리 속도 저하가 주된 원인으로 보인다(Fibiger, 1981). 따라서 노화에 따른 사고율 증가는 작업 수행 능력 저하와 관련된다고 보는 것이 타당할 것이다.

자동차 운전은 고령 운전자의 교통사고 중 지각 능력의 저하와 방향감각 능력의 저하가 원인인 경우가 많았다. 박선진, 이순철, 김종회, 김인석(2006)은 833명의 65세 이상의 고령 운전자를 대상으로 한 연구에서 고령자들이 다른 연령대에 비해서 위반이나 착오는 적은 반면, 오류가 가장 많다고 보고하였다. 즉, 젊은 운전자들은 위반으로 인한 사고가 많이 발생하는 반면 고령자들은 의도치 않은 실수로 인한 사고가 많다는 것이다.

이러한 사고 유형의 차이는 고령자들이 위험에 도달하는 심리적 기제가 다른 연령층과 차이가 있음을 시사해 준다. Anstey와 Wood(2011)의 70~88세까지의 고령 운전자들을 대상으로 한 연구에서도 연령의 증가에 따라 실수 행동이 증가하는 현상을 보였다. 이것은 고령자들의 사고가 고의가 아닌 인지적 요인의 쇠퇴와 연관이 있다는 것을 나타낸다.

Winkler(1974)는 고령 운전자의 자기 인식과 다른 운전자가 고령 운전자를 보는 인식을 비교하는 연구를 진행하였다. 연구 결과, 다른 운전자가 보는 고령 운전자는 시력 약화, 교통규칙의 경시, 위험한 앞지르기가 특징이라고 대답하였다. 그러나 고령 운전자 자신은 고령 운전자는 온화하며 예의 바르고, 사고가 있으면 도와주기를 서슴지 않으며, 안전운전 기질을 풍부하게 가지고 있으며, 집중력을 갖춘 방어운전을 한다고 평가하였다. 그리고 사고의 가능성이 적으며, 자동차 상태가 상대적으로 양호한 편이라고 대답하였다.

Knoflacher(1979)는 사고 조건을 연령과의 관계를 고려해서 연구하였다. 연구 결과는 몇 가지 시사점을 제공해 주었다.

첫째, 과속운전과 운전 물리학적 지식의 결여 및 운전 경험의 부족에 기인하는 사고는 연령의 증가할수록 감소하였다.

둘째, 복잡한 운동 과정에 기인하는 사고 원인은 연령의 증가와 함께 증가하였다. 구체적으로 자동차 운전 중 우선권의 무시, 차로 준수, 좌회전과 우회전 때의 충돌, 회전, 후진 등과 연결되는 사고는 연령이 높아질수록 증가하였다.

셋째, 25~55세의 운전자 집단에서 많이 나타나는 사고 원인으로는 정면 충돌, 교통법규 경시, 위험한 곳에서의 불법 주정차 등 기능상의 문제보다는 법규에 대한 태도나 동기에 대한 문제로 발생하는 경우가 많았다.

西山(1987)은 60대 이상의 고령자가 자동차 운전 중 발생하는 자극에 반응하는 시간을 측정하여 보고하였다. 전방자극에 대한 반응 시간은 젊은 운전자에 비해 길었지만, 운전에 지장을 줄 정도는 아닌 것으로 나타났다. 반면, 후방자극에 대한 반응 시간은 다른 연령대 운전자에 비해 매우 길었다. 이것은 전방의 장애물이나 자극에 대한 반응 시간은 연령의 증가에 큰 영향을 받지 않지만 룸 미러나 사이드 미러를 사용하여 탐지해야 하는 자극에 대한 대응에는 연령이 증가할수록 문제가 발생할 확률이 높아짐을 의미한다.

Hakamies-Blomqvist(1996)는 26세 이하의 젊은 운전자들에 비해 65세 이상의 고령 운전자들은 속도와 관련된 교통사고가 더 적다고 보고하였다. 교통법규위반이나 난폭운전 혹은 음주운전으로 인한 사고도 적었다. 그 대신 차량들 간의 갈등 지점인 교차로 사고나 우선권이 주어진 도로에서의 실수로 인한 사고 그리고 회전 시 교통사고 등이 더 많았다.

이러한 고령자 교통사고의 특성은 고령자들이 연령의 증가에 따른 주의나 인지 혹은 판단(거리나 속도 판단) 문제로 인해서 사고가 발생하는 것임을 지지해 준다. 고령 운전자들은 지각이나 의사결정의 문제로 교통사고가 발생하는 반면, 젊은 운전자들은 과속이나 위험감행 같은 태도의 문제로 교통사고가 많이 발생한다. 더욱이, 고령 운전자들은 비교적 안전한 상황(맑은 날씨, 잘 정비된 도로 등)에서만 운전하려는 경향이 있다고 보고된다. 그럼에도 불구하고 고령자들은 다른 연령층보다 교통사고가 더 많이 발생하는데, 이것은 통계 수치가 제공하는 것보다 고령자들이 더 높은 사고 가능성을 가질 수 있음을 생각하게 한다.

3. 연령과 확신감 그리고 위험

확신감은 연령이 증가함에 따라 변화되는데, 일반적으로는 연령이 증가되어 장년을 넘길수록 감소한다. 청각검사를 이용한 연구에서 피험자에게 작은 소리에 오류 없이 정확하게 반응하도록 요구하였다. 실험 결과, 나이가 어린 피험자들은 확신을 가지고 너무 적극적으로 반응을 하다가 자극이 없었을 때도 자극이 있었다고 대답하여 오류를 범하였다. 그러나 나이가 많은 피험자들은 소극적으로 대답하다가 실제로 자극이 있었음에도 대답하지 못하는 오류를 범하는 것으로 나타났다(윤진, 1985).

또한 기억 능력의 정확성에 대한 평가에서도 나이가 많은 피험자일수록 자기의 기억 능력에 대해서 젊은이보다 더 낮은 확신을 가지고 있었다(Tourton & Hertzorg, 2004). 확신은 서로 유사한 수행 상황을 일반화시킴으로써 증가되기도 한다. 예를 들어, 특정한 불안이나 어려움에서 벗어나게 되면 유사한 상황에 대한 확신이 증가한다. 때문에 확신은 반복되는 운동 과정이나 경험과 밀접한 관계를 가진다. 또한, 확신은 관찰자 입장에서 다른 사람들이 어떤 과제에 성공하는 것을 보는 것만으로도 향상될 수 있다(박정근, 1992).

1) 확신감과 운전행동

운전자가 특정한 운전행동에 확신하는 것은 자신의 운전 경험과 상당한 관계가 있다. 어떤 운전 경험에서 성공하게 되면 유사한 경험에 대한 확신이 증가한다. 하지만 이러한 확신 증가는 과도한 자신감으로 이어져 오히려 사고를 야기할 수도 있다.

Katila 등(1996)은 차량 미끄러짐 사고 방지 교육을 받은 교육생들이 눈길 미끄러짐 사고에 더 많이 연루되는 이유가 위험한 상황에 대한 훈련이 위험 제어에 대한 확신을 증가시키고 자신감을 높여서 눈길 위험요소를 과소평가하거나, 위험을 낮추는 행동을 하지 않기 때문이라고 보고하였다. 이것은 운전행동에 대한 학습과 경험 혹은 교통사고와 단속 같은 자극이 운전자의 확신에 영향을 주고 있음을 나타낸다.

운전 경험과 교통사고에 대한 한 연구에서는 가해사고는 운전자의 경력이 상당히 쌓여야지만 미리 예측하고 감소시킬 수 있다고 밝혔다(차재호, 김수영, 홍기원, 1995). 또한 고사고군 운전자는 대체로, 운전 경험이 짧고 공격적 성향이 강하다는 보고도 있다(김상수, 박제민, 김명정, 1992; 윤현상, 송수식, 이상연, 백주희, 1996). 교통사고는 운전자의 경험과 밀접한 관계가 있으며, 연령과 관계된 독특한 운전행동과도 상관을 보여 주고 있다.

이순철 등(2006)은 운전확신 수준에 관한 연구를 실시하였는데, 운전확신 수준에는 4가지 요인(상황둔감성, 불안전운전, 운전자신감, 주의집중 소홀)이 있음을 밝혔다. 이순열 등(2006a)의 연구 중 운전확신 수준 고·저에 따른 운전자들의 연령별 운전행동 비교에서 가해교통사고는 29세 이하 운전자들에게서만 불안전운전 요인의 집단 간 차이가 나타났다. 이것은 젊은 운전자일수록 가해사고를 일으키는 이유가 법규를 위반해도 사고가 일어나지 않거나 단속이 되지 않을 것이라는 확신의 증가 때문임을 나타내는 것이다. 가해사고 자체는 불안전운전 요인이 높은 사람이 가해사고를 많이 발생시키는 것으로 나타났는데, 29세 이하 운전자 집단의 가해사고와 양상이 일치한다. 이러한 연구 결과를 종합해 보면, 운전자들의 법규위반이 많아지면 가해사고는 증가한다.

피해사고도 29세 이하 운전자 집단은 확신 수준평균과 상황둔감성, 불안전운전, 주의집중소홀 요인에서 고·저에 따른 집단 간 차이를 나타냈다. 주로 상황둔감성과 불안전운전, 주의집중소홀에 대한 확신이 높고, 전체 운전확신 수준이 높은 운전자가 피해사고도 더 많은 것으로 나타났다. 이것은 운전행동 전반에 걸쳐서 낙관적인 판단을 내리는 젊은 운전자들의 특성을 보여 주는 동시에, 낙관적인 확신이 운전 경험으로 뒷받침되지 못해서 나타나는 운전행동 평가의 미숙이 피해사고의 원인임을 지적한다. 또한 피해사고를 경험한 사람과 무경험자가 운전확신 수준 평균과 상황둔감성, 불안전운전에서 차이를 나타냈는데, 이것은 Katila 등(1996)이 밝힌 것처럼 젊은 운전자들이 성공한 운전행동을 과대평가하기 때문으로 보인다.

짧은 운전 경력 안에서 단속되지 않은 몇 번의 성공한 법규위반과 위험감행 운전행동이 운전자신감과 상황둔감성에 대한 확신의 증가를 가져온 것이다. 29세 이하 운전자 피해사고 경험 조사에서도 이러한 연구와 일치하는 결과를 보여 주었다. 이상의 결과를 종합해 보면, 피해사고는 운전자가 상황둔감성 요인과 불안전운전 요인에 대한 확신을 높일 때 발생할 가능성이 증가함을 알 수 있다.

과속운전을 시도하는 운전자는 주로 상황둔감성과 불안전운전에 대한 확신이 공통적으로 나타났다. 이것은 과속운전 원인이 운전자신감과 같은 개인적인 능력의 확신보다는 위험감행 행동 빈도가 높은 운전자들이 도로나 차선, 표지, 표시의 정비 등으로 객관적 위험이 줄어든 상황임을 인지하게 될 때 주로 발생한다고 생각할 수 있다.

과속운전자들이 자신의 운전자신감에 대해서 확신하는 바가 비과속운전자보다 근소하게 높기는 했지만, 유의하지는 않았는데 운전자신감의 집단 간 차이는 계속적으로 무의미하게 연구에서 제시되고 있다. 이것은 운전자가 일정한 경험과 기간이 지나면, 전반적인 운전자신감에 대한 확신이 일정 수준에서 유지되고 있음을 보여 주는 결과이다.

가해사고와 피해사고는 불안전운전 요인과 상황둔감성 요인, 운전확신 수준 평균과 정적인 상관을 나타내었다. 하지만 주의집중 소홀 요인과는 부적인 상관을 나타냈다. 이러한 결과는 앞 요인들이 가해사고와 피해사고를 일으키는 원인으로 작용한다면, 주의집중 소홀 요인은 가해사고와 피해사고의 결과로써 작용하기 때문으로 생각된다. 즉, 교통사고 경험은 법규위반이 많고 상황둔감성과 전체적인 운전확신이 높은 사람이 많지만, 교통사고를 한 번

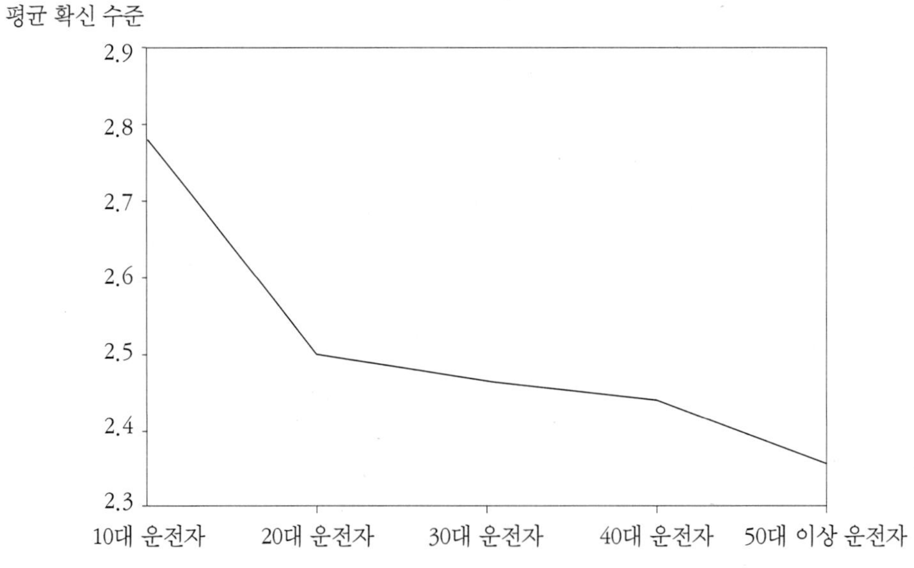

[그림 5-9] 연령에 따른 운전확신 수준의 변화

이상 경험한 운전자는 교통사고를 피하기 위한 수단으로 주의집중 소홀에 대한 확신이 낮아지고, 더 많은 주의 탐색과 차량 운전에 집중하는 운전을 한다는 것이다.

katila 등(1996)은 이러한 운전자의 경험이 주는 학습 효과와 확신의 증가를 연구를 통해서 설명하였는데, 성공한 경험이 확신 증가에 영향을 준다면, 실패한 경험은 확신 감소에 영향을 줄 것으로 예상된다. 주의집중 소홀 요인이 전 연령대 비교에서 과속 경험과 법규위반 등과 부적인 상관을 보이는 것도 같은 이유 때문이라고 생각되는데, 단속 경험이 주의집중에 대한 확신을 낮추고, 더 많은 주의 탐색과 운전집중 행동을 하게 하는 것이다.

2) 연령에 따른 확신감 차이

20대는 신체, 운동 반응, 지능 등에 있어서 어느 연령층보다도 우수하다(이순철, 2004). 심신기능을 사고 원인으로 인정하게 되면 심신기능이 우월한 젊은 사람은 사고 위험이 적어야 하지만, 실제로는 사고 위험이 많은 위험한 집단으로 분류된다.

자기 능력에 대해서 자신감을 높게 가질 때 안전 태도가 낮아지고, 위반을 용인하는 경향이 생기며, 상황 변화에 감정적으로 대처하는 경향이 발생한다. 젊은 운전자의 운전 능력에 대한 확신은 위반의 증가와 위험운전행동의 증가를 불러오고 사고로 연결되는 경향을 보여주고 있다. 일반적으로 연령이 증가하여 고령자가 될수록 조심성이 늘어난다.

확신 수준과 자동차 운전에 관한 연구에서 Charton 등(2003)은 나이가 많을수록 특정 운전 상황을 회피하려는 경향이 있고, 이것은 시각 능력의 문제뿐만 아니라 운전 상황과 사고에 대한 확신 수준이 낮아지는 것과 관련이 있음을 밝혔다. 고령 운전자는 운전 상황에 대한 확신이 낮아서 야간운전이나 정체가 심한 러시아워(Rush-Hour) 등을 피하려 한다. 고령 운전자는 자신의 운전 능력에 대해서는 확신하지만 악천후이거나 야간운전과 같이 열악한 운전 조건에서는 운전을 삼가며, 다른 연령층의 운전자들보다 짧은 거리를 운행한다. 그리고 상대적으로 낮은 속도로 운전하며, 차로 변경을 적게 하고, 출퇴근 시간과 같이 교통량이 많은 시간대를 피해서 운전하는 경향이 있다. 이런 경향은 신체기능의 저하로 인해 특정 운전 상황에서의 운전 능력에 대한 확신 수준의 감소 때문이라고 볼 수 있다. 고령 운전자의 신체기능 저하는 운전행동에 영향을 미쳐서 고령 운전자로 하여금 더 조심스럽고 신중하게 운전하도록 한다. 고령 운전자는 여러 가지 보상행동을 통해서 신체적 결손으로 인한 운전기능의 약화를 보완하기 위해 노력한다.

그러나 확신의 감소가 가져온 조심스러운 운전이 위험을 감소시킨다는 일반적인 생각과는 다르게 조심스런 운전이 지나치면 교통 상황에서 문제를 유발시킬 수도 있다. 이것은 확신 수준의 양상에 따라서 사고 형태나 운전행동에서 변화가 일어날 수 있음을 나타낸다.

이순열(2006)은 연구에서 운전확신 수준이 운전자 연령의 증가에 따라 감소함을 보여 주었다. 고령 운전자(65세 이상)와 청소년 운전자(25세 이하)는 운전 상황 요인에서 유의한 집단 간 차이를 보였다. 고령 운전자가 노화로 인한 심신의 쇠퇴를 보상하기 위해서 특정 운전 상황(야간운전, 복잡한 도로, 악천후 상황)에서의 운전은 회피한다는 Charton 등(2003)의 연구와 운전확신 수준 중 운전 상황 요인의 낮은 점수가 일치하고 있었다.

전체 확신 수준에서 고령 운전자는 청소년 운전자보다 점수가 낮았다. 각 요인별로 살펴보면, 고령 운전자는 운전 능력 요인과 주의 요인에서는 높았지만, 안전운전과 운전 상황 요인에서는 낮은 점수를 보였다. 이것은 고령 운전자의 사고가 주로 운전 능력과 주의에 대한 확신 때문에 발생한다고 생각할 수 있다. 고령 운전자는 특정 운전 상황을 회피하는 형태로 노화 현상을 보상하면서도 운전 능력에서는 여전히 자신감을 가지고 있었다. 이것은 운전 경력이 주는 반복된 경험에 대한 고집이나 능력의 감퇴를 인정하지 않으려는 의식적 저항이라고 생각해 볼 수 있다. 이러한 운전 능력에 대한 자신감이 주의에 대한 소홀로 이어지면 위험한 교통사고 상황에 직면할 가능성을 높인다.

고령 운전자의 교통사고는 좁고 복잡한 교차로와 같이 여러 가지 주의를 기울이며 신속하게 차량을 조작해야 하는 상황에서 자주 발생한다(Hakamies-Blomqvist & Henriksson, 1999). 교차로의 좌회전 상황에서 고령 운전자의 사고 위험이 증가하는 이유가 늦어진 반응 속도와 같은 차량 조작 문제와 맞은편 차량의 속도와 차간거리를 잘못 판단하는 주의의 문제 때문이라는 이순열 등(2006)의 연구 결과와 일치한다. 운전확신 수준 척도에서 어느 특정한 요인에서 점수가 높아지는 것은 운전자의 운전확신이 강한 요인이라는 것을 나타내고, 확신이 강한 요인은 다른 요인들에 비해 상대적으로 조심성이 떨어짐을 의미한다.

이순철 등(2006)의 연구에서 운전자의 운전확신 수준 각 요인은 교통사고와도 상관을 보여 주고 있다. 고령 운전자 중에서 안전운전 요인이 높은 운전자와 낮은 운전자는 충돌사고에서 차이를 보였다. 안전운전 요인은 위험운전 행동의 빈도나 의도를 나타내는데, 점수가 높다는 것은 위험한 운전행동을 시도하는 빈도나 의도가 많다는 것이다. 고령 운전자는 주로 위험한 운전 상황을 회피하는 것으로 노화 현상을 보상하는데, 늘어난 위험행동은 이러한 보상 효과를 감소시킨다. 고령 운전자의 충돌사고와 상관관계를 보인 것은 운전확신 수준 요인 중 주의 요인이었는데, 위험행동 감행과 함께 주의집중이 소홀해지면 고령 운전자는 충돌사고와 같이 치명적인 교통사고에 연루될 가능성을 높이게 됨을 알 수 있다.

청소년 운전자는 운전 상황과 운전 능력 요인이 높은 운전자와 낮은 운전자가 추돌사고에서 차이를 보였다. 운전 상황 요인과 운전 능력 요인이 높아질수록 추돌사고에 연루될 가능성이 높아진다는 것이다. 청소년 운전자는 운전확신 수준 요인 중 운전 능력 요인이 추돌사고와 상관을 보였는데, 이것은 청소년 운전자의 교통사고가 위험한 운전 상황에 대한 과도한 자신감과 자기 운전 능력에 대한 과대평가 때문임을 알 수 있다. 청소년 운전자가 추돌 형태로 교통사고를 야기한다는 것은 안전거리 미확보가 주된 원인인데, 앞 차량과의 짧은 거리 유지는 좁혀진 안전거리 상황에 대한 긍정적 확신과 위험 상황에 대한 대처 능력 자신감이 원인이다.

덧붙여, 청소년 운전자는 전체 사고에 비해 상대적으로 음주운전 사고를 많이 발생시키며 상황에 적합하지 않은 과속운전을 하는 경향이 있다. 이것은 운전 상황에 대한 판단이 낙관적이며 상황과 행동에 의해 발생할 수 있는 위험 가능성에 대한 인식이 부족하기 때문이다(이순철, 2000). 이러한 청소년 운전자의 교통사고 특성은 청소년 운전자의 운전확신 수준 각 요인, 특히 운전 상황 요인과 운전 능력 요인이 증가한다는 특징과 일치하고 있다.

이순열 등(2006a)은 확신감과 운전행동에 관한 연구를 수행하였는데, 연구 결과 운전확신 수준은 연령의 증가에 따른 전반적인 감소를 보여 주었다. 연령 간 차이는 유의했는데, 선행 연구였던 이순철 등(2006)의 연구 결과와 일치하고 있다.

다만, 운전자신감 요인에서는 연령 간 차이를 나타내지 않았는데, 29세 이하 운전자에서부터 40~49세 운전자까지는 운전자신감 요인이 지속적으로 증가하였고, 50~64세 운전자 집단부터는 감소를 나타내었다. 이것은 Job(1990)이 밝힌 바와 같이 40대 운전자까지는 연령의 증가와 함께 운전자신감에 대한 확신도 증가함을 나타낸다. 운전자신감 요인에서 연령 간 유의한 차이가 없었던 것도, 고령자와 젊은 운전자 집단에게 자신의 운전자신감을 평가하게 했을 때 특별한 차이를 나타내지 않는다는 연구와 일치하고 있다(Mattews & Moran, 1986).

이순열 등(2006a)의 연구에서 운전행동에서 연령의 증가는 운전행동의 전반적인 감소를 나타냈다. 특히 65세 이상 운전자 집단에서의 하락이 두드러졌는데, 그중에서도 과속경험과 주행거리, 운전 일수, 음주운전, 법규위반이 그러했다. 전반적인 고령 운전자의 운전행동 감소는 Charton 등(2003)이 밝힌 고령 운전자의 보상행동 결과라고 생각할 수 있다. 고령 운전자는 자신의 신체적인 결손을 운전행동의 감소로 보상하려고 한다는 특징이 있다. 연령 간 비교에서 불안전운전 요인이 고령자는 전 연령대와 차이를 보였는데, 고령 운전자들은 법규위반을 하지 않음으로써 자신의 운동 능력 부족을 보상받으려는 경향이 있음을 보여 주는 것이다.

하지만 운전자신감에서는 어떠한 집단과도 차이를 나타내지 않았다. 연령이 변하더라도 운전자들의 운전기능과 운전자신감에 대한 확신은 여전한 것으로 나타났다. 또, 다른 운전 확신요인에서는 대체로 40~49세 이후를 기점으로 하락하는 것으로 나타난다. 운전행동에 있어서는 65세 이상이 되면 전반적으로 운전행동이 감소하였다.

그렇다면 65세 이상의 고령 운전자가 상대적으로 낮은 확신과 감소한 운전행동을 나타내는데도 교통사고에 연루되는 이유는 운전자신감이나 불안전운전 요인, 상황둔감성 요인보다는 주의집중 소홀의 문제 때문이라고 생각할 수 있다. 고령 운전자가 주의집중에서 문제를 가진다면 이것은 차량 탐색과 반대편에서 다가오는 차량의 속도 판단의 문제를 일으킬 수도 있는데, 이순열 등(2006)의 연구에서 고령 운전자의 차량 좌회전 위험 상황요소가 반대편 차의 속도 판단과 차 간 거리 판단의 문제 때문이라는 연구 결과가 이것을 뒷받침해 준다.

운전 확신 고 · 저에 따른 음주운전 사고의 차이에서 29세 이하 운전자는 확신 수준 평균과 상황둔감성, 불안전운전에서 차이를 나타냈고, 40~49세 운전자는 불안전운전에서 차이를 보였다. 음주운전자와 무음주운전자 비교에서는 운전확신 수준 평균과 상황둔감성, 불안전운전, 운전자신감에서 차이를 보였다.

음주운전을 시도하는 사람들의 운전확신 수준이 대체로 운전확신 전체와 상황둔감성, 불안전운전에서 높은 확신을 보이며, 운전자신감에서도 차이가 발생하였다. 음주운전자들은 자신이 단속되지 않을 것이라는 상황에 대한 확신과 사고 없이 목적지에 도착할 수 있다는 자신의 음주 후 운전 능력에 대한 자신감으로 음주운전을 시도한다고 했는데(이순철, 2000), 이러한 기대가 운전확신 수준에서는 상황둔감성 요인과 운전자신감 요인이 높아지는 것으로 나타났다. 또한 29세 이하와 40~49세 운전자에게서만 집단 간 차이가 발생했는데, Brorsson 등(2002)이 밝힌 바와 같이 음주 후 평가한 운전자신감에 대한 확신이 40대 운전자까지는 증가하기 때문이라고 생각된다.

운전행동에서 음주운전은 운전일수와 법규위반 등에서 차이를 보였다. 이것은 일주일 중 운전을 해야 하는 기간이 많은 운전자일수록, 또 법규위반을 자주 하는 운전자일수록 음주운전을 시도할 가능성도 높아지게 됨을 보여 준다.

과속운전자와 비과속운전자의 운전확신 수준 차이는 운전확신 수준평균과 상황둔감성, 불안전운전에서 나타났으며, 연령 간 운전확신 고 · 저에 따른 차이는 29세 이하 운전자에게서는 확신 수준평균에서, 30~39세 운전자는 확신 수준평균과 불안전운전에서, 40~49세 운전자는 확신 수준평균과 상황둔감성, 불안전운전에서, 65세 운전자 집단은 불안전운전에서 나타났다.

(1) 상황에 대한 확신과 위험행동

운전확신 수준에서 운전 상황 요인은 자동차가 많은 곳에서의 차선변경, 평행주차, 고속도로 진입과 같이 운전 중 어려움, 불안감을 느끼거나 운전자가 긴장하는 상황에 대한 문항으로 이루어져 있다. 이순철 등(2006)의 연구에서 운전 상황 요인은 안전운전, 운전 능력, 주의 요인과 상관이 있는 것으로 나타났으며, 청소년 운전자와 고령 운전자 두 집단 모두에서 운전 경력과 상관을 보였다. 운전확신은 연령의 증가와 함께 감소한다고 했는데, 이것은 고령 운전자가 밤에는 운전하지 않거나 기후가 불순하면 운전하지 않고, 음주 상태에서는 운전을 꺼리는 등의 특정 운전 상황에 대해 자신의 운전행동을 제한하는 보상으로 설명할 수 있다. 이러한 고령 운전자들의 운전행동은 특정 운전 상황에서의 확신이 크게 하락하고 있음을 의미한다(Daigneault, Joly, & Frigon, 2002).

(2) 안전에 대한 확신과 위험행동

이순철 등(2006)의 연구에서 운전확신 수준의 안전운전 요인은 신호위반, 급차선 변경, 끼어들기, 앞지르기 등 운전 중 안전을 감소시키는 행동에 대한 문항으로 구성되어 있다. 운전 중 위험행동과 관계된 문항으로 점수가 높아질수록 위험행동의 시도 빈도나 의도가 높다는 것을 의미한다.

Trimpop과 Kirkcaldy(1997)는 29세 이하 운전자들에 대한 연구에서 젊은 운전자들의 사고가 운전 기간(경력)과 상당한 상관이 있음을 밝혔다. 또한 사고가 없었던 운전자들은 안전운전 태도가 더 좋았는데, 안전 태도에서 차이를 보인 운전자들은 위험감행 행동과 위험추구 욕구, 모험추구 욕구에서도 유의한 차이를 보였다. 이것은 젊은 운전자들의 경우 교통사고로 이어지는 것이 짧은 운전 기간이 가지고 있는 운전 경험의 미숙과 더불어 안전운전 태도의 불량과 밀접한 관계가 있음을 나타낸다.

Laappotti, Keskinen, Hatakka와 Katila(2001)는 젊은 운전자가 중년 운전자보다 더 많은 위험운전 행동을 한다고 보고하였다. 젊은 운전자에게 위험행동이 증가하는 이유에 대해서는 성향과 함께 직간접적인 사고 경험이 적기 때문이라고 파악하였다. 즉, 운전자는 본인의 위험수준을 경험에 따라 조절한다는 것이다.

사고 발생확률은 연령에 크게 좌우된다. 각자의 경험은 각 연령 단계에서 이루어지고 있는 운전 중 처리에 따라 다르게 나타나므로, 동일한 경험이라 하더라도 연령에 따라 서로 다른 경험으로 작용하게 된다. Colbourn(1978) 역시 젊은 운전자들은 같은 연령대에 비교해서 경험이 증가할수록 위험행동을 더 많이 시도하는 특성이 있다고 보고하였다. 위험한 운전

행동은 법규위반을 의미하기도 하는데, 정해진 사회규칙을 깨는 것은 운전자의 준법의식과 밀접한 관계가 있다. 운전자의 준법의식은 남성이 여성보다 낮고, 운전 경력이 많은 운전자가 적은 운전자보다 낮으며, 나이가 적은 운전자가 나이가 많은 운전자보다 더 낮은 것으로 보고된다(송영남, 2000).

이순철 등(2006)의 연구에서도 안전운전은 고령 운전자와 청소년 운전자 집단에서 위반 경험과 상관을 보였는데, 위험행동 빈도나 의도가 높을수록 법규위반 경험도 증가하는 것으로 나타났다. 고령 운전자는 안전운전 요인이 높은 층과 낮은 층에서 충돌사고의 차이를 보였다. 고령 운전자는 주로 위험운전 상황 회피로 심신의 노화를 보상하려 하는데, 위험운전 행동의 증가는 이러한 보상 효과를 감소시키고 노화의 문제들과 결합하면서 충돌사고 발생 가능성을 높인다.

(3) 능력에 대한 확신과 위험행동

McKnight와 McKnight(1999)는 고령 운전자를 대상으로 한 연구에서 사고는 운전 능력과는 큰 상관이 없다고 보고하였다. 운전 능력에 대한 확신은 연령에 따른 큰 차이를 보이지 않았고, 다소간의 차이가 존재하더라도 교통사고와의 상관은 없었다.

이순철 등(2006)의 연구에서 운전확신 수준의 운전 능력요인은 다른 운전자와 자신의 운전 실력을 비교하거나 위험, 돌발 상황에서의 대처 능력 평가 등에 관한 질문으로 구성되었다. 운전 능력요인은 운전 상황 요인 그리고 안전운전 요인과 상관이 있으며, 고령 운전자와 청소년 운전자 모두에서 운전 경력과 상관을 보였다. 청소년 운전자는 운전 능력 요인 점수가 높고 낮음에 따라 주행거리와 위반 경험에서 차이를 나타냈고, 추돌사고에서도 차이가 나타났다.

이것은 운전 경력이 증가할수록 자신의 운전 능력에 대한 자신감이 증가하며, 증가된 자신감은 위반행동의 증가와 함께 추돌사고와 같은 가해당사자 사고를 증가시킨다는 것이다. 상대적으로 운전 경력이 적은 청소년 운전자의 주행거리가 증가하면서 운전 능력 요인이 과대하게 평가되고, 앞차의 움직임에 대한 정보가 부족한 상태에서 무리한 운전을 감행하다가 추돌사고를 발생시키는 것이 아닌가 생각해 볼 수 있다. 운전 상황 요인과 결합시켜 보았을 때, 운전 능력에 확신이 높은 청소년 운전자가 운전 상황에서도 확신을 증가시키게 될 때 추돌사고를 발생시킬 가능성이 높아진다.

Matthews와 Moran(1986)은 연구에서 젊은 운전자들의 운전 능력이 고령자보다 특별히 더 뛰어나다고 생각하지는 않지만, 위험운전 감행에 있어서는 더 많은 시도를 한다고 보고

했다. 운전 능력 요인 하나만으로는 연령과 사고 유·무와 크게 상관을 보이지 않지만, 운전 능력 요인이 다른 요소들과 결합할 때, 연령에 따른 차이와 사고 유·무와 사고 형태를 결정하는 중요한 요인이 될 수 있다.

과속운전을 감행하는 운전자는 자신의 운전기술을 과시하려는 경향이 있다. 과속운전자에 대한 연구에서 정속운전자군의 35%가 자신의 '운전 실력이 좋다.'라고 응답한 것에 비해 과속운전자군은 62%가 '운전 실력이 좋다.'라고 대답하였다(도로교통공단, 1998a). 고령 운전자의 안전운전 요인의 증가가 충돌사고의 차이를 발생시키는 반면, 청소년 운전자의 추돌사고는 운전 능력 요인의 증가에 따라 차이가 발생하는 것으로 나타났다. 이것은 청소년 운전자가 주로 과속으로 인한 사고에 연루될 가능성이 높은 이유를 설명해 준다.

음주운전은 주위 상황과 함께 자신의 음주가 운전에 지장을 주는지 여부에 대한 확신 여부에 따라 시도되는 경우가 많다. 음주량과 운전과의 관계에서 음주가 운전에 지장을 주는 것에 대한 과소평가가 음주운전의 가장 큰 이유라는 것이다. 운전자가 자신의 운전 능력에 대한 자신감으로 음주운전을 시도한다면 음주운전자는 운전확신 수준에서 운전 능력요인이 높아질 것이다. Job(1990)의 연구에서도 운전자의 연령이 40세에 이르기까지 음주운전 후 자신의 운전 능력에 대한 확신은 증가하는 경향이 있다고 보고했다. 이것은 운전 기간의 증가와 함께 운전 능력의 확신이 증가한다는 것을 보여 주는 것이다.

(4) 주의집중에 대한 확신과 위험행동

운전확신 수준의 주의요인은 운전 집중 정도 및 좌·우회전 시 주의집중과 같이 운전 중 주의집중과 관련된 문항으로 구성되어 있다. 이순철 등(2006)의 연구에서 주의 요인은 운전 상황, 운전 능력요인과 상관이 있다.

May, Ross와 Osman(2005)은 차량 내비게이션에 관한 연구에서 젊은 운전자보다 고령 운전자가 운전 중 내비게이션 디스플레이어를 더 오래 주시한다고 보고했다. 또한 운전 중 내비게이션 지시에 대한 실수도 고령 운전자가 더 많았다. 이것은 고령 운전자가 젊은 운전자보다 정보를 정확히 탐색하는 데 더 오랜 시간이 걸리며, 자신이 지각한 것에 대한 확신이 낮아져 더 오랜 시간 확인을 하려고 한다는 것을 나타낸다.

이순철(1990)은 운전 경험별 주시빈도에 대해서 연구하였는데 연구 결과, 중요하지 않은 대상에 대한 주시빈도는 초보 운전자 22.6%로 경험운전자의 13.8%보다 높았다. 그리고 가장 중요한 대상에 대한 주시빈도는 반대로 경험운전자가 53.1%로 초보 운전자의 44.2%보다 높게 나타났다. 이것은 운전자의 경험이 운전 중 시각 탐색과 주의집중에 영향을 미치고 있음을 보여 주는 연구 결과이다.

4. 연령에 따른 경험과 정서 그리고 위험

1) 경험에 따른 행동 특성

연령과 경험은 행동에 복합적인 변수로 작용한다. 연령과 교통사고 원인과의 관계에 관한 연구에서 연령과 운전 경험 중 어느 것이 우선하느냐는 문제는 아직도 확실한 결론이 없다. 그러나 Munsch(1966)은 경험을 통하여 운전행동의 개선이 이루어지는 시기를 약 7~8년 정도의 운전 경험과 주행거리로는 약 10만km 정도일 것이라고 보고하였다.

운전행동에 미치는 경험의 효과를 판단하기 위해서는 위험 노출도(risk exposure)라는 개념을 명확하게 할 필요가 있다(Klebelsberg, 1989). 위험 노출도는 2가지 개념으로 설명되는데, 첫째, 사고 위험이 있는 상황의 빈도로써의 노출도(Carroll, Carlson, McDole, & Smith, 1971)와 둘째, 위험의 양적 노출도(Burg, 1972)이다.

빈도 노출도는 신뢰할 수 있는 사고 위험성을 체계적으로 입증하기 어렵다는 것이다. 교통 상황의 빈도로 운전 경험의 관여 정도를 비교하는 것은 무리가 있다. 왜냐하면 위험 상황의 빈도 자체가 운전 경험의 차이에 따라 좌우되기 때문이다.

양적 노출도 개념은 절대적 주행거리를 의미한다. 절대적 주행거리란 지금까지 주행한 총 주행거리를 말한다. 이 경우에도 주행거리의 질적 구분, 즉 도시와 지방의 도로 주행 비율, 주·야간 주행거리의 비율, 업무용과 레저용의 주행거리 차이 등을 고려할 수 없다. Klebelsberg(1989)는 운전 경험과 노출도의 관계를 다음과 같이 설명하였다.

- 질적 운전 경험(운전 목적, 종류, 시간적·공간적 분포 등)
- 절대 주행거리(총 주행거리)
- 상대 주행거리(연간 주행거리)

운전 경험과 노출도의 관계를 설명하기 위해서는 절대 주행거리와 상대 주행거리의 조합으로 설명할 수 있는데 다음 4가지 경우이다.

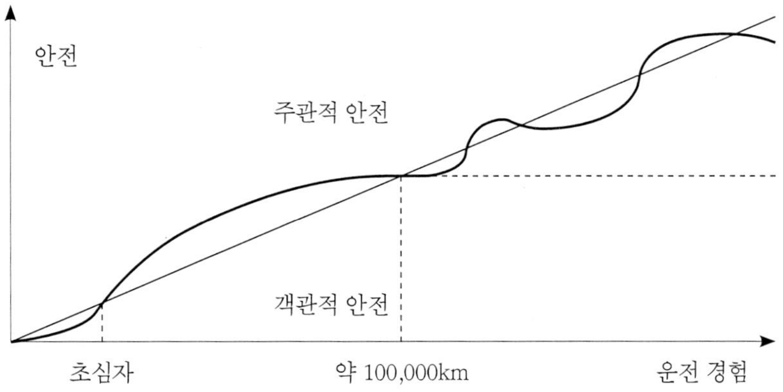

[그림 5-10] Klebelsberg의 경험에 따른 위험의 변화

출처: 이순철(2000).

① 높은 절대 주행거리 / 낮은 상대 주행거리
② 높은 절대 주행거리 / 높은 상대 주행거리
③ 낮은 절대 주행거리 / 낮은 상대 주행거리
④ 낮은 절대 주행거리 / 높은 상대 주행거리

①과 ②는 경험운전자이고, ③과 ④는 초보 운전자다. ①은 위험확률이 가장 낮으며 많은 경험에 비하여 많지 않은 위험 상황에 잘 대응하고 있음을 의미한다. ②의 경험운전자는 많은 경험이 상대적인 주행거리의 증가와 위험 노출로 이어지면서 상쇄될 수 있다. ④의 초보 운전자는 위험확률이 가장 높다. 왜냐하면 낮은 절대 주행거리에 의한 경험 부족과 함께 상대적인 주행거리의 증가가 많은 위험 노출로 이어지기 때문이다.

Evans(1988)는 연구에서 65세 이상의 고령 운전자들은 20세 이하의 젊은 운전자들에 비해서 사고 발생 수는 더 적지만, 40대 운전자들에 비해서는 운전거리당 33%(65세 이상의 여성 운전자의 경우는 77%) 더 많이 사망 교통사고에 연루되었다고 보고하였다. 이것은 고령자들의 교통 환경 노출 빈도가 다른 연령층에 비해서 낮다는 것을 고려할 경우, 교통사고 가능성이 역 U자 형태로 나타나게 됨을 시사한다.

일반적으로 경험 증가는 위험에 대한 인식을 향상시키는 것으로 생각된다. Endsley(1988)는 상황인식 능력을 1단계인 현재 상황에 대한 정확한 지각, 2단계인 현재 상황에 대한 정확한 이해, 3단계인 미래 상황에 대한 올바른 예측으로 구분하였다. 경험의 증가는 현재 상황에 대한 지각과 이해 그리고 미래에 대한 예측 정확성을 증가시킨다.

Carretta, Perry와 James(1996)는 미국 F-15 전투기 조종사들을 대상으로 한 상황인식에 대한 연구에서 공간적 작업 기억, 언어적 작업 기억, 공간적 추론 그리고 분리된 주의가 상황인식에 대한 개인차를 만드는 주요한 요인이라고 지목하였다. 상황인식 능력은 단순히 작업 기억의 인지적 요소나 장기기억의 지식구조 양에 의해서 결정되는 것이 아니라 두 기억의 상호작용이 얼마나 활발히 이루어지는가에 의해 개인 차이가 발생한다고 보았다.

복잡한 과제를 수행할 때 작업 기억은 환경의 여러 정보를 지각하고 유지하는 역할을 한다. 이때 작업 기억으로 유입된 정보들은 장기기억에 저장되어 있는 지식 구조를 활성화시키고 현재 상황에 대한 이해와 미래 상황에 대한 예측을 가능하게 한다.

따라서 경험과 지식이 풍부해질수록 현재 정보를 처리하는 작업 기억과 이전의 업무 지식을 보관하는 장기기억 간의 활발한 상호작용을 통해 상황인식 과제를 더욱 정확하게 처리할 수 있다. 작업에 오랜 경험을 가진 숙련자일수록 이전에 경험해 보지 못했거나 예상하지 못했던 새로운 상황에 보다 능동적으로 적응하는 능력을 보이고, 비정상적인 상황이 생길 때에도 숙련자의 상황인식이 초보자보다 훨씬 더 뛰어난 것은 이러한 이유 때문이다(Doane & Sohn, 2000).

2) 연령과 정서 변화

연령의 변화는 정서 변화를 가져다줄 수 있다. 김진영(2009)은 연구에서 우울감의 변화가 청년기와 중년기에는 별 차이가 없지만, 30대 후반 이유에 최저점에 도달한다고 보고하였다. 이후 중년기부터는 점차 증가하다가 노년기에 크게 증가하는 비대칭적인 U자 곡선을 그린다고 밝혔다. 가장 낮은 우울 수준의 연령층은 45세 정도의 중간 연령층이고 가장 높은 우울 수준을 보인 연령층은 80세 이상이었다.

노년기는 신체기능 쇠퇴가 활동성을 저하시키고 타인과의 대인관계나 상호작용이 어려워져 심리적인 위축을 초래할 수 있고, 이것이 우울증의 원인으로 작용할 수 있다. 배우자나 친구의 죽음, 은퇴, 이사, 질병 등으로 인해 사회적 관계가 감소하게 된다. Lang과 Carstensen(1994)은 70~104세 고령자 156명을 대상으로 사회연결망에 대해서 연구하였다.

연구 결과, 전체적인 사회연결망의 크기는 연령이 증가함에 따라 감소하였다. 85세 이상의 고령자들은 85세 미만 고령자들보다 절반 이하의 사회적 연결망을 가지고 있었다. 사회적 관계의 감소는 노년기의 독특한 변화를 반영한다. 여성보다 남성은 은퇴로 인한 사회연결망의 붕괴 위험이 더욱 크게 나타났다.

노년기는 죽음이나 은퇴 혹은 노화 같은 상실을 주로 경험하는 시기이기 때문에 우울증을 유발하는 스트레스가 더욱 많아진다는 점도 간과해서는 안 된다. 더불어 과거 경험이 반추되면서 미해결된 갈등이나 자책감 혹은 죄책감 같은 정서적 문제가 발생하기 쉽다. 우울증 경향은 불면증이나 체중 감소, 감정적 무감각, 강박관념이나 분노 혹은 열패감 같은 증상들을 동반할 수도 있다.

백옥미(2013)는 7,462명을 대상으로 한 연구에서 중·노년기 우울 증상이 높을수록 인지기능이 낮다고 밝혔다. 우울한 고령자의 인지장애는 52%인 데 반해 우울하지 않은 고령자는 인지장애가 13% 정도로 나타났다. 이것은 우울 증상이 인지기능의 저하를 예측하게 하는 중요한 변인임을 밝힌 것이다. 우울 증상은 인지기능 장애와 매우 밀접한 관련을 가진다.

우울과 더불어 고령자의 심리적 특성에는 불안도 있다. 노년기는 삶을 달관하고 다음 세대에 대한 여유와 관용이 생겨날 것이라는 기대와 다르게 고령자들의 불안은 점점 더 증가하고 있다. 불안정한 생활 여건과 침체된 경제 활동, 가족체계를 비롯한 사회 지지체계의 붕괴와 회복이 어려운 질환의 증가 등이 고령자의 불안을 가중시키는 요인으로 지목된다.

노년기에 정서는 사회적 활동성이 줄어들면서 내향성이 증가될 수 있다. 주위 환경에 대한 적극적 대응이 소극적 대처로 바뀌고 내부지향적이고 내면적 활동이 보다 증가하는 시기이기도 하다. 문제해결에서도 효과성 여부를 떠나서 익숙한 습관적 태도나 방법을 고집하는 경직성이 증가할 수 있으며, 새로운 변화에 대한 이질감과 더불어 적응에 대한 심리적 부담도 젊은 시기보다 커진다.

또한 노년기는 제2의 유년기라고 부를 수 있을 만큼 자기중심성과 타인에 대한 의존성이 증가할 수 있는 시기이다. 연령이 증가할수록 물질적인 도움이나 원조뿐만 아니라 심리적 의존의 대상을 필요로 하게 되는데 이러한 욕구가 제대로 해결되지 않으면 심리적 결손에 따른 예민함이 더 큰 정서적 변화를 가져올 수 있다(이인수, 2001).

부정적 정서는 위험행동과 강한 상관관계를 가지고 있다. 권민정(2014)은 신경질적이거나 과민한 혹은 괴롭거나 두려운 정서가 높은 사람일수록 난폭한 운전이나 법규위반 운전을 더 많이 선택한다고 보고하였다. 이것은 부정적 정서가 높은 운전자일수록 안전운전과 여유운전을 적게 하고, 난폭운전과 법규위반을 더 많이 시도하고 있음을 나타내는 것이다.

노년기의 부정적 정서 증가와는 반대로 연령 증가에 따라 부정적 정서가 감소하고 긍정적 정서가 유지된다는 연구 결과도 있다. Lawton, Kleban, Rajagopal과 Dean(1992)은 노년기에 '정서최적화' 개념으로 긍정적 정서가 안정적이 되는 것이 안녕감을 향상시킬 수 있음을 설명하였다. 고령자들은 부정적 정서 경험을 피하고 정적 자극을 받는 상황을 선택하는 쪽으로 노력하는데, 이것이 고령자들이 긍정적 정서를 안정적으로 유지하는 방법이다.

고령자들은 정서적 표상과 정서적 조절을 더 잘하고 대인관계에 대한 추론 과제에서 젊은이들보다 더 나은 수행을 보인다. 유경과 민경환(2005)은 청년, 중년, 노년 집단에게 정서복잡성 과제 수행의 차이를 알아보았다. 정서복잡성이 가장 높은 집단은 노년이었다. 정서복잡성은 장·노년기 안정감 유지에 유의미한 영향을 미치는 것으로 나타났는데, 이것은 정서복합성 향상이 정서최적화를 이루고 안녕감을 유지하는 데 중요한 역할을 한다는 것을 나타낸다.

노년기의 성격 변화는 내향성 증가와 남성성과 여성성의 변화 때문이라고 주장하는 학자도 있다(Caspi & Roberts, 2001). 이들은 성역할 관념의 변화는 사람들의 억눌린 부분을 표출하는 것을 허용하기 시작하는 것으로 심리적 성숙의 지표라고 긍정적인 해석을 내놓았다. Mroczek과 Kolarz(1998)는 외향성과 신경성의 변화를 1,600명의 남성을 대상으로 12년간 조사하였다. 연구 결과, 통제와 규범지향성 그리고 신중성 등은 연령이 증가함에 따라서 증가하였고 신경성과 외향성은 감소하였다.

윤진(1985)은 인생을 마무리하는 단계인 노년기에는 지나간 실수나 잘못에 대해서 긍정적으로 받아들이는 것이 중요하다고 지적하였다. 이룩한 일에 대해서 감사하는 자세를 가지고 최선을 다했다고 느끼는 것은 자아통합감을 달성하는 것이라고 보았다. 그러나 자신의 삶을 수용하지 못하는 고령자는 자아통합감에 이르지 못하게 되고 절망감을 느끼게 된다. 노년기에는 누구나 한두 가지 질병이나 신체적 손상을 경험한다. 직업이나 가까운 사람을 잃는 경험을 하며, 자신에게도 죽음이 다가오고 있다는 것을 느끼게 된다. 따라서 노년기에는 반드시 이러한 상실감에 대한 통합이 이루어져야만 건강한 삶을 살아갈 수 있다. 자신의 생과 타인의 삶에 대한 통합이 제대로 이루어지지 않으면 우울이나 불안을 더욱 크게 경험하게 되고 노년기 삶의 질이 위협받는다.

5. 생의 마무리와 위험

1) 범죄와 학대

고령자는 삶의 경륜과 통합적 발달을 통해 여러 주변인과 친밀한 유대를 보일 것이라는 생각과는 다르게 '학대'를 받는 비율이 점점 늘어나고 있다. 더욱 충격적인 것은 학대의 가해자가 자녀를 비롯한 가까운 사람들인 경우가 많다는 것이다. 이것은 일상의 위험이 고령자에게 특히 높게 나타날 수 있음을 알려 준다.

심신기능이 급격히 쇠퇴하는 고령자들은 여러 일상생활에서 도움을 받아야만 하는 경우가 많다. 때문에 도움이 필요한 고령자를 방치하는 유기도 일종의 폭력이며 학대라고 볼 수 있다. 또한, 욕설이나 공격적 언사와 같은 직접적인 심리적 폭력을 휘두르는 경우도 많다. 일방적 폭행과 같은 물리적 폭력으로 상해를 입기도 한다.

가장 전형적인 물리적 및 심리적 학대의 대상은 늙고 병약한 여자 고령자이다. 학대를 하는 가해자는 자기 어머니를 모든 문제의 원인이라고 생각하는 중년의 아들이나 딸인 경우가 많다. 자신의 부모를 학대하는 사람들은 어린 시절에 학대 받은 사람이라는 몇 가지 증거가 있는데, 어린 시절의 학대를 고령자가 되어서 되돌려 받게 되는 악순환의 고리가 가장 안전해야 할 가정 내에서 나타나고 있다(Eastman, 1984).

2) 죽음과 문제들

위험의 최종 결론은 죽음이다. 죽음은 위험의 가장 최종적 발현인데, 이것을 극복하기 위한 노력은 일생의 모든 문제 속에 존재하는 가장 근원적이고 거대한 과업이다. 하지만 죽음을 극복하기 위한 노력은 결국 삶이란 연극에서 죽음을 마지막 장면으로 무대에 올릴 수밖에 없다는 결론으로 마무리된다. 그러나 죽음으로 끝나 버리는 인생이란 연극을 비극으로 받아들일 것인가, 아니면 아쉬운 한바탕 희극으로 받아들일 것인가는 자신의 선택에 달려 있다.

자연적으로 죽음을 맞이하든 또 다른 원인이 죽음으로 작용하든 죽음은 확실한 인생의 최종 단계이다. 역설적이게도 죽음을 인식하는 순간 삶의 유한성이란 헤아릴 수 없는 가치를 부여받게 된다. 모든 것이 끝나는 것 같지만 무수한 생명이 태어나 또 무수한 죽음을 메우며 삶과 죽음이 함께 어울려 흘러간다.

죽음에 대한 논의는 '생물적' '사회적' '심리적' 3가지 측면을 고려할 필요가 있다. 생물적 관점에서 죽음은 신체기능의 정지이며, 심장 박동이 멈추고, 뇌의 전기적 활력이 멈추는 것이다. 하지만 생물적 관점에서 죽음은 여러 가지 의료장비를 통해서 계속적인 연장이 가능해지면서 기존의 정의에 대한 도전에 봉착해 있다. 혼수상태에 의식이 없고, 활력도 없이 수십 년을 누워 있는 사람을 살아 있다고 보아야 하는가 죽었다고 보아야 하는가는 의료적 측면뿐만 아니라 기약 없이 의료적 노력을 기울여야 하는 가족과 사회에 크나큰 숙제가 되고 있다. 자의의 선택 없이 생물적 삶을 연장하는 것이 인간의 삶으로서 의미가 있는가는 개인뿐 아니라 사회적 논의가 필요한 부분이다.

죽음에 대한 논의에서 사회적 측면은 장례 및 애도 방식 그리고 유산과 부채의 승계 및 은퇴와 연금, 사회보장에 관한 것들이다. 가족 간의 장례는 병원의 침대나 요양원의 낯선 사람들과의 문제로 바뀌고 있다. 병약해진 상태에서 죽음에 도달하기까지 오랜 시간이 걸린다면 당사자의 재산은 이미 탕진하였거나, 자녀들의 부양 없이는 버티기 힘든 상황에 이르게 된다. 죽음을 맞이하기까지 인간의 존엄을 지키기 위해 필요한 비용에 대한 고민은 어디까지가 개인적인 영역이고 어디까지가 사회가 감당해야 하는 영역인가는 법률적 문제뿐만 아니라 사회적 갈등의 영역으로까지 번져 가고 있다.

죽음에 대한 논의에서 마지막으로 심리적 측면은 자신의 죽음에 대해서 혹은 가까운 타인의 죽음과 동족이나 약자들의 죽음에 대해서 무엇을 느끼고 있는가에 관한 것이다. 죽음에 대한 인식은 인간 심리에 어떻게든 작용한다. 그렇다면 죽음에 대한 인식이 삶을 더욱 값어치 있게 할지, 아니면 허무한 몸부림으로 인식되도록 할지를 결정짓는 것은 무엇일까? 죽음을 받아들일 준비가 되어 있는가는 죽음을 맞이할 당사자뿐만 아니라 가족과 사회구성원 모두의 숙제이며 끝날 수 없는 고민거리이다.

(1) 나이에 따른 죽음의 변화

아동은 죽음에 대해서 어떻게 인식하고 반응할까? 학대를 받다 숨졌다는 친구의 이야기를 들은 4세 정도의 아이는 친구가 돌아오면 함께 가지고 놀 장난감을 즐거운 마음으로 준비하기도 한다. 4세 정도의 아이는 죽음을 삶이 종결된 사건으로 받아들이지 못하는 것 같다. 죽음에 대한 종말로서의 의미는 최소한 5세가 지나서야 생겨난다. 5세가 지나면서 아이들은 죽음의 보편성(누구나 빠짐없이 죽는다)과 종결성(죽은 대상은 결코 되살아나지 않는다)을 조금씩 이해하기 시작한다.

청소년은 죽음에 대해서 낭만적 기대를 하는 경향도 있다. 죽음을 무릅쓴다는 것은 또래에서 멋진 일로 비치거나 명예로운 대접을 받기도 한다. 죽음의 종결성에 대해서 이해는 하지만 새로운 시작이 있을 것이라는 막연한 기대나 종결성에 대한 동경을 보이기도 한다. 위험한 행동을 감행하거나 장난처럼 범죄에 연루되는 것이 죽음에 대한 환상적 기대에 영향을 받는다는 연구도 있다(Pattison, 1977). 소설 『마지막 잎새』의 주인공 존시(Johnsy)가 시들어 떨어져 가는 덩굴나무 잎들과 자신을 동일시하면서 죽음을 기다리는 것은 청소년이 보이는 죽음에 대한 낭만적 인식의 전형적인 사례이다.

20~30대의 성인기 초기에는 심하게 아프거나 부상을 당했을 때 죽음에 대해서 감정적으로 받아들이게 된다. 죽음을 통해서 극도의 좌절감이나 돌이킬 수 없다는 포기를 표현하기도 한다. 성인기 초기의 일반적인 죽음에 대한 태도는 회피적이고 생각하지 않으려 한다. 실제로도 죽음에 대한 생각을 가장 적게 하는 나이이기도 하다(Kastenbaum, 1977).

40대에서 65세 정도까지의 성인 중기(장년기)는 죽음에 대해서 처음으로 내면 깊이 인식하게 되는 시기이다. 죽을 때까지 남은 기간을 헤아려 보기 시작하는 시기이기도 하다. 죽음을 현실로 받아들면서 종종 인생의 중요한 결정이나 변화를 시도하는 원동력으로 삼기도 한다. 또 자신이 이루어 온 과업을 돌이켜 보며 의미와 가치를 평가해 보는 시간을 가지기도 한다(Neugarten, 1967).

65세 이상이 되는 성인 후기(고령자)는 죽음을 실체로 받아들이는 시기이다. 지인들의 죽음에 관한 소식을 들으며 죽음에 대한 느낌을 재조정하기도 하는데 자신에 대한 평가를 마무리한 고령자일수록 죽음에 대한 정서적 느낌이 긍정적이다(Kastenbaum, 1977).

Kubler-Ross(1969)는 죽음에 대한 심리적 단계를 1단계 부정, 2단계 분노, 3단계 타협, 4단계 우울, 5단계 수용으로 구분하였다.

부정 단계에서는 자신의 죽음에 대해서 믿지 않으려 하는 단계로 몇 초에서 몇 달까지 지속될 수 있다.

분노 단계에서는 부정할 수 없는 죽음에 대해서 분노감을 나타낸다. 이 단계는 불평이나 요구가 많아지고 까다로우며 모든 것에 비판적이다. 왜 하필 나에게 이런 일이 일어났는지 의문을 표시하기도 한다. 분노를 극복하기 위한 가장 최선의 방법은 분노를 적절하게 표출하는 방법이다.

타협 단계에서는 단기적으로 생을 연장하는 방법을 고민하게 되고, 고통을 감소시키기 위해서 여러 조치를 취하게 된다. 종교나 여러 가지 다양한 의료적 방법을 시도하게 된다.

우울 단계는 죽음이 다가오는 것을 느끼며 사랑하는 사람들과의 이별을 극복하기 위한 필수적인 단계이다. 슬픔과 애통을 표현함으로써 극복해 나가게 된다.

마지막 수용의 단계는 친척과 친구를 만나길 원하며, 생명에 대한 체념이 아니라 삶의 마지막 변화에 대해서 평화롭게 받아들이게 된다.

(2) 자살

죽음이 인생의 넘지 못할 마지막 위험이라면 언젠가 반드시 결국은 맞이하게 될 죽음을 스스로 앞당겨 선택하는 이유는 무엇일까? 자살을 시도하다가 일어나는 또 다른 사건과 사고까지 고려한다면 자살은 성공하든 실패하든 자신과 사회에 크나큰 위험으로 작용하게 될 것이다.

더욱 안타까운 점은 자살이 삶이 시작된 지 얼마 되지도 않은 어린 나이에도 일어날 수 있다는 것이다. 스스로 생명을 끊을 만큼 불행한 아이가 있다는 것은 생각하는 것만으로도 슬픈 일이다. 실제로 어린아이들이 자살에 이르도록 하는 대표적인 원인은 학대이다. 어린아이들은 자살의 전조로 자해 시도가 일어나기도 한다. 자살 징후가 보이는 아이들은 또래에 비해서 심하게 공격적이거나, 좌절감을 보이고, 병적인 생각을 많이 한다. 문제가 발생해도 감정을 철회하거나 무감각으로 반응하기도 한다. 학령기 전 아동은 죽음의 파국성에 대해서 제대로 이해하지 못하는 경우가 많기 때문에 특히 더 위험할 수 있다(Turkington, 1983).

청소년의 자살은 자신에 대한 자학이기도 하지만 타자에 대한 조정의 의미도 내포하는 경우가 많다(Elkind, 1984). 10대 청소년이 자신의 삶을 못 견뎌 내는 이유는 다양하다. 소위 '왕따'라고 부르는 따돌림이나 사랑을 받지 못하고 있다는 느낌부터 학업부진이나 부모의 불화 등 현대의 청소년은 과거의 청소년보다 더 많은 자살 요인을 가지고 있다.

청소년은 단지 변화를 위해서 이사를 생각하듯이 죽음을 낭만적으로 그리기도 하고, 상대방에 대한 조정을 위해서 죽음을 무기로 사용하다가 잘못되는 경우도 많다. 상대방에 대한 조정은 자신이 죽음을 무서워하지 않아서 죽음에 직면해도 아무렇지 않다는 기만적인 방식으로 일어나며, 이것은 위험한 행동을 해 버리거나 상대방을 위협하는 행동을 하면서도 거리낌이 없다는 생각을 상대방에게 가지도록 하기 위한 전략의 일부분이다.

12~19세 사이의 청소년 자살에 관한 연구에서 자살을 시도하기 전, 이들 모두는 정서적으로 병들어 있었다는 공통점을 보였다. 좌절이나 약물남용, 불안정한 성격 등으로 진단되었는데, 이들은 상실에 대해서 과격하게 반응하며 분노를 통제하지 못하고 충동적인 경향을 나타냈다(Crumley, 1979).

또 다른 연구에서는 자살 연구에 참여한 10대의 70% 정도는 외톨이로 나타났는데 이들은 학업성적도 낮았다. 장기적인 무단결석이나 중퇴로 이어지기도 했다. 실패 경험의 반복은 부정적인 자아상을 만들어 내는데, 이런 청소년은 높은 비율로 이혼이나 별거, 알코올중독 등의 문제를 가지고 있는 부모에게서 양육되는 경우가 현저하게 많았다(Cantor, 1977).

한국의 경우 청소년 자살에 영향을 미치는 것으로는 부모와의 갈등, 학업 및 진로 문제, 중요한 인물의 상실이나 갈등, 경제적 문제, 질병 등으로 밝혀졌다. 청소년의 자살은 삶의 의미나 목적의 상실 등도 중요한 동기가 된다. 문제해결 기술 또한 자살과 관련이 있다. 해결해야 하는 문제를 갖고 있는 청소년이 문제해결에 실패하면 쉽게 좌절을 경험할 수 있다.

좌절은 가장 높은 수준의 스트레스를 유발하기 때문에 자살이라는 파국적 선택을 촉발시킬 수도 있다(임수영, 1996).

김기환과 전명희(2000)는 스트레스-취약성 모델의 관점에서 청소년 자살의 특성과 유형에 대해서 살펴보는 연구를 진행하였다. 신문기사를 분석하는 방법을 사용해서 청소년 자살의 촉발사건을 밝혔는데, 개인적 요인, 가족 환경 요인, 학교 및 사회 환경 요인으로 분류되었다. 자살을 촉발하는 사건들은 개인적 위기 사건과 대인관계 상실, 대인관계 갈등의 하위 요인으로 분류되었다. 취약성 요인과 촉발 사건 유・무에 따라 청소년 자살은 취약성 자살, 사건 반응형 자살 그리고 복합형 자살로 유형화하였다.

취약성 자살은 앞서 밝힌 여러 가지 취약성이 원인이 되는 유형이다. 사건 반응형 자살은 평소에 취약성 요인들이 거의 없었던 상태에서 갑작스런 촉발 사건에 대한 반응으로 자살하는 충동적 자살과 충격적 사건이 있은 후에 고민하다가 문제해결의 대안을 찾지 못하고 절망감을 경험하면서 발생하는 지연적 자살이 있다. 복합형 자살은 취약성 요인을 가지고 있으면서 심각한 스트레스 상황에 처했을 때 발생하는 유형이다.

성인 자살의 경우 스트레스 취약성 모델을 통해서 가장 보편적인 설명을 한다. 유전적 소인이나 뇌신경계 이상이 개인 환경과 상호작용하면서 특정한 심리장애에 취약한 행동, 정서, 인지적 특성을 형성하게 되는데, 이러한 취약성이 자살의 형태로 나타난다는 것이다(김효창, 2006). 예를 들어, 사회적 자극에 둔감한 유전인자를 가진 아이가 양육자와 우호적이고 지속적인 사회적 자극 관계를 제대로 형성하지 못하면 이것이 개인의 취약성으로 작용한다는 것이다.

이러한 취약성을 가진 개인이 이후의 생애 기간 동안 사회적 자극에 민감하거나 적극적인 대응이 필요한 시기(스트레스 상황)가 닥쳐올 때 제대로 적응하지 못하는 문제를 발생시키게 되는데, 이것이 스트레스 취약성 모델의 핵심이다. 여러 스트레스 유발 요인 중에서 가장 분명한 것은 외상적 사건이다. 취약성이 많은 개인은 어떠한 사건이나 스트레스에 견디는 힘이 적고 쉽게 심리장애가 발병하거나 자살할 가능성이 높아진다.

그렇다면 고령자들의 자살은 왜 일어날까? 삶의 막바지에서 굳이 자살을 선택하는 이유는 무엇일까? 나이에 상관없이 자존감과 희망의 상실은 자살의 가장 큰 이유이고 고령자도 예외는 아니다. 자존감의 상실은 심신기능의 상실이나 질병 발생 혹은 지위나 명예와 자산 등 이제까지 가치 있게 생각했던 것들의 상실과 연결되어 있다. 고령자의 자살은 심리적 우울의 결과이기도 한데, 앞서 말한 상실이 우울의 가장 큰 원인으로 지목된다(Elkind, 1984).

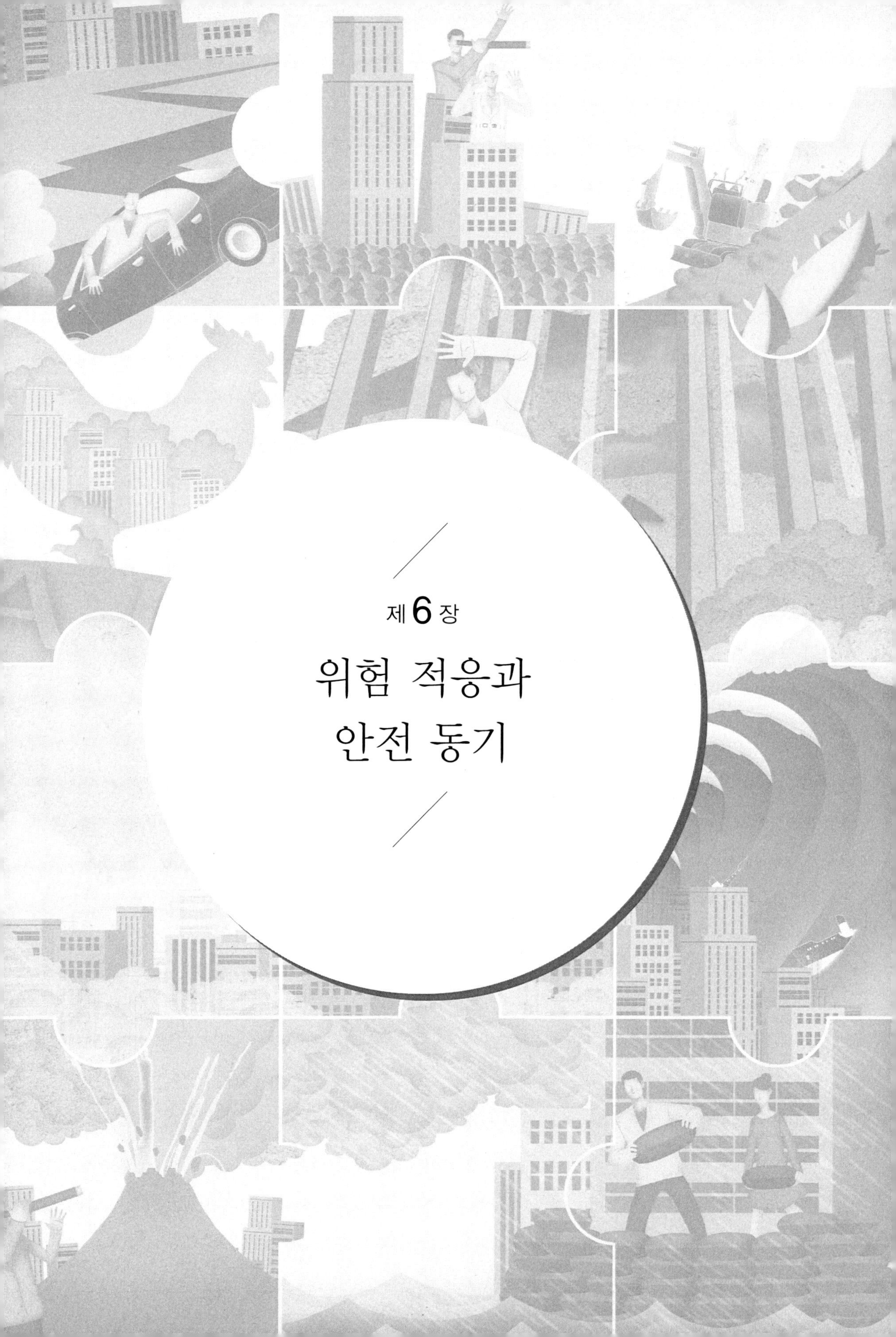

제 6 장

위험 적응과 안전 동기

인간은 예기치 못한 온갖 자극에 대처하면서 살아간다. 전쟁과 자연재해 등의 재난은 물론 대형 사고나 사건 등은 인간의 삶에 큰 변화를 가져오기 마련이다. 이런 경우에서 '적응'이란 결국 변화에 대한 적절한 순응을 뜻한다. 즉, 우리의 생활 환경은 변하기 마련이고 그런 변화에 계속적으로 적응하고 대처해 나가야 한다는 사실은 인간의 기본적인 생존 조건이다.

이 장에서는 인간이 적응해야 하는 생활 과정에서의 문제들이 무엇인가를 살펴보고 이러한 문제들에 대한 적응 방식을 알아보고자 한다. 그리고 '잘 적응한다.'에서부터 '자기를 실현한다.'는 것이 어떤 상태를 말하는지 그리고 이러한 적응적 상태들이 위험과 안전과 어떻게 연결되어 있는지를 살펴보고자 한다.

인간은 삶을 살아가는 과정에서 온갖 스트레스를 경험하게 되는데, 이것은 피할 수 없는 존재의 조건이다. 사람들이 스트레스에 어떻게 대처하는가 하는 것은 적응과 직접적으로 관련되어 있다. 즉, 스트레스를 성공적으로 대처하면 적응을 잘하는 것이라고 볼 수 있다. 따라서 스트레스에 대한 대처방식과 연관 지어 적응의 여러 측면을 고려하는 것은 매우 중요하다. 본질적으로 적응이란 자신의 필요뿐만 아니라 환경의 요구도 충족시켜 주는 능력을 말한다.

원래 적응의 의미는 생물학에서 말하는 순응이라는 개념에서 유래된 것이다. 순응은 나방이 산업화된 영국 도시에서 늘어나는 공해에 대처하기 위해 점차 검은 색깔을 띠게 되는 것과 같이 종족 보존을 위한 생물학적 변화를 일컫는다. 그러나 심리학적 차원에서 말하는 적응이란 순응 이상의 의미를 포함한다. 심리학에서 적응이란 주변 환경 속에서 살아남기 위한 각 개인의 투쟁을 의미한다. 그렇기 때문에 단순한 생물학적인 변화보다는 오히려 '주변 환경과의 조화 있는 관계'를 이룩해야 한다는 '기능적 혹은 학습된 변화'라고 볼 수 있다.

일반적 의미의 적응은 2가지 과정으로 구성된다. 첫째, 주어진 환경에 자신을 변화시키는 과정이고, 둘째, 자기의 욕구를 충족시키기 위해서 환경을 변화시키는 과정이다. 따라서 훌륭한 적응이란 환경 속에 내포되어 있는 위험을 감수하며 자신을 환경에 내맡기기보다는 환경을 최대한 이용하는 것을 의미한다. 다시 말해서 적응이란 개인과 환경과의 능동적인 상호작용의 결과물이다.

우리는 변화된 환경 조건에 대처하지 못한다고 느끼거나 신체적으로든 심리적으로든 자기에게 해를 끼칠 것으로 우려되는 상황에 부딪치게 되면 긴장과 불안감을 느끼기 시작한다. 이것이 흔히 말하는 스트레스이다. 스트레스라는 말은 여러 가지 의미로 쓰일 수 있지만 심신에 긴장감을 주면 스트레스가 생긴다고 말할 수 있으며, 마음에 부담을 주는 '심리적 스트레스'와 신체에 긴장과 부담을 주는 '생리적 스트레스'로 구별할 수 있다. 연구에 의하면 심리적 스트레스도 생리적 스트레스만큼 신체에 부담을 주는 것으로 밝혀지고 있다. 스트레스를 느끼는 정도는 위협을 주는 환경자극의 실체적 위험이나 환경 변화에 대해 위험을 느끼는 정도, 환경 자극에 대한 이전의 경험 및 학습 내용 그리고 책임감에 따라 다르다. 즉,

사람마다 다를 수 있다. 예를 들어, 어떤 사람들은 홍수와 같은 자연재해를 겪은 충격에서 헤어나지 못하는가 하면, 어떤 사람들은 금방 정신을 차려 대책을 수립하기도 한다.

또 어떤 사람들은 홍수 경보 자체를 무시하거나 위험 상황에 대한 인식조차 못하는 경우도 있다. 또한 과거의 경험에 따라 스트레스가 다르게 인식될 수도 있다. 예를 들어, 이전 시험에서 생각보다 낮은 점수를 받은 학생은 그렇지 않은 학생에 비교해서 다음 시험을 앞두고는 더 높은 스트레스를 느낄 가능성이 클 것이다. 또한 개에게 물린 경험이 있는 아이는 멀리 있는 개를 보기만 해도 무서워할 수 있지만, 그런 경험이 없는 어린이는 강아지를 옆에 두고 낮잠을 잘 수도 있다.

책임감도 스트레스를 조절하는 요인이 될 수 있다. 원숭이 두 마리를 나란히 묶어 두고 20초마다 전기충격을 가하는 실험 결과를 통해서 책임감도 스트레스의 원인이 될 수 있음을 보여 주었다. 실험에서 한쪽 원숭이가 지렛대를 누르면 전기충격을 지연시킬 수 있는 장치가 있었다. 지렛대를 눌러서 전기충격을 지연시킬 수 있는 원숭이를 '방어책임' 원숭이라고 한다면, 방어책임 원숭이의 대처행동(지렛대 누르기)에 따라 두 원숭이가 당분간은 충격을 피할 수 있게 된다. 그러나 방어책임 원숭이가 아닌 원숭이는 충격을 피하기 위한 조종장치가 없기 때문에 그저 가만히 있을 수밖에 없다. 실험 결과, 방어책임 원숭이는 자신과 동료에게 전기충격이 발생하지 않도록 지렛대를 적절하게 사용해서 방어해야 하는 책임감 때문에 더욱 긴장하였고 심한 위궤양까지 나타났다.

다른 실험에서 원숭이를 묶어 두는 시간과 풀어 주어 쉬도록 하는 시간을 변화시켜 보았다. 실험 결과, 방어책임 원숭이에게서 검출되는 위산 양은 묶어 두었을 때보다 쉬는 시간에 더 많이 나왔다. 이러한 결과는 쉬면서 닥쳐올 위험을 예상하는 것이 위험 경험 자체보다 더 긴장을 주고, 더 큰 스트레스로 작용한다는 것을 보여 주는 것이다. 위험스러운 사건을 경험할 때보다 예측되는 위험을 앞둔 순간에 더 스트레스를 겪는다는 사실은 낙하산 부대 군인들의 공중낙하 전후의 생리적 긴장지표(심장박동, 땀 등)에서도 밝혀지고 있다.

아마도 스트레스가 인간에게 미치는 영향은 스트레스가 있음으로 해서 일시적으로 주의집중이 감소되는 사소한 변화에서부터 심할 경우에는 생활에 적응하지 못하면서 삶 자체가 흔들리는 경우까지 광범위할 것이다. 즉, 일상을 적응해 나가야 하는 인간에서 가장 일반적인 위험은 바로 스트레스를 어떻게 다룰 것인가 하는 문제이다.

1. 여러 가지 스트레스

1) 압박감

압박감은 우리가 어떤 행동기준에 꼭 맞추려 하거나 급속한 변화에 적응하려고 할 때 경험하게 되는 긴장 상태를 말한다. 압박감은 내부압력과 외부압력으로 나누어 생각할 수 있다. 내부압력은 흔히 자존심의 유지와 관련이 있다. 가령 자기 자신의 지능, 인기 또는 운동 및 예술적 재능에 관한 스스로의 믿음 때문에 보다 우수한(또는 높은) 수준까지 자신을 끌어올리는 데서 압박감을 느끼는 것이다.

외부압력에는 남들과의 경쟁, 사회 조건의 급속한 변화, 가족 및 친구들로부터의 기대 등이 포함된다. 학생들은 좋은 성적과 인기를 얻기 위해 경쟁하고, 어른들은 보다 나은 수입과 지위를 쟁취하기 위해 남들과 경쟁한다. 더군다나 현대사회에서는 실패는 수치이고 실패자는 가치 없는 존재로 받아들여지는 경향이 증가하고 있기 때문에 현대인은 남들과의 경쟁에서 '승리해야 한다는 압력'을 더욱 심하게 받을 수 있다.

현대사회는 대단히 복잡하고 급속한 변화를 겪고 있기 때문에 그만큼 우리에게 주는 압박도 크다. 1990년대에만 해도 일반 가정에서는 흔하게 볼 수 없던 컴퓨터가 이제는 거의 모든 가정에 보급되어 있고, 스마트폰 등의 새로운 기계들은 중요한 도구로 자리 잡고 있다.

적응을 힘들게 하는 것은 생활 조건의 변화 자체일 수도 있겠지만 변화의 속도 및 다양성도 중요한 압박 요인이 된다. 그래서 Alvin Toffler 같은 미래 학자는 급속한 사회 조건의 변화에서 오는 정서적 충격을 '미래의 충격'이라고 묘사했는지도 모른다. 또한 가족과 친구들로부터의 외부압력도 대단하다. 가족과 친구들은 우리에게 흔히 여러 가지 기대와 요구를 한다. 어떤 때는 도저히 감당하기 힘든 역할을 요구하기 때문에 가족이나 친구에게서 오는 압박감은 생의 가장 큰 도전이 되기도 한다.

2) 불안

압박감과 불안의 가장 큰 차이는 압박감을 느끼는 사람들은 왜 압박감이 생기는지를 알고 있다는 것이다. 부모의 기대가 압박감으로 작용하는지, 내일 치러야 하는 중요한 시험이 압박감을 주는 것인지 알고 있다.

그러나 불안을 느끼는 사람들은 자신이 왜 불안해 하는지를 모를 수 있다. 이런 관점에서 불안은 원인이 불분명한 불편하고 불안정한 마음 상태를 말한다. 불안의 모호함은 여러 스트레스 유형 중에서 불안을 가장 조절하기 어려운 것으로 만든다.

불안한 사람들은 정확한 이유를 모르지만 호흡이 고르지 못하고, 근육이 긴장하거나, 주의력이 떨어지고, 하찮은 일에도 화가 나기도 하고, 먹고 살 수 있는 재산이 있는데도 불구하고 초조하거나 우울한 상태에 빠질 수도 있다. 요컨대 불안은 환경에 대한 객관적인 평가와는 모순적인 감정(느낌)이며 주관적이고 문제가 되는 정서 상태를 만들어 낸다.

불안은 특성불안과 상태불안 2가지로 나누어 볼 수 있다. 특성불안은 비교적 지속적인 성격 특성을 말하고, 상태불안은 특정한 상태나 상황에 따라서 발생하기도 하고 증가하기도 하는 불안을 말한다. 즉, 특성불안은 지능지수처럼 사람마다 개인차를 가지면서, 생활 장면이 달라지더라도 일정한 수준을 유지한다. 반면, 생태불안은 어떤 특정한 환경 조건과 밀접한 관계가 있기 때문에 불안의 수준이 순간순간 변화할 수 있다.

Martinez-Urrutia(1975)는 수술 전 · 후 환자들의 특성 및 상태불안을 측정하는 연구를 실시하였으며, 이를 통해 불안의 2가지 성질을 입증하고 있다. 연구 결과, 환자들의 상태불안은 수술 전에 증가했다가 수술을 마친 후에는 감소한다는 것을 확인했다. 그러나 환자들의 특성불안은 수술 이전이나 이후에도 큰 변동이 없었다.

일반적으로 긴장되는 사건이 길어지면 길어질수록 그리고 심하면 심할수록 상태불안은 더욱 증가한다. 그리고 긴장되는 사건이 일어날 것이라는 경고가 나타나면 과거 경험 및 자기 능력 정도를 평가하게 되는데, 이것을 통해 어떤 사람의 특성불안은 낮아질 수도 있고 증가할 수도 있다. 또한 예상되는 긴장이나 스트레스 유형을 알고 있을 때에는 그렇지 못한 경우보다 상태불안이 감소하기도 한다.

3) 좌절

우리는 모든 욕구를 완벽하게 충족시킬 수 없다. 자신의 욕구가 충족되지 못한다는 것을 인식하게 될 때 좌절을 경험하게 된다. 좌절은 일상을 살아가는 인간에게 가장 불쾌한 정서적 경험 중 하나이며 불안과 함께 이상행동의 중요한 원인으로 지목되는 요인이다.

심리학적으로 좌절은 '개체가 원하는 욕구충족 수준에 도달하지 못한다는 인식에 대한 반응'으로 정의할 수 있다. 간단한 예로, 갑작스런 기상이변으로 비행기가 결항하게 되고 이 때문에 정해진 약속 시간에 도달하지 못할 것이라는 것을 인식하는 순간 우리는 좌절을 경험하게 된다. 좌절감은 경중의 차이가 있겠지만 모든 인간이 한 번쯤은 경험해 보는 보편적인 경험이다. 왜냐하면 세상은 우리의 욕구 충족에 제동을 거는 장애물들로 가득 차 있기 때문이다. 따라서 좌절은 방해물(사물 또는 인간) 때문에 목표로 접근하지 못하는 상태라고도 볼 수 있다.

Coleman과 Hammen(1974)은 좌절의 원인을 다음과 같이 밝히고 있다.

첫째, 행동 과정의 지연이다. 현대 산업사회는 특히 속도와 시간을 중요한 가치로 강조하는 경향이 있기 때문에 시간이 지연될 때 좌절감을 느끼기 마련이다. 약속 시간은 촉박한데도 불구하고 타고 있는 버스가 교통 정체 때문에 제대로 진행하지 못하고 있을 때에 겪는 좌절이 대표적인 예일 것이다.

둘째, 자원의 결핍이다. 일례로 수입이 적은 가정에게는 관광 안내 광고나 TV에서 방송하는 온갖 상품 선전이 좌절의 원인이 될 수 있다. 특히 그러한 상품을 소유하거나 여행을 원하지만 당장은 경제적 여건이 허락하지 않을 때에는 더욱 좌절감을 느끼게 될 것이다.

셋째, 상실이다. 인간은 가까운 친구나 애인 혹은 가족을 잃었을 때 가장 절망적인 좌절을 경험하게 된다.

넷째, 실패는 오늘날과 같은 경쟁사회에서는 좌절감의 가장 빈번한 요인이 될 수 있다. 실패감이 특히 적응하기 어려운 스트레스가 되는 이유는 실패에는 죄책감이 뒤따라 발생하기 때문이다. 사람들은 흔히 실패하고 나면 "좀 더 열심히 했어야 했다."거나 "다르게 했었야 했는데…."라는 뉘우침이나 죄책감을 느끼게 마련이다.

다섯째, 인생에 대한 무의미감이 좌절의 근원이 될 수도 있다. 특히 생활의 보람을 다른 사람의 방해나 사회적 조건 때문에 찾을 수 없다고 느낄 때는 좌절을 경험하게 된다. 이런 경우에는 일종의 무력감을 느끼게 되고 결과적으로 자기가 하는 일은 아무것도 중요하지 않다거나 다른 사람들로부터 소외되고 있다고 느끼게 된다.

4) 갈등

갈등은 둘 이상의 양립할 수 없는 욕구들을 동시에 충족시키고자 하는 상황에서 발생한다. 갈등은 불안과 불확실성을 높인다. 갈등을 해결하기 위해서 생각에 골몰하다가 정상적인 생활에 지장을 줄 수도 있다. 갈등이 문제가 되는 것은 심각한 스트레스 원인이면서 동시에 일상생활에서 가장 흔하게 발생하기 때문이다.

갈등은 2가지 이상의 상반되는 요구, 기회, 욕구 또는 목표가 거의 동시에 발생했을 때 일

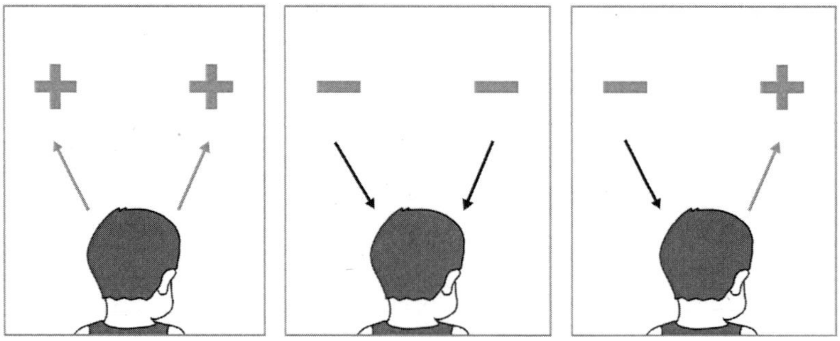

[그림 6-1] 접근-회피 경향

어난다. 원하는 목표를 모두 달성하기 힘들거나 불가능하기 때문에 갈등이 나타나는 것이다. 갈등 상황이란 모든 면에서 만족스러운 결과를 바랄 수 없을 때를 말한다. 따라서 갈등이 발생했을 때 우리는 2가지 목표(또는 욕구) 중 하나를 포기 또는 수정하거나 다음으로 미루거나, 어느 것도 충분히 만족되지 않은 상황을 견딜 수밖에 없다.

Lewin(1935)은 이러한 갈등 장면을 '접근과 회피'라는 2가지 상반되는 반응 경향으로 설명할 수 있다고 보았다. 즉, 어떤 대상이 매력이 있으면 우리는 그 대상에 접근하려고 하고 어떤 대상이 부정적이면 우리는 그런 대상을 회피하려고 노력하게 된다는 것이다. Lewin(1935)은 갈등의 유형을 접근-접근 갈등, 회피-회피 갈등, 접근-회피 갈등, 그리고 이중 접근-회피 갈등의 4가지 유형으로 구분하였다.

접근-접근 갈등은 바람직한 목표에 접근하려는 2가지 이상의 욕구로 발생한다. 2가지 이상의 욕구를 동시에 모두 충족시킬 수 없기 때문에 어느 욕구를 뒤로 미룰 것인가를 결정하는 과정에서 발생하는 갈등이 접근-접근 갈등이다.

[그림 6-1]의 첫 번째 그림은 가운데 사람이 있고 양쪽에 화살표가 있으며 그 양 끝에는 +표시가 되어 있다. 사람은 2가지 바람직한 목표(+표시)에 동시에 이끌리고(화살표) 있다. 바로 접근-접근 갈등을 나타내는 그림이다. 예를 들어, 어떤 사람이 잘하는 일을 할 수 있는 직장을 가지고 싶기도 하고, 잘하지는 못하지만 즐거운 일을 하는 직장을 갖고 싶기도 한 경우라고 하겠다. 둘 중 하나를 선택할 수밖에 없다면 잘할 수 있는 일을 직업으로 선택하거나 즐거운 일을 하는 직업을 선택하게 된다. 또는 2가지 목표를 다소 수정해서 잘할 수 있는 일을 하는 직장을 다니면서 즐거운 일은 취미로 해 볼 수도 있을 것이다. 혹은 즐거운 일을 하는 직장을 구해서 잘하는 일은 파트 타임으로 해 볼 수도 있다. 이렇게 여러 가지 방안들이

있기는 하지만 실제 생활 장면에서 이러한 갈등을 조정하기는 그리 쉽지 않다. 이처럼 2가지 자극이 모두 좋아하는 것일 때는 접근-접근 갈등 상황이 발생한다.

접근-접근 갈등과 반대되는 것이 '회피-회피 갈등'이다. 회피-회피 갈등은 2가지 이상의 불쾌한 자극을 회피하려는 욕구로 발생한다. 회피-회피 갈등은 2가지 이상의 불쾌한 자극을 동시에 회피하는 것이 불가능하기 때문에 어떤 불쾌한 자극을 먼저 회피할 것인가를 결정하는 과정에서 나타나는 갈등이다.

이것은 2가지 바람직하지 않거나 위협적인 가능성에 부딪치는 경우이다. [그림 6-1]의 두 번째 그림을 보면 양쪽에서 사람 쪽으로 화살표가 향하고 화살표의 출발점인 양 끝에는 -표시가 되어 있다. 회피-회피 갈등 장면에 부딪치는 사람은 보통 그 장면으로부터 도망치거나 다른 곳으로 피해 버리려고 한다. 만일 회피행동이 불가능하면 갈등의 정도에 따라 여러 가지 대처행동이 나올 수 있다. 예를 들어, 공부하기는 싫지만 낙제를 하는 것도 싫은 대학생은 억지로라도 공부를 하거나 낙제를 감수하는 선택을 해야 한다. 회피-회피 갈등에 놓인 사람은 야구경기에서 1루 베이스와 2루 베이스 사이에 걸려 버린 주자처럼 어디로도 움직일 수 없는 경우일 수 있다. 사람들은 이렇게 탈출구가 없는 상황에서는 제자리에 서서 갈등이 사라지기만을 기다리는 경우가 가장 많다.

접근-회피 갈등은 한 가지 목표에 대해 이끌리기도 하고, 또 혐오감을 가지는 경우로서 역시 해결하기 쉽지 않은 갈등이다. 접근-회피 갈등은 한 가지 욕구 충족이 바람직한 결과와 불쾌한 결과를 동시에 초래할 가능성을 가지고 있을 때 발생한다. 예를 들어, 사랑하는 사람과 결혼하는 것은 함께할 수 있다는 긍정적인 결과도 있지만 부양이나 사랑의 맹세를 지켜야 하는 책임감 그리고 다른 친족과의 관계를 감내해야 한다는 어려움도 동시에 가진다.

[그림 6-1]의 마지막 그림을 보면 사람에서 나가는 화살표 끝에는 +표시가 있고 들어오는 화살표 끝에는 -표시가 있다. 접근-회피 갈등의 또 다른 예로는, 허리 부상에서 회복한 투수가 야구경기에 출전해 힘차게 볼을 던져 보고 싶기도 하지만, 무리하게 출전한 경기에서 또 다시 부상을 당하지 않을까 불안을 느끼는 경우이다. 접근-회피 갈등에서 긍정적인 목표로 접근하려는 욕망은 목표에 가까워질수록 커진다. 그러나 부정적인 목표를 회피하려는 욕망도 목표에 가까워질수록 커진다. 회피 경향은 접근 경향보다 더 빨리 커지는 것이 특징이다. 그래서 접근-회피 갈등에서는 접근-회피의 정도가 같아질 때까지는 목표에 접근하려는 방향을 선택하다가 충분히 가까워지면 다시 회피적인 선택으로 바뀔 수 있다.

마지막으로 이중 접근-회피 갈등은 다른 갈등 상황보다 더욱 양상이 복잡하다. 의사가 되기를 바라는 어머니와 법조인이 되기를 바라는 아버지를 둔 중학생을 생각해 보자. 제3자

입장에서는 나름의 주관을 가지고 자신의 인생을 잘 선택하기를 바라겠지만, 학생 입장에서는 해결하기 쉽지 않은 갈등 상황이다. 의사가 되겠다고 하면 엄마는 좋아하겠지만 아버지를 실망시키는 것이고, 법조인이 되겠다고 하면 아버지는 좋아하겠지만 엄마를 실망시키는 것이 된다. 이러한 상황이 이중 접근-회피 갈등이다.

이중 접근-회피 갈등은 2가지 이상의 욕구 충족 상황에서 바람직한 결과와 불쾌한 결과를 동시에 초래할 가능성이 있을 때 발생하는 것으로, 일상생활에서도 자주 경험하는 갈등 유형이다. 어떤 욕구든 긍정적이거나 부정적 측면만 있는 것이 아니라 혼재되어 있기 때문에 모든 욕구의 긍정적 측면과 부정적 측면을 고려하다 보면 어떤 것도 결정할 수 없는 갈등 상황에 놓일 수 있다.

2. 스트레스 연구

스트레스(stress)란 외부로부터의 자극과 심리적 갈등이 서로 조화를 이루지 못해 발생하는 압박감이라고 볼 수 있다. 압박감이나 자극에 의해서 심신으로 나타나는 현상을 '스트레스 반응'이라고 한다.

Cannon(1932)은 스트레스라는 개념을 인간의 활동에 처음 적용하였는데, 감정의 변화(공포, 불안 등)는 일정한 법칙에 따라서 생체에 변화를 발생시킨다는 사실을 처음 증명하였다. Cannon에 따르면 자율신경계와 정서의 관계에서 교감신경계와 부교감신경계가 적절히 평형을 유지할 때 정서적 · 신체적 항상성(homeostasis)이 유지된다고 보았는데, 이것에 문제가 발생하는 것을 스트레스 상황이라고 보았다.

하지만 무조건 모든 스트레스가 문제가 되는 것은 아니다. 인간의 직업 수행을 연구하던 Yerkes와 Dodson(1908)은 긴장과 효율성에 관한 실험을 진행하였다. 그 결과 긴장이 완전히 없거나 너무 많은 긴장 상태일 때는 일의 효율이 떨어진다는 것을 발견하였다. 반면 적당한 자극이나 긴장이 있는 상황은 오히려 학습과 업무 수행의 효율이 향상되는 것을 발견하였다.

이러한 연구 결과를 바탕으로 Yerkes와 Dodson 곡선을 만들어 냈다. Yerkes와 Dodson 곡선에 따르면 일의 종류에 따라서 스트레스가 다르게 작용할 수 있다. 일이 정신적으로 복잡한 것이라면 약간의 긴장감만을 유지하는 것이 효율 면에서는 가장 좋다. 반면, 일이 단순 반복 육체노동이라면 작업자들끼리 함께 어울려 서로 경쟁하면서 다소 높은 긴장감을 가지

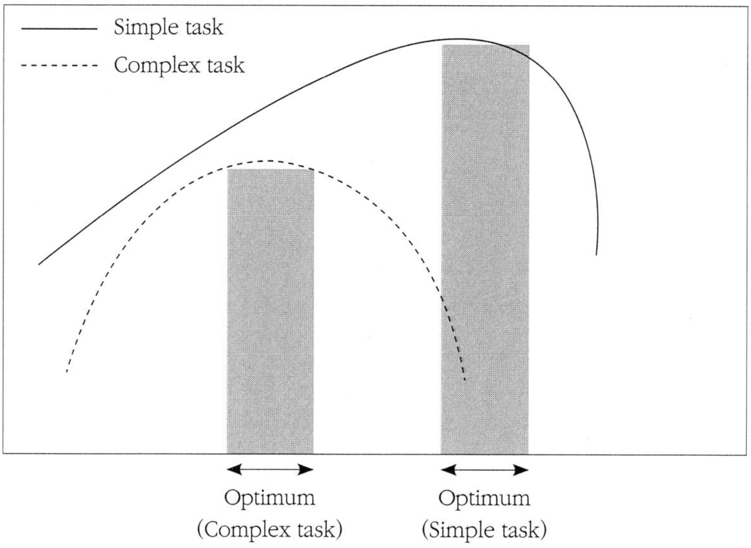

[그림 6-2] **Yerkes와 Dodson 곡선**

고 있을 때 가장 효율이 높은 것으로 나타났다.

Selye(1980)는 스트레스를 일반적 적응 증후군(general adaptation syndrome)으로 정의하면서 스트레스 단계를 경고 단계(alarm stage), 저항 단계(resistance stage), 고갈(소진) 단계(exhaustion stage)로 구분하였다.

일반적으로 스트레스가 발생하면 생체적으로 경고 신호가 나타난다. 심리적으로 불편감을 느끼고 생리적으로 여러 가지 부정적인 증상이 나타나면서 스트레스에 대한 경고 반응을 보인다. 불편감이나 부정적 증상에 대해서 효과적인 대응이 이루어지면 스트레스는 사라지겠지만 대응에 실패한다면 더 강렬한 저항 단계가 나타나게 된다. 저항 단계에서는 스트레스가 지속되면서 여러 가지 신체적 변화가 나타난다. 심하게는 스트레스가 원인이 되는 심각한 질병이 발생할 수도 있다. 마지막 소진 단계에서는 부교감신경계의 기능이 비정상적으로 낮아져서 신체의 모든 기능이 소진된다. Selye(1980)는 이러한 소진 상태가 우울증과 같은 심리적 문제를 유발하고 심하면 사망에까지 이를 수 있다고 보았다.

스트레스는 개인이 직면한 상황에서 적응 능력에 문제가 생길 때 발생하는 것으로 성격이나 기질적 변인이라기보다는 환경적 변인 혹은 상태적 변인으로 파악된다(김미례, 2007; 하정희, 안성희, 2008). 스트레스에 대한 또 다른 정의는 환경적 요구에 대한 개인 적응 능력의 불균형 상태로 보는 견해가 있다(Lazarus & Folkman, 1986). 스트레스는 개인에게 위험이 고조되었다는 것을 알리는 신호와 같기 때문에 재해나 사고를 예방하고 위험을 감소시키기

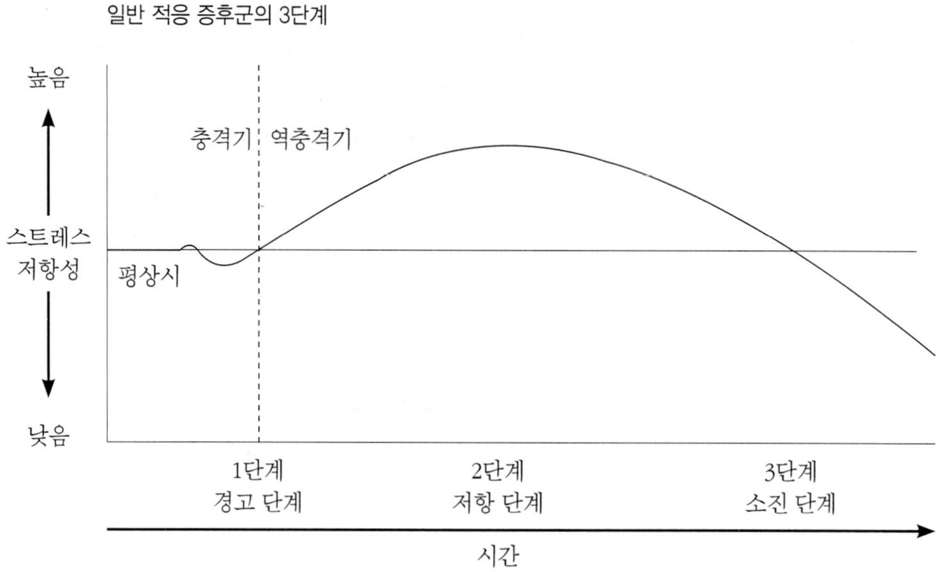

[그림 6-3] **스트레스 일반 증후군 단계**

출처: Selye (1980).

위한 연구에서 중요한 주제로 부각되고 있다.

스트레스는 생리적 반응과 심리적 반응, 행동적 반응을 나타내는데, 주로 불안전행동으로 이어질 가능성을 높인다. 아울러 과로나 알코올 및 약물 오남용이나 행위 중독 등으로 전이될 위험을 높여 사고나 재해를 일으키는 매개적 역할을 하기도 한다.

스트레스에 대한 지각은 연령이 증가하면서 점차 높아진다. 65세 이하 성인 60% 이상은 일주일에 적어도 한 번의 심한 스트레스를 느끼고, 27% 가량은 일주일에 3일 또는 그 이상의 스트레스를 느낀다고 보고하였다. 이 중 70%는 스트레스를 줄이기 위해서 노력하고 있지만 그렇게 효과적이지 못하다고 고백했다. 스트레스의 신체 증상은 두통, 근육통, 근육긴장, 위통 및 피로 등이며, 심리 증상은 불안, 긴장, 분노 짜증 및 우울 등이다(Selye, 1980).

과도한 스트레스는 부적인 정서를 촉발시키고, 행동의 질을 떨어뜨리며, 실수나 문제행동을 증가시키는 과정을 거쳐서 사건이나 사고를 발생시키는 주요한 원인으로 작용한다(Cox & Ferguson, 1994; Dewe, 1989; Westerman & Haigney, 2000). 과도한 스트레스의 발생은 생리적인 문제와 심리적인 문제를 야기할 수 있다. 인간은 발생한 스트레스로 인해서 생리적 항상성을 유지하는 데 더 많은 자원을 소모해야 하며, 심리적인 부하를 인지함으로써 위기를 느끼게 되고, 행동의 질이 떨어진다. 또한 당면한 문제에 대해서 효과적인 판단과 결정과정이 방해를 받고, 잘못된 결정을 하게 될 확률을 높여 사고 발생 위험을 높인다(김현수,

고홍화, 1992; Green, 1985).

Melamed, Luz, Najenson, Jucha와 Green(1989)은 이스라엘 공장 작업자 729명을 대상으로 스트레스 연구를 진행하였다. 작업자들에게 가해진 스트레스는 인간공학적 스트레스로 몸 동작과 자세, 활동 위험, 환경 스트레스 요인들이었다. 자기 보고를 통해서 짜증의 정도를 스트레스 반응으로 간주하고 수집하였다. 그리고 작업자의 심장박동, 직무 불만족 수준, 신체 증상 호소 등을 스트레스 반응으로 추가로 수집하였다. 연구의 종속변인으로는 연구 대상이 된 작업자들의 1년간의 사고율을 사용하였다. 연구 결과, 사고율과 인간공학적 스트레스 수준은 유의한 정적인 상관관계를 나타내었다. 그리고 스트레스에 민감한 작업자일수록 짜증스러운 상황에서 스트레스 수준이 상승하였으며 사고율 또한 높아졌다.

1) 스트레스 대처

문제행동과 사건 · 사고에 미치는 스트레스의 영향에 대한 연구를 포괄적으로 조망하기 위해서는 스트레스의 직접적 영향과 함께 스트레스 대처행동에 의한 간접적 영향관계도 함께 고려해야 한다(이순열, 이순철, 2009a). 왜냐하면 인간은 발생한 스트레스를 일방적으로 받아들이기만 하는 수동적인 존재가 아니라 적극적으로 반응하고, 조절하며, 극복할 수 있는 힘을 가진 능동적인 존재이기 때문이다(Lazarus & Folkman, 1991). 스트레스는 개인의 인지적이고, 정서적이며, 행동적인 처리 과정을 거치는데, 스트레스에 대한 이러한 적극적 대응과 적응적 노력을 통틀어 '대처(coping)'라고 한다.

스트레스 처리 과정에서의 대처란 스트레스 발생으로 인한 불균형 상태를 균형 상태로 되돌리기 위한 시도로서 스트레스로 평가된 요구들을 관리하기 위한 인지적이고 행동적인 노력이라고 정의할 수 있다.

스트레스는 발생만으로 영향을 미치는 것이 아니라 발생한 스트레스에 대한 개인의 지각과 평가 과정을 통해서 실질적인 영향을 미친다. 스트레스성 사건이 발생했을 때 그 사건에 대하여 개인이 어떻게 지각하고 평가하느냐에 따라서 스트레스의 영향력 여부와 강도가 결정되는 것이다. 따라서 스트레스 대처행동이란 선행적으로 발생한 스트레스에 대한 능동적인 반응이다. 스트레스 대처에 관한 연구는 인간을 스트레스를 받기만 하는 무기력한 존재가 아니라 스트레스를 극복하기 위하여 적극적으로 대응하고 반응하는 능동적인 존재로 인식하는 데 기초하고 있다(Lazarus & Folkman, 1991).

Lazarus와 Folkman(1991)은 스트레스 대처에 대한 연구에서 스트레스 지각에 따른 인지적 기능을 강조하였다. 스트레스에 대한 인지적 평가는 1차적 평가와 2차적 평가 과정으로 구분된다. 1차적 평가란 발생한 스트레스가 개인에게 문제가 될 수 있는지 여부를 판단하는 것을 말한다. 만약 발생한 스트레스가 개인의 균형 상태를 깨트리는 위협적인 것으로 판단된다면 그러한 상태를 개선시키기 위해서 2차적 평가 단계가 시작된다. 2차적 평가는 지각된 스트레스의 불균형 상태를 보다 적응적이고 긍정적인 상태로 변화시키기 위해서 개인이 사용할 수 있는 대처방식을 고려하고 선택하는 과정이다. 개인은 스트레스 지각 결과와 통제 여부에 따라서 대처방식을 선택하게 되는데, 개인이 스트레스를 적응적으로 잘 다룰 수 있을 것인지 아닌지의 여부는 상당 부분 2차적 평가인 스트레스 대처방식에 의해 결정된다.

대처방식을 큰 범주로 구분하면 문제 중심적 대처방식(problem focused coping)과 정서 중심적 대처방식(emotion focused coping)으로 나눌 수 있다. 문제 중심적 대처란 발생한 스트레스를 극복하기 위한 구체적인 방법에 집중하는 것이다. 예를 들어, 스트레스를 극복하기 위해 정보를 수집하거나, 시간을 관리하고, 구체적인 목표를 설정하여 실행하는 등의 적극적 기법을 활용해 스트레스 상황에 대처하는 것이다. 정서 중심적 대처는 발생한 스트레스를 극복하기 위해서 정서적 조절에 집중하는 것이다. 예를 들어, 스트레스 상황을 회피하거나 스트레스를 최소화하고 혹은 잊기 위해서 노력하는 등 정서적 고통을 감소시키는 방향으로 스트레스 상황에 대처하는 것이다(이은희, 이주희, 2001; 이은희, 2004).

스트레스에 대해서 어떠한 대처방식을 선택하는가는 지각된 스트레스의 성질이 어떠한가가 중요한 요인으로 작용한다. 개인이 직면한 스트레스를 통제 가능한 스트레스로 지각하게 된다면 문제 중심적 대처방식을 선택해 스트레스 증상을 감소시킬 수 있다. 반면, 발생한 스트레스가 개인으로서는 통제 불가능하다고 지각될 때에는 정서 중심적 대처방식을 사용해 스트레스 증상을 떨어뜨리는 것이 보다 효과적일 수 있다(김의철, 박영신, 1997; Forsythe & Compas, 1987).

따라서 대처방식은 스트레스의 종류에 따라서 적절성에서 차이가 발생한다. Aldwin과 Revenson(1987)은 문제 중심적 대처는 통제 가능하다고 평가되는 스트레스에는 적응적이고 스트레스 해결에 부합되는 대처방식이라고 보았다. 하지만 문제 중심적 대처가 통제 불가능하다고 평가된 스트레스 상황에서 선택된다면 부적응적 대처방식이 될 수 있다. 반면에 정서 중심적 대처는 통제 불가능하다고 평가된 상황에서는 적응적이고 스트레스 해결에 부합되는 대처방식이 될 것이지만, 통제 가능하다고 평가되는 상황에서는 부적응적인 대처방식이 될 수 있다고 보았다.

Conway와 Terry(1992)는 스트레스에 대한 대처방식과 스트레스에 대한 통제가능성의 관계를 부합도(goodness of fit) 이론으로 설명하였다. Conway와 Terry에 따르면 개인은 스트레스와 통제 여부에 따라서 문제 중심적 대처방식과 정서 중심적 대처방식을 사용하지만 스트레스의 성격에 따라서 균형 상태를 회복하는 데 부합하는 대처방식이 있는 반면에 부합하지 않는, 즉 스트레스 상황에 도움이 되지 않는 대처방식이 있다.

스트레스와 문제행동, 사고의 관계는 제3의 변인들에 의해서 조절되거나 변화될 수 있다. 예를 들어, 직무스트레스나 생활스트레스 연구에서는 지지 세력의 유무, 통제소재나 성격 특성 혹은 탄력성 등이 조절적 역할을 하는 변인으로 탐구되고 있다(구형모, 황순택, 김지혜, 2001; 김현주, 김광웅, 2007; 이순열, 이순철, 2008, 2009a, 2009b, 2011a, 2011b; 한현아, 도현심, 2008; Block & Kremen, 1996; Desmond, Matthews, & Bush, 2001; Hoare, 2001).

2) 통제소재와 스트레스

통제소재에 대한 신념은 행위와 결과에 대한 일반화된 기대를 말한다. Rotter(1966)의 통제소재(locus of control) 개념은 개인이 자신의 행동에 대한 결과와 그 원인을 지각하는 인과적 신념으로 내적 통제와 외적 통제 그리고 우연 통제로 구분된다.

개인이 자신에게 일어나는 사건을 스스로 예측, 통제할 수 있다고 지각하면서 행동의 결과에 대한 원인을 자신의 능력이나 노력과 같은 내부 요인으로 지각하면 내적 통제소재(internal loucs of control)를 지향한다고 본다. 반대로 개인이 자신에게 일어나는 사건을 스스로 예측하거나 통제할 수 없다고 지각하면서 행동의 결과에 대한 원인을 재수나 운 혹은 타인이나 환경과 같은 외적 요인으로 지각하면 외적 통제소재(external locus of control)를 지향한다고 본다. 마지막으로 우연 통제는 자신이나 영향력 있는 타자에 의해서 결과나 사건이 영향을 받는 것이 아니라 우연에 의한 것이라고 믿는 것이다.

개인이 지각하는 통제소재가 행위에 미치는 결과를 보면 일반적으로 내적 통제소재를 지향하는 사람들이 정신건강이나 스트레스 대처에서 유리한 것으로 보고된다. 통제소재에 있어서도 주변 상황은 스스로 결정한 것이라는 내적 통제자에 비해 상황에 대한 통제권을 상실한 외적 통제자가 사고가능성이 더 높게 나타났다. 내적 통제소재 수준이 높은 사람은 내적 통제소재 수준이 낮은 사람에 비해 스트레스 상황을 덜 위협적으로 평가하고 자신의 수행에 대해서 더 긍정적으로 평가하는 경향이 있었다(안귀여루, 2001). 이것은 각자의 신념에 의해서 경험이 결정된다는 입장으로 내적 통제자는 사고의 발생을 방지하는 데 보다 적극적인 데 비해서 외적 통제자는 외적 사건 발생에 미치는 자신의 영향력이 적다고 지각되어 사고 예방을 위해 별로 노력하지 않는다고 보았다. 스트레스를 조절할 수 있는 것으로 간주하는 내적 통제신념을 가진 사람은 문제 중심의 대처행동을 보이며 자신의 건강 상태를 적절히 유지하거나 증진시키는 경우가 많다. 내적 통제 신념을 가진 사람은 악몽을 덜 경험하며, 보다 양호한 육체적 · 정신적 건강 상태를 유지하는 경우가 많다.

고령자에 관한 연구에서 내적 통제 신념을 가진 사람이 그렇지 않은 사람보다 더 활기차고 적극적으로 활동했으며 낮은 사망률을 보였다. 반대로 외적 통제 신념을 가진 사람은 스트레스에 의한 영향을 그대로 받아들이며, 부정적인 영향에 빠져든다. 외적 통제 신념은 높은 우울감과 연결되어 있고, 부정적인 사건에 보다 민감하고 방어적인 성향을 보였다. 무력감이나 소외감, 도전을 회피하려는 성향을 보이기도 한다(Waller & Bates, 1992)

Abramowitz(1969)는 대학생을 대상으로 외적 통제가 우울에 작용하고 있음을 확인하였다. 낮은 우울을 보이는 사람들은 내적 통제를 가지는 데 반해, 높은 우울을 보이는 사람들은 외적 통제를 지니고 있었다. Tanck와 Robbins(1979)는 통제소재가 생활 문제와 긴장에 대한 대처 전략에 영향을 미친다고 보고하였다. 이들의 연구에서는 외적 통제소재를 지향하는 사람들은 생활 문제와 긴장에 대한 대처 전략이 전문가에게 도움 청하기와 같이 외부에 더 의존하는 것으로 나타났다. Allred와 Smith(1989)는 내적통제 소재를 지향하는 사람들은 외적 통제소재를 지향하는 사람들보다 스트레스에 더 적극적으로 대처하며, 스트레스로 인해 나타나는 영향을 자신이 통제하려고 하였고, 이것이 생리적 반응에도 영향을 준다고 보았다.

이상의 내용은 개인이 가지고 있는 통제소재에 따라 개인의 행동과 대처방식에 차이가 나타난다는 것을 보여 준다. 선행연구에서는 일관되게 내적 통제소재자는 일상적인 문제에 대한 해결가능성을 긍정적으로 지각하고 적극적으로 문제 상황에 대처하려는 경향을 보였다. 하지만 외적 통제소재자들은 일상적인 문제해결에 대한 자신의 능력을 부정적으로 지각하고 문제 상황을 회피하거나 지연하는 경향을 나타낸다. 그렇다면 이러한 통제소재의 차이는 위험행동이나 안전행동의 선택에 영향을 미칠 수 있다.

Hoyt(1973)는 교통사고의 원인 지각, 안전띠 사용에 대한 연구를 통해 내적 통제소재 수준이 높은 사람은 교통사고 원인을 자신의 책임으로 보는 경향이 있고, 외적 통제소재 수준이 높은 사람들보다 안전띠를 더 자주 사용한다고 보고하였다. Williams(1972)는 외적 통제소재자는 사건 발생 원인을 자기 자신이 아닌 타인의 압력이나 운명으로 치부하는데, 이것이 주의를 잘 살피지 않게 만들고 사고 방지를 위한 대처를 방해한다고 주장하였다.

Montag와 Comrey(1987)는 운전 상황에 대한 통제소재를 운전행동 내적 통제성(driving

internality)과 운전행동 외적 통제성(driving externality)으로 구분하여 교통사고를 경험한 집단과 그렇지 않은 집단의 통제소재 차이를 살펴보았다. 결과는 사고 경험이 없는 집단에 비해서 치명적인 사고를 경험한 집단은 몇 가지 특징이 있었다. 먼저, 이들은 운전행동 외적 통제 점수가 높았고, 운전행동 내적 통제 점수는 낮았다. 그리고 운전행동 내적 통제성은 사고 예방 및 조심스러운 운전행동과 유의한 정적 상관을 가지고 있었다. 반대로 운전행동 외적 통제성은 치명적 사고와 정적 관련성이 있었다.

이후 Lajunen과 Summala(1995)는 운전행동 내적 통제성은 조심성과 관련이 있고, 운전행동 외적 통제성은 공격성과 관련이 있다고 보고하였다. 이들은 운전행동 내적 통제성이 높은 운전자들은 교통 상황에서 발생할 수 있는 위험을 예측하기 위해 노력하고 조심스러우며 주위를 잘 살피지만, 운전행동 외적 통제성이 높은 운전자들은 교통사고가 다른 운전자의 실수나 운에서 기인하다고 생각하기 때문에 운전 중 더 공격적으로 행동한다고 주장하였다.

3) 자아존중감과 스트레스

일반적으로 개인의 교육 수준과 직업적인 성과 등을 포함하는 사회 · 경제적인 상태는 자기개념, 특히 자아존중감에 상당한 영향을 미치는 것으로 여겨진다. 자아의식이나 자아개념을 주제로 한 자아존중감은 자기평가의 긍정성(Baumeister, 1998), 능력에 대한 개인의 기대를 포함하는 자기가치에 대한 전반적인 평가(Maddus, 1991) 또는 개인이 자신에 대해 형성하고 유지하는 평가로써 긍정적이거나 부정적인 태도로 나타나며, 자신이 능력 있고 성공적이며 가치가 있다고 믿는 정도를 의미한다(Coopersmith, 1981).

즉, 자아존중감은 적응 능력이나 스트레스에 대한 대처 능력, 긴장 유발, 자신에 대한 태도 및 문제에 대한 해결 능력과도 밀접하게 관련되어 있다(Greenberg, Siegel, & Leitch, 1983). 실제로 자아존중감이 자기통제 능력을 요구하는 상황에서 충동이나 행동을 적절히 조절하는 효과가 있음이 여러 연구에서 보고되었다.

Brow와 Moren(2003)은 조종사와 관련하여 비행 중 위험 상황 대처 능력과 여객기 조종사의 승무원 관리 능력에 있어서 높은 자아존중감이 긍정적인 영향을 미친다는 연구 결과를 제시하였다. 그리고 홍성례(2012)는 대학생들을 대상으로 자아존중감과 자기효능감이 이타성에 미치는 영향을 분석하였다. 연구 결과, 자아존중감과 자기효능감, 이타성은 모두 서로 간에 정적인 상관관계를 보였다. 그리고 이타성에 영향을 미치는 변인에 대해 살펴본 결과, 가장 영향력이 있는 변인은 자아존중감으로 나타났다. 그의 연구에 따르면 이타성은 인간의 긍정적인 특성 가운데 사회적 관계의 중요한 덕목이다. 이타성은 병리적 현상의 극복, 이기적 심리 현상을 치유하는 하나의 요인이 될 수 있는 심리적 자원이다. 이러한 심리적 자원에 가장 큰 영향력을 발휘하는 자기개념이 바로 자아존중감이라는 점은 다양한 문제와 스트레스 상황이 발생하는 환경에서 문제를 해결하고 스트레스에 대처하는 데 자아존중감이 중요한 역할을 하고 있음을 의미한다.

이상의 연구 결과와는 다르게 Schreer(2002)는 자아존중감이 항상 긍정적인 요인으로 작용하지 않을 수도 있다고 지적하였다. Schreer는 공격적인 운전행동에 초점을 맞추어 자기애와 자아존중감이 공격적인 운전행동과 어떠한 관련을 가지는지 살펴보았다. 그 결과, 자기애의 일부가 공격적인 운전행동을 예언하는 것으로 나타났다. 더불어 자아존중감이 과도한 경우에도 공격적인 운전행동에 관여하는 것으로 밝혀졌다. 흥미로운 점은 낮은 자아존중감은 공격적인 운전행동과 아무런 관련성이 없었다는 점이다. Schreer는 공격적인 운전행동의 경우 과도하게 높은 자아존중감이 공격적인 운전행동의 중요한 발생 요인이 될 수도 있음을 보여 주었다.

4) 통제소재와 자아존중감 그리고 스트레스

자아존중감은 문제해결 및 스트레스 대처에 유의한 영향을 미치는 심리적 특성으로 파악된다. 자아존중감과 마찬가지로 통제소재도 문제해결 가능성에 영향을 미치는 변인으로 여겨진다. 이러한 관점에서 자아존중감과 통제소재 모두에 관심을 둔 연구가 진행되었다.

Wang, Kick, Fraser와 Burns(1999)는 추적연구를 통해 학업 성적과 직업적 성과에서 자아존중감과 통제소재의 역할에 초점을 맞추어 지위 획득에서의 영향력을 살펴보았다. 그 결과, 자아존중감과 통제소재는 학업 성적과 직업 성과 모두에 유의한 영향을 미치는 개인 특성으로 밝혀졌다. 이러한 연구를 시작으로 자아존중감과 통제소재의 관계에 초점을 맞춘 연구들이 등장하였다.

Cooley(2006)는 질투, 자아존중감, 통제소재의 관계를 분석한 연구를 수행하였다. 연구에서 통제소재 구성 요인은 내적 통제소재, 외적 통제소재로 구분하였으며, 외적 통제소재는 다시 우연, 타인, 신(god)으로 세분하였다. 각 요인 간 상관관계 분석 결과, 질투는 자아존중감과 부적 상관을 가지고 있었으며, 통제소재 가운데 외적 통제소재인 우연과 타인에서 정적 상관관계를 보였다. 이에 비해, 자아존중감은 내적 통제소재와 정적 상관관계를 가지는 것으로 나타났으며 외적 통제소재 가운데서는 우연, 타인과 유의한 부적 상관관계를 가지고 있었다.

이상의 연구 결과를 통해서 질투는 인간관계에서 지각되는 위협에 대해 나타나는 반응으로 서로 간의 관계를 불만족스럽게 만들고, 심각하게는 폭력적인 문제를 초래할 수 있는 복합적인 정서 반응임을 알 수 있다. 질투가 자아존중감과 부적 상관을 갖고 있다는 것은 질투심이 강한 사람들의 경우 자아존중감이 높고, 자신의 행동이나 자신에게 발생한 원인을 우연이나 다른 사람에게로 돌리는 특징을 가질 수 있다.

그러나 자아존중감과 통제소재의 관계에 대한 결과를 보면, 자아존중감은 내적 통제소재와 정적 상관을 가지고 외적 통제소재 중 우연이나 타인과는 부적 상관관계를 가졌다. 이것은 자아존중감이 높은 사람은 자신의 행동이나 자신에게 발생한 사건의 원인이 자신에게 있다는 특성을 가진다고 볼 수 있다.

5) 탄력성과 스트레스

탄력성(resilience)은 라틴어의 'salire'와 'resilire'에서 유래한 말로 어떠한 역경이나 변화를 경험하면서 상실된 기능이나 능력을 쉽게 회복하고 이전의 적응 수준으로 되돌아가려는 유연함 혹은 탄성을 말한다. 또한 탄력성은 어떠한 외적 상황에서든 충동을 통제하고 필요에 따라 자신을 조절할 수 있는 개인의 내적 변인이며, 긴장 상태를 완화시키고 효율적으로 상황에 적응할 수 있도록 도와주는 것이다(Block & Kremen, 1996; Garmezy, 1993).

개인은 일방적으로 스트레스를 받아들이기만 하는 존재가 아니라 다양한 방법과 기제들을 동원해서 스트레스를 변형시키고 적응하기 위해서 노력한다. 스트레스에 대한 적응이 실패하느냐 성공하느냐 하는 것은 개인 차원에서 이루어지는데, 탄력성은 '스트레스에 대한 효율적 적응'이라고 정의할 수 있다.

탄력성은 '꿋꿋한 성격'이나 '정서적 스테미너'라고 생각되기도 하는데, 이러한 성격 특성을 가진 사람은 부정적인 스트레스 상황을 더 잘 견뎌 내고 대응의 효율적인 측면에서도 그렇지 않은 집단보다 우월한 것으로 나타났다(Wagnild & Young, 1990).

Vaishnavi, Connor와 Davidson(2007)은 탄력성을 신념, 끈기, 적응력, 목표 성취력, 관계성이란 5가지 요인으로 구분하여 설명하였는데, 탄력성 하부 요인들이 높은 사람은 그렇지 않은 사람보다 심리적 스트레스 경험에서 빠르게 회복되는 것으로 관찰되었다. 또한 탄력성은 회복 능력과 적응유연성으로 집약될 수 있으며, 이 요인들이 증가하면 역경과 고난 극복을 유리하게 이끈다고 밝혔다.

탄력성은 높은 위험 상태나 만성 스트레스 혹은 이것들에 뒤따르는 심각한 외상에도 적응적인 기능을 할 수 있도록 돕는다. 탄력성은 스트레스가 증가하는 상황에서조차 영향을 거의 받지 않거나 덜 받으며, 유능감을 가지고 스트레스 상황을 대처하게 함으로써 스트레스를 현저하게 낮출 수 있도록 돕는다.

탄력적인 집단은 정서 상태에서도 차이를 나타낸다. 탄력성이 높은 집단은 낙관적이고 적극적인 태도를 가지고 있어 스트레스를 적게 느끼고, 스트레스를 느끼더라도 적극적인 대처 전략을 사용한다. 탄력적인 사람은 어떤 상황을 스트레스로 지각하는 경우가 적지만 일단 어떤 상황이 스트레스로 지각되더라도 이로 인해 발생하는 예기 불안이나 우울, 공격적 정서를 경험하는 경우는 적었고, 공격행동이나 불안행동과 같은 부적응 행동 빈도도 그렇지 않은 집단보다 적었다(장경문, 2003; Tellegen, 1985).

탄력성은 스트레스 수준과 대처행동의 선택에도 영향을 미치는 것으로 보고된다. 탄력성이 높은 사람은 스트레스에 민감하지 않으며 지각된 불균형 상태를 회복하기 위한 대처에서도 보다 적극적이었다. 그리고 문제나 갈등에 대한 해결 능력도 효과적이며 다른 집단보다도 뛰어났다. 탄력적인 집단은 성격 특질에서도 차이가 나타났는데, 비탄력적인 집단보다 탄력적 집단은 보다 외향적이며, 더 성실하고 정서적으로도 안정되어 있으며 경험에 대해서도 개방적이었다.

탄력성이 스트레스 지각에 영향을 미친다는 또 다른 연구에서는 탄력적인 사람이 부정적인 정서 경험을 극복하고 벗어나는 회복 능력이 더 높았고, 스트레스 상황에서 경험하게 되는 부적 정서와 반응에 대해서도 보다 유연하게 적응하였다(Tugada & Fredrickson, 2004).

탄력성이 어려운 환경에도 불구하고 성공적으로 적응하는 것을 의미한다면, 탄력성은 위험 상황에 노출되었을 때 나타날 수 있는 부정적 영향력을 중재하거나 완화시켜서 문제행동이 유발될 수 있는 확률을 낮추는 변인이라고도 생각할 수 있다. 탄력성이 높은 사람은 스트레스 상황에서 상처를 덜 받거나 역경에 취약하지 않은 것이 아니라, 그러한 상황에서 효과적으로 대처하는 능력을 발휘하는 사람임을 나타낸다고 볼 수 있다. 이것은 탄력성이 실존하는 스트레스에 대해서 지각의 차이를 발생시키는 것과 함께 적응행동의 차이를 나타내는 것이기도 하다(김현아, 2006). 즉, 탄력성은 존재하고 있는 위험 요인에 대해서 긍정적인 결과를 도출해 내는 힘의 총체적인 조합으로서 기능한다(Garmezy, 1993).

Ciechetti와 Rogosch, Lynch와 Holt(1993)는 탄력적인 사람이 비탄력적인 사람보다 효과적인 스트레스 대처 전략과 다양한 문제해결 책략을 가지고 있어서 스트레스 상황에서 보다 융통성 있고 변화에 적절히 대처하여 가능한 문제해결 책략을 융통성 있게 사용한다고 보았다. 반면, 탄력성이 낮은 사람은 적응적인 융통성이 없고, 상황의 역동적인 요구에 반응하지 못하여 환경 변화나 스트레스 상황에 직면하면 쉽게 좌절할 뿐 아니라 적합하지 않은 문제행동으로 반응하기 쉽다고 보고하였다.

탄력적인 집단은 위법행동이나 비행행동이 비탄력적인 집단보다 적었으며, 사회에서 바람직하다고 용인하는 행동을 하는 경향을 보였다. 이에 반해 비탄력적인 집단은 정서상의 문제나 일탈행동의 발생률이 높고, 문제행동의 외현화가 빈번하게 나타났다(구형모, 황순택, 2001).

청소년을 대상으로 한 연구에서도 비탄력적인 집단은 충동적이고 자기중심적이며, 속임수를 잘 쓰고, 공격적인 반응을 행동화할 가능성이 높았으며, 자신의 욕구 충족이 지연되는 것을 참지 못하는 일탈적인 행동 패턴을 보이는 것으로 나타난다(Robins, John, Caspi, Moffitt & Stouthamer-Loeber, 1996).

탄력성이 높은 사람은 스트레스 상황에서 문제 중심 대처와 사회적 지지 추구 등의 적극적인 대처방식을 훨씬 많이 사용하는 등 탄력성이 적극적 성격 자원으로써 기능하는 것으로 나타났다(김현주, 김광웅, 2007; 한현아, 도현심, 2008).

반면, 탄력성이 낮은 집단은 지각된 스트레스에 대해 정서중심적인 대처를 취하는 데 적절한 스트레스 감소에 실패하여 부적응적인 문제행동으로 오히려 갈등을 고조시킬 확률이 높았다. 이러한 연구 결과는 탄력성이 문제행동 발생에 직접적인 영향을 미치고 있다는 것을 나타내는 것이다.

탄력성이 일탈행동에 영향을 미치거나 상관관계를 높인다는 연구 결과들은 탄력성이 낮은 집단은 높은 집단보다 교통사고 위험과 같은 부적응적인 교통 상황 발생 비율이 높을 것이라고 예상할 수 있다. 실제로 탄력성이 높은 집단은 스트레스와 부정적인 문제행동을 적응적으로 잘 조절하여 감소시킬 수 있었다고 한다(장진아, 신희천, 2006).

탄력성은 스트레스 지각과 함께 스트레스에 대한 대처의 효율성에 영향을 미치는데 운전스트레스의 경우 효과적이지 않은 대처는 교통사고 위험을 높이는 쪽으로 작용한다(이순열, 이순철, 2009a). 탄력성은 교통사고 발생 위험에 대한 불안에 대해서도 영향을 미치는 것으로 보인다. Block과 Gjerde(1990)의 연구에 의하면 탄력성이 약한 사람은 새로운 경험에 불안해 하고 융통성이 있는 자아통제를 이루지 못하여 과도하게 통제하거나 저통제의 양상을 보이는데, 이것은 자주 부정적인 정서를 경험하게 하고 분화되지 못한 행동, 즉 문제해결에 도움이 되지 않는 행동을 하게 한다고 했다.

대조적으로 탄력성이 높은 개인은 불안에 민감하지 않을 뿐 아니라 새로운 경험에 개방적이고 긍정적 정서를 표출하며 중간 수준의 적절한 자아통제를 보이는 경향이 있다. 탄력성이 낮은 경우에는 정서조절을 잘하지 못하거나 자기조절이 부족할 경우 대인관계 및 인간관계에서 일어나는 갈등을 해결하는 능력이 부족할 것이기 때문이다.

탄력성이 높은 사람은 예기불안을 경험하지 않고 대인관계에서도 적극적인 특징을 보이고 자신과 타인에 대한 통찰력을 가지고 우호적인 관계를 형성하려고 노력한다. 반면, 탄력성이 낮은 사람은 스트레스를 더 많이 지각하며 자존감의 위협과 같은 부적 정서를 감소시키기 위한 정서 중심적인 대처 전략을 더 많이 사용하고 있었다. 이러한 대처방식의 차이는 탄력성에 의해서 기인한다고 유추되는데, 탄력성이 대처방식의 효율을 결정짓는 중요한 변수로 작용하고 있다는 증거이다.

3. 적응 실패와 잘 적응된 인간

1) 적응 실패

스트레스의 근원이 어디에 있든지 간에 대체로 스트레스가 해로운 결과를 초래할 수 있다는 생각은 Selye(1980)에 의해서 가장 강력하게 제기되었다. 그는 동물에게 독약을 죽지 않을 정도로 주사하는 등 신체적으로 괴로운 스트레스 자극을 가하는 실험을 하였다. 실험 결과, 사람에게 나타나는 만성 불안이나 정서적 긴장 상태와 유사한 증상이 동물에게도 나타났다.

동물에게서 발견된 이러한 일반적 적응 증후군이 인간에게도 발견된다. 이러한 적응 실패에 기인한 문제들은 기능적 장애라고 부르는데, 신경증적 우울이나 불안장애 혹은 정신병리적 질병이 포함될 수도 있다. 이에 대한 자세한 언급은 이상심리와 심리치료 분야에서 다루고 있으므로 여기에서는 생략하도록 하겠다.

적응에 성공하기란 쉽지 않다. 안전을 성취하고 위험을 해결하기 위해서는 환경 변화와 스트레스에 대한 적응이 성공해야 하고, 나아가 인간 내면이 성장하여야만 한다. 따라서 이것을 위해서 무엇이 필요한지를 살펴보는 것이 필요하다. 무엇보다도 인간은 적응과 성장을 위해 동기화되어 있는 존재이기 때문에 더욱 그러할 것이다.

2) 생활 부적응

안전의 조건으로 원만한 대인관계가 중시된다. 위험 해결과 안전 충족은 독립적으로 실현되는 것이 아니라 타자들과의 관계에 의해 영향을 받기 때문이다. 혼자서 아무리 안전해지려고 애쓰더라도 다른 사람들이 위험에 처해 있는 상황에서 완벽한 안전 충족은 불가능하다. 따라서 제대로 된 위험 해결과 안전 실현을 위해서는 상대방의 행동을 판단하고 예측하는 능력을 키워야 함은 물론이고, 자기 행동이 상대방에게 미치는 영향을 생각할 수 있어야 한다.

이순철(1993, 2000)은 생활방식이 안전행동에 반영된다고 보았다. 바람직한 생활방식이 부족한 사람은 공격적인 태도를 가지거나 이로 인한 사고 발생률도 높을 것이라고 지적하였다. 사고다발 택시 운전자와 무사고 택시 운전자가 사회 서비스 기관에서 어느 정도의 도움을 받았는지와 사고와의 관계를 연구하였다. 사회서비스 기관의 도움을 받고 있다는 사실

표 6-1 사고 경향에 따른 사회기관 관계 비율

	재판소	가정재판소	보건소	사회복지 사무소	신용조사 기관	한 기관에만 감
사고다발자	34	17	14	18	36	66
무사고자	1	1	0	1	6	9

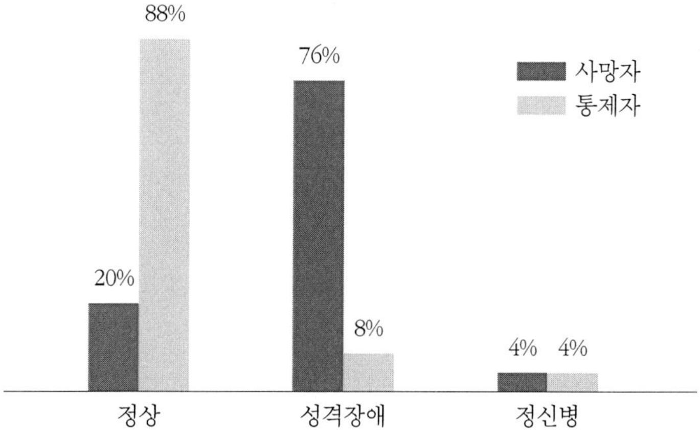

[그림 6-4] 사망자와 통제 운전자의 성격요소의 차이

출처: 이순철(2000).

은 생활 부적응 정도를 나타낸다고 보았으며 이러한 사람일수록 사회에 적응하기 힘들고 불안전한 운전 성향을 보인다고 보고하였다.

Finch와 Smith(1970)는 1967년부터 1968년까지 미국 휴스턴에서 운전자 과실로 사망한 남성 25명과 같은 거주 지역에서 통제군 25명을 비교 검토하였다. [그림 6-4]에서 보는 바와 같이, 통제집단은 88%가 정상인 반면, 사망한 운전자는 20%만이 정상이었다. 성격장애에서는 사망한 운전자가 76%, 통제집단이 8%를 차지하고 있었다. 이와 같은 결과는 성격 장애가 위험 상황에서 제대로 된 대처행동을 못하게 하거나, 사고 발생 확률과 심각도에 영향을 미친다는 사실을 알려 준다.

생활 스트레스가 안전행동에 관여할 것이라는 생각은 사고가 예측할 수 없는 것이 아니라 계획적이거나 사고 경향을 반영한 행동의 결과일 것이라는 가설을 제기한다. Shinar(1985)는 이러한 가설을 검증하려고 시도한 3가지 연구를 소개하였다.

첫 번째 연구는 정신과 환자 중 자살에 관여된 환자들을 경제 · 사회적 상태, 연령 등을 고려한 정신과 환자의 통제군과 비교한 것이다. 연구 결과, 자살에 관여된 정신과 환자들이 통제군에 비해 2배나 많은 사고 경험을 나타내었다(Selzer, Rogers & Kern, 1968).

두 번째 연구는 자살의 위험이 있다고 입원한 환자 915명의 사고 및 위반 기록을 환자 전체 집단과 비교한 것이다. 연구 결과, 자살 경향 환자의 사고율은 81%나 높았고, 위반율은 146%나 높게 나타났다(Crancer & Quiring, 1970).

세 번째 연구는 Phillips(1977)의 연구로, 자살이 신문에 보도되면 자살자가 증가하며, 그 증가는 보도된 수와 관계가 있다는 것이다. 자살이 상세하게 보도된 3일 후, 미국 캘리포니아에서의 교통사고 사망자 수가 35% 증가한 것이 관찰되기도 하였다. 이 연구는 자살 경향이 있는 사람은 자살 보도를 읽고 난 후 실제로 자살을 기도할 가능성이 있음을 시사하고 있으며, 도로상에서의 치명적 사고가 자살의 한 방편일 수 있음을 지적한다.

이상의 연구 결과는 주로 통계치에 대한 관찰 방법으로 이루어졌으며, 통제도 제대로 이루어지지 않은 것들이다. 또한 자살 경향과 잘못된 운전행동과의 인과관계를 명확하게 설명하지 못했기 때문에 해석에 신중을 기해야 할 것이다. 그러나 비슷한 연구 결과가 여러 분야에서 지속적으로 발견되고 있다는 것은 주목해 볼 점이다.

범죄 경력과 사고 기록과의 비교연구(Haviland & Wiseman, 1974), 학교에서의 비행 경력 등 사회적 부적응 테스트 결과와 사고 관여 정도의 연구(Mayer & Treat, 1977), 그리고 이혼과 같은 개인적 중대사와 사고와의 관계 연구(McMurray, 1970) 등도 부적응행동이 사고에 영향을 미치고 있음을 보여 주고 있다.

3) 적응된 인간

어떤 것이 적응적인 삶인가에 대한 생각은 사람마다 다양할 것이다. 어떤 학자는 사회 규범에 따라 살아가는 정도로 적응 상태를 판단한다. 인간마다 이기적인 소망과 적개심이 있고 이룰 수 없는 꿈을 꾸기도 하지만 그러한 충동과 꿈을 사회가 허용하고 환경 여건상 가능한 쪽으로 제한하거나 목표를 수정하면서 살아간다면 '잘 적응된 경우'라고 보는 것이다.

그러나 현실 여건에 순응적 적응을 거부하는 것이 가끔은 건강한 성격의 증거가 될 수도 있다. 잘 적응된 사람은 생활의 문제와 모호성에 부딪치면 순응으로 회피하지 않는다고 주장한다. 즉, 생활 과정에서의 도전을 받아들이고 고통과 혼란을 직접 경험하는 능력을 가지는 것이 진정한 의미에서 적응된 인간일 수 있다는 견해이다. 이러한 사람들의 특징은 일시적인 회피를 통해서 문제로부터 도피하지 않고, 문제를 직시한 후 현실적으로 가능한 모든 수단을 적극적으로 활용한다.

이러한 관점에 따른다면 사회체계에 대한 순응이나 상대적 가치체계를 무조건적으로 따라가는 것이 적응이 아니라 인생을 살아가면서 여러 문제에 대해서 얼마나 신축성 있게, 그리고 자발성과 창조성을 발휘하고 있는가가 건강한 적응의 지표가 될 수 있다.

또 다른 관점으로 바라본다면 잘 적응된 인간은 자기통제와 자발적 순응과 비순응 간의 균형을 맞출 줄 아는 사람이라고도 할 수 있다. 자기의 감정을 억압하지 않고 적절히 해방시킬 수 있으며, 충동적인 행동이 비생산적이거나 해로울 때는 충동을 억제할 줄도 아는 사람이다. 사회적 요구에 따라 자신의 태도와 감정을 수정할 수도 있고, 경우에 따라서는 개인이 아니라 사회적 조건을 변화시키는 노력도 해야 할 것이다. 또 자기의 욕구 능력 및 생활 장면에 대한 현실적인 평가를 할 수 있기 때문에 내면적 욕구와 적절히 조화되는 사회적 역할을 선택한다. 자기에 대한 신뢰가 있기 때문에 지나친 불안 없이 갈등과 위협적 상황에 직면할 수도 있다.

이처럼 올바른 적응이란 보는 관점과 철학에 따라 다양할 수 있기 때문에 기준을 통일하기는 쉽지 않다. 다만, 적응 상태를 평가하기 위해 다음과 같은 3가지 질문에 대해서 고려하는 것은 도움이 될 수 있다.

첫째, '현재 선택한 행동이 정말 스트레스에 적절히 대처하는 것인가?'라는 질문이다. 스트레스에 대한 대처가 만약 알코올이나 약물 혹은 스마트폰이나 게임 등에 몰입해서 얻게 되는 도피라면 불안과 긴장에서 멀어지게는 할 수 있겠지만, 문제의 근본적 해결은 될 수 없을 것이다. 따라서 이러한 도피행동으로 시간을 보내는 것은 진정한 적응 상태가 아닐 것이다.

둘째, '현재 선택한 행동이 자신의 욕구를 충족시키는 것인가?'라는 질문이다. 자신의 욕구에 대해서는 전혀 고려하지 않고 외부압력을 해소하는 데만 함몰되는 것은 건전한 적응이 아니다. 예를 들어, 직장 상사나 부모를 위해서 자기의 욕구를 조정한다면 인간관계에서의 긴장은 해소될 수 있겠지만 계속적인 좌절감과 실망을 느끼며 살아갈 수 있다. 이렇게 내면적인 갈등을 초래하는 방법은 적응적이라고 볼 수 없을 것이다.

셋째, '현재 선택한 행동이 환경과 조화를 이루고 있는가?'라는 질문이다. 남에게 상처를 주고 불이익을 주면서까지 자신의 욕망을 채우려 하는 사람은 경쟁에서 승리하고 원하는 목표를 이룰 수는 있겠지만 다른 사람들로부터는 소외되어 고독해지거나 죄의식을 느끼게 될 것이다. 또는 자기가 했던 것처럼 남들도 자기를 이용하거나 이기기 위해 못된 짓을 하지 않을까 불안과 공포에 사로잡혀 살아가야 할지도 모른다. 따라서 효과적이고 건전한 적응은 자기의 욕구와 다른 사람의 욕구를 함께 고려할 수 있는 상태일 것이다.

4. 위험에 대한 적응

1) 위험보상

사람은 일반적으로 위험하다고 생각될 때는 조심하지만, 위험하지 않다고 생각될 때는 굳이 불편한 안전행동을 실행하려고 하지 않는다. 때문에 일상을 살아가면서 경험하게 되는 위험 수준은 대체로 일정한 경우가 많다. 위험이 기준치 이상으로 고조될 때에는 안전행동을 증가시켜서 위험을 줄이고, 위험이 낮은 곳에서는 안전행동을 생략하기 때문에 개인이 환경 속에서 경험하는 위험수준은 대체로 비슷하다.

그리고 개인이 가지고 있는 위험수준은 사회적 위험수준에서 크게 벗어나지 않기 때문에 한 국가의 사고율은 그 나라의 구성원이 참고 견딜 수 있는 사고율을 반영하고 있다고도 볼 수 있다(이순철, 2000).

한국에 와서 살고 있는 외국인들은 종종 한국에서 자동차를 운전하는 것이 어렵다거나 위험하다고 느낄 수 있다. 한국의 독특한 도로 특성이나 교통 법규의 차이 등이 원인일 수도 있겠지만, 외국 사람들이 허용하고 있는 위험수준과 한국 사람들이 허용하는 위험수준이 다르기 때문일 가능성이 크다. 일반적인 시내도로에서 시속 80km까지는 안전하다고 생각하는 한국 사람들과 시속 60km까지는 안전하다고 생각하는 외국 사람들은 20km 정도 위험 인식에 차이가 있는 것이다.

Taylor(1964)는 피부전위반응(Galvanic Skin Response: GSR)과 운전 속도와의 상관관계를 분석하였다(Klebelsberg, 1989). 운전자의 주관적인 위험 인식 정도와 주행속도와의 관련성을 살펴본 결과, 교통 상황의 위험도를 주관적으로 높게 인식하면 할수록 주행속도가 감소한다고 보고하였다.

Taylor(1964)는 여러 교통 상황에서 운전자의 GSR 반응을 속도와 연관한 연구들을 진행하면서 운전자의 주관적 위험 인식과 관련된 정서적 긴장 상태가 주행속도를 조절하는 중요한 요인임을 밝혔다. 이러한 연구 결과를 통해서 Taylor(1964)는 주행 중 위험을 일정 수준으로 유지되도록 속도를 조절한다는 위험속도 모델(risk speed model)을 제시하였다.

위험속도 모델은 운전자 본인이 위험하다고 인식하는 장소에서는 속도를 감소시키고, 위험하지 않다고 생각하는 곳에서는 속도를 증가시킨다는 단순한 내용이다. 하지만 운전자가 자신의 주관적인 위험 인식과 속도를 통합한 일정량을 유지하려는 경향이 있다는 위험속도 모델의 이론적 함의는 위험보상설(risk compensation theory)과 위험항상설(risk homeostasis theory)로 설명되는 위험행동 연구에 중요한 단서를 제공해 주었다.

O'Neil(1977)은 안전을 위한 개선이 자동차와 도로 등에 이루어졌을 때 사고율이나 치명도가 떨어진다는 것은 운전자의 행동이 변화하지 않고 고정되어 있을 경우에만 가능하다고 했다. 안전띠, 안전한 타이어, 노면 표시 도색이 안전하게 개선되었을 경우 사고율이 떨어질 것이라고 생각하지만, 이러한 생각은 운전자의 반응을 무시한 발상이라는 것이 그의 주장이다. 일례로 안전띠를 착용한 운전자는 안전띠가 심각한 사고 결과를 예방해 줄 것이라고 기대하기 때문에 오히려 안전띠를 매지 않았을 때보다 과속으로 운전하거나 난폭하게 운전하게 될 여지가 있다는 것이 O'Neil의 생각이다.

O'Neil(1977)은 사람들의 반응이 상황을 고려해서 수정되기 때문에 결국 안전띠를 매고 운전할 때의 위험이나 안전띠를 매지 않고 운전할 때의 위험은 비슷한 수준으로 유지될 것이라고 보았다. 이상과 같은 O'Neil의 위험보상 결정이론모델(decision theory model of danger compensation)은 운전자의 행동 변화와 안전 대책과의 관계를 잘 설명하고 있다.

O'Neil이 제시한 위험보상설의 기초는 다음 2가지이다. 첫째, 운전자의 운전행동은 불변하는 것이 아니라는 것이고, 둘째, 환경 변화에 대해서 운전자는 자신의 행동을 변화시키면서 위험에 보상적인 선택을 한다는 것이다(OECD, 1990). 그러나 O'Neil의 이론은 매우 정교하지만 실증적이지 못하다는 지적을 받고 있다. 즉, 그럴 것 같긴 한데도 불구하고 경험적이거나 실험에 근거한 연구 결과를 제대로 제시하지 못하고 있다는 것이다(Streff & Geller, 1988).

2) 위험보상과 위험행동

Aschenbremer와 Biehl(1993)의 위험보상이론을 잘 설명해 주고 추적 조사연구를 실시하였다. Aschenbremer와 Biehl(1993)은 독일 뮌헨의 택시들을 36개월간 관찰하는 장기간의 추적 조사연구에서 관찰된 택시 중 절반은 ABS(anti-lock brake system) 브레이크 시스템을 장착하였다. 다른 절반의 관찰 택시는 ABS 브레이크 시스템을 장착하고 있지 않았다. 일부 택시에는 가속페달의 변화를 기록하였고, 도시 여러 곳에서 속도를 기록하였으며, 운전 행태를 승객으로 가장한 기록자가 기록하고, 사고기록을 수집하였으며 면접도 실시하였다.

관찰 결과, ABS 브레이크 장착 택시는 제동거리가 향상되었음에도 두 집단의 택시가 비슷한 속도로 운전하였다. 62%의 운전자는 ABS 브레이크 시스템이 위험운전과 조심성이 부족한 운전을 유발시킨다고 보고하였다. 그들은 ABS 브레이크 장착 택시에 의한 추돌사고는 현저하게 줄었으며, 특히 눈길에서는 사고가 많이 줄었다고 보고하였다.

그러나 전체 사고 경향을 보면 유의한 차이는 아니지만 ABS 브레이크 택시 집단의 사고가 조금 많았다. 이러한 결과는 위험보상이론을 적용하면 설명된다. 위험보상이론에 따르면, ABS 브레이크를 장착한 택시 운전자는 보다 더 안전하다고 느끼기 때문에 덜 조심하고 브레이크 시스템의 성능을 과신할 수 있다. 그리고 ABS 브레이크 시스템이 미끄러운 노면의 위험을 보상해 줄 것이라고 기대하기 때문에 노면 상태에 관한 운전행동 변화가 적어진다. 또한 ABS 브레이크에 대한 운전자의 믿음은 개인의 책임감을 낮추고, 목표 위험수준을 높이고, 위험 운전으로 연결되어 결국은 교통사고를 증가시키는 것이다.

또 다른 연구에서 Harano와 Hubert(1974)는 971명의 피험자를 세 그룹으로 나누었으며, 다음 해 사고를 내지 않으면 필기시험을 면제하고, 운전면허 갱신을 1년 연장해 준다고 약속하였다. 두 번째 그룹은 무작위로 선택된 통제집단이다. 다음 해에 운전면허 갱신을 해야 하는 그룹은 통제집단보다 사고율이 22%나 감소하였다. 그러나 운전면허 갱신 기간이 아직 남은 집단에서는 사고율의 변화가 없었다. 이것은 필기시험 면제라는 유인가(incentive)가 사고방지에 기여하는 정도를 보여 주고 있다. 이 밖에도 안전교육, 법적 강제 규정, 안전띠 착용과 교통사고 감소 효과에 관한 많은 연구가 위험보상이론과 관련되어 이루어지고 있다(Jonah & Lawson, 1984; Lund & Williams, 1985; Trimpop, 1994).

3) 위험항상성이론

Wilde(1982)는 사람들이 주관적으로 경험하는 위험 정도를 특정 수준으로 유지하는 방향으로 행동을 선택하고 결정한다고 생각하였다. Wilde는 위험 인식을 주관적 위험과 객관적 위험으로 명확하게 구분하지는 않았지만, 운전자 본인이 느끼는 위험 인식을 주관적으로 파악하였고, 안전 대책이나 시설 개선으로 형성된 환경을 객관적 위험으로 파악하였다.

주관적 위험 인식과 객관적 위험 인식의 합이 항상 일정한 수준으로 유지되는 항상성을 가진다는 것이 위험항성성 이론의 핵심이다. 이 이론에 따르면 낡고 오래된 차량을 타고 시골의 좁고 굽은 도로를 시속 20km/h로 운전하는 사람이 새로 나온 신형 스포츠카를 타고 잘 정비된 편도 4차로 직선 고속도로를 운전하게 될 때는 시속 100km/h 이상으로 주행할 것이라고 생각한다.

이러한 운전 속도의 변화는 차량 성능과 도로 상태 그리고 운전자 자신의 운전 능력 모두를 고려하여 '괜찮다'고 생각하는 위험 수준까지 도달하려는 항상성을 가지기 때문이다. 즉, 2가지 조건에서 차량 속도는 다르지만, 운전자가 인식하는 전체적인 위험은 비슷한 수준이라는 것이 위험항성성 이론이다.

위험항성성 이론에 따르면 객관적인 위험이 감소될 때, 개인의 위험 인식에 변화가 없다면 안전은 증가할 것이다. 그러나 이러한 안전 대책의 효과는 단기간에 끝날 가능성이 있다. 왜냐하면 객관적 위험 감소가 유지되기 위해서는 개인의 위험 인식 수준이 유지되어야 하는데, 낮아진 객관적 위험을 인식하면서 개인의 위험 인식 수준도 변화하기 때문이다. 즉, 개인의 위험목표 수준(target level of risk)은 항상 변화를 준비하고 있다. 운전자는 시설이 잘 개선되었거나 확장 공사가 완료된 도로를 달리게 되면 '예전보다 안전해졌다.'고 느끼면서 위험 인식이 낮아진다. 위험을 낮게 인식하게 되면 '좀 더 속도를 내 볼까.'라는 태도의 변화를 가져오는데, 결국 주관적 위험 인식이 객관적 위험 감소로 인해 낮아지면서 전체적인 위험 수준은 예전과 비슷한 수준을 찾아가게 되는 것이다.

따라서 위험항성성 이론에 따르면 실제적인 안전 향상은 운전자가 수용하고 받아들이는 위험 정도를 감소시켜야만 제대로 달성될 수 있음을 알 수 있다. 위험항성성 이론은 위험해결과 안전충족을 위해서 심리학이 왜 필요한지를 보여 주는 이론이며, 심리학이 위험을 해결하고 안전을 제대로 충족시키기 위해서 어떠한 기여를 하여야 하는지를 알려 준다.

위험항성성 이론에서 위험수준을 결정하는 요인은 개인의 위험목표 수준(one's target level of risk)이며, 이것은 행동 결정 시 비용(costs)과 이익(benefits)의 평가에 의해서 결정된다고

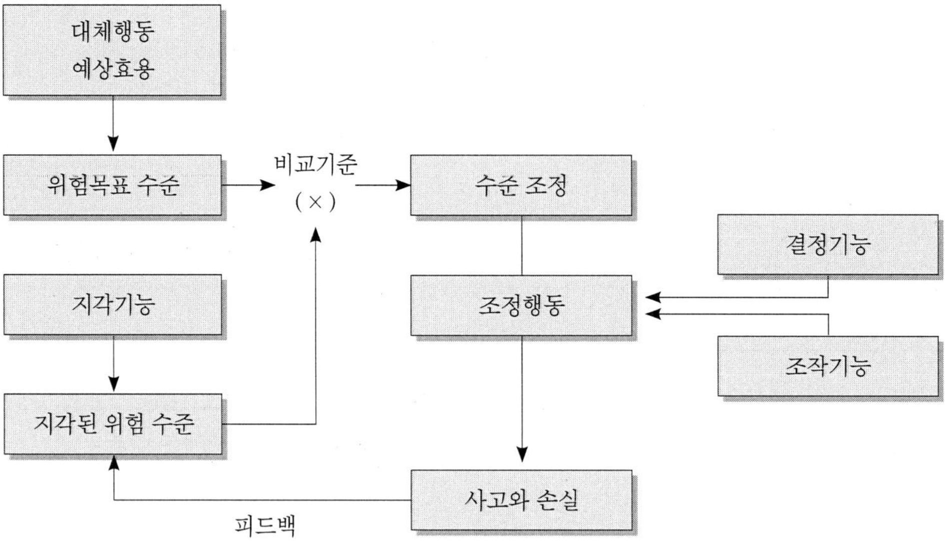

[그림 6-5] **운전행동, 사고율과 위험목표 수준에 관련한 Wilde의 위험항상성(Risk Homeostasis) 모델**
출처: OECD(1990): 이순철(2000)에서 재인용.

본다(Streff & Geller, 1988).

이순철(2000)은 위험의 목표 수준을 형성하는 4가지 요인을 다음과 같이 설명하고 있다.

① 위험한 행동으로 인한 이익
② 안전한 행동으로 인한 비용
③ 안전한 행동으로 인한 이익
④ 위험한 행동으로 인한 비용

①과 ②는 위험목표 수준을 높이는 요인이며, ③과 ④는 위험목표 수준을 낮추는 요인이다. 예를 들면, 취직시험에 응시하기 위해서 급하게 자동차를 운전해 가고 있는 사람은 위험한 행동으로 인한 이익(시험 시간까지 도착함)과 안전한 운전으로 인한 비용(시험 시간까지 도착하지 못해 취직하지 못함)이 안전한 운전으로 인한 이익(사고나 단속이 없음)과 위험한 운전으로 인한 비용(사고나 단속이 발생함)보다 많다고 지각할 가능성이 크기 때문에 비교적 높은 수준까지 위험목표를 상향해서 설정해 놓았을 가능성이 크다.

사람들이 어떠한 행동을 선택하는가는 개인의 심리 · 신체적 특성뿐만 아니라 사회적 요인도 크게 작용한다. 따라서 국가나 지역사회의 사고율은 구성원이 참을 수 있는 수준을 반

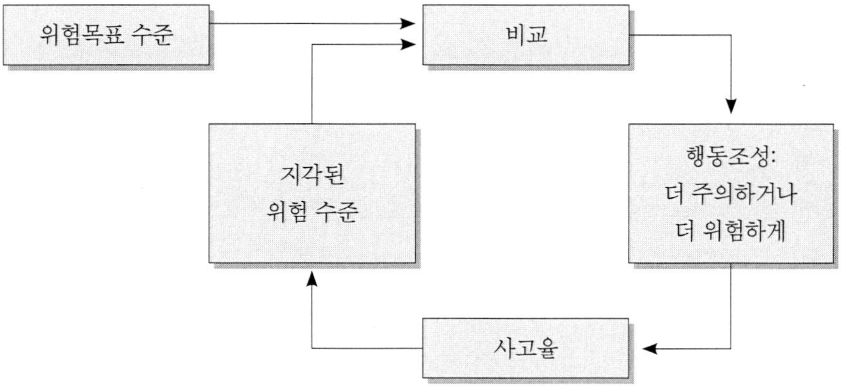

[그림 6-6] **단순화된 위험항상성 모델**

출처: Simonet & Wilde (1997).

영하고 있는지도 모른다(이순철, 2000). 사회 전체로 볼 때도 각 사회가 가지고 있는 위험목표 수준이 존재한다. 따라서 물리적인 안전시설의 개량이나 도로의 확충이 객관적인 위험수준은 낮추어 주겠지만, 사회 구성원이 가지고 있는 위험목표 수준을 낮추지 못한다면 제대로 된 사고 감소를 이룰 수 없을 것이다.

이런 의미에서 Wilde(2002)는 위험 인식 수준 자체를 변화시키지 않은 상태에서 이루어지는 교육이나 면허 발급 및 법규위반의 엄격성 혹은 도로 환경의 개선 등이 안전 향상에 큰 기여를 하지 못할 것이라고 주장하였다. 위험항상성이론에 따르면 주관적 위험수준 자체가 낮아지지 않으면 사람들은 개선된 환경이나 여건 등을 종합적으로 고려해 자신이 설정한 위험수준까지는 도달할 것이기 때문이다. Wilde는 사람들이 설정한 위험수준이 낮아지도록 하는 것, 즉 스스로 안전해지기를 선택하는 것만이 제대로 된 안전 향상을 위한 실질적인 방법이 된다고 보았다(이순열, 2016).

4) Klebelsberg의 주관적 안전과 객관적 안전

Klebelsberg는 위험(risk)이라는 용어 대신 안전(safety)이라는 개념으로 주관적 안전(Subject Safety: SS)과 객관적 안전(Object Safety: OS)으로 위험 인식과 운전자 행동을 설명하였다(Klebelsberg, 1989). Klebelsberg의 주관적 안전과 객관적 안전 모델은 2가지 가정에서 출발한다.

첫째, 상위 개념으로서의 안전은 주관적 안전(SS)과 객관적 안전(OS) 어느 하나에 의존하는 것이 아니라, 2가지 안전의 상호작용과 상대적 차이에 의존하고 있다는 것이다.

둘째, 적절한 행동은 객관적 안전(OS)이 적어도 주관적 안전(SS)과 동일하거나 클 경우에만 성립한다는 것이다. 즉, 주관적 안전이 높아지면 높아질수록 선택하는 행동은 물리적 한계치를 넘어선다.

Klebelsberg(1989)는 다시 주관적 안전(SS)과 객관적 안전(OS)의 수준을 3가지로 구분하였다. 첫 번째 수준은 주관적 안전과 객관적 안전이 동일한 경우이다. 주관적 안전과 객관적 안전이 동일한 경우의 사례는 다음과 같다.

- 굽은 도로를 자동차의 물리적 한계에 다다른 속도로 통과하는 운전이다. 이런 경우를 위험한 상태라고 하지는 않지만 안전의 측면에서는 전혀 여유가 없는 상태이다. 운전자는 차량과 도로의 물리학적 가능성을 끝까지 이용하고 있다.
- 도로가 얼어붙어 있는 상태로 객관적 안전이 저하되었고, 이것이 주관적 안전의 저하를 이끌게 되는 경우이다. 운전 물리학적인 가능성을 완전히 이용하고 있지만, 아직까지 한계치를 넘지는 않았다.
- 도로의 정비 개선으로 객관적 안전이 상승하게 되었고, 주관적 안전이 동반해서 상승하게 되는 경우이다. 도로 상태의 안전은 상승되었지만 운전자의 행동 변화로 향상된 객관적 안전이 상실된 상태이다.

두 번째 수준은 주관적 안전이 객관적 안전보다 커지는 경우이다. 주관적 안전이 객관적 안전보다 커지는 경우의 사례는 다음과 같다.

- 굽은 도로의 안전에 대해서 과대하게 평가하여 물리적 한계치를 넘어선 상태로 운전하는 경우이다.
- 도로가 얼어붙어 있는 상태로 객관적 안전이 저하되었음에도 주관적 안전이 감소하지 않아서 물리적 한계를 넘어선 운전을 하는 경우이다.
- 도로의 정비 개선으로 객관적 안전이 상승하게 되었지만, 운전자가 도로 정비의 개선 효과를 과대하게 평가해서 물리적 한계를 넘어선 운전을 하는 경우이다.

세 번째 수준은 주관적 안전이 객관적 안전보다 적은 경우이다. 주관적 안전이 객관적 안전보다 적은 경우의 사례는 다음과 같다.

- 굽은 도로를 운전자가 물리적 한계가 넉넉하고 여유 있는 상태로 운전하는 경우이다.
- 도로가 얼어붙어 있는 상태를 실제 위험 이상으로 평가하여 운전자가 상당히 안전에 여유가 있는 상태로 운전하는 경우이다.
- 도로의 정비 개선으로 객관적 안전이 상승하게 되었지만, 운전자가 도로 정비의 개선 효과를 인식하지 않고 예전과 같은 수준으로 운전하는 경우이다.

Klebelsberg의 주관적 안전과 객관적 안전 모델은 인간공학적 대책과 교육적 대책, 그리고 캠페인에 의한 행동 변화 가능성을 고려할 때 유용한 설명 모델이다. 그리고 안전 대책의 효과를 평가하거나 비교할 경우에도 큰 시사점을 제공해 준다.

Klebelsberg의 주관적 안전과 객관적 안전 모델에 따르면 안전한 도로나 안전한 자동차는 잘못된 개념이다. 안전한 도로나 안전한 자동차라는 것은 주관적 안전에 대해서 운전자가 판단할 때 참고자료에 불과하다. Klebelsberg의 주관적 안전과 객관적 안전 모델은 객관적 안전의 개량과 더불어 높아진 주관적 안전을 감소시키는 방안도 함께 비교 분석되어야만 제대로 된 안전 대책이 수립될 수 있다고 주장한다.

5) Näätänen과 Summala의 Zero-Risk theory

Näätänen과 Summala(1976)는 주관적 위험모니터(subjective risk monitor)에 대해서 운전자가 가지고 있는 동기보다 더 내면의 위험 인식 상태라고 규정하였다. 주관적 위험이라는 용어 대신 주관적 위험모니터라고 부르는 이유는 주관적 위험을 전혀 느끼지 않는 상태를 설명하기 위해서이다. 이러한 관점은 운전자가 일정 수준의 주관적 위험을 추구한다는 항상성에 기초한 이론들과는 다른 입장을 취하는 것이다.

Summala(1988, 1997)는 실제 운전 중 위험하다고 느끼는 것이 그렇게 빈번하지 않으며, 실제로 위험을 느끼고 행동 변화를 요구할 때에만 주관적 위험모니터가 관여하게 된다고 보았다. 위험을 느끼지 않는 경우에는 주관적 위험 모니터가 작동하지 않는다.

따라서 교통사고가 많이 발생한다는 것은 주관적 위험모니터를 활성화시키는 빈도가 적다는 의미라고 해석할 수 있다. 주관적 위험모니터가 작동하지 않는 이유는 대체로 2가지로 요약할 수 있다. 첫째, 사람들이 환경 속에 존재하는 변화를 고려하지 못하기 때문이다. 둘째, 사람들은 가끔 너무 바쁘기 때문에 안전을 추구할 만큼 여유가 없기 때문이다. 즉, 사람들에게 안전보다 더 시급하게 달성하고 싶은 동기가 있을 때 주관적 위험모니터는 작동하지

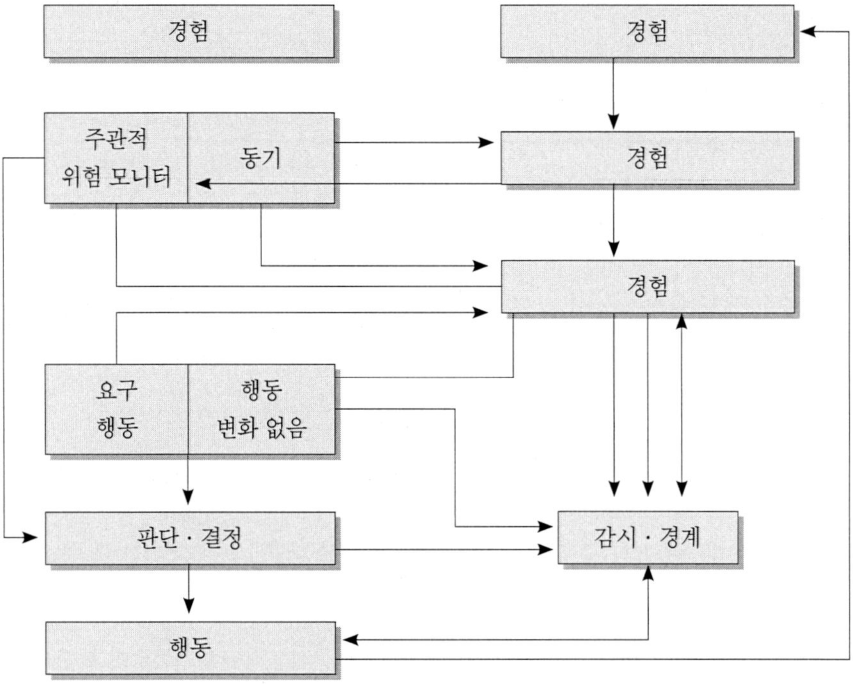

[그림 6-7] 운전자의 행동과 의사결정 과정의 중요 요인 관련도

출처: Näätänen & Summala(1976); OECD (1990).

않을 수 있다.

[그림 6-7]은 주관적 위험모니터의 역할을 보여 주고 있다. 정상 운전에서는 운전자가 주관적 위험과는 전혀 관계없이 행동을 결정하고 있다. 주관적 위험모니터가 활성화되려는 시점에서 행동 변화가 일어나 위험의 원인을 제거하게 된다. 일반적으로 주관적 위험모니터가 활성화되는 데 필요한 한계치가 높게 책정되어 있기 때문에 주관적 위험모니터의 도움을 받아 행동 변화가 일어나는 경우는 많지 않을 수 있다. Näätänen과 Summala(1976)의 이론은 객관적 위험과 주관적 위험의 불일치를 감소시키는 것이 안전의 중요한 포인트가 된다는 점에서 Klebelsberg의 이론과 많은 시사점을 공유하고 있다.

5. 안전과 동기

1) Maslow의 동기이론

인간 삶의 동기에는 안전을 추구하는 욕구가 있다. 즉, 인간은 안전해지기 위해 살아가는 존재이다. Maslow(2012)는 인간 삶의 동기를 5가지로 구분하였다. Maslow(2012) 이론의 특징은 5가지 욕구들이 위계를 이루고 있으며 하위 단계의 욕구가 충족되어야만 상위 단계의 욕구로 동기 전환이 일어난다는 것이다.

Maslow(2012)가 지목한 인간의 가장 기본적인 욕구는 생리적 욕구이다. 그다음 상위 욕구에 속하는 것이 바로 안전과 안정의 욕구이다. 세 번째는 애정과 소속의 욕구이며, 네 번째는 존경과 존중의 욕구, 마지막 다섯 번째 가장 상위의 욕구인 자기 및 자아실현의 욕구가 있다.

생리적 욕구는 굶주림, 갈증, 성(性), 수면 등의 기본적인 생리적 욕구를 의미한다. 생존에 필요한 기본적인 생리적 욕구가 충족되어야만 다음 상위 단계인 안전과 안정을 위한 욕구들을 실현시키기 위해서 동기화될 수 있다는 것이 Maslow 이론의 핵심이다.

구체적으로 안전과 안정의 욕구는 범죄, 폭력, 학대, 사고(재해), 질병, 전쟁의 위협이나 위험으로부터 자유로워지고 싶은 욕구를 말한다. 안전 및 안정 욕구는 생명의 위협이나 위험에 대한 반동으로 형성되는 것이기 때문에 가장 기본이 되는 생존의 욕구와 맥락상 유사한 것이라고 생각할 수도 있다. 상위 욕구로 갈수록 사회적 성격이 강해지고 하위 욕구는 생물학적 성격이 강해진다.

(1) 욕구위계이론

Maslow(2012)가 말하는 생리적 욕구는 모든 욕구 중에서 가장 강렬하고 우선순위가 높으며, 생존의 욕구라고 볼 수 있다. 생리적 욕구가 어느 정도 충족되면 안전 욕구가 부각된다. 생리적 욕구와 안전 욕구가 어느 정도 충족되면 애정 욕구가 발생하는데, 이것은 단순한 성적 욕구와는 구별되는 것으로 사랑을 받으려는 욕구뿐만 아니라 사랑을 주려는 욕구도 포함하고 있다. 다음으로는 존경과 긍지를 얻고 싶은 욕구가 나타나는데, 자신 있고, 강하고, 무엇인가 진취적이며, 쓸모 있는 사람으로 인식되기를 바라는 욕구이다. 명예, 신망, 위신, 지위 등과 관계되는 것으로 자기의 일에 자부심을 느끼며 타인으로부터 존경을 받고자 하는 것을 말한다. 마지막 단계인 자아실현의 욕구는 자기의 잠재력을 최대한 살리고, 자기가 하고자 하는 일을 실현하려는 최상위의 욕구이다. 자기의 실현은 궁극적으로 행복과도 연결되어 있다.

Maslow(2012)는 자아실현의 욕구가 강한 사람의 특성을 다음의 7가지로 열거하였다.

- 현실적인 성향으로 자신과 타인 그리고 세계를 편견 없이 받아들인다.
- 전통과 관례보다는 자유로운 성향을 가지고 있으며, 인정이 많으면서도 타인과의 거리를 유지하며 사생활을 즐긴다.
- 자기보다 문제나 임무를 중심을 두며, 목적과 수단을 구분하되 목적을 보다 중시한다.
- 독자성이 강하며, 자기 자신의 계속적인 성장을 통해서 만족을 얻는다.
- 무비판적인 획일화를 싫어하지만, 집단의 잘못된 점은 거부하는 방식이 아니라 참여하여 개선을 시도하는 방식으로 접근한다.
- 인류를 위하여 봉사하려는 욕구를 가지고 있다.
- 많은 사람과 방만한 관계를 유지하는 것이 아니라 특별히 좋아하는 소수의 사람과 긴밀한 관계를 즐긴다. 한편, 화를 낸다든지 고집을 부린다든지 하는 성격상의 사소한 결함을 가지고 있는 경우도 있다.

Maslow가 지목한 5가지 욕구는 반드시 계층 순서대로 유발되는 것이 아니라 순서가 바뀌는 예외도 있을 수 있다. 이러한 경우는 성장 배경이나 특수한 경우에서 발견되는 극히 예외라고 보았다. 이를테면 오랫동안 굶주림에 시달려 온 사람은 남은 생애 동안 배불리만 먹으면 그 이상의 욕구는 추동되지 않을 수도 있다. 또 사랑을 받지 못하고 자란 사람은 병적인 성격이 되어서 애정의 욕구가 상실되는 경우도 있다. 또한 욕구 충족에 있어서도 5가지 욕구가 만족할 정도의 수준은 못되지만 골고루 분포되는 사례도 발견된다.

사실 어떤 행동의 동기 유발에 작용하는 욕구는 대개 복합적이다. 오히려 하나의 욕구가 어떤 행동 유발에 유일하게 작용하는 경우를 찾아보기 어렵다. 예를 들어, 직장에 취직하는 것은 조직에 소속되는 애정과 인정의 욕구도 느낄 수 있지만, 받은 임금을 통해서 생리적 욕구를 해결하고, 일생에서 비롯되는 위험한 상황이나 불안을 극복하기 위해 노력하는 복합적인 활동이다. 또한 직장생활을 통해서 얻게 되는 긍지와 어느 정도의 자아실현도 있다.

(2) 자기실현적 인간

Maslow(2012)에 의하면 가장 잘 적응된 사람은 자기를 '실현'하는 사람이다. 자기를 실현하려는 사람은 다른 사람들의 평가보다는 자신의 충족과 성장에 가장 적합하다고 생각되는 방향으로 살아간다. Maslow는 유명인과 우수한 대학생들을 대상으로 연구한 결과를 토대로 자기를 실현한 사람들에게는 다음과 같은 특성이 있다고 주장했다.

- 현실을 정확하게 지각한다. 자기를 실현한 사람들은 현실적으로 다른 인간과 사건을 판단하며 불확실성을 더 잘 수용한다.
- 자기와 다른 사람을 수용한다. 자기를 실현한 사람들은 자신과 다른 사람들을 있는 그대로 받아들이며 자기 자신에 대해서 죄의식을 갖거나 방어적이지 않다.
- 자발성이 높다. 자기를 실현한 사람의 행동은 다소 관습적일 수는 있지만 사고방식은 자발성이 높다.
- 문제 중심성이 높다. 자기를 실현한 사람들은 자기 자신의 이익보다 문제해결에 더 많은 관심이 있고 중요하다고 생각하는 행동 목표들을 가지고 있다.
- 초연하다. 자기를 실현한 사람들은 개인 시간을 필요로 하고 혼자 있는 것에 부담을 느끼지 않는다.
- 자율적이다. 자기를 실현한 사람들은 환경에 지배되지 않고 독자적으로 행동할 수 있다.
- 신선한 감각을 가진다. 자기를 실현한 사람들은 비록 반복되는 경험이라도 새롭게 느끼고 의미를 감상할 수 있다.
- 신비 경험 또는 절정 경험을 한다. 자기를 실현한 사람들은 우주나 자연과의 일체감 혹은 자기가 사라지는 것 같은 신비감 등을 경험한다.
- 인류사회적 관심을 가진다. 자기를 실현한 사람들은 인류에 대한 공동체 의식을 갖는다.
- 친숙한 대인관계를 맺는다. 자기를 실현한 사람들은 많은 사람과 교류하기보다는 소수의 사람과 깊고 친숙한 관계를 맺는다.
- 민주적 성격을 가진다. 자기를 실현한 사람들은 인간을 판단하는 기준에서 성별, 인종, 출생 배경, 종교 등과 같은 것에 비교적 영향을 받지 않는다.
- 결과와 수단을 구별한다. 자기를 실현한 사람들은 목표에 급급하기보다는 활동 자체를 즐기며 수단과 결과 간의 차이를 분별한다.
- 유머감각이 있다. 자기를 실현한 사람들은 적대적인 농담보다는 철학적이며 비공격적인 유머를 사용한다.

- 창의성이 높다. 자기를 실현한 사람들은 새로운 생각을 이끌어 내는 창의성이 높다.
- 기성 문화의 압력에 대해 저항한다. 자기를 실현한 사람들은 기성 문화에 대해 항상 반항하는 것은 아니나 대체로 그 영향을 받지 않고 독립적이다.

Maslow는 자기실현적 인간이 완전하다고 말하지는 않았다. 자기실현적인 인간에게서 발견될 수 있는 단점으로 다른 인간에게 신경을 쓰지 않거나 모든 사람의 기대와 행동을 반드시 따르지 않는 측면을 들고 있다. 또한 앞의 특성을 어느 정도 가지고 있다고 해서 반드시 '자기실현적'이라고 단정할 수는 없다. 다만 자기실현적 상태에 접근하기 위해 노력하는 인간이라고 말하는 것이 보다 정확할 것이다.

2) McGregor X, Y 이론

McGregor(1960)는 인간의 성향을 크게 X 이론과 Y 이론으로 구별하였다. 그리고 인간에 대한 관리 전략도 2가지로 분류하였다. 우선 X 이론은 전통적인 관점에서 비관적인 인간 해석에 기반하고 있으며, Y 이론은 긍정적인 인간 해석을 기반으로 한다.

(1) X 이론의 인간 해석

인간을 천성적으로 게으르고, 일하기 싫어하는 존재로 파악하는 것이 X 이론 관점의 인간관이다. X 이론에 따르면 인간이란 자기의 경제적 욕구나 이기적 목표를 추구하는 데에는 상당히 적극성을 띠지만 그 밖에는 신경을 쓰지 않으며 게으르다. 불로 소득을 좋아하며 열심히 일하는 것은 염두에 두지 않는다.

X 이론에 따르면 인간은 경제적 욕구를 가장 합리적으로 추구하는 존재이다. 경제적 욕구만 충족되면 모든 것이 다 충족된 것이라고 생각하여 돈에는 아주 철저하고 이해 타산적이다. 경제적 욕구 이외엔 별로 큰 욕망이 없으며, 자기행위에 대해서 책임지는 것을 싫어한다. 따라서 자발적으로 솔선수범하는 것보다는 남에게 끌려다니게 된다.

X 이론에서 바라보는 인간은 자기중심적이며 철저히 이기주의적이다. 자기 이익에만 급급하다 보니 자기통제 능력이 없으며, 또 철저하게 자기중심적이기 때문에 봉사정신이나 희생정신이 없다. 따라서 갈등을 유발할 능력은 있지만 스스로 갈등을 해결할 능력은 없다. X 이론의 인간은 사물을 판단할 능력도 없고, 어리석기 때문에 남들의 엉터리 사기극에 쉽게 넘어간다. 안전한 것만을 원하고 변화를 귀찮아한다. 또한 X 이론의 인간은 피동적 존재이기

때문에 기계의 부속품처럼 다룰 수 있고, 외부 조건에 의해서 조정될 수 있다.

(2) X 이론의 관리 전략

인간의 본질을 X 이론에서 설명하는 대로 받아들일 때, 인간을 효과적으로 관리하기 위한 전략은 5가지가 있다.

첫째, 경제적 보상체제의 강화이다. 인간을 동기 유발시키기 위해서는 적절한 보수나 경제적 보상이 있어야 한다. 이것을 위해서 능력급제와 작업할당제 등을 적용하여 게으르고 일하지 않으면, 경제욕구가 충족되지 못하도록 하는 관리 전략이 필요하다.

둘째, 권위주의적 리더십의 확립이다. 인간은 피동적이기 때문에 권위주의가 필요하다. 중요한 결정은 고위층에서 하고, 작업자들은 그 결정에 따르기만 하면 된다. 인간은 기본적으로 노예근성을 가지고 있기 때문에 토론이나 권한의 위임은 비효율적이다. 하위계층에서는 오로지 집행 과정에 대한 내용만 보고하면 된다.

셋째, 면밀한 감독과 엄격한 통제이다. 이기적이며 무책임한 사람에게는 강제와 위협 혹은 처벌제도가 필요하다. 구성원들은 감독자와 처벌의 두려움 때문에 행동을 조심한다.

넷째, 상부 책임제도의 강화이다. 일반 조직 구성원들은 책임지는 것을 싫어하기 때문에 모든 책임은 상부가 진다. 따라서 하부에서의 긍정적 활동에 대한 보상도 상부로 돌아간다.

다섯째, 조직 구조의 고층화이다. X 이론에서는 명령하달 체제가 발달하기 때문에 계층성을 띠게 되고, 조직이 커질수록 고층화로 발달한다. 왜냐하면 인간은 자발적이며 능동적인 경우보다는 수동적이기 때문에 외부의 규제가 필요하다. 규제 내용이 많거나 강화될수록 관리계층도 늘어난다.

(3) Y 이론의 인간 해석

X 이론과는 반대로 Y 이론은 인간이 천성적으로 일을 싫어하는 것이 아니라고 본다. Y 이론에서 바라보는 인간은 노동 자체를 자연스럽게 여긴다. 인간의 행위는 경제적인 욕구보다 사회 · 심리적 욕구에 의해서 결정된다고 보는 것이 Y 이론이 바라보는 인간관이다.

Y 이론에 따르면 인간은 어떤 욕구보다도 사회 · 심리적 만족을 추구하는 존재이므로 돈 때문에만 행동하는 것이 아니다. 인간은 적절한 조건만 갖추어지면 책임을 받아들일 뿐만 아니라 책임감을 느끼고 싶어 하는 존재이다. 책임을 피하려는 것, 야망이 없는 것, 안전만을 중시하는 것 등은 대체로 경험의 결과물이지 본성은 아니다. 인간은 자기 이익만을 생각하는 이기적인 존재가 아니라 타인들과 공존, 번영을 생각하는 사회중심적인 존재이다. 따

라서 고독이나 분리된 상태를 싫어하며 조직이나 타인의 이익을 위해서도 노력한다.

Y 이론의 인간은 외부 압력이나 처벌의 위협만으로 행동하는 것이 아니라 자기가 받아들이기로 마음먹은 일은 스스로 규제하며 자율적으로 통제한다. 대부분의 조직 구성원은 문제해결에 있어서 상상력과 창의력을 발휘한다. 이것은 누구의 지시에 의해서라기보다도 스스로의 창의력으로 조직의 문제를 해결한다. 또한 Y 이론에 의하면 인간의 발달 가능성은 무한한데, 현대의 조직생활에서는 인간이 가지고 있는 잠재력의 일부만이 활용되고 있다.

(4) Y 이론의 관리 전략

Y 이론의 인간 관리 전략은 통합의 원리가 가장 기본이다. 조직 구성원들은 조직의 목표를 성취시킴으로써 자신을 성장시키고 자신의 목표를 성취시킨다. 다시 말해서 조직 목표와 자신의 목표를 통합시키는 것이다. 이러한 관점의 구체적인 관리 전략은 다음과 같다.

첫째, 민주적 리더십의 확립이다. 조직의 중요한 결정은 고위층의 일방적인 결정에 의하는 것이 아니라 집단 토론이나 조직 구성원들의 참여에 의해서 결정되도록 한다. 리더의 중요한 임무는 명령하는 것보다는 구성원들이 스스로 하도록 유도하는 것이다. 따라서 지도자의 역할은 독자적인 결정보다는 조직 구성원의 이견(異見)을 조정해서 정책을 결정하는 것이다.

둘째, 분권과 권한 위임이다. 민주적 리더십은 자동적으로 분권화와 권한의 위임을 촉진시킨다. 권한이 상부 한곳에만 집중되어 있지 않고 분산되어 있기 때문에 구성원들은 자발적으로 노력하고 해결하려 할 것이며, 이것을 토대로 스스로의 만족감과 성취감도 느낄 수 있다.

셋째, 목표에 의한 관리이다. 목표에 의한 관리는 조직 구성원 전체가 조직 운영에 참여하는 총체적 관리이다. 조직목표의 설정에서부터 집행에 이르기까지 모든 조직구성원이 참여하고 책임의 한계도 명백히 규정되고 있기 때문에 자발적이며 적극적인 참여를 유도할 수 있다.

넷째, 직무 확장이다. 조직 내에서 분업이 너무 세분화되어 있으면 단조롭고 무력감을 느끼기 때문에 인간이 부품처럼 여겨질 수 있다. 즉, 한 사람이 여러 가지 업무를 경험하도록 하거나, 순환 보직 제도를 활용하여 시야도 넓히고 지식도 확장시켜 심리적인 성취감을 갖도록 해야 한다.

다섯째, 비공식 조직의 활용이다. 비공식적 조직은 인간의 사회적 · 심리적 요소를 토대로 자연적으로 발생하였기 때문에 조직 내의 욕구를 충족시키고 있다. 따라서 공식 조직이 사회적 · 심리적 욕구를 충족시키지 못할 때는 비공식 조직은 이것을 보완해 준다.

여섯째, 자체평가제도의 활성화이다. 조직 구성원의 업적을 감독관만 평가하는 것이 아니라 구성원 스스로 평가하게 하는 것으로서 스스로 자기 실적을 평가할 때에 보다 진지해지고 자기 역할의 중요성을 더욱 인식하게 된다.

일곱째, 조직 구조의 평면화이다. 조직 구조가 계층성을 이루고 있으면 상급자와 하급자의 거리는 그만큼 멀어져 하급자는 늘 심리적 패배감을 느끼게 된다. 그러나 조직 구조가 평면화되면 계층 수가 줄어들기 때문에 상급자와 하급자 간에는 거리감과 심리적 패배감도 적어진다.

이상의 관리 처방을 살펴보면 X 이론에서의 인간 관리 전략은 인간에 대한 외적 통제에 의존하는 반면, Y 이론에서의 인간 관리 전략은 인간 스스로의 자율적 행동과 자기규제에 의존하고 있다는 것을 알 수 있다.

3) Z 이론

Z 이론은 Lundstedt(1972)에 의해서 제창된 것으로 McGregor의 이론이 인간에 대한 관점과 해석을 너무 단순하게 이원화하고 있다고 비판하면서 나타났다. Z 이론은 기존의 X 이론과 Y 이론을 부정하는 것이 아니라 그것들이 포착하지 못한 공백을 메우고 보강함으로써 인간에 대한 해석을 좀 더 구체화시키고 있다고 볼 수 있다.

(1) Z 이론의 인간 해석

Z 이론에서는 인간이 조직의 규율과 제도의 억압 속에서 사는 것을 원하지 않는다고 파악한다. 즉, 아무런 구속이 없는 무정부 상태를 좋아한다는 것이다. 따라서 인간은 아무런 구속이나 제약을 받지 않을 때는 보다 더 생산적이고 창의력이 발휘될 것이라고 가정한다.

Z 이론에서의 인간은 선천적으로 과학적 탐구정신을 가지고 있어서 매사에 의문을 제기하는 존재로 파악한다. 따라서 설정된 가설을 시험하고 시행착오를 거듭함으로써 새로운 발견과 발명을 이룩하고, 생활을 발전시켜 나가려는 자발적이고 창조적인 존재라고 여긴다.

(2) Z 이론의 관리 전략

Z 이론에서는 인간이 조직의 규율과 제도의 억압 속에서 사는 것을 원하지 않는다고 보기 때문에 자유와 방임 그리고 선택의 기회를 최대한으로 보장하는 것을 목표로 한다. Z 이론

의 구체적인 인간 관리 전략은 3가지로 요약될 수 있다.

첫째, 지도자의 자유방임이다. 지도자는 조직 구성원의 자유를 신체적 · 정신적인 면에서 최대한 보장해야 한다. 이를테면 연구소의 경우 지도자는 어떠한 속박이나 간섭을 해서는 안 되고, 단지 연구원의 요구사항만 해결해 주면 생산성이 향상될 것이라고 본다.

둘째, 비조직적인 사회생활의 유발이다. 비조직적이고 자연발생적인 활동에서도 인간의 욕구는 충족될 수 있다. 대학의 동아리 활동이나 사회에서 흔히 보는 동호회 모임에서도 새로운 발견이 시도되고 사회적 변화가 촉진되기도 한다.

셋째, 허술한 조직 구조이다. 조직을 되도록 허술하고 느슨하게 구성하여 구성원들로 하여금 자유롭게 활동하고 조직생활에 편안함을 느낄 수 있도록 할 때 창조성이 유발되고 결실을 보게 된다는 것이다.

4) Shein의 복잡한 인간관

Shein(2010)은 인간의 본질이 시대 변화에 따른 철학적 관념을 반영하고 있으며, 각 시대의 조직이나 정치체제를 정당화시키는 데 기여해 왔다고 전제하였다. Shein(2010)은 이러한 인간관을 바탕으로 역사적인 등장 순서에 따라 인간 모형을 4가지로 분류하였다. 첫째, 합리적 경제적 인간, 둘째, 사회적 인간, 셋째, 자기실현적 인간 그리고 넷째, 현재의 복잡한 인간이다.

(1) 복잡한 인간 해석

Shein(2010)은 현 시대의 인간모형을 복잡한 인간으로 설정하였고, 현대의 인간은 복잡하게 해석하여야 한다고 보았다. 복잡한 인간 해석이란 인간을 합리적 · 경제적 모형, 사회적 모형, 자아실현적 모형 등에서 복잡하게 설명되는 존재로 파악하는 것이다. 따라서 현대의 인간은 매우 복잡하고 고도의 변이성을 가지고 있다고 본다.

예컨대, 돈을 경제적인 욕구 하나만이 아니라 자아실현의 수단으로 파악할 수 있듯이 여러 욕구가 상호보완적 관계에 있다는 해석이다. 더욱이 인간은 조직생활 경험을 통해서 새로운 욕구를 배울 수 있다고 본다. 그리고 어떠한 조직에 속해 있는가에 따라서 욕구는 달라질 수도 있다. 예를 들어, 정치 집단에 속해 있는 사람일수록 정의 실현의 욕구가 강해질 것이고, 기업을 운영하는 사람일수록 돈에 대한 욕구가 커진다. 소속해 있는 조직의 성격이나 개인이 맡은 역할에 따라 욕구는 달라질 수 있다.

인간은 복잡하기 때문에 누구나 정도의 차이는 있을지언정 X 이론, Y 이론 그리고 Z 이론의 모습을 모두 포함하고 있다. 문제는 어느 쪽이 더 강하느냐에 따라 상황이 달라질 수 있다는 것이다. 또한 동일한 인간이라고 하더라도 경제적 욕구나 사회·심리적 욕구가 고정되어 있는 것이 아니라 상황의 변화에 따라 달라진다. 사람은 욕구체계와 능력 및 담당 업무에 따라 서로 다른 관리 전략에 순응할 수 있다. 따라서 한 가지 관점의 관리 전략이 모든 사람에게 언제나 효과적으로 적용한다고 믿는 것은 잘못이라고 본다.

(2) 복잡한 인간의 관리 전략

복잡한 인간모형은 관리자들이 훌륭한 진단가가 되어야 하며, 처방에는 높은 탐구정신이 필요하다고 강조한다. 자기에게 속해 있는 사람들의 능력과 욕구는 매우 다양하기 때문에 각각의 욕구를 감안하고 진단하여 다양하게 처방되어야 한다고 본다. 이것을 위해서 3가지 관리 전략을 구사하여야 한다고 주장한다.

첫째, 조직 구성원의 차이를 감지해야 한다. 둘째, 개인 간의 차이를 문제로 파악하여 배제하거나 무시해서는 안 된다. 오히려 개인차를 존중하고 개인차의 발견을 위한 진단 과정을 중요시해야 한다. 셋째, 사람들의 욕구와 동기는 서로 다르기 때문에 각각의 사람들에 맞게 다른 접근 방법이 필요하다. 관리자는 상대방이 누구냐에 따라 자기의 행동을 바꿀 수 있어야 한다. 즉, 복잡한 인간에게는 복잡하게 적응하는 것만이 유일한 방법이다.

5) ERG 이론

ERG 이론(Existence, Relatedness and Growth need theory)은 Alderfer(1972)에 의해서 제안된 이론이다. Maslow의 욕구위계이론과 유사하게 동기를 발생시키는 것이 욕구라고 가정하고 있다. 여러 가지 실증적인 연구 성과를 통해서 Maslow 이론을 수정 보완하는 데 기여하였다는 평가를 받는다.

Alderfer는 인간의 동기 수준이 생존과 관계 그리고 성장으로 위계화된다고 보았는데 Maslow의 욕구위계이론을 보다 간단하게 분류한 것이라고 볼 수 있다. Alderfer의 생존 욕구는 Maslow의 생리적 안전(생존)과 물리적 안전에 해당하고, 관계 욕구는 소속과 인정의 욕구에 해당한다. 마지막 성장의 욕구는 자존감이나 자아실현의 욕구에 해당한다.

Alderfer와 Maslow 이론의 차이는 3가지 정도로 정리될 수 있다.

첫째, Maslow는 욕구가 위계성을 가지고 있으며, 하위 욕구가 충족되면 상위 욕구로 옮

표 6-2 Alderfer와 Maslow의 욕구 위계 비교

Alderfer	Maslow
성장(Growth: G)	자아실현 자존감
관계(Relatedeness: R)	인정 소속
생존(Existence: E)	물리적 안전 생리적 안전

겨 간다는 간단한 이론체계를 가지고 있다. 하지만 Alderfer는 위계를 이루고 있는 욕구가 충족되면 상위 욕구로 전진하지만 충족되지 못하면 하위 욕구로 퇴행할 수도 있다고 보았다. 또 욕구 수준이 충족에 이르더라도 상위 욕구로 전진할 수 있는 환경적 여건이 마련되어 있지 못하면 동일한 욕구 위계에 계속 머물러 있을 수도 있다고도 보았다.

둘째, Alderfer는 3가지 욕구 위계 중에서 하나 이상의 욕구가 동시에 작용하거나 활성화될 수 있다고 보았다. 물론 욕구의 강도는 다를 수도 있다고 가정하였다.

셋째, Alderfer는 욕구가 의식적으로 인식될 수 있다고 보았다. 특히 우세한 욕구일수록 더 잘 인식할 수 있다. 따라서 욕구를 선택하고 충족을 위해서 노력하는 것은 의식적 과정에서 일어난다고 본다.

6) Herzberg의 동기-위생 이론

Herzberg, Mausner와 Snyderman(1959)는 두 요인 이론이라고도 부르는 동기-위생 이론을 주장하였다. 동기-위생 이론에서는 만족에 영향을 미치는 요인과 불만족에 영향을 미치는 요인으로 구분하여 불만족에 영향을 미치는 요인을 위생 요인으로 파악하고 만족에 영향을 미치는 요인을 만족 요인으로 파악하였다.

동기-위생 이론의 특징은 불만족 요인이 충족된다고 해서 만족에 이르는 것이 아니라 단지 기본적인 위생이 지켜지는 상태라고 보는 것이다. 따라서 만족 수준까지 나아가기 위해서는 위생 단계를 충족시키고, 다시 만족 요인이 충족되는 상태까지 이르러야 한다고 주장한다.

사회나 조직에서 나타나는 대표적인 위생 요인들은 불만족 상태에 영향을 미치는데, 정책, 관리, 감독, 대인관계, 환경 조건, 수입과 안정성 등이다. 만족 요인들은 만족 상태에 영

향을 미치는데, 성취, 인정, 직업 특성, 책임 및 승진 등이다.

동기-위생 이론은 몇 가지 비판적 평가도 있다.

첫째, 불만족과 만족 등의 개념에 대한 진술이 모호해서 실증적 검증이 어렵다는 것이다.

둘째, 실시된 실증적 연구들의 결과가 대부분 중간 수준의 만족을 경험한다고 보고하는데, 동기요인과 위생요인의 비교가 잘못된 것이 아닌가 비판받기도 한다.

셋째, 만족 요인과 불만족 요인의 구분이 실제로 존재한다고 하더라도 주로 만족 요인은 내적 귀인으로 분류될 수 있고, 불만족 요인은 외적 귀인으로 분류될 수 있는 항목들이었다. 따라서 귀인 성향의 문제를 동기로 혼동하고 있다는 비판을 받기도 한다.

넷째, 만족과 불만족에 집중하고 있기 때문에 동기에 대한 것이 아니라 만족감에 대한 이론이라고 비판받기도 한다.

그러나 이러한 비판점에도 불구하고 Herzberg 등(1959)의 동기-위생 이론은 인간 삶의 동기를 과제와 욕구 수준으로 분화시켜 살펴본 최초의 연구라는 의의를 가지고 있다. 인간이 점점 더 상위 욕구를 좇아간다는 생각은 단순히 생리적 욕구 충족에 머물지 않는 존재라는 인식에 기반하고 있다. 즉, 위생 수준이라는 생존이나 존재 자체에만 머무는 것이 아니라 보다 상위의 욕구를 추구해서 생존과 존재의 완성을 추구한다는 개념을 고안해 낸 것이다. 여러 비판점과 함께 Herzberg(1959) 이론을 곱씹어 보아야 하는 이유는 위험과 안전의 영역에서도 다음과 같은 시사점이 발견되기 때문이다.

우선, 위험하지 않다고 해서 과연 안전한 것인지를 생각해 볼 필요가 있다. '단순히 생존해 있는 것, 위험하지 않은 것만으로 인간은 만족하는 존재인가?' '안전이란 어떤 개념인가?' Herzberg 등(1959)의 이론 이전까지는 위험 해결과 안전 충족이 같은 선상의 양 극단에 존재하는 지점들로 인식되는 경우가 많았다. 그러나 Herzberg의 관점에서 위험과 안전을 바라본다면 위험 해결과 안전 충족은 구별되는 2가지 차원으로 파악할 수 있다. 인간은 위험을 해결하는 것만으로 만족하는 것이 아니라 안전을 충족시키려는 보다 고차원적인 수준까지를 추구하는 존재이다. 이러한 관점은 Herzberg의 동기-위생 이론을 인간이 삶에서 직면하게 되는 여러 가지 다른 과제와 욕구들로 확장시켜 볼 수도 있을 것이라는 새로운 아이디어를 제공해 준다.

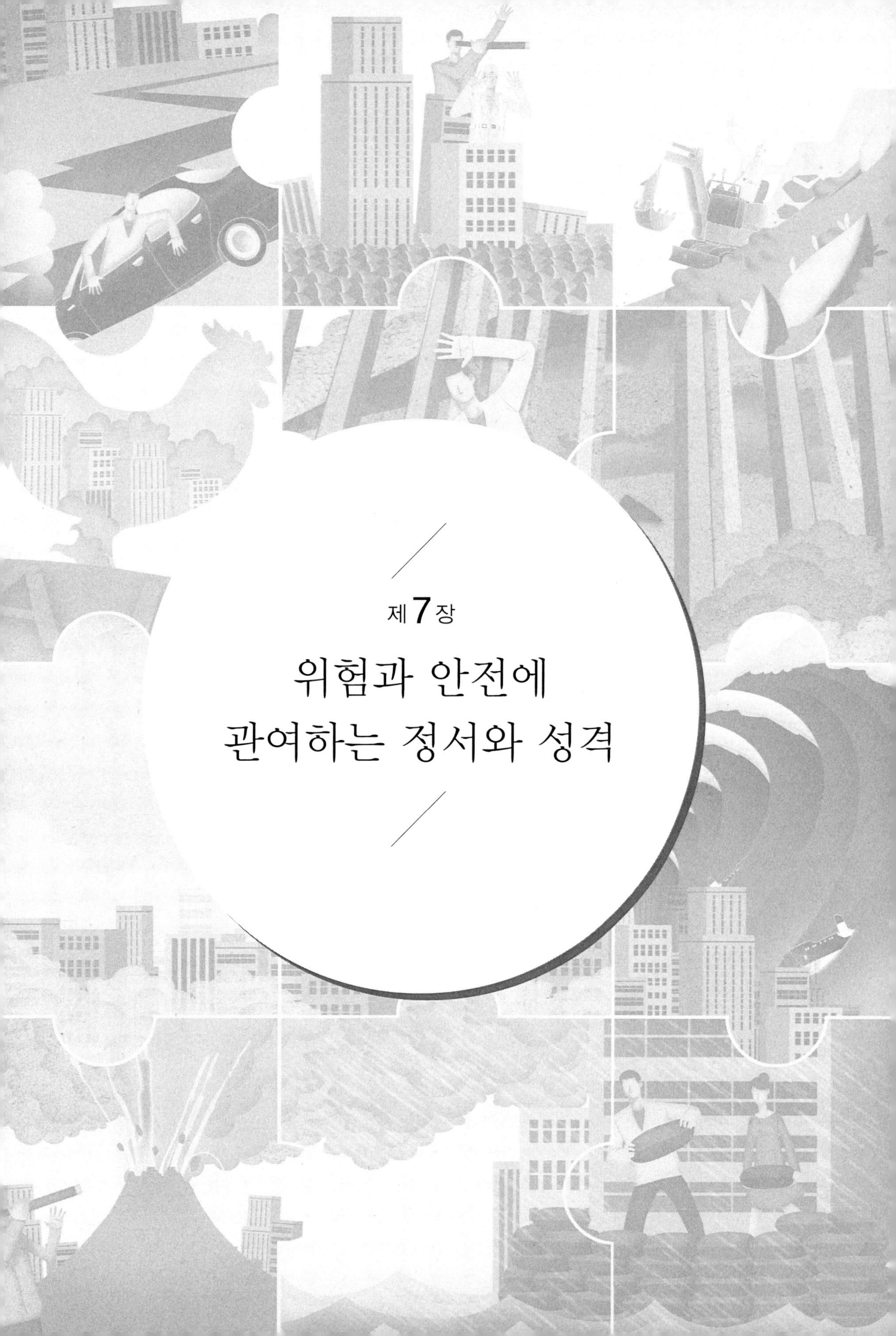

제 7 장

위험과 안전에 관여하는 정서와 성격

정서는 어떤 상황에서 겪게 되는 일시적인 생리적 변화에 의해 유발된 느낌이라고 정의 내릴 수 있다. 이에 비해 성격은 다양한 상황에서 안정적으로 나타나는 행동이나 태도 양상을 뜻한다. 그렇다면 위험한 상황을 많이 경험하게 되는 사람은 그렇지 않은 사람과 어떠한 성격 차이가 있을까? 이러한 질문은 심리학의 오래된 숙제이다. 그리고 일반적으로 사고나 문제를 많이 만들어 내는 사람은 성격에 원인이 있을 것이라고 생각해 버리는 것이 가장 손쉬운 방법이기도 하다.

몇몇 연구에서는 신경증이나 성격장애, 분노, 불안, 적대감, 사회 부적응 등이 높은 사람일수록 사고를 당하거나 발생시키는 비율이 높다고 밝혀지고 있지만, 또 다른 많은 연구에서는 이런 결과가 반박되기도 한다.

219명의 생산직 작업자와 263명의 군대 기술자들을 대상으로 한 연구에서 성실성(conscientiousness)이 높은 사람들이 낮은 사람들에 비해서 사고를 발생시킬 수 있는 인지적 실수나 착오 발생률이 낮았다(Wallace & Vodanovich, 2003). 그러나 성격 측면과 사고 발생과의 상관관계나 인과관계는 그렇게 강하게 나타나지는 않는다. 어떤 성격이 사고와 관계가 높다고 단정할 수 있을 만큼 충분한 증거가 부족하다는 것이다. 이보다는 특정 상황에서의 정서적 변화가 사고나 위험과 더 큰 연관을 가지고 있다는 증거는 점점 많아지고 있다.

교통사고 조사에서 127명의 사고를 경험한 미군과 273명의 사고가 없었던 미군을 비교한 결과, 두 집단의 분명한 차이는 정서 상태였다. 자동차 사고를 경험한 미군은 사고 직전 정서적으로 매우 흥분된 상태가 많았다. 흥분상태의 원인은 이혼이나 질병 그리고 동승자의 짜증스러운 행동 등 다양했다(Legree, Heffner, Psotka, Medsker, & Martin, 2003).

정서적 불안정성은 전통적으로 사건과 사고의 원인으로 지목된다. 정서는 주관적 요인과 객관적 요인 간의 복잡한 상호작용으로 신경계 수준에서는 신경 호르몬 개입이 원인이다. Mandler(1984)는 정서가 원시시대에는 중요한 진화적 기능을 담당하였으나 현대사회에서는 그다지 기능적이지 않다고 지적하였다. 예를 들어, 과도한 흥분 상태나 통제 부족은 과거에는 힘의 과시나 우월함의 표현일 수 있지만, 현대에는 범죄에 연루될 가능성이 높은 사람으로 보이게 한다. 심지어 심장질환이 있는 상태에서 강한 정서적 반응을 나타내는 것은 자신의 건강을 해치는 역기능적인 작용이 될 수도 있다. 그럼에도 여러 학자들은 여전히 정서가 우리의 느낌이나 행동에 지대한 영향을 미친다는 점에는 동의한다.

우리가 일상적으로 경험하는 정서는 쾌-불쾌 및 각성 차원뿐만 아니라 정적 정서와 부적 정서 차원으로도 구분할 수 있다. 정적 정서는 개인이 열정적이고 활동적이며 민첩함을 느끼는 정도를 반영한다. 이러한 정서를 강하게 느끼는 것은 힘차고 즐거운 상태를 의미하지만 낮게 느끼는 것은 슬픔과 무력감 등의 상태를 의미한다. 또 다른 차원인 부적 정서는 분노, 경멸, 혐오, 죄책감 등의 주관적 고통을 반영한다. 부정적인 정서를 많이 느끼는 것은 주관적인 괴로움을 의미하지만 적게 느끼는 것은 차분하거나 평온한 상태를 의미한다 (Watson, Clark, & Tellegen, 1988).

정서적 불안정성은 흔히 신경증이나 성격 문제를 일으킨다. 임상적으로는 심각한 우울과 불안 등의 정신병리적 현상으로 나타날 수도 있다. 특히, 현대인의 정신병리적 문제 중 가장 흔하게 지목받는 우울은 사고와 밀접한 관련을 가지기도 한다.

공장 노동자들을 대상으로 한 연구에서 전체 작업자의 20%가 업무 중 우울을 경험한다고 보고하였고, 그중 실제 사고가 우울했던 당시에 발생했다고 보고되었다(이훈구, 1985). 그 밖의 정서적 불안정성과 연관되어 현상적으로 나타나는 행동은 공격성, 사회 부적응성, 충동성, 위험추구 성향 등이며 이러한 정서는 사고 유발 경향성과도 밀접한 관련을 가진다.

1. 공격성과 위험

초기 인류의 생존에 유용했던 몇몇 행동양식은 문명이 발달함에 따라 적응에 유용하지 못한 부적절한 행동양식으로 변하게 되었다. 이러한 행동양식 중 가장 대표적인 것은 바로 공격행동이다.

공격행동을 유발하는 공격성에 대한 설명으로는 좌절-공격성 가설이 가장 대표적이다. 비록 초기의 좌절-공격성 가설은 경험적 연구를 통해서 지지받지는 못했지만 과학적인 공격성 연구의 초석을 제공하였다는 데서 그 의의를 찾을 수 있다. 특히 좌절과 공격성을 매개하는 요인에 대한 관심은 분노 등과 같은 또 다른 부정적 정서가 공격성을 유발할 수 있다는 점을 강하게 시사하고 있다. 최근 정서가 심리학의 중요한 연구 주제로 부각되면서 감정적 공격성에 관한 주요한 연구는 좌절뿐만 아니라 혐오적인 환경이나 사건이 불쾌감을 유발시키고 이러한 불쾌감은 공격성을 증가시킨다고 보고되고 있다.

감정적 공격성은 현대인의 일상생활에 많은 시사점을 제공한다. 주변 환경을 둘러보면 바로 알 수 있다. 출·퇴근길의 교통 혼잡, 미세먼지나 오염물질이 자욱한 공기, 도시의 인구 과밀 등 현대인은 시간에 쫓기고, 복잡한 환경과 많은 사람에 시달리고 있다. 게다가 쏟아지는 정보와 변화하는 환경에 적응하고 경쟁에서 낙오하지 않으려면 끊임없이 노력해야 한다는 점에서 육체적인 분주함 이상으로 정신적인 분주함에 시달리고 있다.

감정적 공격성에 관한 연구 결과에 따르면 이러한 혐오적인 사건들은 불쾌감을 만들어 내는데, 사건과 불쾌감의 연합은 공격행동이 나타날 가능성을 매우 높인다. 즉, 현대사회를 살아가는 사람들은 다른 어떤 때보다 공격성을 나타낼 높은 가능성을 내포하고 있는 것이다.

일반적으로 공격성을 생각하면 폭행이나 살인 등의 심각한 범죄나 전쟁을 떠올리기 쉽지만, 인간의 공격성은 일상생활에서 대부분 사소한 형태로 표출된다. 예를 들어, 밀리는 도로에서 끼어드는 차량에 경적을 눌러 대고, 전조등을 번쩍이며, 차간거리를 좁혀서 끼어들기를 허용하지 않는 행동들을 우리는 일상에서 목격할 수 있다. 실제로 몇몇 연구는 자동차 경적을 울린 횟수를 공격성 지표로 삼기도 한다. 더불어 배우자나 애인을 폭행한다든가 자녀나 노쇠한 부모에 대한 학대 등 다양한 형태의 폭력과 공격성은 생활 주변에 만연해 있다.

사소한 공격행동으로부터 살인, 전쟁 등의 심각한 공격행동에 이르기까지 공격행동이 어떠한 경로를 거쳐 행동으로 표출되는지 파악하는 것은 보다 안전해지기 위한 필수 작업일 것이다(박윤창, 2001).

1) 공격성에 대한 정의

공격성에 대한 정의는 학자마다 다양하다(박윤창, 2001). 어떤 학자는 행동에 초점을 두고 공격성을 '다른 사람에게 유해한 자극을 주는 행동'이라고 정의하는 반면, 의도에 초점을 두어 공격성을 '특정 대상에게 손상을 입히려는 의도를 가진 행동'이라고 정의하는 학자도 있다(Dollard, Doob, Miller, Mowrer, & Sears, 1939). 또한 공격 목표에 근거하여 '다른 사람에게 해를 입히려는 행위'라고 정의하기도 하고, 자신의 힘을 보임으로써, 혹은 자신의 힘을 과시함으로써 '상대방에게 영향을 주려는 목표를 가진 행위'라고 정의하는 학자도 있다. 그러나 이러한 여러 가지 정의는 상호 배타적인 것들이 아니며, 많은 공격행동이 이러한 정의의 몇 개 혹은 전부에 해당한다고 볼 수 있다.

이와 같이 여러 가지 공격성의 정의가 혼재되어 사용되고 있긴 하지만, Aronson(1980)의 공격성에 대한 정의가 일반적으로 널리 받아들여지고 있다(박윤창, 2001). Aronson(1980)은 공격행동을 '자신 혹은 타인에게 상처나 고통을 주려는 의도를 가지고 이것을 목표로 하는 행위'라고 정의한다. 그리고 공격행동을 다른 목표를 달성하기 위한 도구적 공격과 공격 그 자체가 목적인 증오적 공격으로 구분하고 있다. 이와 마찬가지로 Berkowitz, Jo, Troccoli와 Monteith(1994)는 공격성을 또 다른 2가지 종류로 구분하였다. 첫째, 공격행동 후의 보상이나 처벌을 염두에 두는 의도적 혹은 도구적 공격성이다. 둘째, 공격행동 후의 보상이나 처벌은 염두에 두지 않는 충동적 공격성이다.

인간 행동은 의식적이건 무의식적이건 어떤 합리적인 의사결정의 결과라고 간주하는 관점이 있다. 예를 들어, 경제학 분야에서는 사람들이 어떤 선택을 할 때에는 손실과 이득을 따져 보고 나서 의사결정을 한다고 믿는다. 이러한 원리는 심리학에서도 흔히 찾아볼 수 있지만, 실생활에서는 이러한 기대와는 정반대되는 행동을 쉽게 찾아볼 수 있다.

Zimring(1979)은 1962~1972년까지의 강도 사건에 관한 경찰 자료를 분석하였는데, 강도 사건에서 발생한 살인은 어떤 목적을 달성하기 위한 도구적인 공격행동이 아니라 우발적인 것이라는 결론을 내렸다. 강도와 같은 강력한 폭력행동도 충동적이며, 아무런 생각 없이 발생할 수 있다는 것이다(박윤창, 2001).

또한, Berkowitz 등(1994)은 공격성을 행동 차원뿐만 아니라 정서와 사고 수준까지 공격성의 범위에 포함시켜야 한다고 주장한다. 정서와 사고 수준의 공격성은 다른 사람에게 상처나 위해를 가하려는 행동뿐만 아니라, 다른 사람을 나쁘게 지각하는 판단까지를 포함한다.

2) 욕구좌절과 공격성

Berkowitz와 Lepage(1967)는 인간의 욕구가 좌절될 때 공격 성향이 높아지는 현상을 욕구좌절 이론으로 설명하였다. 욕구좌절이란 자신이 성취하고자 하는 목표에 도달하는 것이 좌절되거나, 목표에 도달하려는 노력이 차단되는 상황을 말하는데, 욕구가 좌절되는 것은 인간에게 공격 추동(drive)을 발생시킨다.

다시 말해, 공격행동의 추동 중 한 가지 중요한 원인이 목표를 이루고자 하는 인간의 욕구가 환경적인 방해와 제약으로 활성화되지 못할 때 발생한다는 것이다. 인간에게 어떠한 욕구가 좌절된다는 것은 그것 자체가 스트레스 유발 요인으로 작용할 수 있다(전겸구, 김교헌, 이준석, 2000).

일반적으로, 욕구좌절이 발생하는 요건으로는, 첫째, 물리적으로나 사회적으로 환경에 결핍이 발생해서 목표가 충족될 수 없는 경우를 들 수 있다(Berkowitz et al., 1994). 운전 상황을 예로 들어 생각해 보면 다음과 같다. 운전자는 급한 곡선 도로와 같이 미끄러지기 쉬운 도로에서는 위험 인식이 증가하면서 속도를 줄이게 된다. 눈길이나 빙판길에서도 같은 현상이 발생한다. 운전자는 운전 환경의 물리적 결핍으로 인해 위험에 대한 인식이 높아지고 원하는 주행 속도보다 낮은 속력으로 운전할 수밖에 없는 욕구좌절을 경험한다.

둘째, 욕구좌절 발생 요인은 환경에 장애물이 있어 목표의 달성을 방해하는 경우이다. 이때 욕구좌절을 발생시킨 장애물은 공격 대상이 될 수 있다. 자동차 운전을 예로 들면 다음과 같은 상황을 생각해 볼 수 있다. 교통량이 많고 서로 앞서 가려는 차량들로 인해서 운전자는 차량 진행에 방해를 받는다. 이때 다른 교통참여자는 운전자에게 공격의 대상이 될 수 있는데 환경적 장애물에 의해서 속도에 대한 욕구좌절이 발생하게 되는 것이다.

매일 자가용 차량을 이용해서 출·퇴근을 하는 운전자들의 경우 출근 시간까지 도착해야 한다는 압력이 높고, 차량의 진행 상황이 좋지 못할 때 스트레스를 많이 느끼게 되며, 이러한 상황에 지속적으로 노출되는 운전자일수록 과속운전이나 법규위반과 같은 공격적인 운전행동을 많이 보이는 것으로 나타났다(Hennessy & Wiesenthal, 1999).

그리고 복잡한 도로에서 힘들게 운전하는 상황은 운전자의 공격 성향과 적대감 등을 높이는 것으로 나타났다(Miles & Johnson, 2003). 특히 운전행동을 가장 공격적으로 바꾸는 경우에 대해서 연구했을 때, 운전자가 자신이 의도하지 않은 낮은 속도에서 운전할 수밖에 없는 강제적인 속도 욕구좌절 상황으로 나타났다. 즉, 운전자 자신이 설정한 속도보다 낮은 속도로 이동하게 될 때에 가장 많은 스트레스를 호소했으며, 공격적 운전행동도 증가한다는 것이다(Kontogiannis, 2006).

운전 중 스트레스를 많이 경험하는 운전자는 공격적인 운전을 하거나 과속운전 행동을 할 가능성이 높아진다. 스트레스는 개인으로 하여금 태도와 행동에 영향을 미치게 하며 불안전행동에 영향을 주는 것으로 나타났다(김현수, 고홍화, 1992). 운전 스트레스는 운전자의 위험한 운전행동이나 실수행동 그리고 교통사고와 같은 치명적인 교통 위험에 영향을 미칠 것이다(Westerman & Haigney, 2000).

교통사고자를 대상으로 한 운전 스트레스 연구에서 교통사고는 공격적인 성향과 앞지르기 실패의 좌절감 등에서 높은 상관관계를 보였다. 특히 높은 공격 성향은 과속행동과 높은 상관을 보였는데 욕구좌절로 발생한 운전 스트레스가 안전운전 행동을 저해한다는 공통된 특징을 나타내고 있는 것이다(Matthews, Tsuda, Xin, & Ozeki, 1999).

부정적 정서와 공격성 간의 관계에 관한 연구들은 좌절-공격성 가설에서 그 뿌리를 찾아볼 수 있다. Dollard 등(1939)은 좌절은 항상 어떤 형태로든 공격성을 야기하며, 따라서 공격성은 항상 좌절로부터 발생한다고 주장하였다. 이후에는 초기 입장에서 후퇴하여 좌절은 여러 가지 다른 형태의 반응 양식을 이끌어 내며 이러한 반응 양식 중 하나가 공격성이라고 설명하였다(박윤창, 2001).

그러나 좌절-공격성 이론은 이후의 공격성 연구에 있어서 좌절과 공격성의 직접적인 인과관계에 대한 관심에서 벗어나 좌절과 공격성 사이에 존재하는 매개 요인들에 관심을 기울이면서 변화되어 갔다. 주로 좌절로 인해 발생하는 정서 반응(분노 등)에 관심을 가지는 것이다. 따라서 이후의 연구는 좌절과 분노의 관계와 분노와 공격성의 관계에 대한 연구로 초점이 옮겨 가는 추세이다(박윤창, 2001).

3) 흥분과 공격성

심리학자들은 오랜 관찰을 통해서 공격성이 흥분과 연관이 있을 것이라고 생각한다. 흥분과 공격성을 연결 짓는 대표적인 이론이 바로 흥분전이 이론이다. 흥분전이 이론(Zillmann, 1978)에서는 공격행동의 유발 원인으로 각성에 집중하였다(박윤창, 2001).

흥분전이 이론은 Schachter(1964)의 정서 이론에 기초한다. Schachter(1964)의 정서 이론에서는 정서가 발생하기 위해서는 생리적 각성과 인지적 해석이 있어야 한다고 생각한다. 즉, 교감신경계가 활성화시킨 정서적 각성과 발생된 정서에 대한 인지적인 해석이 있어야 한다고 가정하는 것이다. 각성은 특정 정서와 관련되어 있는 것이 아니다. 비특정적이고 구체적인 정서가 지각되기 위해서는 각성에 대한 인지적 해석이 필수적이라고 보았다.

Schachter(1964)는 상황과 각성을 동시에 일어나는 것으로 가정한 반면, Zillmann(1978)은 계열적인 것으로 가정했다. Zillmann(1978)은 연구진에게 화가 나는 자극을 받은 피험자 집단과 아무런 자극이 없는 통제집단으로 구분한 연구를 진행하였다. 화가 나도록 자극을 받은 피험자 중 한 집단에게는 자전거를 타게 하는 심한 신체적 운동을 하도록 하였고, 다른 집단은 그냥 가만히 앉아 있도록 하였다. 이후 화가 나도록 자극을 받은 피험자들에게 처음에 자신을 화나게 했던 연구진을 공격할 기회를 주었다. 심한 운동을 했던 피험자들은 다른 피험자들보다 더 높은 공격성을 나타내었다. 그러나 화가 나도록 한 사람들 중 자극이 없었던 통제집단은 심한 신체적 운동이 있었느냐 없었느냐에 따른 공격성의 차이가 나타나지 않았다(박윤창, 2001).

한편, 유사한 실험에서는 격렬한 신체적 운동으로 유발된 각성뿐만 아니라, 성적 각성, 경쟁적 활동에 의한 각성, 자극적인 약물 주사 등도 공격성을 촉진하는 것으로 보고되었다. 즉, 부정적 정서가 유발된 후에 각성을 증가시키는 것은 무엇이라도 공격성을 유발시킬 수 있음을 시사해 주는 연구 결과들이 도출된 것이다.

그러나 각성이 있다고 해서 항상 공격성이 나타나는 것은 아니다(Frodi, 1975). 낮은 수준의 각성은 오히려 분노 지각을 방해하는 작용을 해서 결과적으로 공격성을 억제할 수 있다. 또한 공격성이 아닌 다른 반응을 유발하는 자극에 의해 각성이 생기면 흥분 전이는 일어나지 않는다(Baron, 1972). 즉, 각성이 항상 분노로 귀인되는 것은 아니라는 것이다.

따라서 흥분전이 이론은 각성과 공격성을 설명하는 데 한계가 있다. 더욱이 흥분전이에 관한 연구에서는 분노가 실제로 각성에 영향을 받는다는 증거가 별로 없다. 실제로 분노와 공격성이 일치한다는 결과는 몇몇 연구(Donnerstein, Donnerstein, & Evans, 1975)를 제외하고는 거의 찾아보기 힘들다. 또한 Zillmann(1978)은 분노를 각성과 공격성을 연결하는 매개인자로 가정하였으나 분노에 대한 직접적인 측정은 하지 않았다.

4) 회피와 공격성

기온이 공격성과 정적인 관계를 갖는다는 것은 매우 오래된 상식이다. 1833년 Quetelet은 인간의 폭력행동에 대한 온도의 영향을 제안하였다(Cohen, 1980). 즉, 폭행, 강간, 살인 등과 같은 폭력범죄는 여름철에 정점을 이룬다는 것이다. 많은 연구가 이러한 생각을 검증하기 위하여 기온과 범죄율과의 관계를 조사하였다. 기온과 도시 폭동, 기온과 폭력 사건, 기온과 살인, 기온과 강간 사건과의 관계를 조사한 다양한 연구를 통해 기온과 공격성 간에는 어느 정도 정적인 관계가 있다는 결과를 얻었다(박윤창, 2001).

폭동에서부터 각종 폭력범죄에 이르기까지 다양한 공격적 행동과 기온은 직접적인 관련이 있다고 결론을 내릴 수 있다. 특히 폭력범죄와 기온의 직접적인 관계는 범죄에 영향을 미치는 다른 변인들(사회경제적 수준 등)을 통제하더라도 나타난다(Anderson, 1987). Baron (1972)은 위와 같은 여러 가지 기록 연구를 실험실에서 검증하려고 시도하였다.

Baron은 실험에서 한 집단의 피험자들은 연구진에게 긍정적인 평가를 받고, 다른 집단의 피험자들은 부정적인 평가를 받아 기분이 나빠지도록 조작하였다. 그 후, 피험자들에게 각각 시원하거나(21°C) 높은 기온(35°C)의 실험실 조건에서 앞서 자신을 평가했던 연구진에게 전기충격을 가할 기회를 주었다. 그 결과, 피험자들은 화가 났건 안 났건 간에 더운 조건에서는 공격성이 낮게 나타나는 결과를 얻었다. 기온과 공격성 간의 관계가 실험 연구에서 지지되지 않았던 것이다.

한편, Baron과 Bell(1975)의 후속 실험에서는 연구진에 의해 화가 난 피험자들은 높은 기온에서 공격성이 더 낮았으나, 처음에 화가 나지 않았던 피험자들은 높은 기온 조건에서 공격성이 더 높았다. 이러한 결과에 대해 Baron과 Bell(1975)은 부적 정서는 기온과 공격성을 연결하는 중재 변인이라고 해석하였다. 타인으로부터 부정적인 평가를 받는 것은 부정적 정서를 이끌어 내고, 높은 기온에 처하는 것도 부정적인 정서를 촉발한다. 여기서 사람들은 자신의 불쾌감이 부정적 평가와 높은 온도라는 2가지 변인에 의해 형성된 정서의 조합이라고 인식한다. 적정 수준의 부정적 정서는 공격 대상에 대하여 공격행동을 자극하지만, 한도를 넘어가는 부정적 정서는 불쾌한 상황에서 우선 벗어나고 싶은 욕구를 유발한다. 즉, Baron과 Bell(1975)은 실험 결과가 기온과 공격성을 매개하는 부정적 정서의 수준에 따라 역 U자로 나타날 것임을 보여 준다고 생각하였다. Baron과 Bell(1975)은 극도로 높은 기온에 노출되었던 피험자들은 자신을 공격했던 사람에 대하여 보복하려고 하기보다는 실험이 빨리 끝나서 실험실을 떠나기를 더욱 바라기 때문이라고 설명하였다.

Palamarek과 Rule(1979)의 후속 실험은 Baron과 Bell(1975)의 가설을 강력하게 지지하였다. Palamarek과 Rule(1979)의 실험에서는 한 집단의 피험자들은 연구진에게 모욕을 받았고, 다른 피험자들은 모욕을 받지 않았다. 그 후 모든 피험자들에게 2가지 과제 중 한 가지를 선택하도록 하였다. 2가지 과제 중 하나는 앞서 자신에게 모욕을 준 연구진에게 공격적인 복수를 할 수 있는 것이고, 다른 하나는 공격 기회는 없지만 실험을 빨리 끝낼 수 있는 것이었다. 피험자들의 선택은 각각 높은 기온 혹은 시원한 기온의 실험실에서 이루어졌는데, 모욕을 받은 피험자들은 시원한 조건에서는 공격적인 과제를 더 많이 선택하였으나, 높은 기온 조건에서는 시간이 적게 걸리는 비공격적 과제를 더 많이 선택하였다.

이와 같이 기온과 공격성 간의 관계를 밝히려는 실험실 연구에서는 기온이 증가할수록 공격성이 증가하지는 않았다. Baron과 Bell(1975)은 부적 정서 회피 모형을 제시하면서 불쾌감이 부적 정서에 영향을 미치기는 하지만, 부적 정서가 너무 강하면 오히려 공격성을 억제하도록 하는 회피 반응을 유발시킨다고 주장한다.

그러나 Anderson(1987)은 기온과 공격성에 관한 기록 연구의 개관을 통하여 높은 기온은 공격성을 증가시킨다는 결론을 내렸다. 즉, 실제 세계에서는 Baron과 Bell이 주장하는 역 U자 형태의 곡선관계가 발견되지 않는다는 것이다.

실험실 연구와 실제 생활 기록 연구 결과가 다르게 나타나는 것은 아마 자신이 현재 처해 있는 상황으로부터 벗어날 수 있는가 없는가의 차이에서 기인한 것일 수도 있다. 즉, 일반적인 실험 상황은 순간적인 것이고, 피험자들은 실험이 끝나면 바로 그 상황에서 벗어날 수 있다고 생각하지만, 실제 세계의 사람들은 무더운 날씨에 극도의 불편함을 느낄 수 있고, 회피가 불가능하다고 생각할 것이다. 이러한 조건에서 높은 기온으로 인한 불쾌감은 공격성에 직접 영향을 미쳐 공격행동을 증가시킬 수 있다(박윤창, 2001).

5) 신연합주의

비록 부적 정서 회피 모형에 관한 실험실 연구의 결과가 기온과 공격성 간의 정적인 관계를 지지하지는 않았지만, 여러 가지 혐오적 사건이 사람들에게 큰 불쾌감과 공격성 성향을 유발한다는 증거는 매우 많다. 예를 들어, 추운 기온이나 대기 오염, 그리고 소음 등의 혐오적인 환경은 사람들의 불쾌감을 유발하며 결국 공격성을 증가시킨다. 이와 같은 연구 결과는 공격성이 혐오적인 사건 자체에 의해 활성화되는 것이 아니라 불쾌감에 의해 활성화된다는 것을 시사한다(박윤창, 2001).

Berkowitz(1984)는 초기의 부정적 정서와 부정적 정서로 인해 발생하는 분노와의 관계를 설명하기 위하여 Leventhal(1984)의 정서 이론과 정서의 연합망 이론(Bower & Cohen, 1982)을 바탕으로 하는 인지적 신연합주의 이론을 주장하였다.

Leventhal(1984)의 정서 이론은 정서자극에 대한 반응을 표현-운동적 반응이라고 가정한다. 즉, 사람은 외부자극을 즉각적이고 비자발적, 그리고 비의식적으로 지각하고 해석하며 그 자극에 대하여 얼굴 표정, 생리적 각성, 그리고 근육 반응 등의 즉각적인 신체 반응을 한다는 것이다. Leventhal(1984)에 의하면 정서는 즉각적이고, 비수의적이며, 신속한 발달 과정을 거치며, 초기 반응에 따라 유사한 다른 정서 경험을 회상하게 된다. 회상, 즉 기억은 정서 지각을 풍부하게 해 주며 정서 상태를 정교하게 만든다. 그럼으로써 정서는 초기에 지각된 것보다 더 큰 의미를 갖게 된다.

한편, 정서의 연합망 이론은 정서를 여러 가지 성분이 연합적으로 연결되어 있는 회로망(network)이라고 가정한다. 즉, 각각의 정서 상태는 특정 기억들이 연합되어 있는 집합체라고 본다. 이러한 견해에 따르면 기억들은 서로 간의 내적 관련성을 가지고 있기 때문에 어떤 한 가지 기억이 활성화되면, 그 회로망의 다른 기억도 연합 강도에 따라 함께 활성화된다. 이것을 증명해 주는 실험이 있었다(박윤창, 2001).

한 집단의 피험자들에게는 높은 기온의 실험실에 앉아 있게 하고, 다른 한 집단의 피험자들에게는 쾌적한 기온의 실험실에 앉아 있게 한 후, 정서와 관련된 주제에 대하여 이야기를 쓰는 실험을 진행하였다. 실험 결과, 높은 기온의 실험실에 있던 피험자들은 쾌적한 실험실에 있던 피험자들에 비해서 공격적인 생각을 더 많이 표현하였다.

또한 Berkowitz(1984)의 일련의 연구에서도 신체적 불편함에 의해 야기된 부적 이론을 기초로 하는 인지적 신연합주의 모형을 제시하였다. 구체적인 형태의 정서와 특정한 생각, 기억, 그리고 표현-운동 반응과 생리적 반응 간에는 연합적 경로가 있다는 것을 가정한다. 그리고 이러한 경로를 통하여 연합망 속의 어떤 한 부분이 활성화되면 다른 부분도 활성화된다고 가정한다. 따라서 부적 정서와 관련된 느낌, 생각, 기억 그리고 공격적 경향 간에는 연합 경로가 있고, 이러한 경로에 따라 기분이 나쁜 사람은 어떤 이유에서든지 화가 날 가능성이 높아진다. 이러한 맥락에서 Berkowitz(1984)는 좌절-공격 가설을 재검토하여 수정하였다. 즉, 좌절은 부적 정서를 발생시키고, 부적 정서의 강도에 따라 공격성이 유발된다는 것이다.

다시 말해, Berkowitz(1984)의 좌절-공격성 가설에 대한 수정으로써 좌절을 혐오적인 사건의 일종이라고 간주한다. 많은 행동과학자들은 환경적 스트레스 사건이 감정적 공격성을 야기시킨다고 보고 있지만, Berkowitz(1984)에 따르면 공격적 경향성이 발생하는 것은 외부적 스트레스 사건 그 자체 때문이 아니라, 스트레스 사건에 의해 야기된 부적 정서 때문이다. 인지적 신연합주의에 의하면, 혐오적인 사건을 경험하고 난 정서적 경험과 행동 사이에는 여러 단계가 존재한다(박윤창, 2001).

사건 그 자체는 부적 정서를 야기하고 불쾌감은 자동적으로 여러 가지 행동 반응이나 느낌, 생각 그리고 기억들을 만들어 낸다. 이러한 것 중 어떤 것은 다른 사람을 공격하려는 성향, 즉 싸움 경향성(fight tendency)과 연합되어 있다(박윤창, 2001).

반면, 이와 동시에 발생하는 다른 반응들은 혐오적인 상황을 회피하려는 경향성인 도망 반응(flight reaction)과 연합되어 있다. 즉, 부적 정서는 싸움 경향성과 도망 경향성을 동시에 생성한다. 이러한 2가지 반응 경향성 중 어떤 반응 경향성이 나타날 것인지는 유전적 영향, 과거 학습 그리고 현재 상황이 안전한지 아닌지에 대한 지각 등에 따라 결정된다.

위험하고 불쾌한 상황을 회피하거나 불쾌감을 주는 원인을 파괴해 버림으로써 해로운 자극에 대응하는 것은 동물에게서 흔히 발견된다. 예를 들어, 두 마리 동물을 한 우리에 가둬 두고 때리거나 전기충격을 주는 등 해로운 자극을 전달하면 두 마리의 동물들은 싸우기 시작한다. 물론 이러한 공격 반응이 반드시 나타나는 것은 아니다. 그럼에도 인간을 포함한 많은 동물은 고통의 원천으로부터 회피할 방법이 없거나 방법을 모를 때에는 공격할 수 있는 가까운 대상에게 자신의 공격성을 발산하는 장면을 쉽게 관찰할 수 있다.

인지적 신연합주의에 따르면 사람들이 매우 강한 불쾌감을 경험하게 되면 그들 중 상당수가 유전이나 과거 학습에 따라 공격성과 관련된 행동 반응을 나타낸다. Monteith, Berkowitz, Kruglanski와 Blair(1990)는 신체적 불편함이 사고와 정서에 어떠한 영향을 미치는가를 알아보기 위한 실험을 하였다. 이 실험에서 한 집단의 피험자들은 한쪽 팔을 앞으로 뻗고, 다른 한 집단의 피험자들은 한쪽 팔을 책상에 기댄 상태에서 각각 좌절, 불안, 중성적인 상황을 상상하도록 지시받았다(박윤창, 2001).

피험자들이 상상한 이야기 속의 분노 및 공포 관련 단어가 언급된 횟수와 정서를 측정한 결과, 신체적 불편함이 낮은 조건의 경우 불안한 이야기를 상상한 집단이 공포와 관련된 생각을 가장 많이 하였으며, 좌절 상황을 상상한 집단은 분노와 관련된 생각을 가장 많이 하였다. 또한 신체적 불편함이 높은 집단 중 불안을 유발하는 사건을 상상한 집단은 중립 상황을 상상한 집단보다 분노 관련 생각을 더 많이 하였다. 또한 좌절을 상상한 집단은 다른 내용을 상상한 집단보다 분노와 관련된 생각을 더 많이 하였다.

여기에서 중요한 것은 높은 신체적 불편함이 불안을 상상한 집단에서 분노와 공포의 표현에 미치는 효과이다. 즉, 공포와 관련된 생각은 신체적 불편감이 높아질수록 의미 있게 줄어든 반면, 분노에 관련한 생각이 증가했다. 이러한 연구 결과는 혐오적인 사건은 분노와 관련된 정서 및 사고를 활성화시킨다는 인지적 신연합주의를 지지하고 있다(박윤창, 2001).

6) 외재적 접근과 내재적 접근

기분 인식은 혐오적인 사건에 대한 반응에 영향을 준다. 일반적으로 강한 정서적 각성은 주의 폭을 감소시킨다(Easterbrook, 1959). 즉, 강하게 각성된 사람들은 그들이 직면하는 상황의 주요한 몇몇 특징에만 주의를 집중하고 상대적으로 중요하지 않은 문제들은 무시하는 경향이 있다. 따라서 극도로 화가 난 사람들은 자신을 화나게 한 사람과 자신의 고통에만 주의를 기울일 뿐, 자신이 공격행동을 했을 때 받게 될 처벌 가능성과 같은 것은 무시할 가능성이 높아진다. 즉, 자신을 괴롭힌 사람을 공격할 생각만 할 뿐 공격행동이 가져올 처벌이나 법적 제재와 같은 부적 결과에 대해서는 고려하지 못한다. 그러나 자신의 불쾌한 감정을 인식하게 되면, 사회적으로 승인받지 못할 공격행동의 표출은 억제될 수 있다(박윤창, 2001).

일련의 연구 결과에 따르면, 불쾌한 상태에서 주의가 자신의 외부로 향했을 때는 자동적 처리 과정이 나타나 공격적이 될 수 있지만, 자신의 기분에 주의를 기울이는 내재적 접근을 거치면 공격성 수준은 감소한다(Beriowitz, 1984; Berkowitz & Troccoli, 1990). 즉, 불쾌한 기분을 인식하면 정교하고 분석적인 사고가 촉진되어 현재 상황의 다양한 정보를 더 많이 고려할 수 있게 된다. 또한 공격 대상이 자신을 불쾌하게 만들었는지 아닌지 더 잘 알게 되어 공격 대상에 대해서 공격성을 발휘하지 않게 된다.

Berkowitz와 Troccoli(1990)의 연구는 이러한 처리 과정을 검증하였다. 첫 번째 실험에서는 여자 대학생들에게 우울감 혹은 행복감을 느끼도록 조작한 후, 한 집단의 피험자들에게는 자신의 현재 감정을 평정하게 함으로써 자신의 기분을 인식하게 하였다. 그 후 모든 피험자들은 동료 학생의 수행에 대해 일정 금액에 해당하는 점수를 줌으로써 평가하도록 하였다. 연구 결과, 보상 점수에서 주의와 기분의 상호작용은 유의했다. 즉, 피험자의 주의가 자신 바깥으로 향했을 때, 우울을 느낀 피험자들은 행복감을 느낀 피험자에 비해 점수를 덜 주었다. 그러나 자신의 기분을 평정함으로써 주의가 자신의 기분으로 향하도록 한 피험자들은 기분의 영향을 받지 않았다. 즉, 자신이 기분이 나쁘다는 것을 알고 있는 피험자들은 다른 사람들을 평가할 때 자신의 불행감에 영향을 받아서는 안 된다는 것을 인식했다.

Berkowitz, Jo, Troccoli와 Monteith(1994)의 두 번째 실험에서는 이러한 결과가 우울함에만 국한되는 것이 아니라는 것을 보여 주었다. 남자 대학생들을 대상으로 한 두 번째 실험에서는 한 집단의 피험자들에게는 불편한 신체 활동만을 하게 했고, 다른 한 집단의 피험자들에게는 불편한 신체 활동과 함께 자신의 기분을 평가하게 함으로써 자신의 불편함을 인식하게 하였다. 이 처치가 끝난 후, 피험자들은 어떤 사람의 자전적 진술을 듣고 그 사람의 성격에 대한 인상을 평가하였다.

실험 결과, 불편한 신체 활동으로 기분이 나빴던 피험자 중에서 자신의 기분에 주의를 기울이지 않은 피험자들이 더 비호의적으로 인상을 평가하였으며, 자신의 기분을 인식한 피험자들은 불쾌감을 더 크게 느낄수록 덜 비호의적으로 인상 평가를 하였다. 실험에서 주의가 외부로 향하거나 자신의 감정에 주의를 기울이지 못하도록 방해를 받으면 부정적 정서가 야기시키는 적대감이 평가 대상에게 쉽게 표현되었다. 반면, 자기 자신의 감정에 초점을 맞춤으로써 자신의 기분을 인식한 피험자들은 자기 자신의 정서가 판단에 미치는 영향을 통제하는 경향이 있었다. 이러한 결과는 불쾌한 상태에서 자신의 기분을 인식하는 것은 부적 정서에 의해 활성화된 감정적 공격성을 억제시킬 수 있다는 것을 보여 준다(박윤창, 2001).

7) 현대사회와 공격성

일상생활 중에 느끼는 불쾌감은 여러 이유가 있다. 날씨나 대기 오염, 소음, 인구 과밀 등과 같이 특별히 불쾌감의 원천을 파악하려고 노력을 하지 않는 한 지각하기 어려운 불쾌감도 있고, 특정 사건 혹은 특정 인물로 인해서 불쾌감을 경험하는 경우도 있다. 감정적 공격성에 있어서 어떤 대상이 혐오적인 사건과 연합되어 있는지 여부는 매우 중요한 문제이다. 일반적으로 어떤 이유에서건 기분이 나빠지면 사람들은 자신에게 고통을 가져다준 사람에 대하여 공격성을 발휘한다. 불쾌한 사건에 의해 발생한 공격적 성향은 불쾌감의 원천으로 지각한 대상을 향해 표출된다(박윤창, 2001).

Berkowitz와 Troccoli(1990)의 연구는 자신의 기분에 주의를 기울이기만 해도 공격성은 조절된다는 결과를 보여 주었다. 그러나 Berkowitz와 Troccoli(1990)의 실험은 귀인의 문제를 고려하지 않고 있다. 즉, 이 실험에서 인상 형성의 대상 인물은 피험자가 불쾌하게 된 책임이 있는 것은 아니었다. 따라서 현재 진행되고 있는 것에 대해 주의를 기울이게 되면, 자신의 고통에 대하여 아무런 책임이 없는 다른 사람을 공격해서는 안 된다는 것을 인식하고, 공정한 판단을 하려고 노력했다. 그러나 공격 대상이 자신의 불쾌감에 책임이 있다면, 자신의 나쁜 기분을 인식한 사람들은 아마도 가능한 대상에 대하여 더 적대적이 될 수도 있을 것이다. 특히 나쁜 짓을 했으면 응분의 대가를 받아야 한다는 사회적 정의가 다른 사람을 공격하는 것에 대한 자기 정당화의 근거가 될 수도 있기 때문에 이러한 경우의 기분 인식은 오히려 공격성을 증가시킬 수도 있을 것이다(박윤창, 2001).

감정적 공격성은 의식적으로 주의를 기울이지 않아도 즉각적으로 발생하는 자동적 처리 과정이며, 기분 인식은 자동적 처리 과정을 조절하는 통제적 처리 과정을 작동시킨다. 만약 인지적 부하로 인하여 기분 인식이 손상된다면 공격성이 높게 나타나게 될 것이다.

숫자를 암송하거나 특정 신호를 탐지하게 하는 등 기존 연구에서 사용된 인지적 부하 유도 과제는 일상생활에서 경험하는 자원-소모적인 일 중 극히 일부에 지나지 않는다. 하루 동안에도 여러 사람을 만나야 하고, 해결해야 할 일이 너무나 많은 일상생활에는 무수히 많은 인지적 부하가 존재할 수 있다. 만일 인지적 부하가 실제 사회생활 어디에나 존재하는 것이라면, 그리고 만일 인지적 부하가 기분 인식 과정을 방해하는 요인이라면 사람들은 상대적으로 자동적 처리 과정에 의해 객관적이지 못한 판단이나 행동을 하게 될 가능성이 높아진다.

현대사회를 사는 사람들은 경주마처럼 앞만 보고 달리도록 요구받는다. 낙오하지 않기 위해서는 항상 바쁘게 움직여야 한다. 게다가 사회 분위기는 자신을 차분히 돌아보고 주의를 자신에게 향하게 가만 두지 않는다. TV는 시청률 경쟁으로 시청자의 정신을 빼앗기에 여념이 없고, 대중문화도 사람들의 주의를 끌기에 여념이 없다. 자기 인식의 부재와 인지적 부하는 우리 사회의 전반적인 분위기라고도 볼 수 있다. 이러한 현실을 감안할 때 현대사회에서 공격 행동이 흔히 발생하는 것은 어찌 보면 당연한 결과일지도 모른다(박윤창, 2001).

8) 정서표현

자신의 정서를 표현하고 싶어 하면서도, 표현하지 않고 억제하는 사람들이 있다. 이러한 사람들은 자신이 체험한 정서를 솔직히 표현하면 부정적인 결과가 나타날 것이라고 생각해서 의식적으로 정서표현을 억제한다(Gross & Levenson, 1997; King & Emmons, 1990). 개인이 느낀 정서를 잘 표현하는 것은 신체적 · 정신적으로 건강한 삶을 살아가는 데 매우 중요하다는 연구 결과가 있다. 이러한 연구에서는 정서를 표현하지 않는 것 자체가 병리적인 것은 아니지만 정서표현에 대한 욕구를 적극적으로 억누르는 것이 심신에 부정적인 영향을 가져온다고 지적한다(이주일, 황석현, 한정원, 민경환 1997; Pennebaker, 1995; Rogers, 1957).

정서를 잘 표현하지 못하고 억제하는 사람은 잘 표현하는 사람에 비해 삶의 만족도가 낮고, 부적 정서를 많이 느끼며, 주관적 안녕감이 낮다. 또한 대인관계에서 의기소침하고 소외되는 경향이 있고 눈에 잘 띄지 않으며, 타인으로부터 사회적 지지를 더 적게 받는 경향이 있다. 그리고 정서표현을 습관적으로 억제하고 갈등을 느끼는 사람은 암 및 화병 발병 가능성이 높았다(이주일 외, 1997; 최상진, 이요행, 1995; Cox & McCay, 1982; DePaul, 1992).

정서표현을 억제하지만 표현하고 싶어 하는 마음이 있기에 갈등하는 것을 '정서표현 갈등' 또는 '정서표현 양가성'이라고 하며 King과 Emmons(1990)가 이것을 측정하는 척도를 개발하였다(Lieverman, Eisenverg, Crokett, Tom, Pfeifer, & Way, 2007).

한국에서는 최해연(2008)이 정서표현에 대한 갈등과 억제연구에서 정서표현 갈등척도를 번역 및 타당화하였는데, 총 2가지 요인으로 구성되어 있다. 첫째, '자기방어적 양가성 요인'으로, 느끼는 정서를 적절히 표현할 자신이 없거나 표현 후에 자신이 오히려 상처를 받게 될까 봐 두려워서 정서를 표현하지 못하는 것이다. 둘째, '관계관여적 양가성 요인'으로, 표현을 하지 않고 타인에 대한 자신의 인상을 관리하는, 즉 타인을 중심적으로 관계성을 고려하기 때문에 정서를 표현하지 못하고 갈등하는 경우이다.

자기방어적 양가성 요인은 신체화 질병, 분노, 우울, 적대감, 회피 등과 유의한 정적 상관이 있었지만, 관계관여적 양가성 요인은 대인관계 예민성에서 약한 정적 상관을 나타냈다. Parkinson(2001)은 운전을 하는 상황과 운전을 하지 않는 상황을 구분하여 정서표현 갈등 수준을 연구하였다. 연구 결과, 난폭운전 및 분노운전(road rage) 행동을 보이는 운전자들은 그렇지 않은 운전자들에 비해서 운전을 하지 않는 일반적인 상황에서 정서표현 갈등 수준이 높게 나타났다.

2. 위험에 관련한 성격과 성품

1) 성격과 위험지각

성격과 지각에 관심이 있는 연구자들이 다루는 주제들에는 성격변인으로서의 지각적 및 인지적 반응 형태(patterns)에 관한 것들이 있다. 그러한 연구는 지각 스타일의 개인차와 과제 수행 사이의 관계에 관한 것들이다. 연구 결과 지각 스타일은 지각적 평준화(leveling)와 예리화(sharpening)의 특성을 가지는 2가지 형태가 있다고 밝혀졌다.

지각 스타일에서 평준화를 하는 사람은 자세한 변별과 추정을 하는 데 큰 어려움을 갖는 사람들이다. 반면에 지각 스타일에서 예리화를 하는 사람은 변별과 추정을 잘한다. 예리화를 하는 사람들은 세부사항에 주의를 기울이는 일에 적합한 사람이다. 평준화를 하는 사람들은 불필요한 자극을 무시해야 하는 과제에서 보다 잘 수행하고 또한 불안에 대해서는 억압하는 형태로 대처하는 경향이 있는 것으로 밝혀졌다.

위험에 대한 지각과 성격 유형과의 관계를 살펴보는 연구가 Witkin과 동료들에 의해서 진행되었다. 이른바 장 의존성과 장 독립성 지각 스타일에 관한 실험 형태의 연구이다(Witkin, Dyk, Faterson, Goodenough, & Karp, 1962). 장 의존적 또는 장 독립적이라는 말은 지각적 판단을 할 때 다른 사람들에 비하여 맥락(장)에 보다 큰 영향을 받느냐, 받지 않느냐를 나타내는 표현이다. 장 의존적 및 장 독립적 지각 스타일을 보이는 사람들은 지각(장) 내에 있는 자극에 주의를 기울이는 것과 이러한 자극을 조직하는 방법에서 차이를 보인다.

장 의존적인 사람과 장 독립적인 사람은 지각적인 과제에서 수행뿐 아니라 사회적인 행동에서도 차이를 보인다. 장 독립적인 사람은 장 의존적인 사람에 비하여 다른 사람들의 의견에 주의를 덜 기울이며, 야심적이고, 자기 주장적이다. 장 의존적인 사람은 장 독립적인 사람과 비교할 때 보다 개방적이고, 정이 깊으며, 사람들에게 관심을 쏟고, 환경의 지배적인 영향에 좌우되는 경향을 보였다.

2) 정직성과 위험

회사에 물품을 훔쳐 가거나 기밀을 빼내는 사람들은 그 회사의 직원인 경우가 대부분이다. 직원에 의한 절도와 산업스파이 행위는 조직에서 점점 중요한 문제로 자리 잡고 있다. 거짓말 탐지기로도 기만적인 직원에 대한 선별은 어려운데, 노동 계약 때문에라도 직원을 의심하거나 정직하지 않은 사람으로 낙인찍는 것은 문제를 야기할 수 있다. 가장 좋은 방법은 고용 단계 이전에 지원자들의 정직성을 검사할 수 있으면 좋은데, 누구나 좋은 인상을 주려고 노력하는 입사 전 단계에서는 이 또한 쉽지 않다.

거짓말 탐지기 대신 가장 많이 쓰이는 정직성 검사는 지필검사 기법이다. 미국은 매년 1,500만 명 이상의 직원이 정직성 검사를 받고 있고, 50여 가지 검사가 개발되어 사용되고 있다. 정직성 검사의 종류는 다양하지만 크게 2가지 유형으로 구분된다. 첫째, 직접적 정직성 검사로, 부정직한 행동에 대한 태도를 직접적으로 물어보는 측정 방식이다. 둘째, 성격을 통한 정직성 검사이다. 직무 태만이나 충동 조절, 성실성 등을 측정하여 간접적으로 정직성과 연결하는 방법으로 측정한다.

두 유형 모두 결근이나 약물이나 알코올 오남용 그리고 거짓말과 직무성실성 정도 혹은 충동조절력과 비생산적 행동 등을 타당하게 예언해 주는 것으로 나타난다. 정직성에 대한 검사 결과는 일반적인 수행 능력과도 연결된다. 즉, 정직한 사람일수록 일의 효율이나 능력도 뛰어나다는 것이다(Rynes, Brown, & Colbert, 2002).

현대 산업화사회에서는 정직하지 않은 유능한 사람들에 의해서 조직이나 사회의 여러 문제가 발생하고 있다. 특히 현대사회에서는 유능하다고 평가받으면 더 책임 있는 위치에 올라가도록 제도화되어 있기 때문에 정직하지 않은 유능한 사람이 발생시키는 사건과 사고의 심각도와 파급력은 더욱 크다. 따라서 이러한 유형의 사건이나 사고 혹은 재난을 예방하기 위해서라도 정직성 검사가 보다 세밀하고 효과적으로 이루어질 필요가 있다. 심리학자들도 정직성과 성실성을 보다 정확히 판단하고 예언해 내는 방법을 연구할 필요가 있다.

3) 성실성과 안전

안전과 관련한 성품에 대한 연구에서 Barrick과 Mount(1991)는 100여 편의 논문을 메타분석하여 성격 5요인 중에서 안전한 수행과 관련된 요소들을 알아보았다. 연구 결과, 성실성 요인은 가장 광범위하게 안전과 관련된 성격으로 지목되었다. 성실성은 직무 유능성, 훈련 유능성, 개인 자료 등과도 정적인 상관을 보였고 자기통제력, 책임감, 신중성, 효능감, 목표 지향성 등과도 유의미한 정적 관련성을 나타내었다. 즉, 성실한 성품의 사람은 위험도가 낮고 안전성이 높다는 것이다. 이 밖에도 성실성은 직장과 일터에서 여러 가지 긍정적인 행동 결과를 예언할 수 있는 유용한 성품으로 꼽힌다.

성실성은 사회 규범과 규칙을 준수하려는 정도를 나타내기도 한다. 성실성이 높은 사람은 열심히 일하고, 신중하며, 철저하고, 책임감이 강하고, 계획성이 있고, 신뢰감을 준다. 그러나 반대로 성실성이 낮은 사람은 사고와 상관을 높게 나타낸다. 자동차 사고에서도 성실성이 높은 사람은 사고를 적게 발생시켰으며, 안전행동을 향상시키는 결과를 가져다주는 것으로 나타났다(Clarke & Robertson, 2005).

4) 정서적 안정성

정서적 안정성은 정서적으로 평안하고 안정되어 있으며, 의지가 강하고, 변화가 적다는 것을 의미한다. 정서적 안정성이 부족한 사람은 걱정이 많고, 긴장되어 있고, 불안하고, 우울하며, 변덕스럽고, 의기소침하고, 까다로우며, 화를 잘 낸다. 이러한 불안정한 정서 상태를 '신경질적 성향(neurotism)'이라고 한다. 정서적 안정성이 낮은 사람은 37%가 사고를 보고한 반면, 정서적 안정성이 높은 사람은 24% 정도가 사고를 보고하였다.

Chappelow(1989)의 비행기 조종사들의 실수에 대한 연구에서 신경증 성향이 높은 사람들을 내향적인 성향과 외향적인 성향으로 구분하여 조사하였다. 신경증이 높은 내향적 성향인 사람은 지나치게 높은 긴장 혹은 각성을 보고한 반면, 신경증이 높은 외향적인 사람은 위험감수성향과 위험추구 성향을 높게 나타냈다.

Evans와 Courtney(1985)의 버스 운전사를 대상으로 한 연구에서도 정서적 안정성과 사고 및 결근 횟수는 정적인 상관을 나타내었다. 정재우(2000)의 철도 직원들에 대한 관련 사고 유무 연구에서도 신경증적 경향성은 유의미하게 사고가 많다고 보고되었다.

미국 Personnel Decision Research Institute(PDRI)에서는 원자력 발전소 작업자에게 적절하지 않은 성품에 대한 연구를 진행하였다. 연구 결과, 사고 유발 가능성을 가장 높이고 부적절하며 일탈된 무책임한 행동을 일으키는 성품을 6가지 주요 하위 차원으로 구분하였고, 6가지 의 주요 하위 차원 중 가장 핵심 요인은 정서적 불안정성으로 나타났다.

원자력 발전소 운전원에 대한 정서적 안정성 평가는 다음의 6가지 요인으로 구성되어 있는데, 각각의 요인은 정서적 안정성에서 결여된 부분을 설명하고 있다.

첫째, 권위에 대한 적대감으로, 성급함이나 상사에 대한 적대감, 대인관계에서의 고립, 정보의 방어적 보류, 극단적 행동화, 방사능에 대한 부적절한 반응 등을 보이는 것이다.

둘째, 무책임과 충동성이다. 업무나 조직에서의 부적응, 업무에 대한 진지한 태도 결여, 위기에 대한 부적절한 대처와 충동성 등의 정도이다.

셋째, 방어적인 무능력이다. 의사 전달의 어려움, 지나치게 방어적인 업무 태도, 대인관계의 고립 등으로 구성된다.

넷째, 정신병리적인 정서적 불안정성이다. 임상적으로 유의미한 수준의 우울, 불안, 반사회성, 위기 대처 능력의 결여, 스트레스에 대한 취약성, 업무 부적응 등으로 살펴볼 수 있다.

다섯째, 강박적인 무능력이다. 지나친 강박 성향, 정보의 방어적 보류, 업무 곤란 등이다.

여섯째, 약물 남용이다. 약물 중독이나 의존, 스트레스에 대한 취약성을 말한다(안창일, 이만영, 박동건, 윤선아, 1999).

3. 위험감행 행동 추구 성향

사람들은 종종 위험을 느끼면서도 위험을 감수하는 행동을 한다. Trimpop(1994)는 위험행동을 신체적, 경제적, 정신적 행동에 관한 이익과 비용이 불확실한 상태에서 의식적, 무의식적으로 통제된 행동이라고 정의하였고, 이러한 위험행동을 선택하는 것을 위험감행 행동(risk taking behavior)이라고 하였다. 위험을 느끼면서도 위험한 행동을 감행하는 것은 분명히 자신과 다른 사람들에게 문제를 발생시킬 확률을 높이는 것이다.

1) 감각추구 성향

감각추구 성향(sensation seeking)은 변화가 많고 새로운 자극, 복잡하고 강렬한 감각이나 경험을 추구하는 일종의 성격 특징이다. 감각추구 성향이 강한 사람은 더 강력한 감각적 자극을 획득하기 위해서 신체적이거나 사회적 혹은 법적이고 재정적인 위험을 기꺼이 무릅쓴다. 감각추구적인 사람의 행동 중 가장 예측하기 쉬운 것은 법규위반이다(Zuckerman, 1994).

Zuckerman, Kolin, Price와 Zoob(1964)가 개발한 감각추구 척도(sensation seeking scale)는 총 40개 문항의 질문지로 구성된 4가지 요인을 가지고 있다. 스릴과 모험추구(thill and adventure seeking) 요인은 흥분되고 모험적인 활동과 같이 흔하지 않은 감각자극을 추구하는 것을 나타낸다. 경험추구(experience seeking) 요인은 약물 사용과 같은 새로운 자극에 대한 추구를 나타내며, 권태 민감성(boredom susceptibility) 요인은 무료하고 반복적인 과제에 대한 혐오를 나타낸다. 마지막으로 탈억제(disinhibition) 요인은 참석한 파티에서 만취해 자기에 대한 통제 상실감을 느끼고 싶은 것과 같은 욕구를 말한다.

일반적으로 감각 추구 성향은 남성이 여성에 비해 높다. 공통적인 특징은 16세까지 남녀 모두 감각추구 성향이 증가하다가, 20세 초기부터는 감소하기 시작한다. 남성은 여성에 비해 감각추구, 위반 그리고 주의를 기울이지 않아서 생기는 실수가 더 높았고, 여성은 경험 미숙으로 발생하는 실수가 더 높았다(Arnett, 1996).

최상진, 손영미, 김정인과 박정열(2001)의 연구에 따르면 음주운전을 시도하는 사람은 단기적인 이익추구 성향이 강하고 충동성과 비순응성, 좌절에 대한 인내력 부족, 법규 무시 성향 및 자기 행동 결과에 대한 무관심이 높았고, 낮은 수준의 충동 조절 능력과 위험감수성, 준법의식을 가지고 있는 것으로 나타났다. 채규만과 류명은(2002)의 연구에서도 충동성이 높은 사람일수록 음주운전과 같은 치명적인 위험행동을 많이 선택하는 것으로 나타났다.

Burns와 Wilde(1995)는 택시운전자들을 대상으로 한 감각추구 성향과 모험추구 성향을 조사하고 승객들로 하여금 해당 택시 운전사의 운전행동을 기록하도록 하여 비교하는 연구를 진행하였다. 연구 결과, 자극추구 성향과 모험추구 성향이 강할수록 과속이나 법규위반과 같은 위험행동이 증가하는 것으로 나타났다.

2) 분노와 위험

분노는 자신과 다른 사람들을 위험하게 할 수 있는 가장 비극적인 상황을 만들 수 있다.

가장 적극적인 위험 상황에서 분노가 촉발될 때 공격적인 행동이 나타날 가능성이 높다. 일상이 복잡해지면서 사람들은 더 많은 분노를 느끼고 있다. 심리학자들은 분노에 점점 더 많은 관심을 가지는데, 자신과 다른 사람들을 해롭게 하는 분노 발생 과정과 대응 원리를 살펴보는 연구가 진행되고 있다.

Arnett(1996)는 캘리포니아 성격검사(California Personality Inventory: CPI)의 하위척도를 이용하여 고등학생과 대학생의 공격성을 측정하였다. 운전 시 발생하는 위험에 대한 연구였는데, 시속 130km/h 이상의 엄청난 과속운전은 공격성과 상당한 상관관계를 가지고 있었다. 즉, 위험행동의 발현은 감각추구 성향과 함께 분노와 관련이 있음을 나타내는 결과이다.

공격성으로 인한 폭력과 여러 사회 문제는 위험의 구체적 형태로 드러나고 있다. 분노와 공격성을 유발하는 요인들이 무엇인지, 성격 특질과 분노 정서가 어떻게 연관되어 있으며, 어떻게 조절하도록 도울 것인가는 향후 위험연구에서 중요한 주제가 될 것이다(Dula & Ballard, 2003).

Deffenbacher, Oetting과 Lynch(1994)는 분노와 자동차 운전 상황을 결합한 연구를 진행하였다. 분노를 유발하는 운전 상황을 기술한 자료를 토대로 운전분노척도(Driving Anger Scale: DSA)를 개발하였다. 운전분노척도는 특성분노가 일반적으로 화를 쉽게 내는 경향성을 의미하는 것과 달리 운전 상황에서 자주 강한 분노를 경험하는 사람들이 있다는 것에서 출발한 연구이다.

운전분노는 다른 운전자의 무례한 언행이나 행동, 위험한 운전, 진로 방해 등에 의해 유발되며, 운전분노를 느낀 운전자는 진로 방해, 전조등 비추기, 차간 거리 줄이기, 고의로 사고 유도하기 등의 다양한 공격적 운전을 할 가능성이 높아질 것이라고 가정한 연구이다. 연구 결과, 운전분노는 운전자의 긴장 수준, 정서적 흥분, 주의, 지각 및 정보처리 등에 부정적 영향을 미치는 것으로 나타났다.

송혜수, 신용균, 강수철(2005)이 실시한 운전분노에 관한 연구에서도 과속과 난폭운전이 운전 중 발생하는 분노에 영향을 많이 받는다고 밝히고 있다. 운전분노는 운전 중 발생하는 스트레스에 대한 정서적 반응으로 특히, 운전 중 발생하는 분노는 차로 이탈이나 충돌사고를 높이는 것으로 나타났다. 시뮬레이션을 통한 연구에서 운전 중 분노는 과속을 야기하고 빈번한 차로변경과 높은 속도편차 그리고 잦은 차로이탈을 통한 앞지르기 행동을 보였다.

Machin과 Sankey(2008)는 교통법규위반행동 빈도가 높은 젊은 운전자들을 대상으로 한 연구에서 분노와 공격적인 자극추구 성향이 높은 사람일수록 위험행동의 빈도가 높았고 또한 불안과 이기적 행동을 높게 나타낸다고 보고하였다.

3) 분노와 난폭성

분노를 느낀다고 모두 난폭성을 나타내는 것은 아니다. 자동차 운전의 경우에도 모든 운전자가 난폭운전을 하지는 않는다. 평소와 달리 운전대만 잡으면 난폭운전을 하는 사람도 있고, 평소 보이던 행동처럼 안전운전을 하는 사람도 있다. 전자는 탈억제적 행동 표출을 쉽게 만드는 상황에 대해서 민감하게 반응하는 운전자일 가능성이 높고, 후자는 탈억제적 행동 표출을 쉽게 만드는 상황에 대해서 반응이 둔감한 운전자일 가능성이 높다.

이것은 운전자 간에 탈억제적 상황에 민감하게 영향을 받는 정도와 둔감하게 영향을 받는 정도에 따라 운전행동에서 차이가 나타나는 것이 운전자의 개인 내적 요소와 관련이 있을 가능성을 추론해 볼 수 있다.

신용균, 류준범과 강수철(2007)은 난폭운전을 다른 교통참가자에게 의도적으로 정신적, 신체적인 위험을 유발하거나 불쾌감을 주는 운전행위라고 정의하였다. 또한 Dula와 Ballard(2003)는 난폭운전을 운전 중의 부정적 정서에 의해 나타나는 것으로, 타인에게 의도적으로 불쾌감을 유발하는 운전행동이라고 하였다.

미국 고속도로교통안전국인 NHTSA(1998)는 과속이나 차량 간 경주, 빈번한 차선 바꿈, 끼어들기, 신호 위반, 적색 신호 통과, 양보 불이행, 안전 거리 미확보, 뒤따르는 차량을 위협하기 위한 급정거, 다른 운전자에게 욕설하는 것 등의 운전행동이 난폭운전에 포함될 수 있다고 밝혔다. 신용균 등(2007)은 과속, 신호 위반 및 급차로 변경을 난폭운전의 대표적인 요인으로 추출하였다. Dula와 Ballard(2003)는 난폭운전이 운전 중의 분노와 같은 부정적인 정서에 의해서 발생한다고 밝힌 바 있다. 분노는 인간이 가진 기본적인 정서 가운데 하나인데, 단순히 화가 났다는 상태만을 나타내는 것이 아닌 다차원적인 정서 특질이다(송지은, 황순택, 전미주, 2009).

Deffenbacher 등(1994)은 운전 중 운전자가 느끼는 분노 정서를 운전분노로 정의하고 운전분노 척도를 개발하였다. Deffenbacher, Lynch, Oetting과 Yingling(2001)의 후속연구에서 운전분노가 운전자의 일반적인 분노 성향과 어느 정도 상관이 있다고 나타났다. 또한 운전분노는 운전자가 속한 상황과 상호작용하는 경향이 있었으며, 운전 상황에 따라 분노 수준과 난폭운전 수준이 달라지는 경향이 있었다.

Lawton과 Nutter(2002)는 운전자들의 분노를 운전 상황과 비운전 상황으로 구분하여 비교했을 때, 분노를 느끼는 정도에는 차이가 없었지만 표현함에 있어서는 차이를 보인다고 보고하였다. 또한 강한 분노를 느끼는 운전자일수록 운전행동을 통해 분노를 더욱 밖으로 표출하는 경향이 있었다. 이것은 운전자가 운전 중 평소보다 더 분노를 느끼는 것 같지만 실은 그렇지 않으며, 단지 일상 상황보다 상대적으로 익명이 더 잘 보장되는 운전 상황에서의 개인이 분노를 더욱 난폭운전과 같은 행동으로 표현하는 경향이 있음을 보여 준다.

Nesbit, Cogner와 Cogner(2007)가 1989년에서 2007년 사이에 실시된 운전분노와 난폭운전에 대한 연구들을 분석한 결과, 운전분노와 난폭운전 사이에 정적 상관관계가 있었다. Deffenbacher 등(1994)의 연구에서도 운전분노가 운전자의 안전과 관련된 중요한 요인임을 밝힌 바 있다. 그리고 운전분노와 관련된 여러 후속 연구에서 높은 운전분노 성향이 있는 운전자가 그렇지 않은 운전자에 비해 난폭운전을 할 가능성이 약 네 배 정도 더 높았고, 공격적이지 않지만 위험한 운전행동을 할 가능성 또한 약 두 배 정도 높았다. 이러한 결과는 일상생활의 분노가 대인관계에 영향을 미치는 것처럼 운전분노 또한 난폭운전으로 발현되어 운전자 자신과 다른 운전자 등 모든 도로 이용자의 안전에 영향을 미치고 있음을 나타내 준다.

4. 위험 의사소통

위험의 고조는 일반적으로 불안과 공포라는 정서적 반응을 발생시킨다. 과도한 불안과 공포 등은 또 다른 위험의 불씨가 되는데 이러한 부정적 정서 반응을 조절하는 주요한 요인으로 위험에 대한 의사소통이 있다.

위험 의사소통이란 단순히 설명을 듣고 안심하는 수준이 아니라 개인과 개인 혹은 개인과 사회 그리고 사회와 사회가 위험에 대해서 상호적인 소통을 하는 것이다. 이러한 소통의 종류는 기술적인 부분에서뿐만 아니라 의사결정 과정과 행위 주체의 행동까지 위험에 의해서 발생되는 모든 수준을 포함한다. 의사소통의 방법 또한 논박하고 논쟁하는 토론의 형태보다는 상생하기 위한 유기적 지식 공유 및 의견 교환 과정으로 진행된다.

의사소통은 보통 상대방을 설득하는 기술로 여겨지는 경우가 많고 대인 및 사회관계적 기술로 인식하는 경향이 강하다. 하지만 위험 의사소통은 개인 및 집단 혹은 집단 간의 정보와 의견을 주고받는 상호작용 과정이라고 정의된다(National Research Council, 1989). 이때 의사소통의 종류는 크게 위험 자체에 대한 정보와 위험 관리를 위한 법률 및 제도 혹은 의견이나 느낌 등의 반응에 관한 것들이다.

1) 위험 의사소통의 특징

위험 의사소통의 정의를 통해 파악되는 특징은 다음과 같다(정진우, 2017). 첫째, 위험 의사소통은 송신자와 수신자의 상호작용이다. 따라서 송신자에서 수신자로 일방적 방향으로만 진행되는 위험 정보는 위험 의사소통이라고 볼 수 없다. 일방적인 정보 관리와 전달은 오히려 더 큰 오해나 불신을 만들어 낼 수 있다.

2015년 한국의 메르스(MERS) 사태를 보더라도 일방적인 정보제공 형태의 의사소통은 오히려 불안을 가중시킬 수 있다. 위험에 관한 의사소통은 반드시 수신자로부터 송신자로 향하는 상향적인 의사 개진이나 정보 전달을 포함하여야 한다. 이것을 통해서 송신자는 수신자들의 요구와 결핍을 알 수 있으며, 부족한 정보를 파악하여 불필요한 정서적 불안이나 공포심의 발현을 조절할 수 있다.

둘째, 위험 의사소통은 정보의 제한을 최소로 하고, 위험에 대해서 깊이 있게 이해하도록 할 때 긍정적인 효과를 가져온다. 이것을 위해서는 의사결정권자의 독선적 결정이 아니라 수신자 집단들의 의견을 충분히 반영할 수 있는 장치가 마련되어야 한다.

위험 관리에 정책적 책임이 있는 주체만이 결정을 내리도록 하면 오히려 정당성에 대한 공격이 증가될 수 있다. 또한, 선의에 대해서 오해받을 수도 있다. 이러한 오해로 인한 갈등의 증가를 막는 것과 결정된 내용이 절차적 정당성을 확보하는 것은 재해나 참사의 범위가 커질수록 더욱 요구되는 중요한 요소이다.

2) 위험 의사소통 4요소

위험에 관한 정보는 일반적으로 행정 집행 기관이 수집하기 용이하기 때문에 취합된 정보를 수신자들에게 전달할 필요성을 정부나 행정 집행 기관이 느끼고 있는가가 무엇보다 중요하다. 이러한 생각을 토대로 Stallen과 Coppock(1987)는 위험 의사소통의 4가지 요소를 의무라는 용어를 사용해서 기술하였다. 위험 의사소통의 4요소는 다음과 같다.

첫째, 실용성의 의무이다. 위험에 처해 있는 사람들이 위험을 해결할 수 있도록 정보를 실용적으로 제공해야 한다.

둘째, 도덕성의 의무이다. 위험에 관한 정보를 수신한 사람들이 결정을 선택할 수 있도록 선택권을 부여하여야 한다.

셋째, 심리적 의무를 충족시켜야 한다. 정보는 모든 사람의 요구사항이다. 불안이나 공포에 대처하기 위해서거나 욕구를 충족시키기 위해서 또한, 무엇보다도 자신의 삶을 결정하기 위해서 정보는 필수적으로 필요하다. 따라서 집행 기관은 이러한 사람들의 심리적 기제를 충족시킬 의무가 있다.

넷째, 제도적 의무이다. 위험 정보 수신자들은 정부나 행정 집행 기관이 여러 가지 위험에 효과적이고 효율적으로 대응하는 방법을 알고 있을 것이라고 기대한다. 또한 위험 정보 수신자들은 이러한 정부와 행정 기관의 도움을 받기 원하기 때문에 이러한 기대에 부응할 의무가 있다.

위험 의사소통 4요소는 송신자에게는 의무이지만 수신자에게는 권리가 된다. 위험 의사소통이 제대로 이루어지지 않는 이유로는 송신자의 의무 방기와 전달 방법의 기술적 문제 등의 2가지 형태로 나타날 수 있다.

첫 번째 경우는 위험 정보 발신자들이 위험 의사소통을 할 의지가 없는 경우를 말한다. 주로 발생한 위험이 정부나 행정 집행 기관마저 혼란에 빠트려서 위험에 관한 정보를 제대로 정리하지 못하는 경우이다. 또 다른 경우는 정보를 전달해야 하는 의무가 있음을 간과하거나 의도적으로 숨겨서 이득을 보기 위한 경우이다. 두 번째 경우는 수신자들에게 위험에 관한 정보를 전달하기 위한 기술적 문제의 경우이다. 주로 복잡하고 어려운 형태로 수집된 위험 정보를 어디까지, 어떠한 방법으로 전달할 것인가에 관한 혼란으로 발생한다(정진우, 2017).

5. 사고 성향

사고를 내는 사람들은 누구일까? 모든 사람이 동일한 활동을 할 때, 사고로 이어질 확률은 똑같은 것인가 아니면 사람들의 특정한 성향이나 요인이 사고의 가능성을 높이는 것인가? 사고와 관련된 사람들의 심리 · 행동적 연구의 가장 큰 쟁점 중 하나는 사람들의 사고 발생 경향성(accident proneness)을 파악하는 것이다. 사고가 경향성을 나타낸다는 것은 사고 가능성이 모든 사람에게 동일하게 나타나는 것이 아니라 특정 요인을 가지고 있거나 보다 강하게 나타내는 사람이 사고 발생 가능성도 높아지게 됨을 의미한다.

독일 심리학자 Marber는 과거의 사고 횟수가 앞으로의 사고 가능성을 예언한다고 주장하였다. 1920년대 초기 독일 육군의 현역장교, 하사관 3,000명이 과거 5년에 걸쳐 일으킨 사고를 점검하고 무사고 집단과 1회 사고 집단, 2회 이상의 사고 집단으로 분류하여 연구를 진행하였다. 이후 5년간의 사고를 조사한 결과 무사고 집단은 .52회의 사고를 발생시켰고, 1회 사고 집단은 .91회, 2회 이상의 사고 집단은 1.34회의 사고를 발생시켰다. 과거 5년간 사고가 많았던 집단이 미래 5년간에서도 사고에 많이 연루된 것이다. 이러한 연구 결과는 사고를 유독 많이 발생시키는 인간적인 요인이 존재할 수 있음을 시사한다.

Greenwood와 Woods(1919)는 사고를 발생시키는 경향성이 높은 사람이 있을 것이라고 생각하고 연구하였다. 이러한 생각은 어떤 사람은 사고를 일으키지 않지만, 어떤 사람은 유독 반복적으로 사고나 문제를 가지게 된다는 경험에 근거한다. 재수가 없는 사람들로 불리는 이들에 대한 심리학자들의 접근은 다른 사람들보다 얼마나 운이 나쁜지가 아니라 과로, 위반, 부주의와 같은 행동적 측면과 함께 지각 유형의 차이, 지각-운동 속도, 지각 스타일, 부하의 개인차 등과 같은 인지 및 지각적 요소 그리고 연령과 경험, 성격적 특성 등을 알아보는 탐구로 넓혀져 가고 있다.

심리학이 발전하면서는 외향적 성격, 통제 소재, 충동성, 공격성, 사회적 부적응, 신경증, 스트레스와 스트레스 대처 전략 등이 강조되고 있다. 사고 경향성을 높이는 성격 측면에서 외향성이 지목되는 이유는 외향적 성격이 지속적인 주의를 기울이는 데 어려움을 가지고 있다는 여러 연구 때문이다. 외향적인 성격은 주의가 새로운 자극들로 쉽게 옮겨 가기 때문에 반복적인 일은 쉽게 지루해 하고 지속적인 주의 유지가 안 될 수 있다. Tillmann과 Hobbs(1949)는 사고를 많이 발생시키는 사람들은 일상생활 중에 법원이나 보건소 혹은 사회복지기관이나 신용조사기관 등 스트레스를 많이 받는 문제에 휘말리는 비율이 사고를 겪지 않는 사람보다 많다고 보고하였다. 또한 이순철(1993)은 교통사고로 사망한 운전자들 가운데는 성격장애를 가지고 있는 사람이 그렇지 않은 사람보다 더 많았다고 보고하였다.

그 밖에 스트레스와 관련되어 '참을성 없고 경쟁적이고 활동적인' 특성을 보이는 A형 성격의 경우 심리적 긴장이나 스트레스 수준이 높았는데 이것은 실수나 사고를 유발할 가능성도 높인다.

1) A형 성격과 위험

Friedman과 Rosenman(1959)은 심장병 환자들에게서 나타나는 공통된 행동 패턴 및 정서적 특성을 A 행동 패턴(Type A Behavior Pattern: TABP)이라고 불렀다. TABP는 적절한 환경 사건이 일어날 때 나타나는 '행동-정서 복합'으로서 다음과 같은 몇 가지 특성을 보인다.

TABP의 특성은 구체적으로 시간이 지나는 것에 대한 조급성, 최종 마감 시간까지 최대의 능력 발휘, 강력한 경쟁, 공격성, 적개심 및 초조해하는 모습을 보이는 동시에 이들은 사회에서 다소 부정적으로 여길 수 있는 신속성이 있고, 야망이 있으며, 목표 지향적이고, 외향적인 특성을 보인다.

TABP의 구성요소 중에서 속도감, 조급함, 직장 일에서 보이는 열정 등은 사회적으로 유용한 측면이므로 수정할 필요가 없다. 하지만 적의, 공격성, 분노 및 분노 표현의 억압 및 신경증 경향성은 잠재적으로 유용하지 못한 측면을 가진다. 실제적으로 이러한 요인들이 CHD[coronary heart disease(관상동맥 경화성 심장병)] 발병 위험을 예측해 주는 실제적 지표임이 입증된 많은 연구 결과를 얻었다.

TABP는 현재 행동 및 건강 문제를 다루는 영역에서 가장 널리 연구되는 정신 · 사회적 변인 중 하나가 되었다. 그러나 TABP에 대해 연구자들은 행동 패턴으로서만 볼 뿐 성격 특질이라든가 변인으로서 보지 않고 있다. 게다가 이러한 행동 패턴을 동기적인 변인으로 보지 않고 도리어 투쟁적 환경 상황에 처해서 반응하는 특징적 스타일이라고 모호하게 설명하고 있다. TABP를 성격 특질이라든가 소인으로 보지 않고 성격모델이 없는 것처럼 주장하는 것은 실제 이 개념을 성격 차원과 관련시키는 데 실패하였기 때문이다.

TABP가 심장병에 걸릴 수 있는 위험을 알리는 독립적 관찰 요인으로는 CHD와 TABP를 연결하는 설명이 필요하다. 하나의 설명은 심리적으로 스트레스를 느끼거나 투쟁적이라 여겨지는 상황에 대해 민감한 사람이 TABP 경향의 대처행동을 하고 심장혈관계가 작용하는 교감신경계의 신경내분비선 반응이 나타나므로 CHD 촉진이 높아지는 것이다. 다른 하나는 교감계의 반응성이 TABP 현상에 영향을 미칠 수 있는데, 이러한 상호작용 효과는 생리의학과 행동과학을 연결시키는 여러 측면에서의 연구 결과와 일치한다.

2) 사고 성향과 사고통계

Greenwood와 Woods(1919)는 사고 경향성에 대해서 통계적이고 조직적인 연구를 진행하기도 하였다. 사고 경향성에 대한 3개의 가설을 정립하였고, 이론적 분포와 실제 사고 분포의 유사성을 조사하여 가장 설명을 잘해 주는 가설로 간추려 나갔다. 정립된 3개의 가설은 다음과 같다.

첫째, 사고는 우연적으로 발생할 것이라는 가설로, 단순우연분포(simple chance distribution)로 이론적 분포를 가정하였다. 둘째, 사고를 일으킬 가능성은 동일하지만, 한 번이라도 사고가 발생한 사람들은 사고 가능성이 높아진다는 가설로, 편파 분포(biased distribution)로 이론적 분포를 가정하였다. 셋째, 어떤 사람들은 사고가 일어날 확률이 높다는 가설로, 비균등 분포(distribution of unequal liability)로 이론적 분포를 가정하였다. 가설을 검증하기 위하여 영국 군수공장의 실제 사고 분포와 3개의 이론적 분포를 비교하여 검증하였다.

〈표 7-1〉은 실제 사고 분포와 이론적 분포를 비교한 것이다. 비교 결과 실제 사고 분포는 단순우연분포와는 달랐고 편파 분포와 비균등 분포와 유사하였다. 좀 더 많은 자료를 분석한 결과, 실제 사고 분포는 비균등 분포와 유사하다는 사실을 확인하였다. Greenwood와 Woods(1919)의 연구는 이론적 사고 분포와 실제 사고 분포를 비교한 실증적 연구라는 의의와 사고 경향성이 있을 수 있다는 이론적 토대를 마련하는 의의가 있다.

그러나 사고 경향성이 있다고 하더라도 그러한 사고 경향성에 영향을 미치는 요인들이 무엇인지, 사고 경향성 자체가 어떤 요소들을 말하는 것인지에 대해서는 밝히지 못하였다는 제한점도 있다. 더욱이 추후 연구에서 일관된 결과를 가지지 못했다는 것은 사고 경향성이 실제로 존재하는 것인지에 대한 근본적인 의문을 가지도록 만들기도 한다.

산업재해 역시나 동일한 사람에 의해서 반복되는 경우가 많다. Greenwood와 Woods(1919)의 연구에 의하면 영국의 기업체에서 일어나는 사고는 대부분 몇몇 작업자에게서 반복적으로 발생하는 것으로 나타났다. 이러한 사고 빈발자들이 생겨나는 이유에 대한 연구는 초기 위험연구의 주요한 주제였다.

사고 빈발자는 미숙성 빈발자, 상황성 빈발자 및 소질성 빈발자의 3가지 종류로 구분된다. 미숙성 빈발자는 기능이 미숙하거나 환경에 익숙하지 못해서 사고를 발생시키는 사람이므로 적절한 교육 및 훈련 그리고 정보 습득의 기회를 가진다면 감소하게 된다. 2006년 한국 노동부 통계자료에 따르면 국내 산업체에서 발생하는 근속 기간별 추락 재해는 6개월 미만자의 비

표 7-1 실제 사고 분포와 이론적 분포의 비교

사고 수	실제인원	수학적 기대치		
		단순우연	편파	비균등
0회	448명	406	452	442
1회	132명	189	117	140
2회	42명	45	56	45
3회	21명	7	18	14
4회	3명	1	4	5
5회	2명	0.1	1	2
전체	648	648.1	648	648

출처: 이순철(2000), 長山(1982).

율이 77.3%에 달하였다. 이러한 사고 유형이 바로 전형적인 미숙성 빈발자에 의한 사고 비율이라고 할 수 있다.

상황성 빈발자는 작업 자체의 어려움이나 기계설비의 결함 그리고 작업 환경의 여건상 주의집중의 어려움이나 작업자 개인의 심리적 부담의 증가로 사고가 발생하는 것을 말한다. 따라서 상황성 빈발자에 대한 조치는 작업 방법의 개선이나 기계 설비의 조절, 환경 개선 및 상담이나 작업자 종합 지원 프로그램(Employee Assistance Program: EAP) 등을 통해서 개선해 나갈 수 있다.

소질성 빈발자는 주로 태도나 성격상의 기질 문제로 인한 사고유발자이다. 주의력 산만, 주의력 협소, 낮은 지능, 불규칙한 생활, 작업 경시, 흥분 성향, 비협조적 성향, 위반의 무시, 감각 운동의 부적합 등이 원인이다. 이러한 기질적 성향의 교정은 쉽지 않기 때문에 선발과정에서부터의 배제나 적절한 업무 배치, 동기와 태도의 변화를 위한 교육 및 상담이 병행되어야 개선될 수 있다.

사고 경향성에 대해 Heinrich(1931)는 위험행동의 발생 비율에 따른 사고 발생 비율을 제안하였다. Heinrich는 1:29:300의 비율로 위험행동과 사고가 발생한다고 주장하였는데, 300번의 위험행동 중 29건의 경미한 부상을 동반한 사고가 일어나고 1건은 중상 혹은 사망에 해당하는 심각한 사고를 발생시키게 된다는 것이다.

실제 사고 발생 비율에는 차이가 있을 수 있지만 Heinrich의 위험행동과 사고비율의 관계에 대한 주장은 반복적인 위험행동이 필연적으로 사고를 발생시킨다는 위험 연구의 주요한 명제를 증명하였다는 점에서 의의를 가진다.

Iversen과 Rundmo(2002)는 2,605명의 노르웨이 운전자를 대상으로 한 연구에서 통제소재, 규범동의 정도, 감각추구, 분노 그리고 사고 경험 등을 살펴보았다. 분석 결과, 감각추구가 위험감수에 많은 영향을 미쳤고 다음으로 규범에 대한 준수 정도와 분노가 위험감수에 영향을 미쳤다. 분노와 감각추구, 규범동의는 사고경험에 직접적인 영향을 미치거나 위험행동을 매개로 간접적인 영향을 미치는 요인이었다. 그러나 통제소재는 의미 있는 관계를 나타내지 않았다. 분노와 감각추구, 규범동의는 사고와 관련된 변량의 20% 정도를 설명하고 있는데, 이것은 교통사고 자체가 드문 경험이기 때문으로 생각된다. 즉, 사고와 관련된 운전자의 성격적 변인들은 최대한 광범위하게 설정하더라도 39% 내외의 설명력을 가지며 보수적으로 파악할 때는 20% 정도만 설명할 뿐 나머지 부분에 대해서는 사고의 명확한 원인으로 지목할 수 없다는 결과를 제시하였다. Rimmo와 Aberg(1999)의 연구에서와 마찬가지로 다양한 성격 요인이 사고와 관련되어 있을 것이라고 생각하고 연구되고 있지만 큰 성과를 못 내고 있는 현실을 잘 반영해 주는 결론이다.

이러한 성격 요인에 대한 사고와 위험에 관련한 연구의 제한점은, 첫째, 기억의 부정확성에서 기인한다고 볼 수 있다. 둘째, 사고 발생의 복합성으로 인해서 성격이 사고의 출발선 어디쯤에 자리 잡고 있는 요인인지 규명하기 어렵기 때문이다.

도로교통공단(1998b)은 운전적성검사 개발에서 위반행동이나 교통사고에 영향을 미치는 성격 요인으로 성숙성, 참을성, 충동 조절성, 준법성, 주의집중력, 운전 태도, 적응 경향 및 성실성을 꼽았다. 연구에 따르면 이들 요인은 전체 운전자들로부터 교통사고 경험자들을 비교적 정확하게 변별하는 것으로 나타났는데, 이들 요인이 설명하는 운전자의 부적응적 측면은 제도에 대한 반감, 본인 욕구 충족 및 사회적 적응 능력의 부족으로 지목하였다.

박정희와 이순철(1997)은 버스 운전자들을 대상으로 한 연구에서 교통사고 발생에 개입하는 요인들로 성실성과 운전규칙 준수 및 태도와 책임감을 지목하였으며, MMPI 특성 가운데 정신분열척도와 편집증, 경조증 등의 특성이 많이 관여한다고 밝혔다. 사고를 많이 발생시키는 사람들은 성실성과 책임감이 낮고 규칙에 대해서 우호적이지 않은 태도를 가지고 있었다. 임상적 문제 수준까지 올라가지 않더라도 위험한 행동을 선택하는 사람들은 정신분열증[조현병(schizophrenia)]과 편집증 및 경조증 척도가 높게 나타났다.

일본 택시회사 운전사들을 대상으로 한 연구에서도 10년 무사고 운전자와 한 해마다 4~5회씩 교통사고를 발생시킨 교통사고 다발 운전자들의 뇌파에서 차이가 나타났다. 무사고 운전자들의 경우 간단한 덧셈을 수행할 때 뇌파가 줄곧 베타파였던 것에 비해 사고 다발 운전자들은 베타파와 함께 10초에서 20초 정도 알파파가 나타났다. 알파파는 다소 긴장도가 떨어지거나 주의가 분산될 때 나타나는 뇌파형이다. 따라서 이러한 연구 결과는 사고 다발 운전자들은 문제해결 상황에서 의식의 긴장이 자주 이완된 상태로 옮겨 갈 수 있음을 나타내는데, 운전 중 부주의가 발생할 수 있음을 시사한다(박민용, 박인용, 2015).

3) 사고 성향 연구의 제한점

심리학이 가지는 개인차에 대한 관심은 위험과 안전 그리고 사고의 영역으로까지 확장되었다. 일례로 3만 명의 자동차 운전 중 사고 자료를 분석한 결과, 6년 동안 발생한 전체 사고의 36%를 사고 운전자가 발생시킨 것으로 나타났다. 이것은 전체 운전자 중 4%도 안 되는 운전자들이 더 많은 교통사고를 야기한다는 것이다. 이 자료는 사고 다발 운전자들이 있다는 증거 자료로 사용될 수 있을 것이다. 이러한 사고경향이 높은 운전자들만 조절할 수 있다면 사고율은 3분의 1로 줄어들게 된다.

그러나 앞에서 살펴본 6년간의 사고 자료를 각각 3년씩 분리해서 다시 분석해 본 결과는 달라졌다. 첫 번째 3년 동안 사고 없이 운전한 사람들은 두 번째 3년 동안 전체 교통사고의 96%를 발생시켰다. 이것은 사고가 없었던 사람이라고 해서 사고 경향성이 적은 것이 아니라는 정반대의 증거가 된다. 동일한 자료를 어떻게 분류하고 분석하느냐에 따라서 전혀 다른 결과가 나오는 것이다. 이처럼 사고 성향에 대한 연구 결과들은 확고하지 못하다(Haight, 2001).

사고 관련 연구에서 교통사고 경향성을 높이는 것으로 가정되는 공통적인 요인으로는 운전자의 심리적이고 기질적인 문제나 법규위반과 같은 행동적 요인들이 거론되고 있다(이순철, 2000a). 하지만 사고 발생 경향성에 영향을 주는 요인들은 다양하고 폭넓게 제시되고 있는 반면, 사고 발생 경향성을 측정할 수 있는 도구나 방법은 부족한 실정이다. 왜냐하면 사고란 일종의 사건(event)인데 특정한 사건의 발생 유・무를 측정한다는 것은 쉬운 일이 아니며, 어떤 사람이 앞으로 사고를 발생시킬 것인지, 아닌지를 몇 가지 심리적 기제나 행동 패턴으로만 분석하는 데에는 여러 가지 제한점이 존재하기 때문이다(Lee et al., 2009).

이러한 현실적인 어려움으로 기존의 사고 발생 경향성에 관한 연구들은 사고 발생 경향성을 과거 사고 경험으로 규정하여 연구를 진행하는 경우가 많았다(이순철, 2004). 하지만 과거의 사고 경험을 현재적인 사고 발생경향성으로 규정하는 것 또한 다음의 몇 가지 제한점을 내포하고 있다(Lee et al., 2009).

첫째, 과거 사고의 측정을 현재적인 사고 발생 경향성으로 규정하는 것은 사고 발생 경향성 연구 목적에 부합하지 않는 측면이 있다. 과거 사고 경험이 높은 사람이라고 해서 미래에도 여전히 고사고군일 것이라는 예상을 지지하지 않는 연구 결과도 있다(Stradling, Meadows, & Beatty, 2004). 또한 사고 연구의 실제 목적은 과거 사고경험보다는 현재의 행동이나 심리상태가 앞으로의 사고 발생과 어떠한 관계가 있고, 얼마나 영향을 미치는지를 밝히는 데 있다. 이러한 연구 목적에 부합하기 위해서는 과거 사고 발생 경험이 아닌 현재적인 사고 발생 위험을 측정해 내야만 한다(Warner & Aberg, 2006).

둘째, 과거 사고 경험을 사고 발생 경향성으로 해석하는 것은 과거의 사고 경험이 오히려 현재 사고 발생 경향성을 낮출 수 있다는 사실을 간과하는 것이다. 사람들은 자신이 가지고 있는 위험에 대한 지각을 일정 수준으로 유지하기 마련인데, 이러한 행동 특징은 위험항상성이론(Risk Compensation Theory)으로 설명된다. 위험항상성이론에 따르면, 사고를 경험한 사람은 사고경험으로 인해 자신의 위험에 대한 민감도를 높이게 될 것이고, 사고경험을 통해 학습한 위험도에 맞게 자신의 행동을 보다 안전하게 수정할 수도 있다. 즉, 과거 사고경험이 나쁜 태도를 고치게 했거나 보다 안전한 방법을 학습하도록 하는 보상행동을 발생시켜서 오히려 미래의 사고를 예방할 수도 있다는 것이다. 과거에 사고를 발생시켰다고 해서 행동의 일관성 측면에서 미래에도 사고를 발생시킬 가능성이 높아질 것이라고 예견하는 것은 과거 사고 경험이 오히려 사고나 위험에 대한 민감도를 높이고, 사고 발생 위험을 낮출 수도 있다는 가능성을 소홀히 다루는 것이다.

셋째, 사고 경험 횟수를 측정한 값을 사고 경향성으로 규정할 경우, 피응답자에 의해서 사고 경험 횟수가 과장되거나 축소되면 연구 결과가 왜곡되기 쉽다는 문제점이 있다. 이러한 피험자들의 응답 왜곡 현상은 교정시설 혹은 처벌적 성격을 내포하는 집합식 교육장에서 수거되는 자료를 분석하였을 때, 사고를 예언해 내는 설명력이나 변인들과의 상관관계가 연구자의 연구 가설만큼 충분하지 못하다는 결과들을 통해서 나타나기도 한다(Lee, Lee, & Park, 2007). 태도나 자세를 교정할 목적으로 소집된 사람들이 연구에 사용되는 설문지에 솔직하게 대답하기보다는 자신의 태도를 좋게 포장하거나 긍정적으로 보이도록 응답하는 경향은 사고와 관련된 연구를 진행하는 연구자들이 해결해야 할 중요한 문제 중 하나이다(이순열, 이순철, 2009a).

6. 외상 후 스트레스 장애: 트라우마

외상 후 스트레스 장애라고 불리는 트라우마(trauma)는 충격적 경험에 의해서 발생하는 심리적·신체적 증상들을 말한다. 충격적 경험은 전쟁이나 국가 폭력, 강간이나 사고 혹은 재난 등 저마다 잊히지 않는 혹은 기억되지는 않지만 과거의 사건이 현재까지도 심신에 어떠한 영향을 미치는 질긴 끈으로 작용하는 것들이다.

일반적으로 외상 후 스트레스 장애는 공포와 슬픔 혹은 분노와 같은 강렬한 정서를 동반하는데 강력한 정서적 재경험은 행동에 영향을 주고 일상적인 삶을 파괴하기도 한다. 가장 일반적인 외상 후 스트레스의 증상은 고통스러운 기억이 불현듯 떠오르게 되는 침습과 사건을 떠올리게 하는 장소나 사람 혹은 행동 등을 회피하게 되는 것이다. 또한 부정적인 감정의 변화로 삶이나 일상의 흥미를 잃고, 무능력감에 휩싸이게 된다. 이와는 반대로 자기파괴적 행동이나 지나친 경계, 지나친 각성 상태로 인해 오히려 집중의 어려움이 발생할 수도 있다. 하지만 이러한 외상 후 스트레스 장애의 질긴 끈도 약해지거나 끊어질 수 있다.

끔찍한 외상으로부터 생존한 사람들은 어떠한 역량을 강화시키는가에 따라서 회복될 수도 있고, 끔찍했던 경험이 자신을 성장시키는 밑거름이 될 수도 있다. 또는 철회된 사회적 반응에서 다른 사람들과의 새로운 연결 지점을 찾아서 회복될 수 있는 고리를 마련할 수도 있다. 즉, 인간은 회복될 수 있는 존재이다.

일반적으로 외상 후 스트레스 장애가 상황이나 관계에 의해서 만들어지기 때문에 새로운 관계의 형성은 회복을 위해서 반드시 필요하다. 따라서 생존자에게 새롭게 덧입혀지는 역량은 신뢰나 자율성, 주도성과 정체성 그리고 친밀감 등으로 지목된다(Herman, 2007).

1) 사고에 의한 외상 후 스트레스 장애

현대사회의 가장 빈번한 외상 후 스트레스 장애 발생 원인은 일상에서 경험하게 되는 사고이다. 한국도 가장 일상적으로 경험하는 외상 사건으로 교통사고가 지목되고 있다. 교통사고 경험자를 대상으로 한 외상 후 스트레스 장애 유병률을 보면 외국의 경우 6~46% 정도였다. 한국은 교통사고로 인한 신체 손상환자는 유병률이 61%로 나타났다. 이 가운데 만성적인 외상 후 스트레스 장애로 진단되는 경우는 40%에 달했다.

한국의 경우, 버스사고 피해자들을 대상으로 한 연구에서는 외상 후 스트레스 장애 유병률이 27.7%로 나타났으며, 부분적인 외상 후 스트레스 장애 증상 호소까지 포함한다면 38.3%에 달했다(이선미, 김정희, 2002).

고의성이 없다는 교통사고의 특성상 외상 후 스트레스 장애는 피해자뿐만 아니라 가해자에게도 발생할 수 있다. 사고 경험이 있는 지하철 기관사들을 대상으로 한 연구에서 사고 경험 기관사들이 사고를 경험하지 않은 기관사들에 비해 유의미하게 외상 후 스트레스 장애 진단이 높게 나타났다(변준수 외, 2013). 버스 운전기사들에 대한 연구에서도 사망 사고를 발생시킨 운전자들이 사고를 경험하지 않은 운전자들에 비해서 외상 후 스트레스 장애 유병률이 높게 나타났다(최원선 외, 2011).

사고로 인한 외상 후 스트레스 장애 호소 증상은 침습적 사고(제어되지 않고 갑자기 떠오르는 생각)와 동일한 작업 중 발생되는 불안과 공포 등이 가장 대표적이다. 또한 이러한 증상을 완화하기 위해서 알코올이나 약물과 같은 물질이나 도박이나 게임 혹은 기타 행위에 몰입하는 현상이 나타날 수 있다. 그리고 갑작스런 분노 표출이나 울음과 같은 돌발적 정서표현 등이 가장 흔하게 보고되는 사고 외상 후 스트레스 장애의 증상이다.

2) 외상 후 스트레스 장애의 회복

외상 후 스트레스 장애에서 회복하기 위한 첫 번째 원칙은 생존자의 역량 강화이다(Herman, 2007). 어떤 조건이나 환경이 아무리 유용한 이득을 즉각 주더라도 그것이 생존자의 자율성이나 자발적 역량을 제한하는 것이라면 궁극적으로 회복에 도움을 주지 못한다고 보는 견해가 많다. 그런 의미에서 안전해 보인다고 해서 모든 것이 좋게 작용하는 것이 아니다. 위험과 안전에서 정서적 측면은 다른 영역에 비해서 더욱 섬세하게 혹은 역설적으로 다루어야 하는 부분이다.

외상 후 스트레스 장애의 회복을 돕는 모든 사람은 조력자일 뿐이다. 정서적 부분에서 임상적 결정을 내리고 효과를 거두는 모든 주체는 결국 생존자이고, 그들이 어떠한 결정을 내리는가에 온전히 몰입할 수 있어야 한다.

따라서 외상 후 스트레스 장애 회복을 위한 치료 관계는 몇 가지 독특한 면을 가진다. 첫째, 생존자의 회복에 유일한 목적이라는 것이다. 둘째, 생존자와 치료자는 권력의 차이를 계약을 통해서 맺게 된다. 모든 의학적 관계는 불평등한 관계일 수밖에 없는 이유는 바로 권력의 차이 때문이다. 이러한 불평등 관계로 인한 전이와 역전이 등의 갈등 양상을 조절하기 위해서라도 치료동맹은 고통을 인내하는 과정이 될 수 있다. 강요보다는 설득이 그리고 강제보다는 생각하도록, 통제보다는 상호성이 효과를 발휘하도록 인내가 필요하다(Herman, 2007).

인내가 필요한 이유는 외상 후 스트레스 장애 치료가 트라우마를 발생시키는 결정적 사건에서의 회복뿐만 아니라 '왜 나에게 이런 일이 일어나는가?'와 같이 외상 후 스트레스 장애를 발생시킨 사건에 대한 의미 찾기 과정까지를 포함하기 때문이다. 외상 후 스트레스 장애를 비롯한 모든 심리치료와 상담은 인간의 본성과 삶의 원리에 대한 지혜를 바탕으로 인간의 성장에 대해서 고민하는 긴 여정을 통해 실현된다(권석만, 2012).

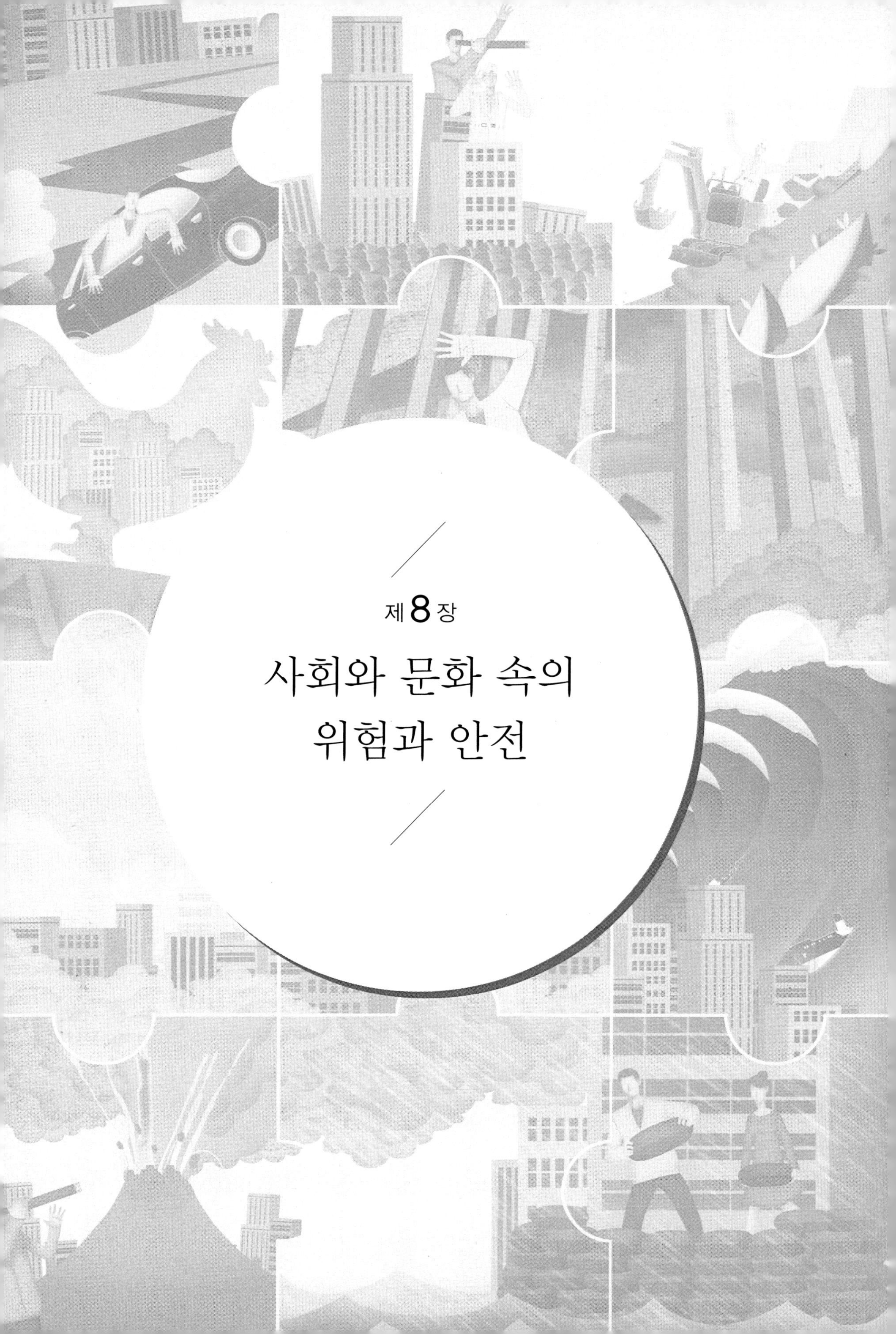

제 8 장

사회와 문화 속의 위험과 안전

심리 과정에 대한 접근은 환경에 어떻게 적응하는지를 알기 위한 노력이라고도 볼 수 있다. 인간의 행동에는 개인적 요인과 함께 반드시 사회 · 문화적 요인들이 포함된다. 따라서 인간에 대한 파악, 특히 심리내적 상태를 살펴보는 심리학적 접근이 제대로 이루어지기 위해서는 개인이 속한 사회와 문화에 대한 고려가 충분히 이루어져야 할 것이다.

공동체적 위험 극복과 안전 획득이 더욱 요구되는 현 시점에서 안전심리학은 사회심리학과 문화심리학적 범위에 대해서도 면밀히 조망해 보아야 할 것이다.

長山(1982)은 환경에 적절히 적응하기 위해서는 상황을 정확히 지각하고 인지하여야 한다고 말했다. 환경을 통해 얻어지는 여러 가지 정보는 경험, 지식, 통찰력 등의 예측체계를 통해 처리되고, 한편으로는 동기체계를 통해서 처리된다. 예측체계는 객관적 상황에 대한 판단 과정이며, 동기체계는 주관적 상황에 대한 판단 과정이다. 이러한 2가지 체계를 통해 처리된 정보는 결정기준에 따라 행동 선택에 영향을 미치게 된다. 밖에 있는 모든 것을 지각하여 정보를 선택하는 것이 아니라 외부의 정보를 선택적으로 처리하고 지각한다. 이것은

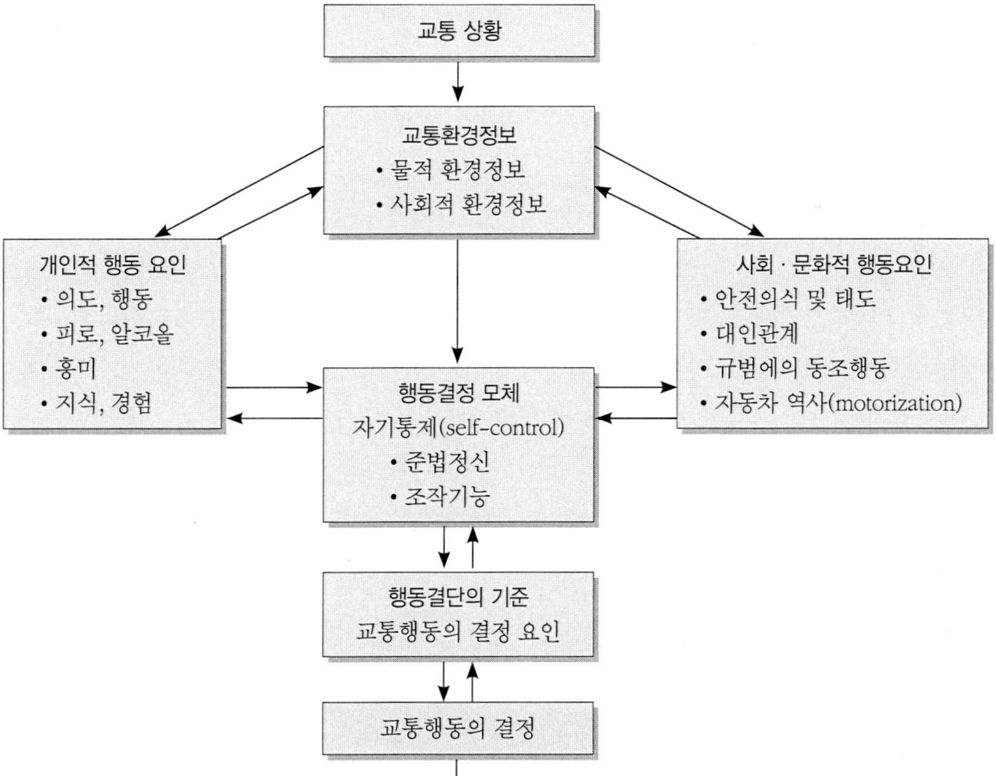

[그림 8-1] 교통행동을 결정하는 심리 과정

필요한 정보를 놓쳐 버릴 수도 있고, 필요한 정보가 무시당할 수도 있음을 의미한다. 한편, 사회규범과 가치관 그리고 습관 등이 행동에 많은 영향을 주고 있음을 나타내는 것이기도 하다.

법규나 규정에 대한 태도 등이 지역에 따라 차이가 있다는 것은 사회적 · 경제적 요인이 행동에 영향을 주고 있음을 의미한다(Nagayama, 1989; Wilde, 1976). 이순철(1990)은 의도, 동기, 흥미, 경험, 피로 등의 개인적 행동 요인과 대인관계, 규범 및 안전에 대한 의식과 태도 등과 같은 사회 · 문화적 행동 요인이 위험행동에 깊이 관여하고 있다고 주장하였고, [그림 8-1]의 운전행동결정 모델을 통해 제시하였다.

예를 들어, 청소년기는 동조성이 가장 두드러지는 시기이다. 자신의 주체적인 도덕적 판단을 미루고 다른 사람의 행동에 무조건적으로 따르는 외적통제성향이 높은 청소년들은 집단따돌림의 경우 자신이 따돌림을 당하지 않고, 집단에 속하고 싶어서 따돌림 현상을 묵인하거나 따돌리는 집단에 동조하는 행동을 할 수 있다. 이 밖에도 흡연이나 욕설, 위법행동 등에도 동조 현상이 나타난다. 따라서 청소년의 반사회적 행동이나 위험한 행동을 제대로 이해하기 위해서는 그러한 행동을 주도하는 사람들에 대한 이해와 지도도 중요하지만 비판 없이 동조하는 현상의 맥락을 알고 조절하는 것도 중요하다.

이처럼 개인은 독립적으로 반응하는 것이 아니라 사회적 영향을 받으며 행동을 결정하는데, 구체적인 위험행동 중 교통행동에도 이러한 사회적 규범이나 동기, 동조, 흥미, 경험 등이 영향을 미친다. 자동차 운전은 물적 교통정보와 사회적 교통정보가 운전자의 정보 획득 활동에 관여하고 있기도 하다. 물적 · 사회적 정보들은 개인적 행동 요인과 사회 · 문화적 행동 요인에 직접적으로 영향을 미치며, 운전행동의 결정 모체 및 자기조절에 간접적으로 작용한다. 그리고 의도, 동기, 피로, 흥미, 음주, 지식 등 개인적 행동 요인과 안전의식, 태도, 대인관계, 사회규범에 대한 동조 등은 사회 · 문화적 행동 요인으로서 운전자의 행동결정 모체와 자기조절의 형성에 직접적으로 작용하고 있다.

외부에 있는 정보는 수동적으로 들어오는 것이 아니고 운전자가 필요한 정보를 적극적으로 선택하는 것이다. 이와 같이 동일한 정보라 할지라도 운전자의 개인적 행동 요인이나 사회 · 문화적 행동 요인의 차이에 따라 별개의 의미를 가진 정보로 변화할 가능성을 내포하고 있다. 이것은 운전자의 행동결정 당시의 심리상태나 평소 가지고 있었던 사회적 관습 혹은 가치기준의 차이에 따라 정보를 각각 다르게 해석하여 선택할 가능성이 있음을 의미한다.

개인적 행동 요인과 사회 · 문화적 행동 요인은 운전행동 실행에 직접적인 영향 요인이 아니고, 준법정신, 위험감수성, 조작기능 등의 행동결정 모체가 행동 결단 기준의 직접적인 영향 요인이 된다. 예를 들면, 시간에 쫓긴다고 해서 모든 운전자가 과속을 하거나 차로 위반이나 끼어들기를 하지는 않는다. 그러나 바쁘다는 사실이 그 운전자가 평소 가지고 있는 준법정신이나 위험감수성을 저하시킬 가능성은 있다. 평소의 안전 태도, 준법정신, 위험감수성의 수준이 다른 운전자보다 떨어지는 운전자가 바쁜 상황에 처할 때는 위험을 위험으로 감지하지 못하거나, 상대방을 무시하는 태도 혹은 위험을 감수하고서라도 빨리 가야겠다는 생각이 앞서서 위험한 운전행동을 선택할 가능성이 높아진다.

운전행동은 여러 가지 환경 변화에 대한 대응이 가능하고 자율적으로 조작할 수 있다는 점에서 다른 기계 조작과는 상이한 특성을 가지고 있다. 따라서 작업 환경이 작업자에게 미치는 영향을 운전행동과 교통 환경과의 관계에 적용하는 것은 적절하지 못한 경우가 많다.

운전자가 적응대상으로 삼아야 하는 것은 자동차의 기계적 조작이라기보다는 인간이 자동차를 이용하여 교통 환경에 적응해 가는 행동으로 파악하여야 한다. 그리고 자동차 운전은 다른 기계조작과는 다르게 운전자의 자유로운 선택적 재량에 의해 환경에 적응하고 새롭게 환경을 창조해 가는 과정이라고도 이해할 수 있다. 운전자가 적응해야 하는 환경은 물리적으로 외부에서 부여되는 측면이 있지만, 선택결정의 순간에 운전자 본인이 창조해 내는 환경과 다른 운전자와의 관계도 중요한 요인으로 작용한다.

1. 사회적 환경

건설 현장에서 작업자들이 자신의 장구를 직접 구매하도록 하는 회사의 사고율과 장비를 회사에서 구비해서 지급하고 착용 여부를 꼼꼼히 살피는 회사의 사고율은 다를 것이다. 이처럼 위험은 경영방식, 규범, 작업장의 분위기나 풍토(morale), 훈련 그리고 안전에 관련한 인센티브 등 사회적 맥락과 배경들에 크게 좌우된다.

사고 감소와 관련된 지속적인 교육과 훈련은 위험행동을 감소시킬 것이다. 즉, 경영진들이 혹은 관리자들이 얼마나 안전에 대해서 신경을 쓰고 중요시하는가는 직원들과 전체 직장 그리고 조직과 사회의 위험과 안전에 직접적 영향을 줄 수 있다(Fellner & Seizer-Azaroff, 1984). 사회적 환경은 주변 사람들이 가지고 있는 태도나 행동을 말하는데 사람들은 주변 사람들의 태도나 행동에 민감하게 영향을 받는다. 즉, 주변 사람들이 어떻게 행동하는지를 관찰하거나 그 행동의 결과가 어떠한지를 관찰하는 것을 통해서 자신의 위험에 대해서 평가하고 어떠한 태도를 가지고 어떻게 행동할지를 결정하게 된다는 것이다.

Wagenaar와 Groeneweg(1988)는 네덜란드 해운협회가 수집한 100건의 해상 사고를 평가한 결과, 사고의 원인으로 지목된 요인들이 2,250개에 달한다고 발표하였다. 분석된 사고 당 요인 수는 평균 22개 정도였다. 이 가운데 인간 특성이 사고 요인으로 지목된 것은 345개 정도였다. 그중 사람의 실수가 직접적 사고 원인인 것은 100건 중 4건 정도에 불과했다. Wagenaar와 Groeneweg(1988)의 연구는 사고의 대다수가 인간 요인으로 지목되는 다른 연구들과는 또 다른 관점의 결과를 제공한다. 이 연구는 사고의 최종 원인이 인간이라고 하더라도 그 안에는 사회적 압력과 잘못된 태도나 관습이 내포되어 있음을 지적하고 있다.

1) 익명성

익명(anonymity)의 사전적 의미는 '이름을 숨기는 것'이다. Diener(1976)는 익명을 개인이 보이지 않는 상태, 즉 개인의 신원이 파악될 수 없는 상태라고 정의했다. Burkell(2006) 또한 익명이란 '다른 사람과 떨어져서 사회적으로 고립되어 있는 상태'라고 하였다.

익명상황에 대한 여러 연구가 수행되었는데 그중에서 Diener, Fraser, Beaman와 Kelem(1976)은 핼러윈 장난(trick or treat)을 위해 분장한 아이들이 자신을 사람들이 알아보지 못한다고 생각할수록 더 많은 사탕을 집어 간다는 재미있는 연구 결과를 제시하였다. 그리고 Silike(2003)가 북아일랜드의 범죄 통계를 분석한 연구 결과를 보면 복면 등으로 얼굴을 가린 범죄자들이 더 많은 폭력 및 공공 기물파손 범죄(vandalism)를 일으키는 것으로 나타났다. 더군다나 폭행 피해자에게 더욱 심각한 신체적 상해를 가하고, 공격 후에도 바로 떠나지 않고 위협적인 행동을 지속적으로 보이는 경우가 많았다고 보고하였다. 익명성에 관한 연구들은 사람들의 공격성이 자신을 숨길 수 있을 때 더욱 많이 발생할 수 있음을 시사한다.

최근의 익명 관련 연구들은 사이버 상황과 관련한 것들이 주를 이룬다. Suler(2004)는 익명이 보장되는 사이버 상황의 개인은 긴장이 완화되고, 구속감을 적게 느끼며, 더욱 개방적으로 자신을 표현하는 경향이 있다는 것을 밝혔다. 그리고 공격적인 표현이 익명성 상황에서 더욱 높아지는 이유에 대해서 행동의 탈억제 효과(disinhibition effect) 때문이라고 설명하였다. Johnson(2009) 또한 사이버 공간의 익명 보장이 일탈을 부추기며 사람들로 하여금 현실에서는 위험부담이 큰 사회적 규범 및 구속으로부터 쉽게 해방감을 준다고 보고하였다.

2) 익명 상황과 위험행동

자동차 운전자는 차체로 인해서 외부 환경으로부터 어느 정도 격리된다. 차량 밖의 사람들은 차량 안에서 운전하고 있는 사람이 누구인지 모른다. 차량 유리가 짙은 어두운 색을 띠거나 차체가 높을 때에는 운전자를 발견하는 것조차도 힘들다. Bjorklund(2008)는 운전자들 간의 만남은 대부분 일시적이며, 서로가 누구인지 알지 못하는 상태에 있고, 서로 간의 의사소통도 제한적이라고 하였다. 이러한 운전 상황이 가지는 가장 독특한 특성은 다른 어떤 환경보다도 높은 익명성 상황에 놓이는 것이라고 볼 수 있다.

익명성은 행동에 영향을 미친다. 심지어 같은 운전자라고 해도 익명이 잘 보장되는 상황의 운전자와 그렇지 않은 운전자 사이에서는 행동의 차이가 발견된다. Elloson, Govern, Petti와 Figler(1995)는 교차로에서 신호대기를 하던 중 진행 신호로 바뀐 후에도 늦게 출발하는 앞차가 있을 때, 바로 뒤 차량의 익명성 정도가 어떤가에 따라 경적 반응이 달라진다고 보고하였다. 지붕이 열려 있고 운전자가 노출되어 있는 차량과 지붕이 닫혀 있는 차량인 경우를 비교했을 때, 지붕이 닫혀 있는 차량의 운전자가 더 빨리 그리고 더 빈번하게 경적을 울리는 경향이 있었다. 이러한 연구 결과는 운전자가 익명성이 높은 상황과 낮은 상황에서 운전행동이 달라질 수 있음을 보여 준다.

Ellison-Potter, Bell과 Deffenbacher(2001)의 차량 시뮬레이션 연구에서도 운전자가 지붕이 있는 일반 차량을 운전하고 있다고 가정한 경우에는 지붕이 열리는 차량을 운전하고 있다고 가정한 운전자보다 신호위반, 추돌사고, 과속을 더욱 많이 했고 심지어 갑자기 나타나는 보행자를 치어 숨지게 하는 경우도 더 많았다.

이러한 연구 결과는 운전 당시 익명성이 높아지는 것이 충동성이나 난폭성을 증가시킬 수 있음을 보여 준다. 차량 지붕이 열리는지 여부에 따른 운전행동 차이는 운전 당시 옆자리에 동승자가 있는지 없는지에 따른 행동 차이 연구 결과와 유사한 형태로 나타난다. Lee와 Abdel-Aty(2008)는 운전에서 동승자가 있는 경우, 그리고 동승자의 수가 많을수록 운전자가 사고를 낼 가능성이 줄어들고 안전한 운전을 하는 경향이 있음을 밝혔다.

Neale, Dingus, Klauer, Subweeks와 Goodman(2005)은 차량 100대를 관찰한 연구에서도 동승자 없이 홀로 운전하는 운전자가 주의산만 행동 및 앞차에게 공격적인 운전행동을 더 많이 하는 것으로 나타났다. 연구자들은 이러한 이유가 혼자 운전하는 사람들이 자동차를 운전하면서 동승자와의 상호작용이 없어지는 상황에 놓이면 자신의 존재를 잊고 차량과 자신을 동일시하는 경향이 발생하기 때문일 것이라고 보았다.

또한 Shinar와 Compron(2004)은 운전자 2,000여 명을 관찰한 연구에서 운전자가 차량 내 동승자 없이 혼자 운전하는 경우에는 경적 사용이나 차선 변경 혹은 갓길 운행 등의 난폭한 운전행동이 더 많이 나타났으며, 운전자 외에 동승자가 있는 경우에는 공격적인 운전행동을 비교적 적게 하는 경향이 있다고 보고하였다.

Baxter 등(1990)의 연구에서도 차량에 나이 든 동승자가 있을 때에 가장 낮은 속도로 주행한다고 밝히고 있다. Shinar(2001)의 연구에서도 가족을 태우고 운전하는 운전자가 동승자의 존재를 인식하고 있기 때문에 혼자 운전할 때보다 더 낮은 속도로 주행하는 경향이 있다고 보고하였다.

이러한 연구들은 차량 내 동승자는 운전자가 혼자 운전할 때와 다른 방식으로 운전하게 하는 요인임을 알 수 있는데, 연구자들은 동승자의 존재가 운전 상황에서의 익명 상황을 약화시켜서 운전자로 하여금 억제적 행동을 하도록 하는 압력이 된다고 밝히고 있다.

2. 규칙과 법규에 대한 태도

태도란 어떤 사람, 사람의 집단, 대상물 또는 대상물의 집단에 대해 일관적이고 평가적인 방법으로 행동하려는 학습된 성향이라고 정의할 수 있다. 그리고 태도 연구의 방향은 태도의 구조를 내용적으로 어떻게 해석할 것인가 하는 것과 태도가 행동과 어떠한 관련성을 가지고 있는가에 대한 것으로 구분해서 생각해 볼 수 있다.

이순철(2000)은 실수와 사고의 직접적인 상관은 잘 발견되지 않는 반면에 법규를 위반하려는 성향이 사고와 관련이 높다고 보고하였다. 즉, 위험행동 자체의 직접적인 영향보다 법규위반과 같은 태도가 사고에 더욱 큰 영향을 미칠 수 있음을 주장하는 것이다.

교통법규를 위반하는 이유에 관하여 한국 6대 도시 운전자 1,300여 명의 조사 결과를 정리해 보면(도로교통공단, 1993), 위반하지 않으면 운행 목적의 달성이 어려워서 교통법규를 위반할 수밖에 없다고 응답한 운전자가 54.6%로 가장 많았고, 위반해도 사고를 일으킨다고 생각하지 않기 때문이라는 응답이 16.5%, 위반하는 사람이 많아서 나만 지키면 손해라는 운전자가 11.7%, 교통법규는 조금 위반해도 괜찮다고 생각하기 때문에라고 답한 운전자가 5.5%, 그리고 위반해도 처벌이 별로 두렵지 않아서라고 응답한 운전자도 2.2%였다. 이순철(2000)은 이러한 결과를 통해 교통문제의 기술적, 제도적 해결이 요망되지만, 한편으로는 운전자가 목적을 위해 수단과 과정을 무시하는 태도도 개선되어야 한다고 주장하였다.

이순철(2000)은 교통법규위반에 대한 한국의 일반 운전자의 태도를 다음과 같이 분류하였다. 첫째, 불합리한 법규는 지키면 손해라는 태도이다. 불합리한 법규는 지키지 않아도 된다는 인식은 그만큼 한국의 교통 사회와 문화가 과도기적이라는 것으로 해석할 수 있다. 한국의 과도적인 상황에서 법과 규범을 지키면 낙오자가 된다고 생각할 수 있다. 게다가 오히려 법규를 부정하고 파괴하는 사람이 앞서가는 경우를 목격하기도 하기 때문에 법을 지키면 손해라는 태도가 한국 사회에 만연해 있다고 볼 수 있다.

둘째, 교통참가자가 자신의 잘못을 인정하려는 용기가 부족하다. 그것은 새로운 교통 환경에 대한 거부감의 발로이거나 두려움의 표현일 수도 있다. 그리고 자신의 잘못은 사소한 것이고 상대방이 중대한 잘못을 저질렀다고 항변한다. 자신의 조그마한 잘못은 상대방의 큰 잘못에 비하면 대수롭지 않기 때문에 무시될 수 있고 용서되어야 한다는 태도를 보이고 있다.

셋째, 운전 조작 기술에 대한 과신에서 교통법규에 대한 태도가 잘못 형성되는 경향도 있다. 운전기술과 운전행동의 차이를 정확히 인식하지 못하고, 자신의 행동이 타인에게 어떠한 영향을 주는지를 생각하지 않고 행동하기 때문일 것이다. 이러한 태도와 행동이 교통사회의 주류를 형성하고 있기 때문에 교통사고의 위험에서 빠져나오지 못하고 발목을 잡고 있는 형국이다. 태도 변화가 이루어지지 않으면 무질서와 교통사고 위험에서 벗어나기 어려운 것이 현실이다.

또한 이순철(2000)은 교통법규위반에서 동조 현상이 일어나는 이유를 크게 3가지로 설명하였다. 첫째, 사람은 누구나 자신의 판단이나 행동을 남과 비교하려는 욕구를 가지고 있다. 그래서 자기가 확실히 알지 못하는 일이 있을 때, 남이 하는 대로 따라가려는 경향이 있다.

둘째, 다수의 행동을 따르지 않으면 직접적 혹은 간접적으로 제재를 받는 일이 많다. 집단 안에는 공식적 또는 비공식적 규범이 있어서 이러한 규범에서 이탈하면 압력을 받고, 그래도 이탈하면 집단으로부터 축출될 위험이 있다.

셋째, 타인의 인정을 받고 사랑을 받으려는 친애욕구(affiliation need)가 있으며, 남에게 인정과 사랑을 받는 첫 단계는 남과 같은 태도와 행동을 갖는 것으로부터 출발한다.

거주지역의 교통안전 분위기에 대한 운전자의 평가를 보면(도로교통공단, 1993), '매우 안전하다와 안전한 편이다.'라고 응답한 운전자는 4.3%에 불과하고, 95.7%의 운전자는 거주지역의 교통안전 분위기를 '안전하지 못한 편이다.'(51.2%)라거나 '매우 불안전한 편이다.'(44.5%)라고 응답했다. 이 결과는 자동차 교통생활에 대한 부적응의 정도와 불안감의 표출이라고 해석할 수 있으며, 사회적 가치 기준의 혼란과 인명 경시 풍조의 한 단면이라고 해석할 수 있다.

비행기 조종사들도 사고와 관련된 연구에서 준법정신 결여와 위험경고(주의) 무시 등이 상관이 있는 것으로 나타났다. 규율에 대한 준수 의지 부족은 항공기 사고의 한 원인이며 규정과 절차를 무시하고 반복적으로 발생하는 위반행위를 적절히 관리하지 않으면, 전체 집단에도 나쁜 안전 문화를 형성하여 사고의 원인으로 작용할 수 있다(최정열, 2014).

1) 법 감정과 준법의지

강제성에 의존해서 이루어지는 준법의 고양은 매우 위태로울 뿐만 아니라, 지속적인 감시와 처벌이 이루어져야만 한다는 점에서 고비용의 사회운영방식이다. 반면에 시민의 자발적인 준법의지와 긍정적인 법 감정을 고양시켜 사회를 운영하는 방식은 사회통합과 사회발전을 이루어 나가는 저비용의 효율적인 방식이 될 수 있다(박광배, 조은경, 1998).

그러나 안타깝게도 여러 조사에 따르면, 한국 사람들은 법에 대한 신뢰도가 낮고 법 집행의 형평성과 공정성에 대한 의문을 강하게 가지고 있는 것으로 나타나고 있다(김시업, 김지영, 2003). 그렇다면 한국의 사회체계와 사회 운영방식은 부정적인 법 감정과 낮은 준법의지로 인해서 과도하게 많은 비용을 낭비하고 있는 상태에 놓여 있음을 예상하게 된다. 따라서 '어떻게 낮은 법 신뢰도를 높이고 법이 공정하고 공평하게 집행되고 있다는 긍정적인 법 감정을 향상시킬 수 있을까?' '사람들의 자발적인 준법의지를 고양시키는 방법은 무엇일까?'와 같은 질문의 해답을 찾는 것은 한국의 사회체계 확립과 발전을 위해서 꼭 필요한 고민이 될 것이다.

위 질문에 해답을 찾기 위한 가장 기본적인 고려사항은 법 감정과 준법의지에 대한 이해일 것이다. 법 감정과 준법의지 모두 인간 심리 내면의 감정이나 동기로 작용하기 때문에 심리학적 측면의 내재적인 원인 분석이 요구된다.

(1) 사면과 안전 관련 법규

한국의 경우 문민정권이 들어선 1993년 이후부터 거의 해마다 사회통합과 경제 살리기를 이유로 내세운 대통령 사면이 단행되고 있다. 대통령 사면 중 특별사면은 대통령의 고유권한으로 국회의 동의절차가 필요하지 않다는 점에서 막강한 권력일 뿐만 아니라 사법권을 무력화시킬 수 있는 무소불위의 권한 행사이다.

따라서 삼권분립을 명시하고 있는 한국 헌법을 수호할 뿐만 아니라 권력자들에 대한 정치적 면죄부 남발이라는 비판을 받지 않기 위해서라도 대통령 사면의 정당성과 효과성에 대한 검증은 반드시 필요할 것이다(김종덕, 2015; 박광현, 2014; 전찬희, 2015).

대통령 사면 대상의 절대 다수에는 「도로교통법」 등의 안전 관련 법규위반이 포함된다. 이유는 「도로교통법」 위반은 생활 밀착형 범법행위로 심각성이나 의도성이 적고, 경제 활성화와 국민 통합을 이루는 데 효과가 크다고 보기 때문이다. 구체적으로 김영삼 대통령 재임 시절 사면 횟수는 총 9회로, 「도로교통법」 관련 대상자는 총 441만 명에 달했다. 김대중 대통령 역시 재임 시절 사면 횟수는 총 7회로 「도로교통법」 관련 사면자 수는 481만 명이었다. 다음으로 노무현 대통령은 재임 시절 총 8회의 사면을 실시했는데, 「도로교통법」 관련 대상자는 420만 명이다. 이명박 대통령은 총 7회의 사면이 실시되는 동안 「도로교통법」 관련 사면자가 282만 명이었다.

이처럼 대통령 사면이 실시될 때마다 절대 다수의 대상자들은 「도로교통법」 관련자들로 일반 시민에게 가장 직접적인 영향을 미친다는 면에서 법 집행과 준수에 관련한 여러 가지 심리적 반응이 나타날 것을 예상할 수 있다.

대통령 사면은 예기치 않은 갑작스런 사법권의 집행 정지나 무력화이기 때문에 특별한 사건이라고 볼 수 있다. 하지만 한국의 경우 대통령 임기 5년에 몇 차례나 대통령 사면이 단행되고 있고, 이로 인한 사법권의 무력화나 형 집행 정지 경험을 하고 있다. 더욱이, 국민에게 가장 많은 수로 적용된 「도로교통법」에 대한 사면 경험은 직접 체험을 한 당사자에게는 교통사고나 단속의 위험에 대해 방심이나 과소평가를 하게 만드는 기만적 성향 강화로 이어질 수 있다(이순열, 2016). 더욱이 다른 사람들의 사면에 대해서 관찰하거나, 언론 보도를 통해서 간접적으로 관찰하는 사람들에게까지도 위법에 대한 처벌 여부가 운에 달린 것이라는 부정적 법 감정을 조성해서 준법의지를 낮추는 영향을 미칠 수 있다.

직·간접적으로 공급된 경험과 정보에 의해서 개인의 동기와 행위가 달라질 수 있다는 이순열(2016)의 주제상태조절이론(TCAT)에 따르면, 대통령 사면을 통한 위법행위 처벌에 대한 무력화 경험은 국민의 법 감정과 준법의지 등의 주관적 평가에 어떤 형태로든 영향을 줄 것이 분명하다.

(2) 법에 대한 감정 그리고 준수 의지

양승두(1989)는 한국 사람들이 가지고 있는 법에 대한 감정은 공포와 두려움이라고 지목하였다. 그 이유에 대해서는 일반 국민 입장에서는 법 적용과 집행이 그야말로 법대로 이루어지는 것이 아니라 권력자의 임의로 아랫사람에 대한 복종의 강요나 선심 쓰는 선처로 나타난다고 생각하기 때문이라고 지적하였다.

법이 선량한 약자를 지켜 주지 않는다는 피해의식이 만연하면 법 감정과 준법의지는 부정적으로 변할 것이다. 실제로도 한국 정부의 사법기관이나 검찰 그리고 경찰은 상당히 오랫동안 '권력의 시녀'나 '권력의 몽둥이'라는 오명으로 불렸다. 근래에도 여러 차례의 대통령 사면을 통해서 부정을 저지른 정치인과 권력자들이 사법부의 법 적용에서 처벌을 면하는 현상을 목도하고 있다.

대통령 사면의 구색 갖추기로 대국민 사면을 생계형 범죄나 「도로교통법」 위반행위 등과 같은 안전 사범에 대해서 진행하고 있다는 비판을 받고 있다. 사면의 이유로 내세워지는 국민 통합과 경제 활성화가 제대로 효과를 나타내고 있는지, 정말로 사면이 그러한 것들에 실질적인 영향을 주고 있는지는 차후에라도 곰곰이 따져 볼 일이다.

우선은 사면 등의 조치가 구조적으로 특정 계층에게만 법이 유리하게 적용되도록 하는 방편이 된다고 지각하는 것은 법 신뢰와 공정성과 같은 법 감정을 부정적으로 변화시키는 주요한 이유로 지목될 수 있을 것이다. 왜냐하면 법 적용이 불공평하게 적용되고 있다는 인식은 사람들로 하여금 당위적으로 법을 지키려는 규범적 이유를 유실시키는 해악을 끼치기 때문이다(박광배, 조은경, 1998).

준법의지를 고양시키는 것은 법규를 어기는 것이 자신에게 손해를 줄 것이라는 이해 타산적 인식이나 당위적으로 법규를 지켜야 한다는 규범적 인식을 통해서이다. 이해 타산적 성향을 조절해서 준법의지를 고양시키기 위해서는 처벌 확률을 높이기 위해 끊임없이 공권력을 투입하고 집행력을 높여야 한다. 이것은 많은 비용과 시간이 소모되는 일이다. 또한 끊임없이 감시와 처벌에 행정력을 사용하는 것은 오히려 사회 불안을 높이고 정부에 대한 부정적 태도를 증가시킬 수 있다.

반면에 규범적 성향을 조절해서 준법의지를 고양시키는 것은 법 적용과 집행에 대한 신뢰를 증가시킬 수 있다. 준법의지에 영향을 미치는 가장 큰 것이 규범적 성향의 유・무라는 것은 여러 연구에서 지지되고 있다. 나아가 법 집행기관의 공평과 권위에 기초한 준법의지가 증가될 수도 있는데, 이들 모두는 작은 경제적 비용으로 큰 사회적 이득을 얻는 결과를 가져다준다(박광배, 1996).

준법의지의 증가에 영향을 미치는 요인은 처벌 강도가 아니라 처벌 확률이라는 연구 결과도 많다. 이것은 위법에 대해서 얼마나 엄중히 처벌하느냐보다 위법한 행위가 확실히 처벌로 이어진다는 인식이 준법의지를 더욱 증가시킨다는 것을 나타낸다(Teevan, 1976; Tittle, 1980; Saltzman, Patemoster, Waldo, & Chiricos, 1982). 또한, 자신과 주변 사람이 가진 법 태도는 준법의지에 직접적인 영향을 주기도 한다.

Patemoster, Saltzman, Waldo와 Chiricos(1983)의 연구에 의하면 준법의지는 '어떻게 처벌하느냐?' 하는 법 집행의 방법보다는 주변인과 당사자의 도덕적 자기개념이 더 큰 영향을 준다. 준법의지는 법의 엄격성이나 처벌 확실성보다 자신을 비롯한 주변인들이 법을 어기는 것에 대해서 얼마나 비판적인 입장을 가지고 있느냐에 따라서 더 크게 영향을 받는다는 것이다. 법을 처벌의 강도나 확실성 때문에 지키는 것이 아니라 공동체와 자신의 안위에 도움이 되지 않기 때문에 지킨다는 태도가 궁극적으로 준법의지를 강화하는 동기로 작용하게 되는 것이다.

법 감정은 법 집행기관 및 운영자에 대한 정당성과 권위를 통해서도 조절할 수 있다. 법 집행기관의 정당성과 권위는 법 집행에 관한 경험을 통해서 형성된다(박광배, 1996). 사법부나 경찰의 법 적용과 집행이 정당하다는 경험을 할수록 법 감정은 긍정적으로 변하는 반면, 그렇지 않다면 법 감정은 악화될 수 있다. 기관이나 사회 구조의 정당성을 살피는 것은 사람들의 동기 수준이 내재화하는 방향으로만 나아가는 것이 아니라 외재화하는 방향성도 있기 때문이다(이순열, 2016).

사람들은 먹고 살기 위해서만 동기화되는 것이 아니라 사회 정의나 공명정대한 사회를 건설하기 위해서도 동기화된다. 하지만 정의로움을 경험하지 못하거나 부당한 일들이 만연하는 것은 사회체계를 부정적으로 바라보게 하거나, 끊임없는 불법행위 속에서도 괜찮다는 기만적 상황에 빠지도록 만들 수 있다. 사람들은 기본적으로 공정함에 대한 기대와 욕구가 있다. 세상을 공정하게 인식하고 싶어 하고 또 그렇게 인식되도록 만들고 싶어 한다. 이러한 결과로 공정에 대한 인식이 강할수록 법 적용에 대한 엄격함이 강해진다.

그러나 공정에 대한 인식이 약하면 준법의지도 약해지고 법 감정도 부정적으로 변하게 된다. 세상이 공정하지 못하다고 지각하면 공정을 위한 노력을 포기해 버릴 가능성이 높아지는 것이다(최승혁, 허태균, 2011, 2012; Lambert & Raichle, 2000).

2) 안전 관련 법 감정과 준법의지

도로에서 운전자와 경찰관 사이에 법규위반으로 실랑이를 벌이고 있는 경우를 종종 목격하게 된다. 법 집행관과 시민 사이에 실랑이가 발생하는 근본 이유는 법 집행관의 권위와 법 집행에 대한 신뢰가 의심받고 있음을 나타내는 것이다(박광배, 조은경, 1998; 허태균, 2005; 허태균, 황재원, 김재신, 2005).

「도로교통법」 위반 행위에 대한 정당화는 보통 정부나 사회에 그 책임을 전가시키는 형태로 나타난다. 또 다른 사람들도 위반하기 때문에 별 문제가 되지 않는다는 의식이 강하게 자리 잡고 있다. 다시 말해, 「도로교통법」 위반행위에 대해서는 자책이 적고 정당화를 위한 내재화가 다른 법규보다 강하게 자리 잡고 있다는 것이다(최상진, 박정열, 김정인, 손영미, 2003).

도로교통 법규를 지키는 것은 법질서를 지키기 위해서라는 규범적 이유보다는 처벌이나 벌금을 피하기 위해서라는 이해 타산적 동기가 크다. 또한, 적발 자체가 부당하다고 생각하는 경향이 강하고 준법의지도 약하다. 이러한 이유에 대해서는 일관성 없고, 간헐적으로 실시되는 단속을 들고 있는데, 법규를 어겨도 사고가 나지 않고 법규위반 단속 여부가 경찰관의 실적에 달려 있다는 의식은 「도로교통법」에 대한 법 감정과 준법의지가 부정적이라는 것을 나타낸다(최상진 등, 2003). 또한, 운전자들은 자신의 「도로교통법」 위반에 대해서는 둔감하고 정당화해서 받아들이는 반면에 타인의 법규위반에 대해서는 민감하게 받아들이는 성향이 있다. 이것은 타인에게 적용된 도로교통 법규가 어떻게 집행되는지에 대한 관찰이 법 감정과 준법의지에 영향을 미칠 수 있음을 예견하게 한다(이순열, 2016). 「도로교통법」을 위반하는 행동을 선택하는 이유는 법령의 미비나 행정체계의 허술함 때문이 아니라 법규에 대한 운전자들의 감정과 태도와 같은 심리적 요인에 의해서 결정되는 것이 더 크다.

Rothengarter(1988)는 「도로교통법」에 대해 공동체적 시야를 가지고 전체 사회의 합의에 기초한 규범적 태도를 지각하는 운전자들은 법규위반 행동이 다른 운전자들보다 적다고 밝혔다. 이것은 사회 규범적 태도를 가진 사람들은 타인에게 적용되는 법 집행이 정당하며 타당한가라는 법 감정에 더 큰 영향을 받을 수도 있음을 나타낸다. Fuller(1991)는 「도로교통법」 위반이 일어날 때마다 사고가 발생하지 않는 반면에, 준법의지는 시간의 증가와 비용의 지출(예: 음주운전을 하지 않기 위해서 대리운전비를 지불해야 한다든지, 대리운전 기사를 기다려야 하는 시간 등)이 반드시 필요하기 때문에 운전자들이 위반행위를 저지르게 된다고 주장하였다. 따라서 법규의 준수행위를 높이기 위한 효과적인 방법은 처벌을 엄하게 하고 처벌 기준을 분명히 하는 것이라고 주장하기도 한다(허태균, 2004; 허태균 외, 2005).

3. 사회불안

사회불안이란 사회적 실체와의 관계에서 느끼는 불안감을 말한다. 개인 간의 불안을 넘어선 급격한 사회 변화 혹은 기술 발전, 경제적 변화 및 불황, 전쟁, 전염병이나 질병 혹은 사회나 시대가 가지고 있는 독특한 상황 등이 사람들로 하여금 불안을 야기할 때 그것을 사회불안이라고 부른다. 즉, 개인이 아닌 사회적 불확실성에 대한 인식이 사회불안을 만들어 내는 것이다(박수애, 송관재, 2005).

불안을 보통은 부정적 정서 상태로 인식하는데, 사실 불안은 우리 삶에서 상당히 기능적으로 작용한다. 인간은 불안을 느끼기 때문에 위험에 대비하고 대응하여 극복할 수 있다. 그러나 과도한 불안은 심리적 및 신체적 장애까지 유발할 수 있다. 또 불안은 사람들을 위축시키고, 효율성을 떨어뜨리고, 자기중심적인 상황으로 몰아갈 수도 있다.

자신의 이익에 도움이 되는 행동에 몰입한 나머지 사회적인 손해를 발생시키고 결국은 자신의 안전까지도 위협하는 역기능적 상황을 만들어 낼 수도 있다. 박수애와 송관재(2005)는 사회불안이 일반적으로 걱정을 고양시키고 신경증 수준에 부정적인 영향을 미쳐서 삶의 질을 떨어트린다고 보고하였다. 심리적 안녕감 중 환경 지배력이나 긍정적 대인관계에도 영향을 미치고 푸념이나 불평, 실수나 미신에 대한 의지 등으로 나타날 수도 있다. 즉, 사회불안이 증가하면 전체적으로 바람직하지 못한 선택도 늘어난다.

사회적 불안이 발생하는 원인은 불확실한 상황이나 인지적 도식과 위배되는 일이 증가할 때이다. 즉, 전쟁이나 실직, 불안정한 정국, 과학기술의 변화, 흉악 범죄, 원자력과 같은 문제, 갑작스런 기상이변이나 자연재해를 비롯해서 부정부패의 증가, 부조리와 불공평적 상황의 지속, 사회 계층의 격차 심화 등 인문적이고 자연적인 상태 모두에서 발생할 수 있다. 이러한 사회불안은 개인에게 이기적인 행동이나 고착된 행동의 증가를 가져다 주어 개인은 물론이거니와 사회 문제나 사고의 증가를 가져다줄 수 있다(이순열, 2015a).

Twenge(2000)는 대학생과 아동을 대상으로 1952년부터 1993년까지 수집되었던 불안과 신경증 자료들을 메타분석하여 시대별 불안 수준으로 살펴보았다. 그 결과, 개인적인 불안 수준에 상관없이 1950년대 이후 전반적인 불안 수준이 증가하였다는 것을 발견하였다. 연구에서 살펴본 불안은 개인의 특질적인 불안이 아니라 안정적인 개인차 형태의 불안임에도 불구하고 1980년대의 대학생과 아동들이 1950년보다 더 많은 불안을 호소하고 있었다. 분명히 사회경제적 성장이 있었음에도 세계대전 이후의 시기보다 1980년대에 더 많은 불안을 호소하는 것을 연구자는 여러 가지 사회지표를 통해서 설명하였다.

Twenge(2000)는 1980년대 사회불안이 더욱 고조된 이유를 사회적 연결고리가 약해지고 환경적 위협 요인이 증가하는 것과 관련이 있을 것이라고 생각하였다. 이혼율의 증가로 인한 가족 해체가 가속화되고, 자의든 타의든 독신가구도 증가하였다. 타인과 사회에 대한 신뢰감 저하 현상 증가는 개인주의의 증가로 이어져 불안을 가중시키는 역할을 할 수 있다. 또한 흉악범죄의 증가나 핵 위협의 고조, 신종 질병에 대한 공포와 사회적 복지와 국가 기관에 대한 불신이 증가하는 것도 불안 수준을 높이는 원인으로 지목된다.

4. 사회적 판단착오: 과신과 편견

1) 과신

인간이 비합리적 의사결정을 하는 이유 중 한 가지는 자기 고양적(self-enhancement) 동기로 지목된다. 자기 고양적 동기는 자신뿐 아니라 자신과 관련된 것들에 대한 긍정적인 결과와 평가를 편향되게 해서 결과적으로 현실을 왜곡하는 기제로 작용한다. 과신은 크게 자신에게 긍정적인 일이 실제보다 더 높은 확률로 일어날 것이라고 생각하는 낙관적 편향과 자신과 관련된 것들의 가치를 실제보다 높게 그리고 긍정적으로만 평가하는 것은 자기 본위적(self-serving) 편향으로 인해서 나타난다.

과신은 복권이나 도박 혹은 위험한 행동을 저지르는 사람들을 설명하는 중요한 방법이다. 자기 고양적 동기는 통제력에 대한 착각으로 연결될 수 있다. 통제력에 대한 착각이 도박과 복권에서의 비합리적 판단을 설명할 수 있다(한성열, 2003). 대학생을 대상으로 다른 운전자들과 자신의 운전 능력을 비교하여 평가하도록 하는 연구 결과, 대학생의 82%가 자신의 운전 능력을 다른 운전자들과 비교해서 평균 이상이라고 평가하였다(Svenson, 1981).

벤처 창업의 성공 가능성에 대한 연구에서도 2,994명의 조사대상자 중 70%는 자신이 성공할 수 있을 것이라고 평가하면서도 다른 사람들의 성공 확률은 39%라고 응답하였다(Cooper, Woo, & Dunkelberg, 1988). 이러한 과신은 전문가 집단에서도 발생한다. Malkiel(1995)은 주식 전문가들을 대상으로 한 연구에서 주식 전문가들에 의해서 선택된 주식들의 장기간의 이익이 무선적으로 선택된 주식들의 수익성을 넘지 못한다는 결과를 내놓기도 하였다.

사람들은 자신이 행동을 통제한다고 믿을 때 더 많이 과신하기도 한다. Langer(1975)는 동전 던지기 실험에서 자신이 동전을 던지고 결과를 보지 않고 돈을 걸 때는 더 많은 돈을 걸지만, 다른 사람이 동전을 던지는 것에 돈을 걸 때는 더 작은 돈을 거는 경향이 있다고 보고하였다. 즉, 자신이 결과를 만든다고 생각할 때는 더 긍정적인 방향으로 과신을 나타내는 것이다. 이러한 경향은 자신이 로또 번호를 고르거나 자동차를 운전하는 상황에서 사고나 실패보다는 긍정적 결과로 편파적인 판단을 내리고 부정적 정보를 무시하여 위험이 증가하는 상황을 생각해 볼 수 있다. 즉, 위험한 행동을 선택하거나 실행하는 주체가 자신인 경우에는 문제가 발생하지 않을 것이라는 근거 없는 과신이 나타날 확률이 높다는 것이다.

2) 편견

편견은 개인이 속한 집단에 근거하여 어떤 집단이나 개인에 대해 부정적 평가를 내리는 것을 말한다. 편견이 가장 큰 사회 문제가 되는 것은 차별을 만들어 내고, 그것을 정당화시키고, 편견을 일삼는 가해자 집단에 낄 수 있는 강화를 주기 때문이다.

Ashmore와 Del Boca(1976)는 편견을 '사회적으로 정의된 집단에 대해서 그리고 그 집단에 속한 어떤 사람에 대해서 갖는 부정적 태도'라고 정의하였다. 이러한 편견은 인종차별이나 성차별 혹은 지역 차별 그리고 따돌림 등 여러 가지 갈등과 불평등을 초래하는 원인으로 작용한다.

(1) 인종차별

차별은 분노와 갈등을 만들어 낸다. 교통수단의 발달과 세계화는 전 지구적으로 인종의 융합을 요구하고 있다. 그러나 물리적 거리는 가까워졌지만 심리적인 융합까지 이루어지는 데는 많은 시간이 필요하기 때문에 인종 간 차별은 또 다른 갈등과 위험의 원인이 되고 있다.

비행기 등 교통수단이 발달하였고 유럽연합의 출현이나 국가 간 무역 경계가 약화되면서 어느 나라나 매우 다양한 국적과 인종의 사람들이 함께 생활하고 일하는 추세가 증가하고 있다. 이러한 상황에서 발생하는 인종차별이 사회적 갈등 비용을 증가시키는 것은 당연하거니와 개인적으로도 큰 스트레스 요인으로 작용할 수 있다. 인종차별은 일반적으로 특정 인종에 대해서 비하하고 배제하는 형태로 발생한다.

575명의 남녀 히스패닉을 대상으로 한 연구에서 직장에서 인종에 의한 차별을 받고 있다고 보고하였다. 또, 일에서 배제시키거나 욕설이나 비하적인 표현 혹은 자극적인 농담 등으로 차별이 일어날 수도 있다. 언어적 공격의 대상이 된 사람들은 심리적 안녕감이 낮아지고 이것은 그 사회나 조직 자체에도 당연히 부정적인 영향을 미칠 것이며, 나아가 개인과 사회의 안전을 해칠 수도 있다(Schneider, Hitlan, & Radhakrishnan, 2000).

(2) 성차별

성차별은 남성에게도 발생하지만 대다수는 여성에게서 나타난다. 여성은 신체적 공격에서 언어적 농담까지 다양한 형태의 차별에 시달린다고 보고된다. 성희롱(sexual harassment)은 원하지 않는 성적 주목이나 위협을 말한다. 성차별(gender harassment)은 이성에 대한 모욕적, 적대적 그리고 비하하는 태도가 행동으로 나타나는 것이다. 성차별은 성희롱을 반드시 포함하는 것은 아니다.

성차별은 모두에게 일어날 수 있지만, 성희롱은 특정된 표적이 있다. 성희롱과 성차별은 사회적 비용을 만들어 내는데 성차별을 제대로 관리하지 못한 조직은 엄청난 위험을 떠안게 될 것이다. 극단적인 예로, 성희롱 문제 때문에 직장을 고소한 여성 4명이 소송 이후 더 심한 차별을 받았고, 이것을 이유로 회사는 총 220만 달러를 지불해야 했다. 미쓰비시(Mitsubishi) 일리노이 공장에서는 성희롱에 대한 불평사항을 개선하지 않았다는 이유로 수백 명의 여성 직원에게 3,400만 달러를 지불해야 했다.

인종차별과 같이 성차별도 공포와 불안 그리고 자존감 상실과 같은 심리적 문제를 야기한다. 나아가 신체적으로까지 나타나는 질병이 발병될 수 있다. 차별은 만족감이나 생산성에도 부정적인 영향을 끼친다. Munson, Hulin과 Drasgow(2000)는 사무직 작업자들을 대상으로 차별에 대한 연구를 진행하였다. 연구 결과, 여성 응답자의 70%가 업무 중 성차별을 경험했다고 보고했다. 성차별의 빈도나 영향은 백인 여성이나 백인이 아닌 여성 모두에게서 차이가 없었다.

성차별은 기업이나 조직 문화에 의해서도 강화될 수 있다. 미국 군대에서 근무하는 2만 2,372명의 여성을 대상으로 수행된 조사 결과, 응답자의 4%가 실제 강간을 당했거나 강간을 당할 위험에 처했었다고 보고하였다. 이러한 위협은 계급이 낮거나 권력이 없는 여성들에게서 가장 높게 나타났다(Harned, Ormerod, Palmieri, Collinsworth, & Reed, 2002).

3) 집단갈등

집단 간의 갈등은 감정적 요소, 인지적 요소 그리고 행동적 요소를 포함하고 있다(김혜숙, 1988). 집단 간의 갈등에서 감정적 요소란 대립되는 집단 성원에 대한 느낌, 즉 수용–배척으로 표현되는 태도의 측면을 말한다.

집단 간 갈등의 인지적 요소는 내집단 성원 혹은 외집단 성원의 특성에 대한 신념의 측면을 말하는데, 일종의 고정관념이라고 생각할 수 있다. 일반적으로 공동체 안에서 발생하는 집단적 갈등은 목표 불일치, 업무 상호의존성, 집단 단위 보상제도, 자원 부족, 불균형적 종속 등으로 지목된다. 이러한 공동체 내의 집단 간 갈등의 부정적인 영향으로는 지나친 집단의식, 독재적 리더십 출현을 통한 상위목표 설정 등이 있다. 또한 공동체 내의 집단 간 갈등을 조절하는 방법으로는 자원 확충, 협상, 상급자의 명령, 조직 구조 변화, 외부 인력 영입, 경쟁 심리 자극 등이 있다. 외집단 성원에 대한 고정관념은 흔히 '그들은 모두 하나같이 나쁜 특성을 가지고 있으며 우리와는 다르다.'로 대표될 수 있다(Fiske & Taylor, 1984).

집단 간 갈등의 또 다른 측면은 행동적 측면이다. 기존 연구에 의하면 일반적으로 외집단 성원에 대해서는 차별적 행위를 보인다. 외집단 성원에 대해 내집단 성원보다 더 적은 보상을 주며, 돕는 행위를 덜 보이며, 또한 덜 친밀한 비언어적 행동을 사용한다.

물론, 이와 같은 집단 간 갈등의 측면은 개념적 구분일 뿐, 상호 연관되어 서로 영향을 미친다. 부정적 고정관념은 편견을 강하게 만들고, 편견은 다른 사람의 특질을 지각하고 기억하는 데 영향을 미친다. 또한 이러한 고정관념과 태도가 행동에 영향을 미치는데, 때로는 행동이 태도를 변화시키기도 한다.

4) 집단갈등이론

집단 간 갈등의 원인으로는 집단 간 경쟁과 사회적 범주화, 사회적 인지, 사회문화적 학습을 꼽는다. 이러한 집단 간 갈등의 원인들을 고려한 이론들은 대표적으로 3가지가 있다.

첫째, Bobo(1983)의 현실적 집단갈등이론(Realistic Group Conflict Theory)이다. 집단 간 경쟁은 집단갈등이 집단 간 부족한 자원이나 가치 있는 물질 획득에 대해 서로 경쟁함으로써 야기될 수 있다는 전제에 기초한 이론이다. 현실적 집단갈등이론은 미국의 흑백 간 갈등의 경우, 미국 사회에서 흑인 차별 감소 정책의 일환으로 실시되고 있는 긍정적 행위 정책(affirmative action policy: 흑인, 멕시코 출신 미국인이나 여성 등을 고용할 때, 고용 기준을 다수 집단에 대해서보다 낮추어 고용하도록 하는 정책)이나 통합학교 정책 등으로 인해 백인들의 고용 가능성이 감소되고, 자녀들의 교육 수준이 낮아진다고 지각하는 것이 원인이라고 본다. 백인들은 자신이 제한된 자원의 배분에서 역차별이나 불공정한 처분을 받고 있다고 지각하면서, 자신의 이익과 복지에 직접적 위협을 준다고 여겨지는 흑인 등과 반목하거나 갈등이 심화된다고 보는 입장이다.

둘째, Tajfel(1982)의 사회정체성이론(social identity theory)을 들 수 있다. 집단갈등은 실제 대립되거나 제한된 자원의 분배와 같은 현실적 갈등 없이 단순히 '우리'와 '그들'이라는 구분을 짓는 것만으로도 시작될 수 있다. 즉, 어떠한 특별하고 확실한 집단 범주가 존재하지 않는다고 하더라도 우리는 우리가 속한 집단에 대한 정체감을 찾고자 한다는 것이다. 대체로,

집단에 대한 정체감을 형성할 때 우리는 부정적 정체감보다는 긍정적인 정체감을 가지고자 동기화된다. 이러한 긍정적인 정체감을 획득하려는 동기를 만족시키기 위해서는 타 집단에 비해 우리 집단이 보다 바람직하다고 여기는 것이 필요하다. 이러한 이유 때문에 우리는 외집단을 비하하고 내집단은 선호하는 신념이나 태도와 행동을 은연중에 보이게 된다. 간단히 말하면, 사회정체성 이론은 자아 존경의 동기를 충족시키기 위하여 내집단에 대하여 외집단과는 변별적인 선호를 보인다는 이론이다. 또한 이러한 차별적 지각과 행동은 사회적 범주가 특출해지는 상황에서 더욱 두드러진다고 보았다.

사회정체성 이론의 타당성은 여러 연구에서 입증되고 있다. 예를 들어, 직접적 상호작용이 없이 제비뽑기와 같은 임의적인 기준에 의해서 나누어진 집단에서도 내집단 성원에 대해 외집단 성원과는 차별적으로 더 큰 보상을 배정한다. 또한 긍정적 정체감이 손상된 소수 집단 성원들은 자신의 집단 성원들 간에는 타 집단 성원들 간보다 더 큰 의견의 일치성이 존재한다고 지각하여 자신의 집단 응집성을 높여 긍정적 자아 정체를 가지기 위해서 노력하기도 하였다(Simon & Brown, 1987).

셋째, 사람들이 집단 성원들의 특성에 대해서 가지는 기대나 선입관을 사회 정보를 처리하는 데 사용하기 때문에 발생한다고 보는 입장이다. 즉, 인간의 인지 수용 능력에는 한계가 있어서 복잡한 사회정보를 일일이 처리할 수 없으므로 이미 형성되어 있는 기대나 틀에 의해서 보다 빠르고 쉽게 처리한다는 것이 사회인지라고 본다. 그리고 집단 간 갈등이 이러한 사회인지에서 발생할 수 있다고 주장한다(Ashmore & Del Boca, 1981).

고정관념은 정보처리 과정(주의, 부호화, 인출, 해석 및 판단)에 영향을 미치는데, 주로 기존의 고정관념을 재확인해 주는 방향으로 작동한다. 즉, 고정관념은 선택적 정보처리를 하게 만들어 고정관념과 일치하는 정보가 일치하지 않는 정보보다 더 빈번하게 일어났다는 착각을 일으키도록 한다. 또한 고정관념과 일치되는 사건을 상상하게 하여 실제로는 발생하지 않았던 사건들도 기억하게 만든다. 고정관념은 또한 귀인 과정에도 영향을 미쳐 고정관념과 일치하지 않는 정보는 외적 · 상황적 요인에 의한 것으로 귀인하도록 한다. 반면, 일치하는 정보에 대해서는 내적 · 기질적 귀인을 하게 한다. 따라서 사람들은 고정관념과 일치하는 부정적 행위에 대해서는 일치하지 않는 행위보다 더 부정적으로 판단하여 더 큰 처벌을 내린다.

마지막으로 고정관념은 고정관념을 가지고 있는 사람의 행동뿐 아니라 고정관념의 대상이 되는 사람의 행동에까지도 영향을 미쳐 그 고정관념이 실현되는 방향으로 행동하도록 만든다. 소위 말하는 '자아실현적 예언' 혹은 '피그말리온 효과'가 이와 같은 기대실현 효과를 지칭하는 용어라고 할 수 있다.

사람들의 외집단 성원에 대한 고정관념은 주로 부정적 신념들이므로, 이러한 부정적 신념이 외집단에 대한 정보처리 과정과 행동에 부정적인 영향을 미치는 것은 당연하다. 즉, 사람들은 내집단 성원에 비해 외집단 성원의 부정적 행위를 더 잘 기억한다. 그리고 고정관념과 일치하는 외집단 성원의 부정적 행위에 대해 내집단 성원의 같은 행위에 대해서는 보다 더 내적 기질적 특성에 의한 것으로 해석한다. 또한, 이러한 기대가 사람들의 행동을 알게 모르게 더 부정적으로 만들어 그러한 기대 대상이 되는 사람의 행동을 부정적으로 조장할 수 있다. 따라서 이러한 상호작용 관계 때문에 고정관념은 더욱 수정이 어려워진다(Rothbart & John, 1985).

부정적 고정관념 이외에도 외집단 성원에 대한 인지체계의 또 다른 특성은 드문 접촉의 기회로 외집단 성원에 대한 개념이 내집단 성원보다 단순하다는 사실이다. 따라서 외집단 성원을 내집단 성원에 비해 더 극단적으로 판단하고, 한 사람의 특질 및 행동의 관찰을 전체 집단의 특성인 것으로 일반화하는 경향이 더 크다.

또한 외집단 성원에 대한 정보처리는 보다 상위 단계의 범주화(예: 성, 종족 등)에 의거하여 이루어지는 반면, 내집단에 대한 정보처리는 보다 더 세분화된 하위단계의 범주화에 근거하여 이루어진다. 이와 같이 사람들이 외집단 성원에 대하여 가지는 개념과 기대가 집단 간 갈등을 유발하고 지속시키는 원인이 된다는 것이 사회인지에 의한 집단갈등이론의 내용이다.

넷째, 사회문화적 학습으로도 집단갈등을 설명할 수 있다. 외집단에 대한 편견은 일종의 문화적 규범으로서 사회화 과정을 통하여 학습된다. 어렸을 때의 보상 경험이나 모방을 통해 부모, 친구, 친척 또는 선생님이 가지는 외집단에 대한 배타적인 태도나 가치를 배울 수 있다. 또한 대중매체도 문화적 규범을 학습하게 하는 하나의 중요한 원천이 된다. 이와 같이 직접 경험이 없어도 자신이 속한 집단이 나타내는 외집단에 대한 배척 감정이나 태도를 배우면서 자녀도 부모와 같은 편견을 갖게 된다.

예를 들어, 상징적 인종주의 이론(Kinder & Sears, 1981)에서는 현재의 미국 사회에서 보이는 인종 간 반목의 형태를 다음과 같이 설명한다. 차별은 백인이 흑인에 대해 가지는 노골적인 부정적 신념과 같은 직접적인 형태가 아니라 인종 통합을 위한 정부 정책에 반대하는 보다 간접적인 형태로 나타난다. 이러한 것은 어렸을 때의 사회화를 통해 습득된 흑인에 대한 일반적인 부정적 감정과 태도에 기인한다. 이러한 인종 간 편견과 갈등 현상을 통해 볼 때, 사회문화적 규범의 학습이 집단갈등의 중요한 원인이 될 수도 있다.

5. 서두름 문화

서두름은 한국의 독특한 문화적 특징으로 여겨지기도 한다. 한국에서는 한때 '스피드 시대'라는 말이 유행한 적이 있다. '스피드 시대'는 정해진 시간에 얼마나 많은 일을 처리하는지 아니면 동일한 업무를 얼마나 빨리 처리하는지가 현대 산업사회에서 경쟁력을 높이고 능력과 가치를 인정받는 중요한 기준이라는 데서 기인한 표어이다.

그러나 '빨리빨리'를 강조하다 보면 지나치게 서두르다가 실수를 할 확률도 그만큼 증가할 수 있다. 빨리빨리 서두르다 보면 넘어지거나 부딪칠 수 있고, 기한에 맞추기 위해 서둘러 작업하다 제품 불량률이 높아져 이윤이 줄어들 수도 있다(박선진, 이순철, 2009). 빨리빨리 앞만 보고 서두르는 운전을 하다 보면 사각지대가 넓어질 수밖에 없다. 일반적으로 서두르는 행위는 부주의나 위험을 증가시킬 것이라고 생각된다.

이순철(2001)은 사고나 위험에 영향을 미치는 부정적인 서두름이 발생하는 경우를 다음의 4가지로 지목하였다.

첫째, 보다 짧은 시간에 무엇인가를 하고자 할 때, 둘째, 무엇인가를 빨리 하려고 마음 졸이면서 서두르는 경우, 셋째, 무엇인가를 빨리 하려고 황급하게 일을 처리하는 경우, 넷째, 무엇인가를 빨리 마치려고 속도를 높이는 경우에 서두름의 심리상태가 발생한다고 보았다. 그리고 이러한 서두름이 조급함을 유발하고, 다시 조급한 마음이 돌발 상황이나 부주의를 발생시키면서 사고나 재해 발생으로 이어질 수 있다고 주장하였다.

사고나 재해의 원인이 되는 서두름은 사람들이 침착하지 못하고 쫓기듯이 과제를 처리하게 만든다. 수행의 질을 낮추고 결국에는 사고의 원인이 된다. 서두름은 시간적 압력이 있는 상황에서 발생하고, 사고나 재해로 연결될 수 있다. 속도를 강조하면 그만큼 위험을 탐지하고 해결하는 시간이 줄어든다.

그러나 서두름 행동을 무조건 나쁘게만 볼 수는 없다. 서두름은 특히 한국 사람에게 중요한 덕목으로 자리 잡기도 한다. '빨리빨리' 성향은 IT 산업의 성장을 이룩하였고, 단기간의 경제성장이나 민주화의 동력으로 지목받기도 한다. 따라서 이순철과 박선진(2008)은 서두름에 대한 다양한 평가를 고려하여 서두름의 특성에 대해서 파악해야 한다고 주장하였다.

서두름은 속도를 높여 확인 및 과정의 생략을 유발하여 실수로 이어질 수도 있지만, 수행 촉진과 목표 달성이라는 긍정적인 결과를 도출할 수도 있다. 서두름 행동은 동전의 양면처럼 장점과 단점을 동시에 가지고 있다. 불행한 경우, 서두름 행동은 사고나 재해를 발생시킬 수 있지만, 반대의 경우에는 짧은 시간 안에 훌륭한 성과를 만들어 낼 수도 있다. 서두름이 시간의 절약을 의미한다면 더 많은 비용을 투자하면 제한된 시간 안에 더 많은 성과물을 얻을 수도 있게 할 것이다. 이러한 것은 서두름이 단순히 눈으로 관찰할 수 있는 행동 속도 증가뿐만이 아니라 다른 심리적 구조들을 가지고 있음을 암시한다.

1) 서두름 구조

이순철과 박선진(2008)은 서두름 행동을 나타내는 상황을 5가지 요인으로 구분하였다. 첫째, 친하지 않은 사람이나 싫어하는 사람과 마주치는 상황 등의 불편한 관계에 처하는 상황이다. 둘째, 혼자 밤길을 걸어가거나 한적한 곳에 있는 상황 등의 고립된 상황이다. 셋째, 마무리해야 하는 일이 여러 가지이거나 일은 많고 시간에 쫓기는 상황 등의 시간적으로 촉박한 상황이다. 넷째, 좋아하는 사람을 만나거나 선물을 기다리는 상황 등의 즐거움이 기다리는 상황이다. 다섯째, 귀찮거나 지루한 일을 하는 상황 등의 귀찮은 일을 해야 하는 상황이다.

5가지 요인 중 실수나 사고로 이어지는 서두름 행동은 확인생략행동이 일어나도록 영향을 미치는 요인들로, 불편한 상황 그리고 고립된 상황과 관계가 있다. 확인행동생략에 영향을 미치는 서두름 요인들은 성격 5요인 중 신경증과 정적인 상관이 있었다. 이것은 확인행동을 생략하는 서두름을 보이는 사람은 정서적 불안정, 민감성, 불안감, 피로감 긴장 정도가 높다는 것을 의미한다.

5가지 요인 중 성취에 대한 동기가 높고 목표 추구로 이어지는 서두름 행동은 성취추구 행동으로 시간 압력을 경험할 때 나타나는 서두름과 지루할 때 나타나는 서두름 그리고 보상기대에서 나타나는 서두름과 관계가 있다.

성취추구 행동에 영향을 미치는 서두름 요인들은 성격 5요인 가운데 외향성, 성실성과 관계가 있었다. 이것은 성취추구 행동과 관련된 서두름을 보이는 사람은 외향성과 성실성이 높다는 것을 의미한다. 또한 도전적인 목표를 달성하거나 직업에서 성공하고자 하는 야심이 있는 특성을 보인다. 타인과의 교재나 상호작용을 원하고 타인의 관심을 끌고자 하는 정도도 크다. 궁극적으로 성취추구 행동을 유발하는 서두름은 속도를 높여 최적의 목표를 달성하려는 특성을 가지고 있다(박선진, 이순철, 2009).

(1) 불편한 관계 상황과 서두름

불편함은 타인들과 상호작용하는 가운데 경험하는 불안으로 인해 나타나는 서두름 행동을 말한다. 불편한 관계로 인한 서두름 행동은 싫어하는 사람과 이야기할 때, 친하지 않은 사람과 마주쳤을 때 등과 같은 상황에서 발생한다. 불편한 관계로 인한 서두름은 신경증과 연관이 있는데 신경증은 피로나 스트레스를 높이고 과제 수행을 부정적으로 변화시켜 사고 위험과 연결된다. 사람들은 불편한 상황을 빨리 벗어나고 싶어 하는데 이때 발생하는 서두름은 확인을 생략하게 되고 위험요소들을 무시하기 쉽게 만든다. 불편함으로 나타나는 서두름은 주로 불안정서와 연결된다(박선진, 이순철, 2011).

(2) 고립된 상황과 서두름

고립감은 환경에 대한 심리적 공포심과 관련 있는 상황에서 발생하는 서두름이다. 회피적 서두름 행동이라고도 할 수 있다. 고립된 상황으로 인한 서두름 행동은 혼자 밤길을 걸을 때, 낯선 곳에 혼자 있을 때, 한적한 곳에 혼자 있을 때 등과 같은 상황에서 발생한다.

음주운전의 경우, 운전자의 심리상태가 매우 불안할 것을 예상할 수 있다. 음주운전으로 인해 발생한 불안함은 빨리 음주운전행동을 종료시켜 불안을 사라지게 하도록 동기화시킬 것이다. 즉, 음주운전 상태를 빨리 탈출하고 싶은 욕구로 인해 운전자는 서두르게 되고 과속운전으로 이어져 사고 발생 위험을 높인다.

같은 맥락으로 심야의 과속운전도 어둠이 주는 공포로부터 빨리 벗어나 목적지에 도달하고 싶은 심리가 작용하기 때문이라고 생각해 볼 수 있다. 즉, 고립감을 느끼는 경우 이것은 불안이나 공포로 작용해서 현재 수행하고 있는 일을 가능한 한 빨리 마치고 싶어 한다는 것을 의미한다. 고립된 상황으로 인한 서두름은 성격 5요인 중 불안과 짜증 그리고 긴장과 두려움 등과 상관이 높았다. 즉, 고립된 상황으로 발생하는 서두름은 여러 가지 부정적 정서를 촉발하고 이러한 것들이 잘못된 선택이나 성급한 결론 등으로 사고와 연결될 수 있음을 나타낸다(박선진, 이순철, 2009).

(3) 시간 압력과 서두름

시간은 한상 제한적이다. 바쁠 때일수록 오히려 시간은 부족하다. 정해진 시간까지 학교와 직장에 가야 하고 일을 끝마쳐야 한다. 어떤 일을 할 때, 시간 여유가 없다거나 촉박함을 느끼는 경우에 행동 속도는 빨라진다. 시간에 대한 압력이 높을수록 사람들은 중요하다고 생각하는 과제나 정보에만 주의를 기울인다.

시간 압력이 있는 상황에서의 의사결정은 입력된 정보를 선택적으로 받아들이고 중요하다고 생각하는 정보는 더 큰 비중으로 받아들인다. 정확도가 감소하고 복잡한 심적 계산 능력이 떨어지며 한두 가지 제한된 방법에만 고착적인 몰입을 보이게 된다(Chao, Madhavan, & Funk, 1996).

시내버스 운전자들을 대상으로 한 연구에서 시간 압력은 피로도를 가중시키는 것으로 나타났다. 이순열과 이순철(2008)은 시간 압력이 높을수록 음주운전이나 법규위반, 과속운전과 같은 위험행동뿐만 아니라 교통사고의 피해자나 가해자 모두에서 경험 빈도도 증가한다고 보고하였다. 이상의 연구 결과는 시간 압력이 대체로 수행의 질을 나쁘게 하는 데 영향을 미친다는 것을 알 수 있다. 복잡한 과제일수록 시간 압력은 부정적인 영향을 미친다.

(4) 즐거움을 기다리는 상황과 서두름

즐거움을 기다리는 상황에서의 서두름은 선물을 받기 위해서 기다릴 때나 사랑하는 대상을 만나기를 기대할 때 나타나는 것이다. 즐거움에 대한 기대는 희망이라는 개념과 유사하다. 희망은 성공적인 목표 지향적 에너지인 희망 주도와 목표에 도달하기 위한 계획인 희망 경로가 상호작용하여 만들어진 긍정적인 동기 상태를 말한다. 일반적으로 희망의 고취는 수행에 긍정적인 영향을 미친다(Peterson, Gerhardt, & Rode, 2006).

(5) 지루함과 서두름

귀찮은 일을 해야 하는 상황이나 좋아하지 않는 일을 해야 하는 상황에서는 지루함이 생긴다. 지루함은 단조로움이나 귀찮음과 관련이 있다. 지루함이 발생하는 원인은 과제의 속성, 환경, 개인의 특성과 개인과 환경의 적합성 그리고 지루함에 대한 개인적 반응 차이 등이다. 일반적으로 사람들은 낮은 과업 부하와 반복적인 업무에서 단조로움을 느낀다.

Mann과 Robinson(2009)은 학업장면에서 지루함은 낮은 성취와 연결된다고 주장하였다. 지루함은 비행행동과 불만 등과도 상관관계가 있었다. 이처럼 지루함은 대체로 수행에 부정적인 영향을 준다. Kass, Vodanovich와 Callender(2001)는 직장인을 대상으로 한 연구에서 지루함은 결근이나 직무만족도, 급여, 진급, 상사나 동료에 대한 만족도를 낮춘다고 밝혔다.

2) 서두름 행동의 특성

(1) 확인생략행동과 서두름 행동

이순철(2001)은 일본 전력회사 작업자들의 '아찔한 경험'들을 토대로 한 연구의 일부를 소개하면서 재해의 직접적인 원인은 점검행동의 생략이지만 여기에는 빨리 일을 끝내고 싶은 심리적 요인이 숨어 있다고 지적하였다.

그리고 작업을 평소보다 짧은 시간에 빨리 하고자 할 때, 조급한 마음으로 작업을 서두르는 경우, 빨리 하려고 황급하게 처리하는 경우, 빨리 마치거나 빨리 도착하려고 속도를 높이는 경우에 서두름 행동의 심리상태가 일어난다고 주장하였다. 즉, 서두름 행동은 누구에게나 있는 특성이지만, 사람들이 서두르는 정도는 그 사람이 처한 상황에 의해서 달라질 수 있다는 것이다.

시간 압력의 증가도 서두름 행동과 관련이 있다. 시간적 압력이 있는 상황에서 인간의 행동은 조금씩 달라진다. 일반적으로 어떤 일을 하는 데 걸리는 시간이 부족한 경우에 사람들의 행동은 빨라진다. 시간적 압력이 사람들의 심리상태나 행동에 영향을 주는 것이다. 시간 압력이 있는 상황에 노출된 사람은 자신이 가장 중요하다고 믿는 과제나 정보에만 주의를 기울이는 경향이 있다(Chao et al., 1996; Raby & Wichens, 1994).

여러 연구에서 제한된 시간 안에 과업을 수행하거나 정보를 처리해야 하는 경우, 사람들의 주의는 한쪽으로 치우치는 것으로 나타났다. 이것은 시간 압력으로 발생하는 행동의 변화, 서두름 행동의 출현으로 인해 어떤 과정이나 행동이 생략되고 있음을 의미한다.

심야의 과속운전은 어둠이 주는 불안, 공포로부터 빨리 벗어나 목적지에 도착하고 싶은 심리가 원인일 수도 있다. 위험이 있음직한 곳을 빨리 벗어나고 싶은 마음이 과속의 직접적인 요인 가운데 하나일 수 있다는 것이다(이순철, 2000; 최상진 외, 2003).

이것은 심리적으로 긴장하거나 불안과 공포를 경험하는 경우 현재 수행하고 있는 일을 빨리 마치고자 한다는 것을 의미한다. 즉, 서두름 행동의 일면에 '탈출' 욕구가 있다는 것이다. 탈출하기 위해서는 현재 수행하고 있는 일을 빨리 마무리하여야 한다. 이것을 위해서 속도를 높이게 되고 서두름 행동이 출현한다. 하지만 불안한 상황에서 나타나는 서두름 행동은 그렇지 않은 상황에서 확인하거나 반드시 해야 하는 일들을 놓치거나 무시하기 쉽도록 한다.

실제로 도로교통공단(1993)에서 실시한 음주운전 관련 조사에서 84.7%의 운전자가 음주운전 시 단속될까 봐 매우 조바심을 내며 운전하고 있는 것으로 나타났다. 음주운전을 하는 경우, 운전자의 심리상태가 매우 불편한 것을 알 수 있는데 이러한 심리상태는 음주운전이 빨리 종료되기를 바라도록 한다. 따라서 음주운전을 하게 될 때는 자기도 모르게 과속운전을 해서라도 빨리 목적지에 도착하려고 할 수 있다.

음주운전 상태에서 탈출하고 싶은 욕구로 인해 운전자들이 서두르는 것이다. 서두름 행동의 대표적인 예로 얘기할 수 있는 과속운전도 동일한 심적 과정을 통해서 나타난다고 볼 수 있다. 음주운전과 함께하는 과속운전이 가지는 교통사고 발생 위험성은 다른 어떤 운전들보다 높다.

야간이라는 불리한 상황이나 음주까지 한 상태에서 운전을 하면 사람들은 불안해지는데, 불안을 없애기 위해서 사람들은 마음을 불편하게 만드는 상황에서 벗어나고자 노력한다. 그리고 마음을 불편하게 만드는 상황에서 벗어나고자 그 상황에서 자신이 하고 있는 일을 가능한 빨리 마무리하고, 장소를 이동하는 모습을 보인다. 이러한 경우, 사람들은 평소보다 빠른 속도로 행동하게 된다. 문제는 이러한 과정에서 중요한 것을 생략하는 데서 발생한다.

(2) 성취 욕구와 서두름 행동

그러나 시간적 압력이 있는 상황에서의 수행이 항상 나쁜 것만은 아니다. 과업을 수행할 때, 반드시 마감 시간과 같은 시간 압력이 사람들의 적절한 수행을 방해하는 것은 아니다. 시간 압력의 가장 긍정적 작용은 수행 시간을 단축해서 성취하도록 하는 것이다.

최원범과 이재식(2004)은 시간 압력이 있는 경우가 시간 압력이 없는 경우에 비해 과제를 완료하는 시간이 유의하게 빨랐으며, 오류율에는 차이가 없다고 발표하였다. 그리고 속도 유지 변산성 및 목표 속도 이탈 정도를 분석하여, 시간 압력이 없는 조건에 비해 시간 압력이 있는 조건에서 운전자의 수행이 더 우수하다는 것을 관찰하였다.

이러한 연구는 시간 압력이라는 요인이 항상 인간의 수행을 방해하는 것만은 아니라는 점을 보여 준다. 시간 압력은 서두름 행동을 유발하지만, 언제나 그 결과가 반드시 나쁘다고만은 할 수 없다. 빨리 움직이면 그만큼 빨리 결과물을 얻을 수 있기도 하다. A형 행동 패턴에 대한 연구를 살펴보면, A형 행동 패턴의 성취추구는 짧은 시간 안에 목표를 달성하거나 보상을 얻기 위해 노력하는 데서 보이는 서두름 행동과 유사하다. 여기서 서두름 행동은 목표 달성에 대한 의지에서 비롯되며, 목표한 바를 이루기 위해 최적의 방법을 사용한다. 즉, 서두름 행동은 일에 몰두하고 의욕적으로 그 일을 이루고자 하는 특성을 가지는데, 이러한 서두름 행동의 특성을 성취 욕구라고 할 수 있다.

리더십 연구에서 성취 욕구는 리더가 가지고 있는 특성 가운데 한 가지로 파악된다. 리더가 가진 어떤 특성들이 반드시 성공을 보장하지는 않더라도 몇 가지 특성이 리더의 성공가능성을 높여 준다는 것이 발견되었다. 성취 욕구는 리더 효과성에 영향을 미치는 요인 가운데 하나로 성취 욕구가 높은 사람들은 도전적인 목표를 달성하거나 어려운 일을 성취하고 싶어 하며, 어느 정도 위험이 따르는 일을 선호하고, 자신의 직업에서 성공하고자 하는 야심을 가지고 있다고 보고하였다(Muchinsky, 2003).

이상의 성취 욕구에 대한 연구를 정리하면, 성취 욕구 수준에 따라서 자신이 처한 상황에 임하는 태도에 차이가 있을 것이라는 점을 생각할 수 있다. 즉, 성취 욕구 수준이 높은 사람은 어려움이 있는 과제나 상황을 해결하는 것을 성취 수준이 낮은 사람보다 선호하며, 더 나은 수행을 보일 수도 있다.

마라톤 동호인을 대상으로 외적 보상이 내적 동기에 미치는 영향을 살펴본 정서원과 박진성(2007)의 연구는 보상의 영향력을 보여 주었다. 연구에서 기록 달성 목표가 높을수록, 흥미가 많아지고 유능성이 높다고 생각하며, 노력을 더 많이 하는 것으로 나타났다. 건강 및 체중조절에 대한 보상은 노력에 영향을 미치는 것으로 나타났다. 이들은 보상과 내적 동기를 여러 가지로 조사하여, 보상의 내적 동기에 긍정적인 영향을 주고 있음을 확인하였다. 이러한 결과를 바탕으로 보상이 기대되는 상황에서 발생하는 서두름 행동과 성취 욕구의 관계를 예상해 볼 수 있다. 즉, 성취 욕구를 바탕으로 하는 서두름 행동의 수준은 보상이 기대되는 상황에서 높아질 것으로 생각된다.

(3) 시간 압력이 과제 수행에 미치는 영향

서두름 행동의 구성 요인 가운데 시간 압력은 확인생략행동 영역과 성취 욕구 영역, 양쪽 모두에 관여하는 요인이다. 시간 압력에 서두름 행동의 서로 다른 두 영역과 관련된 것에 대해서 이순철 등(2008)은 시간 압력을 경험하는 상황에서는 사람들이 긴장하고 그로 인해 심리적인 불편감을 경험하는 것과 함께 각성 수준이 높아지는 계기가 되기 때문이라고 설명하였다. 서두름 행동의 시간 압력 요인은 행동을 수행할 때 시간 여유가 없다거나 촉박함을 느끼는 경우 발생하는 서두름 행동의 수준이다.

화물운전자, 시내버스 및 택시운전자를 대상으로 한 연구(이순철 외, 2008; 황윤숙, 오주석, 이순철, 2009)에서 운전자들의 작업부하 가운데 하나로 시간적 부담을 측정하였다. 이것은 운전을 할 때, 정해진 시간 내에 도착해야만 한다는 시간적인 압력, 시간적 촉박함이 운전에 부담이 되는 정도를 말한다. 시간 압력을 경험하는 것은 사람들에게 심리적 부담을 경험하게 만든다는 것을 의미한다. 뿐만 아니라 이순열과 이순철(2007a)은 운전 중 발생하는 스트레스 가운데 시간 압력과 관련된 요인이 있음을 언급하였다. 어떤 과업을 수행하는 사람들에게 시간 여유가 없다는 것은 심리적 부담이고 스트레스로 작용할 수 있다.

Edland와 Svenson(1993)에 의하면, 사람들은 시간 압력하에서 의사결정을 할 때, 일부의 입력 정보를 선택적으로 받아들이고, 중요한 정보 원천이 더 큰 비중을 갖게 되며, 정확도가 감소하고, 복잡한 심적 계산 능력이 저하되며, 한 가지 방법에만 집착하는 모습을 보인다고 보고하였다. 마찬가지로 시간 압력이 있는 상황에 노출된 사람은 자신이 가장 중요하다고 믿는 과제나 정보에만 주의를 기울이는 경향이 있다.

다양한 인지 과제를 시간 압력하에서 실시한 연구들은 일반적으로 시간 압력이 일정 수준의 수행 개선을 가져오지만, 과도한 시간 압력은 오류를 증가시키고 있음을 보고하고 있다. 대부분의 실험 결과가 시간 압력은 빠른 반응 생성과 함께 많은 오류를 보여 준다. 여러 연구에서 일관되게 발견된 결과는 속도와 정확성이 서로 교환되었기 때문이라고 볼 수 있다. 즉, 속도를 가지면 정확성을 잃고, 정확성을 가지면 속도를 잃는다는 것이다.

그러나 최원범과 이재식(2004)은 시간 압력이 있는 경우가 시간 압력이 없는 경우에 비해 과제를 완료하는 시간은 유의하게 빨랐으며, 실수에서는 차이가 없었다고 발표하였다. 즉, 시간 압력이 없는 조건에 비해 시간 압력이 있는 조건에서 운전자의 수행이 더 우수하다는 것이다. 이러한 결과는 시간 압력이 언제나 정확성의 감소를 유발하는 것이 아님을 의미한다. 기존 연구에서 시간 압력은 주로 과제 수행 속도와 오류의 증가로 연결되었지만, 항상 그렇다고 단정할 수 없음을 시사한다. 서두름 행동이 속도 증가를 기본으로 확인생략행동 영역과 성취 욕구 영역과 같은 다양한 특성을 가지는 것은 시간 압력이 가지는 이러한 특성들 때문에 가능한 것이다.

(4) 보상과 과제 수행의 관계

Vroom(1964)은 사람들이 어떤 방식으로 행동할 때, 특정 보상이 수반될 것이라는 기대를 바탕으로 자신의 행동을 선택한다고 주장하였다. 보상은 행위를 촉진하거나 학습 분위기를 조성하기 위해서 제공되는 물질이나 칭찬을 의미하며, 사람들의 선택에 영향을 미치고 행동 뒤에 제시되어 행동의 빈도와 강도를 증가시킨다. 보상이 수반될 것이라는 기대를 바탕으로 행동을 선택한다는 것에 대해 Schultz와 Schultz(2008)는 다음과 같이 설명하였다.

작업장에서 직원들이 자신의 직업에 대해 보상이 이루어질 것이라는 기대를 가지고 있다면, 이들은 최고의 임금 혹은 이득을 가져올 수 있는 수준의 수행을 선택할 것이다. 직원들의 노력이 승진이나 임금 인상과 같은 긍정적인 결과를 이끌어 낼 수 있고, 그러한 결과들이 다른 간절히 원하는 결과물의 성취 수단이 된다면 열심히 일하도록 동기화될 것이다.

사람들은 어떤 보상이 충분한 가치가 있다는 가정하에 보상에 대한 기대가 높아질수록 더욱더 열심히 일하게 된다. 즉, 보상에 대한 기대감이 작업에 대한 동기를 높여 주는 효과를 가지는 것이다. 따라서 보상 수준이 어떠한 가에 따라서 최적의 성과를 이루어 내기 위해서 노력할 것이고 이러한 노력의 형태는 서둘러 일을 끝내고 다른 일을 통해 성과를 향상시키려는 노력을 기울일 가능성을 높인다. 최근 보상에 대한 연구를 살펴보면, 보상은 과제 수행과 과제 수행에 관여하는 동기에 영향을 주고, 과제 수행에 영향을 미치는 것으로 나타나고 있다.

Cameron, Banko와 Pierce(2001)는 보상과 과제의 성격에 따라 영향력이 다름을 보고하였다. 이들의 연구는 메타분석을 통해 과제의 난이도가 높지 않은 경우 보상은 사람들의 동기를 강화시키는 효과를 가지며, 난이도가 있는 경우에도 칭찬 같은 언어적 보상이 긍정적인 효과를 가지고 있음을 보여 주었다.

다만, 난이도가 있는 과제에 대한 물질적 보상은 과제 수행 동기에 부정적인 영향을 미쳐 과제 난이도 및 보상의 성격에 따라 보상이 가지는 영향력에 차이가 있음을 언급하였다. 즉, 과제와 보상의 특성에 따라 보상의 영향력에 차이가 생기는 것이다.

(5) 지루함 요인에서 나타나는 서두름 행동

Melamed, Ben-Avi, Luz와 Green(1995)은 과소부하된 업무와 반복적인 업무 조건에서 사람들은 단조로움을 느끼게 된다고 보고하였다. 즉, 사람들은 그다지 어렵지 않고, 반복적이며 단순한 과제를 할 때 지루해 한다는 것이다. 따라서 서두름 행동의 지루함 요인이 '따분하거나 지루한 기분이 드는 상황이나 과제에 노출되는 시간을 단축시키고자 행동의 속도를 높이는 것'이라는 점을 고려한다면, 지루함이 과제 수행과 관련이 있을 것이라고 예상할 수 있다.

서두름 행동의 지루함 요인은 이순철과 박선진(2008)의 연구에서 성취동기와 정적 상관을 보여 주었다. 이것은 지루한 상황에서 나타나는 서두름 행동이 단순히 지루함에서 벗어나려는 행동일 뿐만 아니라 과제 수행에도 관여하고 있음을 보여 주는 것이라고 생각된다.

3) 서두름 행동과 A형 행동 패턴

서두름 행동에 대한 관심이 증가하고 있는 데 비해 서두름 행동에 대한 연구는 충분하지 않다. 다행히 심리학적 개념 가운데 하나인 'A형 행동 패턴'이 서두름 행동과 관련 있는 개념들을 다루고 있다. 우선, A형 행동 패턴을 보이는 사람들의 특성을 살펴보면 다음과 같다. 이들은 성취 지향적이고 경쟁과 승부에 집착하고 지속적인 긴장 상태에 있다. 그리고 공격적이며 적개심이 많고 참을성이 부족하여 충동적인 특징을 보인다(이인혜, 1995). A형 행동 패턴의 중심 특성은 '일을 할 때 그것을 도전적인 과제로 받아들여 경쟁적으로 성취를 추구하고, 시간에 대한 조급함과 느린 것에 대한 인내심 부족, 일에 대한 몰두, 통제할 수 없는 상황에서의 공격성과 적대감'을 들고 있다(조선미, 이형초, 박형진, 서지영, 홍성묵, 1995).

A형 행동 패턴에 대한 연구가 진행될수록 초기에는 A형 행동 패턴이 일상생활에 다각적인 영향을 준다는 결과가 수집되었다. 결정적으로 연구자들은 관상동맥 질환에 A형 행동 패턴이 영향을 미친다는 경험적 증거를 가지게 되면서 A형 행동 패턴은 작업 수행에도 영향을 줄 것이라고 생각하였다.

그러나 학자들의 이러한 기대와는 달리 심장질환에 대한 A형 행동 패턴의 관계가 미비한 것으로 나타났다(Booth-Kewley & Friedman, 1987). 뿐만 아니라 A형 행동 패턴과 수행의 관계를 연구한 결과도 일관되지 않았다. 학자들은 상이한 연구 결과들로 인해 A형 행동 패턴이 긍정적인 결과와 연결될 가능성도 있으며, 동시에 건강에 대한 위험성도 갖고 있는 것으로 해석하는 절충안을 제안하였다(Bluen & Barling, 1990). 그리고 A형 행동 패턴이 가지는 예언의 질을 높이고자 A형 행동 패턴의 구성 요인을 구분하기 시작하였다. 이후 성급함 혹은 조급성이 A형 행동 패턴에 중요한 개념이라는 것이 확인되었고, 현재는 A형 행동 패턴을 2가지로 나누어 보려는 시도가 활발하다(조선미 외, 1995).

Bluen과 Barling(1990)은 A형 행동 패턴을 성급함과 성취추구로 구분하였다. 그리고 보험회사 영업사원을 대상으로 성급함과 성취추구 수준에 따라서 영업 실적, 직업만족도 및 우울 정도가 어떻게 변하는지를 연구하였다. 그 결과 성취추구는 영업 실적 및 직업만족도와 정적인 관련을 가지는 것으로 나타났다. 구체적으로 성취추구 수준이 높은 사원들은 보험상품 판매량 및 직업만족도가 높았다. 성급함은 우울과 정적인 관계가 있는 것으로 나타났으며 직업만족도와는 부적인 관계를 보였다. 즉, 성급함 수준이 높은 사원들은 우울 수준이 높고 직업만족도가 낮았다.

A형 행동 패턴의 특징을 2가지로 구분하여 살펴본 연구가 있는데, 그중에서 Barling과 Charbonneau(1992)는 A형 행동 패턴의 특성이 건강 및 수행과 어떠한 관계를 가지는지 살펴보았다. 그 결과 성급함은 건강과 관계가 있었고 성취추구는 수행과 관련이 있었다. 특히, 성급함은 건강 가운데 두통과 수면 습관을 예언하며, 성취추구는 학업성적과 주의 및 집중력 등을 예언하는 것으로 나타났다.

A형 행동 패턴의 중심 특성 가운데 지속적인 긴장감과 공격적이고 적개심이 많으며 조급함을 느끼는 특성이 성급함으로 지칭되고 있다. 이러한 특성은 심리적으로 불편한 상태를 유발한다. 이것은 이순철(2001)이 언급한 서두름 행동과 관련한 심리상태와 연결될 수 있으며, 극단적인 경우, 재해 발생으로 이어질 가능성이 있다. 한편, 성취추구로 나타나는 특성은 짧은 시간 안에 목표를 달성하거나 보상을 얻기 위해 나타나는 서두름 행동과 유사하다.

6. 안전 문화

안전 문화(safety culture)라는 단어는 1986년 체르노빌 원자력 발전소 사고 발생 이후 국제 원자력 안전자문단(INSAG)의 체르노빌 원자력 발전소 사고 원인 및 결과 분석 보고서에서 처음 사용되었다. INSAG의 정의에 따르면, 안전 문화란 안전 문제가 무엇보다도 최우선 관심사임을 다짐하는 조직과 개인의 자세와 품성이 결집된 것으로 안전성에 관계되는 활동에 종사하는 모든 개인의 헌신과 책임을 다하는 것이다.

이러한 안전 문화를 이루는 핵심 요소들은 본질적으로 의문을 제시하는 자세, 자만 방지, 최상의 의지, 그리고 안전 문화에서 개인의 책임감과 집단 자체 규제의 함양 등을 유발하는 '안전이 충만한 생각'들이다.

즉, 안전 문화란 개인이나 조직이 안전이라는 공유된 가치를 인식하고 잠재적인 위험요소를 측정, 확인하고 이것을 제거, 통제하여 그 위험으로부터 우리를 보호함으로써 인간 존중의 이상을 실현시켜 나가는 모든 활동이라고 볼 수 있다. 보다 간략히 정의한다면 '안전에 대해 사람들이 공유하는 태도와 의견들'로 규정할 수 있다(Wiegmann, Zhang, von Thaden, Sharma, & Gibbons, 2004).

정의를 살펴보더라도 안전 문화에는 안전 의식이 공동으로 형성되어 모두가 그렇게 생각하고 행동해야 한다는 의미가 포함되어야 한다. 또한 안전이라는 공통의 목표를 지니는 구성원 개개인의 품성이나 책임감 있는 태도, 사고 위험을 방지하거나 적극적으로 대처하는 행동 등 심리적인 변인들을 강조하고 있다(안창일 외, 1999).

안전 문화가 내포하고 있는 공통점들은 다음 7가지로 요약된다(Wiegmann et al., 2004).

첫째, 안전 문화는 모든 집단 구성원이나 조직 구성원들 간에 공유된 가치를 반영하며 집단 수준이나 그 이상에서 정의되는 개념이다.

둘째, 안전 문화는 조직의 공식적인 안전문제들과 관련되어 있으며 경영 및 관리시스템과 밀접하게 관련되어 있다.

셋째, 안전 문화는 최고경영진으로부터 평사원에 이르기까지 모든 조직 구성원의 기여와 영향을 반영한다.

넷째, 조직의 안전 문화는 구성원들의 작업행동에 영향을 준다.

다섯째, 보상체계와 안전수행 간의 관계에 안전 문화가 영향을 준다.

여섯째, 안전 문화는 실수나 사고로부터 조직이 발전하고 배우려고 한다는 점을 반영한다.

일곱째, 안전 문화는 상대적이고 지속적이고 안정적이며 변화하지 않으려는 속성이 있다.

Cooper(2000)는 안전 문화가 심리학적 측면(안전 분위기), 행동적 측면 그리고 상황적 측면의 3가지 하위 요인으로 구성된다고 보았다.

심리적 측면은 안전에 대해서 사람들이 어떻게 느끼는지에 대한 것으로 주로 안전에 대한 개인과 집단의 가치, 태도 그리고 지각과 관련되어 있다. 이것은 특정 시점에서 작업자들의 태도와 지각에 대해서 물어봄으로써 측정할 수 있다. 행동적 측면은 조직 내에서 사람들이 어떤 행동을 하는지에 대한 것으로 직원들에 의해 보이는 안전 관련 행위와 행동들과 관련이 있다. 상황적 측면은 조직이 가지고 있는 것에 대한 것으로, 정책, 절차, 규정, 장비, 의사소통 흐름, 조직 구조, 관리 체계와 관련이 있다.

3가지 측면은 서로 관련성을 가지고 서로 연계하여 변화된다. 이것은 행동적 측면이 증가할 경우 심리적 측면과 상황적 측면도 같은 방향으로 함께 변화된다는 것을 의미한다.

1) 안전 문화와 안전행동

안전행동은 안전 문화에 영향을 받는다. 안전풍토나 안전 분위기는 사고와 부적인 상관관계를 나타낸다. 그것은 조직의 부정적인 안전 문화가 안전절차를 무시하는 등의 행동을 유발하고 이것이 사고를 촉발하기 때문이다.

Borman과 Motowidlo(1993)는 과제 수행과 맥락 수행 간의 구분을 기초로 안전행동을 안전 응종(safety compliance)과 안전 참여(safety participation)로 구분하였다. 안전 응종은 작업장 안전을 유지하기 위해 개인이 수행할 필요가 있는 핵심 활동들을 의미한다. 이러한 행동들은 표준적인 작업절차 준수와 개인적인 안전장비 착용 등을 포함한다.

안전 참여는 개인의 안전에 직접적인 기여를 하지는 않지만 안전한 환경 조성을 촉진시키는 행동들을 일컫는다. 안전 활동에 자발적으로 참여하기, 안전 관련 문제가 있는 동료들을 돕는 행동, 안전 모임에 참여하기 등이다. 안전 문화는 안전 응종과 안전 참여 모두에 정적인 상관관계를 가진다. 이러한 관계는 사회교환 이론과 기대-유인가 이론을 통해서 설명할 수 있다.

첫째, 사회교환이론(Social Exchange Theory)에 따르면 사람들은 교환을 통해 보상을 바라고 또 보상을 하게 된다. 조직이 안전을 필두로 한 복지에 관심이 있다는 것을 느끼면 작업자들은 조직에 이익이 되는 행동을 수행함으로써 보답한다(Blau, 1964).

둘째, 기대-유인가이론(Expectancy-Valence Theory; Vroom, 1964)에 따르면 인간은 자신

이 가치 있다고 믿는 것을 얻을 수 있을 정도에 따라서 선별적으로 행동한다. 자신이 바라는 것을 얻을 확률이 큰 쪽을 선택하고 행동하는데, 안전절차를 따르고 안전 활동에 참여하는 것이 결국 자신이 가치 있다고 느끼는 것을 성취하도록 돕는다고 작업자들이 믿는다면 안전 행동에 강한 동기를 가지게 된다.

2) 안전 분위기

안전 분위기는 조직 내 구성원들이 안전에 대해서 가지는 지각이나 태도를 반영한 심리 현상이라고 정의내릴 수 있다. Cooper(2000)가 밝힌 안전 문화의 3가지 하위 측면 중 심리적인 측면이 안전 분위기를 지칭하는 것이기 때문에 안전에 대한 태도와 지각적 측면은 안전 분위기와 관련성이 깊다.

이범진과 박세영(2013)의 연구에 의하면 안전 분위기는 조직 몰입과 안전행동과의 관계를 조절한다고 밝히고 있다. 구체적으로, 조직 몰입과 안전행동 간에는 정적 관계가 있고 안전 분위기가 낮을 때보다 높을 때에 조직에 대한 몰입을 더 많이 하는 것으로 나타난다. 안전 분위기는 경영 가치, 교육, 의사소통, 안전 프로그램의 실현 등을 통해서 변화시킬 수 있다.

Eiff(1999)는 안전 문화와 안전 분위기에 대한 통합적 연구에서 안전 문화와 안전 분위기를 증가시킬 수 있는 4가지 방안을 다음과 같이 제시하였다.

첫째, 경영자들이 안전에 대한 가치를 중요시한다는 것을 직원들에게 강조할 필요가 있다.

둘째, 작업자들의 안전에 대한 동기를 부여할 수 있는 관리자들의 안전 리더십을 증가시키기 위해 관리자들이 작업 현장에 자주 방문하여 안전과 관련된 의사소통을 하거나 올바른 안전행동에 대한 긍정적인 사회적 강화를 제공할 필요가 있다.

셋째, 안전에 대한 의사결정 시 직원들의 참여를 장려하고, 지속적인 안전 회의 및 훈련을 통해서 더 안전한 방식으로 작업할 방안을 모색할 필요가 있다.

넷째, 안전행동에 대한 보상을 제공하고, 장려하여 불안전행동을 교정하여야 한다.

김기식과 박영석(2002)은 안전 분위기가 사고에 미치는 영향에 관한 연구를 통해서 안전사고를 줄이기 위해 안전 분위기를 긍정적으로 변화시킬 수 있는 개입 방법을 다음과 같이 밝히고 있다.

- 경영진 및 책임자들의 의지와 가치가 안전사고를 줄이는 데 중요한 영향을 미친다.
- 안전 문제에 대해 공개적으로 거론하고 토의할 수 있는 분위기가 조성되어야 한다.

• 안전 규정이 체계적으로 수립되고 운영되어야 한다.
• 안전에 대한 교육이 활성화되어야 한다.

3) 안전풍토

안전풍토(safe climate)는 조직 내에서 안전이 수행하는 역할에 대한 직원들의 지각 혹은 안전과 관련되어 작업 환경에 대한 지각으로 정의할 수 있다. Neal과 Griffin(2006)은 안전풍토를 작업장 안전과 관련하여 직원들이 지각하는 정책과 절차 및 관행을 포함하는 개념이라고 제안하였다.

안전 문화의 정의와 안전풍토의 정의가 유사하지만 안전풍토는 안전 문화보다 상대적으로 불안정하고 변화하기 쉽다는 차이점이 있다. 안전 문화가 상태적인 접근이라면 안전풍토는 특성적인 접근이다. 안전 문화는 중요한 안전문제를 다루는 일관적인 방식에서 반영되듯이 조직의 지속적인 특성으로 간주되는 반면, 안전풍토는 특정 작업 환경이나 경제 환경에 의해 변화하기 쉬운 조직의 일시적인 상태로 간주된다.

Mohamed(2003)는 안전풍토의 하위 요인을 10가지로 구분하였는데, 안전사고의 확률이 상대적으로 높은 건설업계의 안전풍토에 대한 연구에서 하위 요인들과 안전풍토의 관계를 고찰하는 연구를 진행하였다.

우선 Mohamed(2003)가 지목한 안전풍토의 하위 요인들은 ① 경영진의 안전에 대한 개입, ② 안전 의사소통 효과성, ③ 안전 규칙과 절차, ④ 동료들의 안전 지지, ⑤ 감독자의 안전 지지, ⑥ 작업자 관여 수준, ⑦ 물리적 환경과 작업 위험평가, ⑧ 편의주의 작업 압력, ⑨ 안전작업 유능감, ⑩ 안전교육 등이다.

경영진의 개입은 조직 안전풍토를 향상시키는 데 중요한 역할을 한다. Mohamed(2002)는 경영진이 안전문제에 개입할 때 안전 증진을 위한 자원을 조직원들에게 충분히 제공하고 또 지원하게 된다고 밝혔다. 조직 구성원들이 자신의 안전에 대해 경영진이 배려하고 있다고 느끼면, 더욱 안전하게 작업하려고 노력한다는 것이다. 따라서 경영진이 안전에 더 많이 개입할수록 작업자는 작업장의 전반적 안전성을 높게 지각할 것이며 이것은 안전행동과 연결될 수 있다.

안전 의사소통의 효과성은 경영진이 안전과 관련된 사항을 구성원들에게 잘 전달하고 또 그들에게 피드백을 받는 정도를 통해서 알 수 있다. Mohamed(2002)는 개방된 의사소통과 조직 내의 정보 공유가 경영진이 안전에 대해 깊게 개입되어 있다는 직원들의 지각을 높인다는 것을 밝혔다. 따라서 효과적인 안전 의사소통은 구성원들이 작업장의 전반적 안전성을 높게 지각하게 할 것이고 이것은 안전한 행동과도 연결될 수 있다.

안전 규칙과 절차는 조직이 현행 안전 규칙과 절차를 얼마나 잘 권장하고 시행하는지에 대한 작업자의 지각으로 정의될 수 있다(Cox & Cheyne, 2000). 안전 관련 문제가 안전절차의 잘못된 적용이나 안전절차 자체의 부재 때문일 수 있다. 따라서 작업자들이 현재의 안전 규칙과 절차를 더 잘 알고 또 신뢰할수록 작업장의 전반적인 안전성은 높게 지각될 수 있으며 이것은 안전행동과 연결된다.

안전에 대한 동료들의 지지와 환경은 작업집단이나 작업팀 내에서 동료작업자들이 안전하게 작업하기 위해 얼마나 서로를 돕는지의 정도와 신뢰하는지의 정도를 의미한다. 작업환경에서 동료들이 지지적일 때, 작업자들은 안전에 더 많은 관심을 기울이게 되고 또 안전수행을 위한 동료 간의 긴밀한 유대가 증진된다. 동료들의 안전에 대한 지지 정도가 높을수록 안전풍토는 긍정적인 결과를 보인다. 안전하게 일하도록 서로를 독려하고 배려할수록 작업장의 전반적 안전성을 높게 지각하게 되고 안전한 행동과 연결된다.

안전에 대한 감독자의 지지적 환경은 안전 감독자의 안전에 대한 바람직한 태도와 행동, 부하와의 원활한 안전 의사소통 정도 및 안전 지식 제공자로서의 역할을 얼마나 잘하고 있는가의 정도로 정의된다. 조직의 안전이 잘 유지되기 위해서는 경영진의 역할 못지않게 안전 프로그램이 잘 운영되는지를 지속적으로 관리하는 감독자의 역할이 크다. 감독자들이 작업자들의 복지에 관심을 가지면 작업자들은 안전하게 작업하여 보답하려는 암묵적인 의무를 가지게 되고 이것은 안전풍토에 긍정적인 영향을 준다. 관리자의 관계 지향적인 특성이 안전풍토에 긍정적인 영향을 줄 수 있다. 따라서 관리자가 안전에 대해서 더 잘 인식하고 지지적인 태도와 행동을 할수록 작업자들은 작업장의 전반적 안전성을 더 높게 지각하고 안전행동과 연결시키려는 동기가 강화될 수 있다.

작업자의 관여 수준은 작업자들이 높은 안전 수행 수준을 달성하기 위해 현장에 존재하는 여러 가지 잠재적 위험 상황을 확인하는 데 얼마나 적극적인 역할을 수행하는가에 관한 것이다. 그리고 부상이나 위험한 상황을 얼마나 적극적으로 보고하는지의 정도도 포함하고 있다. 작업자들의 안전문제에 대한 관여 수준이 높을수록 작업자들은 안전성을 높게 평가하게 되고 안전행동과도 강한 연결을 가진다.

물리적 환경과 작업 위험의 평가는 작업자의 배치와 설계 그리고 작업 장비 운영 시에 안전이 잘 고려되고 있는지에 대한 작업자의 지각이다. 작업현장 설계는 출입구, 통행로, 저장소, 현장사무소, 편의시설, 작업시설, 조립작업장, 공사장 울타리 등의 배치와 설계 등을 포함한다. 작업현장 설계의 목적은 효율성을 최대화하고 위험을 최소화하는 작업 환경을 만드는 것이다. 잘 배치되고 계획된 환경은 안전 수행을 높인다.

편의주의에 의한 작업압력은 작업자가 작업 완수를 위한 작업량이나 시간의 압력을 느껴서 안전을 소홀히 하게 되는 정도를 말한다. 시간 압력 때문에 감독자가 작업자의 안전하지 않은 행동을 눈감기도 하는데, 생산을 촉진하기 위한 인센티브는 오히려 안전행동을 포기하여 높은 생산성을 달성하려는 유혹에 빠지도록 만들 수 있다. 따라서 조직이나 감독자 그리고 동료들이 안전보다는 편의주의나 생산성에 더 가치를 두고 있다는 지각을 가지지 않도록 하는 것이 안전풍토 향상의 관건이 된다.

안전작업 유능감은 작업자가 맡은 일을 안전하게 해내는 지식과 기술 그리고 능력을 가지고 있다는 자신감을 말한다. 작업자는 안전한 작업에 대해서 교육이나 훈련을 받을수록 자신감이 커진다. 작업자의 유능감은 경영진과 안전시스템과 더불어 안전풍토의 주요한 요인이다. 작업자가 안전작업에 대한 유능감을 가질 수 있도록 지속적이고 체계적인 교육 및 훈련이 공급되고, 조직과 감독자는 이러한 투자와 비용을 과감히 사용하여 작업자들이 조직 안전을 위한 투자에 소홀하지 않고 중요한 가치를 두고 있다는 것을 지각시켜야 한다. 이러한 지각은 작업자의 안전 작업 유능감에 더 큰 가치를 부여하도록 하여 유능감을 가지도록 하는 훈련이나 교육의 동기 향상과 성과에 긍정적인 영향을 줄 수 있다.

안전교육은 조직에서 지속적이고 체계적으로 실시하고 있는 안전교육의 효과성에 대해 작업자들이 어떻게 지각하고 있는지의 정도를 말한다. 안전교육의 중요성은 여러 연구에서 강조되고 있는데 특히 안전풍토의 긍정적인 향상에 지대한 영향을 미치는 것으로 나타나고 있다(Guldenmund, 2000). 조직의 안전교육이 효과적이라고 지각할수록 작업자들은 작업장의 전반적 안전성을 높게 지각하고 안전행동을 긍정적으로 변화시킨다.

7. 사회적 태도와 위험

1) 권위, 권력 그리고 복종과 응종

권위는 사회구성원의 질서를 바로 잡고 공동의 선을 추구하기 위해 필수적으로 필요하다. Russell(1938)은 물리학에서 기본 개념이 에너지이듯 사회과학에서 기본 개념은 권력이라고 했다. Russell은 권위와 권력을 구별하지 않고 사용하였지만, 현대 사회과학에서의 권위와 권력, 권위주의에 대한 개념은 차이가 있다.

권력이란 타인을 자신의 의지와 의지를 관철시킬 수 있는 강압적 수단에 의해 복종시키는 것이다. 권위주의는 복종을 최상의 가치로 여기고 명령에 복종하지 않으면 벌을 주며, 자신의 지위에만 관심을 갖고, 강자에게는 아첨하며, 약자에게 군림하는 행태를 말한다. 이에 반해 권위는 힘이나 위협에 의지하지 않은 채 대상의 행동을 제어하는 것을 의미한다.

즉, 권력이나 권위주의는 강제에 의해 상대를 복종하도록 하지만 권위는 사회구성원들에게 보편적으로 수용되는 공적 가치 체계를 자발적으로 받아들이게 함으로써 행동을 규제하는 것이다. 권위는 권위의 대상이 가지고 있는 특성을 사회구성원들이 인정함으로써 발생되는 상향적이고 자생적인 특성을 가진다(Peters, 1973).

Milgram(1963)의 복종 실험은 개인의 의지와는 상관없이 권위 관계에서 발생하는 영향력에 의해 권위자의 요구가 받아들여질 수 있음을 보여 주었다. 사회에서 권위가 형성되고 이에 대해 복종하는 것은 모든 집단 내부에서 자연스럽게 발생하는 현상이다. 그러나 권력에 대한 맹목적인 복종은 인류사를 보더라도 수많은 반인륜적 범죄의 원인으로 지목된다.

아무 생각 없이 명령에 복종하는 사람들이 참사나 범죄 혹은 사건과 사고의 공범이 되는 이유는 바로 맹목적인 복종 때문이다. 따라서 상급자의 지시가 온당하든 그렇지 않든 간에 그것을 따를 것인가는 사회적 위험과 안전에 중요한 영향을 미친다.

2) 사회적 태만과 집단사고

자신이 하지 않아도 누군가는 할 것이라고 기대할 때 사람들은 태만해질 수 있다. 집단 활동에서 다른 사람들의 적극적 활동을 기대하거나 협동의 효율 혹은 익명성에 의해서 혼자일 때보다 태만해지는 현상을 미국의 사회학자 Latane는 '사회적 태만'이라고 하였다.

사회적 태만을 실험으로 확증한 사람은 프랑스 농공학자 Maximilen Ringelmann(1913)이었는데, 이것이 사회적 태만의 또 다른 이름이 바로 'Ringelmann 효과'인 이유이다. Ringelmann은 1명, 2명, 3명, 8명이 줄을 당기도록 한 뒤, 당긴 힘을 숫자로 나누어 보았다. 혼자 당긴 힘을 100으로 상정하였을 때, 2명일 때는 93%, 3명일 때는 85%, 8명일 때는 49%의 힘밖에 산출되지 않았다. 혼자일 때보다 다른 사람들이 많아질수록 개인의 힘은 적게 사용되는 태만 현상이 나타나는 것이다.

사회적 태만은 사고의 원인이 되기도 한다. 비극적인 사례가 1991년 텍사스 주에서 있었다. 라레도 국제공항을 이륙한 컨티넨탈 익스프레서 2574편은 휴스턴으로 가는 2번째 비행을 하고 있었다. 고도 6,000~8,000피트를 지나가던 도중 갑자기 비행기가 하강하였고 왼쪽 날개가 부러지면서 시속 500km가 넘는 속도로 추락해 지상과 충돌한 후 탑승자 14명 전원이 사망하였다. 사고 원인은 사고 전날 작업자들의 부품 교체에 있었다. 당시 부품 교체는 10시간 안에 제빙장치를 교체하는 것이었다. 심야 근무조가 근무교대를 했는데 양쪽 모두 교체하기엔 힘들다는 생각에 오른쪽만 교체한 상태였다. 이후 왼쪽 부품의 나사를 다시 체결하지 않았다. 더군다나 검사원이 나사를 제거했단 사실이 밝혀졌는데, 규정상 검사원은 정비에 손을 대서는 안 되었다. 또, 시간이 걸린다는 이유로 작업 기록도 작성하지 않았다. 콘티넨탈 익스프레스 항공기(Flight 2574)의 사고 원인으로 여러 가지 복합적인 태만이 제기되면서 사고와 위험에 대한 사회적 태만의 고려와 이것을 허용하는 문화에 대해서 더욱 주의 깊게 살펴보는 계기가 되었다(한정원, 이경수, 박찬신, 손영우, 2009).

모든 사람의 의무가 아무의 의무도 아니게 되면서 나타나는 현상이 사회적 태만이라면, 집단사고는 또 다른 형태의 문제적 사회 현상이다. 사람들은 함께 의견을 모을수록 더 참신하고 좋은 의견이 나올 것이라고 생각한다. 그러나 여러 뛰어난 사람들이 모여 도출한 의견이 어리석은 결론으로 모아지는 경우가 있는데, 이러한 현상이 바로 집단사고(group-think)이다.

미국 사회심리학자 Janis(1959)는 집단 구성원들에게 자립적 비판적 사고가 많아질 때 집단사고는 줄어들고, 일체감이나 친밀도가 높아질수록 집단사고가 생기기 쉬운 환경이 조성된다고 하였다. 한 가지 사례로, 1961년 쿠바 망명 부대원 1,400명이 카스트로 정권을 무너뜨리기 위해 미국의 지원 아래 쿠바 피그스만을 침공하였다. 하지만 작전은 실패하였다. 이후 작전을 다시 검토한 결과 시작부터 끝까지 모두 엉터리 작전 계획이었던 것이 밝혀졌다.

미국의 가장 유능한 행정부라는 케네디 정권의 각료들이 찬성하고 승인한 작전이 엉터리였다는 것은 충격적인 분석 결과였다. 집단사고가 사건과 사고로 이어진 또 다른 안타까운 사례 중에 하나는 1986년 NASA의 챌린저호 폭발사고를 들 수 있다. 발사 당일의 추운 날씨로 우주선 발사에 무리가 있다는 것과 우주선에 기계 결함이 있다는 보고를 받고도 책임 있는 NASA 직원 중 아무도 경고를 받아들이지 않았다(Moorhead, Ference, & Neck, 1991). 이상의 사고와 사건의 저변에는 상당 부분 집단사고가 원인으로 지목된다.

Janis(1972)는 실패한 결정 중 집단사고가 원인이 되는 것들을 연구하였다. 집단사고의 잘못된 선택의 예로는 포드(Ford) 자동차 회사가 Elsel을 생산하기로 결정하였다가 손해를 본 일과 미국이 베트남전쟁을 발발시키고 점차 확전하기로 결정한 일 등을 꼽았다.

집단사고는 강력한 리더가 있고 높은 응집력이 있는 집단에서 더 잘 일어날 수 있다. 조직의 단결력을 유지하거나 강화하기 위해서 응종이나 복종이 강요될 수 있기 때문이다. 이러한 집단사고는 표면적으로 드러날 수도 있지만, 암묵적으로 진행될 때 더욱 강력한 압력으로 작용할 수도 있다.

Janis(1972)는 집단사고의 피해를 줄이는 방법을 몇 가지 제시하였다. 첫째, 리더가 토의에서 발생되는 대안들을 억제하지 말고 공정한 중재자로서 역할을 수행하는 것이다. 둘째, 의사결정 단계마다 결정된 사항에 대해서 비판적으로 평가하고 지지하는 증거와 반박하는 증거를 계속 수집하는 것이다. 집단사고가 쉽게 발생하는 조건은 자신은 올바르게 평가한다는 과신과 비판적인 정보를 가볍게 여기며, 외부 정보를 무조건적으로 배척할 때이다.

8. 사이버 공간에서의 사회적 행동

1) 사이버 공간의 위험요소

사이버 공간에서 시간을 보내는 사람의 수가 확산됨에 따라 사이버 공간의 부정적인 측면이 새로운 사회문제가 되고 있다. 앞서 살펴본 익명성은 사이버 공간의 큰 특징 중 하나이다. 따라서 익명성이 가지고 있는 위험성은 사이버 공간에 그대로 적용될 수 있다.

컴퓨터와 통신망 그리고 스마트 기기의 폭발적인 보급 결과로 정보의 내용과 소재에 상관없이 누구나 손쉽게 인터넷상에 방대한 정보를 올리고 내릴 수 있게 되었다. 그리고 인터넷상의 정보에 대해서 일일이 확인하고 관리하는 것은 현실적으로 불가능하다. 이에 따라, 폭력, 외설, 범죄, 지적 소유권 침해, 사생활과 개인정보 침해 등에 대한 우려의 목소리가 커지고 있다.

인터넷 이용자의 문제행동은 정보통신 기술과 관련된 범죄행위에서부터 사이버상에서 일상적으로 행해지고 있는 욕설과 인신공격, 소수에 의한 통신 공간의 지배, 부정확한 정보 및 사실의 유포, 음란물이나 외설물 노출 등의 행위에 이르기까지 사이버 공간에 들어가는 사람이라면 누구나 접해 본 경험이 있을 정도로 만연해 있다.

이러한 현상의 원인은 사이버 공간의 특성에 기인하는 대인 실제감의 부재에서 찾을 수 있다. 개인이 사이버 공간에서 허구적인 자아를 제시할 수 있듯이. 이러한 자아를 받아들이는 사람들 역시 상대방을 육체와 인격을 가진 실존 인물로서보다는 문자나 상징으로 표현되는 가상의 인물로서 받아들인다. 즉, 사이버 공간은 실제 인물 대 가상 인물의 상호작용이 이루어지는 곳이다(McKinnon, 1995). 이러한 특징 때문에 사이버 공간에서는 생명과 인격을 가진 인간에 가해지는 다양한 현실세계의 규제나 제약을 벗어나는 행동이 손쉽게 이루어진다.

사회적 실재감이라는 개념은 '의사소통 과정에서 행위자들이 상호작용에 함께 참여한다는 느낌', 즉 어떤 매체를 이용함에 있어서 의사소통 상대방과 서로 직접 만나서 대화하는 것과 흡사하게 느껴지는 정도라고 정의된다(Short, Williams, & Christie, 1976). 사회적 실재감은 표정, 몸짓, 옷차림 등이 비언어적 단서로 확보되는데, 사이버 공간에서는 사회 정서적 표현이나 사회적 지위 단서가 결여되어 있고, 익명성 수준이 높다.

따라서 사이버공간에서 만나는 가상의 인물에 대해서 개인은 죄의식이나 자의식을 느끼지 않은 채, 대면 상황에서는 쉽게 용인되지 않는 무례하거나 난폭한 행동을 쉽게 자행할 수 있다. 이러한 현상은 인터넷의 다양한 게시판에 올라오는 수많은 욕설이나 인신공격에서부터 타인의 죽음을 부추기는 자살 사이트에 이르기까지 광범위하게 나타난다. 사이버 환경의 어두운 측면이 중요한 사회 문제로 관심을 끌면서, 인터넷에 관련된 뉴스 기사를 접하다 보면 해킹, 성매매, 자살, 거짓 뉴스, 악성 고발 등 온통 어두운 이야기뿐이다.

2) 사이버 공간의 안전요소

앞에서 살펴본 수많은 위험요소와는 다르게 실제로 인터넷에서는 수많은 도움행동을 포함한 친사회적 행동이 일어나기도 한다. 인터넷의 도움행동은 평소에 그것이 도움행동이라고 느끼지 못할 만큼 자연스럽고 사소한 것에서부터 사람의 생명이나 민주주의의 수호, 혹은 사회의 부정부패에 맞서는 시민참여적인 집회의 홍보나 세계 평화와 관련된 거창한 것에 이르기까지 다양하다. 가장 기본적인 것은 수많은 사람이 인터넷에서 다른 사람들을 위해서 자신의 지식이나 정보를 아낌없이 제공하고 있다는 점이다. 인터넷상에 지식이나 정보를 요청하고 나서 몇 시간이 지나지 않아 원하는 답을 얻는 것은 한국에서는 그리 어려운 일이 아니다.

사이버 공간에서의 도움 요청은 비단 무형의 정보에만 국한되는 것은 아니다. 희귀한 혈액형의 수혈, 불치병 환자의 수술비 마련, 공공을 위한 자원봉사자 모집이나 정치적 구호를 같이하는 집회 참석자의 모집 등 물리적이나 금전적인 영역에서 실질적인 희생이 필요한 도움 요청 및 그에 따른 도움행동을 쉽게 접할 수 있다.

사이버 공간에서 도움행동을 촉발하는 요인은 기존의 도움행동에 관한 이론을 통해서 설명할 수 있다. 사회심리학에서는 도움행동에 영향을 미치는 요인으로 상황의 해석, 평가의 고려, 책임의 분산 등을 지목하고 있다.

구체적으로 도움이 필요한 상황에서 도움행동이 발생하지 않는 이유는 상황이 애매모호하거나, 구체적으로 어떤 도움행동을 해야 할지를 모르기 때문이다. 주위 사람의 눈에 도움행동이 부적절해 보이거나 어리석은 행동으로 보일까 봐 우려하기 때문이기도 하다. 마지막으로 여러 사람이 주위에 있을 경우 책임감이 분산되기 때문에 도움행동이 일어나지 않을 수도 있다.

이러한 측면에서 실제 환경과 사이버 공간의 몇 가지 차이점을 고려해 볼 수 있다.

첫째, 사이버 공간에서는 도움이 필요한 상황이 매우 명백하다. 도움이 필요한 사람이나 주변 사람이 직접 도움을 요청하기 때문에 '도움이 필요한 상황'에 대한 판단이 훨씬 손쉽게 이루어질 수 있다.

둘째, 사이버 공간에서의 도움 요청은 어떻게 행동해야 할지에 대한 방안을 구체적으로 제시하기 때문에 타인의 눈에 부적절하거나 어리석은 행동으로 보일 가능성이 훨씬 적다.

셋째, 사이버 공간에서는 익명성이 보장된다는 점에서 타인의 평가에 대한 우려를 최소화할 수 있다.

넷째, 사이버 공간에서 존재하는 수많은 사람이 동시에 도움 요청을 보면 책임감이 분산될 것으로 생각할 수 있지만, 인터넷을 이용하는 개인은 대부분 자신만의 독립된 공간에서 각자 따라 떨어져 정보에 접촉하기 때문에 사이버 공간에서는 다른 사람들에 대한 실재감이 적다. 따라서 책임감 분산이 실제 대면 접촉 상황일 때보다는 최소화된다.

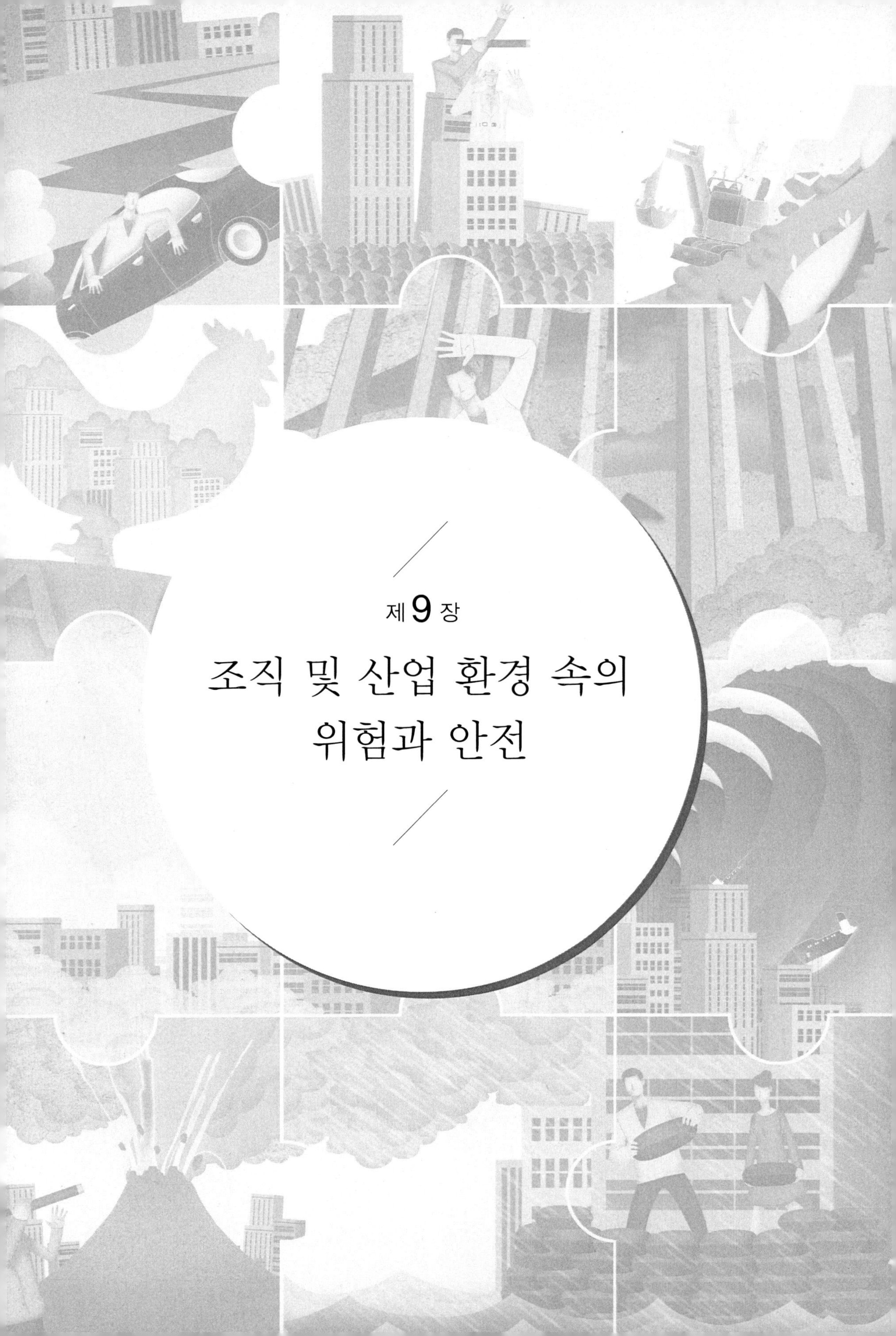

제 9 장

조직 및 산업 환경 속의 위험과 안전

선진국에서든 개발도상국에서든 직장에서 발생하는 위험은 관리될 수 있는 영역에 포함되어 있음에도 많은 부상과 사망의 원인이 되고 있다. 산업 장면이나 직장에서 발생하는 위험은 열악한 관리 환경뿐만 아니라 의사소통, 안전 문화 그리고 불충분한 훈련 및 조직체계 그리고 무엇보다도 경영진이라고 불리는 위험 관리 책임 주체의 무관심이 원인으로 지목된다.

직장이나 조직에서 발생하는 위험은 여러 가지가 있지만 직장에 있는 것 자체가 위험일 수 있다. 플로리다 주의 3,700만 달러에 달하는 10층 건물에 종사하는 직원 수백 명이 천식을 앓기 시작했다. 전문가들은 건물 시공 오류로 잘못된 공기조절장치와 환기 순환 및 빗물 배수 문제 등을 지적했다. 이 밖에도 직장에서 발생하는 차별이나 대인관계를 비롯해서 잘 다니던 직장에서 해고된다든지 하는 것은 조직과 산업 차원에서 발생하는 대표적인 위험이다.

조직에 몰입하는 정도, 즉 자신이 속한 조직과 자신을 동일시하는 정도가 높을수록 안전행동이 증가한다. Allen과 Mayer(1990)는 조직 몰입을 정서적 몰입(affective commitment)과 지속적 몰입(continuance commitment), 규범적 몰입(normative commitment)으로 구분하여 제시하였다.

정서적 몰입은 구성원이 속한 조직에 노력과 충성을 기꺼이 바치려는 의욕 또는 개인의 존재를 조직과 결합시키려는 태도 혹은 조직 목적을 수용하려는 신념에서 나오는 조직 몰입이라고 볼 수 있다.

지속적 몰입은 다른 조직으로 이동하는 것보다는 현재 조직에 남아 있는 것이 이득이기 때문에 혹은 다른 대안이 없기 때문에 조직에 지속적으로 남아 있으려는 태도의 몰입이다. 이러한 몰입은 조직에 대한 충성 뒤에 숨어 있는 보상과 대가에 관심을 두고, 조직에 남아 있음으로써 얻는 수익과 조직을 떠남으로써 발생하는 비용을 비교하면서 몰입의 정도를 조절하게 된다. 따라서 지속적 몰입은 거래적이며 경제적인 관점에서의 몰입이다.

규범적 몰입은 조직의 구성원으로서 당연한 도리를 해야 한다는 도덕적 의무감에 의해 발생하는 몰입이다. 조직에서의 사회화 과정을 통해 충성심이 야기되기도 하며, 다른 한편으로는 개인의 성격상 조직이 요구하는 의무를 성심껏 완수해야 한다는 내적인 가치체계가 높아서 규범적 몰입이 일어나기도 한다.

정서적 몰입은 조직에 대한 정서적 애착과 일체감을 말한다. 정서적 몰입 수준이 높아질수록 조직의 목표나 가치를 적극적으로 받아들여 조직 목표 달성에 기여하게 된다. 정서적 몰입은 이직과 결근을 줄이고, 성과와 조직시민행동을 높이는 것으로 나타났다. 특히 결근은 조직차원에서 중요한 문제가 되는데, 한 사람의 부재는 다른 사람의 충원이 필요하기 때문이다. 항시 결근을 예상하고 예비인력을 둘 수는 없다. 결근의 중요한 원인으로는 업무 조건에 대한 불만족이나 가정사, 생활스타일의 문제나 직무 몰입의 부재 등 조직행동과 밀접한 관련을 가진다. 조직행동은 직무 수행과 정적인 상관관계를 가지고 있는 것으로 나타났으며 안전수칙을 준수할 가능성을 높이고 안전행동에 적극적으로 참여하도록 한다고 밝히고 있다(이원영, 2005).

따라서 조직 몰입의 형태가 긍정적일 때 조직 내 안전행동이 증가하고 위험이 감소할 것이다. 하지만 산업 및 조직 장면에서 관리해야 하는 위험이 너무나 많기 때문에 조직 몰입도에 대한 개입만으로는 부족하다. 위험에 대한 관리는 산업체나 조직이 생겨날 때부터 혹은 직원을 모집하거나 선발하는 순간부터 시작된다.

1. 조직 및 산업 장면의 위험평가와 측정의 한계

1) 평가와 위험

직원에 대한 잘못된 평가는 개인과 조직에 심각한 위험이 될 수 있다. 평가의 잘못이 위험을 고조시키고 결국 사건으로 이어진 안타까운 사례가 있다. Dougherty(2004)는 플로리다 주에 있는 알스테이트(allstate) 보험회사에서 일하는 paul calder의 사례에 대한 보고에서 잘못된 직원에 대한 평가나 고용이 얼마나 조직과 사회를 위험하게 만들 수 있는지를 제시하였다.

calder는 평소 자신을 외계인이라고 말하고 다니며, 'Blood'라는 글자와 다른 이상한 글들을 자기 컴퓨터 모니터에 써 놓곤 했다. 그리고 업무 중에는 상사나 동료들이 자신의 컴퓨터는 보지 못하게 막았다. 직장에 총을 가지고 출근을 하는 경우도 많았다. 하지만 상사는 그를 곧바로 해고하면 문제를 일으키지 않을까 걱정했다. 회사는 calder를 조심스럽게 해고하기 위해 구조조정을 핑계 삼아 퇴직금을 주겠다는 이야기를 하며, 다른 곳에 취업할 수 있도록 좋은 내용으로 추천서를 써주었다. 추천서에는 calder에 대한 부정적인 내용은 전혀 언급되어 있지 않았고 칭찬 일색이었다.

물론, 직원에 대한 근거 없는 중상모략도 문제가 되겠지만 명백한 위험을 언급하지 않고 숨기는 것은 새로운 위험을 만들어 낼 수 있다. calder는 다른 보험회사에 취업했지만 번번이 기괴한 행동으로 해고당했다. 몇 달 후, 자신을 해고한 사람들을 만나러 나간 calder는 9밀리 권총을 소지하고 있었다. 3명의 남자와 2명의 여자를 사상시킨 calder는 인근 강가에서 자살했다. 살해된 직원들의 가족은 알스테이트 보험회사에서 받은 추천서가 calder의 문제행동을 숨겨 준 것이라면서 수백만 달러의 소송을 걸었다.

직원에 대한 평가는 있는 사실 그대로 이루어져야만 하는데, 이것은 개인마다 자신에 대한 평가와 상이할 수 있기 때문에 쉽지 않다. 조직 차원에서도 직원에 대한 올바른 평가는 중요한 주제이며 고용의 출발이자 마지막이다.

직장에서 능력 있다는 것이 영어를 잘하는 것인가, 수리적 계산을 잘하는 것인지, 의사소통 능력이 좋다는 것인지 애매한 경우가 많다. 단지 명령을 잘 따르기만 한다든지, 시험을 잘 치르는 기술이 있는 사람을 우리는 유능하다고 보는 경우가 많다. 또는 묵묵히 자기 일을 충실히 하는 사람보다는 자기에 대한 홍보와 포장을 잘하는 사람이 더 큰 일을 하고 있다고 여기기도 한다.

2) 심리평가 도구의 무비판적 사용

심리검사와 평가 및 측정의 문제점 중 가장 일반적인 것은 무비판적 사용이다. 잘 꾸며진 설명 책자가 사람들의 깊게 숨겨진 내면의 동기와 수십 년간 형성된 성격 및 욕구의 수준과 앞으로 일어날 행동들을 하나도 빠짐없이 혹은 과장이나 축소시키지 않고 잘 설명해 줄 것이라는 것은 심리학에 거는 일반적인 기대이긴 하지만 가장 위험한 생각이기도 하다.

더욱이 엄정한 연구 결과를 통해서 신뢰도와 타당도가 공인되지 않은 심리 평가 도구나 측정검사들이 통용되는 것은 실로 큰 위험이 될 수 있다. 결과에 대한 어떠한 자료도 없지만 단지 호기심이나 기대만을 가지고 실시되는 심리평가나 측정은 비효율적이기도 하지만 공정하지도 않기 때문이다.

한국 사람들이 심리평가에 대해서 가장 흔하게 접하는 사례 중 가장 대표적인 것이 아마 혈액형에 따른 성격 유형일 것이다. 실제로는 아무런 과학적 근거가 없음에도 혈액형이 사람들의 성격을 알려 줄 것이라는 생각은 심리학이라는 이름으로 포장되어 수많은 사람의 선입견을 강화하고 있다. 사람들은 자신이 믿는 것을 강화하려는 경향이 있기 때문에 이미 추론한 상대방의 성격적 특징을 혈액형 때문이라고 규정하면서 완성시키려고 한다.

조소현, 서은국, 노연정(2005)의 연구에서는 혈액형과 성격검사 간에는 아무런 상관이 나타나지 않았다고 보고하였다. 다만, 혈액형에 대한 고정관념이 강한 사람일수록 자신의 성격을 혈액형별 유형으로 보고하려는 경향이 강하게 나타났는데, 이것은 사람들이 자신이 그럴 것이라고 믿는 대로 본다는 것을 나타낸다. 아마도 혈액형과 같은 유형의 성격 판단은 무비판적으로 사람을 평가하는 가장 잘못된 행태일 것이다.

더 큰 문제는 혈액형이나 별자리 같은 어리숙한 형태가 아니라 너무나 그럴듯하게 보이는 심리검사 도구도 많다는 것이다. 더욱이 공신력 있는 검사라 하더라도 한 가지 검사 결과만을 너무나 확실히 믿어 버리는 것은 인간 심리에 대해서 아무것도 모르는 것이나 마찬가지이다.

3) 적격자의 탈락

신뢰도와 타당도가 높은 검사조차도 완벽하게 만족스러운 결과를 가져오지는 못한다. 즉, 만병통치약처럼 모든 기대에 부응하는 심리평가 도구나 심리 측정검사는 없다. 따라서 항상 부당한 심리 평가나 측정으로 손해를 보는 사람들이 있을 수 있다.

정신병원 입원이나 고용 관계의 불이익 등 잘못된 심리평가와 측정은 개인에게는 기회를 잃게 만든다든지, 자유가 제한받는 결과를 가져올 수도 있다. 조직이나 사회에서도 잘못된 심리평가나 측정은 찾아내야 하는 사람을 못 찾아낸다든지, 예언해야 하는 것을 제대로 예언해 내지 못하면서 위험을 고조시킬 수 있다. 적격자를 탈락시키거나 적격하지 않은 사람을 골라내지 못하는 문제를 해결하기 위해서는 여러 가지 신뢰할 만하고 타당도가 높은 심리평가 도구나 심리 측정검사를 사용하여 그 결과들을 비교하는 것이 방법이다.

4) 거짓말

심리검사에서 피검사자의 거짓된 반응은 신뢰도와 타당도를 떨어트리는 주요한 원인이다. 검사에 대한 허위진술 여부는 일관적이진 않다. 사람들이 모든 검사에 대해서 거짓된 반응을 보이지는 않기 때문이다.

상담 관련 연구에서 진행된 성격검사의 경우 1,023명의 검사 자료와 직업에 지원하는 1,135명의 자료를 비교한 결과 성격검사는 허위진술로 얻는 결과물이 크지 않은 반면에 직업에 관련한 검사는 고용과 직접적인 연관이 있었다. 두 집단의 검사는 서로 유의하게 차이를 나타났는데, 이것은 검사의 목적과 종류에 따라서 실제가 아닌 허위 반응이 증가할 수 있음을 보여 주는 것이다(Stark, Chernyshenko, Chan, Lee, & Drasgow, 2001).

5) 보복과 감시를 위한 사용

심리검사나 평가를 보복이나 감시의 방편으로 사용하는 것도 문제가 될 수 있다. 대학교 교수들에 대한 학생들의 점수는 수업의 개선점이나 발전을 위해서 중요한 자료를 제공한다. 그러나 일반적으로 학생들에게 부여한 점수가 낮은 교수들의 강의평가 점수도 낮았다. 이것은 학생들이 자신의 낮은 학점에 대해서 교수들에게 보복한 결과로 보인다. 몬테나 주립대학에서 실시된 강의평가와 학점 간의 관계를 검사하는 연구를 진행한 연구가 대표적인 사례이다. 몬테나 대학교의 강의평가는 교수들의 급여 인상 기준 조건으로 4점 만점에서 3.6점 이상을 유지해야 했다. 강의평가와 학점 간의 관계연구 결과, 학생들에게 과제나 수업의 난이도가 높을수록 낮은 점수를 부여 받았고, 반대인 경우에는 강의평가가 좋았다.

이러한 결과에 대해서 연구자들은 강의 평가가 정말 대학 교육의 질이나 교수의 강의 내용에 대한 것이 아니라 그야말로 인기에 대한 결과를 보여 주고 있다고 지적했다. 연구자는 높은 강의평가 점수를 받기 위해서는 학생들을 화내게 하면 안 되는데, 이것은 학생들이 자신의 강의평가가 교수의 연봉이나 능력 평가에 사용된다는 것을 알면 알수록 더욱 그러하다고 지적했다. 즉, 교수들이 학생들에게 준 학점에 대해서 학생들은 강의평가를 통해 보복할 수 있는 기회를 가지게 되는 것이다.

이처럼 평가나 측정은 보복과 같이 처음에 의도하지 않는 결과로 사용될 수 있다. 단순히 평가된다는 것을 아는 것만으로도 문제가 발생할 수 있다. 그것은 평가하기 위해서는 관찰해야 하고, 관찰한다는 것은 누군가에게는 감시당하는 것으로 받아들여질 수도 있다(Schultz & Schultz, 2008).

6) 윤리적 문제

미국 심리학회(APA)는 상담과 임상 장면 그리고 학교와 직장의 선별 과정에서 실시되는 심리평가나 측정이 윤리적으로 이루어지고 있는지에 대해서 관심을 높이고 있다. 한국도 이러한 심리평가나 측정이 가지는 민감한 개인 정보가 올바르게 수집되고 사용되고 있는지 살펴보아야 한다. APA 윤리규정은 심리검사를 배포하고 사용하는 데 있어서 몇 가지 안전 규정을 만들어 두었다.

첫째, 심리검사를 실시하고 해석하는 사람은 심리검사의 한계에 대해서 분명하게 인식하고 있어야 한다. 검사 결과에 대해서 편향된 시각을 가지지 않도록 노력하여야 하며 해석에 있어서도 절대적이고 고정된 것이 아니라는 점을 인식하고 있어야 한다. 표준화된 검사 방법에 따라 결과는 정확하게 기록하고 공정하게 채점하기 위해서 최선을 다하여야 한다.

둘째, 검사 문항이 공공매체를 통해서 인쇄되거나 공개되어서는 안 된다. 실제 문항과 유사한 예시 정도는 공개되어도 되지만 실제 문항이나 채점의 형태, 해석의 방법 등은 보안이 유지되어야 한다. 그리고 이것을 책임 있게 사용할 수 있는 전문가들에게만 공급해야 한다.

셋째, 검사 점수는 그것을 공정하고 합리적으로 해석할 수 있는 사람과 피검사자에게만 공개되어야 한다. 다른 사람이나 이해관계자 혹은 가까운 사람이라는 이유로 다른 사람의 심리 평가나 결과물을 제공받을 수 없도록 해야 한다. 또는 직접적 검사자가 아닌 수련생이나 공부를 위한 목적으로 타인의 심리검사 결과에 함부로 접근할 수 있도록 허용해서는 안 된다. 나아가, 피검사자는 자신의 심리검사 결과에 대해서 어떠한 형태로 해석되었으며 결과가 나타났는지를 보고받을 권리를 가진다.

넷째, 심리검사 도구의 공개는 충분한 연구와 긍정적 지지 결과들이 보고된 이후에 이루어져야 한다. 신뢰도, 타당도 및 규준 자료를 포함하고 있는 검사 매뉴얼을 제공하여야 한다. 정확한 검사 설명을 제공하고 구조화된 검사와 해석 방법을 제공할 수 있는 검사도구여야 한다.

이러한 규정에도 불구하고 불필요한 검사나 민감한 질문을 포함하고 있는 심리검사 도구들을 무분별하게 사용하는 것은 문제를 야기할 수 있다. Brown(2001)의 연구에 나타난 사례에서 Soroka의 이야기는 주목해 볼 만한다. 캘리포니아 Target Store에서 경비원을 구한다는 구인광고를 보고 원서를 넣었던 Soroka는 몇 가지 심리검사를 수행해야 했다. 실시된 심리검사는 미네소타 다면적 인성검사(MMPI)와 캘리포니아 성격검사(CPI)처럼 심리학 분야에서 오랫동안 신뢰도와 타당도를 인정받고 있는 검사들이었다.

그러나 Soroka는 검사 질문들에서 저승사자나 지옥이 있다고 생각하느냐를 묻는 문항에 불쾌감을 느끼기 시작했다. 동료에게 성적 매력을 느끼는지 혹은 야한 꿈을 꾸는지를 묻는 문항에서는 개인적 정보를 침해받고 있다는 인상을 받게 되었다. 종교적 신념이나 일상의 공상들이 경비원 업무와 아무 관계가 없다고 생각한 Soroka는 자신의 구직활동 중 실시된 심리검사들로 인해 사생활이 침해받았다는 소송을 제기했다. 두 번의 재판 결과 첫 번째는 Soroka의 주장이 받아들여지지 않았지만, 항소법원에서는 Soroka의 주장이 받아들여져 승소하였다. 중요한 것은 경비원 선발에 심리검사를 사용했다는 것이 문제가 된 것이 아니라, 실시된 심리검사가 경비원 활동과 어떻게 관련이 있는지에 대해서 회사가 아무런 증거 자료를 제시하지 못했다는 데 있었다. 그야말로 회사는 호기심이나 좋은 점이 있을 것이라는 막연한 기대를 가지고 개인의 심리적 정보들을 수집한 것이었고 법원은 그 점에 있어서 개인의 사생활 보호 권리를 인정해 준 것이다.

2. 호손연구

1924년 미국 하버드 대학교의 산업연구 학과장인 심리학자 Elton Mayo(1924)는 시카고

교외에 있는 서부전기회사(Western Electric Company)의 호손공장(The Hawthorne)에서 생산성과 조명의 효과를 규명하기 위한 실험에 착수하였다. 최초의 연구는 생산성과 조명이라는 물리적 작업 조건과의 관계를 알아보는 것이었지만 결론은 생산성에 대한 영향은 작업의 물리적 측면보다 인간적인 요소가 더욱 중요할 수 있다는 당시로서는 의미심장한 결론에 도달하게 되었다.

실험집단(test group)과 통제집단(control group)으로 분리된 작업자들을 여러 가지 다양한 조건으로 작업을 시켜 본 결과 실험집단의 경우 밝은 조명 하에서 높은 생산을 보였으며, 통제집단에서도 작업 능률이 증가되었다. 더욱이 특이했던 것은 실험집단은 통제집단보다 열악한 조명 상태에서도 지속적으로 생산성이 상승하였다는 것이다. 열악한 조명조건에서는 생산성이 떨어질 것이라고 가설을 세웠던 연구진들로서는 당황스러운 결과였다.

이러한 가설증명의 난제를 풀기 위해서 Mayo는 1927년부터 1932년까지 인간 요인을 주요한 원인으로 다시 실험을 실시했다. 6명의 여공을 대상으로 작업관계 및 면접조사를 진행한 결과 기온이나 습도 그리고 조명 등의 조건이 영향을 주지는 않았다. 따라서 이러한 일련의 연구 결과에 대한 종합적인 검토를 통해, 작업장에서 나타나는 효율성은 작업장의 물리적 환경이 아니라 작업장 내의 사회적 · 인간적 관계의 작용이라는 결론에 도달하였다.

이후에 실시된 대단위 조사에서 약 2만 명의 직원을 면접 분석해 본 결과, 공식적인 조직의 영향보다는 비공식적인 조직의 영향이 생산성과 관계있다는 결론을 얻게 되었다. 또 다른 이후의 실험에서는 20~40세에 속하는 14명의 남자 작업자를 실험실에 옮겨 놓고 작업을 관찰하였다. 작업자들의 기분이 상하지 않도록 각별히 유의하면서 관찰을 진행한 실험을 통해서 다음의 몇 가지 사항이 발견되었다.

- 임금과 생산성이 비록 비례한다 하더라도 각자의 생산성은 집단 내의 여러 현상에 의해서 규제되었다.
- 작업집단에서는 회사가 결정한 생산 수준보다는 그 집단이 적당하다고 생각하는 수준을 작업 수준으로 정하였다.
- 작업집단의 생산 수준은 작업자의 비공식조직에 의해 결정되었는데, 이 같은 현상은 사회의 다른 직장에서도 마찬가지로 나타난다.
- 경영자와 집단기준 사이에 어떠한 갈등 문제가 발생하면 비공식조직에서는 자기의 결정을 무엇보다 우선시하였다.
- 집단적 통제의 힘은 개인적인 지능검사 성적과 생산량의 관계에 전혀 상관이 없었다.

그 후 연구자들은 이스트코스트의 금속공장과 남 캘리포니아 항공기 공장에서의 조사를 실시하였다. 연구 결과는 호손 공장에서와 같았다. 물리적 작업조건보다는 비공식집단 내의 승인 및 인정이 보다 생산성에 강하게 관여한다는 결론이 도출되었다. 더불어 응집력 결속을 위해서는 일선 감독자의 역할이 중요하다는 지적을 내놓았다. 이러한 일련의 실험 결과들은 Mayo의 동료인 Roethlisberger와 Dickson(1939)의 연구로 확대되고 집약되었다. 특히 회사나 조직의 경영진들은 조직생산성이 인간관계에 크게 영향을 받는다는 것에 주목하였다.

그 후로는 인간관계 관리(human relation management)에 적용되는 호손 연구의 결과물은 직원 의견 조사, 인사 상담, 개인 면접, 제안 구도 등의 구체적인 제도 실현에 모체 역할을 담당하였으며 소집단 연구 등에도 많은 공헌을 하였다. 또한 능률성, 동기, 직무만족에 영향을 주는 리더십, 비공식집단의 형성, 태도, 의사소통 등 여러 인적 변수에 대해서 심리학이 접근할 수 있는 근거를 마련해 주었다.

3. 건강과 위험

미국 시카고의 BP 아모코(BP Amoco)사의 연구센터에서는 미국 평균치보다 8배나 높은 희귀한 형태의 뇌종양에 걸린 화학자들이 많이 발생했다. 원인은 2가지 화학물질에 지속적으로 노출되었기 때문으로 밝혀졌다.

미국 환경보호국(Environmental Protection Agency: EPA)은 16,000개 이상의 화학물질을 유독성 물질로 지정했는데, 이 중 150개는 신경독성 물질로 사용자들의 뇌와 신경계 손상을 유발할 수 있는 것들이다. 미국 천식학회는 천식으로 고생하는 미국 작업자의 15% 정도가 업무 중 라텍스, 니켈, 크롬 그리고 수은 등의 화학물질에 노출되었기 때문이라고 보고하였다. 분진으로 인한 호흡성 천식은 가장 흔한 호흡계 질환 중 하나가 되었다. 광부나 조선소 작업자들은 석면에 노출될 수 있고 폐암에 걸릴 확률이 7배나 높게 나타난다. 직물공장 작업자들은 목면 분진 흡입으로 갈색폐질환(brown lung disease)에 걸릴 위험이 높았다.

의료 기술자들은 방사능 노출의 위험이 있으며 사무실 작업자들도 실내 공기 오염으로 인한 영향을 받을 수도 있다(Schultz & Schultz, 2008). 이처럼 직장이나 산업체에서 사용하는 재료나 도구들은 조직원들의 건강에 여러 가지 위험으로 작용할 수 있다.

표 9-1 위험물질과 관련 질병

잠재적 위험	잠재적 질병	노출되는 작업자
비소	폐암, 림프종	제견공, 화학공장이나 정유공장 근로자, 스프레이 제조근로자
석면	백색폐질환(석면폐), 폐와 폐내층의 암, 다른 장기의 암	석탄광부, 광물 미쇄 근로자, 면직이나 절연제 제조 근로자, 조선소 근로자
벤젠	백혈병, 재생불량 빈혈	석유화학공장이나 정유공장 근로자, 염료 사용장, 증류주 제조업자, 페이트공, 제화 근로자
비스클로로메틸에테르	폐암	화학물질 취급 근로자
석탄 분진	진폐증	탄광 광부
목화 분진	갈색폐질환, 면폐증, 만성기관지염, 폐공기종	면직물 취급 근로자
납	신장질환, 빈혈, 중추신경계 손상, 불임, 출산 결함	금속연삭기공, 납 제련 근로자, 납-배터리 제조 근로자
방사능	갑상선, 폐, 뼈의 암, 백혈병, 출산결함(자연유산, 유전자 손상)	의료 기술자, 우라늄 광부, 원자력 발전소 근로자
비닐 클로라이드	간암: 뇌종양	플라스틱 산업 근로자

1) 반복 동작과 건강

특정한 일이나 동작을 계속적으로 반복하는 업무는 다른 작업들보다 특정한 위험이 있을 수 있다. 반복적인 행동은 반복 사용 긴장성 증후군(repetitive strain injury) 등을 유발할 수 있다. 예를 들어, 컴퓨터 작업을 반복적으로 수행하는 사람의 경우 각종 유해한 전자파에 노출되는 빈도가 높다. 또한 컴퓨터 작업 동작이 반복되면서 눈, 목, 어깨, 팔, 손목 등의 근육 신경계통에 무리가 올 수도 있다. 이것을 VDT(Visual Display Terminal) 증후군이라고 부른다. 컴퓨터 보급과 활용이 보편화되면서 특정 직업군뿐만 아니라 일반인에게까지 반복적인 컴퓨터 사용으로 인한 VDT 증후군이 늘어나고 있다.

반복 작업이나 활동의 또 다른 질병은 팔목터널 증후군(혹은 수근관 증후군)으로 알려진 CTS(Carpal Tunnel Syndrome) 증후군이다. 이 역시 컴퓨터와 같은 반복 작업에 의해서 생겨날 수 있는데 목, 허리, 어깨 등에서 디스크 증상과 유사한 통증을 호소하게 된다. 팔목터널은 손목 앞부분에 있는 작은 통로를 말하는데 뼈와 인대로 형성되어 있고 여러 개의 근육과 손바닥으로 이어지는 신경 통로이다.

컴퓨터 사용은 육체노동을 하는 직업군에서도 일상화되고 있다. 직장에서뿐만 아니라 집에서도 컴퓨터 및 유사한 전자제품들로 둘러싸여 있기 때문이다. 반복적인 손가락이나 손목 움직임은 수근관 증후군(Carpal tunnel syndrome)을 발생시킬 수 있다. 손목의 통증과 마비를 동반하는 수근관 증후군이 주로 발생하는 직업군은 육가공 작업자, 목수, 수동착암기 조작자 그리고 생산라인 작업자와 컴퓨터 그래픽 제작자나 프로그래머들이다. 이전에는 이러한 질병에 대한 관심이 적었지만 언론계 종사자들에게 이러한 증상이 나타나면서 주목을 받기 시작했다.

반복 동작으로 인한 질병은 미국 노동인구 중 200만 명 이상에게서 나타나고 있다. 이들 중 상당수는 손상된 신경을 수술로 치료해야 하는 상태까지 악화되거나 만성화되기도 한다 (Schultz & Schultz, 2008).

2) 작업 시간

미국에서는 한때 하루 10시간씩 일주일에 6일, 60시간의 작업 시간을 표준으로 삼았던 때가 있었다. 그러나 인간 생리작용에 관한 연구를 거듭한 끝에 하루에 8시간 일주일에 5일, 40시간이 최적의 작업 시간으로 받아들여졌고 오늘날까지 많은 나라에서 시행하고 있다.

하지만 이러한 작업 시간에 대한 규정은 일의 종류와 성격에 따라서 과연 타당한 것인가 계속적인 의심을 받고 있다. 대체로는 너무 작업 시간이 긴 것이 아닌가 생각된다. 또한 일의 성과에 앞서서 인간 삶의 질이 노동 시간에 우선한다는 가치관의 변화는 효과적인 작업 시간이라는 개념 자체를 변경해야 한다는 거센 요구에 직면하게 되었다.

연구실에서 근무하고 있는 성인 남자에 대해서 혈청 굴절률을 측정하여 시간적인 변동을 측정해 본 결과, 평균 8시간 이후에는 대부분 떨어지는 현상을 보였다. 비록 육체적으로는 쉬운 작업이라 하더라도 근무시간이 길어지면 질병 휴가로 의한 근로 손실도 비례해서 증가했다. 주당 60시간, 즉 1일 10시간 이상 일하게 되면 질병으로 인한 근로 손실이 급격히 증가한다(Ross, 1980). 이러한 연구 결과가 축적되면서 세계보건기구(WHO)에서는 야간근무가 암을 유발시키는 원인이라고 결론을 내린 바 있다.

(1) 교대근무

교대로 근무하는 것은 하루 24시간을 보통 세 부분으로 나누어 8시간 작업하는 것을 의미한다. 이러한 교대근무에서 1명의 작업자가 특정한 시간대에서만 계속 일하는 것은 문제가 있을 수 있다. 보통 주 단위로 교대시간을 변경하여 편성하고 야간에 작업을 하였을 때에는 평소보다 더 긴 휴식시간이 필요하다. 대다수의 사람이 낮에는 일하고 밤에는 쉬기 때문에 지속적인 야간 작업자는 사회적 관계가 소원해지거나, 물리적으로 관계를 형성하기 어려울 수도 있다. 야간 작업자의 가장 큰 문제는 야간 불면증을 포함하는 면역체계의 혼란이나 멜라토닌 생성 등의 내분비계통의 문제에서 야기되는 건강상의 문제일 가능성도 높다. 인공조명이 있지만 자연광선과는 똑같은 효과를 낼 수 없다.

Barton(1994)은 간호사들에 대한 연구에서 고정적으로 교대시간을 정해 놓고 일할 때 가장 심신기능의 적응도가 좋은 것으로 나타났다. 근무시간대를 순환하면서 근무하는 것이 적응에 가장 힘들다는 것이다. 그러나 고정적인 야간시간대 근무는 일–가정의 갈등이 커지거나 수면장애 등의 문제가 발생할 수도 있다. 그리고 교대 근무자일수록 욕구 충족이 제대로 안 되고 있다고 느끼며 자신의 일에 대해서 만족감이 떨어지는 경우도 많다. 교대근무는 조직의 업무에 자발적 지원이나 의욕이 덜 생기도록 만들 수 있다.

(2) 탄력적 근무

작업 시간의 가장 일반적인 변형은 근무시간을 작업자가 적절히 조정할 수 있도록 해 주는 탄력적 근무제도이다. 탄력적으로 근무시간을 조절할 수 있도록 하는 것은 출·퇴근의 러시아워를 피해서 근무효율을 높일 수도 있으며, 일–가정의 갈등적 긴장을 해소할 수도 있다. 혹은 작업자의 자기개발이나 여가시간의 증가를 가져다주어 직무만족이나 행복감 향상에 영향을 미치기도 한다. 좀 더 과감한 탄력적 근무는 요일 자체를 조정할 수 있도록 더 많이 일하는 요일과 출근하지 않아도 되는 요일을 자신이 정하는 것이다.

Dalton과 Mesch(1990)는 탄력근무제가 여러 가지 도움을 주지만 근무의 특성에 따라서 전문직보다는 낮은 직급의 작업자에게 더 많은 긍정적 영향을 미친다고 보고하였다. 또 맞벌이 부부에게는 특히 큰 도움을 주기도 하는데, 결근율에서 탄력근무제에 속한 집단이 더 낮은 비율을 나타내기도 하였다. 하지만 탄력근무제도가 팀별 과업수행이나 기능에는 장애가 될 수도 있다는 연구 결과가 있기도 하다.

4. 고용과 위험

1) 고용 형태와 위험

석사학위 이상의 고학력자들의 취업을 알선하는 인터넷 사이트에는 하루에도 수십 건의 취업 관련 고용정보가 등재된다. 전문가를 모시겠다는 제목을 읽다 보면 말미에는 계약직이거나 몇 개월의 임시직인 경우가 많다.

고학력 전문직 종사자들뿐만 아니라 현대 산업사회에서는 직원에 대한 고용을 임시적으로 한정해서 경쟁을 시키거나 필요한 업무가 종료되면 고용을 해지하기 편하도록 형태를 다양화하고 있다. 다양한 이름으로 불리지만 대다수는 임시직 형태의 고용이다. 고용주들은 업무에서 효율을 따지면서도 고용에 대한 비용 지불은 점점 인색해지고 있다.

Tempositons Group의 대표인 James Essey는 직원으로 지원한 사람들을 확정적으로 고용하기 전에 시험해 보는 것이 좋다고 말했다. 임시적인 고용에는 급여를 정규직에 비해서 적게 주어도 되기 때문에 고용주들로서는 일석이조인 셈이다. Avenue Temporary Service의 부회장인 Geogrgia Ellis는 고용을 계약 결혼처럼 실제 경험해 보는 확인이 필요하다고 주장했다. 임시직으로 고용되어 회사와 개인이 서로를 알아 가는 것이 이력서에 나오지 않는 실체를 파악하고 명료하게 만들 수 있다고 보는 것이다.

그러나 고도의 창조적 작업이나 정규적인 고용 형태가 꼭 필요한 곳에서의 임시직 증가는 직원들의 불안을 높이고 갈등을 심화시키는 사회적 위험으로 작용할 수 있다. 경쟁사회의 당연한 결과물처럼 인식되는 임시직은 결과물이 아니라 경쟁사회를 심화시켜 사회불안과 갈등을 증가시키는 원인일 수 있다는 지적이다. 임시직이기 때문에 정규직이 되기 위해서 작업자들은 더 많이 일하면서도 더 적은 월급을 받게 되고, 더 많이 불안하며, 더 많은 불평을 가지게 된다. 불필요한 임시적 고용 형태의 만연은 사회를 더욱 불안하게 만들 수 있다(Ellin, 1999).

고용불안을 해소하기 위해서 극단적인 선택이 일어날 수 있는데, 한때 나이지리아에서는 해적이 가장 안정적인 직업 중 하나가 되었다. 몇몇 중동 국가에 자리를 잡고 있는 테러 조직은 높은 급여와 확실한 고용을 인터넷에서 광고하며 사람들을 모으기도 한다. 고용불안에 시달리는 사람들은 무슨 일을 하든지 안정적인 것을 원한다. 사람들은 일의 종류와 성격보다는 얼마나 고용불안을 해소해 줄 수 있는가에 더욱 집중하게 되는데, 해적이 되거나 테러단체에 가입해서라도 안정을 찾겠다는 것은 고용불안이 만들어 낸 흉측한 위험물이다. 나아가 고용불안을 해소하지 못하는 사회에 대한 불만은 자신과 사회에 자해적 위해를 가할 수 있는 가능성도 증가시킬 수 있다.

2) 직무만족과 안전

일반적으로 만족(satisfaction)은 직원이 자신의 직무에서 얻는 즐거움의 정도를 말하는 것이다. 자신의 직업에 만족하는가는 폭넓은 개인차가 있기 때문에 다양한 반응이 존재한다. 만족 특히, 직업에서의 만족은 개인의 긍정적 정서와 객관적 직무 상황의 향상을 가져다준다. 자신이 다니는 직장을 자랑스러워하고 만족하는 사람과 항상 불만을 가지고 있는 사람들은 업무 성과뿐만 아니라 일상생활의 영역에서도 차이가 발생한다(Kinicki, McKee-Ryan, Schriesheim, & Carson, 2002).

직업이나 직무에 만족하느냐의 여부는 직장의 주차공간에서부터 승진과 근무성과의 평가 및 성취감까지 수많은 요인에 의해서 결정된다. 또한 나이나 건강, 재직 기간, 사회적 평가, 근무시간 및 휴가일수 등에 따라 차이가 발생할 수도 있다. 수많은 변수의 대응이 가능하기 때문에 심리학에서는 직무만족에 대한 연구가 인기가 있는데, 일반적으로 심리학자들이 원하는 것은 직무만족이 얼마나 업무성과에 영향을 미치는지를 알아내는 것이다. 여기에 덧붙여 직무만족은 안전과도 밀접한 관련을 맺고 있다.

장태연과 장태성(2004)은 직무만족과 택시 교통사고 발생 간의 관계에 대한 연구를 실시하였다. 연구에 의하면 공정게임(사회 전반적으로 법을 지키지 않는 태도가 만연하므로 자기만 법을 지키면 손해라는 태도) 및 부적격률(면허 취소 운전자 및 승무 부적격 운전자에 대한 총 운전자의 비율)에 관계가 있었다. 또한 택시운전자의 직무만족이 교통사고 발생과 밀접한 관련을 보였다. 부적격률이 높고, 직무만족도가 낮을수록 교통사고 발생률이 증가하였다.

시내버스 운전자들에 대한 조사연구를 통해서도 직무만족도와 교통사고 경험 간의 높은 상관관계를 확인하였다. 직무만족도에 영향을 미치는 요인으로는 삶의 만족도가 가장 중요하며, 경영진에 대한 인식과 근로조건 만족도 등이 순차적으로 중요한 역할을 하는 것으로 제시되었다. 이 밖에도 안전이 직무만족과 관련이 높다는 연구는 많다(Machin & De Souza, 2004).

Hart(1999)는 479명의 경찰관을 대상으로 한 연구에서 직무만족이 업무 외적인 것들에 영향을 받는다고 밝혔다. 연구에서 연봉이나 승진 기회, 외부적 평가와 더불어 얼마나 직무가 안전한지 혹은 그렇지 않은지는 만족도에 큰 영향을 미치는 요인이었다. 높은 급여를 바라는 것처럼 사람들은 안전한 직무를 선호하고, 자신의 직무가 안전하다고 인식할수록 만족도가 높아졌다. 직무만족도는 단순히 직업 환경에만 머무는 것이 아니라 삶의 긍정적 만족감과도 밀접하게 연계되어 상호 만족에 영향을 준다.

(1) 급여형평성

누군 부자이고 누군 가난한 사회보다 모두가 가난한 사회의 만족도가 더 높다는 말이 있다. 공평한 조직이라는 인식에 가장 큰 영향을 미칠 것이라고 생각되는 것이 급여이다. 따라서 급여가 형평성 있게 주어지는 것은 만족도의 중요한 원인이다. 납득할 만한 이유 없이 자신의 급여가 더 적거나, 비슷한 능력의 다른 사람의 급여가 더 높은 것은 만족도를 해치는 요인으로 작용한다. 반대로 동료보다 더 많은 월급을 받는 사람들의 만족도는 더 높다.

미국의 경우도 급여형평성은 만족도를 결정하는 중요한 요인이다. 일반적으로 여성은 같은 일을 하는 남성보다 급여가 적다. 많은 소수 인종의 월급은 같은 일을 하는 백인보다 작다. 가족으로 구성된 회사의 CEO는 고용된 CEO보다 급여가 높다. 그들이 받는 월급의 많고 적음을 넘어 급여가 공평하지 않다는 인식은 근로의 질이나 만족도를 심각하게 훼손할 수 있다(Gomez-Mejia, Larraza-Kintana, & Makri, 2003). 만족도가 떨어진다면 굳이 회사나 조직의 위험을 줄이기 위해서 적극적으로 노력할 필요를 느끼지 못할 것이다.

(2) 성과연봉

많은 직장에서 성과에 따른 차등 연봉을 지급하면, 직원들이 더 많은 생산력을 보일 것이라고 기대한다. 그러나 유서깊은 시간-동작 연구에서부터 주장해 온 것처럼 더 많은 생산에 더 많은 임금을 주는 제도의 효과는 절대적이지 않다.

호손 연구의 결과를 보더라도 직원들은 그들 나름의 생산량에 대한 기준이 있으며, 더 많은 생산량에 따른 임금의 증가도 중요하지만, 편안하게 일하기를 바란다. 즉, 직업에서 가져가고자 원하는 것이 임금만이 아니라 즐길 수 있는 만큼의 작업량이기도 하다.

이러한 직원들의 성과와 임금에 대한 연구들은 의사에서부터 청소부까지를 포함하는 1,700명의 병원 노동자들을 대상으로 한 8개월간의 연구에서 보다 분명히 밝혀졌다. 연구는 성과급의 효과는 모든 직원에게서 동일하게 나타난 것이 아니라 성과급을 인정과 평가라고 내면화한 사람들일수록 긍정적으로 작용한다는 결과를 보여 주었다. 즉, 성과급의 지급과 평가가 공정하고 자신에 대한 인정의 표현으로 지급된다고 직원에게 인식될 때에만 직무만족이나 성과가 연결될 수 있음을 보여 준 것이다(Shaw, Duffy, Mitra, Lockhart, & Bowler, 2003).

(3) 상사와 위험

Hogan, Curphy와 Hogan(1994)은 75%의 미국 직원들이 스트레스를 유발하는 주범으로 상사를 지목했다고 보고하였다. 직원들의 가장 공통적인 불만은 상사가 책임을 지려 하지 않고, 폭군처럼 군림만 한다는 것이고, 직원들을 바보처럼 대한다는 것이다.

일부러 이른 새벽이나 금요일 저녁에 회의를 잡는 상사들, 회의에서 부하들에게 면박을 주는 상사, 부하가 납득할 만한 의견을 얘기했는데도 자신의 명령에 토를 단다며 서류를 내던지고 고성을 지르는 상사들에 대한 이야기를 들으면 '어떻게 그런 사람들이 상사가 되었을까?' 하는 생각이 든다. 대표적인 어처구니없는 사례로는 심장마비로 쓰러진 직원을 위해 119에 전화를 못하게 한다든지, 아이를 유산하는 일을 겪은 직원의 조퇴 신청을 허락하지 않는다든지 하는 것들이다.

Hogan 등(1994)은 직원들이 가지고 있는 상사들의 이미지에 대해 조사하였다. 조사 결과는 10명 중 7명의 상사는 무능력하고 착취적이며, 지배적이고 짜증스럽고, 믿지 못할 사람들로 인식된다고 보고하였다. 그렇다면 왜 리더로 뽑히는 사람들은 하나같이 다들 이 모양일까? 어째서 이런 사람들을 리더로 뽑은 것일까? 아니면 부하일 때는 유능하였지만 리더가 되면 이렇게 변하는 것인가? 10명 중 과반이 훨씬 넘는 상사가 그야말로 '나쁜 사람'이라는 것은 직장이나 조직의 가장 큰 골칫거리가 아닐 수 없다.

Goleman(1998)은 이러한 상사의 문제가 잘못 리더로 임명된 문제라기보다는 리더의 자리 자체가 공감 능력의 부재를 만들 수 있기 때문이라고 지적하였다. Goleman(1998)은 직원이 점점 상위직급의 리더 자리로 올라갈수록 부하들의 감정을 이해하지 못하게 되고, 점점 더 자기중심적인 세계관 속에 빠져들 수 있다고 지적하였다. 이러한 현상은 간단한 사례를 통해서 증명되었는데, 직원의 입장이라면 굳이 증명할 필요도 없이 잘 이해할 수 있을 것이다.

2통의 E-mail을 받았다고 가정해 보자. 하나는 부하 직원에게서 온 것이고 하나는 상사로부터 온 것이다. 어떤 E-mail에 먼저 답장을 쓸 것인가? 대다수는 상사로부터 온 E-mail에 먼저 답장을 쓰기 위해 노력할 것이다. 이것은 조직에서의 서열을 나타내는 가장 기본적인 사례이다. 일반적으로 사람들은 우리보다 권력이 많은 사람에게는 관심을 더 기울이며 힘이 약한 사람들에게는 관심을 적게 기울인다.

권력과 관심의 관계에는 처음 만남 사이에서도 극명하게 드러난다. 처음 만난 사람들이지만 첫 5분간의 대화만을 관찰해 보더라도 사회적으로 높은 지위에 있는 사람은 낮은 지위에 있는 사람들에게 눈을 덜 마주치거나, 고개를 덜 끄떡이는 식으로 관심을 덜 기울였다. 이런 차이는 부유한 집안 출신과 가난한 집안 출신의 대학생 사이에서도 나타났다.

Goleman(1998)은 사회생활에서 나타나는 이런 리더의 공감 능력 부재나 부하직원들에게 집중하지 못하는 문제는 조직이나 산업체에서 위험요소가 될 수 있다고 지적하였다. 왜냐하면 가장 효과적으로 리더의 역할을 수행하기 위해서는 설득이나 영향력 발휘, 동기부여, 경청, 팀워크, 협업 등과 같은 공감 능력이 뒷받침되어야 하기 때문이다.

Goleman(1998)이 밝힌 공감 능력에는 3가지 종류가 있다.

첫째, 인지적(cognitive) 공감 능력이다. 다른 사람들이 어떤 방식으로 생각하는지, 즉 타인의 세계관을 느낄 수 있는 능력이다. 이 능력을 통해 다른 사람들이 이해할 수 있는 방식으로 이야기를 전달할 수 있다.

둘째, 감정적(emotional) 공감 능력이다. 다른 사람들의 감정에 즉시 공명할 수 있는 능력이다.

셋째, 감정이입적인(empathic concern) 공감 능력이다. 사람들이 필요한 것이 무엇인지 이해하고 그것을 도와주는 방식으로 다른 사람에 대한 관심을 표현할 줄 아는 능력을 말한다.

Goleman(1998)은 공감 능력 결핍의 징후를 보이는 리더의 특성에 대해서도 3가지로 요약하였다.

첫째, 부하가 보기에 말이 안 되는 지시사항이나 메모는 리더가 직원들의 위치에서 세상을 보지 못하고 직원들이 납득될 만한 수준의 말로 풀어내는 데 실패했다는 것을 보여 주는 징후라고 밝혔다. 또 다른 낮은 인지공감 능력의 징후로는 막상 그 목표를 수행해야 할 직원들에게 납득이 가지도 않고 말도 안 되는 전략이나 계획을 제시하는 것이다.

둘째, 부하들을 당혹스럽게(upset) 하는 공식발표나 명령이다. 이것은 보스가 직원들의 감정적인 현실을 제대로 읽지 못하며 부하들에 대해서 무지하다는 것을 나타낸다.

셋째, 직원들이 힘들어하는 일에 대해 보스가 차갑게 대하거나 무심한 태도를 보이는 것이다. 이것은 감정이입 능력이 없다는 것을 보여 주는 징후인데, 부하들은 자신의 리더가 차갑고 무심한 사람이라는 것을 알게 되면 방어적이 된다. 예를 들어, 무심한 리더와 일하는 직원들은 혁신을 위해 모험을 감수하는 것을 꺼리게 될 것이다.

안타깝게도 Goleman(1998)은 높은 지위에 있는 리더일수록 공감결핍증에 빠질 위험이 크다고 밝혔다. 그 이유는 지위가 높아질수록 솔직하게 의견을 밝히는 부하들의 수가 줄어들기 때문이다. 특히 리더가 주위 사람에게 어떻게 대하는지에 따라서 솔직한 의사표현은 더욱 줄어들 수 있다.

3) 일-가정 갈등

일반적으로 역할 갈등은 2가지 이상의 욕구가 역할을 수행하는 과정에서 동시에 존재하며 해결이 곤란한 상태에서 발생한다(최수찬, 백지애, 2006). 일과 가정 갈등은 직장과 가정이란 두 영역에 속한 사람이 상호 분리할 수 없는 역할 수행의 압력으로 인해 발생하는 갈등이다. 따라서 일-가정 갈등은 일 때문에 가정에서의 역할을 수행하기 어려운 경우와 가정 때문에 일을 수행하기 어려운 경우로 구분된다.

Spector 등(2004)은 일-가정의 갈등이 문화에 따른 차이를 가진다고 보고하였다. 서구권(호주, 캐나다, 영국, 뉴질랜드, 미국)과 중국권(홍콩, 중국, 타이완) 그리고 라틴 아메리카권(7개국)은 주당 평균시간이 각 49시간 47시간, 50시간으로 유사했다. 그러나 집합주의 문화를 가진 중국권과 라틴 아메리카권보다 개인주의 문화의 서구권에서 일-가정 갈등이 더 강한 것으로 나타났다.

이것은 초과근무 등으로 직장에서 더 많은 시간을 보내는 것에 대해 가정에 더 많은 죄책감을 느끼고 갈등관계를 형성하기 때문으로 보인다. 또 서구권은 생계를 위해 근로 시간을 늘릴 필요성에서도 중국권이나 라틴 아메리카권보다 적다. 이런 상황에서 직장에서 더 많은 시간을 보내는 것에 대해서 가족 구성원들은 불평할 수 있고 다른 문화권보다 더 많은 일-가정의 긴장관계가 형성될 수 있다.

Greenhaus와 Beutell(1985)은 일-가정 갈등을 유발하는 유형을 3가지로 구분하였다. 3가지 유형은 시간 갈등, 긴장 갈등, 행동 갈등이다. 시간 갈등은 일과 가정에서의 역할을 수행하기에 시간적 압력이 발생하면서 생기는 갈등이다. 긴장 갈등은 하나의 역할 수행이 다른 역할 수행의 질을 하락시킬 때 발생하는 갈등이다. 행동 갈등은 하나의 역할 수행에 효과적인 행동이 다른 역할 수행에는 효과적이지 않을 때 발생하는 갈등이다.

4) 정서적 탈진

탈진은 주로 사람을 응대하는 직종의 작업자들에게서 나타나는 소진으로 만성적인 스트레스 반응의 하나로 정의된다(Maslach & Jackson, 1986). 정서적 탈진은 주로 소진과 비인격화 그리고 성취감 감소라는 3가지 주요한 증상을 보인다. 구체적으로 소진(exhaustion)은 과도

한 심리적 부담이나 요구로 인해 개인의 정서적 자원들이 고갈되었다고 느끼는 것이다.

비인간화(depersonalization)는 타인에 대해 부정적이고 냉소적인 반응을 보이는 것을 말한다. 성취감의 감소(reduced personal accomplishment)는 일에 나타나는 역량이나 생산성이 저하되면서 느끼는 자신에 대한 부정적 평가 경향을 의미한다.

탈진 상태의 지속은 이직 의도 및 결근의 증가와 조직 몰입감 감소와 같은 직무 태도에 부정적인 영향을 미친다. 여러 선행연구에서는 탈진의 증상 중 소진이 가장 먼저 나타난다고 보고하고 있다(Burke & Greenglass, 1995).

5) 정서노동과 위험

현대산업에서 최종적인 평가자는 소비자이다. 석유나 제철, 화학제품과 같은 대단위 공장 산업이라고 하더라도 원료를 소비하는 소비자에게 최종적인 평가를 받게 될 것이다. 보다 광범위하게 본다면 모든 인간관계를 기반으로 하는 노동은 정서적 에너지 투여가 필요하다.

흔히들 솔직하게 살고 싶어 하지만 솔직할 수 있는 것은 권력이 있을 때나 가능한 일이다. 대다수 인간관계는 권력의 차이가 있기 때문에 솔직하게 자신의 정서를 표현할 수 없는 경우가 많은데, 자신의 정서를 솔직하게 표현하지 못하는 모든 경우를 일종의 정서노동이라고 볼 수 있다.

보다 좁은 영역으로 한정한다면, 서비스 산업에서 경쟁의 우위를 차지하기 위해서는 육체적 노동과 같이 정서적 표현을 요구받는 경우가 많은데, 이러한 노동을 정서노동이라고 정의할 수 있다(Hochschild, 1979). 좀 더 구체적으로 Hochschild(1993)는 정서노동을 '교환가치를 위해서 자신의 감정을 의식적으로 조절하는 노력을 하는 노동'으로 정의하였다.

한국은 '손님이 왕'이라는 말로 소비자의 반응이나 평가에 전적인 기준을 설정하고 있는 경우가 많다. 따라서 정서노동의 범위가 거의 모든 대인(對人) 업무로 확장되어 있다고도 볼 수 있다. 아울러 조직 내 상사나 동료 등을 내부 고객으로 파악하게 된다면 정서노동은 모든 직업관계에서 나타난다.

정서는 사건이나 생각에 대한 평가로 인해서 활성화된 정신적 상태를 말한다. 음성이나 몸짓, 자세나 표정 혹은 생리적 변동 등에 의해서 반영되기도 한다. 정서를 억압하는 것은 물론이거니와 내적감정과 외적감정이 일치하지 않는 정서부조화는 심리적 고통을 유발할 수 있다. 한국의 경우 이러한 정서적 불일치가 '화병'을 일으키는 주요한 원인으로 지목되고 있다. 화병은 한국만의 독특한 정신의학적 진단명이기 때문에 정서표현의 억제나 불일치가 특히 한국인의 심신건강에 주요하면서도 독특한 영향을 준다는 것을 짐작하게 한다.

Hochschild(1979, 1993)는 정서노동에 대해서 2가지 상황별 구별을 내놓았다. 첫째, 개인이 자신의 정서를 무시하고 조직이 요구하는 정서를 일방적으로 따르게 되는 표면행위로서의 정서노동이다. 둘째, 표현하도록 조직에서 요구하는 정서를 실제로 자신이 느끼기 위해서 스스로에게 내면화시키는 행위로서의 정서노동이다.

표현으로서의 정서노동은 자신의 실제 정서와 표현해야 하는 정서의 불일치를 경험하게 되면서 스트레스나 소진으로 이어질 수 있다. 내면화로서의 정서노동은 표현해야 하는 정서를 느끼기 위해서 노력하는 과정에서 피로와 스트레스를 경험하게 된다.

지나친 감정소비와 에너지 낭비는 정서적 소진으로 이어질 수 있다. 정서적 소진은 업무 중 발생하는 스트레스의 가장 일반적인 형태이다. 비슷한 양상으로 냉소나 효능감의 감소가 나타날 수 있다. 냉소는 정서적 소진이 관계적 측면에서 나타나는 것으로 주변 사람들에게 냉담하고 기계적으로 응대하는 태도를 말한다. 효능감의 감소는 자기에 대한 평가에서 성취가 부족하다고 느끼는 것으로 역시나 정서적 소진의 한 형태일 수 있다.

Mann(1999)은 영국의 서비스업 종사자 137명을 대상으로 대인 상호작용 빈도와 정서노동 정도에 따른 스트레스와의 관계를 연구하였다. 연구 결과 정서노동의 강도가 증가할수록 스트레스도 증가하였다. 또한 Pugliesi(1999)는 동료나 고객을 만족시키기 위해 감정을 바꾸거나 인지적 노력을 투자하는 것이 스트레스의 정도와 비례한다고 보고하였다.

한국도 정서노동은 우울 등을 포함한 부정적 정서와 상당한 관련을 보였다. 김효정(2014)의 연구에 따르면 감정통제와 감정요구가 적은 직업에 비해서 중간 정도의 강도로 감정통제와 요구를 수행해야 하는 직업은 우울 위험도가 2.01배 높았다. 감정통제와 요구가 가장 높은 직업은 낮은 직업에 비해서 3.32배나 높은 우울위험도를 나타내었다. 이 밖에도 정서노동을 수행하는 사람들은 여러 가지 심리적 외상사건(고객이나 동료 혹은 상사의 부당한 대우를 감내해야 하는 등)을 경험하면서 불안 수준도 높았다.

정서노동의 부정적 영향은 피로나 불면증, 두통과 같은 신체화된 증상으로 나타날 수도 있다. 나아가서는 대인관계나 직장생활을 그만두게 되는 사회적 회피 증상이나 태만한 업무 혹은 책임회피와 같은 조직에 부정적인 영향을 줄 수 있는 행동이 증가하게 된다(이진욱, 2003; Brotheridge & Grandey, 2002).

5. 해고와 실직 그리고 위험

산업활동 및 직업활동에서 개인에게 가장 위험한 것은 아마도 직장에 소속되지 못하게 되는 해고나 실직일 것이다. 해고와 실직은 직원의 가족에게까지 극심한 스트레스가 된다. 해고나 실직을 당한 사람이 부양의 책임이 있는 경우라면, 교육의 기회나 자녀들의 양육이 부실해지면서 다시 제대로 직업을 구하지 못하는 악순환의 고리가 될 수 있다. 연쇄적이고 계승적인 실업 상태가 발생하는 것은 사회구조적 문제로 증폭될 수 있다.

캐나다 퀸스 대학교의 연구에서 대학생들의 성적과 부모들의 직업 안정성은 유의미한 상관관계를 보였다. 부모 중 누구라도 해고되거나 해고될 것에 대해서 불안감이 높아질 경우에는 대학생들의 성적은 나빠지기 시작했다. 즉, 부모의 해고나 해고 불안만으로도 집어서 떨어져 나와 생활하는 대학생들에게조차 극심한 스트레스가 될 수 있다는 것이다. 성적이 좋지 못한 대학생은 좋은 직장을 가질 기회가 줄어드는데, 이것은 부모의 문제가 다음 세대로 이어질 가능성이 높아진다는 것을 의미한다(Barling, Zacharatos, & Hepburn, 1999).

한국에서는 직장에서 해고되거나 실직하는 것을 '목이 잘린다.'란 말로 표현한다. 이것은 해고나 실직이 가져오는 충격이 얼마나 큰 것인지를 표현한 단적인 예일 것이다. 해고는 죄책감이나 분노, 우울, 불안과 신체적 질병, 알코올 및 약물의 오남용, 이혼, 배우자나 자녀에 대한 학대나 피학대 그리고 자살 충동 등의 결과를 가져올 수 있다.

고학력 및 고기능이 필요한 직업을 가진 사람들은 해고나 실직이 더욱 고통스러울 수 있다. 그들이 가지고 있는 직업은 범위가 한정되어 있고 선택에 제한적이기 때문이다. 실직은 삶의 방식이나 기대, 목표나 가치관에 중대한 변화를 가져오는 사건이다. 해고나 실직에 대해서 느끼는 직원들의 정서적 반응은 일반적으로 배신감이다. 왜냐하면 고용계약 과정에서 직원이 성실히 일하면 회사는 안정적인 급여와 고용으로 보답하기를 기대하고 있기 때문이다.

Price, Choi와 Vinokur(2002)는 2년간 진행된 756명의 실직자에 대한 연구에서 실직자들은 통제 상실감을 가장 크게 보고하였다. 통제력이 상실되었다는 인식은 건강 문제를 야기하고 정서적 기능까지도 손상시키는 것으로 밝혀졌다. 해고방식에서도 충분히 설명을 들은 직원들과 그렇지 않은 직원들의 반응은 달랐다. 정보 전달이 잘 된 직원들은 회사의 어려움을 이해하려는 쪽으로 자신의 정서를 조절했으며 해고에 대한 소송에 보다 덜 적극적이었다. 반면, 과거 해고에 대한 부당한 통고나 설명이 없었던 직원들은 현재 다른 직장에 다니고 있으면서도 직무만족도가 떨어졌다. 과거 직장에서의 불쾌한 해고 경험이 현재 직장생활에까지 영향을 미치기 때문이다(Kinichi, Prussia, & McKee-Ryan, 2000).

해고에서 살아남은 사람들도 영향을 받는다. 그들은 동료들이 그랬던 것처럼 자신도 조직에서 쫓겨나지 않을지 불안해 하게 된다. 미국 노동부는 해고당하지 않은 직원들의 절반 이상이 직무스트레스 증가와 사기 저하, 직무 열의 감소 등을 보인다고 밝혔다. 남아 있는 직원들은 더 많은 생산목표를 달성해야 하는 압박감에 시달렸으며 업무과부하가 60% 이상 증가하였다. 해고에서 살아남았다고 해도 조직에 대한 몰입은 저하된다(Shah, 2000).

나아가 실직은 가족이라는 가장 작은 사회단위에까지도 영향을 미친다. Barbarin(1983)은 실직이나 고용과 같은 개인의 경제 상황 변화가 가족관계를 더 좋아지게도 만들고, 더 불안하게도 만들 수 있음을 검증하였다. 고용 상황이 가족이라는 정서공동체의 기능에도 빈익빈 부익부 현상을 만들어 내는 것이다.

실직 등의 경제 상황은 어머니보다는 아버지에게 더 큰 영향을 준다. 아버지는 실직으로 인해서 정서적으로 불안정하고, 긴장하고, 폭발적인 상황을 쉽게 경험할 수 있다. 이 때문에 자녀를 체벌하는 상황에서 아버지들은 체벌의 빈도나 강도가 증가하고 강압적인 분위기를 조장하는 등으로 자녀들에게 스트레스를 전가할 수 있다. 이러한 상황은 자녀들의 비행 행동이나 기타 부적응적 문제행동을 촉발시키는 또 다른 위험 상황 발생 빈도를 높일 수 있다.

1) 실직 스트레스

오경자(1998)는 현대 산업사회에서 직장은 개인의 삶에서 매우 중요한 위치를 차지한다고 보았다. 직장은 가족의 생계를 유지하기 위하여 필요한 자원을 확보하기 위한 수단일 뿐 아니라 사회에서의 위치를 정의해 준다. 그리고 가족 이외의 타인과의 사회적 접촉 기회를 제공해 주고, 아울러 각 개인이 사회에 의미 있는 공헌을 할 수 있는 기회를 제도적으로 마련해 주는 등 인간이 공통적으로 지니고 있는 다양한 사회적 욕구를 충족시킬 기회를 공급해 준다.

따라서 실직은 일차적으로는 생계수단의 상실을 의미하지만 동시에 단순한 경제적인 위협을 넘어서 여러 가지 심리사회적 상실과 좌절 경험을 동반한다. 실직의 부정적인 측면에 대한 기존의 여러 연구(오경자, 1998; Jahoda, 1981; Warr, 1983)를 종합해 보면 다음과 같이 요약할 수 있다.

첫째, 실직은 대다수의 경우 생활 수준의 갑작스러운 저하를 의미하며, 경우에 따라서는 생계 유지 자체가 직접적인 위협을 받을 수도 있다. 그리고 즉각적인 경제적 위협을 느끼지 않는 경우라도 장래의 경제적 안정에 위협을 느끼면서 불안감을 느끼게 된다.

둘째, 직업은 단순한 생계를 위한 수단을 넘어서 개인에게 생산적인 활동을 하고 사회에 참여하고자 하는 인간의 욕구들을 충족시켜 주는 기능을 한다. 직장은 사회 속에서 개인의 위치를 정의해 주고 사회에 대한 소속감을 느끼게 해 주며, 생활 목표와 방향성을 제공해 주고, 개인 전문성과 기술을 발휘할 기회를 제공하는 역할을 한다. 따라서 직업의 상실은 별도의 개인적인 노력이 없이도 직업을 통하여 자연스럽게 충족해 오던 이러한 사회참여와 자기실현의 기회를 잃는 것을 의미한다.

셋째, 실직이 개인적 실패로 해석될 경우 실직자들은 자존감에 큰 손상을 입을 수 있다. 또한 실직자들은 생활 속에서 자존감을 위협하는 경험을 하게 될 가능성이 높다. 예컨대, 구직을 위하여 여러 직장을 찾아다니면서 거절당하거나 지인들에게 돈을 빌리는 것과 같은 자존심 상하는 일을 자주 경험하게 될 가능성이 크고, 이러한 경험은 실직자의 정서적 안정을 크게 위협하는 요인이 될 수 있기 때문이다.

넷째, 실직은 개인의 사회적 접촉 범위를 크게 축소시킬 수 있다. 실직자는 의도적으로 기회를 만들지 않고는 가족 이외의 다른 사람들과 접촉하는 기회가 줄어들게 된다. 또한 대부분 수입이 감소함에 따라 여가활동에 참여할 기회도 감소하고 전반적으로 위축된 생활을 하게 될 가능성이 크다. 이와 함께 하루의 시간을 구조화시켜 주는 역할을 하던 직장이 없어지면서 대다수의 실직자는 생활 자체가 단순해진다. 사회적 접촉 범위의 축소와 활동 다양성의 감소는 실직자의 생활에서 즐거움과 활력소를 감소시키고 아울러 정신건강 유지에 중요한 역할을 하는 사회적 지지망을 위축시키는 결과를 가져온다.

다섯째, 실직은 개인의 생활에 여러 가지 변화를 일으킨다. 예컨대, 실직과 동시에 직장이 중심이던 하루 일과가 변화하게 된다. 가정에서의 역할 수행도 달라져 육아나 기타 가사활동에의 참여시간이 증가할 가능성이 크다. 또한 실직자들은 급격한 수입 감소와 함께 생활양식 및 소비행동에서 대폭적인 변화를 강요당하게 되어 장기적인 빈곤층보다 더욱더 심각한 스트레스를 경험할 가능성이 크다. 경우에 따라서는 생활 수준의 저하와 함께, 경제적 압박이 심해지는 경우, 혹은 떨어져 살던 가족이 다시 동거하게 되는 등의 생활 변화가 불가피해질 수도 있다.

2) 실직이 건강에 미치는 영향

오경자(1998)는 실직이 개인의 삶에 매우 부정적 영향을 미치리라고 가정하고 실직률과 다양한 정신건강 및 신체건강의 지표, 범죄율, 이혼율, 자살률 등의 사회병리 지표와의 관련성을 분석하는 연구에 대해서 다각도로 살펴보았다.

Brenner(1984)는 뉴욕 주의 정신병원에 입원한 사례를 조사한 결과, 경제대공황 시기 등 실업률이 증가한 시기에는 입원 사례 또한 현저하게 증가하는 경향이 나타났다. 이것은 실직이 정신건강 문제를 야기할 가능성이 높음을 시사하는 결과이다. 또한 Platt(1984)는 1960년대 후반 이후에 발표된 자살률과 실업률의 관계에 대한 연구들을 종합적으로 고찰하는 연구를 진행하였다. 연구 결과, 실직률의 증가는 곧 자살률의 증가와 관련성이 높게 나타난다고 보고하였다. 실직의 부정적 영향은 정신건강에 국한되는 것이 아니라 신체적 건강 지표와도 유의한 관계가 있다는 것이 보고되었다.

Brenner(1984)는 미국과 영국에서 수집된 자료를 토대로 경제지표와 다양한 건강지표의 관계를 분석한 결과, 경제 불황과 실직률은 건강에 중요한 영향을 미친다고 하였다. 구체적으로 경기 침체 후 첫 2년간은 어린아이나 만성질환자 등의 취약집단에서 조기사망률이 증가하는 경향이 있었지만, 경기 침체 후 2~3년이 경과한 시점에서는 대부분의 계층에서 일반적인 건강지표가 저하됨과 함께 심혈관계 질환 및 간경변증 등의 유병률 및 이로 인한 사망률이 증가한다고 보고하였다.

실업률 증가는 또한 개인의 일탈행동, 특히 폭력 및 범죄행동의 원인이 될 수 있다. Brenner(1984)는 경제 침체 후 첫 2년 동안 공격행동의 여러 지표가 증가하며, 그 후 일정 기간이 경과된 후에는 재산 범죄 및 대인폭력범죄가 증가한다고 보고하였다. 특히 아동학대 빈도와 실업률과의 정적 상관이 보고되는데(Steinberg, Catalano, & Dooley, 1981) 실직으로 인한 스트레스와 절망감 혹은 분노가 가장 약한 사람들에게 나타난다는 것은 안타까운 일이다. 따라서 더욱 실직에 대한 정신적 대응이나 조절이 필요할 것이다.

이상 언급된 자료에 의하면 실업률은 자살, 범죄, 정신질환 등 여러 가지 사회 문제 지표와 정적 상관관계를 보이고 있어 실업률 상승과 함께 사회가 지불해야 하는 비용이 상당함을 보여 준다. 그러나 실업 자체가 이러한 사회문제를 유발하는 직접적인 원인이라고 해석되기는 어렵다는 것이 또 다른 연구자들에 의하여 지적되기도 한다.

O'Brien(1986)은 실업률과 정신병원 입원률 간의 정적 상관관계는 경제적으로 어려운 시기에는 정신장애자들의 가족들이 환자를 돌볼 여력이 없어져 이들을 입원시키는 경우가 증가하는 현상을 반영할 가능성도 있음을 지적하였다. Catalano, Dooley와 Jackson(1985)은 미국 로체스터의 실업률과 정신병원 입원 사례 수의 관계를 하위집단별로 분석한 결과, 첫 번째 입원은 실업률과 관련이 없었던 데 비하여 보다 저소득층이나 만성적인 환자들이 이용

하게 되는 주립정신병원에의 입원률은 실업률과 정적 상관을 보였다고 보고하였다. 이것은 O'Brien(1986)이 제기한 지적사항을 간접적으로 지지하는 결과라고 볼 수 있다.

비슷한 맥락에서 사회전체의 비관적인 분위기로 인하여 실직 여부와 관계없이 전반적인 자살률이 높아질 수도 있으므로, 실직률 증가와 함께 자살률이 함께 증가하는 것이 반드시 실직이 자살을 유발할 가능성이 높음을 의미하는 것은 아님을 지적한 연구도 있다. 또한 실업률이 전반적으로 높았던 지역에서는 실직률과 자살률이 도리어 부적 상관을 보이거나 혹은 실직률의 증가에도 자살률이 종전 수준대로 유지되는 경우가 있어, 상황에 따라 실직이 곧 자살 기도 비율의 증가로 이어지지 않을 수도 있음을 말해 주고 있다(Platt & Kreitman, 1990).

3) 실직과 사회적 지지

오경자(1998)는 스트레스에 대한 연구에서 대처행동에 중요한 영향을 미칠 수 있는 중재요인으로 경제적, 시간적 여유와 같은 실질적인 가용 자원을 들었다. 스트레스에 대응할 수 있는 가용 자원이 풍부할수록 보다 효과적인 대처행동을 취할 가능성이 증가한다. 실직자의 경우에도 가용 자원은 매우 중요한 변인이 될 수 있다. 예를 들어, 상대적으로 경제적 자원이 넉넉할 경우, 실직을 새로운 경력을 시작하기 위한 재교육, 재충전의 기회로 활용할 수 있는 여유를 가질 수 있다.

실직적인 자원 못지않게 정신건강을 유지하기 위하여 중요한 역할을 하는 것이 사회적 지원이다. 가족이나 친구들로부터 얻는 정서적 · 사회적 지지는 스트레스 사건으로 인한 심리적 타격을 막아 주는 일종의 방파제 역할을 하는 것으로 알려져 있다(Kessler, Price & Wortman, 1985). 실직자들을 대상으로 한 여러 연구에서도 사회적 지지는 실직의 부정적 영향을 완화시키는 주요 요인의 하나로 보고되어 있다(Bolton & Oakley, 1987; Dooley & Catalano, 1988: Kessler, Turner & House, 1988).

여러 가지 사회적 지지의 측정 요인 중에서 가족, 특히 배우자의 지지는 실직한 남편의 정서적 반응을 완화시켜 줄 수 있는 요인으로 관심을 받는다. 그러나 Liem과 Liem(1988)은 실직에 대한 반응으로 배우자의 정서적 지지 밑바탕이 되는 부부관계 자체가 악화되는 경우가 있으므로, 부부관계가 실직 스트레스를 완충시켜 주는 기능을 기대하기 어려운 경우도 있다고 지적하고 있다. 실제로 실직자 가정은 직업을 유지하고 있는 가정에 비하여 별거 및 이혼 비율이 7:2 정도로 높게 나타났다.

Liem과 Liem(1988)은 실직자 배우자들의 정서 반응을 수회에 걸쳐 종단적으로 조사한 결과, 실직자 본인의 경우와는 약간 다른 양상을 보고하였다. 실직자의 배우자들은 실직 이후 첫 번째 면접에서는 통제집단에 비하여 우울감 측정치에서만 약간 상승하였다. 그러나 4개월 후 실시한 두 번째 면접에서는 신체 증상, 대인관계 민감성, 적대감, 불안, 우울 등 여러 측정치에서 유의미한 증가를 보였다.

이와 같이 실직자 배우자들의 정서 반응이 실직에 곧바로 뒤따르는 것보다 수개월 간의 기간을 두고 나타난다는 결과는 이들의 정서적 반응이 실직에 대한 직접적인 반응이라기보다는 실직 당사자들의 정서적 반응에 의해 유발된 이차적 결과일 가능성을 시사해 주고 있다.

가족은 실직자들을 정서적으로 뒷받침해 주는 가장 중요한 사회적 지지의 근원이기도 하지만 실직의 부정적 영향을 실직자 본인과 함께 받게 되므로 사회적 지지로서의 기능 수행이 어려울 수 있고 경우에 따라서 가족관계의 악화는 실직자들이 경험하는 심리적 고통을 가중시키는 결과를 가져올 수 있다. 가족의 기능은 실직자들이 신체적·정신적 건강을 유지하고 실직 경험에 적극적으로 대처하도록 이끄는 데 매우 중요한 역할을 하게 되므로 이들을 위한 지원프로그램은 중요한 의미를 갖는다.

실직은 개인의 삶에 여러 방향으로 부정적 영향을 미치고 심리적 위축을 가져온다는 것은 기존의 여러 연구들에서 확인된 바 있다. 그러나 동시에 실직에 대한 반응은 개인에 따라 상당한 차이가 있다. 실직자들이 절망에 빠져서 무기력하게 있다는 부정적인 이미지는 적절하지 않은 경우도 많다. 오경자(1998)는 사람마다 실직이라는 동일한 사건에 대해서 다른 대응을 보이기 때문에 실직에 대한 사회적 개입 방법도 몇 가지 고려점이 있다고 주장하였다.

첫째, 실직자들을 모두 동일한 어려움과 욕구를 지닌 동질적인 집단으로 간주하는 획일적 사고의 틀을 벗어날 필요가 있다. 즉, 개인에 따라 현실적 여건도 다르고 실직이 의미하는 바도 다를 것이며, 실직 상황에 대처하는 방식도 상당히 다를 수 있다.

따라서 가능한 한 실직자들을 개인적 특성에 따라 분류하여 각 집단의 필요에 적합한 지원프로그램을 제공하는 보다 세분화된 접근을 취하는 것이 효율적일 것이다. 예를 들어, 고학력 사무직 작업자나 관리직에 종사하다 실직한 사람은 단순노동직 실직자와 가용 자원이나 심리적 욕구에서 서로 매우 다를 가능성이 크다. 그럼에도 모든 실직자에게 동일한 지원프로그램을 제공한다면 좋은 성과를 거두기 어려울 것이다. 이와 같이 세분화된 접근을 취하기 위해서는 우선 실직자 집단의 현황 파악과 함께 이들의 다양한 욕구를 체계적으로 조사할 필요가 있다.

둘째, 미국과 영국을 비롯한 서구 여러 나라에서 수행된 연구 결과에 의하면 많은 실직자가 정신적인 고통을 경험하는 것은 사실이다. 하지만 대다수의 경우 실직으로 인한 심리적 타격이 심각한 심리장애 수준에까지 이르지는 않는 것으로 나타났다. 또한 실직으로 인한 정신건강 수준의 저하는 재취업과 함께 대부분 회복되는 것으로 보고되어 있다.

따라서 이들 중 심각한 부적응 상태를 경험하는 취약집단은 실직 이전부터 있었던 적응의 문제가 실직과 함께 더욱 악화되는 경우로 해석되는 것이 타당할 것이다. 하지만 실직자 중 지속적으로 심각한 심리장애를 보이는 사례들은 상대적으로 그 비율이 그렇게 높지는 않다 하더라도 이들이 경험하는 고통을 고려할 때, 그 위험성이 높다고 판단되는 취약집단을 선별하여 보다 적극적인 지원을 통하여 적응 문제를 예방하는 것이 필요할 것이다.

셋째, 실직 경험의 핵심에는 소득의 상실이라는 경제적 측면 못지않게 사회 참여 기회로부터의 소외, 자존감 상실 등의 심리적 측면이 중요한 비중을 차지하므로, 실직자들에 대한 사회의 태도는 이들의 정서적 안정에 매우 중요한 의미를 갖는다. 따라서 사회 전체적으로 실직자들의 문제를 함께 풀어 나가려는 분위기 조성과 함께, 이들을 위한 지원 프로그램들은 긍정적인 자아상을 유지하고 자기효능감을 증진하는 방식으로 진행되어야 할 것이다.

넷째, 실직자를 위한 지원프로그램의 궁극적인 목표는 재취업이므로 이것을 위한 기술훈련 및 준비 과정이 핵심이 되어야 할 것이다. 재취업 기회를 극대화하기 위해서는 이러한 기술 훈련 및 준비 과정과 함께 이것을 위한 동기유발과 동기 수준의 유지, 그리고 긍정적 태도와 자아존중감 유지를 위한 자기관리 기술 등이 재취업훈련의 일부로 포함될 필요가 있다. 실직은 일회성 사건으로 끝나는 것이 아니라 대다수의 경우 상당 기간 지속되면서 개인의 삶에 다각도로 영향을 미치게 된다. 따라서 그 과정에서 개인이 어떻게 대처하는가에 따라 그 결과에서 상당한 차이가 나타날 수 있다. 이러한 맥락에서 실직 상황에 대한 각 개인의 대처방안을 점검하고, 비효율적인 방안은 보다 효율적인 대처방안으로 대처하도록 유도하는 프로그램이 유용할 것이다.

다섯째, 실직 경험을 긍정적으로 극복하는 데 매우 큰 도움이 되는 것은 가족과 지인들의 사회적 지지이다. 그러나 실직자 가족 또한 가장의 실직으로 인한 스트레스를 받게 되므로 이들이 사회적 지지를 제공해 주는 기능을 하지 못하게 될 뿐만 아니라 가족관계가 악화되는 경우 실직 가정의 어려움을 도리어 심화시키는 데 한몫을 하게 되는 경우도 많다. 따라서 실직자뿐 아니라 그 배우자 및 자녀에게도 쉽게 접근할 수 있는 심리사회적 지원프로그램을 마련할 필요가 있다.

6. 노동자 지원 프로그램을 통한 위험 관리

노동자 지원 프로그램(Employee Assistance Program: EAP)은 조직의 생산성에 영향을 미칠 수 있는 요인에 대하여 상담, 컨설팅, 코칭 서비스 등을 활용하여 근본적 해결 방안을 종합적으로 지원하는 것을 말한다. 노동자 지원 프로그램은 전문 상담원 또는 관련 전문가에 의해 노동자의 문제를 파악하고 분석하여 상담치료와 문제 해법 제시 등을 통하여 노동자의 스트레스를 감소, 심인성 질환을 예방하고, 소속 기업에게는 생산성 향상과 노무 비용을 절약하는 효과를 제공하는 대표적인 기업복지 제도이다. 1930년대 미국에서 기업복지 차원에서 접근하게 되었고, 한국에도 1990년경 도입된 이후, 심리 건강을 위해 노동자에게 많은 도움을 주고 있다.

조직이나 사회에 손실이나 손해가 발생하는 것에 인간 요인은 크다. 인간 요인에 의해서 발생하는 조직 내 위험행동은 몇 가지가 있다(Ichikawa, 2010).

- 지각이나 결근을 반복한다.
- 질환을 방치한다.
- 휴직과 복직을 반복한다.
- 직장에서 협조하지 않는다.
- 직장과 관계된 사람들을 비방한다.

인간적 요인에 의해서 발생하는 다각적인 위험에 대응하는 방법으로 기업에서는 노동자 지원 프로그램을 활용한다. 기존의 노동자 지원 프로그램은 정신건강 대책이 주를 이루었지만 현재는 의료 문제나 임금 문제, 재해나 결근 예방 혹은 스트레스 증상의 경감 등 조직의 생산성에 영향을 미치는 모든 부분에 관여하는 것으로 확정되고 있다.

즉, 앞에서 밝혀 온 여러 가지 조직적 위험 모두에 대해서 노동자 지원 프로그램이 활용될 수 있다. 노동자 지원 프로그램은 크게 외부모델과 내부모델 그리고 혼합모델로 구분된다.

외부모델은 각 기업체에서 상담이 필요한 직원을 외부의 상담소나 서비스 제공자에게 연결시키는 방식이다. 내부모델은 자체적으로 운영되는 노동자 지원 센터에서 운영하는 방식이다. 혼합모델은 내부모델을 기본으로 해서 운영되며, 작업장이 외부나 다른 지역에 있을 때는 외부모델로 진행된다.

노동자 지원 프로그램에서 지원되는 서비스는 주로 심리상담, 평가, 워크숍, 특강 등의 형태로 제공된다. 개인상담과 집단상담 등의 프로그램을 활용하며 직급별, 팀별, 이슈별로 다양하게 구성될 수 있다. 평가는 주로 스트레스나 과부하, 관계, 일상생활의 어려움 등에 대한 것과 우울이나 분노 혹은 정서 및 정신의 혼란에 대한 것들이다. 이 밖에도 노동자의 전체적인 삶의 균형을 위해서 법률이나 재무 등에 대한 컨설팅이나 상담도 진행할 수 있다.

1) 생존자 증후군

구조조정이나 인수합병에서 생존한 노동자는 생존자 증후군을 겪을 수 있다. 살아남은 자일수록 더욱 불안해질 수 있다. 자신도 구조조정 당하거나 회사로부터 잘려 나갈 수 있다는 생각이 공포심과 불안을 조장한다. 노동자는 회사에 노동력을 제공하고 회사는 노동자에게 안정적인 일자리를 제공한다는 암묵적 약속이 깨지는 순간 조직에 대한 몰입과 충성도 그리고 신뢰는 무너지기 마련이다. 이러한 생존자 증후군에 노동자 지원 프로그램이 개입하여 조절해 줄 수 있다.

Ichikawa(2010)는 선배들의 퇴직을 보면서 생존자 증후군에 빠져든 직원들에 대한 노동자 지원 프로그램(EAP) 과정을 다음과 같이 소개하였다.

1단계: 상담을 통해 잃어버린 것에 작별인사를 하는 의식을 가지도록 돕는다. 구조조정된 부하나 동료 혹은 선배를 잃어버린 것으로 보고 솔직한 기분을 정리하고, 구체적인 행위와 의식으로 표현해 보는 것이다.

2단계: 미래의 불안을 줄이기 위해서 경력 상담을 해 주고 자신의 가치에 대해서 올바로 지각할 수 있도록 돕는다. 또한 더 높은 가치를 획득하도록 연수나 교육 혹은 적절한 훈련 과정을 받을 수 있도록 한다.

2) 사고로부터의 회복

출퇴근 중에 일어나는 교통사고나 장거리 출장을 위해 비행기를 타고 가던 중의 사고 등 노동자들은 예기치 않은 사고에 노출되어 있다. 직장에서 갑작스런 심장마비가 발생할 수도 있고, 임금이나 상사에 불만을 가진 직원이 폭력적인 행동을 할 수도 있다. 어떠한 형태로도 사고를 당한 노동자들은 이전의 상태로 회복시키는 것이 필요한데 여기에도 노동자 지원 프로그램이 도움을 줄 수 있다.

일례로 출장 중 비행기 사고로 5명이 사망한 회사의 경우, 남겨진 사원들의 죄책감과 충격은 클 것이다. 이때 노동자 지원 프로그램은 각 대상을 구분하는 절차에 들어간다. 우선, 사망한 직원의 가족들과 직장의 상사와 동료에게 1:1 상담 과정을 설계한다. 사고의 영향에서 멀리 떨어져 있는 사람들에게도 사고로 인한 여러 가지 물리적 변화와 심리적 상태를 소상히 알리는 것도 포함된다. 그리고 지속적이고 즉각적인 개입이 가능하도록 전화 상담이나 면접 상담을 병행해서 준비한다(Ichikawa, 2010). 직장에서의 사고는 조직 내에서 발생하는 자살도 있다. 따라서 노동자 지원 프로그램은 자살 예방을 위한 자살 징후 관리에도 신경을 써야 한다. 대표적인 자살 징후는 다음과 같다.

- 우울 증상 발생이다.
- 신체 부조화 현상이 증가한다.
- 알코올 문제가 발생한다.
- 안전이나 건강상의 문제가 증가한다.
- 일 부담이 증가한다.
- 직장이나 가정에서 지지해 주는 사람이 줄어든다.
- 자존감에 상처받는 일이 발생한다.
- 심각한 신체 질환이 발생한다.
- 가까운 사람들 중 죽음이 발생한다.
- 따돌림 등 사회관계의 질이 나빠진다.
- 자살에 대해서 말이나 행동으로 표현하기 시작한다.
- 자살을 실행하였지만 실패하는 경우 등이다.

노동자 지원 프로그램에서는 이런 증상을 보이는 노동자들을 조기에 발견하고 개입하는 것을 목표로 한다.

3) 부당한 대우로부터의 회복

부하들에 대한 부당한 대우는 주로 상사들에 의해서 자행된다. 부당한 대우를 경험한 부하들은 우울이나 불안장애가 발생하거나 지각이나 결근이 잦아진다. 생산성이 저하되는 것은 물론이거니와 사보타주 같은 조직 위해적인 행동이 증가할 수도 있다. 또한 이직이나 퇴사를 결심하면서 조직의 인재 선발과 양성 비용을 증가시킨다. 이러한 문제를 방지하기 위해서 노동자 지원 프로그램에서는 몇 가지 방안을 제시하고 있다(Ichikawa, 2010).

첫째, 경영자가 부당한 대우를 직원들에게 하지 못한다는 것을 명료화한다.

둘째, 조직 내 발생하는 상사와 부하의 대립 구조를 조기에 발견하기 위해서 의사표현 장치를 다각도로 마련한다.

셋째, 의사소통의 기술을 상사와 부하 모두에게 습득시키고 강조한다.

넷째, 부하의 이직이나 결근 혹은 태만한 업무의 책임이 상사에게 상당 부분 있다는 것을 알린다.

다섯째, 좋은 부하를 육성하는 것이 상사의 책임임을 알리고 상사의 평가에 이러한 내용들을 포함시킨다.

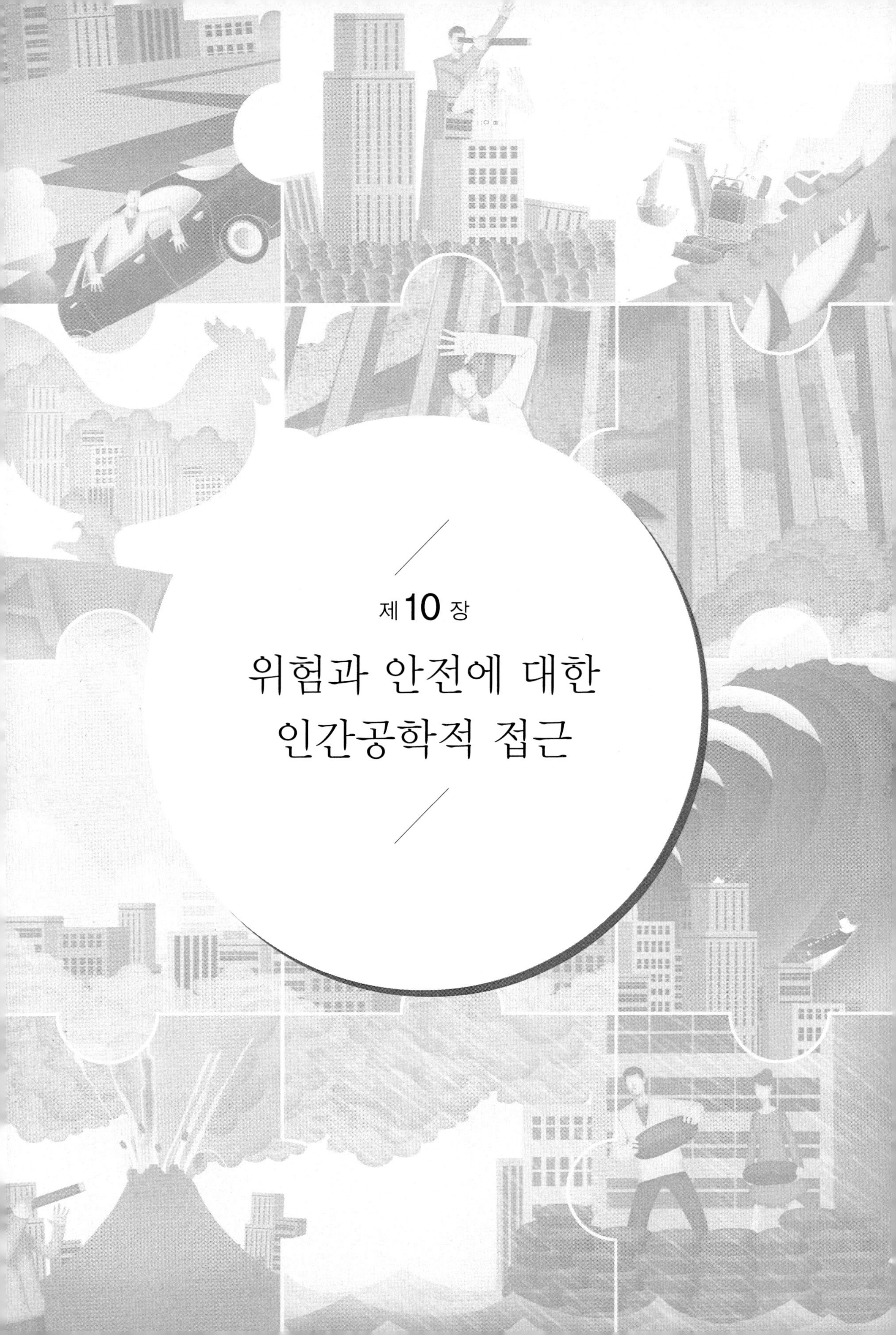

제 10 장

위험과 안전에 대한 인간공학적 접근

1987년 페르시아 만에서 미 해군 순양함 Vincennes 호는 이란의 민간 항공기를 피격한다. 레이더에 잡힌 비행 물체의 정보가 모호하게 인식되었기 때문이다. 접근하는 비행체가 하강하는 것이라면 자신들을 공격할 수 있다고 판단한 Vincennes 호는 미사일을 발사하였다. 그러나 비행체는 민간 항공기였고, 하강하는 것이 아니라 상승하는 것이었다.

페르시아 만의 안타까운 참사는 기계와 컴퓨터를 기반으로 하는 현대사회에서 위험에 대한 공학적 측면의 접근이 필요한 이유를 보여 준다. 덧붙여 인간과 시스템의 상호작용에서 실수를 줄이고, 생산성과 효율을 증가시키며, 동시에 안전성과 안락감을 향상시키기 위한 안전심리학의 분명한 목표를 재확인시켜 주고 있다.

위험과 재난이 발생하게 되는 근원적인 이유를 바라보는 관점은 크게 2가지가 있다. 하나는 고신뢰이론(High Reliability Theory: HRT)이고, 다른 하나는 정상사고론[Normal Accident Theory: NAT, 혹은 체계 사고(system accident)]이다.

고신뢰이론에서는 적절한 조직의 설계와 관리 기술의 정교화가 가능하다면 위험요소는 체계적으로 관리될 수 있다고 주장한다. 반면, 정상사고론에서는 조직들과 그 조직 구성원들 간에는 이해관계의 갈등이 존재할 수 있고, 조직은 정치사회적 외부 환경에 의해 영향을 받는 개방체계로서의 속성을 필연적으로 갖는다고 보고 있다. 따라서 고신뢰이론에서 주장하는 기술에 기초한 위험 해결책만으로는 총체적인 안전을 확보할 수 없다고 보는 견해가 바로 정상사고론이다. 고신뢰이론에서 제기하는 위험을 제거할 수 있는 조건들은 상황에 의존적이다. 고신뢰이론에서 위험을 제기하기 위해서는 ① 안전을 최우선시하는 리더십, ② 여유 인원 및 물자의 존재, ③ 권위의 분권화, ④ 시행착오를 통한 조직학습 등의 상황적

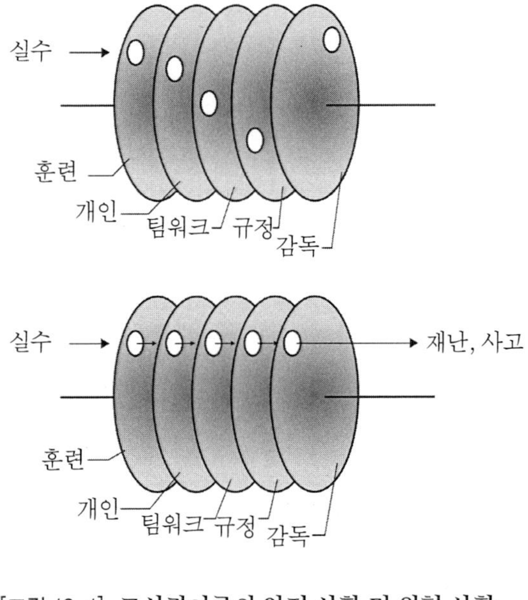

[그림 10-1] **고신뢰이론의 안전 상황 및 위험 상황**

조건이 충족되어야 한다.

고신뢰이론의 기본 가정은 [그림 10-1]에 잘 드러나 있다. 고신뢰이론에서의 안전관리는 여러 개의 안전판이 작동하는 것을 의미한다. 각각의 안전판에는 작은 부분이지만 실수나 실패의 가능성이 내포되어 있다. 그림의 원판에 작게 뚫린 구멍들이 바로 실수나 실패의 가능성을 나타낸다. 훈련 과정, 개인의 판단력, 협동 정도, 규정, 감독과 경영 등의 여러 차원에서 위험관리를 강화한다면 각 단계에서 사소한 실수가 발생하더라도 전체 시스템이 뚫려서 재난이나 사고로 이어지지는 않는다. 그러나 시스템 자체가 완벽할 수는 없기 때문에 여러 개의 중첩된 안전판의 각 단계마다 실패가 연속적으로 일어난다면 사고나 실패가 발생할 것이다.

이에 반해 정상사고론에서는 위험을 시스템 자체가 가지고 있는 속성이라고 규정한다. 정상사고론에서는 위험이 공학이나 기술적인 문제뿐만이 아니라 조직체계나 문화와 밀접히 연관되어 있으며, 제도적 장치와 행정체계 등에 결부되어 있다고 주장한다.

Perrow(1999)는 정상사고론을 통해서 조직의 특성을 상호작용과 결합을 기준으로 유형화함으로써 다양한 형태의 조직에 잠재되어 있는 위험 요소와 그 특성들을 구분할 수 있는 이론적 도구를 제공하였다. Perrow에 따르면 정상사고란 복합적 상호작용을 하는 산업 영역의 사고나 재난을 설명해 주는 이론이다. 특히 재료나 부속물들이 대단위로 결합되어 있는 화학공장이나 원자력발전소 등에서 주로 발생하는 사고나 재난에 대한 설명이 용이하며, 이때 발생하는 위험은 다른 형태의 위험들과 뚜렷이 구분된다고 보았다.

Perrow(1999)가 제시한 정상사고론의 기본 전제는 위험을 확률론적으로 파악한다는 것이다. 아무리 완벽한 안전장치를 만들기 위해서 인간이 노력하더라도, 위험의 확률을 완벽히 0으로 만드는 것은 불가능하다. 위험의 예상되는 크기는 발생 확률에 사고 발생 시의 피해액을 곱한 것으로 계산된다.

설사 위험발생의 확률이 0으로 수렴되는 매우 작은 크기라고 하더라도 일단 재해나 재난이 발생하면 피해의 규모는 무한대로 커질 수 있기 때문에 대다수의 경우 위험이 발생시키는 피해 역시나 무한대에 가깝다는 것이 정상사고론의 관점이다.

P: Probability/D: Damage [P(사고 발생 확률, ≒0) × D(피해액, ∞) = ∞]

정상사고론은 3가지 기본 전제를 가지고 있다. 첫째, 인간은 실수를 한다는 것이며, 둘째, 대형사고나 재난의 원인은 작은 실수에서 출발한다는 것이다. 셋째, 기술보다 기술을 다루는 인간에게서 사고가 나타나기 때문에 기술적으로 완벽하다는 것은 의미가 없다는 것이다. 이 3가지 전제를 바탕으로 한 정상사고론은 아무리 안전장치와 기술을 개발하더라도 피할 수 없는 사고가 있다는 결론에 도달하게 된다.

Perrow(1999)의 정상사고론은 위험을 인식하는 새로운 시각으로서 중요한 의미가 있다. 첫째, 위험을 조직과 체계의 특성을 통해 조명하였기 때문에 과학기술에 국한하여 보는 좁은 시각을 극복할 수 있도록 한다.

둘째, 개방체계로서의 조직을 바라봄으로써 위험에 대한 기술적 해결책이 갖는 또 다른 '위험'을 부각시켰다. 즉, 하위시스템이 동시에 작동될 때 발생할 수 있는 예측되지 못한 위험의 가능성에 대해 환기시킨다.

셋째, 근대사회 위험의 새로운 양상, 즉 제3의 희생자를 발생시킬 수 있는 잠재적 위험 혹은 위험이 대상이나 장소만 바뀌어서 발생할 수 있음을 설명하는 이론적 도구를 제공하였다.

정상사고론은 간단히 감소시킬 수 있는 위험과 중대한 노력이 필요한 위험 그리고 어떤 노력에도 피할 수 없는 위험 등 3가지로 위험의 범주를 구분하였다. 앞의 2가지 범주의 위험은 실패나 배우려는 노력을 통해서 줄일 수 있는 위험이지만 세 번째 범주는 어떻게든 발생하는 위험이기 때문에 기술 향상은 포기해야 한다고 주장한다. 왜냐하면 완전한 제거가 불가능할 뿐만 아니라 너무나 많은 비용을 지불해야 하기 때문이다.

정상사고론은 동조 현상을 반영하여 '충돌할 수 없는 경로에서 일어나는 충돌(non-collision course collision)'이라는 특이한 사고 현상을 소개하였다. 그것은 선장이 오판을 해서 배를 좌초시키거나 다른 배와 충돌하도록 조타를 하고 있는데도 불구하고, 선원들이 선장의 행동에 침묵하면서 사고를 막을 수 있는 기회를 놓치면서 결국 충돌 사고가 발생하는 상황이다. 이러한 정상사고론의 사례는 조심하기만 하면 어떠한 위험도 극복할 수 있을 것이라는 협소한 의미의 위험(risk) 해결을 지적하는 데 주로 사용된다. 부도덕이나 비양심 혹은 범죄나 병리 등 다양한 위험의 속성을 모두 고려하여 완벽히 위험을 해결하는 것이 얼마나 어려운지를 반증하는 사례이기도 하다.

정상사고론은 개인의 실수에서만 사고의 원인을 찾는 것에 대해 비판한다. 사고는 조작 당사자가 미처 예견하기 어려운 상호작용에 문제가 발생할 때 일어난다고 보기 때문이다. 문제는 현대사회가 고도화될수록 정상사고의 가능성도 증가한다는 것이다. 따라서 정상사고론에서는 안전사회를 이룩하기 위해서는 기술에만 의존하는 것이 아니라 사회조직과 체계를 안전중심으로 재조직하여야 한다고 주장한다. 이처럼 고신뢰이론과 정상사고론은 핵심적인 가정과 논리에서부터 반대되는 입장에 서 있다.

2가지 이론의 차이는 이론 구성의 대상이 되는 시스템의 차이에서도 찾아볼 수 있다. 고신뢰이론은 주로 항공모함이나 방공시스템의 운영과정에서 발전된 이론이다. 이러한 조직들의 경우에는 관련된 사람들이 다른 사회와 차단된 상태에서 생활한다. 따라서 개별 구성원들에 대한 통제와 훈련이 철저하게 이루어지고 있다. 동시에 여러 겹의 안전장치를 중첩해서 만들어 냄으로써 위험의 가능성에 대비하는 경험이 축적되어 있다. 반면에 정상사고론의 대상은 원자력발전소나 화학공장 등 민간 부분의 복잡성과 복합성이 높은 열려 있는 시스템을 대상으로 한다. 이러한 산업들의 특성은 다양한 사람과 관련되어 있으며, 또한 전인적인 통제나 격리가 어렵다는 특징을 가진다. 아울러 아주 작은 실패 가능성도 완전 실패로 이어질 수 있다는 점을 들 수 있다.

2가지 이론이 대비되고 있음에도 공통적인 것은 현대사회에서 위험을 근절하는 것이 어렵다는 관점을 공유한다는 것이다. 특히 현대적인 삶의 모습은 개방형 사회 시스템으로 작동하고 있기 때문에 기능적인 유기체로서의 사회가 여러 가지 위험요소를 시스템 내에 구조화하게 되는 과정을 잘 보여 준다는 점에 주목할 필요가 있다. 과거에는 위험 요소를 시스템의 외부에 존재하면서 시스템을 위협하는 것으로만 파악하였다. 즉, 전쟁과 같은 형태(전쟁모형)로만 위험을 이해했었다. 하지만 점차 위험을 재난의 형태(병리모형)로 이해하면서 시스템 내부의 복합성이나 시스템 운영 자체가 왜곡되고 굴절될 때 드러나는 병리적 모델로 파악하고 있다. 즉, 사고와 재난이 유기체와 같은 복합적이고 상호 연쇄적인 형태로 발생한다는 견해로 바뀌고 있다. 그러나 위험에 대한 관점이 어떠하던 궁극적인 사고나 재해의 발생에는 결정적인 인간의 실수나 착오와 같은 오류가 촉발적인 영향을 준다는 데는 변함이 없다.

1. 오류: 실수와 착오 그리고 위반

Ross(1980)의 연구에 따르면 사고와 관련된 인간 원인은 여러 조사에서 60% 이상을 차지하는 것으로 나타나고 있다. 좀 더 구체적으로는 미사일 검사에서 고장의 40%가 인간적인 오류(error)가 원인이라고 지적된다. 선박 충돌과 좌초의 63.5%, 항공기 사고의 70%가 인간이 저지른 오류 때문에 발생한다고 밝히기도 했다. Rasmussen(1983)은 원자력발전소에서 발생하는 200가지 사고를 분류하여 어떤 실수가 발생하는지 조사하였다. 연구 결과, 가장 많은 실수는 작업자가 해야 하는 행위를 생략하는 것(42%)으로 나타났다. 부주의가 원인으로 지목되는 이러한 오류들은 설비 유지와 관련된 숙달된 작업행동에서도 발생할 수 있다.

위험이 사고에 도달할 수 있도록 하는 인간행동을 오류라고 정의할 때, 오류는 심리 내적 원인에 따라 실수나 착오 및 위반과 실책 등으로 세분화해서 구분할 수 있다. 착오(laps)는 의도하지 않은 오류를 나타내는 것이다. 의도성이 없는 단순한 실수를 말한다고 보면 된다. 착오는 실제 행동으로 나타나지 않는 경우가 많아서 당사자만이 인식하는 경우가 많다. 주로 고의성도 없고 위험성도 없지만 당황하게 하는 행동으로 주의나 기억의 문제로 발생하게 되는 행동을 말한다. 실책(mistake)은 부적절한 주의를 반영하는 것으로 부적절한 의도에서 발생하는 실수를 말한다. 부정확한 정보에서 출발하여 잘못된 판단이나 계획 때문에 어떤 행위가 진행되지만 그 계획에서부터 결과까지 좋지 않은 상태를 말한다. 다음으로 실수(slip)는 일반적으로 행위자가 의도하지 않았고 어떤 기준에 맞지 않는 것이다. 시스템이 납득할 수 있는 한계를 넘어서 잘못 작동되는 경우를 말하기도 한다. 실수는 고의성이 없는 위험한 행동을 지칭하며, 행위자의 의도와 맞지 않는 행동을 말한다. 의도하지 않았던 말이 튀어나오는 말실수 등이 실수의 대표적인 예이다. 위반(violation)은 고의성이 있는 위험한 행동이다(Parker, Reason, & Manstead, 1995).

오류에 대한 세분화된 구분은 사고나 재난의 발생 이후 원인을 분석하거나 예방연구를 위해서 하는 것이다. 오류의 세분화된 형태에 상관없이 시스템이 복잡해질수록 오류 발생의 가능성은 증가하는데, 체르노빌 원전 사고는 운전원의 오류가 얼마나 참혹한 사고를 발생시킬 수 있는지 보여 주는 단적인 사례이다.

체르노빌 원전 사고는 1986년 4월 26일 오전 1시 24분경에 발생하였다. 사고 전날인 25일 오전부터 체르노빌 원전 측은 원자로 4호기의 정기 점검을 위해 잠시 가동을 중단할 예정이었다. 4호기에는 원자로의 가동이 중단되면 냉각 펌프와 다른 제어장치들을 작동시킬 수 있는 비상용 디젤 발전기 3기가 있었다. 원자로가 정지했을 때 비상용 디젤 발전기들이 전력을 공급해 주어야 하는데, 과연 냉각펌프를 작동하는 데 필요한 전력을 제때 공급할 수 있을지 불확실했다. 왜냐하면 디젤 발전기들은 충분한 전력을 생산하기까지 약 1분의 시간이 필요했는데, 이때 발생하는 1분의 시간 차이가 문제를 발생시킬 수 있다고 생각했기 때문이다.

이러한 문제를 보완하기 위해 체르노빌 원전 차석 엔지니어였던 아나톨리 댜틀로프(당시 55세)는 주 전원이 끊어진 상태에서 원자로 터빈의 관성에 의한 에너지가 원자로 냉각펌프 등에 전력을 공급할 수 있는지 알아보는 실험을 실시하기로 결정했다. 주 전원이 끊어질 때까지 전원의 출력을 낮춰 보기로 한 것이다. 현장에 있던 알렉산드르 아키모프(당시 33세)와 레오니드 토프투노프(당시 26세) 등 젊은 과학자들은 댜틀로프의 계획에 반대했다. 왜냐하면 주 전원의 출력을 낮추었다가 올리는 작업이 쉽지 않다고 보았기 때문이다. 하지만 실험은 강행되었고 여러 가지 의도적이고 비의도적인 실수가 겹쳐지면서 원자로 발전 출력을 700MV까지 낮추기로 한 계획은 빗나가 300MV까지 낮아지게 되었다. 예상치 않은 비상 상황에 무리하게 작업을 진행하다가 결국 원자로는 26일 새벽 과열로 폭발하였다.

1) 오류

인간은 실수하는 존재이다. 인간의 속성에는 오류(error)가 포함된다. Hawkins(1993)의 연구에 따르면 인간은 다이얼식 전화를 사용할 때 20회 중 1회, 단순 반복 작업에서는 100회에 1회 그리고 잘 정비된 환경에서도 1000회의 활동 중 1회는 오류를 발생시키는 것으로 나타난다.

인간이 발생시키는 오류는 다음의 4가지 특성을 가진다.

첫째, 오류는 매우 비슷한 상황에서 자동화된 수행을 할 때 주로 발생한다.

둘째, 대다수의 오류(40%)는 진행 중인 행동의 결정적 지점에서 자동화된 행동이 끼어들면서 발생한다. 즉, 강한 습관이 오류를 발생시킨다.

셋째, 모든 상황에서 강한 습관이 끼어들 수 있다. 습관화된 행동이 필요 없을 때나 습관 행동을 일부 바꿀 필요가 있을 때도 기존의 습관 때문에 오류가 발생할 수 있다.

넷째, 전체를 이루는 부분들의 순서를 혼동해서 오류가 발생한다. 즉, 부분 동작의 생략이나 착오로 오류가 발생한다.

Swain과 Guttmann(1983)은 주로 원자력 발전소에서 일어나는 오류 유형에 대해서 조사하였다. 연구를 통해 오류를 5가지로 분류하였다.

첫째, 필요한 절차를 수행하지 않아서 생기는 오류(생략 오류).

둘째, 필요한 절차의 수행이 지연되어서 생기는 오류(시간 오류).

셋째, 필요한 절차의 불확실한 수행으로 생기는 오류(실행 오류).

넷째, 필요한 절차의 순서를 잘못 이해해서 생기는 오류(순서 오류).

다섯째, 불필요한 절차를 수행함으로써 생기는 오류(부적절 행동 오류)이다.

大島(1982)는 오류를 행동 과정에 따라 구분하였는데, 오류 발생을 정보의 입력(input)–결정(decision making)–출력(output)–피드백(feed back)의 과정으로 분류할 수 있다고 보았다. 좀 더 구체적으로 大島(1982)는 오류의 종류를 ① 입력 과정의 오류, ② 정보처리 과정에서의 오류, ③ 의사결정 과정에서의 오류, ④ 출력 지시 단계에서의 오류, ⑤ 출력에서의 오류,

⑥ 피드백 과정에서의 오류 등 6가지로 구분하였다.

Rook(1962)은 제품 설계 단계에서 적용될 수 있는 오류의 종류로 ① 인간공학적 설계 오류, ② 제작 오류, ③ 검사 오류, ④ 설치 및 보수 오류, ⑤ 조작 오류, ⑥ 취급 오류를 제시하였다.

(1) 오류에 대한 접근 방법

오류에 대한 과학적 접근은 크게 개연적 접근과 인과적 접근으로 이루어진다. 개연적 접근(probabilistic approach)은 전체 체계의 신뢰성에 대한 추정치를 제공하는 방식으로 인간의 신뢰성을 측정하려고 하는 전문가들에 의해서 제기된 접근방법이다. 특수한 형태의 작업과 절차에 종사하는 사람들의 실패율을 통해서 위험 정도를 평가하는 방식이다. 즉, 얼마나 오류가 사고를 발생시키는 데 영향을 미쳤는가를 살펴봄으로써 오류 속의 위험을 평가한다.

인과적 접근(causal approach)은 오류가 발생하는 원인에 집중하는 접근 방법이다. 인과적 접근은 모든 오류에는 원인이 존재하기 때문에 오류를 발생시키는 상황들을 알 수 있다는 가정에 기초한다. 오류에 대한 인과적 고려를 한 연구에서 Singleton(1973)은 여러 가지 가설을 논의하는 다양한 심리학적 이론을 고찰하였다. 연구 결과, 인과적 접근은 사고 발생 원인에 대한 것뿐만 아니라 인간이 저지르는 오류의 다양한 발생 요인에 대해서 설명해 준다.

(2) 오류 발생 요인

오류가 발생하는 이유는 다양하다. 작업장에서의 인간 오류는 인간 특성과 교육 훈련의 문제, 직장 환경의 문제, 작업 특성, 설계 문제 등으로 구분된다.

인간 특성은 경험 부족이나 능력 결여, 성격과 습관, 부적절한 신체조건, 낮은 동기부여 등이 원인이 되는 오류로 분류된다.

교육 훈련의 문제는 부족한 교육 및 훈련 시간, 부적절한 지침서 및 정보의 부족, 의사소통의 부족 등이 원인이 되는 오류이다.

작업장 환경의 문제는 무리한 작업 시간 운영, 미숙한 작업 계획, 낮은 유대감, 부적절한 작업 기준, 신뢰가 낮은 노사관계 등이 원인이 되는 오류이다.

작업 특성은 다루기 힘든 기계나 도구, 복잡한 작업 공정, 정보 공유 문제에 따른 상황 파악의 어려움, 혼란스런 신호, 지속적인 긴장 등이 원인이 되는 오류이다.

설계 문제는 난해한 신호, 낮은 적합도 장치, 공간 설계의 문제 등이 원인이 되는 오류이다.

오류의 발생을 줄이기 위한 안전 설계 기법은 오류를 범할 수 없도록 하는 배타 설계

(exclusion design)와 오류를 범하기 어렵도록 하는 보호 설계(preventive design) 그리고 오류 가능성은 감소시킬 수 없지만 오류의 결과를 감소시킬 수 있도록 하는 안전 설계(fail-safe design) 등이 있다.

(3) 오류를 줄이기 위한 제안

오류를 줄이기 위해서는 제품이나 도구의 디자인에서부터 몇 가지 원칙이 필요하다. 이창우, 김영진, 박창호(1996)는 오류를 줄이기 위한 디자인 4원칙을 제시하였다.

- 오류의 원인을 파악하고 최소화하도록 디자인한다.
- 원 상태로 되돌릴 수 있도록 디자인한다. 원 상태로 되돌릴 수 없다면 조작을 어렵게 하라.
- 오류를 발견하기 쉽고 고치기 쉽게 디자인한다.
- 오류의 원인을 사용자가 아니라 디자인 단계에서부터 파악하도록 한다.

오류가 사람이 아니라 디자인이 원인이라고 볼 수 있는 대표적인 사례로 미국의 자동차 안전띠의 제품 디자인을 들 수 있다. 한때 미국에서는 자동차를 탑승할 때에 안전띠를 착용하지 않으면 시동이 걸리지 않도록 장치를 고안한 적이 있었다. 안전띠 착용을 강제하기 위한 디자인이었지만 사람들은 곧 정비소에서 안전띠와 자동차 시동이 연동되도록 하는 장치들을 떼어 내기 시작했다. 안전을 담보하기 위한 너무 강력한 디자인이 문제를 만들어 낸 것이다.

Nielsen(1993)은 사용성에 보다 많은 중점을 두는 디자인 원칙을 10가지로 제시하였다.

첫째, 단순하고 자연적인 상호작용이다. 간단할수록 탐색의 부담이 줄어든다. 사용자의 과제와 인터페이스는 가능한 한 자연스럽게 대응되어야 하는데, 이것을 위해서 지각조직화와 주의의 원리를 응용하여야 한다.

둘째, 사용자의 언어로 말해야 한다. 시스템이 아닌 사용자의 관점에서 말하고, 사용자의 개념 모형에 잘 대응하는 적절한 비유를 활용해야 한다. 되도록 전문어, 외국어, 비표준어를 사용해서는 안 된다.

셋째, 사용자의 기억부담을 최소화해야 한다. 회상보다는 재인이 쉬우므로, 가시성을 높여야 한다. 이것을 위해서는 내정값(default value), 범위, 단위 등을 제공하는 것이 좋다.

넷째, 일관성을 가져야 한다. 기호와 의미 지각과 조작의 대응을 일관적으로 해야 한다.

같은 문제가 과제, 기능 구조 등에도 적용된다. 표준에만 의지해서는 안 된다.

다섯째, 피드백을 주어야 한다. 오류가 발생할 때에만 피드백을 주는 것이 아니라, 긍정적 피드백도 필요하다. 피드백은 사용자 인터페이스 변화를 실시간으로 반영하고, 의미 있는 정보적 피드백을 주어야 한다.

여섯째, 출구를 분명히 표시해야 한다. 언제든지 현 상태에서 빠져나가거나 원 위치로 돌아올 수 있다면 탐색이 촉진될 것이다. 그리고 시스템은 사용자의 가장 최근 행동에 우선적으로 반응해야 한다.

일곱째, 지름길을 만들어 두어야 한다. 생략, 기능키, 핫키, 더블클릭, 구조 생성기, 미리 입력하기, 이전 상호작용 재사용, 내정값 등을 활용하는 것이 방법이다.

여덟째, 오류 메시지를 잘 만들어야 한다. 오류를 알려 줄 뿐만 아니라 시스템을 더 잘 이해하는 데도 필요하다. 오류 메시지는 사용자의 언어로 정확하고 정중하게 그리고 문제해결에 도움이 되도록 전달해야 한다.

아홉째, 확인을 최소화해야 한다. 사용자의 조작에 대한 확인을 너무 자주 요구하면 응답이 자동화되는 오류가 생긴다.

열째, 도움기능 및 문서를 만들어야 한다. 사용자는 매뉴얼을 거의 읽지 않는다. 과제 중심적이고 찾아보기 식의 온라인 매뉴얼이 필요하다. 매뉴얼의 양보다 질이 중요하다. 사용자 중심의 관점에서 수준에 따라 여러 단계의 매뉴얼을 준비하는 것이 좋다.

Norman(1988, 1990)은 제품, 기계 또는 설비의 디자인에 있어서 사용자 중심의 디자인이라는 개념을 발전시켰다. 인간과 기계 시스템, 즉 디자인은 상호작용을 통해서 오류를 줄일 수 있다고 보았으며, 이에 대한 7가지 원칙을 다음과 같이 제시하였다.

첫째, 머릿속 지식과 세상 속의 지식을 모두 이용해야 한다. 사용자가 시스템에 대해 가지고 있는 심상이 시스템이 드러내는 외적 이미지와 일치할 때 효율적으로 수행할 수 있다.

둘째, 과제의 구조를 단순하게 구성해야 한다. 과제들이 서로 비슷하거나 숨겨져 있는 것을 가시적으로 만들어야 한다. 이것을 위해서는 자동화하는 것이 좋다. 그러나 자동화를 하더라도 반드시 통제할 수 있는 장치를 마련해야 한다.

셋째, 일이 가시적이게 만들어야 한다. 이것을 위해서 실행 간격과 평가 간격을 좁혀야 한다. 실행 가능한 행동들은 사용자의 의도와 일치하도록 하여야 하고, 시스템의 상태는 즉시 지각될 수 있고 해석될 수 있어야 한다.

넷째, 대응관계가 올바르게 만들어야 한다. 의도와 행동, 시스템 반응, 시스템 상태에 대한 사용자의 대응이 쉬워야 한다.

다섯째, 자연스러운 제약 및 인공적 제약의 위력을 활용해야 한다. 물리적, 의미적, 논리적, 문화적 제약들은 가능한 행동의 수를 줄여 준다.

여섯째, 만일의 오류에 대비한 디자인을 해야 한다. 이것을 위해서 오류의 발생 원인, 복구 등을 가능하게 하고 비가역적인 행동은 어렵게 만드는 것이 좋다.

일곱째, 이 모든 것이 어렵다면 표준화하는 것이 대안적 방법이 된다.

(4) 오류의 영향력 줄이기

오류의 영향력을 감소시키는 것도 오류를 줄이는 한 방법이 될 수 있다(Senders & Moray, 1991). 오류의 영향력을 감소시키기 위해서는 다음 내용을 염두에 둘 필요가 있다.

- 시스템이 잠시라도 오류의 효과를 흡수할 수 있도록 장치되어야 한다.
- 작업자가 오류를 저지를 가능성을 알게 하고 또 인정할 수 있도록 훈련하여야 한다.
- 오류가 생기면 어떤 식으로든 피드백을 주어 작업자가 행동을 바꾸도록 하여야 한다.

2. 오류 이론

1) Norman의 스키마 지향성 이론

Norman(1990)은 오류의 스키마-지향성 이론(Schema-Oriented Theory)을 발달시키면서 실책을 부적절한 의도에서 발생한 오류로 정의하였고, 착오를 예기치 않은 오류로 정의하였다. 그리고 실수를 연구 주제로 삼았다. 일상생활에서 발생하는 1,000개의 실수를 수집하고 행위와 일차적으로 결합되는 오류를 분석하였다.

Norman(1990)의 스키마 이론에서 실수의 기본적 분류는 3가지 주제에 대한 것이다. 첫째, 의도 형성에 따른 오류, 둘째, 잘못된 활성화에 의한 오류, 셋째, 잘못된 촉발에 의한 오류이다. 각각은 오류 형성 과정에서 차이를 가진다.

(1) 의도 형성 오류

의도 형성에 의한 오류는 사용방식 오류(mode error)를 말한다. 사용방식 오류는 적당하지 않은 행위가 뒤따라 발생하면서 나타나는 오류이다. 예를 들어, 컴퓨터 자판을 사용하다가 마치 타자기의 carriage를 옮기려고 시도하는 행동을 하는 것과 같은 오류를 말한다. 또 다른 형태의 사용방식 오류는 기억 정보의 선택에서 불명확성이 높아질 때 발생하기도 한다. 이러한 불명확성은 모양과 색깔이 비슷한 펜 뚜껑을 바꾸어 덮는 경우나 쓰레기통의 모양이 비슷해서 폐휴지통에 병을 버리는 것과 같은 오류를 말한다.

(2) 잘못된 활성화 오류

기존 지식체계의 의도치 않은 활성화는 기대하지 않은 행동이 발생하는 오류의 원인이 된다. 기존 지식체계의 잘못된 활성화를 막기 위해서는 활성화가 촉발되지 못하도록 하는 것이 방법이 될 수 있다. 잘못된 활성화가 만들어 낸 오류의 종류에는 표획 오류와 연상 활성화 오류 그리고 연합 실수가 있다.

첫째, 표획(capture) 오류는 상황과 부분적으로 결합되는 친근한 정보에 사로잡히면서 발생하는 오류이다. Norman(1990)는 표획 오류의 예로 저녁 식사를 위해 옷을 갈아입으려고 침실로 갔다가, 침대에 사로잡혀 식탁으로 돌아오지 않고 누워 있는 사람을 들고 있다.

둘째, 연상 활성화(association activation) 오류는 정보에 사로잡힌 형태로 발생하는 실수를 말한다. 연상 활성화 오류는 외부자극에서부터 시작한다. 예를 들어, 전화를 건다는 외부적인 사건 자극 이후에 컴퓨터 패스워드를 입력할 때 방금 전에 건 전화번호를 입력하는 것이다. 이러한 연상 활성화는 표획 오류와 차이가 있다. 표획 오류에서는 연속적으로 행해지는 행동 간에 어떠한 형식적인 유사성이 없다. 표획 오류를 일으키는 연속된 행동 간에는 단순하면서 강한 연합만이 필요하다. 하지만 연상 활성화 오류는 실수를 일으키는 행동이 유사성을 가진다.

셋째, 연합 실수(associative slip)는 수동기어 변환장치가 되어 있는 자동차를 자동기어 변환장치가 된 자동차처럼 운전하게 되는 실수를 생각하면 된다. 운전자가 자동기어 변환기를 수동 기어 변환기처럼 조작하려고 하는 것은 기억과 자동화된 동작들 간의 연합 실수가 만들어 낸 오류이다. 활성화된 기존 지식체계가 망각되거나 간섭하면서 현재 행동에서 오류가 발생하는 것이다. 다음은 연합 실수의 여러 형태이다.

- 의도를 망각하기
- 구성 성분의 순서를 바꾸기
- 작업 절차에서 단계를 뛰어넘기
- 일련의 순서에서 단계를 반복하기

• 어떤 초기 단계로 일련의 순서를 다시 시작하기

(3) 잘못된 촉발 오류

잘못된 촉발로 인한 실수는 잘못된 시기에 촉발되는 것이나 촉발되어야 할 때 촉발되지 못하는 것을 나타낸다. Norman(1990)은 두음전환이라고 불리는 언어적 구성요소들의 순서를 바꾸는 오류를 대표적인 예로 들고 있다. 두음전환은 언어적 오류를 말하는데 Freud는 이러한 오류 현상이 무의식적 욕구의 반영이라고 주장하였다.

Norman의 이론을 종합해 보면, 오류를 의도 자체가 잘못된 오류와 의도는 정확했지만 행동이 잘못된 오류(action slip)로 구분하고 있다. 실책은 행동 자체는 의도에 맞게 이루어졌기 때문에 고의성은 없는 오류이다. 예를 들어, 다림질을 하다가 전화기가 울리자 들고 있는 다리미를 귀에 가져다 대는 경우이다. 하지만 의도가 있었든 없었든 간에 사고의 결과는 심각할 수 있다.

2) Rasmussen의 수행 수준 이론

Rasmussen(1983)은 인간의 행동을 ① 기능에 바탕을 둔 행동(skill-based performance), ② 규칙에 바탕을 둔 행동(rule-based performance), ③ 지식에 바탕을 둔 행동(knowledge-based performance)의 3가지 수준으로 분류하였다.

기능에 바탕을 둔 행동은 부드럽고 고도로 통합된 행동 패턴을 말하는데, 의식적 통제 없이 발생하는 자동화된 감각-운동 과정이나 인지수행에서 발생하는 오류를 말한다. 주로 의도치 않은 오류인 실수가 여기에 해당한다.

이러한 오류는 낮은 수준의 인지에서 상당히 빠른 양식으로 자극을 반응과 결합시키기 때문에 발생한다. 환경 정보나 신호가 직접적인 의미를 가지지는 않지만, 적당한 행동을 촉발하게 하는 단서로써의 기능을 하기 때문에 기능에 바탕을 둔 오류는 힘이나 공간 또는 시간 좌표의 변화성과 관계가 있다. 기능에 바탕에 둔 행동은 지식체계가 잘못 촉발되거나 기술적이고 자료 주도적인 오류를 발생시킬 수 있다. 예를 들어, 이름을 잘못 부른다거나 휴대용 가스버너를 챙긴다는 것이 공구 상자를 챙기는 등의 실제 행동까지 이루어지는 오류를 말한다.

규칙에 바탕을 둔 행동은 작업 기억에 있는 규칙들의 계층이 활성화됨으로써 일어나는 것이다. 사람들은 규칙들을 탐색한 후, 적당한 규칙 또는 묶음으로써 규칙들을 수행한다.

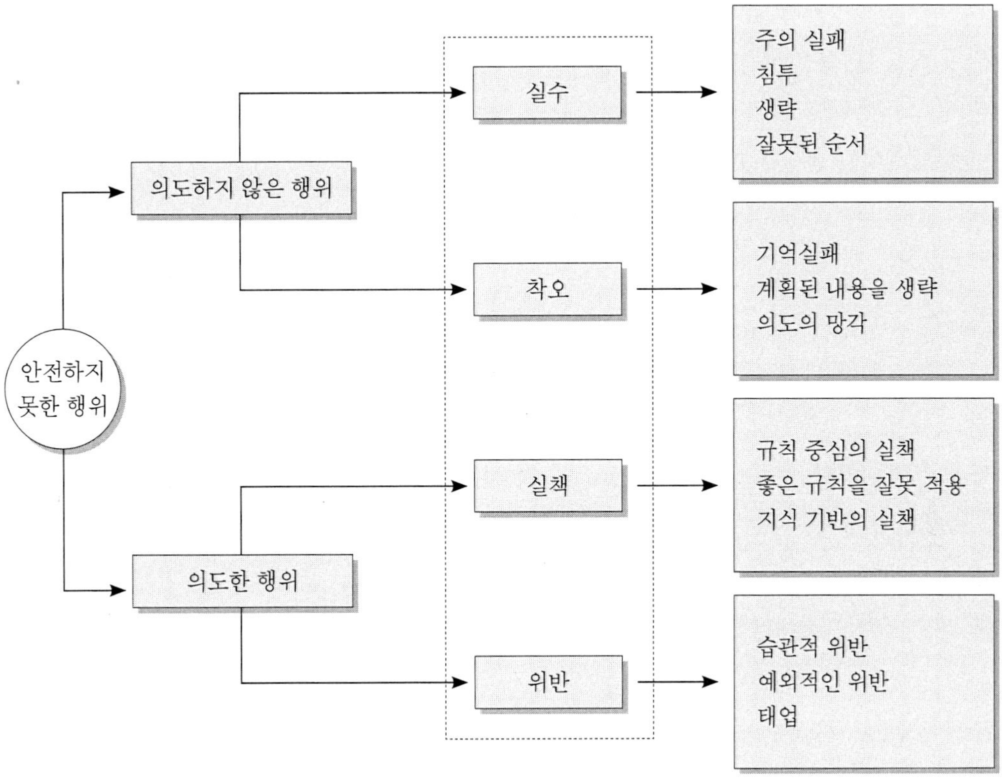

[그림 10-2] Rasmussen의 수행 수준 모델

친근한 작업 상황에서 자동화된 하위 과정들이 순서를 결정하는데, 외부적 자극이나 의사결정의 규칙들에 의해 통제된다. 신호(sign)는 숙련된 하위 과정들의 순서를 통제하거나 수정하는 데 사용된다. 예를 들어, 상황 판단을 잘못하거나 의사결정 단계에서 오류가 발생하는 것이다. 행위와 계획까지는 정확했지만 부적절한 행동을 계획하여서 발생하는 실책이 대표적인 규칙에 바탕을 둔 행동이 발생시킨 오류라고 볼 수 있다. 이러한 오류 형태는 주로 친근한 상황에서 발생한다. 잘못된 분류나 잘못된 재인 혹은 과제에 잘못된 연합 또는 절차를 회상하는 데 관련된 기억 오류이다. 규칙에 바탕을 둔 실책으로서의 오류를 줄이기 위해서는 표시나 절차서 등을 정확하게 준비해 두는 것이 방법이 될 수 있다. 상황 판단과 행동 결정에 오류가 생기지 않도록 충분히 교육하거나 훈련하는 것도 규칙에 바탕을 둔 행동이 발생시킨 오류를 줄이는 방법이다.

지식에 바탕을 둔 행동은 전체적으로 새롭고 구조화되지 않은 복잡한 문제에 직면했을 때 발생한다. 따라서 지식에 바탕을 둔 행동의 오류를 해결하기 위해서는 현재의 상태를 확인하는 것이 아주 중요하다. 현재 상태를 원하는 목표 상태로 바꾸기 위해서 먼저 현재의 목표 상태를 조사해야 한다. 지식에 바탕을 둔 행동은 주로 과신이나 과소평가로 나타나는 오류라고 보면 된다. 예를 들어, 비가 내린 도로에서 운전 실력을 과신한 나머지 감속하지 않다가 사고가 나는 등의 경우나 마감 시간이 내일이지만 할 수 있을 것이라고 과신하고 업무에 나태해지는 등의 사례이다.

3) SHELL 모델

SHELL 모델은 국제민간항공기구(International Civil Aviation Organization: ICAO)에서 제안한 오류 발생 모델이다. Edwards(1972)에 의해서 최초로 개발되었으며 Hawkins(1993)에 의해서 개량되었다.

SHELL 모델의 각 철자는 다음의 의미를 가진다. S는 Software로 절차, 매뉴얼, 지시 및 훈련 방식 등 소프트웨어에 관련한 요소들이다. H는 Hardware를 의미하며 기계, 설비, 도구 등 하드웨어에 관련한 요소들이다. E는 Environment로 온도, 습도, 소음, 조명, 공간, 풍토, 관습 등 환경에 관련한 요소들이다. L은 Liveware로 상사, 동료 등 작업자 주변의 인적인 요소들을 가리킨다. L은 Liveware로 작업 당사자를 말한다.

일본은 SHELL 모델에 M 요소를 추가하여 M-SHELL 모델로 보완하였다. M은 Management로서 조직체계, 방침 등 관리체계적 요소들이다. M 요소는 전체 SHELL 모델을 조망하면서 조정과 균형을 잡아 주는 역할을 한다. 주로 항공업계에서 활용하는 모델이지만 의료업계나 다른 운송업계에서도 널리 사용되는 추세이다.

M-SHELL 모델을 실제 사고에 적용하면 다음과 같은 분석을 내놓을 수 있다. 2015년 3월 독일의 항공사 Germanwings 비행기 4U9525편이 알프스 산맥에 추락하여 전원 사망하는 사고가 발생하였다. 사고의 원인은 기체 결함이나 기후의 문제가 아니라 조종사의 우울증으로 밝혀졌다. 조종사는 자신의 우울증으로 비행기 사고를 발생시킨 것이다. M-SHELL 모델을 통해 Germanwings 비행기 사고를 조망해 본다면, 참사의 요인은 마지막 L(당사자)에 의한 사고로 파악될 수 있다. 더불어 비행기 조종사들의 정신건강이나 상태에 대해서 소홀히 여겼던 M(관리)의 문제로 인해서 발생한 사고이다.

4) Reason의 오류 모델

Reason(1984)은 사람들의 오류를 분석하고 심리 수준에서 구체적으로 설명할 수 있는 모델을 제시하였다. Reason의 오류 모델에 따르면 사람들은 어떤 행위를 하도록 동기를 부여하는 욕구체계(need system)나 지식 혹은 정보를 저장하는 기억체계(memory system), 어떤 행동을 계획하고 진행 중인 행동을 감찰하고 지도하며, 앞선 행동을 평가하는 의도체계(intention system), 출력되는 동작을 제어하는 행위도식(action schema)들로 구성된 행위체계(action system), 그리고 사건이나 대상을 인식하는 입력기능 체계 및 환경에 대해 다양한 반응을 하는 출력기능 체계가 존재한다고 가정하고 있다.

이러한 생각을 토대로 Reason(1984)은 오류를 4가지로 분류하였다. 의도하지 않은 오류를 실수, 기억의 문제로 발생하는 오류를 착오, 의도 자체에서부터 오류를 가지는 실책, 그리고 의도적인 오류를 위반으로 분류하였다. 이 중에서 의도적인 오류인 위반은 인간 오류에 포함시키지는 않았다([그림 10-3]).

일단 Reason(1984)의 오류를 직장에서 차를 몰고 집으로 퇴근하는 상황에 대입해서 살펴보면 다음과 같다. 집으로 가려는 의도체계가 활성화되면서 사람은 소지품과 집으로 가져가야 할 것들을 챙겨서 사무실을 나선다. 건물을 빠져나와 주차된 차량으로 다가가서 열쇠를 꺼내는 등으로 구성된 일련의 행위도식들이 활성화될 것이다. 이러한 행위모델을 통해서 오류를 설명할 때, 제어방식과 의도체계 그리고 행위체계 및 입력기능 등 각각에서 초래하는 실패나 실수로 나누어서 설명할 수 있다는 것이 Reason(1984)의 견해이다.

먼저, 제어방식(control mode)에 기인한 오류는 현재 작업이 요구하는 제어방식 안에 있지

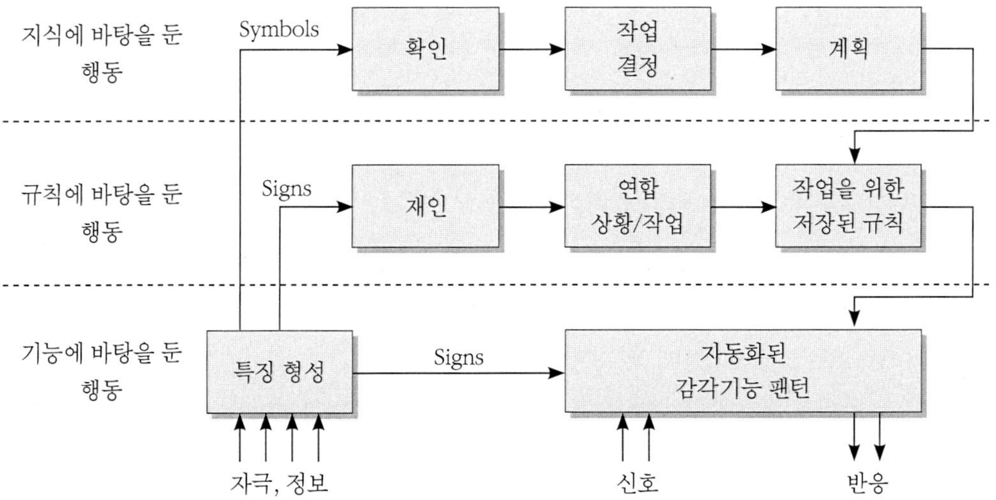

[그림 10-3] 불안전행동의 종류

출처: Reason (1990).

않을 때 발생한다. 예를 들어, 의도체계가 어떤 결정을 내려야 할 때 엉뚱한 생각을 하고 있는 것이다. 엉뚱한 생각에 빠져 있는 것을 Reason(1984)은 공개회로 상태라고 보았다. 공개회로 상태에 있으면 원래의 의도와는 다른 습관화된 행동이 자동적으로 일어나기 쉽다.

의도체계는 계획 세우기, 계획과 관련된 정보의 저장 및 인출과 관련된 오류를 범하기 쉽게 한다. 개인이 의도하지 않은 행위도식이 촉발되어 어떤 행동을 해 버리면 이것은 행위체계의 실패이다. 입력기능의 실패는 환경의 변화를 제대로 파악하지 못했기 때문에 발생한다.

각각의 오류는 주로 발생하는 원인이 있다. 제어방식 실패와 행위체계의 실패는 부주의 때문에 주로 발생된다. 의도체계 실패는 기억의 망각 때문에 발생하는 오류이다. 입력기능의 실패는 부주의와 망각 때문에 발생한다.

이에 앞서 Rasmussen(1983)은 오류들을 내용에 따라 규칙기반, 기술기반, 지식기반으로 구분하였다. 규칙기반은 해석이나 이해에서 문제가 발생하는 오류이고, 기술기반은 오류, 착오처럼 감각운동의 수행에서 저지르는 오류를 말한다. 지식기반은 운영자가 시스템에 대해 갖고 있는 지식이 부정확하거나 불완전할 때 생기는 오류이다.

Reason(1990)이 Rasmussen(1983)의 범주에 따라 오류를 분석한 결과 기술기반 오류가 전체 오류의 61%로 가장 많았다. 그 다음이 규칙기반 오류로 27%, 지식기반 오류는 11%로 나타났다. 각각 오류가 실제로 탐지되는 비율은 기술기반이 86%, 규칙기반이 73%, 지식기반이 71%로 나타났다. 대부분의 오류는 잘 탐지되는 편이지만 기술기반 오류는 지식을 바탕으로 하기 때문에 지식을 갖추고 있는 상태라면 가장 잘 탐지되는 것으로 나타났다.

Reason(1984)은 피험자에게 2일 동안 자신이 저지른 오류에 대해서 일기처럼 적어 보도록 요구하고 수집된 내용을 분석하였다. 이틀 만에 전체 총 433개의 의도하지 않은 오류가 수집되었는데 이를 5가지로 분류하였다.

첫째, 변별 오류로 전체 오류의 11%에 해당한다. 이것은 정보 입력 당시의 오류를 나타낸다. 지각적, 공간적, 기능적 그리고 시간적으로 발생한 혼돈이다.

둘째, 프로그램 결합 실패(program assembly failure)로 전체 오류의 5%에 해당한다. 이것은 행동 프로그램 각 요소 간에 순서적 혼란이 발생한 경우이다. Reason(1990)이 사용한 프로그램이란 용어는 Norman의 스키마 개념과 유사하다.

셋째, 검출 오류로 전체 오류의 30%에 해당한다. 행동에는 결정적 지점이 있는데 그 임계치에서 판단을 해야 한다. 검출 오류란 그러한 임계치에서 발생한 오류를 나타낸다.

넷째, 세부 행동 실패(sub-routine failure)로 전체 오류의 18%에 해당한다. 행동 중에 불필요한 행동이 끼어들거나 필요한 행동이 생략되어서 발생하는 오류이다.

다섯째, 기억 오류로 전체 오류의 40%를 차지한다. 지나간 행동이나 계획을 망각함으로써 발생하는 오류이다.

이상의 Reason(1984)의 이론들은 인간의 오류 행동을 분류하는 데 커다란 시사점을 주었고, 사고와 재해의 원인이 되는 인간의 불안전행동을 분류하는 것에서도 후속 연구에 기준을 제시해 주고 있다.

3. 불안전상태와 불안전행동

불안전상태란 재해나 사고의 원인들 중 물리적 상태 혹은 환경에 관한 것이다. 설계 및 정비 불량, 방호 조치의 미비, 작업장 설계나 크기의 문제, 보호구 미지급, 부적절한 공구 등에 관한 것을 말한다. 불안전행동은 재해 내지 사고의 원인들 중 인간의 행동에 관련한 것들이다. 안전장치의 제거(부주의나 고의), 안전조치 불이행, 위험요소 방치, 보고 누락 및 위반 등에 관한 것들을 포함하고 있다.

일본 노동부가 실시한 산업재해 원인조사에 의하면 각종 산업재해 가운데 불안전상태가 원인인 것은 83%, 불안전행동이 원인이 된 것은 92%로 나타났고, 2가지가 동시에 원인으로 작용한 재해는 78%였다(정병용, 이동경, 2007).

1) 불안전행동의 종류

불안전행동은 (1) 지식 부족으로 인한 불안전행동, (2) 기능 미숙으로 인한 불안전행동, (3) 태도 불량으로 인한 불안전행동, (4) 인적 특성에 의한 불안전행동으로 구분할 수 있다.

(1) 지식 부족

현대 산업사회에서는 위험에 대한 정확한 지식 없이 위험에 대한 적절한 조치나 제거가 불가능하다. 위험을 제거하기 위해 필요한 지식에는 2가지가 있다. 첫째, 수행에 필요한 기술적 지식이고, 둘째, 위험을 제거하는 방법적 지식이다. 2가지 지식체계는 하나로 통합되어 있는 경우가 많지만 분리되어 있을 수도 있다. 자동차를 사용하고 운전하는 기술은 뛰어나지만 기술이 적용되는 방법이나 원리에 대해서는 모를 수 있는 것과 같다.

위험을 제거하는 지식을 높이기 위해서는 2가지 지식체계에 대한 균형 있는 노력이 필요하다. 법령이나 규칙이 제정된 원리에 대한 지식에서부터 순서를 충분히 숙달하기 위한 교육, 돌발 상황이나 이상 사태에 대처하기 위한 지식이 부족하기 때문에 발생하는 불안전행동은 지식 부족이 원인이다. 이러한 지식 부족은 교육이나 훈련을 통해서 향상시킬 수 있다.

(2) 기능 미숙

불안전행동의 원인은 기능 미숙이나 경험 부족으로 발생하기도 한다. 숙련도를 높이거나 경험을 증가시키는 방법이나 준비 상태를 개선하는 방법 등을 통해서 기능 미숙의 불안전행동은 개선시킬 수 있다. 예를 들어, 크레인은 무거운 물체를 들어 올리고 이동시키는 장치로 물건을 들어 이동시키는 과정에서 발생하는 진동을 제어할 수 있는 기능이 위험 관리의 중요한 요소가 된다. 경험이 많고 숙련된 운전자는 크레인을 작동시키면서 발생하는 진동의 주기와 속도를 원활하게 제어하며 진동을 최소화할 수 있다.

(3) 태도 불량

위험을 해결하기 위해 필요한 지식과 기능을 법규나 규칙으로 제정한다. 따라서 법규나 규칙의 준수만으로도 제거할 수 있는 위험은 상당하다. 그러나 법규나 규칙을 준수하는 것은 시간과 비용 혹은 노력이 필요하기 때문에 무시하거나 생략하고 싶은 욕구가 강해지고 이러한 경향이 불안전행동을 증가시킨다.

법규준수 의지나 동기가 약한 사람들은 그만큼 불량한 태도를 보인다. 이러한 태도 불량의 원인은 지식의 문제일 수도 있고 경험의 문제일 수도 있으며, 위험을 자극으로 여기고 추구하는 성향일 수도 있다. 안전에 대한 동기가 약하고 피해가 자기에게만 일어나지 않으면 된다는 이기적인 마음이 원인일 수도 있다. 어떠한 이유로 불량한 태도가 형성되든지 간에 가장 변화를 주기 어려운 부분이 태도라는 점에서 적절한 개입 방법이 많지 않다.

(4) 인적 특성

위험에 취약한 인적 특성을 가진 사람들이 있다. 유전자적으로 스트레스에 취약하다든지, 신체적 결함이나 심리적 결핍을 가지고 있지만 선발 과정이나 배치에서 파악하지 못했을 수도 있다. 도덕성이나 성실성의 문제일 수도 있고, 공감이나 배려 능력이 부족하기 때문에 이기적이거나 불합리한 선택을 할 수도 있다.

인적 특성의 문제는 단순히 교육이나 훈련만으로 조절할 수 없는 성격적인 부분일 가능성이 높다. 생활사의 문제나 일시적 과부하가 원인이라면 실질적인 도움을 주기 위해서 노력해야 할 것이다. 하지만 성격적인 부분일 경우에는 심리상담이나 의료적 접근이 필요할 수도 있다.

4. 산업재해 발생 이론

산업재해 발생원인은 크게 물리적 환경 요인과 인적 요인으로 구분한다(McComick & Tiffin, 1975). 물리적 환경 요인은 작업 환경, 작업 시간, 조명, 온도, 장비 설계와 같은 요인들이며, 인간적 요인에는 지능, 건강, 신체 조건, 피로, 근로 경험, 연령, 성격 등이 속한다.

이러한 요인들은 다시 불안전상태(unsafety condition)와 불안전행동(unsafety act)으로 구별된다. 불안전상태는 재해 발생을 야기하는 물리적 환경을 말하며, 불안전행동은 재해를 유발하는 행동 혹은 재해를 발생시키는 오류로 인간의 부적절한 행동 혹은 인간에게 내재되어 있는 시력, 질병, 걱정, 중독, 근육 운동의 부적절함, 업무 지식 부족과 같은 총체적인 요인들을 의미한다. 산업재해 예방을 위한 심리학적 접근은 인적 요인 또는 불안전행동에 초점을 맞추어서 산업재해 원인을 분석하고 예방 및 관리 대책을 수립한다.

1) Heinrich의 도미노 이론

Heinrich(1980)는 도미노를 사용해서 사고의 원인을 설명하였다. 일렬로 세워진 도미노에서 어느 한 블록을 넘어뜨리면 연쇄적으로 넘어지는데 사고를 촉발시키는 도미노의 쓰러짐 중에서 불안전상태와 불안전행동을 가장 중요한 도미노로 파악한다.

첫 번째 도미노는 유전적 요인과 성장 과정이다. 개인의 유전자라는 선천적 요인과 성장이나 학습 과정과 같은 사회적 환경은 성격을 형성하는 데 중요한 역할을 한다.

성격의 문제는 두 번째 도미노인 개인적 결함의 중요한 원인이다. 개인적 결함은 다혈질, 부주의 등으로 이어지는데 사고를 잘 유발할 수 있는 성격 및 태도적 결함을 말한다.

세 번째 도미노는 불안전상태와 불안전행동이다. 불안전상태와 불안전행동은 안전사고의 가장 직접적인 원인이 되는데 불안전상태는 안전관리를 통해서 극복될 수 있으며, 불안전행동은 교육 및 훈련을 통해서 개선될 수 있다.

도미노 이론에 따르면 위험 요소를 미연에 제거하면 다른 쪽에서 문제가 발생하더라도 사고나 재해로 연결되지 않을 것이라고 본다. 즉, 사고나 재해가 발생하기 전에 사고 요인을

[그림 10-4] Heinrich의 도미노 이론

출처: Heinrich (1980).

제거하는 것이 위험을 해결하고 안전해지는 방법이라는 것이다. 그리고 사고로 이어지는 도미노 블록들 중 가장 중요하면서도 조절하기 쉬운 것을 불안전상태와 불안전 행동이라고 생각한다. 따라서 도미노 이론에서는 불안전상태와 불안전행동을 어떻게 조절하고 관리할 것인가에 관심을 가지고 위험 해결을 위한 노력을 기울인다.

Heinrich(1980)는 안전사고란 우연히 일어나는 것이 아니라 여러 가지 복합적인 원인에 의해서 필연적으로 발생한다고 보았다. Heinrich(1980)는 사고(accident)와 재해(injury)의 개념을 구분해서 사용하였는데, 사고는 필연적으로 인명 피해나 재산상의 손실을 수반하지만 경우에 따라서 인명이나 재산 중 한 가지에만 손실을 가져올 때도 있으며, 때로는 아무런 손실을 수반하지 않는 경우도 있다. 따라서 사고는 손실을 가져다주는 원하지 않는 사건을 의미하며, 재해는 사고의 결과로 나타난 인명 및 재산상의 손실을 가리킨다.

2) 수정된 도미노 이론

Bird와 Germain(1985)은 Heinrich의 도미노 이론을 수정하여 수정된 도미노 이론을 재해 발생의 이론으로 내놓았다. 수정된 도미노 이론에 따르면 불안전상태와 불안전행동은 4M으로 인해서 발생하는 것이며, 관리 부족이 사고의 근원적 원인이라고 주장한다.

Heinrich의 도미노 이론과의 공통점은 사고와 재해의 핵심 도미노로 불안전상태와 불안전행동을 지목한다는 것이다. 차이점은 사고나 재해를 촉발하는 원인은 관리자의 계획이나 조직, 지도 통제의 부족과 같은 관리의 문제로 상정한다.

수정된 도미노 이론은 위험을 4가지 요소를 지목하고 4M으로 표현하였다. 4M이란 인간(Man), 기계(Machine), 작업(Media), 관리(Management)이다. 수정된 도미노 이론에 따르면

[그림 10-5] 수정 도미노 이론

재해는 관리 부족, 기본 원인, 직접 원인, 사고와 재해의 순으로 연쇄적으로 발생한다.

사고나 재해의 기본 원인은 사고의 배후가 되는 간접 요인을 말하며, 사고나 재해의 직접적인 원인은 불안전상태와 불안전행동으로 본다. 이러한 사고 원인들에 대해서 관리자가 의지를 가지고 어떻게 접근하는가가 사고나 재해를 줄이는 핵심이라고 생각한다.

3) Adams의 사고연쇄 이론

Adams(1976)는 수정된 도미노이론과 유사한 사고연쇄 이론을 통해서 재해 발생을 설명하였다. 사고연쇄 이론은 관리 구조의 결함, 전술적 오류, 관리 기술 오류가 연속적으로 발생하게 되며, 재해로 이어진다고 주장한다.

사고연쇄 이론에 의하면 재해의 직접적인 원인은 불안전행동과 불안전상태를 유발하거나 방치한 전술적 오류 때문이라고 본다. 전술적 오류란 감독자의 정책 집행 과정에서의 불명확성 및 관리감독의 미흡, 업무분장의 불확실, 상벌체계의 미정립 등 조직의 긴장 이완과

[그림 10-6] Adams의 수정된 도미노 이론

출처: Adams (1976).

와해를 조장하는 오류이다. 이러한 전략적 오류의 원인은 경영자의 의지 부족, 목표 설정의 미흡, 조직운영상의 미숙 등에 기인하는 관리 구조의 결함 때문이다.

4) 주의이완 이론

주의란 작업을 수행하는 동안 특정한 정신활동을 선택적으로 혹은 지속적으로 집중하는 것을 말한다. 그러나 이러한 작업자의 주의력이 저하되거나 약화될 때 작업의 질은 떨어지고 오류가 발생해서 사고나 재해를 유발시키기 쉽다고 보는 것이 주의이완 이론(Goal Freedom Alertness Theory)에서 산업재해를 바라보는 시각이다(Zohar, 1980).

작업 중 주위집중력은 심리적 안정감, 경제적 관심의 정도, 작업 상태의 위험 정도를 작업자 개인이 어느 정도 지각하느냐에 따라 다르게 영향을 받는다.

5) 적응긴장이론

적응긴장이론(Adjustment Stress Theory)에서는 일반적인 부적응의 결과로 나타나는 심리적 긴장을 강조한다. 긴장 수준이 지나치게 높은 작업자가 사고를 일으키기 쉽고 작업 수행의 질도 떨어지게 된다는 것이 적응긴장이론의 핵심이다.

Alkov(1976)는 이러한 긴장이 영구적인 것이 아니라 일시적인 내 · 외적 요인들에 의해서 유발된다고 보았다. 외적 요인들은 작업장 환경으로 소음이나 조명, 취급물품의 수량, 작업과정 등이다. 내적 요인은 작업자의 정서적 요인으로 일시적인 불만이나 욕구이다. 특히, 가정생활의 일시적인 변화나 어려움과 연관된 긴장 상태가 사고 발생과 밀접한 관련을 가진다고 보는데 생활 변화가 긴장에 미치는 영향을 수량화하여 생활 변화 단위표를 제시하기도 하였다.

6) Reason의 스위스 치즈 모델

Reason은 구멍이 뚫린 스위스 치즈를 비유로 산업재해를 설명하는 모델을 개발하였다. 사고나 재해는 사고를 낸 당사자나 사고 발생 당시의 불안전행동 그리고 불안전행동을 유발하는 조건과 감독의 불안전 등이 동시에 나타날 때 발생한다는 것이 이 모델의 핵심이다([그림 10-7]).

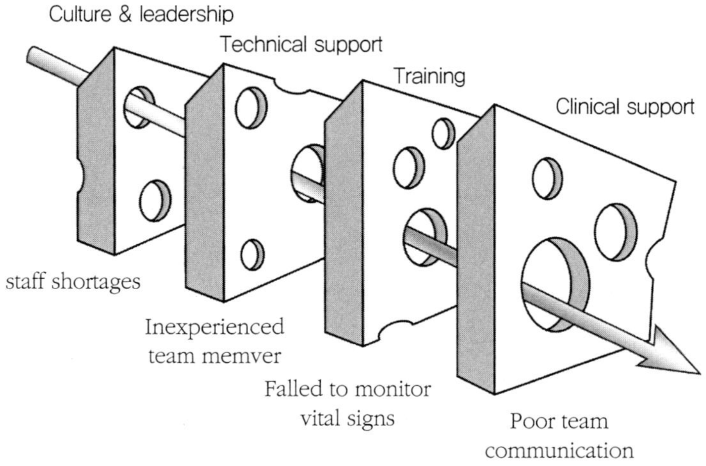

[그림 10-7] **Reason의 스위스 치즈 모델**

불안전행동, 불안전 환경, 감독 그리고 조직이 개별적으로 문제가 발생해서 사고나 재해가 발생하는 것이 아니라 상호작용하여 사고나 재해를 발생시킨다는 것이다. 따라서 불안전행동과 불안전환경, 감독자와 조직의 문제를 모든 수준에서 분석해야지만 사고나 재해의 실체를 알 수 있고 대응할 수 있다는 것이 스위스 치즈 모델의 주장이다(Stranks, 2007).

7) 행동주의 기반 안전관리 모델

행동주의 기반 안전관리 모델(Behavior Based Safety: BBS)은 작업자의 사고 원인이 되는 안전 · 불안전행동에 대한 직접적인 통제에 초점을 맞추고 있다. 작업 현장에서의 안전 · 불안전행동의 발생 여부는 행동이 일어나는 상황 혹은 제시되는 자극(antecedents)과 행동의 결과(consequence)에 영향을 받는다고 본다. 특히, 행동의 추후 발생 가능성은 결과가 영향을 받는데, 작업장에서의 안전행동은 불편하고 작업속도가 늦어지는 부정적 요소가 뒤따른다. 반면, 불안전행동은 편리하고 빠른 일처리라는 긍정적 요소가 뒤따르는데 목표 달성 측면만 고려하는 관리자 아래에서는 불안전행동이 장려될 수도 있다(McSween, 2003).

일반적으로 자연스러운 상황에서는 불안전행동이 주는 이익이 즉각적이기 때문에 안전행동을 증가시키기 위해서는 결과를 직접적으로 조작해 주어야 한다. 안전행동을 체크하기 위한 리스트를 개발하고 작업자의 행동을 관찰하고 지적할 수 있는 방법을 모색하며 안전행동 자체를 업무성과에 포함시켜 참여를 유도하는 피드백을 제공하는 등의 방법을 사용한다.

작업자는 행동 변화를 위한 다양한 행동적 방법을 사용하는데, 대표적인 사례가 인센티브를 통한 급여의 변화이다. 이뿐만 아니라 셀프 모니터링, 훈련, 칭찬, 인정, 토큰 이코노미 등 여러 방법이 사용된다.

이상의 산업재해 이론들은 사고와 예방 차원의 많은 연구를 이끌어 왔다. 연구 결과, 간접적인 부분까지 포함시킬 경우 안전사고의 96%가 불안전행동에 의한 것으로 나타난다. 연구자들은 사고 유발가능성을 높이는 인적 요인으로 태도, 지각, 적성, 정서, 흥미, 성격 등의 심리적 요인과 연령, 경험 또는 경력, 성, 결혼, 자녀, 병력 등 신체적 건강 및 인구학적 요인들을 지목하고 있다(McSween, 2003; Sheeny & Chapman, 1987).

8) Haddon의 매트릭스(Matrix) 모델

Haddon의 Matrix Model은 사고와 재난에 대한 역학적 분석과 시계열 분석인 도미노 이론을 동시에 수용하는 이론으로, 자동차 교통사고에 사용하기 위해 William Haddon(1980)에 의해 고안되었다. 인간과 도구(예: 자동차), 환경에 대해 사고 전 · 중 · 후를 분석하는 매트릭스를 통해 사고의 원인을 분석하고 예방할 수 있는 효과적인 중재 방법을 찾을 수 있다고 보았다.

Haddon의 기본 매트릭스는 12개의 셀로 나눌 수 있다. 매트릭스의 각 열(pre, event, post)은 사건의 시간적 측면을 나타낸다. 매트릭스의 행은 개인과 장비 그리고 환경(물리적, 사회적)을 나타낸다. 매트릭스의 각 열과 행에 대해서 특정된 위험에 영향을 미칠 수 있는 주요 요소들을 채워 넣으면 된다. 매트릭스의 열과 행을 채워 넣으면서 위험 요소의 성격과 그것이 실제로 어떻게 발생할 수 있는지를 체계적으로 다룰 수 있다.

Haddon의 매트릭스(Matrix) 모델에 따르면 안전사고의 위험을 인지하는 능력을 배양함으로써 원인과 결과를 이해하는 능력을 기를 수 있다. Haddon은 이를 통해, 사고 예방과 위

			Environment	
	Human	Equipment	Physical	Social
Pre-Event				
Event				
Oist-Event				

[그림 10-8] **Haddon의 매트릭스(Matrix) 모델**

험 상황에 대처하는 능력을 기를 수 있으며, 나아가서 타인을 위해 교육 · 지도 · 구조를 실천하는 능력으로 발전해 나갈 수 있다고 보았다.

9) 재해예방 원리

Heinrich(1980)는 도미노 이론을 토대로 재해를 예방하는 원리를 5단계로 분류하여 설명하였다.

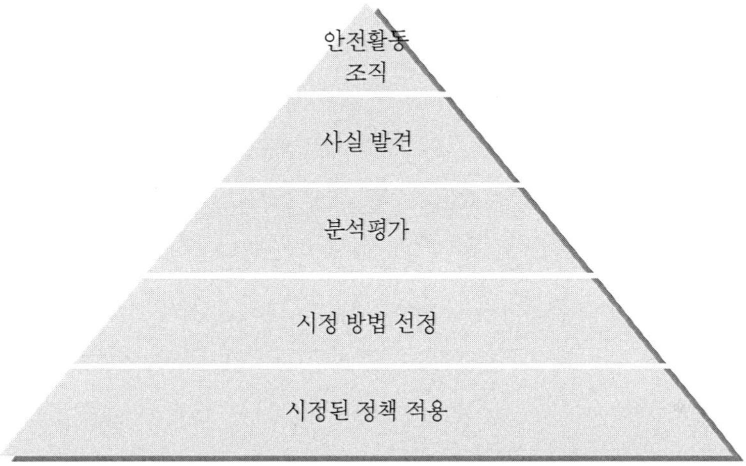

[그림 10-9] **재해예방 원리**

(1) 제1단계-안전활동 조직

안전활동 조직은 경영자와 직원으로 구성되어 안전 목표를 달성하기 위해서 노력하는 단계이다. 안전활동 조직 단계에서는 안전 목표를 설정하고 안전관리 조직을 구성한다. 안전활동방침 및 계획을 수립하고 안전 담당자를 임명하며 조직을 통한 안전 활동을 전개한다.

(2) 제2단계-사실 발견

사실 발견은 과거 기록과 현재 상태를 점검하여 불안전상태나 불안전행동을 찾아내는 단계이다. 사실 발견 단계에서는 사고 및 활동 기록을 검토하고 작업 내용을 분석하고 안전 상태를 점검한다. 각종 안전 회의 기록을 살펴보고, 실제 작업자들의 건의사항이나 여론을 조사한다. 관찰 및 보고서를 연구한다.

(3) 제3단계–분석평가

분석평가는 2단계에서 밝혀진 것들을 분석하여 불안전상태와 불안전행동을 구체적으로 알아내는 것이다. 분석평가 단계에서는 사고보고서 및 현장조사 분석을 실시하고, 사고 기록의 분석 및 인적 · 물적 환경적 조건을 분석한다. 공정을 분석하고 교육 및 훈련 내용을 분석하기도 한다. 안전수칙 및 작업표준을 분석하고 보호 장비의 적합 여부 등을 분석하기도 한다.

(4) 제4단계–시정 방법 선정

시정 방법 선정 단계는 분석된 문제점인 불안전상태와 불안전행동을 제거하기 위해서 적절한 대책을 마련하는 것이다. 시정 방법 선정 단계에서는 기술을 개선하기도 하고, 조직 배치를 조정하고 훈련 및 교육 과정에 변화를 주기도 한다. 안전 기술의 개선이나 규정 및 수칙을 개선하기도 한다. 작업표준의 개선, 안전운동 강화 등에 힘쓰기도 한다.

(5) 제5단계–시정된 정책 적용

시정된 정책 적용 단계는 제시된 시정 방법을 시행하고 제대로 적용되도록 독려하는 것이다. 시정된 정책 적용은 3가지 방법으로 실시되면 '3E 대책'이라고 부른다. 3E는 기술(Engineering), 교육(Education), 독려(Enforcement)이다. 3E 대책은 불안전상태를 기술적으로 개선하고 안전교육을 통해 불안전행동을 줄이며, 안전에 관련한 기술적 개선과 태도 및 동기의 고양을 위해서 활동하는 것이다.

5. 인간공학 디자인 1: 감각–반응 양립성

인간의 동작은 감각기관으로 입력된 정보에 대한 반응이나 행동이다. 감각기관은 주로 시각과 청각이며 반응은 운동이나 음성이다. 입력과 반응의 오류율을 줄이는 것은 위험을 줄이기 위해서 중요한 사항인데 이것을 잘 구현한 것은 양립성(compatibility)이 좋다고 할 수 있다.

양립성은 인간 동작기능 혹은 인지기능과 제어 및 표시장치가 어느 정도 일치하는가를 말한다. 양립성이 좋을수록 오류가 줄고 위험을 줄일 수 있다. 제어장치와 표시장치가 양립관계가 좋으면 학습이 빠르고 반응 시간과 오류가 줄어든다. 또한 사용자의 만족도 역시 올라간다(Sanders & McCormick, 1993).

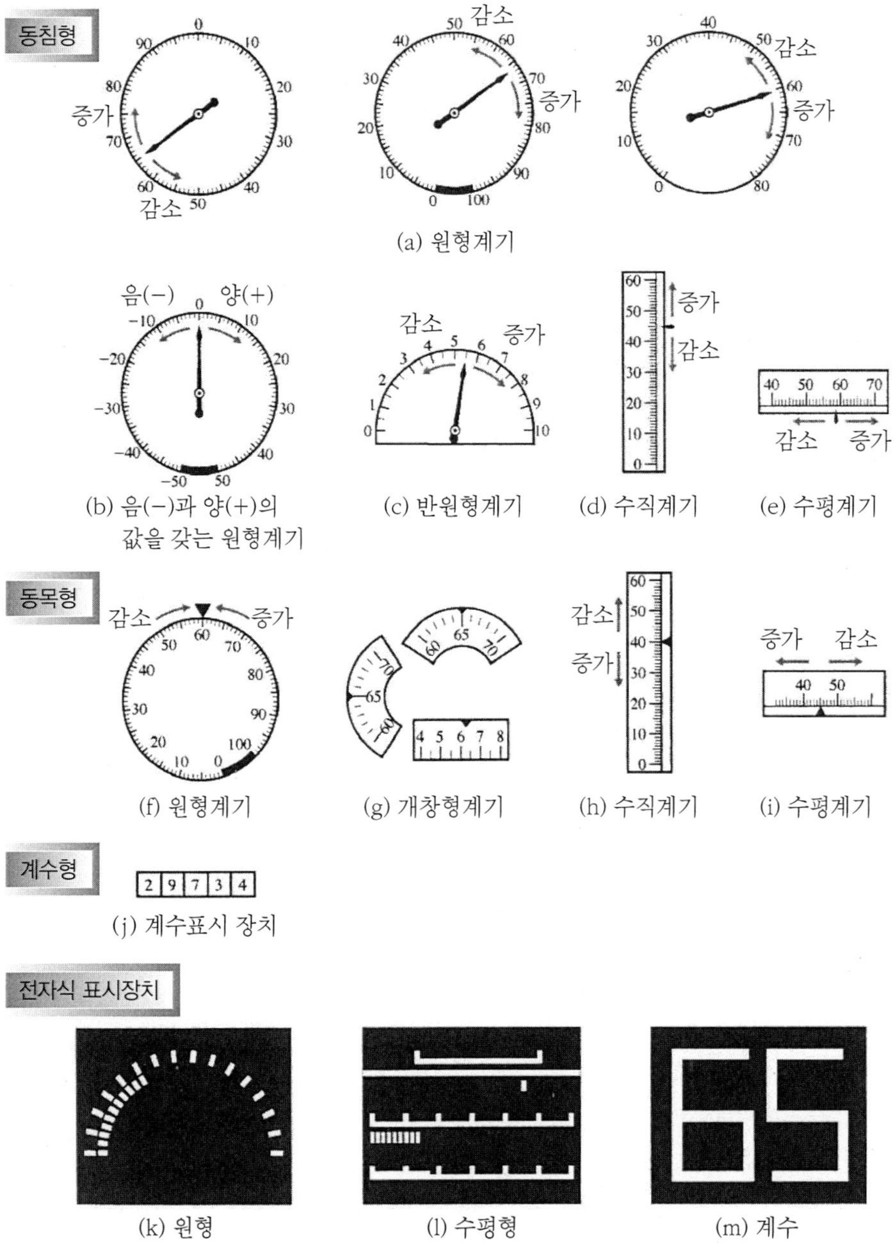

[그림 10-10] **인간공학적 디자인이 적용된 표시장치**

양립성에 대한 개념이 없을 때 항공기 조종석 안의 제어장치들은 일관성이 없었다. 어떤 장치는 위로 올려야 하고, 어떤 장치들은 아래로 내려야 했다. 주의가 분산된 조종사들은 한 번에 수많은 장치를 제대로 구분하여 작동시키는 데 어려움을 겪었다. 실제로 양립성이 지켜지지 않은 설계는 사고를 야기하기도 했다.

1979년 펜실베이니아 Three Mile Island에 있는 원자력발전소에서의 사고가 그 예이다. 표시장치와 제어장치가 떨어져 있는 상태에서 표시장치를 보고 제어하는 데 시간이 낭비된 것이 결정적인 사고의 원인이었다. Three Mile Island 원자력발전소 사고는 기계 및 표시장치에 대한 양립성이 위험과 사고에 얼마나 큰 영향을 미칠 수 있는지를 보여 주었다.

실제로 양립성은 사고 위험을 낮춘다. 자동차 뒷 유리에 정지등이 들어오도록 설계한 자동차 8,000여 대를 조사한 결과 추돌사고가 50%까지 감소되었다(Stanton & Barber, 2003). 양립성을 향상시키기 위해서는 보다 많은 사람이 예상하는, 항상 더 좋은 양립성이 가능함을 고려해야 한다. 그리고 양립성은 우선순위가 있어서 우선순위가 높은 양립성을 위해서 우선순위가 낮은 양립성을 희생시켜야 할 수도 있음을 고려하여야 한다. 예를 들어, Bergum과 Bergum(1981)의 연구에 의하면 수직 눈금 표시장치에서 바늘이 위로 움직이면 사람들의 93%가 증가를 예상하였고, 71%는 바늘이 아래로 움직일 때 증가를 예상하였다. 따라서 좋은 양립성을 위해서는 수직 눈금 표시장치 바늘이 위로 움직이는 것을 증가의 의미로 사용하여야 한다.

1) 공간 양립성

공간적 양립(spatial compatibility)에서 중요한 것은 표시장치와 제어장치의 물리적 유사성(physical similarity)과 배열(arrangement)이다(Sanders & McCormick, 1993). 표시 및 제어장치의 물리적 유사성은 물리적 특성과 조작방식이 대응되어야 한다. 앞서 말한 Bergum과 Bergum(1981)의 연구에서처럼 증가를 나타내는 현상은 주로 물리적으로 상승하는 이미지를 가지는데 표시나 조작 역시 올라가는 형태를 띠어야 양립성을 높이고 오류나 의미 해석에 필요한 에너지 낭비를 줄일 수 있다는 것이다.

버너 화구 배열에서도 버너 화구와 제어장치 배열에 대한 연구에서 양립성이 가장 좋은 것으로는 배열 1이었고, 버너 정렬만 고려할 때는 배열 2가 가장 우수한 것으로 나타났다(Osborne & Ellingstad, 1987).

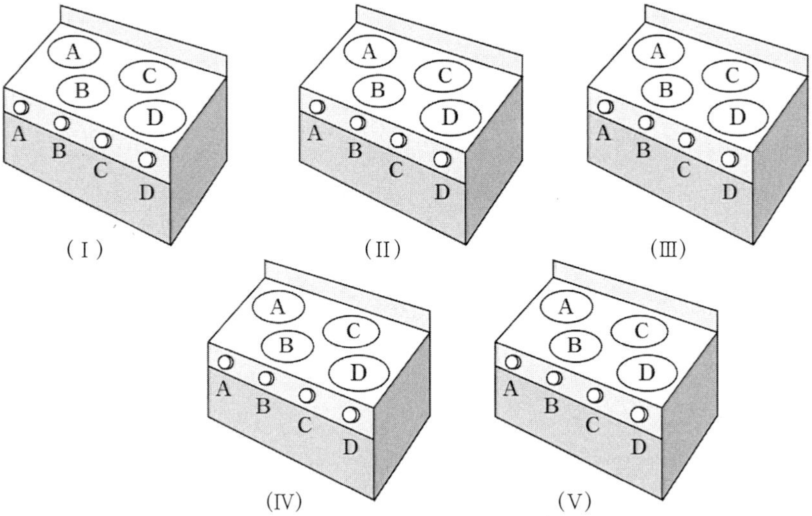

[그림 10-11] **버너 스토브와 밸브의 양립성**

출처: Osborne & Ellingstad (1987).

2) 운동 양립성

운동 양립성(movement compatibility)은 자연적으로 떠오르는 연상이나 문화적 관행과 일치하는 정도를 의미한다. 표시에 따라 제어하는 경우, 반응 없는 지시 동작 등에 중요한 영향을 준다(Sanders & McCormick, 1993). 운동 양립성은 보통 다음의 원리를 따른다.

첫째, 눈금과 제어장치가 같은 방향으로 움직이도록 하는 원리이다.

둘째, 눈금 수치는 왼쪽에서 오른쪽으로 혹은 아래에서 위로 증가하게 하는 원리이다.

셋째, 시계 방향으로 증가하도록 하는 원리이다.

대표적인 사례로 자동차 창문을 수동으로 올리고 닫던 때는 창문 손잡이를 왼쪽으로 회전시키는 것이 창문을 올리는 것인지, 오른쪽으로 회전시키는 것이 창문을 올리는 작동인지 혼동되는 경우가 많았다. 그러나 현재는 대다수 자동차에서는 자동 창문 개폐 장치를 사용하는 데 스위치를 위로 당기면 창문이 올라가고, 아래로 누르면 창문이 내려가는 형태로 조작된다. 위로 당기는 것과 창문이 올라가는 것 그리고 아래로 누르는 것과 창문이 내려가는 것에 운동 양립성이 적용된 결과로 혼동이 줄어들게 되었다.

6. 인간공학 디자인 2: 표시 원리

여러 인간공학적 연구들을 토대로 정보를 표시할 때의 원리를 13가지로 종합하게 되었다. 13개의 표시 원리는 다시 4개의 범주로 구분된다. 4개의 정보 표시 원리의 범주는 ① 지각적 조작을 반영한 범주, ② 정신 모형(mental models)을 반영한 범주, ③ 주의(attention)와 관련된 범주, ④ 기억(memory)과 관련된 범주이다.

1) 지각적 범주

지각적 범주는 4가지 표시의 원리로 구분할 수 있다.

첫째, 절대판단 원리로 절대판단 한계(absolute judgement limits)를 피하는 것이다. 7개 이상의 수준을 포함하는 정보를 단일한 감각으로 판단하도록 요구해서는 안 된다는 것이다.

둘째, 하향적 처리(top-down processing) 원리로 사람들은 경험을 기초로 기대하는 것을 일치시키는 방식으로 신호를 지각하고 해석하는 경향이 있다는 것이다. 일상적인 경험이나 기대와 일치하는 신호가 제시될수록 정확히 해석될 가능성이 높아진다.

셋째, 중복이득(redundancy gain) 원리로 같은 내용의 정보가 한 번 이상 제시될 때, 한 번만 제시된 정보보다 정확하게 해석할 확률이 높아진다는 것이다. 중복은 단순히 반복하는 것과는 차이가 있는데, 정보의 경우 같은 물리적 형태로 제시하는 것보다 여러 가지 다른 형태로 제시하는 것이 훨씬 유리하다. 예를 들어, 정치적 슬로건을 제시하는 경우 인쇄물과 라디오 방송 그리고 TV 방송 등의 여러 물리적 매체를 사용하는 것이 인쇄물로만 반복해서 제시하는 것보다 훨씬 효과적이라는 것이다.

넷째, 변별가능성(discriminability) 원리로 유사성이 혼동을 가져온다는 것에서 출발한다. 유사한 신호가 동시에 제시되든지 시간의 차이를 두고 제시되든지 상관없이 유사성이 높은 정보는 혼동을 초래할 확률이 높다. 유사성으로 인한 혼동이 큰 문제를 만들 수 있다면 유사한 정보에서 유사하지 않은 세부 특징을 부각시켜야 한다.

2) 정신 모형 범주

정신 모형 범주는 시스템이 어떻게 작동하는지와 사용자의 행위에 따라 어떻게 반응하는

지에 대해서 사용자가 가지고 있는 일종의 개념이다. 정신 모형은 직접적 지식이나 추론 혹은 이전의 경험에 기초한 일반화와 유추를 통해서 형성된다. 위험은 사용자의 정신 모형과 설계자의 정신 모형이 서로 다를 때 발생한다.

좀 더 구체적으로 정의한다면 기계나 컴퓨터 시스템이 무엇을 포함하고 있으며, 어떻게 작동하고, 왜 그런 방식으로 작동하는가에 대한 사용자의 이해를 반영하고, 정교화된 구조를 정신 모형이라고 한다. 컴퓨터를 설계하는 사람들이 사용자, 특히 처음 컴퓨터를 사용하는 사람들의 정신 모형을 염두에 두지 않고 제작하면 사용에 어려움과 수많은 오류가 나타날 수 있다. 사용자와 설계자의 정신모형이 동일할수록 오류와 오작동에 의한 위험은 줄어들 수 있다(Stanton & Young, 2000).

(1) 정신 모형들

좋은 정신 모형의 공통된 특성들은 다음 4가지를 가진다. 첫째, 시스템에 호감을 가지게 한다. 둘째, 쉽게 조작 방법을 익히게 한다. 셋째, 지속적으로 관심을 가지게 한다. 넷째, 유사한 다른 시스템을 사용할 때 쉽게 전이되도록 하는 방법 등을 모색한다. 대표적인 정신 모형들은 객체－행위 모형(object-action model)과 상태－전환 모형(state-transition model) 그리고 대응 모형(mapping model)과 유추 모형(analogy model) 등이 있다.

① 객체－행위 모형

사용자 인터페이스를 통하여 접근이 가능한 객체와 이 객체에 대해 행해지는 행위를 인식하여 형성하는 모형이다. 대표적인 사례는 윈도의 아이콘 같은 것들이 해당된다. 개념적 객체가 조작 가능한 스크린상의 객체로 표현되는 객체－행위 모형은 직접 조작 스타일의 사용자 인터페이스를 채택할 것을 권장한다.

② 상태－전환 모형

시스템의 전반적인 상태가 변하는 것을 관찰하여 형성되는 모형이다. 각 상태의 전환에 의해 시스템을 사용하는 경우에는 이에 맞는 메뉴에 기반을 둔 스타일을 사용할 것이 요구된다.

③ 대응 모형

사용자가 가지고 있는 의도를 일련의 행위와 대응시키는 경우로 계산기를 사용하여 사칙 계산을 할 때 형성되는 모형이다. 컴퓨터에 직접 명령어를 입력할 때 나타나는 것과 같다.

④ 유추 모형

사용자가 특별히 새로운 시스템을 다룰 때 기존의 친숙한 시스템과 유사하게 형성하는 모형으로 새로운 전투기를 타기 전에 조종사가 시뮬레이터에서 훈련을 받는 것이 해당된다. 기존의 시스템에 새로운 객체를 도입할 때의 보조수단으로 권장된다.

무엇보다 중요한 것은 이러한 정신 모형들은 과제에 따라 다르게 형성되어야 한다는 것이다. 그러나 과제가 변할 때마다 적합한 상호작용 스타일을 별도로 구축해야 하는 디자이너나 사용자 입장에서는 모형 간의 전환이 매우 힘든 일이 될 수 있다. 그리고 사용자가 초보자이거나 개성에 맞는 상호작용 스타일과 다른 경우에는 그 사용 편의성이 매우 저하될 수 있다. 따라서 사용자 수준이나 개성에 맞는 디자인이 다양하기 때문에 쉽지 않은 작업일 수 있다.

(2) 정신 모형 표시 원리

표시를 지각할 때 사람들은 자신의 기대나 정신 모형을 통해서 장치들이 어떻게 움직일 것인지를 해석한다. 이러한 정신 모형에 기초한 표시 원리들은, 첫째, 회화적 실제성의 원리, 둘째, 움직이는 부분의 원리, 셋째, 생태학적 인터페이스 설계 등이다.

첫째, 회화적 실제성 원리(principle of pictorial realism)는 표시되는 정보가 실제와 비슷해야 한다는 것이다. 온도계를 생각한다면 수직으로 숫자를 배열할 때 온도의 상승은 올라가는 이미지이기 때문에 높은 숫자는 위쪽으로 표시되어야 해석에 필요한 에너지 소모가 적다(Sanderson, Flach, Buttigieg, & Casey, 1989).

둘째, 움직이는 부분의 원리(principle of moving part)는 역동적인 정보를 표시는 사용자들이 가지고 있는 정신 모형과 부합하는 공간적 형태와 방향으로 움직여야 한다는 것이다. 예를 들어, 비행기 고도계는 위쪽으로 향할 때 실제 비행기의 고도도 높아지는 것이어야 해석상의 문제가 줄어든다(Roscoe, 1968).

셋째, 생태학적 인터페이스 설계(ecological interface design)란 정신 모형 원리들의 종합적 고려로 회화적 실제성 원리와 움직이는 부분의 원리를 제대로 구현한다면 실제 환경과 밀접하게 대응하는 표시장치를 만들 수 있다는 것이다.

3) 주의 범주

주의는 복잡한 다중적인 요소들을 처리할 때 3가지 요소가 필요하다. 선택적 주의와 초점주의 그리고 분산주의이다. 선택적 주의는 전체 표시 중 무엇에 집중할 것인가에 필요한 주의이고 초점주의는 다른 정보에 방해받지 않고 지각될 수 있도록 해 준다. 분산 주의는 2개 이상의 정보를 동시에 처리할 때 필요한 주의이다. 이러한 주의에 기초한 표시 원리는 정보 접근 비용 원리, 근접 부합성 원리, 중다 자원 원리 등이다.

정보 접근 비용(information access cost) 원리는 정보 접근 비용을 최소화하는 쪽으로 표시장치가 만들어져야 한다는 것이다. 비행기의 경우 많은 표시장치에 주의를 보내야 하기 때문에 시간 소요가 많다. 컴퓨터 자판을 찾는 것도 비슷한 원리이다. 따라서 좋은 표시장치들은 이러한 정보 접근에 시간과 노력이 최소화하도록 설계되어야 한다.

근접 부합성 원리(proximity compatibility principle)는 2개 이상의 정보가 동시에 과제와 연관되어 있고 정보 간의 통합이 필요할 경우 사용되는 원리이다. 표시장치들의 근접성은 동일한 색으로 표시하거나 선으로 연결하여 연관성을 표시하는 형태로 제시될 수 있다.

중다 자원 원리(principle of multiple resources)는 많은 정보를 처리해야 할 경우 모든 정보를 시각적으로만 혹은 청각적으로만 제시하는 것보다 상이한 자원을 통해 정보를 분산시켜 정보 처리가 더 많이 촉진되도록 하는 것이다. 예를 들어, TV 뉴스에서 아나운서가 전하는 청각 정보와 TV 화면 아래에 지나가는 자막이 제시하는 시각 정보의 내용이 다르다면 훨씬 더 많은 정보를 다양한 형태로 동시에 수집할 수 있다.

4) 기억 범주

인간의 기억은 완벽하지 않다. 특히 작업 기억은 용량이 제한적이기 때문에 더욱 취약하다. 장기기억은 망각되거나 부정확하게 기억될 여지가 있다. 때문에 이러한 기억의 특성을 고려한 표시장치 원리가 필요하다. 기억을 고려한 표시 원리는 다음과 같다.

첫째, 예측 보조 원리(principle of predictive aiding)인데, 이는 사람들이 예측하는 데 도움을 주는 원리로 표시장치가 나타나야 한다는 것이다. 사람들은 미래의 일은 앞쪽으로 제시될 것이라고 예견한다. 따라서 향후 상태나 상황에 대한 표시는 전방으로 표시되어야 하며 후방으로 표시되는 것은 오류를 증가시킬 것이다.

둘째, 세계 속 지식 원리(principle of knowledge in the world)는 특정한 시간이나 장소에 부

합하는 행위가 이루어지기 위해서 관련한 기억 촉발물을 두는 것이다. 비행기 조종사들이 사용하는 체크리스트나 컴퓨터에서 사용되는 프로그램 실행절차들이 이러한 원리를 이용한 것들이 많다.

셋째, 일관성 원리(principle of consistency)는 이전의 표시장치와 새롭게 나온 표시장치들은 유사성이 있어야 한다는 것이다. 이렇게 되면 기존의 표시장치를 통해서 습득한 습관이 새로운 표시장치에 대한 해석이나 사용을 보다 쉽게 만들 수 있다. 휴대전화의 경우 제품이 달라지더라도 사용 방법에는 어느 정도 일관성이 유지되는데 바로 이러한 이유 때문이다.

7. 자동화와 위험

머지않아 완전 자율주행 자동차가 나올 전망이다. 공장에서는 이미 기계가 인간의 자리를 대신해 나가고 있다. 사람들은 쾌적한 사무실에서 모니터를 통해 기계를 제어하고 위험하거나 정밀한 조작을 버튼 하나로 실행시킨다.

하지만 이러한 자동화가 위험을 줄이는 역할만을 하고 있는가는 면밀히 살펴보아야 한다. 자동화는 사고와 위험을 줄여 주는 만능키처럼 보인다. 그러나 여러 연구에서는 최적의 각성 상태에서 시스템과 환경에 주의를 기울이며 반응하는 인간보다 자동화된 환경 속에서 과소부화된 사람들의 수행이 더 저조할 수 있음을 보여 주고 있다(Walker, Stanton, & Young, 2001). 자동화가 가져다주는 작업자의 과소부하가 수행을 저조하게 하는 것은 가변적 주의 자원 이론(Malleable Attentional Resource Theory: MART)으로 설명할 수 있다.

가변적 주의 자원 이론은 가용한 주의 자원의 양이 과제에 따라 달라진다는 전제에서 출발한다. 과소부하 상태에서 인간의 주의 자원 양은 감소한다. 이렇게 주의 자원 양이 감소한 상태에서 갑작스럽게 발생한 과제가 현재 사용하고 있는 가용 주의 자원의 양을 초과하게 될 때 문제가 발생한다.

자동화된 환경의 과제는 작은 주의 자원을 할당하는데, 갑작스럽게 고장이 나거나, 경고 신호가 들어오게 될 때, 제어나 통제를 넘겨받게 된 인간은 계속적인 주의와 탐색을 기울이고 있었을 때 비해서 수행이 저조해질 수밖에 없다. 가변적 주의 자원 이론은 가용할 수 있는 주의 자원과 수행의 질이 역 U자 형태로 나타난다고 보고하고 있다(Walker et al., 2001).

1) 기계화와 위험

자동화가 주는 과소부화를 어떻게 다룰 것인가의 문제만큼이나 직접적인 위험은 자동화가 가져다주는 실업이나 경제 상황의 변화이다. 자동화가 직장을 구하기 더 어렵게 만들거나 노동자의 임금을 줄이는 형태로 작용한다면 사람들은 살기 위해 위험을 감수하고 폭력을 행사하더라도 생계를 유지하려 할 것이다. 1811년부터 1817년까지 산업혁명이란 최초의 기계화 산업 변화에 대한 노동자들의 첫 번째 대응이 기계파괴 운동(Luddite Movement)이었던 것은 자동화나 기계화가 위험을 줄이기만 하는 것이 아님을 앞서서 보여 준 사례이다.

수많은 착시와 인간기능의 한계를 보완하기 위해서 우리는 과학기술의 발달에 의거한 기계장치에 점점 더 많이 의존하고 있다. 단순히 기계장치의 도움을 받는 것을 넘어 자율자동차와 같이 행위의 출발에서 종료까지 전혀 인간의 감각과 지각이 필요하지 않는 장치들이 개발되고 있고, 점점 늘어나고 있는 추세이다. 그러나 기계장치의 발달이 위험을 완벽히 막지는 못한다.

2002년 7월 1일 밤 11시 40분 화물 항공기와 71명의 승객을 태운 러시아 전세기가 서로 충돌하는 경로로 날아가고 있었다. 두 항공기 모두 자동화된 충돌 경고장치가 있었는데 충돌에 임박해서야 경고등이 울렸다. 하지만 이미 늦었고 두 비행기의 충돌을 막을 수는 없었다(Johnson, 2003). 이처럼 기계화가 완벽한 안전을 보장하는 것은 아니지만 자동적 기계장

표 10-1 자율주행 자동차 기술 단계

단계	정의	개요	운전자 역할
Level 0	비자동	운전자가 모든 것을 담당	운전자가 모든 것을 담당
Level 1	운전자 보조	조향과 가 · 감속기능 중 어느 하나의 기능으로 운전자를 도움	운전자는 차선 유지, 차간거리 유지 외 다른 운전기능 수행
Level 2	부분 자율주행	도로 정보를 이용하여 조향과 가 · 감속기능 모두 도움	운전자는 주행환경 모니터링
Level 3	조건적 자율주행	모든 동적 운전 자동화 (운전자의 적절한 대응 전제)	필요시 제어권을 받아 운전할 수 있도록 대기
Level 4	고도 자율주행	모든 동적 운전 자동화 (운전자의 적절한 대응 불필요)	시스템이 위험최소화 조치 가능 (운전자 수면 가능)
Level 5	완전 자율주행	완전 자동화 단계	운전자 불필요

치로의 변화는 막을 수 없는 대세가 되었다.

기계화의 변화는 자동차 운전의 경우에는 일반인에게 다가오는 실제적인 일상의 변화이다. 자율주행 자동차는 가까운 미래에 확실히 다가올 기계화 변화 단계이다. 머지않아 자동차 스스로 주행경로를 제어하면서 운전하게 될 것이다. 자동차의 자율주행 기술 단계는 총 5단계로 구분할 수 있다(〈표 10-1〉).

2) 트롤리의 딜레마

기계화는 필연적으로 윤리적인 문제를 내포하고 있다. 가치 판단을 배제하는 기계와 항상 가치를 판단하면서 선택하는 인간들과는 궁극적으로 다른 결정 과정을 가지고 있기 때문이다. 이러한 기계화와 인공지능의 개발은 가치판단의 딜레마 상황을 예견하게 한다.

기계의 가치판단에 대한 가장 대표적인 질문은 바로 '트롤리의 딜레마' 상황이다. 트롤리는 공사 현장에서 굴착한 흙을 운반하는 트럭을 말한다. 영국 철학자 Philippa(1967)는 기계나 인공지능의 가치판단이 어떠해야 하는지에 대해서 다음과 같은 트롤리의 딜레마 상황을 제시하면서 질문을 던지고 있다.

"당신은 브레이크가 고장 난 트롤리를 운전하고 있다."

"그런데 잠시 뒤 다음 ①, ②, ③과 같은 위험 상황을 만나게 된다."

① 직진하면 여러 명의 보행자와 부딪치고, 방향을 바꾼다면 한 명과만 부딪친다. 당신은 어떻게 운전을 하겠는가?

② 직진하면 한 명의 보행자와 부딪치고, 방향을 바꾸면 운전자가 위험하다. 당신은 어떻게 운전을 하겠는가?

b

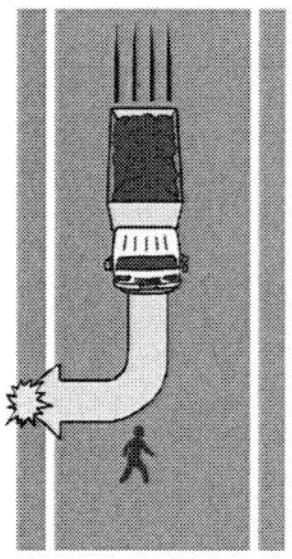

③ 직진하면 여러 명의 보행자와 부딪치고, 방향을 바꾸면 운전자가 위험하다. 당신은 어떻게 운전을 하겠는가?

c

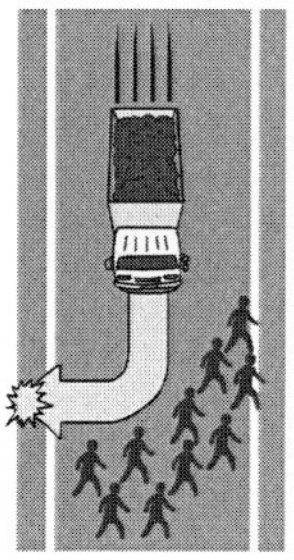

"각각의 상황에서 당신은 무엇을 선택할 것인가?"란 Philippa(1967)의 질문은 기계화와 자동화가 가까운 미래로 다가온 현재에는 다음과 같은 질문들로 점점 더 확장될 수 있다.

- "기계가 어떠한 선택을 하도록 설계되어야 하는가?"
- "당신이 운전자가 아니라 상황 속에 놓인 보행자라면 어떻게 결정하기를 원하는가?"
- "과연 그 선택이 올바른 것인가?" 등의 질문들이다.

400여 명을 대상으로 설문조사를 진행한 결과, 대부분은 희생자를 최소화하도록 자율주행 자동차를 만들어야 한다고 대답하였다. 하지만 일관된 방향의 선택에도 불구하고 참여자들은 자신이 이런 차량에 탑승하는 것은 거부하였다.

이상의 결과를 볼 때, 사람들은 아직까지 기계에게 가치판단을 맡겨야 하는 상황에 놓일 준비가 되어 있지 않은 것 같다. 기계화와 자동화가 눈앞에 닥쳤지만 확실히 어떠한 결론을 내리기 힘든 상황에 놓여 있다. 기계화와 자동화는 인류가 문명을 창조한 후 처음 제기되는 문제이기 때문에 더욱 어렵게 느껴질 수 있다.

하지만 어떤 SF 영화에서 나온 대사처럼 우리는 늘 그래왔듯 위험을 해결하고 안전을 충족시킬 수 있는 해답을 찾아낼 것이다.

참고문헌

갈원모, 이우언, 권윤아(2012). 안전심리학. 서울: 노드미디어.

강동묵, 손병민, 고상백, 손미아, 김정원, 장준호, 조병만, 이수일(2004). 육체적 작업부하가 타액 코르티솔 농도에 미치는 영향. 대한산업의학회지, 16, 57-69.

강연욱(2006). K-MMSE(Korean-Mini Mental State Examination)의 노인규준연구. 한국심리학회지: 일반, 25(2), 1-12.

강욱, 박준석, 조준택(2014). 재난관리에 있어서 모든 위험 접근법(All-Hazard Approach)의 의의와 정책적 시사점. 한국경호경비학회지, 40, 7-33.

공대호, 이준범, 이재식(2005). 운전 중 실내소음의 유형 및 강도에 따른 주관적 속도감에 관한 연구. 한국심리학회지: 사회문제, 11(2), 31-46.

곽호완(2007). 인지공학심리학. 서울: 시그마프레스.

교육부(2016). 안전한 생활 교과용 도서 정책의 이해 및 개발 방향.

구형모, 황순택(2001). CCQ자아탄력성척도와 자아통제척도의 타당화 연구. 한국심리학회지: 임상, 20(2), 345-358.

구형모, 황순택, 김지혜(2001). 자아탄력집단의 성격특질. 한국심리학회지: 임상, 20(3), 569-581.

국무총리실 안전관리기획단(2000). 안전관리 종합대책.

권민정(2014). 고령 운전자의 위험운전행동에 대한 구조모형 개발. 아주대학교 대학원 건설교통공학과 박사학위논문.

권석만(2012). 현대 심리치료와 상담이론. 서울: 학지사.

김기식, 박영석(2002). 안전 분위기가 안전 행동 및 사고에 미치는 영향. 한국심리학회지: 산업 및 조직, 15(1) 19-39.

김기환, 전명희(2000). 청소년 자살의 특성과 유형에 관한 연구. 한국아동복지학, 9, 127-152.

김동우, 박선진, 이순철(2009). 서두름 행동이 운전일탈행동에 미치는 영향. 한국심리학회지: 사회문제, 15(4), 487-505.

김미례(2007). 기혼여성의 생활스트레스와 우울의 관계에서 자아존중감의 매개효과 및 조절효과 검증. 한국심리학회지: 건강, 12(4), 761-777.

김상수, 박제민, 김명정(1992). 운전자의 공격성과 교통사고 호발성향. 신경정신의학, 31(5), 957-966.

김성열, 이성수, 이병국(1997). 특수간호단위와 일반간호단위의 간호업무별 작업부하 및 피로자각증상 조

사. 순천향산업의학, 3(1), 43-68.
김시업, 김지영(2003). 한국인의 법의식: 법리와 정리의 갈등. 한국심리학회지: 사회문제, 9(1), 67-79.
김애순(2002). 성인발달과 생애설계. 서울: 시그마프레스.
김의철, 박영신 (1997). 스트레스 경험, 대처와 적응 결과: 토착심리학적 접근. 한국심리학회: 건강, 2(1), 96-126.
김의철, 박영신, 박동현(2001). 청소년의 안전사고에 대한 표상과 안전효능감. 한국심리학회지: 사회문제, 7(2), 39-63.
김인석, 이원영, 신용균, 이순철(2002). 위험지각 차원의 유형화 및 위험장면의 등급화: Q-방법을 중심으로. 한국심리학회지: 사회문제, 8(1), 61-77.
김재철, 조현정(2014). 키에르케고어의 불안 개념에 대한 임상적 해석. 철학논집, 37, 117-148.
김정오 (2005). 오류의 심리과정. 한국심리학회지: 실험, 17(3) 245-263.
김종덕(2015). 사면권 행사의 통제와 사면법의 개정방향. 법학연구, 59, 205-229.
김주희, 김재환(2000). 인물화 검사에 나타난 만성 정신분열증 환자와 외상성 뇌손상 환자의 반응차이. 한국심리학회지: 임상, 19(2), 331-340.
김진영(2009). 한국성인집단에서 연령과 우울의 관계. 보건과 사회과학, 26, 87-113.
김태용(2008). 유명 여성모델이 등장하는 TV광고에 대한 시청자들의 시선이동. 광고학연구, 19(3), 103-115.
김현수, 고홍화(1992). 불안전행동에 미치는 직무 스트레스의 영향에 대한 "우리성"의 완충효과. 한국심리학회지: 산업 및 조직, 5(1), 13-33.
김현아(2006). 새터민의 적응유연성 척도 개발. 경북대학교 대학원 교육학과 박사학위논문.
김현주, 김광웅(2007). 아동상담자의 자아탄력성 및 스트레스 대처방식이 역전이 관리 능력에 미치는 영향. 놀이치료연구, 10(1), 35-46.
김형수, 오세진, 양병화, 김형일(2002). 사회적 교환관계가 안전사고에 미치는 경로효과 모델검증. 한국심리학회지: 산업 및 조직, 15(2), 47-66.
김혜숙(1988). 지역 간 고정관념과 편견의 실상: 세대간 전이가 존재하는가?. 한국심리학회 학술대회 자료집, 37-62.
김효정(2014). 서비스직 여성 근로자의 감정노동이 우울에 미치는 영향. 연세대학교 대학원 석사학위청구논문.
김효창(2006). 성인 자살의 특성과 자살유형에 관한 연구. 한국심리학회지: 사회문제, 12(1), 15-33.
노진철(2005). 현대 위험사회에서의 위험연구. 한국위기관리논집, 1(1), 33-48.
도로교통공단(1993). 교통질서 및 안전에 관한 운전자의 의식조사.
도로교통공단(1998a). 과속교통사고 방지 종합대책.
도로교통공단(1998b). 자동차 운전적성검사 개선을 위한 검사지 개발 연구.
박광배(1996). 범법의 원인과 준법의 이유, 한국심리학회지: 사회문제, 2(1) 1-21.
박광배, 조은경(1998). 자발적인 준법행위의 촉발요인. 한국심리학회지: 사회문제, 4(1) 95-136.
박광현(2014). 대통령 사면권의 정당성과 한계. 법학연구, 17(3), 331-355.

박민, 진영선(2002). 청년과 노인의 암묵기억 과제 수행에서의 연령차. 한국심리학회지: 발달, 14(4), 19-36.
박민용, 박인용(2015). 안전관리자를 위한 인간공학. 서울: 한언.
박선영(2006). 성격과 음주운전 관계에서 인지 요인의 매개 효과 검증. 이화여자대학교 대학원 심리학과 박사학위논문.
박선진, 이순철(2009). 서두름 행동이 과제수행의 숙도와 정확성에 미치는 영향. 한국심리학회지: 산업 및 조직, 22, 469-485.
박선진, 이순철(2011). 성과 연령에 따른 서두름 행동 특성. 한국심리학회지: 사회문제, 17(4), 365-380.
박선진, 이순철, 김종회, 김인석(2006). 오류와 착오가 고령 운전자의 운전행동에 미치는 영향. 한국심리학회지: 사회문제, 12(1), 55-79.
박선진, 이순철, 장혜란(2008). 고령 운전자의 상황적응능력과 만성질환이 운전행동에 미치는 영향. 한국심리학회지: 사회문제, 14(20) 1-19.
박수애, 송관재(2005). 사회적 불안이 개인의 심리적 적응에 미치는 영향. 한국심리학회지: 사회문제, 11, 1-29.
박영배(1997). 순환기 질환. 서울: 서울대학교출판부.
박영신, 김의철, 박동현(1999). 기업의 안전문화 정착을 위한 교육적 시사: 규제완화정책의 영향 분석과 안전효능감에 대한 고찰. 사회교육학연구, 5(2), 161-191.
박영신, 박동현, 김의철(1998). 산업재해 감소를 위한 효율적 안전교육의 방향 탐색: 작업자, 안전관리자, 공무원의 안전효능감을 중심으로. 사회교육학연구, 4(1), 277-307.
박영호(1989). 인적요인에 의한 산업재해분석. 중앙대학교 대학원 박사학위 논문.
박윤창(2001). 공격행동의 심리적 기제. 한국 사회 및 성격 심리학회 2001년 추계 심포지엄: 범죄와 심리학 II, 51-65.
박정근(1992). 스포츠 자신감에 대한 이론적 고찰. 한국스포츠심리학회지, 3(1), 3-19.
박정희, 이순철(1997). 운전자 변인에 따른 사고경향성 분석. 한국심리학회지: 사회문제, 3, 143-157.
박진영, 최혜원, 서은국(2012). 물질주의 인간관계 경시의 심리적 원인: 낮은 일반적 신뢰. 한국심리학회지: 사회 및 성격, 26(1), 23-36.
박찬국(2010). 인간과 행복에 대한 철학적 성찰: 실존철학의 재조명을 통하여. 경기도: 집문당.
배소심, 조성계(1996). 에어로빅 댄스에 있어서 음악의 템포에 따른 심박수 반응과 운동강도의 변화. 한국여성체육학회지, 10(1), 31-41.
백옥미 (2013). 노년기 우울증상과 인지기능의 관계. 정신보건과 사회사업, 41(4), 94-115.
법무연수원 (2002). 범죄백서.
변준수, 김세은, 이종언, 이혜은, 채정호, 김형렬(2013). 지하철 기관에서의 우울증상 및 외상 후 스트레스 장애 증상과 자아탈력성의 관련성. 대한직업환경의학회 학술대회 논문집, 11, 737-738.
보건복지부(2001). 국민건강, 영양조사-만성질병 편.
삼성교통안전문화연구소(2004). 직업운전자 지각피로도 실태 및 측정도구 개발.
삼성교통안전문화연구소(2007). 고령화 및 고령사회 교통안전 대책과 정책과제.
성영신, 허태균, 김보경, 박정선(2006). 또 하나의 사회: 광고에 표현된 한국적 VS 서구적 인간관계.

광고연구, 73, 105-133.

성우일, 이재식(2009). 시간압력 스트레스와 유도된 분노가 운전 수행에 미치는 영향: 운전 시뮬레이션 연구, 한국심리학회지: 사회문제, 15, 547-563.

성한기, 김교헌(2004). 대구지하철 방화피의자의 방화해위에 대한 사례연구. 한국심리학회지: 건강, 9(1), 163-185.

손해보험협회(2008). 운전 중 휴대전화 사용에 대한 법적규제의 타당성.

송동빈(2002). 산업의학 분야에서 심리학적 이론의 도입 필요성: 산업예방 프로그램을 중심으로. 한국심리학회 연차학술발표대회 논문집, 78-80.

송영남(2000). 운전자들의 도덕성/도덕 불감증 지수 산정. 전북대학교논문집, 31, 255-270.

송지은, 황순택, 전미주(2009). 분노수준과 분노표현양식의 관계: 연령집단 간 비교. 한국심리학회지: 학교, 6(2), 213-227.

송혜수, 신용균, 강수철(2005). 차량시뮬레이터를 이용한 운전행동 연구(운전분노 및 교통정체를 중심으로). 대한교통학회지, 23(2), 61-73.

신용균, 류준범, 강수철(2007). 난폭운전에 영향을 미치는 심리적 요인. 대한교통학회지, 25(4), 89-98.

신용균, 이건호, 박지영(1998). 노년층 교통참가자의 운전행동 및 교육내용에 관한 연구. 도로교통안전관리공단.

신용균, 황병철(1990). 장의존과 속도 및 공간지각과의 관계. 교통안전연구논집, 9, 183-189.

신정택, 육동원, 정재은(2003). 이전수행과 스포츠자신감이 수행에 미치는 효과. 한국스포츠심리학회지, 14(3), 29-41.

안귀여루 (2001). 통제 소재에 따른 스트레스 과제에 대한 인지적 평가와 생리적 반응의 차이. 한국심리학회지: 임상, 6, 127-143.

안상혁 (2015). 불안, 키에르케고어의 실험적 심리학. 서울: 성균관대학교출판부.

안창일, 이만영, 박동건, 윤선아(1999). 원전 안전사고 방지를 위한 인사선발 검사의 개발. 한국심리학회지: 임상, 18(2), 101-124.

양승두(1989). 한국인의 법의식: 민주화 사회에서의 준법정신-사상과 정책. 서울: 경향문화사.

오경자 (1998). 실직이 개인의 심리사회적 기능에 미치는 영향, 한국심리학회 춘계심포지움, 67-95.

오세진 (1997). 효율적 산업안전관리를 위한 행동주의적 연구에 대한 개관. 한국심리학회지: 산업 및 조직, 10(1), 1-20.

오세진 (2016). 행동을 경영하라. 서울: 학지사.

오영진, 김제승 (2005). 제한된 반응시간에서 과도한 정신부하작업의 수행도에 관한 연구. 한국산업정보학회, 10(2), 21-26.

오주석, 신용균, 이순철 (2006). 청소년 운전자의 운전중 음악청취가 운전속도에 미치는 영향. 한국심리학회지: 사회문제, 12(1), 35-54.

오주석, 이순철 (2011). 운전행동 결정요인의 구성과 위험운전행동과의 관계. 한국심리학회지: 사회문제, 17(2), 175-197.

유경, 민경환 (2005). 연령 증가에 따른 정서최적화 특성의 변화: 정서 경험과 사회적 목표 중심으로. 한국노년학, 25(2), 211-227.

윤가현 (1993). 시각의 노화과정에 따른 행동특성의 변화. 한국노년학연구, 2, 25-32.

윤진 (1985). 성인노인심리학. 서울: 중앙적성출판사.

윤현상, 송수식, 이상연, 백주희(1996). 교통사고 다발자의 성격경향에 관한 연구: 서울시내 버스회사를 대상으로. 신경정신의학, 35(5), 1096-1104.

이강준, 권오영(2005). 안전시스템 구축과 심리학의 적용. 한국심리학회지: 실험, 17(3), 299-310.

이건효(2007). 인지공학심리학. 서울: 시그마프레스.

이범진, 박세영(2013). 물리적 환경과 안전행동 간의 관계: 조직몰입의 매개효과와 안전 분위기의 조절효과. 한국심리학회지: 산업 및 조직, 26, 4, 555-577.

이서규(2002). 삶과 실존철학. 서울: 서광사.

이선미, 김정희(2002). 버스사고 피해자의 심리적 특성 및 외상 후 스트레스 장애 발병 관련변인. 한국임상심리학회지: 임상, 21, 3, 547-563.

이순열(2015a). 한국 사회의 위험에 대한 심리학적 접근과 제언: 세월호 참사를 중심으로. 한국심리학회지: 일반, 34(3), 709-739.

이순열(2015b). 위험감수성(Risk Sensitivity) 측정문항 개발과 그 적용의 타당성: 불안정서와 위험지각을 중심으로. 교통연구, 22, 1, 61-74.

이순열(2015c). 위험감수성 향상을 위한 운전자 교육프로그램 개발 및 효과. 한국심리학회지: 산업 및 조직, 28(1), 61-74.

이순열(2016). 위험과 안전에 대한 실존심리학적 고찰. 한국심리학회지: 문화 및 사회문제, 22(3), 387-410.

이순열, 이순철(2007a). 초보운전자의 운전확신수준이 위험운전에 미치는 영향: 경로분석을 이용한 연구. 한국심리학회지: 사회문제, 13(3), 111-125.

이순열, 이순철(2007b). 음주 운전자들의 운전확신수준 특성이 교통사고 위험에 미치는 영향: 경로분석을 이용한 연구. 한국심리학회지: 산업 및 조직, 20(1), 43-55.

이순열, 이순철(2008). 운전 스트레스 척도(Driving Stress Scale: DSS)의 개발과 타당화 연구. 한국심리학회지: 사회문제, 14(3), 21-40.

이순열, 이순철(2009a). 운전자의 속도욕구좌절이 운전 스트레스에 미치는 영향. 한국심리학회지: 사회문제, 15, 2, 319-338.

이순열, 이순철(2009b). 운전스트레스 대처방식에 따른 교통사고 위험의 변화. 한국심리학회지: 사회문제, 15, 3, 431-446.

이순열, 이순철(2010). 교통사고 위험지수에 대한 확인적 요인분석과 타당화 연구. 한국심리학회지: 산업 및 조직, 23(1), 75-87.

이순열, 이순철(2011a). 운전스트레스와 교통사고 위험의 관계에서 대처행동의 매개효과. 한국심리학회지: 산업 및 조직, 24, 4, 673-693.

이순열, 이순철(2011b). 탄력성이 운전스트레스와 교통사고 위험에 미치는 영향. *Journal of the Korean Data Analysis Society, 13*(1), 193-205.

이순열, 이순철, 김인석(2006). 고령 운전자 차량 좌회전 상황에서의 위험요인 분석. *Journal of the Korean Data Analysis Society, 8*(1), 375-390.

이순열, 이순철, 박선진(2006a). 운전확신수준의 변화가 연령별 운전행동에 미치는 영향. **한국심리학회지: 사회문제, 12**(3), 23-47.

이순철(1990). 운전경험이 운전 중의 시지각에 미치는 영향, **교통안전연구논집, 9**, 171-181. 울산: 도로교통안전관리공단.

이순철(1993). **안전운전과 교통심리**. 서울: 한국가이던스.

이순철(2000). **교통심리학**. 서울: 학지사.

이순철(2000a). 교통행동의 심리학적 이해: 교통심리학. **한국심리학회지: 사회문제, 6**(1), 119-143.

이순철(2001) 산업재해와 오류행동. **사회과학연구, 18**(2), 231-250.

이순철(2004). 청소년의 문제행동 이해를 위한 다양한 접근 방법의 모색. **한국심리학회: 사회문제, 10**(권) 특집호.

이순철, 박선진(2008). 서두름 행동의 심리적 구조 및 특성 파악: 서두름 행동, 확인생략행동, 성취욕구 간의 관계이해. **한국심리학회지: 사회문제, 14**(2), 63-81.

이순철, 오주석, 박선진, 이순열, 김인석(2006). 고령 운전자와 청소년 운전자의 운전확신차이와 운전행동과의 관계. **한국심리학회: 사회문제, 12**(1), 81-102.

이순철, 오주석, 송훈화, 윤대섭, 황윤숙(2010). 운전자 성격 및 태도가 주관적 운전부하에 미치는 영향. **한국심리학회지: 산업 및 조직, 23**, 445-469.

이순철, 황윤숙, 오주석(2008). 작업부하가 화물차운전자의 작업부하에 미치는 영향. **한국심리학회지: 산업 및 조직, 21**(2), 367-381.

이양(1986). Muller-Lyer 착시에 있어서 거리 크기 수정 모형과 자극관계분석모형. **경성대논문집, 25**(2), 97-104.

이영애(2005). 위험지각 연구의 최근 동향. **한국심리학회지: 실험, 17**(3), 265-277.

이용재, 이상규(2005). 고령화 시대를 위한 도로설계 개선방향에 관한 연구. **대한토목학회논문집, 25**, 3, 409-421.

이원영(2005). 고용불안, 조직몰입 및 안전 분위기가 안전행동 및 사고에 미치는 영향: 철도청 사고 예측 모형. 고려대학교 일반대학원 박사학위청구논문.

이원영(2006). 안전행동 및 사고에 대한 성실성, 인지실패 및 직무스트레스의 상호작용. **한국심리학회지: 산업 및 조직, 19**(3), 475-497.

이은희(2004). 대학생들이 경험하는 생활스트레스와 우울: 공변량 구조모형을 통한 대처방식의 조절효과 검증. **한국심리학회지: 건강, 9**(1), 25-52.

이은희, 이주희(2001). 교사의 직무스트레스와 심리적 적응과의 관계: 문제 중심적 대처방식, 정서 중심적 대처방식의 조절효과. **한국심리학회지: 건강, 6**(1), 145-175.

이인수(2001). **노년기 생활과학**. 서울: 양서원.

이인혜(1995). 성격특성. 백색소음에 대한 심장혈관계 반응성 그리고 A형 행동패턴 간의 관계. **한국심리학회**

지: 임상, 13(1), 37-53.

이재식(2005). 교통안전에 대한 공학심리학적 접근. 한국심리학회지: 실험, 17(3), 279- 297.

이재식, 이순철, 조대경(1990). 도로표지판의 정보전달에 관한 인간공학적 일 고찰: 한글의 글자체, 굵기, 간격 및 글자의 수에 대한 반응양상을 중심으로. 한국심리학회지: 산업 및 조직, 3(1), 55-71.

이종한(2003). 사고공화국에 대한 심리학적 제의: 안전사고의 심리적 기제와 대안 모색에 관한 여덟 편의 논문을 안내하면서. 한국심리학회지: 사회문제, 9(특집호), 1-14.

이주일, 황석현, 한정원, 민경환(1997). 정서의 체험 및 표현성이 건강과 심리적 안녕에 미치는 영향. 한국심리학회지: 사회 및 성격 11(1), 117-140.

이지영, 이재식(2004). 황색신호 딜레마 상황에서 교통신호기의 신호방식에 따른 운전자 행동에 관한 연구. *Journal of the Korean Data Analysis Society, 6*(6), 1567-1586.

이진욱(2003). 직무요구가 정서적 소진과 직무 비관여에 미치는 영향. 개인적 자원과 직무자원의 조절효과를 중심으로. 고려대학교대학원 석사학위청구논문.

이창우(1983). 니체, 사르트르, 프로이트, 키르케고르. 서울: 종로서적.

이창우, 김영진, 박창호(1996). 디자인과 인간심리. 서울: 학지사.

이현주, 이영애(2011). 원자력 발전소와 방폐장 낙인의 심리적 모형: 신뢰와 감정, 지식을 중심으로. 한국심리학회지: 일반, 30(3), 831-851.

이훈구(1985). 산업 및 조직심리학. 서울: 법문사.

임성만, 김명언(2000). 조직에서의 신뢰: 개관. 한국심리학회지: 산업 및 조직, 13(2), 1-19.

임수영(1996). 중학생의 자살생각에 영향을 미치는 요인과 사회적 지지의 완충효과. 고려대학교 대학원 심리학 석사학위논문.

장경문(2003). 자아탄력성과 스트레스대처방식 및 심리적 성장환경의 관계. 청소년학연구, 10(4), 143-161.

장석용, 정헌영, 백상금, 이순열, 류준범(2013). 음주운전 전력에 따른 행동특성별 대책 연구: 계획된 행동이론(TPB) 모형을 중심으로. 교통연구, 20(2), 45-58.

장준호, 강동묵, 고상백, 김정원, 조병만, 이수일(2004). 일부 남성 금속제품 조립작업자들의 피로에 영향을 미치는 작업관련 요인. 대한산업의학회지, 16(2), 155-165.

장진아, 신희천(2006). 부부갈등이 청소년 자녀의 부적응에 미치는 영향: 자아탄력성, 부모 양육태도, 사회적 지지의 매개과정. 한국심리학회지: 상담 및 심리치료, 18(3), 569-592.

장태연, 장태성(2004). 택시교통사고발생에 영향을 주는 요인의 한계효과. 한국지역개발학회지, 16(1), 75-88.

전겸구, 김교헌, 이준석(2000). 개정판 대학생용 생활 스트레스 척도 개발 연구. 한국심리학회지: 건강, 5(2), 316-335.

전겸구, 장세진, 홍기원, 하은희, 김남송(2003). 작업 스트레스 척도 개발: 이론적 배경 및 심리측정적 증거. 한국심리학회지: 건강, 8(3), 645-661.

전찬희(2015). 대통령 사면권행사의 한계와 개선방향에 관한 연구, 법과정책, 21(2). 353-378.

정병용, 이동경(2007). 현대인간공학. 서울: 민영사.

정서원, 박진성(2007). 마라톤 동호인의 운동수준 및 보상이 내적동기에 미치는 영향. 한국스포츠심리학회지,

18(2), 59-73.
정재우(2000). 안전수행 예측에서 성격특성의 역할: 철도사고사례. 한국심리학회지: 산업 및 조직, 13(1), 41-59.
정진우(2017). 안전심리. 경기: 청문각.
정찬섭, 유명현(1989). 착시효과를 통해서 본 심상의 표상특성. 한국심리학회지: 실험 및 인지, 8(2), 345-366.
조선미, 이형초, 박형진, 서지영, 홍성묵(1995). 조급성척도의 개발과 타당화 연구. 임상심리학회 하계학술대회 논문집, 205-216.
조소현, 서은국, 노연정(2005). 혈액형별 성격특징에 대한 믿음과 실제 성격과의 관계. 한국심리학회지: 사회 및 성격, 19(4), 33-47.
차재호, 김수영, 홍기원(1995). 자동차 사고의 한 사회심리학적 분석(I): 골목길 사고와 추돌사고. 심리과학, 4(2), 1-14.
채규만, 류명은(2002). 성격, 인지, 사회적 환경 및 음주행동과 음주운전간의 관계. 한국심리학회지: 임상, 21, 763-789.
최상진, 김정인, 박정열, 손영미(2001). 주차위반 유발에 관여되는 위반상황 해석양식과 위반자들의 심리적 특성. 한국심리학회지: 사회문제, 7(1), 91-117.
최상진, 박정열, 김정인, 손영미(2003). 한국사회의 교통문화. 한국심리학회지: 사회문제, 9, (특집호), 15-34.
최상진, 손영미, 김정인(2001). 음주운전태도 및 성격이 음주운전 경향성에 미치는 영향. 교통안전연구논문, 20, 89-112.
최상진, 손영미, 김정인, 박정열(2001). 음주운전 결정요인에 관한 심리학적 연구. 대한교통학회지, 19(6), 33-47.
최상진, 이요행(1995). 한국인 화병의 심리학적 개념화 시도. 한국심리학회 연차대회 학술발표 논문초록, 327-338.
최수찬, 백지애(2006). 비동거가족 근로자의 직장-가정 갈등이 스트레스와 직무만족에 미치는 영향에 관한 연구: 남성 근로자를 중심으로. 가족과 문화, 18(4), 157-182.
최승혁, 허태균(2011). 공정한 사회를 위한 형사처벌: 공정세상 믿음 기대의 상호작용. 한국심리학회지: 사회 및 성격, 25, 2, 113-125.
최승혁, 허태균(2012). 잘난 사람의 범죄는? 처벌판단에서 사회경제적 지위의 역할과 그 심리기제. 한국심리학회지: 사회 및 성격, 26, 4, 127-140.
최원범, 이재식(2004). 운전자와 자동차 항법시스템의 상호작용에 관한 연구: 시간압력과 시스템 메뉴구조의 효과를 중심으로. 한국심리학회지: 산업 및 조직, 17(1), 1-17.
최원선, 조성애, 김경연, 조영승, 구정완, 김형렬(2011). 버스 운전사의 근무 중 사고경험과 외상 후 스트레스 장애. 대한직업환경의학회지, 23, 2, 139-148.
최인섭, 박철현(1996). 음주운전의 규제에 관한 연구. 형사정책연구원.
최인철, 김범준(2007). 원자력 발전소 안전체감에 관한 연구: 안전체감지수 개발과 안전체감 수준. 한국심리학회지: 사회문제, 13, 3, 1-21.
최정열(2014). 비행안전에 영향을 미치는 조종사의 심리적 특성에 관한 연구. 한국심리학회지: 산업 및 조직,

27, 1, 1-20.

최해연(2008). 정서표현에 대한 갈등과 억제 연구. 서울대학교 일반대학원 박사학위청구논문.

하정희, 안성희(2008). 대학생들의 자살생각에 영향을 미치는 요인들: 스트레스, 대처방식, 완벽주의, 우울, 충동성의 구조적 관계모형 검증. 한국심리학회지: 상담 및 심리치료, 20(4), 1149-1171.

한국산업안전공단(1994). 산업인간공학, 전문과정. 92-219.

한덕웅(2003). 한국 사회에서 안전에 관한 심리학 연구의 과제. 한국심리학회지: 사회문제, 9(특집호), 35-55.

한성열(2003). 자기고양 편파와 심리적 적응의 관계에 대한 비교문화 연구. 한국심리학회지: 사회문제, 9(2), 79-99.

한성열(2005). 한국 사회의 신뢰와 불신에 관한 심리학 연구의 과제 및 제언. 한국심리학회지: 사회문제, 11, 특집호, 163-174.

한정원, 이경수, 박찬신, 손영우(2009). 조종사의 안전행동을 예측하는 조직의 안전문화와 개인의 안전태도 및 안전동기 간의 관계: 공군부대와 조정사를 대상으로 한 다층자료 분석. 한국심리학회지: 산업 및 조직, 22, 1, 109-129.

한태준, 김용근(2001). 중학교 양궁 선수의 경쟁 상태불안 수준이 경기성적에 미치는 영향. 한국체육학회지, 40(4), 251-262.

한현아, 도현심(2008). 가정의 위험요인, 자아탄력성 및 또래관계의 질이 청소년의 문제행동에 미치는 영향. 아동학회지, 29(1), 1-15.

허태균(2004). 준법의식의 약화에서 인지 부조화의 역할. 한국심리학회지: 사회문제, 11, 1, 25-42.

허태균(2005). 무법에서 태어나 준법을 거쳐 위법으로 성장하는 이유?. 한국심리학회지: 사회문제, 11, 특집호, 117-131.

허태균, 황재원, 김재신(2005). 바늘 도둑이 소도둑 된다: 준법의식의 약화에서 인지부조화의 역할. 한국심리학회지: 사회문제, 11, 1, 25-42.

홍성례(2012). 자아존중감과 자기효능감이 이타성에 미치는 영향. 청소년복지연구, 14(4), 71-92.

황봉기, 이순철, 오주석(2010). 중앙분리대의 형태가 운전자의 주관적 속도감에 미치는 영향. 한국심리학회지: 일반, 29(3), 489-505.

황윤숙, 오주석, 이순철(2009) 시내버스 및 택시운전자의 작업부하가 피로에 미치는 영향과 부적정서상태의 매개효과. 한국심리학회지: 산업 및 조직 22(1), 87-108.

大島正光 (1982). ヒトーその未知へのアプローチ. 東京: 同文書院.

西山啓 (1987). 高年令ドライバーにはどんな問題があるか, 日本交通心理學會 編、安全運轉の人間科學, 企業開發センター, 238-260.

野澤浩, 小木和孝 (1980). 自動車 運轉勞動, 勞動科學研究所, 東京.

蓮花一己 (1990). 交通行動序說, 帝塚山大學紀要.

長山泰九 (1975). On Traffic Psychology. 國際交通安全學會誌, vol. 1-2, 16-21.

長山泰九 (1982). ドライバの心理學, 企業開發センター.

長山泰久 (1989). 人間と交通社會、幻想社、東京.

Abelson, R. P. (1975). Does a story understander need a point of view? In R. C. Schank and B. Nash-Webber (Eds.), *Using Knowledge to understand, in proceedings of the conference on theoretical issues in natural langeage processing.*

Abramowitz, S. I. (1969). Locus of control and self-reported depression among college student. *Psychology Report, 25*, 149-150.

Adams, E. (1976). *Accident causation & The management systems*. Professional safety, OCT, (ASSE).

Ajzen, I. (1985). From intentions to actions: A theory of planned behavior, In J. Kuhl & Beckmann (Eds.), *Action control: From Cognition to Behavior.* NY: Springer-Verlag.

Ajzen, I. (1991). The theory of planned behavior, Organizational Behavior and *Human Decision Processes, 50*, 2, 179-211.

Alderfer, C. P. (1972). *Existence, relatedness, and growth: Human needs in organizational settings*. NY: The Free Press.

Aldwin, C. M., & Revenson, T. A. (1987). Does coping helps? A reexamination of the relation between coping and mental health. *Journal of Personality and Social Psychology, 53*, 337-348.

Alkov, R. A. (1976). The life change unit and accident behavior. IN T. S. Ferry & d. A. Weaver(Eds). Directions in Safety, Springfield, IL: Charles C. Thomas, 355-360.

Allen, N. J. & Mayer, J. P. (1990). The measurement and antecedents of affective, continuance, and normative commitment to the organization. *Journal of Occupational and Organizational Psychology, 63*, 1-8.

Allred, K. D., & Smith, T. W. (1989). The hardy personality; Cognitive physiological response to evaluative threat. *Journal of personality and social psychology, 56*, 257-266.

Anderson, C, A. (1987). Temperature and aggression: Effects on quarterly, yearly, and city rates or violent and nonviolent crime. *Journal of personality and social psychology, 52*, 1161-1173.

Anderson, C. A., & Anderson, D. C. (1984). Ambient temperature and violent crime: test of the linear and curvilinear hypotheses. *Journal of personality and social psychology, 46*, 1, 91-97.

Anstey, K. J., & Wood, J. (2011). Chronological age and age-related cognitive deficits are associated with an increase in multiple types of driving errors in late life. *Neuro psychology, 25*(5), 613-621.

Arnett, J. J. (1996). Sensation seeking, aggressiveness, and adolescent reckless behavior. *Personality and Individual Differences, 20*(6), 693-702.

Arnold, P. K., Hartley, L. R., Corry, A., Hochstadt, D., Penna, F., & Feyer, A. M. (1997). Hours of work, and perceptions of fatigue among truck drivers. *Accident Analysis and Prevention, 29*(4), 471-477.

Aronson, E. (1980). *Human Aggression. In The Social Animal* (3rd. ed., pp. 159-193.). San Francisco, California: W.H. Freedman.

Arunraj, N. S., Mandal, S., Maiti, J. (2013). Modeling uncertainty in risk assessment: An integrated approach with fuzzy set theory and Monte Carlo simulation. *Accident Analysis and Prevention, 55*, 242-255.

Aschenbremer, K. M., & Biehl, B. (1993). Improved safety through improved technical measures? Empirical studies regarding risk compensation processes in relation to anti-lock braking systems. In: R. M. Trimpop, & G. J. S. Wilde (Eds.), *Challenges to accident prevention: The issue of risk compensation behavior. Groningen.* The Netherlands: STYX Publications.

Ashmore, R. D., & Del Boca, F. K. (1976). Psychological approaches to understanding intergroup conflict. In. P. A. Katz(Ed.), *Towards the elimination of cacism.* New York: Pergamon Press.

Ashmore, R. D., & Del Boca, F. K. (1981). Conceptual approaches to stereotypes and stereotyping. In D. Hamilton(Ed.), *Cognitive processes in stereotyping and intergroup behavior*(pp. 1-36). Hillsdale: LEA.

Ayres, T. S. & Hughes, P. (1986). Visual acuity with noise & music at 107dB. *Journal of Auditory Research, 26*, 165-174.

Ball, K. & Sekuler, R. (1986). Improving visual perception in older observers. *Journal of Gerontology, 41*, 176-182.

Baltes, P. B. (1987). Theoretical propositions of life-span development psychology: On the dynamics between growth and decline. *Development Psychology, 23*, 611-626.

Bandura. A. (1989). Human agency in social cognitive theroy. *American Psychologist, 44*, 1175-1184.

Bandura, A. (1997). *Self-efficacy: The exercise of control.* New York: W. H. Freeman and Company.

Barbarin, O. (1983). Coping with ecological transitions by black families: A psychology model. *Journal of Community Psychology, 11*, 308-322.

Barling, J., Loughlin, C., & Kelloway, E. K. (2002). Development and test of a model linking safety-specific transformational leadership and occupational safety. *Journal of Applied Psychology, 87*, 488-496.

Barling, J., Zacharatos, A., & Hepburn, C. G. (1999). Parents' job insecurity affects children's academic performance through cognitive difficulties. *Journal of Applied Psychology, 84*, 437-444.

Barling. J & Charbonneau, D. (1992) Disentangling the relationship between the achievement striving and impatience-irritability dimensions of type a behavior. *Performance and health journal of organizational behavior 13*(4), 369-377

Baron, R. A. (1972). Aggression as a function of ambient temperature and prior anger arousal. *Journal of personality and social psychology, 21*, 183-189.

Baron, R. A., & Bell, P. A. (1975). Aggression and heat: Mediating effects of prior provocation and exposure to an aggressive model. *Journal of Personality and Social Psychology, 31*, 825-832.

Barongan, C. & Hall, G. C. N. (1995). The influence of misogynos rap music sexual aggression against women. *Psychology of Women Quarterly, 19*, 195-207.

Barrick, M. R., & Mount, M. K. (1991). The big five personality dimensions and job performance: A meta-analysis. *Personnel Psychology, 44*, 1-26.

Barry, W. C., Michael, A., & Paradiso, D. (2006). *Neuroscience: Exploring the Brain.* Lippincott Williams & Wilkins.

Bartlett, F. C. (1932). *Remembering: A Study in Experimental and Social Psychology.* Cambridge: Cambridge University Press.

Bartlett, F. C. (1948). A note on early signs of skill fatigue. MRC Flying personnel Research Committee Report, FPRC 703, London: Medical Research Council.

Bartley, S. H., & Chute, E. F. (1947). *Fatigue and impairment in man.* New York: McGraw Hill.

Barton, J. (1994). Choosing to work at night: A moderating influence on individual tolerance to shiftwork. *Journal of Applied Psychology, 90*, 1185-1203.

Baumeister, R. F. (1998). The self, In D. T. Gillbet, S. T. Fiske, & G. Lindzey(Eds.), *Handbook of social psychology* (4th ed). New York: McGraw-Hill.

Baxter, J. S., Manstead, A, S. R., Sttradling, S. G., Campbell, K. A., Reason, J. T., & Parker, D. (1990). Social Facilitation and driver behaviour. *British psychological society, 81*(3), 351-360.

Beatty, J. (1982). Task-evoked pupillary responses, processing load, and the structure of processing resources. *Psychological Bulletin, 91*, 276-292.

Belt, B. L. (1969). Driver eye movement as a function of low alcohol concentration. Engineering Experiment Station Technical Report. The Ohio State University, Columbus, Ohio.

Bergum, B. D., & Bergum, J. E. (1981). *Population stereotypes: An attempt to measure and define.* Proceedings of the Human Factors Society 25th Annual Meeting. Santa Monica, CA: Human Factors Society, 662-665.

Berkowitz l, L., Jo, E, Troccoli. B. T., & Monteith, M. (1994). *Attention - activated regulation of feeling effects.* Unpublished manuscript. University of Wisconsin, Madison.

Berkowitz, L. (1984). Some effects of thoughts on anti-and prosocial influences of media events: A cognitive-neoassociationnistic analysis. *Psychological bulletin, 95*, 410-427.

Berkowitz, L., & Lepage, A. (1967). Weapons as aggression-eliciting stimuli. *Journal of personality and Social Psychology, 7*, 202-207.

Berkowitz, L., & Troccoli, B. T. (1990). Feelings, direction of attention, and expressed evaluations of others. *Cognition and Emotion, 4*, 305-325.

Bird, F. E. J., & Germain, G. L. (1985). *Practical Loss Control Leadership. Loganville*, Georgia: International Loss Control Institute, Inc.

Birren, J. E., Woods, A. M., & Williams, M. V. (1980). Behavioral slowing with age: Causes, organization, and consequences. In L. W. Poon (Ed.), *Aging in the 1980s.* Washington, DC: American

Psychological Association.

Bjorklund, G. M. (2008). Driver Irritation and Aggressive behaviour. *Accident analysis and prevention 40*, 1069-1077.

Blau, P. (1964). *Exchange and power in social life*. New York: Wiley.

Block, J. H., & Block, J. (1980). The role of ego-control and ego-resiliency in the organization of behavior, In W. A. Collins (Ed.), *Minnesota Symposium on Child Psychology* (Vol. 13, pp. 39-101). Hillsdale, NJ: Erlbaum.

Block, J., & Gjerde, P. F. (1990). Depressive symptoms in late adolescence: A longitudinal perspective on personality antecedents, In J. Rolf, A. S. Masten, D. Cicchetti, K. H. Nuechterlein, & S. Weintraub(Eds.), *Risk and protective factors in the development of psychopathology* (pp. 334-360). New York: Cambridge University Press.

Block, J., & Kremen, A. M. (1996). IQ and ego-resiliency: Conceptual and empirical connections and separateness. *Journal of Personality and Social Psychology, 70*(2), 349-361.

Bluen, S. D., & Barling, J. (1990). Predicting scale performance, job satisfaction, and depression by using the achievement strivings and impatience-irritability dimensions of type a behavior. *Journal of applied psychology 75*(2), 212-216

Bobo, L. (1983). "Whites, Opposition to busing: Symbolic racism or realistic group conflict?". *Journal of personlaity and social psychology, 45*, 1196-1210.

Bogousslavsky, J. (2003). William Feinberg lecture 2002: Emotions, mood, and behavior after stroke. *American Heart Association, 34*, 1046-1050.

Bolten, A. (1976). A study of the need for and availability of mental health services for mentally disordered jail inmates and juveniles in detention facilities. Unpublished report. Artur Bolten Associates, Boston.

Bolton, W., & Oakley, K. (1987). A longitudinal study of social support and depression in unemployed men, *Psychological Medicine, 11*, 561-580.

Breakwell, G. M., & Brenner, M. H. (1973). *Mental illness & the economy*. Cambridge, MA: Harvard University Press. Cited in Dooley & Catalano (1988).

Booth-Kewley. S., & Friedman, H. S. (1987) Psychological predictors of heart disease: A quantitative review. *Psychological Bulletin, 101*, 343-362.

Borman, W. C., & Motowidlo, S. J. (1993). Expanding the criterion domain to include elements of contextual performance. In N Schmitt & W. C. Borman (Eds.), *Personnel selection in organizations* (pp. 71-98). San Francisco, CA: Jossey-Bass.

Bower, G. H., & Cohen, P. R. (1982). Emotional influences in memory and thinking: Data and theory. In M. S. Clark & S. T. Fiske (Eds.), *Affect and cognition: The 17th annual Carnegie Symposium on cognition* (pp. 291-331). Hillsdale, NJ: Erlbaum.

Bransford, J. D., Barclay, J. R., & Franks, J. J. (1972). Three turtles in danger: spontaneous construction of causally relevant spatial situation models. *Journal of Experimental Psychology: Human Learning and Memory, 30*(5), 969-987.

Brenner, M. H. (1984). *Estimating effects of economic change on national health and social well being (study prepared for the Joint Economic Committee of Congress)*. Washington, DC: U. S. Government Printing Office.

Brookhuis. K. A., Vries, G., & Waard, D. (1991). The effects of mobile telephoning on driving performance. *Accident Analysis & Prevention, 23*, 309-316.

Brorsson, B., Rydgren, H., & Ifver, J. (2002). Single-vehicle Accident in Aweden: A Comparative Study of Risk and Risk Factors by Age. *Journal of Safety Research, 24*(1), 55-65.

Brotheridge, C. M., & Grandey, A. A. (2002). Emotional labor and burnout: Comparing two perspectives of people wok. *Journal of vocational behavior, 60*(1), 17-39.

Brow, N. M., & Moren, C. R. (2003). Background emotional dynamics of crew resource management: Shame emotions and coping responses. *The International Journal of Aviation Psychology, 13*(3), 269-286.

Brown, I. D. (1994). Driver Fatigue. Human Factors, 36-2, 298-314.

Brown, I. D., Simmons, D. C. V., & Tickner, A. H. (1967). Measurement of control skills, vigilance and performance on a subsidiary task during 12 hours of car driving. *Ergonomics. 10*, 665-673.

Brown, K. (2001). Using computers to driver training: Which employees learn and why?, *Personnel Psychology, 54*, 271-296.

Brown, P. L., & Berdie, R. F. (1960). Driver behavior and scores on the MMPI. *Journal of Applied Psychology, 44*(1), 18-21.

Bugental, J. F. T. (1981). *The Search for Authenticity: An Existential-Analytic Approach to Psychotherapy.* (Exp. edn) New York: Irvington.

Burg, A. (1971). Vision and driving. *Human Factors, 13*, 79-87.

Burg, A. (1972). Characteristics of drivers. Fobes, T. W. (Eds.), *Human factors in highway traffic safety research*, New York, Wiley.

Burke, R. J., & Greenglass, E. (1995). A longitudinal study of psychological burnout in teacher. *Human Relations, 48*(2), 187-203.

Burkell, J. (2006). Anonymity On Behavioral Research: Not being unnamed, But being unknown. *University of Ottawa law and technology journal 3*, 189-203.

Burns, P. C., & Wilde, G. J. S. (1995). Risk taking in male taxi drivers: Relationships among personality, observational data and driver records. *Personality and Individual Differences, 18*, 267-278.

Butler, G. K. L., & Montgomery, A. M. J. (2004). Impulsivity, risk taking and recreational 'ecstasy'(MDMA) use. *Drug and Alcohol Dependence, 76*, 55-62.

Button, D. C., Behm, D. G., Holmes, M., & MacKinnon, S. (2004). Vigilance is adversely affected by noise and force maintenance. *Occupational Ergonomics, 4*, 751-756.

Cairney, P., & Catchpole, J. (1995). Patterns of perceptual failure at intersections of arterial roads and local streets. In A. C. Gale (Ed.), *Vision in vehicles VI*. Amsterdam: Elsevier.

Cameron, C. (1973). A theory of fatigue. *Ergonomics, 16*-5, 633-648.

Cameron, J., Banko, K. M., & Pierce, W. D. (2001). Pervasive negative effects of rewards on intrinsic motivation: The myth continues. *The behavior analyst, 24*, 1-44.

Cannon, W. B. (1932). *The Wisdom of the Body*(2nd ed.). New York: Norton.

Cantor, P. (1977). Suicide and attempted suicide among students: Problem, prediction and prevention. In P. Cantor (Ed.), *Understanding a child's world*. New York: McGraw-Hill.

Caplan, R. D., & Jones, K. W. (1975). Effects of work load, role ambiguity, and Type A personality on anxiety, depression, and heart rate. *Journal of Applied Psychology, 60*, 713-719.

Carretta, T. R., Perry Jr., D. C., & James, R. M. (1996). Prediction of situational awareness in F-15 pilots. *The International Journal of Aviation Psychology, 6*, 21-41.

Carroll, P. S., Carlson, W. L., McDole, T. L., & Smith, D. W. (1971). Acquisition of information on exposer and non-fatal crashes. Vol. 1, Exposure survey consideration, University of Michigan.

Caspi, A. & Roberts, B. W. (2001). Personality development across the life: The argument for change and continuity. *Psychological Inquiry, 122*, 49-66.

Catalano, R., Dooley, D., & Jackson, R. (1985). Economic antecedents of help seeking: Reformulation of time series tests. *Journal of Health and Social Behavior, 26*, 141-152.

Chao, C, C., Madhavan, D., & Funk, K. (1996). Studies of cockpit task management errors. *The International Journal of Aviation Psychology, 6*, 307-320

Chapman, P., & Underwood, G. (2000). Forgetting near-accidents: The roles of severity, culpabilitty and experience in the poor recall of dangerous driving situations. *Applied Cognitive Psychology, 14*, 31-44.

Chappelow, J. W. (1989). Causes of aircrew error in the Royal Air Force. In AGARD Conference Proceedings No. 458, Human behaviour in high stress situations in aerospace operations(pp. 1-1 to 1-9). Neuilly-sur-Seine, France; NATO Advisory Group for Aerospace Research and Development.

Charton J, L., Oxley, J., Fildes, B., Oxley, P., & Newstead, S. (2003). Self-regulatory Behaviours of Older Drivers. Annual Proceedings: Association for the Advancement of Automotive Medicine, Lisbon, Portugal.

Chase, W. G., & Simon, H. A. (1973). *The mind's eye in chess*. New York: Academic Press.

Ciechetti, D., Rogosch, F. A., Lynch, M., & Holt, K. (1993). Resilience in maltreated children: Processes leading to adaptive outcome. *Development and Psychology, 5*, 629-647.

Clarke, S. & Robertson, I. (2005). A meta-analytic review of the big five personality factors and accident involvement in occupational and non-occupational settings. *Journal of Occupational and Organizational Psychology, 78*, 3, 355-376.

Cohen, A. S. (1980). Feed forward programming of car driver's eye movement behavior: A system theoretical approach. Final report volume one.

Colbourn, J., C. (1978). Perceived Risk as a Determinant of Driver Behavior. *Accident Analysis and Prevention, 10*(2), 131-141.

Coleman, J. C., & Hammen, C. L. (1974). Contemporary psychology and effective behavior. Glenview, Ill: Scott, Foresman.

Conway, V. J., & Terry, D. J. (1992). Appraised controllability as a moderator of the effectiveness of different coping strategies: A test of the goodness of fit hypothesis. *Australian Journal of Psychology, 44*(1), 1-7.

Cooley, R. C. (2006). Correlational relationship between jealousy, self-esteem, and locus of control in an undergraduate population. Senior Honors Theses, Paper 18. 2006, http://commonse.emich.edu/honors/18.

Cooper, A. C., Woo, C. Y., & Dunkelberg, W. C. (1988). Entrepreneurs' perceived chances for success. *Journal of Business Venturing, 3*(2), 97-115.

Cooper, M. (2014). 실존치료*(Existential Therapies)*. (신성만, 가요한, 김은미 공역). 서울: 학지사. (원저는 2003년 출판)

Cooper, M. D. (2000). Towards a model of safety culture. *Safety Science, 36*, 111-136.

Coopersmith, S. (1981). *The antecedents of self-esteem. Palo Alto,* CA: Consulting Psychologists press.

Coren, S., & Girgus, J. S. (1978). *Seeing is deceiving: The Psychology of visual illusions*. Hillsdale, NJ: Lawrence Erlbaum.

Cox, S. J., & Cheyne, A. J. T. (2000). Assessing safety culture in offshore environments. *Safety Science, 34,* 1-3.

Cox, T., & Ferguson, E. (1994). Measurement of the subjective work environment. *Work and Stress, 8*, 98-109.

Cox, T., & McCay, C. (1982). Psychology Factors and Psycho physiological Mechanism in the etiology and development of cancers. *Social science and Medicind, 16,* 381-396.

Crancer, A., Jr., & Quiring, D. L. (1970). Driving records of persons hospitalized with suicidal gestures. *Behavioral Research in Highway Safety, 1,* 33-42.

Craske, S. (1968). A Study of the relation between personality and accident history. *British Journal of Medical Psychology, 41*, 399-404.

Crawford, A. (1961). Fatigue and driving. *Ergonomics, 4*, 143-154.

Crumley, F. (1979). Adolescent suicide attempts. *Journal of the american Medical Association, 241*(22), 2404-2407.

Daalmans, J. (2013). Risk sensitivity: The perception of risks. *Human behavior in hazardous situations*, 43-62.

Daigneault, G., Joly, P., & Frigon, J. Y. (2002). Previous Convictions or Accident and the Risk of Subsequent Accident of Older Driver. *Accident Analysis and Prevention, 34*, 257-261.

Dalton, D. R., & Mesch, D. J. (1990). The impact of flexible scheduling on employee attendance and turnover. *Administrative Science Quarterly, 35*, 370-387.

Deffenbacher, J. L., Lynch, R. S., Oetting, E. R., & Yingling, D. A. (2001). Driving anger; correlates and a test of state-trait theory. *Personality and Individual Differences, 31*(8), 1321-1331.

Deffenbacher, J. L., Oetting, E. R., & Lynch, R. S. (1994). Development of a driving anger scale. *Psychological Reports, 74*, 83-91.

DeLoach, L. J., Higgins, M. S., Caplian, A. B., & Stiff, J. L. (1998). The visual analog scale in the immediate postoperative period: Intrasubject variability and correlation with a numeric scale. *Anesthetic Analogy, 86*, 102-106.

Dement, W. C., Kamdar, B. B., Kaplan, K. A., & Kezirian, E. J. (2004). The impact of extended sleep on daytime alertness, vigilance, and mood. *Sleep medicine, 5*(5), 441-448.

Dennison, D., & Golaszewski, T. (2002) The Activated Health Education model: refinement and implications for school health education. *Journal of School Health, 72*, 23-36.

Denton, G. G. (1980). The influence of visual pattern on perceived speed. *Perception, 9*(4), 393-402.

DePaul, B. N. (1992). Nonverbal Behaviors and Self-Presentation. *Psychology bulletin, 111*, 203-243.

Desmond, P. A., Matthews, G, & Bush, J. (2001). Individual differences in fatigue and stress states in two field studies of driving. *Proceedings of the Human Factors and Ergonomics Society 45th Annual Meeting*, 1571-1575.

Desor, J., & Beauchamp, G. (1974). The human capacity to transmit olfactory information. *Perception and Psychophysics, 16*, 551-556.

DeValois, R. L., Abromov, I., & Jacobs, G. H. (1966). Analysis of response patterns of LGN cells. *Journal of the Optical Society of America, 56*, 966-977.

Dewar, R. (1993). Warning: Hazardous road signs ahead. *Ergonomics in Design, July*, 26-31.

Dewe, P. J. (1989). Examining the nature of work stress: Individual evaluations of stressful experiences and coping. *Human Relations, 42*, 993-1013.

Diener, E. (1976). Effects of prior destructive behavior, anonymity, and group presence on the individuation and aggression. *Journal of personality and social psychology, 33*(5), 497-507.

Diener, E., Fraser, S. C., Beaman, A. L., & Kelem, R. T. (1976). Effects of deindividuation Variables on stealing among Halloween trick-or-treaters. *Journal of personality & social psychology, 33*, 236-245.

Doane, S. M., & Sohn, Y. W. (2000). ADAPT: A predictive cognitive mode of user visual attention and action planning. *User Modeling and User-adapted Interaction, 10*, 1-45.

Dobbie, K. (2002). Fatigue-related crashes: an analysis of fatigue-related crashes on Australian roads using ann operational definition of fatigue. Road Safety Research Report(OR 23). Canberra: Australian Transport Safety Bureau.

Dobbins, D. A., Tiedemann, J. G., & Skordahl, D. M. (1963). Vigilance under highway driving conditions. *Perceptual and Motor Skills, 16*, 38.

Dollard, J., Doob, L. W., Miller, N. E., Mowrer, O. H, & Sears, R. R. (1939). *Frustration and aggression*. New Haven, CT: Yale University Press.

Donnerstein, E., Donnerstein, M., & Evans, R. (1975). Erotic stimuli and aggression: Facilitation of inhavition. *Journal of Personality and Social Psychology, 32*, 237-244.

Dooley, D., & Catalano, R. (1988). Recent research on the psychological effects of unemployment. *Journal of Social Issues, 44*(4), 1-12.

Dougherty, L. (2004). Shooting victims' families can sue Allstate. St. Petersberg(FL) Times, August, 8, 1995; Perez-Pena, Kocieniewski, & George.

Dreyfus, H. L. (1997). Being-in-the-World: A Commentary on Heidegger's Being and Time, Division 1. Cambridge, MA: MIT.

Dula, C. S., & Ballard, M. E. (2003). Development and evaluation of a measure of dangerous, aggressive, negative emotional, and risky driving. *Journal of Applied Social Psychology, 33*(2), 263-282.

Duncker, K. (1945). On problem solving. *Psychological Monographs, 58*, 1-113. Whole No. 270.

Duremen, E. I., & Bodén, C, H. (1972). Fatigue in simulated car driving. *Ergonomics, 15-3*, 299-308.

Earle, T. C. (2010). Trust in risk management. *Risk Analysis, 30*, 541-574.

Easterbrook, J. A. (1959). The effect of emotion on cue utilization and the organization of behavior. *Psychological Review, 66*, 183-201.

Eastman, P. (1984). Elders under siege. *Psychology Today, 18*, 1, 30.

Eberts, R. E., & MacMillan, A. G. (1985). Misperception of small cars. In R. E. Eberts and C. G. Eberts(eds.). *Trends in Ergonomics Human Factors II* (pp. 33-39). North Holland, The Netherlands: Elsevier Science Publishers, B. V.

Edland, A., & Svenson, O. (1993). Judgement and decision making under time pressure: Studies and findings. In Sevenson, O., Maule, A. J. (Eds.). *Time pressure and stress on human judgement and decision making* (pp. 27-40). Ney York: Plenum press.

Egan, J. P., Carterette, E. C., & Thwing, T. J. (1954). Some factors affecting multichannel listening. *Journal of the Acoustical Society of America, 26*, 774-782.

Eiff, G. (1999). *Organizational safety culture. Proceedings of the Tenth International Symposium on Aviation Psychology* (pp. 1-14). Columbus, OH: Department of Aviation.

Elkind, D. (1984). *All grown up and no place to go*. Reading, MA: Addison-Wesley.

Ellin, A. (1999). New York Times, April, 18.

Ellison-Potter, P. A., Bell, P. A., & Deffenbacher, J. (2001). The effects of trait driving anger, anonymity, aggressive stimuli on aggressive driving behavior. *Journal of applied social psychology, 31,* 431-443.

Elloson, P. A., Govern, J. M., Petti, H. L., & Figler, M. H. (1995). Anonimty and aggressive driving behavior. A field study. *Journal of social behavior and personality, 10*, 265-272.

Endsley, M. R. (1988). Design and evaluation for situation awareness enhancement. In proceeding of the Human Factors Society 32nd Annual Meeting, (pp. 97-101). Human Factors Society, Santa Monica. CA.

Eriksen, B. A., & Eriksen, C. W. (1974). Effects of noise letters upon the identification of a target letter in a non search task. *Perception & Psychophysics, 16*, 143-149.

Eriksen, B. A., & James, J. D. (1986). Visual attention within and around the field of focal attention: A zoom lens model. *Perception & Psychophysics, 40*, 225-240.

Evans, G. W., & Courtney, A. J. (1985) An analysis of accident data for franchised public buses in Hong Kong. *Accident Analysis and Prevention, 17*, 355-366.

Evans, I. (1996). *A crash course in traffic safety. 1997 Medical and Hearth Annal.* Chicago: Encyclopedia Britannica.

Evans, L. (1988). Risk of fatality from physical trauma versus sex and age. *Journal of Trauma, 28*, 368-378.

Fantz, R. L. (1963). Pattern Vision in Newborn Infants. *Science, 140*, 3564, 296-297.

Federal Emergency Management Agency(FEMA) (1997). *Multi hazard identification and risk assessment: A cornerstone of the national mitigation strategy.* Washington, DC: US.

Fellner, D. J., & Seizer-Azaroff, B. (1984). Increasing industrial safety practices and conditions through posted feedback. *Journal of Safety Research, 15*(1), 7-21.

Fibiger, W. (1981). Physiological cost and physical working capacity: Criterion ofr tree fallers. In W. H. Gladstone (ed.), *Ergonomics and the disabled person: Proceedings of the 18th Annual Conference of the Ergonomics Society of Australia and New Zealand*(pp. 223-230). Canberra: The Ergonomic Society of Australia and New Zealand.

Finch, J. R., & Smith, J. P. (1970). Psychiatric and Legal Aspects of Automobile Fatalities. Springfield. IL: Charles C. Thomas.

Finucane, M. I., Alhakami, A., Slovic, P., & Johnson, S. M. (2000). The affective heuristic in judgements of risks and benefits. *Journal of Behavioral Decision Marking, 13*, 1-17.

Fisher, D. L., Coury, B. G., Tengs, T. O., & Duffy, S. A. (1989). Minimizing the time to search visual displays: The role of highlighting. *Human Factors, 31*, 167-182.

Fisher, D. L., & Tan, K. C. (1989). Visual display: the highlighting paradox. *Human Factors, 31,* 17-30.

Fiske, S. T., & Taylor, S. E. (1984). Social Cognition. Reading, Massachusetts: Addison-Wesley Publishing company.

Forsythe, C. J., & Compas, B. E. (1987). Interaction of cognitive appraisals of stressful events and coping: Testing the goodness of fit hypothesis. *Cognitive Therapy and Research, 11*, 473-485.

Fowler, F. D. (1980). Air traffic control problem: A pilot's view. *Human Factors, 22*, 645-654.

Freedman, D.; & Hemenway, D. (2000). Precursor of lethal violence and aggression: A death row sample. *Social Science and Medicine, 50*, 1737-1770.

Friedman, M., & Rosenman R. H. (1959). Association of specific overt behavior pat₩-tern with blood and cardiovascular findings; blood cholesterol level, blood clotting time, incidence of arcus senilis, and clinical coronary ar₩-tery disease. Journal of American Medical Association, 169, 1286-1296.

Friedel, B., & Staak, M. (1993). Benzodiazepines and driving performance. In H.-D. Utselmann, G. Berghaus, & G. Kroj (Eds.), *Proceedings of the 12th International Conference on Alcohol, Drugs and Traffic Safety* (pp. 539-545). Cologne: Verlag TUV Rheinland.

Frodi, A. (1975). The effect of exposure to weapons on aggressive behavior from a cross-cultural perspective. *International Journal of Psychology, 10*, 283-292.

Fuller, R. (1991). The modification of individual road user behavior. In Enforcement and Rewarding Strategies and Effects. Proceedings of the International Road Safety Symposium, eds Koornstra and Christensen, Copenhagen.

Garmezy, N. (1993). Children in poverty: resilience despite risk. *Psychiatry, 56,* 127-136.

Geller, E. S. (2001). *The psychology of safety handbook*. Boca Raton, FL: CRC Press LLC.

Geller, E. S. (2005). *People based safety: The source.* Virginia Beach, VA: Coastal Training Technologies Corp.

Gibson, E. J., & Walk, R. D. (1960). The visual cliff. *Scientific American, 202,* 67-71.

Goleman, D. (1998). The emotional intelligence of leaders. *Leader to leader, 10*, 20-26.

Gomez-Mejia, L., Larraza-Kintana, M., & Makri, M. (2003). The determinants of executive compensation in family controlled public corporations. *Academy of Management Journal, 46*, 226-237.

Gonzalez-Munoz, E. L., & Gutierrez-Martinez, R. E. (2007). Contribution of mental workload to job stress industrial workers. *A Journal of Prevention, Assessment and Rehabilitation, 28*, 355-361.

Green, R. G. (1985). Stress and accident. *Aviation, Space, and Environmental Medicine, 56*(7), 638-641.

Greenberg, M., Siegel, J., & Leitch, C. (1983). The nature and importance of attachment relationships to parents and peers during adolescence. *Journal of Youth and Adolescence, 12*, 373-386.

Greenglass, E. R., Burke, R. J., & Moore, K. A. (2003). Reactions to Increased Workload: Effects on Professional Efficacy of Nurses. *International Association for Applied Psychology, 52*, 580-597.

Greenhaus, J. H., & Beutell, N. J. (1985). Sources of conflict between work and family roles. *Academy of Management Review, 10*(1), 76-88.

Greenwood, M., & Woods, H. M. (1919). The incidence of industrial accidents upon individuals with specific reference to multiple accidents. Industrial Fatigue Research Board Report, 4, London:

HMSO.

Gross, J. J., & Levenson, R. W. (1997). Hiding feeling the acute affect of inhibiting negative and positive emotion. *Journal of abnormal psychology, 106*, 95-103.

Grosslight, J. H., Fletcher, H. J., Masterton, R. B., & Hagen, R. (1978). Monocular vision and landing performance in general aviation pilots: Cyclops revisited. *Human Factors, 20*, 27-33.

Guastello, S. J. (1993). Do we really know how well our occupational accident prevention programs work? *Safety Science, 16*, 445-463.

Guldenmund, F. W. (2000). The nature of safety culture: A review of theory and research. *Safety Science, 34*, 215-257.

Haddon, W. J. (1980). Options for the prevention of motor vehicle crash injury. 1st *Journal of Medical Science, 16*(1), 45-65.

Haight, F. (2001). *Accident proneness: The history of an idea. Irvine,* CA: University of California Institute of Transportation Studies.

Hakamies-Blomqvist, L. (1996). Research on older drivers: a review. *Journal of International Association of Traffic and Safety Sciences, 20*, 91-101.

Hakamies-Blomqvist, L., & Henriksson, P. (1999). Cohort Effects in Older Drivers' Accident Type Distribution: Are Older Drivers as Old as They Used to be?. *Transportation Research Part F*(2), 131-138.

Hansen, C. (1988). Personality characteristics of the accident envolved employee. *Journal of Business and Psychology, 2*, 346-365.

Harano, R. M., & Hubert, D. E. (1974). An Evaluation of California's good drivers incentive program. Research and Statistics Section, Department of Motor Vehicles, Highway Research Report B0146, Sacramento, Ca. NTS: CAL-DMV-RSS-74-46.

Harlow, H. F. & Zimmermann, R. R. (1958). The development of affective responsiveness in infant monkeys. *Proceedings of the American Philosophical Society, 102,* 501-509.

Harned, M., Ormerod, A., Palmieri, P., Collinsworth, L., & Reed, M. (2002). Sexual assault and other types of sexual harassment by workplace personnel: A comparison of antecedents and consequences. *Journal of Occupational Health Psychology, 7,* 174-188.

Harris, F. J. (1949). A Comparison of the personality characteristics of accident and non-accident industrial populations. American Psychology, 4, 79.

Hart, P. M. (1999). Predicting employee life satisfaction. *Journal of Applied Psychology, 84*, 564-584.

Hart, S., & Staveland, L. (1988). Development of NASA-TLX: Results off empirical and theoretical research. In P. HanCock and N. Meshkati(eds.), *Human Mental workload*. Amsterdam: North-Holland.

Haviland, C. V., & Wiseman, H. A. B. (1974). Criminals who drive. Proceedings of the 18th Annual

Conference of the American Association for Automotive Medicine. Toronto, Canada: September.

Hawkins, F. H. (1993). *Human Factors in Flight*, 2nd ed. Routledge.

Heidegger, M. (2001). *Zollikon Seminars: Protocols -Conversations-Letters.* (Trans. F. Mayr and R. Askay.) Evanston, IL: Northwestern University Press.

Heinrich, H. W. (1931). *Industrial Accident Prevention-A Scientific Approach.* New York: McGraw-Hill.

Heinrich, H. W. (1980). *Industrial accident prevention.* New York: McGraw-Hill.

Heinrich, H. W., Petersen, D., & Roos, N. (1980). *Industrial accident prevention.* New York: McGraw Hill, Inc.

Hennessy, D. A., & Wiesenthal, D. L. (1999). Traffic Congestion, Driver Stress, and Driver Aggression. *Aggressive Behavior, 25*, 409-423.

Herman, J. (2007). 트라우마: 가정폭력에서 정치적 테러까지(*Trauma and Recovery: The Aftermath of Violence*). (최현정 역). 서울: 플래닛. (원저는 1997년 출판)

Herzberg, F., Mausner, B., & Snyderman, B. B. (1959). *The motivation of work.* NY: Wiley.

Hilchey, T. (1995). *Sleeping disorder may affect truckers.* New York Times, May, 14.

Hoare, P. N. (2001). *Stress traits and coping styles as predictors of stress symptoms in bus driver.* University of Southern Queensland. Australia.

Hochberg, J. (1978). *Perception. Englewood Cliffs*, NJ: Prentice-Hall.

Hochschild, A. R. (1979). Emotion work, feeling rules, and social structure. *American journal of sociology, 85*(3), 551-575.

Hochschild, A. R. (1993). *The managed heart. Berkeley*: University of california press.

Hofmann, D., Morgeson, F., & Gerras, S. (2003). Climate as a moderator of the relationship between leader-member exchange and content specific citizenship: Safety climate as an exemplar. *Journal of Applied Psychology, 88*, 170-178.

Hogan, R., Curphy, G. J., & Hogan, J. (1994). What we know about leadership. *American Psychology, 49*, 493-504.

Horne, J. A. (1993). Human sleep, sleep loss and behaviour: implications for the prefrontal cortex and psychiatric disorder. *British Journal of Psychiatry, 162,* 413-419.

Horne, J., & Reyner, L. (2001). Sleep-related vehicle accidents: some guides for road safety policies. *Transportation Research Part F, 4*, 63-74.

Hoyt, M. F.(1973). Internal-external control and beliefs about automobile travel. *Journal of Research in Personality, 7,* 288-293.

Hsee, C. K., & Weber, E. U. (1999). Cross-national differences in risk preference and lay predictions. *Journal of Behavioral Decision Making, 12,* 165-179.

Hubel, D. H., & Wiesel, T. N. (1968). Receptive fields and functional architecture of monkey striate cortex. *The Journal of physiology, 195*(1), 215-243.

Hubel, D. H., & Wiesel, T. N. (1970). The period of susceptibility to the physiological effects of uniateral eye closure in kittens. *The Journal of physiology, 206*(2), 419-436.

Hulbert, S. (1972). Effect of driver fatigue. In: Forbes T. W. (Ed.), *Human Factors in highway traffic safety research.* New York: Wiely, 1972.

Ichikawa, K. (2010). 종업원 지원 프로그램(EAP) 도입의 순서와 운용*(EAP導入の手順と運用：従業員支援プログラム)*. (김현수, 조현진, 박진희 공역). 서울: 민지사. (원저는 2004년 출판)

Iversen, H., & Rundmo, T. (2002). Personality, risky driving and accident involvement among Norwegian drivers. *Personality and Individual Differences, 33,* 1251-1263.

Jahoda, M. (1981). Work, employment, and unemployment: Values, theories, and approaches in social research. *American Psychologist, 36,* 184-191.

Janis, I. L. (1959). *Personality and persuasibility.* New Haven: Yale University Press.

Janis, I. L. (1972). *Victims of groupthink: a psychological study of foreign-policy decisions and fiascoes*, Houghton Mifflin Company.

Jastrow, J. (1900). *Fact and Fable in Psychology*. Houghton, Mifflin and Co.

Jeremy, R. (2015). 엔트로피*(Entropy)*. (이창희 역). 서울: 세종연구원. (원저는 1980년 출판)

Jex, H. R., DiMarco, R. J., & Wade, A. R. (1974), Impairment of moderate versus heavy drinkers in simulated driver tests. Paper presented at the 10th annual Conference on Manual Control, Wright-Patterson AFB, Ohio.

Job, S. (1990) The Application of Learning Theory to Driving Confidence: The Effect of Age and the Impact of Random Breath Testing. *Accident Analysis and Prevention, 22*(2), 97-107.

Johanson, G. (1975). Visual motion perception. *Scientific American, 232,* 76-89.

Johnson, D. G. (2009). *Computer ethics* (4th eds.). upper saddle river. NJ Prentice hall.

Johnson, G. (2003). To error is human. New York Times, July 14.

Jonah, B. A., & Lawson, J. J. (1984). The effectiveness of the canadian mandatory seat belt use laws. *Accident Analysis and Prevention, 16*, 433-450.

Julesz, B. (1971). Foundations of Cyclopean Perception. *Scientific American, 232,* 78-89.

Kahneman, D. (1973). *Attention and Effort. Englewood Cliffs*, NJ: Prentice Hall.

Kalant, H. (1989). The nature of addiction: a analysis of the problem. In A. Goldstein (Ed), *Modecuuller and Cellular aspects of addictions* (pp. 1-28). New York: Springer-Verlag(Chap. 11).

Kass, S. J., Vodanovich, S. J., & Callender, A. (2001). State-trait boredom: Relationship to absenteeism, tenure, and job satisfaction. *Journal of Business and Psychology, 16*(2), 317-327.

Kastenbaum, R. (1977). The kingdom where nobody dies. In S. Zarit (Ed.), *Readings in aging and death: Contemporary perspectives*. New York: Harper & Row.

Katila, A., Keskinen, E., & Hatakka, M. (1996). Conflicting goals of Skid Training. *Accident Analysis and Prevention, 28,* 785-789.

Kellermann, P. F., & Hudgins, M. K. (2008). 트라우마 생존자들과의 심리극*(Psychodrama with Trauma Survivors: Acting Out Your Plan)*. (최대헌, 조성희, 이미숙 공역). 서울: 학지사. (원저는 2000년에 출판)

Kessler, R. C., Price, R. H., & Wortman, C. B. (1985). Social factors in psychopathology: Stress, social support, and coping processes. *Annual Review of Psychology, 36*, 531-572.

Kessler, R. C., Turner, B., & House, J.S. (1988). Effects of unemployment on health in a community survey: Main, modifying and mediating effects. *Journal of Social Issues, 44*(4), 69-86.

Kierkegaard, S. (1992). *Concluding Unscientific Postscript to Philosophical Fragments.* Vol. 12:1. (Trans, H. V. Hong and E. H. Hong.) Princeton, NJ: Princeton University Press. (Original work published 1846).

Kim, J. S., Choi, S., Kwon, S. U., & Seo, Y. S. (2002). Inability to control anger or aggression after stroke. *Journal of Neurology, 58*, 1106-1108.

Kim, U. (2003). Interface among psychology, technology, and environment: Indigenous and cultural analysis of probabilistic versus the deterministic view of industrial accidents and occupational safety. 한국심리학회지: 사회문제, 9(특집호), 123-147.

Kinder, D. R., & Sears, D. O. (1981). Prejudice and Politics: Symbolic racism versus racial theats to the good life. *Journal of Personality and Social Psychology, 40,* 414-431.

King, L. A., & Emmons, R. A. (1990). Conflict over Emotional Expression: Psychological and physical correlates. *Journal of personality and social psychology, 58*, 864-877.

Kinicki, A. J., McKee-Ryan, F. M., Schriesheim, C., & Carson, K. (2002). Assessing the construct validity of the Job Descriptive Index: A review and meta-analysis. *Journal of Applied Psychology, 87,* 14-32.

Kinichi, A. J., Prussia, G. R., & McKee-Ryan, F. M. (2000). A panel study of coping with involuntary job loss. *Academy of Management Journal, 43*, 90-100.

Klebelsberg, D. (1989). 교통심리학*(Verkehrs-Psychologie)*. (윤홍섭 역). 서울: 성원사. (원저는 1982년 출판)

Knoflacher, H. (1979). Altersspezifische Unfallumständer. *Zeitschrift für Verkehrssicherheit, 25*, 131-134.

Koffka, K. (1935). *Principles of Gestalt Psychology.* New York: Harcourt, Brae, & World.

Kontogiannis, T. (2006). Patterns of driver stress and coping strategies in a Greek sample and their relationship to aberrant behaviors and traffic accidents. *Accident Analysis and Prevention, 38*, 913-924.

Kosmik, W., Winslow, L., Kline, D., Rasinski, K., & Sekuler, R. (1988). Visual changes in daily life throughout adulthood. *Journal of Gerontology Psychological Sciences, 43,* 63-70.

Kosslyn, S. M. (1973). Scanning visual images: Some structural implications. *Perception and Psychophysics, 14*(1), 90-94.

Kotary, L., & Hoyer, W. J. (1995). Age and the ability to inhibit distractor information in visual selective attention. *Experimental Aging Research, 21,* 159-171.

Kubler-Ross, E. (1969). *On death and dying.* New York: Macmillan.

Kunce, J., & Reeder, C. (1974). SVIB scores and accident proneness. *Measurement & Evaluation in Guidance, 17,* 118-121.

Küting, H. J. (1976). *Belastung und Beanspruchung des Kraftfahrers. Literaturübersicht zum Stand der Forschung,* Hannover: TÜV.

Kuznar, L., A. (2002). Evolutionary applications of risk sensitivity models to socially stratified species comparison of sigmoid, concave, and linear functions. *Evolution and Human Behavior, 23,* 265-280.

Laappotti, S., Keskinen, E., Hatakka, M., & Katila, A. (2001). Novice Drivers's Accidents and Violations-a Failure on Higher or Lower Hierarchical Levels of Driving Behaviour. *Accident Analysis and Prevention, 33,* 759-769.

Lajunen, T., & Summala, H. (1995). Driving experience, personality, and skill and safety-motive dimension in drivers' self-assessment. *Personality and Individual Differences, 19,* 307-318.

Lambert, A., & Raichle, K.(2000). "The role of political ideology in mediating judgements of blame in rape victims and their assailants: A test of the just world, personal responsibility, and legitimization hypotheses." *Personality and Social Psychology Bulletin 26.* 853-863.

Lang, F. R., & Carstensen, L. L. (1994). Close emotional relationship in late life: Further support for proactive aging in the social domain. *Psychology and aging, 2,* 315-324.

Langer, E. (1975). The illusion of control. *Journal of Personality and Social Psychology, 32,* 311-328.

Lawton, L., & Nutter, A. (2002). A Comparison of reported levels and expression of anger on everyday and driving situations. *British journal of psychology, 93,* 407-423.

Lawton, M. P., Kleban, M. H., Rajagopal, D., & Dean, J. (1992). Dimensions of affective experience in three age groups. *Psychology and Aging, 7,* 171-184.

Lazarus, R., & Folkman, S. (1986). Stress and adaptational outcomes: The problem of confounded measures. *American Psychologist, 40*(7), 770-779.

Lazarus, R., & Folkman, S. (1991). Coping and emotion. In A. Monat & Lazarus (Eds.), *Stress and coping: An anthology* (pp. 207-227). New York: Columbia University.

Lee, C., & Abdel-Aty, M. (2008). Presence of passengers: Does it increase or reduce driver's crash potential? *Accident analysis and preception 40*(5) 1703-1712.

Lee, S. C., Lee, S. Y., & Park, S. J. (2007). The Influences of Driving Confidence Levels on Traffic Accidents: Research Using Path Analysis. 한국심리학회지: 사회문제, 13(4), 101-112.

Lee, S. Y., Lee, S. C., & Song, H. W. (2009). Confirmatory factor analysis of the Traffic Accident Risk Index(TARI). *International Conference on Asia Pacific Psychology* (ICAPP), 207-208.

Legree, P., Heffner, T., Psotka, J., Medsker, G., & Martin, D. (2003). Traffic crash involvement: Experiential driving knowledge and stressful contextual antecedents. *Journal of Applied Psychology,*

88, 15-26.

Leibowitz, H. W., & Owens, D. A. (1986). We drive by night. *Psychology Today, January*, 55-58.

Lerner, J. S., & Ketlner, D. (2000). Beyond valence: Toward a model of emotion-specific influences on judgement and choice, *Cognition and Emotion, 14,* 473-493.

Leventhal, H. (1984). A perceptual-motor theory of emotion. In L. Berkowitz(Ed), *Advances in Experimental Social Psychology* (Vol. 17. pp. 117-182). New York: Academic Press.

Lewin, K. (1935). *A dynamic theory of personality*. New York: McGraw Hill.

Liem, R. & Liem, J. H. (1988). Psychological effects of unemployment on worker and their families. *Journal of Social Issues, 44*(4), 87-106.

Lieverman, M. D., Eisenverg, N. I., Crokett, M. J, Tom, S. M., Pfeifer, J. H., & Way, B. M. (2007). Putting feeling into words: affect labeling disrupts amygdala activity in response to affective stimuli. *Association for psychological science, 18*, 421-428.

Lindenberger, U., & Baltes, P. B. (1997). Intellectual functioning in old and very old age: Cross-sectional results from the berlin aging study. *Psychology and Aging, 12*(3), 410-432.

Loewenstein, G. F., Weber, E. U., Hsee, C. K., & Welch, N. (2001). Risk as feelings. *Psychological Bulletin, 127*, 267-286.

Logsdon, R. G., Teri, L., & Larson, E. B. (1992). Driving and Alzheimer's disease. *Journal of General Internal Medicine, 7*, 583-588.

Lund, A. K., & Williams, A. F. (1985), A review of the literature evaluating the defensive driving courage. *Accident Analysis and Prevention, 17*, 449-460.

Lundstedt, E. (1972). A new superior type of cottage cheese. *Cultured Dairy Products Journal. 7*(1), 8.

Lying, S. (1990). Edgework: A social psychological analysis of voluntary risk-taking. *American Journal of Sociology, 95*(4), 851-886.

Lyznicki, J. M., Doege, T. C., Davis, R. M., & Williams, M. A. (1998). Sleepiness, driving and motor vehicle crashes. *Journal of the American Medical Association, 279*(23), 1908-1913.

Machin, M. A., & De Souza, J. M. D. (2004). Predicting health outcomes and safety behavior in taxi drivers. *Transportation Research Part F: Traffic Psychology and Behaviour, 7*, 257-270.

Machin, M. A., & Sankey, K. S. (2008). Relationship between young driver's personality characteristics, risk perceptions, and driving behavior. *Accident Analysis & Prevention, 40*, 541-547.

Maddus, J. E. (1991). Self-efficacy. In C. R. Snyder & D. R. Forsyth(Eds.) Handbook of social and clinical psychology, New York: Pergamon.

Malkiel, B. G. (1995). Returns from investing equity mutual funds 1971 to 1991. *Journal of Finance, 50*(2), 549-572.

Mandler, G. (1984). *Mind and body: Psychology of emotion and stress.* New York: Norton.

Mann, S. (1999). Emotion at work: to what extent are we expressing. Suppressing, or faking It? *European journal of work and organizational psychology, 8*(3), 347-369.

Mann, S., & Robinson, A. (2009). Boredom in the lecture theatre: An investigation into the contributors, moderators and outcomes of boredom amongst university students. *British Educational Research Journal, 35*, 243-258.

Marottoli, R. A. & Richardson, E. D. (1998). Confidence in a and self-rating of, driving ability among older drivers. *Accident Analysis and Prevention, 30*(3), 331-336.

Martinez-Urrutia, A. (1975). Anxiety and pain in surgical patients. *Journal of Consulting and Clinical Psychology, 43*(4), 437-442.

Maslach, C., & Jackson, S. E. (1986). Maslach burnout inventory manual (2nd ed.). Palo Alto, CA: Consulting Psychologists Press.

Maslow, A. H. (1943). A theory of human motivation. *Psychological review, 50,* 370-396.

Maslow, A. H. (2012). 존재의 심리학(*Toward a psychology of being*). (정태연, 노현정 공역). 서울: 문예출판사. (원저는 1999년 출판)

Matsui, K., & Sakamoto, K, (1971) The understanding of complaints in a noisy workshop. *Ergonomics, 14*, 95-102.

Mattews, M. L., & Moran, A. R. (1986). Age differences in male drivers' perception of accident risk: the role of perceived driving ability. *Accident analysis and prevention, 18*, 299-313.

Matthews, G., Tsuda, A., Xin, G., & Ozeki, Y. (1999). Individual differences in driver stress vulnerability in a Japanese sample. *Ergonomics, 42*, 401-415.

Maurer, D,. & Salapatek, P. (1976). Developmental-Changes in Scanning of Faces by Young Infants. *Child Development, 47*, 523-527.

May, A., Ross, T., & Osman, Z. (2005). The Design of Next Generation I-vehicle Navigation Systems for the Older Driver. *Interacting with Computers, 17*, 643-659.

Mayer, R. E., & Treat, J. R. (1977). Psychological, social and cognitive characteristics of high-risk drivers: A pilot study. *Accident Analysis and Prevention, 9*, 1-8.

Mayo, E. (1924). The basis of industrial psychology: The psychology of the total situation is basic to a psychology of management, Bulletin of the taylor society, 9, 249-259.

Mazur, K. M., & Reising, J. M. (1990). The relative effectiveness of three depth cues in a dynamic air situation display. In Proceedings of the Human Factors Society 34th Annual Meeting(pp. 16-19). Santa Monica, CA: Human Factors Society.

McComick, E. J., & Tiffin, J. (1975). *Industrial Psychology*(5th ed.). London: George Allen & Unwin LTD.

McFadden, K. (2002). DWI convictions linked to a higher risk of alchol-related aircraft accidents. *Human Factors, 44*, 522-529.

McFarland, R. A., & Moseley, A. L. (1954). *Human factors in highway transport safety.* Boston: Harvard School of Public Health.

McGregor, D. (1960). *The human side of enterprise: Theory X and theory Y. Annotated edition.* New York: Mcgraw-Hill.

McKinnon, R. C. (1995). Searching for the Leviathan in Usenet. Cybersociety: Computer-mediated communication and Community, Sage.

McKnight, A., J., McKnight, A., S. (1999). Multivariate Analysis of Age-related Driver Ability and Performance Deficits. *Accident Analysis and Prevention, 31,* 445-454.

McKnight, A. J., Shinar, D., & Hilburn, B. (1991). The visual and driving performance of monocular and binocular heavy-duty truck drivers. *Accident Analysis & Prevention, 23,* 225-237.

McMurray, L. (1970). Emotional stress and driving performance: The effects of divorce. *Behavioral Research in Highway Safety, 1,* 100-114.

McSween, T. E. (2003). *The Values-based safety process: Improving your safety culture with a behavioral approach.* (2nd). New York: Van Nostrand Reinhold.

Melamed, S., Ben-Avi, I., Luz, J., & Green, M. S. (1995). Objective and subjective work monotony: effects on job satisfaction, psychological distress, and absenteeism in blue-collar workers. *Journal of Applied psychology, 8,* 29-42.

Melamed, S., Luz, J., Najenson, T. Jucha, E., & Green, M. (1989). Ergonomic stress levels, Personal characteristics, accidents occurrence and sickness absence among factory workers. *Ergonomics, 32,* 1101-1110.

Mertens, H. W., & Lewis, M. F. (1981). Effect of approach lighting and visible length on perception of approach angle in simulate night landings. U.S. Federal Aviation Administration Office of Aviation Medicine Technical Report(FAA-AH-82-6). Washington DC: Federal Aviation Administration.

Michon, J. A. (1987). On the multidisciplinary dynamics of traffic science. *IATSS Research, 11,* 31-40.

Mihal, W. L., & Barrett, G. V. (1976). Individual differences in perceptual information processing and their relation to automobile accident involvement. *Journal of Applied Psychology, 61,* 229-233.

Miles, D. E., & Johnson, G. L. (2003). Aggressive driving behaviors: are there psychological and attitudinal predictors?, *Transportation Research Part F, 6,* 147-161.

Milgram, S. (1963). Behavioral study of obedience. *Journal of Abnormal and Social Psychology, 67,* 371-378.

Mohamed, S. (2002). Safety climate in construction site environments. *Journal of Construction Engineering and Management, 128*(5), 375-384.

Mohamed, S. (2003). Scorecard approach to benchmarking organizational safety culture in construction. *Journal of Construction Engineering and Management, 129*(1), 80-88.

Montag, I., & Comrey, A. L. (1987). Internality and externality as correlates of involvement in fatal driving accidents. *Journal of Applied Psychology, 72,* 339-343.

Monteith, M., Berkowitz, L., Kruglanski, A., & Blair, C. (1990). The influence of physical discomfort on experienced anger and anger-related ideas, judgments, and memories. Unpublished manuscript.

Moorhead, G., Ference, R., & Neck, C. P. (1991). Group decision fiascoes continue: Space shuttle Challenger and revised groupthink framework. *Human Relations, 44*(6), 539-550.

Morgan, J. I., Jones, F. A., & Harris, P. R. (2013). Direct and indirect effects of mood on risk decision making in safety-critical workers. *Accident Analysis and Prevention, 50*, 472-282.

Moskowitz, H., & Sharma, S. (1974). Effects of alcohol on peripheral vision as a function of attention. *Human Factors, 16,* 174-180.

Moskowitz. H., & DePry. D. (1968). Differential effect on auditory vigilance and divided-attention tasks. *Quarterly Journal of Studies on Alcohol, 29*, 54-63.

Mroczek, D. K., & Kolarz, C. M. (1998). The effect of age on positive and negative affect: A development perspective on happiness. *Journal of Personality and Social Psychology, 75*(5), 1333-1349.

Muchinsky, P. M. (2003). 산업 및 조직심리학(Psychology applied to work : an introduction to industrial and organizational psychology) (유태용 역) 서울: 시그마프레스 (원전 2000년에 출판)

Munsch, G. (1966). Physical maturity and mature driving. Proceeding of 2nd congress of the international association for accident and traffic medicine, Vol 2, Stockholm.

Munson, L. J., Hulin, C., & Drasgow, F. (2000). Longitudinal analysis of dispositional influences and sexual harassment. *Personnel Psychology, 53*, 21-46.

Näätänen, R., & Summala, H. (1976). *Road-user behavior and traffic accidents.* Amsterdam: North-Holland.

Nagayama, Y. (1989). International comparison of traffic behavior and perception of traffic. *IATSS Research, 13-1*, 61-69.

National Highway Traffic Safety Administration. (1998). *National Survey of speeding and Other Unsafe driving actions, Volume 11: Driver Attitudes and Behavior.* New York, NY: Schulman, Ronca & Bucuvalas, Inc.

National Highway Traffic Safety Administration. (2003). Traffic safety facts 2003: overview. Retrieved October 2, 2005, from http://www-nrd.nhtsa.dot.gov/pdf/nrd-30/NCSA/TSF2003/809767.pdf.

National Research Council (1989). *Improving risk communication.* National Academy Council.

Neal, A., & Griffin, M. A. (2006). A study of the lagged relationships among safety climate, safety motivation, safety behavior, and accidents at the individual and group levels. *Journal of Applied Psychology, 91*, 946-953.

Neale, V. L., Dingus, T. A,, Klauer, S. G., Sudweeks, J., & Goodman, M. (2005). An overview of the 100-car naturalistic study and findings, In Proceedings of the 19th international technical conference on the enbanced safety of vehicles, Washington, DC.

Neisser, U. (1976). *Cognition and reality. Freeman.* 古崎 敬, 村瀬 旻 共譯 (1978), 認知の構造, サイエンス社.

Nesbit. S. M., Cogner, J. C., & Cogner, A. J. (2007). A quantitative review of the relationship between anger and aggressive driving. *Aggression and violent behaviour, 12*, 156-176.

Neugarten, B. (1967). The awareness of middle age. In R. Owen (Ed.), *Middle age*. London: BBC.

NHTSA (2001). The relative frequency of usage driving acts in serious traffic crashes: Final report. DTNH22-94-C-05020. National Highway Traffic Safety Administration.

Nielsen, J. (1993). *Usability engineering*. Academic.

Norman, D. A. (1988). *The psychology of everyday things*. New York: Basic Books.

Norman, D. A. (1990). *The design of everyday things*. New york: Doubleday.

Norton, M. I., Monin, B., Cooper, J., & Hogg, M. A. (2003). "Vicarious dissonance: attitude change from the inconsistency of others." *Journal of Personality and Social Psychology 85*(1). 47-62.

O'Brien, G. E. (1986). *Psychology of work and unemployment*. Chichester: Wiley.

O'Gorman, W. D., & Kunkle, E. C. (1947). Study of the relation between MMPI scores and pilot error in aircraft accidents. *Journal of Aviation Medicine, 18*, 31-38.

O'Hanlon, J. F. (1972). Heart rate variability: A new index of driver alertness/fatigue. *Society of Automotive Engineers, 720141*, New York.

O'Neill, D., Neubauer, K., Boyle, M., Gerrard, J., Surmon, D., & Wilcock, G. K. (1992). Dementia and driving. *Journal of the Royal Society of Medicine, 85*(4), 199-202.

OECD (1990). *Behavioral adaptations to changes in the road transfer system*.

Olson, P., & Sivak, M. (1984). Glare from automobile rear-vision mirrors. *Human Factors, 26*, 269-282.

O'Neil, B. (1977). A decision - theory model of danger compensation. *Accident and Analysis Prevention, 3*, 157-165.

Osborne, D. W., & Ellingstad, V. S. (1987). Using sensor lines to show control-display linkages on a four-burner stove. Proceedings of 31th Annual Meeting of the Human Factors Society, Santa Monica, California.

Palamarek, D. L., & Rule, B. G. (1979). The effects of ambient temperature and insult on the motivation to retaliate or escape. *Motivation and Emotion, 3*, 83-92.

Parasuraman, R., & Nestor, P. G. (1991). Attention and driving skills in aging and Alzheimer's disease. *Human Factors, 33*, 539-557.

Parker, D., Reason, J. T., & Manstead, A. S. R. (1995). Behavioral characteristics and involvement in different types of traffic accident. *Accident Analysis and Prevention, 27*, 571-581.

Parkinson, B. (2001). Anger on and off the road. *British Journal of psychology, 92* 507-526.

Patemoster, R., Saltzman, L. E., Waldo, G. P., & Chiricos, T. G.(1983). "Estimating perceptual stability and deterrent effects: the role of perceived legal punishment in the inhibition of criminal involvement." *Journal of Criminal Law and Criminolog 74*. 270-297.

Pattison, E. M. (1977). The experience of dying. in E. M. Pattison (Ed.), *the experience of dying*. *Englewood Cliffs*, NJ: Prentice-Hall.

Pennebaker, J. W. (1995). Emotion, disclosure, and health, An overview. Washington DC, *American Psychological 92*, 507-526.

Pennings, E. J. M., Leccese, A. P., & Wolff, F. A. de. (2002). Effects of concurrent use of alcohol and cocaine. *Addiction, 97*, 773-783.

Perrow, C. (1999). Normal accidents: Living with high-risk technologies: With a new afterword and a postscript on the Y2K problem, Princeton: Princeton University Press.

Peters, R. S. (1973). *Authority: Responsibility and Education*. London: GAU press.

Peterson, S. J., Gerhardt, M. W., & Rode, J. C. (2006). Hope, learning goals, and task performance. *Personality and Individual Differences, 40,* 1099-1109.

Philip, P., Ghorayeb, I., Leger, D., Menny, J. C., Bioulac, B., Dabadie, P., & Guilleminault, C. (1997). Objective measurement of sleepiness in summer vacation long-distance drivers. *Electro encephalography and Clinical Neurophysiology, 102,* 383-389.

Philippa F. (1967). *Theories of Ethics. Oxford*: Oxford University Press.

Phillips, D. T. (1977). Motor vehicle fatalities increase just after publicized suicide stories. *Science, 196,* 1464-1465.

Pires, T. T. (2005). An approach for modeling human cognitive behavior in evacuation motels. *Fire Safety Journal, 40*, 177-189.

Platt, S. (1984). Unemployment and suicidal behaviour: review of the literature. *Social Science and Medicine, 19*, 93-115.

Platt, S., & Kreitman, N. (1990). Long-term trends in parasuicide and unemployment in Edinburgh, 1968-87. *Social Psychiatry and Psychiatric Epidemiology, 25*, 56-61.

Price, R., Choi, J., & Vinokur, A. (2002). Links in the chain of adversity following job loss: How financial sarin and loss of personal control lead to depression, Impaired functioning, and poor health. *Journal of Occupational Health Psychology, 9*(4), 302-312.

Pringle, H. L., Irwin, D. E., Kramer, A. F., & Atchley, P. (2001). The role of attentional breadth in perceptual change detection. *Psychonomic Bulletin and Review, 8*(1), 89-95.

Pugliesi, K. (1999). The consequences of emotional labor: Effects on work stress, job satisfaction and well-being. *Motivation and emotion, 23*(2), 125-154.

Raby, M., & Wichens, C. D. (1994). Strategic workload management and decision biases in action. *International Journal of Aviation Psychology, 4*, 211-240.

Ramsey, J. (1985). Ergonomic factors in task analysis for consumer product safety. *Journal of Occupational accidents, 7,* 113-123.

Ramsey, J., Burford, C., Beshir, M., & Jensen, R. (1983). Effects of workplace thermal conditions on safe work behavior. *Journal of Safety research, 14*, 105-114.

Rantanen, E. M., & Goldberg, J. H. (1999). The effect of mental workload on the visual field size and shape. *Ergonomics, 43*(6), 816-834.

Rasmussen, J. (1983). Skills, rules, and knowledge: signals, signs, and symbols, and other distinction in human performance models. IEEE Transactions on systems, Man, and Cybernetics, SMC-13, 257-266.

Ravaja, N. (2004). Contributions of psychophysiology to media research: Review and recommendations. *Media Psychology, 6*(2), 193-235.

Reason, J. (1974). Man in motion: The psychology of travel. Weidenfeld & Nocolson, London. 井坂 精譯, (1981). スピードと運轉の科學. 啓學出版.

Reason, J. (1984). Lapses of attention in everyday life. In R. Parasuraman & D. R. Davies(Eds.), *Varieties of attention.* (pp. 515-549). New York: Academic Press.

Reason, J. (1990). *Human error.* New York: Cambridge University Press.

Reason, J., Manstead, A., Stradling, S., Baxter, J., & Campbell, K. (1990). Error and violation on the roads: A real distinction? *Ergonomics, 33*, 1315-1332.

Rimmo, P. A., & Aberg, L. (1999). On the distinction between violations and errors: sensation seeking associations. *Transportation Research Part F, 2*, 151-166.

Ringelmann, M. (1913). Recherches sur les moteurs animés. Travail de l'homme. Annales de l'Institut national agronomique. 1-40.

Rio, L., Aberg, J., Renner, R., Dahlsten, O., & Vedral, V. (2011). The thermodynamic meaning of negative entropy. *Nature, 474*, 61-74.

Robins, R. W., John, O. P., Caspi, A., Moffitt, T. E., & Stouthamer-Loeber, M. (1996). Resilient, overcontrolled and undercontrolled boys: Three replicable personality types. *Journal of personality and Social Psychology, 70*, 157-171.

Rock, I. (1975). Reviewed work: An introduction to perception. The American *Journal of Psychology, 88*, 4, 686-688.

Roethlisberger, F. J., & Dickson, W. J. (1939). *Management and the worker: an account of a research program conducted by the Western electric company, Hawthorne works*, Chicago. Harvard University Press, Cambridge, MA.

Rogers, C. R. (1957). The necessary and sufficient conditions for therapeutic personality change. *Journal of Counseling Psychology, 21*, 95-103.

Rook, L. W. (1962). Reduction of human error in industrial production, Office of Technical Services.

Roscoe, S. N. (1968). Airborne displays for fight and Navigation. *Human Factors, 10*, 321-332.

Rose, C. L., Murphy, L. B., Byard, I., & Nikzad, K. (2002). The role of the Big five personality factors in vigilance performance and workload. *European Journal of Personality, 16*, 185-200.

Ross. S. S. (1980). *Product safety management.* New York: McGraw Hill Book Co.

Rothbart, M., & John, O. P. (1985). Social Categorization and behavioral episodes: A cognitive analysis of the effects of intergroup contact. *Journal of Social Issues, 41*, 81-104.

Rothengarter, T. (1988). "Risk and the absence of pleasure: a motivational approach to modeling road user behavior." *Ergonomic, 31*, 599-609.

Rotter, J. B. (1966). Generalized expectancies for internal versus external control of reinforcement. *Psychological Monographs, 80.*

Rumar, K. (1985). The role of perceptual and cognitive filters in observed behavior. In Evans, L., Schwing, R. C., Editors, *Human Behavior and Traffic Safety. New York*, NY: Plenu Press, 151-165.

Rumar, K. (1988). Collective risk but individual safety. *Ergonomics, 31,* 507-518.

Russell, B. (1938). *Power.* London: Allen & Unwyn.

Rutley, K. S. (1975). Control of drivers' speed by means other than enforcement. *Ergonomics, 18,* 89-100.

Rydstedt, L. W., Johansson, G., & Evans, G. W. (1998). A longitudinal study of workload, health and well-being among male and female urban bus drivers. *Journal of Occupational and Organizational Psychology, 71*, 35-45.

Rynes, S. L., Brown, K. G., & Colbert, A. L. (2002). Seven common misconceptions about human resource practices: Research findings versus practitioner beliefs. *Academy of management executive, 16*, 92-102.

Safford, R. R., & Rockwell, T. H. (1967). Performance decrement in twenty-four hour driving. *Highway Research Record, 163*, 68-69.

Saltzman, L. E., Patemoster, R., Waldo, G. P., & Chiricos, T. G. (1982). Deterrent and experiential effects: The problem of causal order in perceptual research. *Journal of Research in Crime and Delinquency, 19,* 172-189.

Sanders, M. S., & McCormick, E. J. (1993). *Human Factors in Engineering and Design*(7th ed.). McGraw-Hill, Inc.

Sanderson, P. M., Flach, J. M., Buttigieg, M. A., & Casey, E. J. (1989). Object displays do not always support better integrated task performance. *Human Factors, 31*, 183-189.

Sanes, J. N., Donoghue, J. P., Thangaraj, V., Edelman, R. R., & Warach, S. (1995). Shared neural substrates controlling hand momvents in human motor cortex. *Science, 268*(5218), 1775-1777.

Sarapata, M., Hermann, D., Johnson, T., & Aycock, R. (1998). The role of head injury in cognitive functioning, emotional adjustment and criminal behavior. *Brain Injury, 12*, 821-842.

Sartre, J. P. (1996). **존재와 무**(*Being and Nothingness: An Essay on Phenomenological Ontology*). (정소성 역). 서울: 동서문화사. (원저는 1960년 출판)

Schachter, S. (1964). The interaction of cognitive and physiological determinants of emotional state. In L. Berkowitz (Ed), *Advance in Experimental Social Psychology* Vol. I. New York: Academic Press.

Schreer, G. E. (2002). Narcissism and aggression: is inflated self-esteem related to aggressive driving?. *North American Journal of Psychology, 4*(3), 331-341.

Schmidtke, H. (1973). *Ergonomics 1.* Grundlagen menschlicher Arbeit und Leistung, München: Hanser.

Schneider, K. T., Hitlan, R. T., & Radhakrishnan, P. (2000). An examination of the nature and correlates of ethnic harassment experiences in multiple contexts. *Journal of Applied Psychology, 81*, 3-12.

Schrödinger, E. (2007). 생명이란 무엇인가. 정신과 물질(*What is life? and Mind and Matter*). (전대호 역). 서울: 궁리출판. (원저는 1967년 출판)

Schultz, D., & Schultz, S. (2008). 일과 심리학(*Psychology and Work Today: An introduction to Industrial and Organizational Psychology*). (양윤, 이재식, 신강현 공역). 서울: 시그마프레스. (원저는 2006년 출판)

Segberg, F. (1999). Road accidents caused by drivers falling asleep. *Accident Analysis and Prevention, 3*(6), 639-649.

Selye, H. (1980). The stress concept today. In I. L. Kutash, L. B. Schlesinger, & Associates (Eds.), *Handbook on stress and anxiety* (pp. 127-143). San Francisco: Jossey-Bass.

Selzer, N. L., Rogers, J. E., & Kern, S. (1968). Fatal accidents: The role of psychopathology, social stress and acute disturbance. *American Journal of Psychiatry, 124*, 46-54.

Senders, J. W., & Moray, N. P. (1991). *Human Error: Cause, Prediction and Reduction*. Hillsdale, N. J.: Erlbaum.

Shah, P. P. (2000). Network destruction. *Academy of Management Journal, 43,* 101-112.

Shaw, J., Duffy, M., Mitra, A., Lockhart, D., & Bowler, M. (2003). Reactions to merit pay increases: A longitudinal test of a signal sensitivity perspective. *Journal of Applied Psychology, 88*, 538-544.

Sheedy, J. E., Bailey, I. L., Burl. M., & Bass, E. (1986). Binocular vs monocular task performance. *American Journal of Optometry & Physiological Optics, 63,* 839-846.

Sheeny, N. P. & Chapman, A. J. (1987). Industrial accidents. *International Review of Industrial and Organizational Psychology, 2*, 201-227.

Shein, E. H. (2010). Organizational culture and Leadership. Fourth Edition.

Shinar, D. (1985). *Psychology on the road*. Macmillan publishing Co., Inc., 野口 薰, 山下 昇共譯 (1987). 交通心理學入門, サイエンス社.

Shinar, D. (2001). Driving speed relative to the speed limit and relative to the perception of safe, enjoyable and economical speed. In Processing of the Conference on Traffic Safety on three continents. MOSCOW Russia, September, 19-21.

Shinar, D., & Compron, R. (2004). Aggressive driving: an observational study of driver, vehicle, and situational variables. *Accident Analysis and Prevention, 36,* 429-437.

Shinar, D., McDowell, E. D., Rackoff, N. J., & Rockwell, T. H. (1978). Field dependence and driver visual search behavior. *Human Factors, 20*, 553-559.

Short, J. W., Williams, E., & Christie, B. (1976). *The social psychology of telecommuncation*. New York: John Wiley & Sons.

Silike, A. (2003). Deindividuation, anonymity, and violence: Findings from Northern Ireland. *The Journal of Social Psychology, 143*(4), 493-499.

Sime, J. D. (2001). An occupant response shelter escape time (ORSET) model. *Safety Science, 38*, 109-125.

Simon, B., & Brown, R. (1987). Perceived intragroup homogeneity in minority majority contexts. *Journal of Personality and Social Psychology, 53*, 703-711.

Simonet, S., & Wilde, G. J. S. (1997). Risk: Perception, acceptance and homeostasis. *Applied psychology: An international review, 46*(3), 235-252.

Singleton, W. T. (1973). Theoretical approaches to human error. *Ergonomics, 16*, 6, 727-737.

Sivak, M. (1995). Vision, perception, and attention of older drivers in: UMTRI Research review: the safety and mobility of older drivers. What we know & Promising research issues. July-September, 26, 1, 7-10.

Slovic, P. (1986). Informing and educating the public about risk. *Risk Analysis, 6*, 403-415.

Slovic, P. (1987). Perception of risk. *Science, 236*, 280-285.

Slovic, P. (2000) *The perception of risk.* London: Earthscan Publications.

Slovic, P., Finucane, M. L., Peters, E., & MacGregor, D. G. (2004). Risk as analysis and risk as feelings: Some thoughts about affect, reason, risk, and rationality. *Risk Analysis, 24*, 311-322.

Slovic, P., Kunreuther, H., & White, G. F. (1974). In G. F. White (ed), *Natural Hazards Local, national, and global*, New York: Oxford University Press.

Slovic, P., Layman, M., Kraus, N., Flynn, J., Chalmers, J., & Gesell, G. (1991). Perceived risk, stigma, and potential economic impacts of a high-level nuclear waste repository in Nevada. *Risk Analysis, 11*, 683-696.

Spector, P. E., Cooper, C. L., Poelmans, S., Allen, T. D., O'Driscoll, M., Sanchez, J. I., Siu, O. L., Dewe, P., Hart, P., Lu, L., De Moraes, L. F., Ostrognay, G. M., Sparks, K., Wong, P., & Yu, S. (2004). A cross-national comparative study of work-family stressors, work hours and well-being. China and Latin America versus the Anglo world. *Personnel Psychology, 57*, 119-142.

Spielberger, C. D. (1972). *Anxiety and Emotional State: In Anxiety; Current Trend in Theory and Research.* New York: Academic Press.

Spieth, W., Curtis, J. F., & Webster, J. C. (1954). Responding to one of two simultaneous messages. *Journal of the Acoustical Society of America, 26*, 391-396.

Stallen, P. J., & Coppock, R. (1987). About risk communication and risky communication. *Risk Analysis, 7*(4), 413-414.

Stanton, N. A, & Barber, C. (2003). On the cost-effectiveness of ergonomics. *Applied Ergonomics, 34*, 407-411.

Stanton, N. A., & Young, M. S. (2000). A proposed psychological model of driving automation. *Theoretical Issues in Ergonomics Science, 1*(4), 315-331.

Stark, S., Chernyshenko, O., Chan, K., Lee, W., & Drasgow, F. (2001). Effects of the testing situation on item responding. *Journal of Applied Psychology, 86*, 943-953.

Steinberg, L.D., Catalano, R., & Dooley, D. (1981). Economic antecedents of child abuse and neglect. *Child Development, 52*, 975-985.

Stevens, A., & Minton, R. (2001). In-vehicle distraction and fatal accidents in England and Wales. *Accident Analysis and Prevention, 33*, 539-545.

Stradling, S. G., Meadows, M. L., & Beatty, S. (2004). Characteristics and crash-involvement of seeding, violating and thrill-seeking drivers. *Traffic and Transport Psychology Proceedings of the ICTTP 2004*, 177-192.

Stranks, H. (2007). *Human Factors and Behavioral Safety.* Oxford: Elsevier.

Streff, F. M., & Geller, E. S. (1988). An experimental test of risk compensation: between-subject Versus within subject analyses. *Accident Analysis and Prevention, 20*, 277-287.

Suler, J. (2004). The online disinhibition effect. *Cyber-psychology and Behavior, 7*, 321-326.

Summala, H. (1988). Zero-Risk theory of driver behaviour. *Ergonomics, 31*, 491-506.

Summala, H. (1997). Hierarchical model of behavioral adaptation and traffic accidents. In J. A. Rothengattter & E. Carbonell Vaya (Eds.), *Traffic and transport psychology: Theory and application.* Oxford: Pergamon.

Svenson, O. (1981). Are we all less risky and more skillful than our fellow drivers?. *Acta Psychologica, 47*, 143-148.

Swain, A. D., & Guttmann, H. E. (1983). Handbook of Human Reliability Analysis with Emphasis on. Nuclear Power Plant Applications, Nuclear Regulatory Commission Final Report.

Tajfel, H. (1982). Social psychology of intergroup relations. *Annual Review of Psychology, 33*, 1-39.

Tanck, R. H., & Robbins, P. R. (1979). Assertiveness locus of control and coping behavior used to diminish tension. *Journal of Personality Assessment, 43*, 396-400.

Tanner, J. M. (1978). *Fetus into man: Physical growth from conception to maturity.* Cambridge. MA: Harvard University Press.

Taylor, D. H. (1964). Driver's galvanic skin response and the risk of accident. *Ergonomics, 7*, 439-451.

Taylor, S., McCracken, C. F., Wilson, K. C., & Copeland, J. R. (1998). Extent and appropriateness of benzodiazepine use. Results from an elderly urban community. *British Journal of Psychiatry, 173*, 433.

Tedstone, D., & Coyle, K. (2004). Cognitive impairments in sober alcoholics: performance on selective and divided attention tasks. *Drug and Alcohol Dependence, 75*, 277-286.

Teevan, J. J. (1976). Subjective perception of deterrence(continued). *Journal of Research in Crime and Delinquency, 13*, 155-164.

Tellegen, A. (1985). Structures of mood personality and their relevance to assessing anxiety with an emphasis on self-report, Anxiety and Anxiety disorders, 681-706.

Tillmann, W. A., & Hobbs, G. E. (1949). The accident-prone automobile driver. *The American Journal of Psychiatry, 106*, 321-331.

Tiplady, B., Franklin, N., & Scholey, A. (2004). Effect of ethanol on judgments of performance. *British Journal of Psychology, 95*, 105-118.

Tittle, C. R. (1980). *Sanctions and Social Deviance: A Question of Deterrence*. New York: Praeger.

Tourton, D. R., & Hertzorg, C. (2004). Distinguishing age difference in knowledge, strategy use and confidence during strategic skill acquisition. *Psychology and Aging, 19*, 452-466.

Treisman, A. M. (1986). Features and objects in visual processing. *Scientific American, 255*, 114-125.

Treisman, A. M., Sykes, M., & Gelade, G. (1977). Selective attention and stimulus integration. In S. Dormic(ed.), *Attention and Performance VI*(pp. 333-361). Hillsdale, NJ: Lawrence Erlbaum.

Trimpop, R. M. (1994). *The psychology of risk tasking behavior*. North-Holland, Amsterdam.

Trimpop, R. M., & Kirkcaldy, B. (1997). Personality Predictors of Driving Accidents. *Personality and Individual Differences, 23*(1), 147-152.

Troll, L. E. (1985). *Early and middle adulthood* (2d ed.). Moterey, CA: Brooks-Cole.

Tugada, M. M., & Fredrickson, B. L. (2004). Resilient individuals use positive emotions to bounce back from negative emotional experiences. *Journal of Personality and Social Psychology, 86*(2), 320-333.

Turkington, R. (1983). Plasticity in growth and patterns of dry matter distribution of two genotypes of Trifolium repents grown in different environments of neighbours. *Canadian Journal of Botany, 61*, 2186-2194.

Turkstra, L., Jones, D., & Toler, H. L. (2003). Brain injury and violent crime. *Brain Injury, 17*(1), 39-47.

Twenge, J. M. (2000). The age of anxiety? Birth cohort change in anxiety and neuroticism, 1952-1993. *Journal of Personality and Social Psychology, 79*, 1007-1021.

Ulrich, B. (2014). 위험사회-새로운 근대성을 향하여(*Risikogesellschaft*). (홍성태 역). 서울: 새물결 (원저는 1986년에 출판)

Vaishnavi, S., Connor, K. M., & Davidson, R. T. (2007). An abbreviated version of the Connor-Davidson resilience scale(CD-RISC), the CD-RISC2: Psychometric properties and applications in psychopharmacological trials. *Psychiatry Research, 15*(2), 293-297.

Validity of the Type A construct: A reprise psychological Bullentin, 104, 381-384

VanCott, H. P., & Kinkade, R. G. (1972). *Human engineering guide to equipment design*. Washington, DC: U. S. Government Printing Office.

Vicente, K. J., Thornton, D. C., & Moray, N. (1987). Spectral analysis of sinus arrhythmia: A measure of mental effort, Human Factors, 29, 171-182.

Vingilis, E., & Macdonald, S. (2002). Review: drugs and traffic collisions. *Traffic Injury Prevention, 3*, 1-11.

Viollanti, J. M., & Marshall, J. R. (1996). Cellular phones and traffic accidents: An epidemiological approach. *Accident Analysis and Prevention, 28*(2), 265-270.

Von Thaden, T. L., Kessel, J., & Ruengvisesh, D. (2008). Measuring indicators of safety culture in a major european airline's flight operations department. The Proceedings of the 8th International symposium of the Australian Psychology Association. Movotel Brighton Beach, Sydney, 8-11 April.

Vroom, V. H. (1964). *Work and motivation.* Oxford, England: Wiley.

Wagenaar, W. A., & Groeneweg, J. (1988). Accidents at sea: Multiple causes and impossible consequences. In E. Hounagel, G. Mancini, & D. D. Woods(eds.), *Cognitive engineering in complex dynamic worlds*(pp. 133-144). San Diego, CA: Academic Press.

Wagnild, G. M., & Young, H. M. (1990). Resilience among older women, *Image Journal Nurse Scholar, 22*, 252-255.

Walker, G. H., Stanton, N. A., & Young, M. S. (2001). Where is computing driving cars? *International Journal of Human Computer Interaction, 13*(2), 203-229.

Wallace, J., & Vodanovich, S. (2003). Workplace safety performance: Conscientiousness, cognitive failure, and their interaction. *Journal of Occupational Health Psychology, 8*(4), 316-327.

Waller, K. V., & Bates, R. C. (1992). Health locus of control and self-efficacy beliefs in a healthy elderly sample. *American journal of health promotion, 6*, 302-309.

Wang, L., Kick, E., Fraser, J., & Burns, T. J. (1999). Status attainment in america: The roles of locus of control and self-esteem in educational and occupational outcomes. *Sociological Spectrum, 19*(3), 281-299.

Warm, J. S. (1984). An introduction to vigilance. In J. S. Warm(ed.), *Sustained Attention in Human Performance*(pp. 1-14). New York: Wiley.

Warner, H. W., & Aberg, L. (2006). Drivers' decision to speed: A study inspired by the theory of planned behavior. *Transportation Research Park F: Traffic Psychology and Behaviour, 9*, 427-433.

Warr, P. B. (1983). Work, jobs, and unemployment. *Bulletin of the British Psychological Society, 36*, 305-11.

Wasielewski, P. (1984). Speed as a measure of driver risk: Observed speeds versus driver and vehicle characteristics. *Accident Analysis and Prevention, 16*, 89-103.

Watson, D., Clark, L. A., & Tellegen, A. (1988). Development and Validation of Brief Measures of Positive and Negative Affect: The PANAS Scales. *Journal of Personality and Social Psychol*

Welford, A. T. (1969). Age and skill: Motor, intellectual and social, In A. T. Welford (Ed), *Interdisciplinary Topics in Gerontology, 4, 1-2,* Basel and New York: S. Kargar.

Wells, G. L., Lindsay, R. C., & Ferguson, T. I. (1979). Accuracy, confidence and juror perceptions in eyewitness testimony. *Journal of Applied Psychology, 64*, 440-448.

Weltman, G., & Egstrom, G. H. (1966). Perceptual narrowing in novice drivers. Human Factors, 8, 499-505.

Westerman, S. J., & Haigney, D. (2000). Individual differences in driver stress, error and violation. *Personality and Individual Differences, 28*, 981-998.

Wickens, C. D., & Andre, A. D. (1990). Proximity compatibility and information display: Effects of color, space, and object on information integration. *Human Factors, 32*, 61-77.

Wickens, C. D. & Carswell, C. M. (1997). *Information processing. In G. Salvendy* (ed.). *Handbook of human factors and ergonomics*(2nd ed.). New York: Wiley.

Wickens, C. D., Gordon, S. E., & Liu, Y. (2001). 인간공학(*An Introduction to Human Factors Engineering*). (이재식 역). 서울: 시그마프레스. (원저는 1998년 출판)

Wickens, C. D., & Hollands, J. G. (2003). 공학심리학(*Engineering Psychology and Human Performance*, 3rd ed.). (곽호완, 김영진, 박창호, 남종호, 이재식 역). 서울: 시그마프레스. (원저는 2000년에 출판)

Wiegmann, D. A. Zhang, H., von Thaden, T. L., Sharma, G., & Gibbons, A. M. (2004). Safety culture: An integrative review. *The International Journal of Aviation Psychology, 14*(2), 117-134.

Wiesenthal, D. L., Hennessy, D. A., & Totten, B. (2003). The influence of music on mild driver aggression. *Transportation Research Part F: Traffic Psychology and Behavior, 6*, 125-134.

Wilde, G. J. S. (1976). Social interaction patterns in driver behavior: An introductory review. *Human Factors, 18*(5), 477-492.

Wilde, G. J. S. (1982). The theory of risk homeostasis: Implication for safety and health. *Risk Analysis, 2,* 209-225.

Wilde, G. J. S. (2002). Risk homeostasis and traffic accidents: propositions, deductions and discussion of recent commentaries. *Ergonomics, 31*, 441-468.

Williams, A. F. (1972). Factors associated with seat belt use in families. *Journal of Safety Research, 4*, 133-138.

Winerman, L. (2004). Criminal profiling: The reality behind the myth. *Monitor on Psychology, 35*(7), 66-69.

Winkler, W. (1974). Verkehrsteilnahme und Verkehrseinstellungen alternder Kraftfahrer. *Mitteilungsblattdes Med-psychology, 21*, 39-42.

Witkin, H. A. Dyk, R. B., Faterson, G. E., Goodenough, D. R., & Karp, S. A. (1962). *Psychological differentiation.* New York: Wiley.

Wuebker, L., Jones, J., & Du Bois, D. (1985). Safety locus of control as a predictor of industrial accidents. Technical Report. The St. Paul Co, St. Paul, MN.

Yalom, I. D. (2007). 실존주의 심리치료(*Existential Psychotherapy*). (임경수 역). 서울: 학지사. (원저는 1980년 출판)

Yerkes, R. M., & Dodson, J. D. (1908). The relation of strength of stimulus to rapidity of habit formation. *Journal of Comparative Neurology of Psychology, 18,* 459-482.

Zillmann, D. (1978). Attribution and mis attribution of excitatory reactions. In J. H. Harvey, W. J. Ickes and R. F. Kidd (eds), *New Destructions in Attribution Reserch,* Vol. 2. NJ: Erlbaum.

Zimberg, S. (1982). Psychotherapy in the treatment of alcoholism. In E. M. Pattison & E. Kaufman (Eds.), *Encyclopedia handbook of alcoholism*. New York: Gardner.

Zimmermann, F. (1987). 실존철학(*Einfuhrung in Existenzphilosophie)*. (이기상 역). 경기: 서광사. (원저는 1977년 출판)

Zimolong, B., & Trimpop, R. M. (1993). Managing Human Reliability in Advanced Manufacturing systems, (Chapter 15) In: Salvendy & Karwowski: Design of work and Development of Personnel in Manufacturing Systems. New York: John Wiley & Sons.

Zimring, C. M. (1979). Cognitive mapping and the blind. Paper presented in workshop on cognitive mapping and the built environment. Environmental Design Research Association Annual Meeting.

Zohar, D. (1980). Safety climate in industrial organizations: Theoretical and applied implications. *Journal of Applied Psychology, 65*, 96-102.

Zohar, D. (2002). Modifying supervisory practices to improve subunit safety: A leadership-based intervention model. *Journal of Applied Psychology, 87,* 156-163.

Zuckerman, M. (1994). *Behavioral expressions and biological bases of sensation seeking*. Cambridge: Cambridge University Press.

Zuckerman, M., Kolin, I., Price, L., & Zoob, I. (1964). Development of a sensation seeking scale. *Journal of Consulting Psychology, 28*, 477-482.

찾아보기

인명

내용

저자 소개

이순열(Lee Sunyeol)
경북대학교 심리학과 졸업
충북대학교 대학원 심리학과(석사, 박사)
현 도로교통공단 교수

이순철(Lee Soonchul)
서울대학교 심리학과 졸업
일본 오사카대학교 대학원(석사, 박사)
전 도로교통공단 교통과학연구원 연구위원
　충북대학교 심리학과 교수

박길수(Park Gilsoo)
충북대학교 대학원 도시공학과(박사)
전 도로교통공단 충북 · 울산 · 경남지부장
　도로교통공단 교통사고종합분석센터장
현 도로교통공단 교육본부장

안전심리학

Safety Psychology

2018년 2월 20일 1판 1쇄 발행
2022년 4월 20일 1판 3쇄 발행

지은이 • 이순열 · 이순철 · 박길수
펴낸이 • 김 진 환
펴낸곳 • (주) 학지사
04031 서울특별시 마포구 양화로 15길 20 마인드월드빌딩 5층
대표전화 • 02) 330-5114 팩스 • 02) 324-2345
등록번호 • 제313-2006-000265호
홈페이지 • http://www.hakjisa.co.kr
페이스북 • https://www.facebook.com/hakjisabook

ISBN 978-89-997-1455-9 93180

정가 24,000원

저자와의 협약으로 인지는 생략합니다.
파본은 구입처에서 교환하여 드립니다.

이 도서의 국립중앙도서관 출판시도서목록(CIP)은 서지정보유통지원시스템 홈페이지(http://seoji.nl.go.kr)와 국가자료공동목록시스템(http://www.nl.go.kr/kolisnet)에서 이용하실 수 있습니다.
(CIP제어번호: CIP2018004514)